北京市农民合作经济发展历程

BEIJINGSHI NONGMIN HEZUO
JINGJI FAZHAN LICHENG

陈水乡 主编

中国农业出版社

图书在版编目（CIP）数据

北京市农民合作经济发展历程 /陈水乡主编．—北京：中国农业出版社，2015.4

ISBN 978-7-109-20115-6

Ⅰ.①北… Ⅱ.①陈… Ⅲ.①农业合作组织—经济发展—研究—北京市 Ⅳ.①F321.42

中国版本图书馆 CIP 数据核字（2015）第 012916 号

中国农业出版社出版

（北京市朝阳区麦子店街 18 号楼）

（邮政编码 100125）

责任编辑 姚 红

中国农业出版社印刷厂印刷 新华书店北京发行所发行

2015 年 6 月第 1 版 2015 年 6 月北京第 1 次印刷

开本：787mm×1092mm 1/16 印张：26.75

字数：606 千字

定价：60.00 元

《北京市农民合作经济发展历程》

编 委 会

前　言

北京市农村经济研究中心课题“北京市农民合作经济发展历程”，分上篇（第一章至第二章）、中篇（第三章至第六章）、下篇（第七章至第十一章）三个部分。

上篇，总论。探讨了北京市农民合作经济发展的背景意义。今天的农业、农村和农民，是昨天的互助组、初级社、高级社和人民公社的继承和发展，我们要发展今天的农民合作社，就要研究过去的成功经验和历史教训，让历史的明灯照亮我们前进的步伐。

北京农村合作经济发展历程分为改革开放前后两个时期，1949—1978 年为改革开放前的时期，1979 年至今为改革开放后的时期。我们的研究跨越了这两个历史时期。

研究的内容分为实践总结和理论探索两个部分（这也是研究方法）。实践部分是北京市农民合作经济和人民公社运动的历史进程的描述。我们力求真实、客观地反映出这一进程的全貌，这是课题研究的根基。理论部分追根溯源，探究合作社在世界的兴起与发展。

研究遵循的原则。一是遵循突出社会价值的研究原则。我们研究北京市的农民合作经济发展过程，不是为了研究而研究，一定要突出研究这一发展过程的社会价值。二是遵循言必有征及征引原则，没有证据的材料即便观点是正确的我们也不会引用。三是遵循唯物史观的方法论原则，这一方法的特点是层层递进、丝丝入扣。

在总论中，我们研究世界合作社发展的初期历史时，看到这样一种现象，在资产阶级和工人阶级的尖锐的阶级矛盾和斗争中，西方资本主义国家用发展生产合作社、消费合作社和信用合作社的方式，来协调社会矛盾。他们没有采用非合作的“零和博弈”的方式，不是以一方的收益必然意味着另一方的损失方式来化解矛盾。这为研究中国农民合作社的发展引入了一个新的思路，使我们的研究视野跃上了一个新的高度，打开了一个新的境界。

在总论中，我们纵观国际合作社发展至今的历史，有很多新的、深刻的变化，合作社从发达国家普及到了发展中国家。合作制度转向了顶层设计，政府越来越重视合作制度，许多国家政府将其看成为发展经济、稳定社会的工具，重视制定各项规则，扶持合作社的发展。

在总论中，我们从经济学说史中看到了一个规律，就是经济竞争是一条贯穿在经济学理论中的主线。但是，国际合作运动和农业合作社蓬勃兴起后，就为经济学增加了合作思想的内容。经济学说已经从经济竞争、经济矛盾，上升到了一个更高的境界，就是经济合作。合作经济为经济学理论增添了新的内容。人类的经济行为，因为有了合作变得更加和谐与精彩。

什么是合作？从本质上说，合作是自利性行为和互利性行为的统一。世界合作运动发展逾百年而不衰，合作经济理论形成各种流派，对合作经济的发展形成了重要的推动。在市场经济的发展中，合作经济越来越重要，成为各国经济发展的重要力量。

在总论中，我们认识到，我国的农业社会主义改造有一个特定的历史条件。经过互助组、初级农业生产合作社逐渐引导农民走向合作化的道路。这一经验，使中国共产党产生了新的认识，认识到中国工业化和农业机械化原是一个漫长的过程，不能等到工业化后再搞农业机械化，而是先合作化，然后才能有机械化。正如毛泽东指出：在我国的条件下，“必须先有合作化，然后才能使用大机器”①。

中国共产党发展农业合作化运动的动因，是为了解放和发展生产力。对个体农业，我们遵循自愿互利、典型示范和国家帮助的原则，创造了从临时互助组和常年互助组，发展到半社会主义性质的初级农业生产合作社，再发展到社会主义性质的高级农业生产合作社的过渡形式。

在完成农业社会主义改造后，毛泽东和中国共产党把建立和发展人民公社，作为探索中国社会主义建设道路的一项伟大实践。我们认为，总结人民公社的历史经验和教训，要辩证地、全面地去看，不能以1958年“左”的一系列错误作为批判人民公社的依据。我们还更应该看到在有了《人民公社六十条》以后，把“三级所有、队为基础”的组织形式确定下来解决了初期成立时产生的一系列问题。还要看到，人民公社对国家的历史贡献：支持国家建立起相对独立完整的现代工业体系，保证了新中国靠自己的力量初步实现了社会主义工业化；进行了大规模的农田水利基本建设，建立了一个粮食生

① 毛泽东．毛泽东文集：第六卷［M］．北京：人民出版社，1999．

产体系，使全中国人民的基本吃饭问题初步得到了解决。

中篇，北京市农业社会主义改造与人民公社发展的历史进程部分。着重研究了北京市农业社会主义改造的历程，细致入微地研究了从土改、互助组、初级社和高级社的发展过程。

北京市的农业互助合作化是在曲折发展中稳步推进的。自 1950 年春土改伊始，就坚持了“自愿互利”的原则，贯彻了“积极领导，稳步发展”的方针。从互助组发展到初级社，一直就在解决侵犯农民利益特别是中农利益的各种问题。从全局看，合作化的发展进程是平稳的。这一有利局面的形成，是以彭真为班长的市委领导一班人正确地、实事求是地把握了合作化发展的进程。

北京的农业生产合作社，为什么能够建立并顺利地发展起来，我们认为，北京郊区农业在新中国成立伊始的几年来，就承担了为首都提供以蔬菜为主的农副产品的供应任务。面对首都巨大的农副产品的买方市场，一家一户的小农个体经济很难满足供给需求。只有组织起来，有计划的、连续的、持续的、不间断的生产，才能解决这一巨大的供需缺口的矛盾。首都郊区的农业生产，只有建立起合作社的生产体制，才能解决供需矛盾。而只有合作社才能汇集起成百上千的农民，与供销社建立起供销合作的体制，建立起一个完整的供应链条，供应首都市场农副产品。这是农业生产合作社得以成立与发展的重要的社会性原因。

北京的农业生产合作社，有诸多的发展优势。一是农业社的生产经营体制，利于推广和使用新式农具和使用农业机械，提高劳动生产率。从耕地、播种、收割的各环节都使用新式农具，到机井灌溉，各个环节不仅显示出了劳动效率的提升，而且提高了作物的产量。采用新机械、新技术促进了农田基本建设，旱地变菜田改善了土壤质量。

二是农业社的经营体制，使零、小、散的土地资源、生产资金和技术人才，有效地结合起来，做到了一家一户小生产无法做到的生产要素的最佳配置。在当时生产力的状况，这种对传统的小农经济的改造，只有合作社的体制才能做到。

农业生产互助合作运动的发展一定要遵循“由低级到高级，由小到大，由少到多，由点到面”这个规律；还要为合作化运动的发展积累好的经验和培养领导骨干；更要采取积极且又稳妥的方针，遵照自愿原则，充分利用农民固有的互助习惯和互助形式，逐步加以改造和提高，使农民走合作化的道路。

在人民公社研究的大量资料中，我们看到的更多的是指责、批评和否定。但是，我们在分析《人民公社六十条》时，却感到有很多宝贵的经验值得总结和肯定。特别是在20世纪五六十年代困难时期，北京市在认真执行《人民公社六十条》的基础上，经过深入调查研究，总结了一大批农村人民公社的先进典型经验。

我们梳理了京郊这十几个典型的先进事迹，发现它们都有一个共同的特点，就是从不同侧面、不同角度落实了《人民公社六十条》的要求，发挥了人民公社集体经济的优势。概括下来有几个共同的特点：①带领社员大力发展生产，向恶劣的自然条件斗争，改善生产条件。这是小农经济和个体经济办不到的。②因地制宜，农、林、牧、副全面发展；宜农则农、宜牧则牧；农林结合、农牧结合、农林牧结合，建立了良性的农业生产系统，形成了可持续发展的局面。③党支部、大队和生产队的干部，在生产中发挥了模范带头作用，从被动地、到主动地参加农业生产劳动，并且形成了各种办法和制度，不脱离生产，在劳动中管理生产，在管理生产中参加劳动。④集体办社、民主办社，让社员在公社的生产、社会活动中，行使当家作主的权利，并形成了切实有效的管理办法。⑤实行定额管理、死分活评，真正执行了按劳分配的原则，多劳多得。管理办法虽然复杂，但是能够坚持执行，真正调动了社员的生产积极性。

在人民公社的体制中还有着诸多的不完善，北京郊区的农民用自己的智慧探索着克服这些弊端的途径、办法；以自己的聪明才智，尽最大可能地发挥集体经济的优势。复杂的大环境对小环境的品质也是一种压迫。这种压迫是一种考验，是一种挑战与筛选，是一种锻炼与提高。这些先进的典型（社、队），经受住了考验，提高了自己，为北京市人民公社的巩固和发展，做出了自己的贡献。这些经验，不会被遗忘，对今天农民合作社的发展，有着很大的指导作用。

下篇，农民专业合作社发展研究。描述了当代北京市农民专业合作社的发展状况。新型的农民专业合作社在我国蓬勃地发展起来了。它的兴起既符合国际合作运动发展的一般规律，又有着中国的特色和背景。北京市的农民合作社的发展与全国的农民合作社的发展形势一样，在曲折中前进有着自己的特色。

北京市农民专业合作社的兴起除了有改革、经济、社会因素外，政策性因素即政府的政策支持也是促使合作社得以发展的重要原因。除此之外，北京市集体经济发达，集体经济的改革，发展了大量的新型集体经济组织和多种经济联合体，为向农民专业合作社过渡准备了条件，也形成了北京市的农民专业合作社的发展特色。合作社在外部追求市场经济的效用，在内部追求公平、民主和正义。这使得合作社制度建设的环境得到改善，使得农民对合作社有了切实地需求，这是合作社得以兴起和发展的根本动力。

北京市农民专业合作社经历了五个发展阶段：萌芽、试点、起步、推广和规范发展阶段。在这五个发展阶段中，政府的支持政策贯穿始终。没有政府的支持，就没有农民合作社的发展。这种支持也是在摸索中形成了一套清晰的支持思路，直至《中华人民共和国农民专业合作社法》和《北京市实施〈中华人民共和国农民专业合作社法〉办法》出台后，支持政策有法可依且支持路径更清晰明确。

北京市按照农业部的部署，自2004年始对农民专业合作社的建设发展情况展开了统计监测工作。根据2004—2013年北京市农民专业合作社情况统计资料，对这些年的合作社基本情况、历年发展状况、合作社发展水平（在北京市农村经济中的份额）、区县合作社的发展状况，我们作了统计分析。从这些数据中可以真实地反映出合作社的发展变化。这些变化反映了合作社在曲折中前进，有进步、有挫折；有反复、有发展。

2010—2012年，北京市开展了示范社的建设工作，三年间共评选出市级示范社150家，区县级示范社400余家。建设工作的目的是通过在全市择优培育扶持一批经营规模大、服务能力强、产品质量优、民主管理好的市级和区县级社示范社，做大做强一批合作社，引领和带动全市合作社依法规范健康发展。在这150家示范社中，我们选取了6家示范社做了典型介绍。6家合作社都具有的共同特点是：建立规章制度并执行得好，产品形成了竞争优势，取得了显著的经济效益。

最后一章是总结性质的。分析了北京市农民专业合作社的建设特点，做出的新探索和未来的发展趋势。未来合作社的发展将向着合作社联合社的方向发展，将向着更加规范化的方向发展。在发展领域中，信用合作将是最重要的内容之一。

《北京市农民合作经济发展历程》这部书稿中，对北京市农村合作经济发展历程研究部分，应该说是填补了这一研究领域的空白。这是本书的特色。正因如此，书稿还有很多不完善的地方，有待今后进一步完善。在结束语中作者指出，党的十八届三中全会作出的《中共中央关于全面深化改革若干重大问题的决定》提出："加快构建新型农业经营体系"。这为今后北京市的农民专业合作社的发展确定了方向。这部专著实际是为构建新的农业生产经营体系，在实践总结和理论概括上做出的初步探索。北京市农民专业合作社的发展还要深入进行下去，我们的探索也不会停止。

编　者

2014 年 9 月 30 日

目　　录

中篇　农业社会主义改造与人民公社发展的历史进程

上篇

总论

第一章　导　　论

农业是国民经济的基础。发展农业，就要把农民组织起来。自新中国成立至今，我们党和国家把组织农民、发展农业作为头等国是对待。从农业生产合作社到农民专业合作社发展的六十几年风雨中，我们把一个落后的、半殖民地、半封建基础上的积弱百年的小农经济，改造为一个可以供养13亿人口生存的、有着比较坚实基础的农业生产经营体系。这是一个举世瞩目的成就和奇迹。我们研究这个体系的组织原理、组织方法和组织过程，是为了更好地发展这个体系。这个体系不仅是我们国民经济的基础，更是我们民族经济的脊柱和骨架。

第一节　研究背景与意义

一、研究背景

我们为什么要研究农民专业合作社？因为农民专业合作在发展农业和建设新农村中发挥了积极的作用：一是提高了农业的组织化程度，形成了规模经营，提高了农民的市场主体地位，保护了农民利益，增加了农民收入。二是按价值规律整合自然、经济资源，促进了农户与加工企业公平交易，提高了企业原料质量，稳定了货源，推进了农业产业化经营，促进了本地区主导产业的形成。三是实现了整合农业科技资源，提高了农产品的科技含量，加快了农业科技成果的推广应用。四是实现了农民自我服务组织和农业社会化服务体系的对接，为政府宏观调控农业和农村经济提供了载体。

研究农民专业合作社，为了更好地发展其作用，就要客观地分析农民专业合作社目前的发展状况和存在的突出问题。目前，北京市的农民专业合作社发展还处于初级阶段，除了典型代表和突出的案例外，普遍处于“小”“散”“低”的发展阶段。主要问题是大多数合作社规模普遍较小，自身经济实力不强，基础设施落后，工作经费紧张，贷款融资难，带动能力不强；服务领域狭窄、内容单一、手段落后；内部运行不规范，利益联结不紧密；缺乏懂技术、会管理、善经营的复合型人才。这些问题不解决，我们无法破解小生产与大市场的难题、提高强农惠农政策效果、保障农产品质量安全、促进农民增收。我们要在理论上进一步分析和梳理，并结合实践，找出解决这些问题的对策。

研究农民专业合作社，在理论上进行探索，就有必要回顾历史。今天的农业、农村和农民，是昨天的互助组、初级社、高级社和人民公社的继承和发展，并有了新的内涵。我们要发展今天的农民专业合作社，就要研究我们过去的成功经验和惨痛教训，让历史的明灯照亮我们前进的步伐。

研究农民专业合作社，还因为合作社也是备受国际关注的一个重要课题。2012年是“国际合作社年”。早在2009年12月18日，联合国大会通过的64/136号决议，强调了合作社在消除贫困、创造就业和促进社会融合等方面发挥的作用，并且宣布2012年为“国际合作社年”，以扩大人们对于合作社价值的科学认知，推进合作社实践。我们的研究具有更广阔的国际视野。

二、研究意义

我们研究农业社会主义改造的历史和农业合作化运动具有历史意义。我们研究农民专业合作社，就要深入研究农民专业合作社的发展历程，包括农业社会主义改造时期的互助组、初级社、高级社和人民公社运动。我们要探索农业合作化运动中的农业生产合作社，与当下的农民专业合作社内在发展的历史逻辑关系，即农民专业合作社与农业生产合作社这两种组织兴衰与替代的历史过程。我们的研究将揭示这样一个规律，今天的农民专业合作社，同过去的农业生产合作化有着必然的历史联系。今天的农业生产经营体制是过去的农业合作化的完善和发展。在这一内在的发展过程中，我们特别需要吸取农业合作化运动中，发展农业生产合作社的宝贵经验与惨痛教训。因此，我们研究今天的农民合作社，就必须回顾农业生产合作社的发展历史，运用历史唯物主义的观点全面的、客观的看待过去的历史。我们看问题决不能割断历史，更不能以偏概全，目的就是要以史为鉴，让历史照亮现实。

研究农民专业合作社具有现实意义。党的十七届三中全会明确指出：要使农民专业合作社成为引领农民参与国内外市场竞争的现代农业经营组织。2007 年 7 月 1 日《中华人民共和国农民专业合作社法》实施，标志着我国农民专业合作社进入了有法可依和规范化的建设时期。北京市的农民专业合作社在有利的政策支持下，也进入了快速发展阶段。我们分析、和探讨合作社发展中存在着阻碍性因素和诸多问题，研究深层次的矛盾解决途径，为推进北京市合作社规范发展，促进农业纵向一体和产业化经营，具有十分重要的现实意义。

研究农民专业合作社具有理论意义。本书以北京市的农业合作化实践为视角，深刻分析在市场经济下，大都市农业发展中长期存在的小农户和大生产、小规模与大市场的内在矛盾。在全面回顾历史经验的基础上，在全面揭示大都市农业发展背景的内在矛盾后，进一步探索农民专业合作社的成长环境及形成机理、参与主体及组织行为特征、发展的内生与外生动力机制、演化趋势与制约因素，在理论上探索合作社的发展规律。

第二节　研究内容概述

一、研究的历史时期

今天的农村、农业和农民，是昨天的继续和发展，并有了新的内涵。我们研究农民专业合作社的发展，把新中国成立至今作为一个完整的历史过程来研究并分为改革开放前后两个时期，分界点以中共十一届三中全会召开为标志见图 1-1。

改革开放前时期。我们进一步分为农业社会主义改造和人民公社阶段。从互助组、初级社和高级社发展到人民公社，是新中国成立 30 年来农业合作化的主要形式。这是我国农村社会主义道路探索的重要时期。

分界点。中共十一届三中全会的召开是我们国家改革开放的标志。1978 年 12 月召开

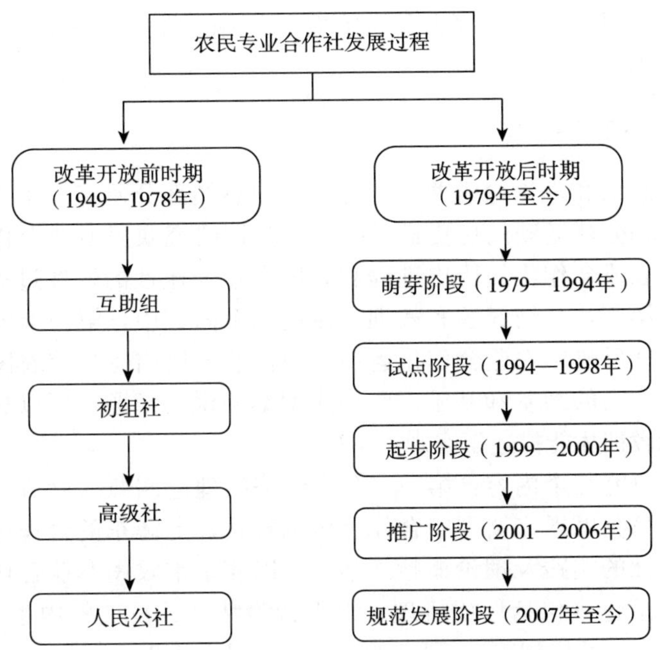

图 1-1 农民专业合作社发展过程

的中国共产党第十一届中央委员会第三次全体会议，作出了把全党的工作重点转移到社会主义现代化建设上来的战略决策；确立了改革开放的方针。正如《关于建国以来党的若干历史问题的决议》（1981 年 6 月 27 日中国共产党第十一届中央委员会第六次全体会议一致通过）所指出的[①]：十一届三中全会是建国以来我党历史上具有深远意义的伟大转折。全会指出，农业是国民经济的基础，农民占中国人口的绝大多数。因此，要搞活中国经济，首先要集中主要精力把农业搞上去。会议之后，农业改革居各业改革之首，我国的农业焕发了蓬勃生机。自此，我国的农民专业合作社，开始发展并逐步壮大起来。这次会议揭开了我国农业现代化建设历史的新篇章，把我国农业引向了健康发展的轨道，是我国农业现代化建设的新起点，农业合作化发展的新开端。所以，我们说十一届三中全会是我国农业合作化发展的分界点。

改革开放后时期。随着农业联产承包责任制的普遍实行，农村集体经济组织的职能由直接组织生产演变成主要是管理集体资产（如土地）和向农户提供生产、生活服务。

随着农业产业化的发展，多种经济成分并存政策的实施，农民家庭成为独立的经济主体，农民家庭依托自有资产，发展各种新的经济联合组织。在这种背景下，北京郊区产生了农民专业合作社（包括生产经营合作、生产服务合作、联合组织及专业协会、技术研究会等）。为便于分析，我们把农民专业合作社的发展描述为经历了萌芽阶段、试点阶段、起步阶段、初步发展阶段和正规发展阶段 5 个发展阶段。尽管这些合作社处在不同的发展阶段，组织的形式各不相同，但有一点是相同的，就是这些合作社都是农民在市

① 中共中央．关于建国以来党的若干历史问题的决议［EB/OL］．1981-06-27. http：//news. xinhuanet. com/ziliao/2002-03/04/content _ 2543544 _ 7. htm.

场经济条件下，为加强自身的生存力和竞争力，在当时的客观条件下，选择出的最有利于自身发展的组织形式。

二、研究的主要内容

本书分为实践总结和理论探索两个部分。实践总结部分研究三个内容：第一，北京市农业合作化和人民公社运动的历史进程描述，强调研究农民专业合作社的成长发展过程描述。第二，在农业合作化的历史进程和农民专业合作社的发展过程中，总结取得的成功经验与成果。第三，总结经验和教训。在这三个内容中，第一个内容最为关键和重要，要真实、客观地反映出农业合作化运动全貌，准确地描述当前农民专业合作社的真实发展状况，这是全书的根基和基础，要用典型案例说明问题，所以非常重要。只有把根基打牢，经验和教训才能描述得客观、准确。

理论探索部分研究三个内容：第一，合作经济的理论渊源（包括空想社会主义及西方合作经济理论、马克思恩格斯列宁合作经济的理论、毛泽东的合作经济思想）。第二，国外农民专业合作社的实践及理论概括。第三，以北京市农民专业合作社为视角，研究农民合作社的发展理论（包括形成机理、组织行为特征、发展的内生与外生动力机制、演化趋势与制约因素、发展规律）。研究的主要内容见图 1-2。

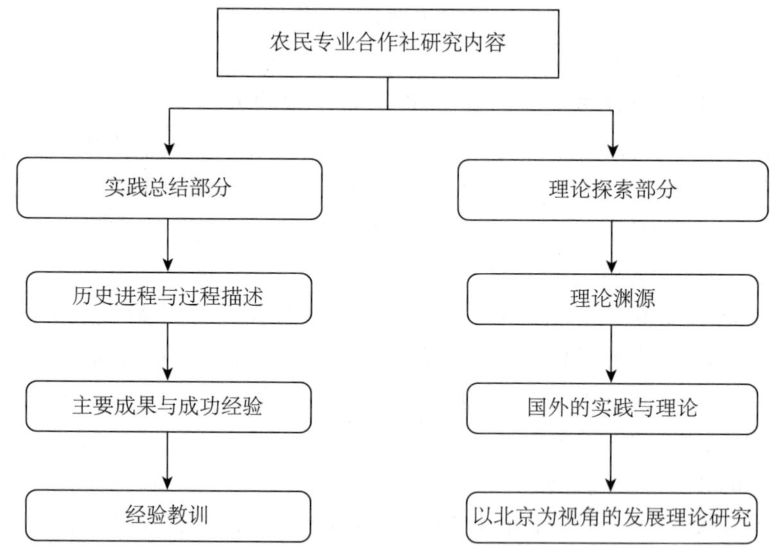

图 1-2　农民专业合作社发展研究的内容

第三节　研究对象的概念界定

无论何种专题研究，都要有一个基本的框架，在这个框架内确定基本概念，并对这个概念的内涵和外延有明确的规定和说明。这样我们才能明确所研究的对象，准确阐述基本范畴和特定（或者说假定）的条件，这是理论研究的基础。在这个基础上，我们才能形成共识，避免在没有形成共同认识下造成的差异和没有意义的纷争。

一、农业社会主义改造

新中国成立初期，毛泽东在过渡时期的总路线中，首次提出了农业社会主义改造的概念。《关于建国以来党的若干历史问题的决议》(1981 年 6 月 27 日中国共产党第十一届中央委员会第六次全体会议一致通过）指出：一九五二年，党中央按照毛泽东同志的建议，提出了过渡时期的总路线：要在一个相当长的时期内，逐步实现国家的社会主义工业化，并逐步实现国家对农业、对手工业和对资本主义工商业的社会主义改造。这个总路线反映了历史的必然性。①

1953 年 12 月，中共中央印发的《关于发展农业生产合作社的决议》② 完整地表述了农业社会主义改造的概念。指出："经过简单的共同劳动的临时互助组和在共同劳动的基础上实行某些分工分业而有某些少量公共财产的常年互助组，到实行土地入股、统一经营而有较多公共财产的农业生产合作社，到实行完全的社会主义的集体农民公有制的更高级的农业生产合作社（也就是集体农庄)。这种由具有社会主义萌芽、到具有更多社会主义因素、到完全的社会主义的合作化的发展道路，就是我们党所指出的对农业逐步实现社会主义改造的道路。"

农业社会主义改造的内涵包括了从互助组（临时互助组、常年互助组）到农业生产合作社、再到高级农业生产合作社的发展过程。

二、人民公社

1958 年 8 月，中共中央《关于在农村建立人民公社问题的决议》中③，首次提出了"人民公社"的概念。指出："人民公社是形势发展的必然趋势。大型的综合性的人民公社不仅已经出现，而且已经在若干地方普遍发展起来，有的地方发展得很快，很可能不久就会在全国范围内出现一个发展人民公社的高潮，且有不可阻挡之势。"

1958 年 12 月 10 日，中共八届六中全会通过了《关于人民公社若干问题的决议》④，在党代会上，正式作出了在全国发展人民公社的决议。指出："一九五八年，一种新的社会组织像初升的太阳一样，在亚洲东部的广阔的地平在线出现了，这就是我国农村中的大规模的、工农商学兵相结合的、政社合一的人民公社。它一出现，就以它的强大的生命力，引起了人们广泛的注意。"《决议》还指出农村人民公社制度的发展，还有更为深远的意义。这就是：它为我国人民指出了农村逐步工业化的道路，……城乡差别、工农差别、脑力劳动和体力劳动的差别逐步缩小以至消失的道路。

---

① 中共中央．关于建国以来党的若干历史问题的决议［EB/OL］. 1981-06-27. http：//news. xinhuanet. com/ziliao/2002-03/04/content _ 2543544 _ 7. htm.

② 中共中央．关于发展农业生产合作社的决议［EB/OL］. 1953-12-16. http：//www. scio. gov. cn/zhzc/6/2/201112/t1066805. htm

③ 中共中央．关于在农村建立人民公社问题的决议［EB/OL］. 1958-08-29. http：//wenku. baidu. com/view/48d2695d3b3567ec102d8a9f. html

④ 中共中央．关于人民公社若干问题的决议［EB/OL］. 1958-12-10. http：//www. china. com. cn/ch-80years/lici/8/8-6/1. htm

1962年9月，中国共产党第八届中央委员会第十次全体会议通过的《农村人民公社工作条例（修正草案）》指出[①]：农村人民公社是政社合一的组织，是我国社会主义社会在农村中的基层单位，又是我国社会主义政权在农村中的基层单位。《条例》还指出：农村人民公社是适应生产发展的需要，在高级农业生产合作社的基础上联合组成的。它在一个很长的历史时期内，是社会主义的集体经济组织，实行各尽所能、按劳分配、多劳多得、不劳动者不得食的原则。

1982年11月26日，五届全国人大五次会议在北京举行。大会审议并通过彭真所作的宪法修改草案报告；通过新修改的《中华人民共和国宪法》第六项作了以下新的规定[②]："改变农村人民公社的政社合一的体制，设立乡政权。"新《宪法》指出：为了加强农村基层政权建设，按照政社分开的原则，规定设立乡政权，保留人民公社作为集体经济组织，在乡政权之下，建立村级组织，实行村民委员会制度，原有人民公社的那一部分政权职能分出去后，公社、大队、生产队的企业和其他一切财产的所有权不变。

1983年10月12日，中共中央、国务院发出《关于实行政社分开，建立乡政府的通知》指出[③]：当前农村改变政社合一体制的首要任务是把政社分开，建立乡政府；同时按乡建立乡党委，并根据生产的需要和群众的意愿逐步建立经济组织。《通知》规定：乡的规模一般以原有公社的管辖范围为基础，要求各地有领导、有步骤地搞好农村政社分开的改革，争取在1984年底以前大体上完成建立乡政府的工作，改变党不管党、政不管政和政企不分的状况。

以上引用的文件说明：人民公社的发展历史应该是从1958—1983年这段时间；从中共中央的一系列文件看，人民公社的概念有一个从不完整到完整叙述和定义的过程；同时，人民公社应该主要指的是农村人民公社而言。当然，党的八届六中全会通过的《决议》，也提到了要发展城市人民公社。从学界的分析和认识看，人民公社应该包括城市人民公社和农村人民公社，如李端祥所说[④]："人民公社"与"农村人民公社、城市人民公社"不是同一关系，而是包含关系。绝不能把"人民公社"与"农村人民公社"混为一谈，也不能把"人民公社""农村人民公社""城市人民公社"视为一体。但是，就本专著而言，"人民公社"，就特指"农村人民公社"，或说是农村人民公社的简称。

因此，我们引入《现代汉语词典》的定义[⑤]："人民公社"是"1958—1982年我国农村中的集体所有制经济组织，在高级农业生产合作社的基础上建立，实行各尽所能、按劳分配的原则。一般一乡建立一社、政社合一……"。

---

① 农村人民公社工作条例（修正草案）[EB/OL]. 1962-09-27. http://wenku.baidu.com/view/ee17106daf1ffc4ffe47ac30.html.

② 人民网. 中国共产党80年大事记·1982年[EB/OL]. http://www.people.com.cn/GB/shizheng/252/5580/5581/20010612/487205.html.

③ 人民网. 中国共产党80年大事记·1983年[EB/OL]. http://www.people.com.cn/GB/shizheng/252/5580/5581/20010612/487211.html.

④ 李端祥，米晓娟."人民公社"概念考析[J]. 湘潭大学学报（哲学社会科学版），2012(2)：135-138.

⑤ 现代汉语词典[M]. 上海：商务印书馆，2006.

三、合作社

从制度经济学等经济学上分析，合作社有多种阐释。考虑到国际合作社联盟（ICA）有一百多年的发展历史，代表了当今世界合作社发展的主流方向，因此我们采用了 ICA 关于合作社的定义。

1895 年 8 月，国际合作社联盟（ICA）在在英国伦敦成立①。这是一个独立的非政府性国际组织，目前总部设在瑞士日内瓦。据 2012 年最新统计②，目前有 96 个国家拥有 258 个成员组织，社员总数近 10 亿人。会员活动涵盖了农业、金融保险、消费、渔业、牧业、林业、工业、手工业、电力、电信、交通运输和医疗等几乎所有社会的与经济的领域。我国于 1985 年 2 月加入了 ICA。

1995 年 9 月，在 ICA 100 周年代表大会上，通过和发表了《关于合作社界定的声明》。管爱国、符纯华翻译为《关于合作社特征的宣言》中的合作社的定义③："合作社是人们自愿联合、通过共同所有和民主管理的企业，来满足他们共同的经济和社会需求的自治组织。"

唐宗焜在为全国人大常委会 2006 年 6 月开始审议的《农民专业合作经济组织法（草案）》送呈的参阅资料中，对《关于合作社特征的宣言》的翻译提出了异议④。

唐宗焜指出：国际合作社联盟《关于合作社特征的宣言》中译文若干关键词的译文未能准确地表达法定文本（英文本）原文的含义，担心这样会影响国人对该文件精神实质的理解，从而影响我国合作社的发展，因此，重新翻译了该文件。

关于该文件的名称，唐宗焜指出⑤：原文 Statement on the Co-operative Identity，其中 identity 一词的涵义是"本性"，Co-operative identity 就是合作社本性，即合作社区别于非合作社的界限。中译文《关于合作社特征的宣言》把 identity 译为"特征"，未能充分表达"本性"的涵义，因为特征既有可能反映本性的特征，也有可能并不反映本性的特征，如表像的特征等。

这个文件名直译应该是《关于合作社本性的声明》。该文件的全部内容包括合作社定义、合作社价值和合作社原则三个部分，总起来就是阐明合作社的本性，即阐明区分什么是合作社、什么不是合作社的标准。换言之，也就是合作社和非合作社的界定标准。"界定"一词的涵义在我们国内早已为人们所熟悉，所以我将该文件名意译为《关于合作社界定的声明》（注：本专著以下采用唐宗焜的译法）。这样，比译为《关于合作社本性的声明》，可能使国内读者更一目了然，便于理解整个文件的内涵和制定这个文件的

---

① 国际合作社联盟"关于合作社特征的宣言"简介（王观芳根据管爱国、符纯华译《现代世界合作社经济》整理）[J]．中国人大，2006（11）：21-23.

② "国际合作社年"的由来与动态［J］．中国农民合作社，2012（7）：26.

③ 国际合作社联盟"关于合作社特征的宣言"简介（王观芳根据管爱国、符纯华译《现代世界合作社经济》整理）[J]．中国人大，2006（11）：21-23.

④ 唐宗焜．国际合作社联盟《关于合作社界定的声明》中译文问题［EB/OL］．http：//www. cenet. org. cn/article. asp？articleid=24900.

⑤ 唐宗焜．国际合作社联盟《关于合作社界定的声明》中译文问题［EB/OL］．http：//www. cenet. org. cn/article. asp？articleid=24900.

意图。

关于合作社的定义，唐宗焜的译文："合作社是自愿联合起来的人们通过联合所有与民主控制的企业来满足他们共同的经济、社会与文化的需求与抱负的自治联合体。"（A cooperative is an autonomous association of persons united voluntarily to meet their common economic，social，and cultural needs and aspirations through a jointlyowned and democratically-controlled enterprise.）

唐宗焜进一步指出：这两个译文最重要的差别是合作社定义中两个关键词的翻译，依据原文用词涵义，究竟是"共同所有"还是"联合所有"，是"民主管理"还是"民主控制"。原文使用的 jointly-owned，含义就是"联合所有"；它并没有使用 common-owned 即"共同所有"这个词。原文使用的 democratically-controlled，涵义就是"民主控制"，它并没有使用 democratically-managed 即"民主管理"这个词。这两个关键词的上述两种译词存在着实质意义的差异，因而不可不察。

在这两个译本中，我们更倾向于唐宗焜的翻译。但无论这两种译本有多大差别，关于合作社的定义有几个共同点：第一，合作社是自治企业（或组织），不是政府部门，也不是国营或者私营企业；第二，合作社区别于其他企业形态的所有制结构就是联合所有，这种联合可以是自然人的联合，也可以是法人和自然人的联合，合作社的所有权是在民主的基础上归全体社员；第三，合作社区别于其他企业形态的法人治理结构就是民主控制，就是全体社员通过合作社的法人治理结构依民主程序对自己的合作社实施控制。

从合作社的定义，我们的研究将深入到合作经济的理论。从合作社定义的外延和在实践的发展中，我们除将着重研究农民专业合作社的发展外，与其相关的农村小区合作经济组织、农村专业合作经济组织（包括农村供销社、农村信用社、农村合作基金会）我们也要描述其发展过程，并与农民专业合作社进行对比研究。

四、农民专业合作社

自农村家庭联产承包制推开来后，农民的合作化问题就凸显出来，自 1983 年党中央关于农村工作的第一个 1 号文件及以后的一系列农村工作文件就指出了这一点。随着市场经济向纵深领域发展，农业产业化的不断扩大，农民自助组织开展逐步建立起来。专家学者把农民自助组织分为专业协会和专业社，并对这一现象给予了描述和关注。

1983 年 1 月 2 日，中共中央印发的《当前农村经济政策的若干问题》（简称 1983 年中央 1 号文件，1982 年 12 月 31 日经政治局讨论通过）指出[①]：适应商品生产的需要，发展多种多样的合作经济。长期以来，由于"左"倾错误的影响，流行着一些错误观念：一讲合作就只能合并全部生产资料，不允许保留一定范围的家庭经营；一讲合作就只能限于按劳分配，不许有股金分红；一讲合作就只限于生产合作，而把产前产后某些环节的合作排斥在外；一讲合作就只限于按地区来组织，搞所有制的逐级过渡，不允许有跨地区的、多层次的联合。这些脱离实际的框框，现在开始被群众的实践打破了。1983 年

① 中共中央．当前农村经济政策的若干问题［EB/OL］．1983-12-31. http：//www. people. com. cn/GB/shizheng/252/5580/5581/20010612/487211. html.

的中央1号文件，为改革开放后新时期的农民的合作经济发展，开辟了一条广阔的发展道路，自此以后，我国的农民合作经济迅猛地发展起来。

张晓山在《合作社的基本原则及有关的几个问题》一文指出①："中国的农业产业化经营的基点则应是培育和发展农业劳动者自己的合作组织，只有这样，初级产品生产者的经济利益才能得到真正的保障。当前在发达地区的农村，也已有一些用合作制推进农业产业化的实例。在这些地区，农民组织起自己的农产品加工和销售以及农业生产资料购买合作社，通过二次分配，按照社员与合作社之间的交易额将购买、加工与销售的利润返还给社员。可以预见，随着社会主义市场经济在农村的发展，农业劳动者的购买、加工及销售等方面的规范的合作组织将会在农村兴起。对于中国合作事业的发展来说，这将是一种非常令人鼓舞的动向。"早在1998年的这篇文章中，张晓山就对农民专业合作社的发展的动因作了分析，并对合作社的发展前景给予了积极的、乐观的预测。这一预测经过了实践的检验是准确的。

2006年10月31日，全国人大常委会第二十四次会议通过的《中华人民共和国农民专业合作社法》（以下简称《农民专业合作社法》）指出②：农民专业合作社是在农村家庭承包经营基础上，同类农产品的生产经营者或者同类农业生产经营服务的提供者、利用者，自愿联合、民主管理的互助性经济组织。农民专业合作社以其成员为主要服务对象，提供农业生产资料的购买，农产品的销售、加工、运输、贮藏以及与农业生产经营有关的技术、信息等服务。

《农民专业合作社法》的颁布，可以说是我国农民合作社事业发展史上具有里程碑意义的重大事件。自此以后，标志着我国农民专业合作社进入了依法发展的新阶段，具有重大的现实意义和深远的历史意义。

《农民专业合作社法》规定了农民成员的比例不得低于80%，成员地位平等，实行一人一票的基本表决权制度。其实施，充分保障了农民的主体地位、财产权利和农民对合作社的民主管理权利。《农民专业合作社法》的实施，标志着农民专业合作社依照此法登记后即享有法人的、独立的民商事主体地位，享有法人的权利能力和相应的行为能力，保障了农民在市场中的主体地位。

基于《农民专业合作社法》中的定义的科学性和严谨性，本专著的研究重点和主题，依据此法及其定义而展开。

第四节 研究方法

《北京市农民合作经济发展历程》，用相当的篇幅研究北京农业合作化的发展历史，是一部具有经济史学性质的专著。因此，研究方法要按照历史学科的特点和规律研究，遵循历史研究的如下几点原则。

---

① 张晓山．合作社的基本原则及有关的几个问题［J］．农村合作经济经营管理，1998（2）：7-9.

② 全国人大．中华人民共和国农民专业合作社法［M］．北京：中国法制出版社，2006.

一、遵循原则

第一，遵循突出社会价值的研究原则。我们研究北京市的农业合作化发展过程，不是为了研究而研究，一定要突出研究这一发展过程的社会价值。正如翦伯赞指出[①]：“我们研究历史，不是为了宣扬我们的祖先，而是为了启示我们正在被压抑中活着的人类；不是为了说明历史而研究历史，反之，是为了改变历史而研究历史。”

第二，遵循言必有征及征引原则。李振宏《学术规范导论》（第四章）中指出[②]：“历史学的实证特性，要求任何研究都要奠定在事实、证据的基础上，不能向壁虚造。坚持用材料说话，论从史出。”这一说法是正确的。我们的研究要遵循言必有征及征引原则，没有证据的材料即便观点是正确的我们也不会引用。

第三，遵循唯物史观的方法论原则。历史学研究的方法论非常重要，这关系到研究的结论。王国维的“二重证据法”；胡适的“注重事实、服从验证”的方法都是自成一派的研究方法。顾颉刚的“层累地造成的中国古史”的研究方法，就可以借鉴到我们的研究中[③]：“①把每一件史事的种种传说，依先后出现的次序排列起来。②研究这件史事在每一个时代有什么样子的传说。③研究这件史事的渐渐演进由简单变为复杂，由陋野变为雅驯，由地方的（局部的）变为全国的，由神变为人，由神话变为史事，由寓言变为事实。④遇可能时，阐释每一次演变的原因。”这一方法的特点是层层递进、丝丝入扣，遵循了唯物史观的方法论。这是我们研究的一个重要原则。

二、研究方法

《北京市农民合作经济发展历程》，要从历史研究回到现实，研究当下的农民专业合作社的发展状况，除了遵循历史学的原则和采用历史学的研究方法，我们还应该采取何种研究方法来研究现实问题？

什么是研究方法？金太军认为[④]：“人们一般在三种意义上使用‘研究方法’这一概念：一是指认识和揭示事物本质的哲学原则，它是处于世界观层次的根本方法；二是指研究问题的基本角度和出发点；三是指收集和处理研究材料的具体技术。”我们的研究方法，包括了上述第一、第二和第三种概念的全部内涵。

研究农民专业合作社，认识和揭示农民专业合作社发展的规律，我们应遵循的事物的本质的哲学原则应该是什么呢？卡尔·马克思给出了答案。他《关于费尔巴哈的提纲》一文指出[⑤]：“人的思维是否具有客观的（gegenstandliche）真理性，这并不是一个理论的问题，而是一个实践的问题。人应该在实践中证明自己思维的真理性，即自己思维的现实性和力量，亦即自己思维的此岸性。”这段话鲜明地指出了实践是认识论的基础和检验

① 翦伯赞．历史哲学教程［M］．北京：北京大学出版社，1990：1.

② 杨玉圣，张保生．学术规范导论［M］．北京：高等教育出版社，2004：125.

③ 顾颉刚．古史辨：第1册［M］．上海：上海古籍出版社，1982：192-193.

④ 金太军．规范研究方法在西方政治学研究中的复兴及其启示——兼论当代中国政治学的发展［J］．政治学研究，1998（3）：11.

⑤ 马克思恩格斯选集：第39卷［M］．北京：人民出版社，1975.

真理的标准。这一标准也是我们在研究理论问题时，判断这个理论是否符合农业生产合作社和农民专业合作社客观实际的价值标准。一个理论、一个主张，若不能有效地转化为实践行动，一定是有两个方面的条件没有达到：一是没有经过实践的检验；二是理论本身的全部或部分脱离实际，缺乏社会基础和民众的响应。

研究农民专业合作社，我们研究问题的角度和出发点是理论与实践相结合，如何结合？马克思进一步指出①：“社会生活在本质上是实践的。凡是把理论导致神秘主义方面去的神秘东西，都能在人的实践中以及对这个实践的理解中得到合理的解决。”这段话，明确地指明了社会意识对实践的依赖关系，这就是社会生活的基础（或者说本质）来源于实践。很重要的一点，即便是“神秘东西”（错误的理论），也不是脱离物质生活条件凭空产生的，有其社会的阶级的根源，尽管在社会实践的理解中得到了“合理的说明”，但会随着社会实践的发展而在人们的意识中被根除掉。所以，我们在追求真理的过程中，还要辨别错误的理论及其根源，并且做到去伪存真。

研究农民专业合作社，收集和处理研究材料的具体技术，我们采用规范分析和实证分析相结合的方法。规范分析，就是我们在理论研究上要“顶天”——有高度、有力度、有演绎推理，从理论上阐述农民专业合作社应该如何发展，有我们的价值判断。实证分析，就是我们在实践探索上要“立地”——有深度，对农民专业合作的发展过程和产生的问题，给予真实的描述、说明，把问题说透。我们还要把规范分析和实证分析结合起来，把“形而上”和“形而下”统一起来，力争做到顶天立地。这样最终的对策建议才能有很强的针对性。借用马克思《关于费尔巴哈的提纲》的结语②：“哲学家们只是用不同的方式阐释世界，而问题在于改变世界。”我们既要阐释农民专业合作社发展中产生问题的原因，还要提出解决问题的办法。

① 马克思恩格斯选集：第 39 卷［M］. 北京：人民出版社，1975.

② 马克思恩格斯选集：第 39 卷［M］. 北京：人民出版社，1975.

第二章　合作社在世界的兴起与发展

从18世纪开始，随着工业革命的兴起，合作社在欧洲的英国、法国和德国相继建立起来。而后，国际合作社联盟（ICA）建立，标志着国际合作运动蓬勃发展起来，至今有117年的历史。如今，农业进入到现代化的发展时代，合作社的内涵和组织形式发生了更深刻的变化，具备了适应农业现代化的新的特征。

第一节　合作社在欧洲的缘起

一、合作社的最初求索

合作社的最初求索是在欧洲产生的。游允平《西欧合作运动的成败》一文指出[①]："西欧合作社的萌芽形式，可以追溯到13世纪瑞士西部犹拉山区的农民联合组成的奶酪合作社；1769年英国苏格兰芬维克地方的职工，为购买廉价的纺织品原料与食品，也组织过购买合作社；1795年英格兰荷尔城一部分贫民曾自行建立磨粉合作社，廉价出售面粉给社员。"这是资本主义发展的初期，还处在简单商品经济阶段。这是合作运动发展的前夜，合作社还处在最初的萌芽阶段。

在资本主义的大发展时期，封建社会制度被打破，资产阶级取得了空前的胜利。这一胜利为资本主义的经济关系的发展铺平了道路。胡盛明的《西方合作社与中国农村股份合作制企业》指出[②]："与封建制度相比，资本主义制度承认每个经济主体拥有一定经济资源（包括劳动能力、生产资料、技术和生活资料）的权利，这不仅为资本主义经济的发展铺平了道路，也使广大劳动者第一次在形式上成为自己的主人，拥有了劳动力的所有权，为他们通过非资本主义的制度形式利用自己的经济资源提供了最一般的条件，亦即为合作经济的产生创造了基本的物质条件。"这是合作经济产生的前提。同时，工业革命在西欧各国相继开展：大机器取代了手工劳动，大生产取代了小作坊；自给自足的自然经济正在消失，资本主义商品经济日益发达；产业革命正在开始；社会分工已经形成。这时候，社会矛盾也出现了。

这一社会矛盾有两个表现：一个是少数掌握生产资料的资产阶级积聚了大量的财富，而产业工人却过着悲惨的贫困生活，两极分化十分明显。另一个是资本主义生产过剩的危机出现。邢贲思《圣西门和傅立叶的社会学说及其历史观》一文指出[③]："资本主义经济关系发展的另一严重恶果是开始出现傅立叶称之为'多血症'的生产过剩的危机。1793年、1810年、1815年、1818年、1819年、1825年在英国连续发生这种危机，其中

① 游允平．西欧合作运动的成败［J］．农业经济问题，1985（11）：59-61.

② 胡盛明．西方合作社与中国农村股份合作制企业［D］．北京：中国社会科学院，2000：4.

③ 邢贲思．圣西门傅立叶的社会学说其历史观［J］．哲学研究，1964（3）：32-47.

有几次危机还超出了英国的国界而波及到法国。”资本主义经济危机和大萧条的结果导致了进一步的两极分化和贫富不均。工人阶级和资产阶级的矛盾空前激化。

为了解决资本主义社会的尖锐矛盾，以夏尔·傅立叶（Charles Fourier，1772—1837）、昂立·克劳德·圣西（Henri Saint-Simon，1760—1825），罗伯特·欧文（Robert Owen，1771-1858）为代表的三位思想家，在严厉地批判了资本主义制度的弊端时，天才地提出了理想社会的构想（我们的传统研究著作统称他们为空想社会主义者）。在这些构想中，他们提出了“合作”的构想。

傅立叶提出和开展了法朗吉的实验。邢贲思指出[①]：“在傅立叶的著作中，未来的社会被称作‘协调制度’，这种‘协调制度’的基本细胞是‘法朗吉’这是一种面积大约15～16平方公里，人口大约1 600～2 000人的协作社。”这个协作社（法朗吉）就是一个有组织的生产——消费协作社。无数个协作社联系起来就构成了一个和谐的社会。在法朗吉里，既有农业生产又有工业生产但以农业生产为主，人们和谐相处，没有利益上的冲突。其中的原因，邢贲思进一步指出[②]：“傅立叶提出了应当改变资本主义制度下存在的分工不合理情况，他主张把劳动分成30至40个部门，以便‘法朗吉’的成员能够充分自由地选择自己所喜爱的劳动。”在法朗吉里，用股本形式保存私有财产，工人、农民和资本家自愿入股，在承认财产私人所有的前提下，由其成员共同使用。收入按照劳动、资本和知识分别占5∶4∶3的比例分配。傅立叶的信徒及其追随者开展了法朗吉的实验活动，结果并不理想。

欧文开展了新和谐小区及公社的实验。张培炎《罗伯特·欧文：构建和谐社会的先行者》指出[③]：1799年，欧文在苏格兰格拉斯哥拉纳克镇，购置了一个棉纺厂、一个机器制造厂和一个占地150英亩的村庄，建立了“新拉纳克纺纱公司”（和谐实验区），开展了长达30年的实验。在实验区里，欧文改变生产环境和生活环境，缩短工人工作时间；改变管理方式以构建资本与劳动的和谐。欧文建设了集工、农、学、商四位一体的新拉纳克和谐小区，经营了长达30年之久。1824年，欧文去美国开展了“新和谐公社”的实验，因与美国的主流价值观相背离而失败。欧文把自己的合作社实践，在其著作《新道德世界书》中作了总结。史冰清《国外农业合作社研究》一书中总结为如下几点[④]：合作公社是建立在财产公有基础上的集体劳动的生产单位和消费单位；普通社员参与公社管理，理事会是公社的领导机关，社员大会选举产生理事会成员；生产目的是满足社员的需要并按需分配；合作公社之间存在分工和交换。欧文的实践和理论总结，使得他被尊称为“合作经济之父”。

傅立叶、欧文的实践，对欧洲乃至世界的合作社运动的发展产生了重大的作用和影响。主要的原因是，傅立叶建立合作社的原则与思想，比如保留个人所有权，保护以股权及股息为主要形式的资本权利，在收入分配上兼顾资本、劳动和管理三者的利益等，

① 邢贲思．圣西门傅立叶的社会学说其历史观［J］．哲学研究，1964（3）：32-47.

② 邢贲思．圣西门傅立叶的社会学说其历史观［J］．哲学研究，1964（3）：32-47.

③ 张培炎．罗伯特·欧文．构建和谐社会的先行者［J］．桂海论丛，2005（4）：45-48.

④ 孔祥智，金洪云，史冰清．国外农业合作社研究［M］．北京：中国农业出版社，2012：4.

均被以后的西方合作社的发展运动所继承。李昱姣《空想的逻辑——欧文、傅立叶合作思想辨析》一文指出[①]："马克思曾给予欧文高度地评价，认为'这些伟大的社会试验的意义不论给予多么高的估计都是不过分的'，'在英国，合作制的种子是由欧文播下的，西方当代学者也认为，'任何一个英国的合作社成员，都会承认自己是一个欧文主义者'。"

在傅立叶、欧文和圣西门的合作思想影响下，早期的欧洲的合作社发展流变为以英国为代表的消费合作社，以法国为代表的生产合作社和以德国为代表的信用合作社。

二、英国消费合作社：罗虚代尔公平先锋合作社

空想社会主义合作社实践的最大缺陷之一，就是在批判资本主义的经济制度时走向了极端，没有充分考虑到个人的合理的经济诉求和利益，也没有考虑在现代的商品生产、交换和分工的条件下，在一个封闭的小区内，合作社是不能独立地生存下去的。最终，空想社会主义的合作经济思想在英国的下层工人阶级中，流变为一种消费性质为主的合作社。

1844 年，在英国北部的小城罗虚代尔镇，曾受过欧文合作思想影响的 28 名法兰绒纺织工人，在查尔斯·豪沃斯的组织下，创立了名为"罗虚代尔公平先锋社"（The Rochdale Equitable Pioneers Society）的消费合作社，向工人社员们出售面粉、黄油、茶叶、蜡烛等日用品消费合作组织。

白瑜洁《英国的农业合作社》一文指出：[②]"'罗虚代尔'的先驱们并没有仅仅停留在开办小商店上，他们的目标是要建立一种'具有共同利益的自立家庭的群体'，为社员的利益'安排生产、分配、教育和管理'。他们从消费合作社起步，发展到生产经营和批发业务，开办了自己的工厂，加工制造社员需要的各种物品，有力地抵制了商人的盘剥，并为实现供求平衡、生产与消费的协调一致作了有益的尝试。他们也并没有独自享有自己的成功经验，而是广泛传播自己的原则和方法。"

罗虚代尔公平先锋社创立的原则被研究合作运动的学者誉为"罗虚代尔原则"，姚铭尧翻译的版本有以下几点[③]："①自愿集股筹资，只分少量股息不分红利；②社员平等，民主管理，不问股金多寡，一人一票选举；③入社不受政治、宗教信仰影响；④以市场平价作现金交易买卖，保证准斤足尺；⑤按购金额比例分享利润；⑥盈余中提取 2.5%作为社员教育费用。"

先锋合作社取得了成功，张晓山认为成功的原因是[④]："人们追求并为之奋斗的都与其经济利益相关，先锋社的成功固然在于它能满足社员的个人利益，而它把社员的个人利益与民主原则结合起来，在公平与效益之间求得微妙的平衡，则更是一个创举。"

我们理解合作社成功的原因是，先锋合作社在欧文合作制实践的失败教训中，总结出的"罗虚代尔原则"，既适应了当时资本主义市场经济规律的要求、原则的相关规

① 李昱姣．空想的逻辑——欧文、傅立叶合作思想辨析［J］．社会主义研究，2009（3）：23-27.

② 白瑜洁．英国的农业合作社［J］．中国合作经济评论，2011（2）：80-96.

③ 姚铭尧．罗虚代尔原则［J］．中国中小企业，1998（3）：41.

④ 张晓山．西方合作运动浅析［J］．农村经济与社会，1988（3）：6-13.

定，又管理规范、运作简单、切实可行，得到了广大社员的拥护和支持。合作社在资本主义的社会制度中争取到了生存的权利；同时，对合作社运动的发展起到了很好的示范作用。

在罗虚代尔公平先锋社的带动下，英国随后的合作社在19世纪末发展到了消费、保险、信用、工人活动、小区服务合作社等领域，为国际合作社的发展起了巨大的推动作用。在国际合作运动史上，有研究者甚至把罗虚代尔公平先锋社称为世界上第一个成功的合作社，是合作社的鼻祖，是世界合作社的一面旗帜。罗虚代尔公平先锋社是一个标志，它拉开了现代合作社运动的序幕。

三、法国生产合作社

法国是世界生产合作社的发源地。在傅立叶和圣西门的生产性合作思想影响下。生产合作社最早产生于法国，这是由法国的社会经济发展的历史背景条件决定的。

恩格斯指出①：“法国是这样一个国家，在那里历史上的阶级斗争，比起其他各国来每一次都达到更加彻底的结局；因而阶级斗争藉以进行、阶级斗争的结果藉以表现出来的变换不已的政治形式，在那里也表现得最为鲜明。它在大革命中粉碎了封建制度，建立了纯粹的资产阶级统治，这种统治所具有的典型性是欧洲任何其他国家所没有的。”正是这一特点，法国的资产阶级革命废除了封建制度，在农村形成了小农阶层；在城市，法国的产业工人与资本主义的矛盾相对而言比较缓和，再加上法国制定了劳工法等政策也缓解了工人和资本家的对立。因而，法国的社会矛盾主要是手工业者、小生产者和小农阶层，在市场上如何立足市场与大机器生产竞争产生的矛盾。

小生产者为了竞争的需要，为了增强市场上的竞争力，互助自救，就通过集资入股方式组织生产合作社。他们的指导者就是傅立叶。史冰清指出②：“1848年二月革命后，法国生产合作进入大发展时期。以拿破仑三世为首的临时政府采取了鼓励合作社发展政策，满足了工人组建生产合作社的要求。同年7月，议会通过提案拨款300万法郎以帮助生产合作社。”因此，法国的生产合作社获得了发展。这些生产合作社以建筑合作社居多，其次还有五金工人合作社、装订和文具工人合作社、木工合作社和运输工人合作社。主要分布在巴黎、里昂和波尔多等大城市。

法国的农业生产合作社也有了很大的发展。主要有农业工团、种植业合作社和农产品加工合作社。农业工团的主要工作是改进农业生产技术、装备，推广农机、改良良种和牲畜品种。

四、德国信用合作社

德国是世界信用合作社的发源地。100多年前，德国建立了农民救助社，构建了合作银行体系，为合作金融的发展作出了很大的贡献。

德国的资本主义发展较其他欧洲国家较晚。在农村，农奴的身份转为了自由农民后，

① 中央编译局．马克思恩格斯选集：第1卷［M］．北京：人民出版社，1995：582-583.

② 孔祥智，金洪云，史冰清．国外农业合作社研究［M］．北京：中国农业出版社，2012：15.

产生了购买土地从事农业生产的极大热情。但是，农民受到了资本主义和封建地主的双重压迫。农民在双重盘剥下在把资金投入到购买土地上后，就无力筹措生产资金购买农业生产资料投入到农业生产中。这时候，就不得不把土地再抵押出去。

1849 年，时任威雅布许市市长的莱夫艾森，在英国的罗虚代尔公平先锋社的影响下，创立了佛拉梅斯佛尔德清寒农人救助社。救助社联合社员对抗贩卖高价农资产品的盘剥，向社员提供优质价廉的肥料。莱夫艾森借鉴罗虚代尔原则，制定了救助社的基本原则：农民自愿加入合作组织，大家平等互助；社团尽力为社员服务，不以赢利为目的；社员要按时偿还借贷的生产资料等。

随后，莱夫艾森发现了农民不仅需要优质价廉的农业生产资料，更需要农业生产资金。从 1854—1862 年，他先后成立了赫德斯多夫储蓄金库协会（Heddesorf Credit Union）、普鲁士农民信用合作社等农村信用合作组织，为农民开展贷款业务，避免高利贷的盘剥。

刘媛媛《德国莱夫艾森农村信用合作社发展历程及启示》一文描述了合作社独特的运行规则①：“莱夫艾森模式的信用合作社有以下特征：一是带有宗法性质和慈善性质。合作社不设入股金，不支付股息，贷款以个人名义即以道义保证发放，并且为了避免引起人们的利欲，信用合作社的全部利润都不向社员分配。在合作社组建时，可以从地方和市政机关以及教会等方面得到一些资助，业务活动资金的主要来源就是集资，集资对象广泛，包括个人团体、机关以及合作社联盟。二是社员以其全部财产对信用合作社承担无限责任。充分强调成员对合作社承担的义务，树立主人翁意识，提高关心、参与合作社的积极性和主动性。三是在组织体制上，莱夫艾森原则要求各合作社隶属中央金库。”莱夫艾森信用合作社实质上是一个金融中枢，将农民用金融的产品联接起来，形成了特殊的合作，从而最终改善了农民的生产和生活。

1872 年，莱夫艾森在普鲁士农民信用合作社经营了 10 年的基础上，成立了莱茵农业合作银行；1874 年建立了赫荪农业中央金库及菲斯特华尼亚银行。1876 年，莱夫艾森在联合了各地的信用合作社的基础上，组建了德国莱夫艾森合作社总联合会。这就是发展至今的莱夫艾森合作银行。

自 1849 年建立的佛拉梅斯佛尔德清寒农人救助社，到如今的莱夫艾森合作银行，德国的信用合作金融发展了 160 多年。在这一过程中，德国建立了从中央的合作银行、地区的合作银行，再到地区的信用合作社，构筑了一个完整的信用合作体系。“合作金融、自成系统、优质服务”是信用合作得以长盛不衰的原因。

五、结论

我们研究合作社缘起的历史，看到了这样一个事实，就是在资本主义发展过程中，在资产阶级和工人阶级的尖锐阶级矛盾和斗争中，西方资本主义国家用发展生产合作社、消费合作社和信用合作社的方式，来协调社会矛盾。他们没有用采用非合作的“零和博弈”的方式，不是以一方的收益必然意味着另一方损失的方式，更不是以你死我活的阶

① 刘媛媛．德国莱夫艾森农村信用合作社发展历程及启示［J］．世界农业，2012（4）：51-53.

级斗争的方式，来化解矛盾。世界合作社运动现在更是在蓬勃地开展着。这为我们研究中国的农民专业合作社的发展开辟了一个新的道路，使我们的思路跃上了一个新的高度，打开了一个新的境界。就是他们自己，也对早期合作社的发展，给予了高度的评价。我们认为这一评价是中肯的，说到了合作经济得以发展的精髓。

国际合作社联盟欧洲副主席菲利斯・斯盖尔维尼《欧洲合作社的发展与经验》一文指出①："欧洲在 19 世纪下半叶掀起了成立消费合作社、农业合作社、合作社银行、工人合作社的高潮。他们在经济社会发展上起到了不容小视的作用。资本金并不大的合作社却维护了成千上万的家庭、工人、农民在经济不断发展中的地位。这是 19 世纪合作社人的伟大发明：合作社企业的建立并不以盈利和壮大资本为目的，而是把人们的需求、经济发展的高效平衡、团结合作的精神原则、鼓励竞争作为出发点。"

第二节　国际合作社联盟的成立与发展

1895 年 8 月，国际合作社联盟（ICA）在英国伦敦成立。ICA 的宗旨是②：在团结、代表并服务于全世界的合作社组织，在世界范围内支持和促进合作社组织之间联络关系的互利合作与发展，推动人类社会和经济的进步，维护世界和平与安全，在宣传和发展合作社方面作出巨大的贡献。世界上各类合作社产生的时间和国家，见表 2-1。

表 2-1　世界上各类合作社产生的时间和国家

类别	年份	国家
消费	1828	英国
农业	1750	法国
金融	1853	德国
渔业	1800	希腊
森林	1940	不详
住房	1850	丹麦、法国、德国、挪威、瑞典
工业	1830	法国
手工艺	1842	日本、西班牙
残疾人	1919	波兰
保险	1750	美国、英国
综合	不详	
学校、青年	1884	阿根廷

① 菲利斯・斯盖尔维尼．欧洲合作社的发展与经验［J］．中国合作经济，2012（6）：11-12.

② "国际合作社年"的由来与动态［J］．中国农民合作社，2012（7）：26.

（续）

类别	年份	国家
电力	1926	阿根廷
电话	1887	阿根廷
灌溉	不祥	
石油	1921	美国
运输	1889	葡萄牙
健康保健	1904	丹麦
药品	1882	比利时
学前保育	1916	美国
殡葬	1939	美国

资料来源：戎军，董建萍．国际合作社运动简况和中国供销合作社［EB/OL］．2011-11-05. http：//wenku. baidu. com/view/fb39386ca98271fe910ef93d. html.

张业斌将世界合作运动的发展过程分为 5 个阶段[①]：第一阶段，从合作社的产生至 1895 年国际合作社联盟的建立；第二阶段，从 1895 年国际合作社联盟的成立至 1917 年十月革命；第三阶段，从 1917 年十月革命至第二次世界大战结束；第四阶段，自第二次世界大战结束至 20 世纪 60 年代；第五阶段，20 世纪 70 年代至 21 世纪的今天。当然，这是为了便于研究的一种方式。

如果我们以 1895 年 ICA 的成立为标志作为世界合作运动的开端的话，ICA 从成立至今，国际合作运动发展了近 120 年的历史。正如胡盛明指出[②]："合作运动作为一种超越国家、民族和社会制度的世界性的社会经济现象，经历了由简单到复杂、由松散到紧密、由局部发展到覆盖整个社会再生产各个环节的发展过程，形成了目前网络化、系统化和纵向化的现代合作体系。"这一判断是对 ICA 的发展过程、作用的高度概括和恰当的评价。

在现代合作社近 120 年的历史进程中，合作经济尽管在各国产生的背景、发展的环境及其类型各有差异，但作为一种国际性的经济运动，其制定的原则（1937 年、1966 年、1995 年）却为世界上的大多数国家所接受，这不能不说明这一原则是人类为发展经济，并包容各种社会制度而凝聚了高度智慧的结晶。

1995 年 9 月，在 ICA 100 周年代表大会上，通过和发表了《关于合作社界定的声明》。《声明》共有三个部分，定义、价值和原则（定义前文已叙述）。《声明》的发表，

① 张业斌．国际合作社发展及我国供销合作社的实践［EB/OL］．2009-05. http：//wenku. baidu. com/view/44427381b9d528ea81c7790a. html.

② 胡盛明．西方合作社与中国农村股份合作制企业［D］．北京：中国社会科学院，2000：5.

对于世界合作运动的发展，具有指导性的、里程碑性的伟大意义。唐宗焜指出①："《声明》概括的国际通行的合作社原则，以及它的合作社定义的普适性，不仅在国际合作社运动内部，而且为整个国际社会所公认。遵循《声明》阐明的标准界定什么是合作社、什么不是合作社，目的是保证国家的合作社政策与立法所支持、促进的是名副其实的合作社，而不是任何假冒的所谓'合作社'，或者似是而非的'合作社'。"

一、国际合作社联盟的价值

ICA 的价值②："合作社是建立在自助、自担责任、民主、平等、公平与团结的价值基础上的。合作社社员继承合作社创始人的传统，信奉诚信、开放、社会责任与关怀他人的伦理价值。"对于价值，ICA 作了如下的阐释③：

"自助"。建立在所有的人可以、也应该掌握他们自己的命运这样一个信念基础上。然而合作社认为，完全的个人发展，离不开其他人的协作，作为个人所能努力做到的及所能取得的成果毕竟是有限的，通过联合的行动和相互担责，就能取得更大的成绩，特别是能不断提高其市场竞争力和在政府中的地位。个人还可以通过合作社活动得到发展，如通过在促进合作社发展中学到的技能，通过对伙伴社员的了解，通过对社会的更广泛的认识。从这些方面讲，合作社是为所有参与的社员不断提供教育和推动其发展的机构。

"平等"。合作社的基本单位是社员，社员或是单个自然人，或是一个团体。以人为基本单位这个基础，是合作区分于按照资本利益管理的企业主要特点之一。在合作社里，社员有权参与，有权了解合作社的情况，有权获取信息，有权参与作出决定，社员按照尽可能平等的形式进行合作。当然在一个大的合作社里或合作社联合社里，做到完全平等是很难的。事实上对获得和保持平等的关心是所有合作社不断遇到的一个问题。总之，平等应更多的是作为处理业务的方法，而不是一个简单的规定。

"公平"。在合作社内要公平地对待每一个社员，社员应该公平的享受到他们参与合作社的利益。通常包括：惠顾分红、按社员名下的资本储备金分配和减少收费。

"团结"。合作社行为不仅仅局限于个人自我利益，合作社更是社员的联合，它还是一个集体，社员有责任保证所有社员都尽可能得到公正的待遇，在社员的脑海里要始终树立共同的利益的观点，要始终尽可能公平地对待雇员（他们有的是社员，有的不是社员）以及与合作社合作的非社员。"团结"意味着合作者和合作社是不可分的。他们要求产生联合的合作社运动，地方性的、全国性的、区域性的和国际性的，他们在各方面进行合作以为社员提供质优价廉的商品和服务，他们共同努力为公众和政府提供一个共同的形象，他们承认在各合作社间，不管其目的怎样、内容如何，有一个共同的特点。

---

① 唐宗焜．国际合作社联盟《关于合作社界定的声明》中译文问题［EB/OL］．http：//www.cenet.org.cn/article.asp? articleid=24900.

② 唐宗焜．国际合作社联盟《关于合作社界定的声明》中译文问题［EB/OL］．http：//www.cenet.org.cn/article.asp? articleid=24900.

③ 管爱国，刘惠，译．国际合作社联盟关于合作社定义、价值和原则的详细说明［J］．中国供销合作经济，1995（12）：4-8.

“诚信”。这是特别的承诺。合作社在市场中的地位不断提高，很重要的原因，就是因为坚持了诚信的制度、高质量和公平的价格。

“开放”。合作社是公共组织，要定期地向社员、公众和政府提供其有关业务信息。

“关怀他人的伦理价值”。对所在小区的成员开放、承诺扶持个人的发展。在一个或多个小区内，合作社是其存在的集体机构之一，他们有历史的传统关心小区内成员的健康。因此他们有义务在其所有活动中强化社会责任。与资金扶持一样，合作社有能力帮助他人。许多合作社对所在小区的发展在人力和资金上作出过重大贡献。这是合作者值得骄傲的一个传统，也是应该加强的一个传统。

二、国际合作社联盟的原则及阐释

在ICA成立之时，罗虚代尔原则就被确认为联盟的章程，为国际社会认可和采用，并在1937年、1966年作出了修改。ICA在随后召开的第100年纪念大会时，对原则作了最新的修订和阐释。

ICA的原则①：合作社原则是合作社将其价值付诸实践的指针（对于合作社的原则，ICA作了详细的阐释）②。

（一）原则1：自愿与开放的社员资格

合作社是自愿的组织，向一切能够使用其服务并愿意承担社员责任的人们开放，没有性别的、社会的、种族的、政治的或宗教的歧视。

ICA对于原则1的阐释。“合作社是自愿的组织。”再次肯定了社员自愿加入合作社的重要性。不能强迫人们成为一个合作者，必须让合作社得到机会学习和了解合作社现有的价值，允许他们自由加入。强调合作社对“所有能够利用他们的服务和愿意承担社员义务的人开放，无性别、社会、种族、政治和宗教的歧视。”

这一原则再次肯定了自19世纪合作社出现以来，承诺认识到所有人的基本特征。关于“对所有能够利用合作社服务的人开放”承认了合作社是为了某种特殊需要组织起来的，在很多方面，合作社只能为某类社员或有限的社员提供服务，如：渔业合作社完全是为渔民服务的；住房合作社只能为许多社员提供住房服务；工人合作社只能为有限的工人提供就业机会。

关于“愿意承担社员义务”，提醒社员对合作社要尽义务。这种义务在不同的合作社里是不一样的。基本包括：履行投票权、参加会议、利用合作社的服务以及公平地提出自己的要求。

合作社应尽力做到保证对待社员没有性别上的歧视。社员原则也禁止按“社会”特点进行划分。“社会”首先是关于等级的区别，“社会”也是一种文化，在某种程度上讲，

---

① 唐宗焜．国际合作社联盟《关于合作社界定的声明》中译文问题［EB/OL］．http：//www.cenet.org.cn/article.asp? articleid=24900.

② 管爱国，刘惠，译．国际合作社联盟关于合作社定义、价值和原则的详细说明［J］．中国供销合作经济，1995（12）：4—8.

“社会”还是国家的身份，它确实是一个复杂的概念。

原则还包括了“种族”。过去大会文件里关于“种族”的描述基本上被忽略了。“种族”是含指生理上的不同。这一观点在近150年来导致在人类大家庭中偏见、战争和种族歧视。然而在与世界各地的合作社讨论时，都提出若不包括“种族”容易产生误会。如有些对合作社运动情况不太了解的人可能会得出结论，按照“种族”排除一些人是可以接受的。在社员原则中包括“种族”以使人们对于合作社在这一事件中的态度毋庸置疑。

同时，不管社员加入任何政治团体，合作社都对其开放。自合作社建立以来，就鼓励不同政治信仰和意识形态的人工作在一起。在某种意义上讲，合作社试图超越19世纪末期和20世纪带来如此多的紧张、动荡、战争的传统的思想。确实把不同的人团结在一起作为共同的目标，是合作社运动带给20世纪的最大愿望之一。不管其宗教信仰如何，几乎所有的合作社都允许其加入。有些合作社，大多是金融合作社，就是由教堂和宗教政治团体组织起来的。这样的组织只要不妨碍其他宗教团体组织起来的类似合作社的组织，不盘剥所在小区的非社员，尽可能与其他合作社合作，承担促进所在地区合作社运动发展的责任，就不违反原则。

社员原则是与教育原则和民主管理的原则密切联系在一起的。只有当社员了解情况，在社员、选举的领导人、经理和雇员之间进行有效的沟通，社员才能发挥它的作用。而且只有与社员商量、并使之确信能了解情况，社员才能感觉到是在参与。从这个意义上讲，领导人、经理和雇员必须具备一定的能力，必须全面了解他们的社员，不管其宗教或政治信仰、性别、文化和社会背景如何。

（二）原则2：民主的社员控制

合作社是由其社员控制的民主的组织，社员主动参与合作社的政策制定和决策。选举产生的男女代表要对社员负责。在第一级合作社，社员有平等的投票权（社员一人一票）；其他层次的合作社也以民主的方式组织。

ICA对于原则2的阐释。“民主”包含了权力，实际上是权力和责任两个方面。但它更意味着，在合作社内发展民主的精神，一项永不停止、艰难的、具有价值甚至是必须的任务。这一原则强调了合作社完全是由其社员管理，突出了管理的民主形式，肯定了社员在积极参与制定方针、作出重大决策中的权力。在大多数合作社里，这一权力是通过社员大会体现出来的。在社员大会上讨论方针政策作出重大决定，批准重要活动。

“选举产生的男女代表要对社员负责”，这句话提示被选上的代表，他们在其职位上必须考虑社员目前的利益和长远的利益。合作社不属于经选举产生的管理人员的，更不属于雇员，合作社属于社员。经选举的管理人员，在其任期内要对社员负责。

“在第一级合作社，社员有平等的投票权（社员一人一票）；其他层次的合作社也以民主的方式组织。”强调了合作社投票的通常的规定。在基层合作社里这一规定是很明显的，而在其他的合作社里，投票没有具体规定，主要考虑到合作社运动在其给定的环境里，其民主的含义最好是由各合作社自己确定。在许多第二级、第三级合作社里，采取的是按比例投票的制度，以反映不同的利益、合作社社员的规模和各参与的合作社的承诺。

（三）原则3：社员经济参与

社员对他们的合作社公正地出资，并民主控制他们的合作社的资本。该资本至少有一部分通常是合作社的共同财产。社员对作为取得社员资格的条件而应募的资本通常收取有限的报酬，如果有的话。社员分配盈余用于如下某项或所有各项目的：可能以建立公积金来发展他们的合作社，公积金至少有一部分是不可分割的；按社员同合作社交易额的比例向社员返利；支持社员认可的其他活动。

ICA对于原则3的阐释。合作社这一规定，表明资金在该组织中是仆人，而不是主人。合作社的存在是为了满足社员的需要。这一原则既规定了社员如何向合作社投资，也规定了如何决定盈余的分配。

这一规定一方面强调了社员必须向他们的合作社投资，另一方面规定，投资必须是公平的方式。实质上社员对合作社的投资有三种方式。一是在大多数合作社里要求社员入股——一股或多股，以取得社员的资格并取得社员的优惠。这种社员股金一般不支付红利。二是为促进合作社发展，社员可以从合作社盈余中提取公积金。通常提取的这部分盈余，全部或绝大部分归集体所有，代表着社员扶持他们合作社的集体成果。三是由于许多合作社对资金的需要远远大于他们可能在经济活动中所产生的利润，合作社可以适当地要求社员在退休前或按某种周转的基数定期地向合作社投入他们红利中的一部分，在这种情况下，合作社不支付利息，社员主要是从继续参与合作社的活动和未来的分红中受益。

合作社也可能不得不特别要求社员扩大投资。在这种情况下，就要适当对投资按公平的利率付息，但这种利率应是竞争的利率，如政府或正规银行的利率，而不是投机的利率。

社员有管理资金的权力。在管理的过程中，有两个关键的问题：一是不管合作社为其业务发展如何筹集资金，所有决定的最终决策权必须是社员；二是社员至少拥有集体积累的那部分所有权，这是他们取得集体成果的反映。

当合作社的经营产生盈余时，社员有权力和义务决定其如何分配。通常他们可能也应该选择的最重要的目的之一是，进一步发展合作社。

（四）原则4：自治与独立

合作社是由其社员控制的自治的、自助的组织。如果合作社要同其他组织（包括政府）达成协议，或者要从外部来源筹资，则必须以确保其社员的民主控制和坚持他们的合作社自治为条件。

ICA对于原则4的阐释。世界上所有地方的合作社都受到其与政府关系的深深影响。政府通过立法，使合作社依法行使职能，政府的税收、经济和社会政策，使其在与合作社发生关系时，可能会促进合作社的发展，也可能会障碍合作社的发展。据此所有的合作社都必须积极发展与政府公开的和明晰的关系。

关于“其他组织”，原则承认世界范围内很多合作社正与私营企业联合经营的事实，且没有任何理由表明这一倾向会消亡。然而要强调的是，无论何时达成这种协议，都必须充分保持合作社的独立性，这是非常重要的。

（五）原则 5：教育、培训与告知

合作社为其社员、当选代表、管理人员和雇员提供教育和培训，以便他们能够有效地对他们的合作社的发展作出贡献。合作社要把合作的性质和好处告诉公众，特别是年轻人和舆论带头人。

ICA 对于原则 5 的阐释。这项原则强调了在合作社内教育和培训发挥的重要作用，教育意味着增长知识和鼓励惠顾，意味着丰富社员、选举的代表、经理和雇员的思想，使之全面了解合作社思想和行动的丰富内含。培训意味着保证所有与合作社合作的人拥有合作社所要求的技能，以更有效地履行其责任。教育和培训之所以重要，还因为它为合作社领导人提供了一个可以了解其社员需要的极好的机会，按照这种途径帮助他们进一步估价合作社的活动，提出改进或提供新服务的方法，鼓励合作社的社员和领导人间双向有效的沟通。按照这一有效形式开展业务，合作社就不会失败。原则还意识到了，合作社向青年人和舆论名流，如政治家、公务员、新闻媒体界和教育者宣传关于合作社性质和益处有特殊的责任。

（六）原则 6：合作社之间的合作

合作社通过地方性的、全国性的、区域性的和国际性的结构一起工作，来最有效地为它们的社员服务，并加强合作社运动。

ICA 对于原则 6 的阐释。如果合作社要充分发挥它们的优势，必须加强合作社间的合作。合作社还必须进一步意识到，加强合作社扶持组织和活动的重要性。关注某个特殊的合作社或某类合作社比较容易，而在合作社间，在团结价值和合作原则的基础上看到一个普通的合作社利益则不是容易的事情。这也就是为什么有必要成立普通的合作社扶持组织，为什么在提及政府或向大众推广合作社模式时，非常有必要把不同的合作社联合起来。

（七）原则 7：关注小区（社群）

合作社通过它们的社员认可的政策，为小区（社群）的可持续发展效劳。

ICA 对于原则 7 的阐释。合作社作为组织主要是为其社员利益而存在的，由于在一个特定的区域内与社员的这种密切关系，使得合作社与其所在的社会也有着密切的关系。合作社有一种特殊的责任保证促进所在地区经济的、社会的和文化的发展，他们有责任保护所在地区的环境。尽管合作社作多大的努力、用什么特殊的形式促进地方社会的发展，要由社员来决定，但是这一系列责任，社员是逃避不了的。

国际合作社联盟发展一百多年中，不断总结和完善的原则（从 1937 年、1966 年的原则，发展到 1995 年的 7 原则），是世界上参与合作运动的各个国家的作出的宝贵经验总结，也是指导各国开展合作运动公认的指南和依据。这一原则，不但对合作社作出了质的规定性，也是我们发展合作社的安身立命之本。

三、国际合作社联盟的组织机构

（一）ICA 的领导机构

国际合作社联盟（ICA）简况[①]：ICA 的领导机构包括全球大会、地区大会、理事会、审计管理委员会。全球大会是 ICA 最高权力机构，每两年召开一次会议，制定有关全世界合作社的重要政策，并组织实施。地区大会也是每两年召开一次，并与全球大会错开举行，地区大会共有 4 个，即：非洲、美洲、亚太和欧洲地区大会。它的职能是促进地区范围内合作社的发展，讨论地区性问题。地区大会必须执行全球大会的决定，确定 ICA 各地区工作的重点，并推选分别代表各地区的 4 个 ICA 副主席。

理事会主要是监督 ICA 各项职能的发挥，制定预算、决定会员问题、投资问题，并指定秘书长人选。审计委员会负责审查本组织的财务状况，指定联盟审计员，并向 ICA 理事会和全球大会提交报告。

1946 年，ICA 成为获得联合国咨询地位的第一个非政府性机构。现在，它是在联合国经社理事会享有第一咨询地位的 41 个机构之一。

（二）ICA 的专业委员会

为了解决世界合作社运动中某些特定经济和社会领域的问题，ICA 建立了 14 个专业机构，其中 10 个是负责不同领域合作社的专业委员会（组织），4 个是负责非经济性问题的专业委员会。10 个专业委员会（组织）是：①ICA 农业委员会；②国际工业、手工业和服务业合作社委员会；③ICA 消费委员会；④ICA 渔业委员会；⑤ICA 住房委员会；⑥国际合作社银行协会；⑦国际合作社能源组织；⑧国际合作社相互保险联盟；⑨消费合作社批发贸易国际组织；⑩国际合作社旅游组织。

4 个非经济活动的专业委员会是：①国际合作社培训教育委员会；②通讯委员会；③妇女委员会；④合作社计划、研究和发展委员会。

（三）地区办事处

国际合作社联盟在全球设有 5 个地区办事处，它们是亚太地区办事处，东、中、南非地区办事处，西非地区办事处，中美和加勒比海地区办事处，南美地区办事处。地区办事处的职责：①协调地区内合作社的发展，促进经验交流。②促进、说明建立和发展全国性合作社组织，说明现有全国性合作社机构巩固基础，争取自立。③促进政府和合作社之间的对话和关系，协助合作社立法工作。④帮助确立、制定、准备、执行和评估合作社的发展项目。

四、国际合作社日（年）

1922 年，国际合作社联盟在德国埃森举行联盟大会，决定将每年 7 月的第一个星期

① 国际合作社联盟（ICA）简况［J］. 中国供销合作经济，2002（7）：8.

六确定为“合作者的节日”（International Day of Cooperatives）。我们国家一般称为“国际合作社日”。

1992年12月16日，联合国大会宣布1995年7月的第一个星期六为联合国国际合作社日，以纪念国际合作社联盟建立100周年，并决定将来每年都将此日定为联合国国际合作社日。联合国国际合作社日，旨在引起人们对合作社的重视，加强联合国和国际合作社联盟的相互合作，强调合作社运动对解决联合国提出的主要问题所作出的贡献，使合作社与包括各国政府在内的其他部门的伙伴关系更加密切。

2009年12月18日，联合国大会第64届会议通过决议，宣布2012年为国际合作社年，这是联合国成立近70年来确立的首个国际合作社年，其口号是“促进合作社企业，建设更美好世界”。充分体现了世界各国对合作社事业的重视、支持和期待。国际合作社年有三个主要目标：提高认识、促进发展和制定合适的政策。以国际合作社年为契机，联合国和国际合作社联盟积极开展各种活动。

第三节　农业合作社在世界的发展

农业合作运动是世界合作运动中的重要组成部分。农业合作社的发展又是农业合作运动的最主要的内容。如果我们以农业合作社的突出发展为考虑因素的话，世界合作运动的发展可以划分为两个阶段。

一、世界农业合作化运动发展概况

农业合作是西方合作运动的一个组成部分。它在具有西方合作运动共同特点的同时，还具有一些本身的独特性质。高海燕《世界合作运动中的农业合作运动》一文指出[①]：“纵观近二百年的世界合作运动发展史，如果我们按合作社及合作运动产生的时间、空间以及所具有的规模，描绘出这个运动发展的轨迹，那么就会发现，在世界合作运动发展的历史长河中出现过合作运动的两次浪潮。第一次浪潮出现于工业革命发生、发展及基本完成的18世纪末到19世纪末期。它在19世纪中期形成浪峰。这个时期在主要资本主义国家以及后来走上资本主义发展道路国家的城市，出现了一批各种类型的合作社。其中由工人阶级建立的消费合作社和生产合作社占据了重要地位。19世纪末至20世纪初以来，合作运动在世界许多国家的广大农村形成了其发展的第二次浪潮。这次浪潮的浪峰形成于第二次世界大战以后，随着资本主义国家农村实现两个转变的历史进程的加快，农业合作运动得到广泛深入的发展。”

在世界合作运动发展的第二阶段中，农业合作运动的发展构成了非常重要的因素。在第二次世界大战前，农业合作社主要在流通领域发展。二战后的50年代，农业合作社发展到了农村社会经济的各个领域。正如高海燕指出[②]：在产前、产后及产中服务的各个环节上出现了各种类型的合作组织，如良种培育合作社、植保合作社、机器利用合作社、

① 高海燕．世界合作运动中的农业合作运动［J］．农业经济问题，1986（7）：62-64.

② 高海燕．世界合作运动中的农业合作运动［J］．农业经济问题，1986（7）：62-64.

农、畜产品加工合作社等，形成了农业生产的社会化服务网。”1960 年后，又出现了由合作社之间的（包括横向和纵向）联合而形成的新的合作组织。

在合作运动发展的第二阶段，农业合作运动在资本主义国家得以迅速发展，在社会主义国家也得到了快速发展，尽管背景不同、途径不同、目的不同，但是殊途同归，在解决小生产的落后生产状况不适应农业现代化大生产的客观需求，这一对矛盾的目的上却是一致的。

二、英国农业合作社

白瑜洁《英国的农业合作社》一文介绍了英国的农业合作社的情况[①]。2008 年英国合作组织数量比 2007 年有所增长，共 4 820 个，营业额约达 290 亿英镑，税前净利润超过 5 亿英镑。[②] 其中农业合作社（Agricultural Co-operatives）是英国合作组织的重要组成部分。此外，还有渔业和林业合作社。农民和农业工人是合作社的社员，主要从事物资采购、农产品加工和销售，农业设施（如储藏设施、运输设施）的合作使用等。

农业合作社的最高组织机构是英国农业合作社联盟有限公司［Federation of Agricultural Co-operatives（UK）Ltd］。合作社通过生产者联合，扩大规模，产品销售和农资购买中得到收入。截至 2008 年，英国共有 435 个农业合作社，总营业额约达 46 亿英镑，成员超过 15 万人。第一牛奶有限公司（First Milk Limited）是最大的农业合作社，年营业额约达 6 亿英镑[③]。

英国通过立法和政府出台政策支持和扶持合作社的发展。英国的《合作社法》明确了合作社的基本框架和主要制度。明确了合作社具有法人资格，能独立承担民事责任，降低了社员参与合作社的风险。1852 年，《工业和节俭协会法》（Industrial and Provident Societies Acts，I&P Act），赋予合作社以社团法人的法律地位，为合作社发展创造了良好的法律条件。对于合作社实体的垄断状态甚至垄断行为实行豁免，这利于合作社扩大规模参与市场竞争。

为吸引农民自愿加入合作社并以合作社的形式发展生产，英国政府在财政税收上对农业合作社实行优惠政策。1895 年，制定了《英国产业经济合作法》，1971 年的《农业与园艺合作法案》规定，农产品和园艺品的合作生产，以法律的形式明确了政府对合作生产的财政补助。

1973—1974 年，政府用于农业合作的补贴金额为 90 万英镑，1975—1976 年增加到 110 万英镑，以后两个年度减少到 80 万英镑，到 1978—1979 年又回升到 140 万英镑。

英国政府强调合作社的发展，在英国乡村发展计划中，倡导和促进生产者之间，生产者与供应链上其他主体间的合作。为了促进农业与园艺业的合作生产，“英国农业与园艺合作社联合会”成立，具体经营有关合作社补助事项，使政府补助得到有效管理和监督，提高了补贴资金的分配和使用效率。

① 白瑜洁．英国的农业合作社［J］．中国合作经济评论，2011（2）：80-96.

② 资料来自 Co-operative UK 官方网站 2009 年度报告.

③ 资料来自 Co-operative UK 官方网站 2009 年度报告.

英国的合作社还组建自己的政党组织——英国合作社党，参与国家的政治、法律和社会事务，以增加影响力和对合作社的支持。1917 年英国在全国合作会议中决定组织中央合作代表竞选委员会，1920 年改组为合作党，真正成为合作社政治团体的代表。合作社党的中心任务是与合作组织配合，推动合作运动。合作社党议员在国会中拥有 15 个席位，在地方议会也拥有众多的议员。通过合作社党，消费者可以直接向国家和欧盟的立法工作发表意见。

英国的合作社的发展趋势有几个特点。一是从分散走向联合。英国政府鼓励合作社的发展，支持建立从基层、区域、直至全国性的合作社联合组织机构。在各级机构中设有为合作社提供信息、传播技术和培训干部的服务部门。在提高合作社运作效率和业务服务质量的基础，大社合并小社、弱社，不断扩大合作社的规模，增强核心合作社的能力。

二是合作社在由传统型、慈善型，向现代型和企业型转变。为了加强市场竞争的能力，适应市场变迁和社会分工的需求，合作社引入现代企业管理制度，实行股份公司管理，扩大民主化的生产经营管理。建立董事会，加强社员对合作社的监督，实现统一管理、统一核算，提高工作效率。

三是合作经营由单一功能向多功能转变。合作社不但办理社员的农作物、火灾、财产、人身等保险，还为社员提供文化教育、红白喜事、保健养老等，使得合作社保障功能日益突出。原因是社员构成的复杂化和地方自治的深化，促使合作社加大综合开发建设本区域的力度，使合作社的功能得以强化。

英国的合作社发展还存在着一些问题，例如产权问题、高额的交易成本和不健全的承包制及合同制的问题，使得合作社向更深层次发展面临新的挑战。

三、德国农业合作社

德国的合作社是一个比较严密的体系。张晓山《德国合作社的几个特点及对我们的启示（上）》一文作了介绍①。德国合作社是传统的自下而上的三级组织机构，分别为国家级、地区级和基层。在基层一级包括 3 950 个莱夫艾森商品及服务合作社、2 589 个人民银行及赖夫艾森银行和 768 个小型工业、商品及服务合作社（注：基层合作社的数据是 1990 年的数据）。

德国政府重视农业合作社的发展，鼓励农民建立农业联合体和合作社。把农业合作社发展成功能齐全的农业服务体系。裘元伦《联邦德国的农业合作组织》一文②，介绍了 20 世纪 80 年代的农业合作组织的情况。德国的农业合作组织主要是信用合作社、供销合作社和生产合作社，见表 2-2。

合作社的成员总数增加从 1960 年的 409 万人，增加到了 1982 年的 1 027 万人；同时合作社的数目却减少了 3/2，即从 1960 年的 22 870 个社；减少到了 1983 年的 6 800 个；每一合作社的平均人数从 179 人增加到了 1 510 人，合作社的销售总额从 1960 年的 170

① 张晓山．德国合作社的几个特点及对我们的启示（上）[J]．农村合作经济经营管理，1997 (5)：45-47.

② 裘元伦．联邦德国的农业合作组织 [J]．西欧研究，1985 (6)：18-23.

亿马克增加到了 1983 年的 820 亿马克。从数据可以看出，合作社的规模在不断扩大。

表 2-2 联邦德国合作社发展的主要指标

	1960 年	1965 年	1975 年	1979 年	1983 年
合作社数目	22 870	20 240	11 526	9 882	6 800
成员人数（万人）	408	465	918	1 041	1 027
每社平均人数（人）	179	230	802	1 061	1 510
销售额（亿马克）	170	258	519	713	820

资料来源，〔联邦德国〕《农业经济》月刊，1985 年 3 月，第 90 页；〔联邦德国〕《农业报告》，1961 年第 3 期，第 415 页；〔联邦德国〕《1968 年农业年鉴》，第 125 页；《联邦政府 1984 年农业报告》，第 54、55 页。

20 世纪 80 年代德国的合作社规模不断扩大主要集中在信用合作社和供销社。供销合作社采购了农业生产的一半以上的农产品。而且农业合作化的进程最先始于信贷领域，其次是供销部门，最后开始深入到了农业生产本身。原因是德国一直是小规模个体农户为主，农业合作组织只有从销售和服务领域入手。农业合作社的产生和发展是对大量单个农户经营规模和先进生产工具运用不足的一种重要的补充手段。进入 21 世纪，德国的合作社有进一步扩大的趋势。

随着生产力和科学技术的进步，农业合作社向生产领域的纵深发展。在实现农业现代化的过程中，在生产领域，农业合作的重要形式是共同使用农业机器的合作社得到了迅速发展。从最简单的邻里互助合作形式开始，到机器协作社、机器合作社、"农机环"和农机租赁企业、生产者协议、生产者共同体、生产的局部一体化和生产的完全一体化等形式。

裘元伦指出①："机器合作社，一般是正式办了手续的、有自己的章程和管理机构的、登了记的合作组织。这种合作社所支配的机器通常是该社的集体财产。这种合作社多半雇佣高度熟练的劳动力；在租用机器的时候，还能借助于随机在合作社供职的人员来完成某些生产作业。在 20 世纪 70 年代初，这种合作社共有 656 个。'农机环'和农机租赁企业是联邦德国农业中跨农户使用农业机器设备的最重要的合作形式。与机器协作社和机器合作社不同，'农机环'是根据另一些原则建立起来的。所有的生产工具和生产资料仍然属于成员私人所有。不仅如此，'农机环'的章程还禁止建立集体所有制。这种合作组织的实质在于，它们每一个成员，用他所拥有的这种或那种农业机器设备替没有这些机器设备的该组织的其他成员农户完成相应的工作。合作组织的领导作为组织、介绍的中心，了解、掌握本组织各成员闲置的机器能力及其种类，并为使用这些机器做穿针引线的工作。为了更精确地组织合作，通常'农机环'一成立就对成员所拥有的农业机器进行调查、计算，而后定出使用机器的收费标准。对使用机器和对在这些机器上工作的机器拥有者的劳动所支付的报酬，等级表是由合作组织的全体成员大会批准的。对所完成的工作数量和质量，要由定货人加以确认，然后由合作组织的领导根据已经确定的收费率进行计算和结算。在许多场合，根据已经确定的收费率在合作组织成员之间相互结

① 裘元伦．联邦德国的农业合作组织［J］．西欧研究，1985（6）：18-23.

算，通过信用合作社出纳处转账的办法由一个户头转另一个户头。有时，‘农机环’同时也是信用合作社出纳处的特别分支机构。”从德国的生产合作过程，我们可以真切地看到，于细微处照顾到了各方面利益。这也是把社员的个人利益与民主原则结合起来，在公平与效益之间求得微妙的平衡的一个生动的体现。

德国的农业生产合作，不仅盯在农业生产、增加农业收入上，还非常重视提高产品质量、扩大均质而又稳定的农产品批量生产、改善产品结构、改进农业同工商业部门的联系渠道等其他的重要环节上。

德国在立法上给予合作社的发展以支持和帮助。1867 年德国制定了第一部《合作社法》，1889 年修订《合作社法》，为建立基层合作社提供法律保障。目前的《德国经营及经济合作社法》对合作社的法人地位、法律责任、社员出资、组织治理、盈余分配、法定审计、解散清算等方面作出了具体的规定。

德国政府出台一系列政策鼓励合作社的发展。对新建的合作社，在 5 年内可享受创业资助，包括人工费用、办公设备和咨询费；7 年内可享受投资资助，如采购、加工、销售、仓储、包装等经营性投资成本，资助额最高为投资总额的 25%，但不超过其销售收入的 3%。

德国政府在税收上，对合作社用税后利润进行投资的部分免征所得税。农业企业、合作社还可免交营业税、机动车辆税。为农业企业提供咨询、农机出租等服务的合作社免交法人税。

进入到 21 世纪的德国农业合作社，更加体现出了结构完善，法律完备，服务周到的特点，在农业中发挥着个体农民和国家都不能替代的作用。但是，在激烈的市场竞争下，德国的农业合作社目前也存在着专业性合作社由于经营单一，难免效率低下的问题。这就需要综合经营和纵向一体化，农工商全面发展，提高农产品的附加价值。

四、法国农业合作社

法国是欧盟成员国中第一大农业国，农业产值占全部欧盟农业产值的 20%以上，农产品出口居欧盟第一位。自 1888 年法国成立了第一个农业合作社——夏埃奶业合作社，[①] 至 2011 年[②]，法国的农业合作社已经发展到 3 750 余个，入社社员 130 万人，90%的农民加入了农业合作社。年营业额 1 650 亿欧元。

经过一百多年的经营，法国的农业合作社规模在扩大，数量在减少，发展成为以生产合作社为基础、以产业经营为主导的合作社。经营项目由最初的农业初级农产品生产，扩展到加工、贮藏和销售领域，形成了从种植、养殖到加工、销售的产业链。

（一）法国农业合作社类型

农业合作社的类型有农业生产资料合作社（将购买的农用生产资料，包括种子、农

① 李先德．法国农业合作社［J］．世界农业，1999（3）：44-46.

② 新疆兵团赴法国“现代农业及农场发展与管理”培训团．“法国农业合作社”给我们的启示［EB/OL］．中国农经信息网．2011.

药、肥料、农业机械、饲料等，然后销售给成员）；农产品加工合作社和农产品销售合作社（收购社员生产的农产品，加工后销售）；农产品生产服务与储藏合作社（向社员提供特别试验分析、储存、农业生产咨询服务）。

法国还有一种比较特殊的叫“共同使用农业机械合作社”（法语为CUMA，简称居马），由几个（至少5个）或几十个农户共同组织起来共同购买和使用农业机械设备的合作社。农业机械包括农业生产各环节所需要的机械（拖拉机、收割机、施肥和农产品加工机械），主要以收获机械为主。

法国还有一种人工授精合作社。畜牧业中的人工授精，基本上是由高度专业化的人工授精合作社来完成。48个人工授精专业合作社（已得到授精中心的认可）① 和20个合作联盟（由生产中心认可）雇佣了3 300名工人，完成了85%奶牛品种的授精和12%的肉牛品种的授精。

（二）法国农业合作社运行机制

《关于法国农业合作社的考察报告（摘要）》② 和全国人大农业与农村委员会代表团《关于法国农业合作社的考察报告（摘要）》③ 描述了合作社的运行机制。

社员的股份。土地不作为股份入股，要按照与合作社预期交易量的多少交纳股金，股金不参与分红。每年可根据全体大会的决定支付一定的利息，利息低于同期活期银行利率。

社员入社与退社。因为合作社是农民自愿组建的，社员入社程序简单，只要个人提出申请入社，分区管理委员会同意，到合作社总部办理登记手续即可，理事会批准就可入社。社员退社受到了一定限制，有的规定社员5年内不能退社，如果退社则要支付罚金。

社员的清退。社员被清退，就会失去所有的生产和市场服务的保障，将再得不到合作社的良种等农资供应、技术咨询、农业补贴等，销售产品再无法获得产品质量认证、农产品原产地证明等。所以，社员很少可能出现违章行为。违章行为，一般是在两个领域，一是不按合作社规定的栽培模式和饲养标准操作，偷工减料，随意使用农药、化肥、动物添加剂、抗生素等；二是初级农产品不销售给本合作社，将产品高价倒卖。

合作社的内部机构。社员大会是合作社的权力机构，规模较大的合作社则设立社员代表大会。表决实行一人一票制，理事会由社员（代表）大会选举产生，向社员（代表）大会提出年度工作报告和利润分配方案报告，由社员（代表）大会研究、讨论和表决。由理事会聘请的总经理及其工作人员是合作社业务的日常管理机构。

在基层社组建联合社时，也坚持一社一票。但法律允许合作社根据具体情况，按照社员与合作社的交易数量（或质量）、承担的责任、职务和作用的不同，给予附加表决

---

① Coop. 刘莉，译．法国农业合作社［J］．现代农业装备，2007（11）：61-62.

② 新疆兵团赴法国“现代农业及农场发展与管理”培训团．“法国农业合作社”给我们的启示［EB/OL］．中国农经信息网．2011.

③ 全国人大农委法案室．关于法国农业合作社的考察报告（摘要）［J］．中国人大，2006（21）：18-20.

权，但必须得到全体大会的一致通过。附加表决权不得歪曲“一人一票”的总原则，法律对同一个股东在社员大会中的表决权比例有一定的限制。

盈余分配。盈余分配由两部分组成：一是按照社员与合作社的交易额向社员进行盈余返还，二是留作合作社的发展基金。两部分具体比例一般由理事会提出建议，经社员（代表）大会通过后确定。

合作社的投资。随着规模的扩大和资金实力的增强，合作社希望从事更多的经营业务，法律规定合作社或合作社联盟可以投资建立商业公司。在法国，许多大的农业合作社都设立了子公司或合资公司，子公司、合资公司属于一般企业，不受《合作社法》的限制。

（三）从立法上对合作社的支持

从法国合作社的运行机制可以看出其运行的特点：自由加入，缴纳股金；社员不是按股金数量而是按交易额多少分红；社员直接参与经营决策，体现了所有者主体地位和民主管理原则；合作社具有排他性，每个社员只与合作社交易。

法国的农业合作社是建立在家庭农场之上，在保留私有制和独立的经营权的前提下，形成合作社与家庭农场既独立又合作的双层经营结构。采用“合作社＋农户”或“合作社企业＋农户”等形式进行贸工农一体化、产供销一条龙经营。合作社对内坚持不以营利为目的，留足公共积累和发展基金后实行盈余返还原则，对外则实行公司化经营。

法国从立法上支持合作社的发展①。第二次世界大战后，为鼓励合作社的发展，法国相继颁布了一系列法律支持合作社的发展。1949 年关于零售商合作的法律；1963 年和 1965 年关于运输部门合作社的法律；1962 年关于手工业合作社的法律；1958 年关于互助信贷的法令；1965 年关于合作社形式的私营公司的法律；1967 年关于农业合作社章程的法令；1972 年 6 月 27 日和 1991 年 1 月 3 日法令等。这些法条中有关农业合作社的主要规定有：合作社实行统一章程；合作社是一种特殊类型的企业。

1972 年法律对农业合作社的定义是：“农业合作社及其合作社联盟是不同于民事企业和贸易企业的一类特殊企业。它具有独立法人权利和完全民事权利”，“农业合作社的目的是，农民共同利用便于发展其经济活动的相关手段，以扩大该经济活动的效益”。同一切私营或商业组织相比，合作社特殊性在于，不追求合作社社员所要求的经济与社会利益以外的其他利益。

农业合作社是可变资本企业。一般企业的资本是基本固定的，如要降低或提高资本，必须经过特别股东大会的同意。对于合作社等可变资本企业，资本和社员可随时变动。合作社理事会有权吸收新的社员以增加合作社资本，当然合作社资本也同样可以因为社员的退出而减少。

合作社应当主要同社员交易。法国是欧盟中执行排他性原则最严格的国家。法律规定，合作社可以同非社员进行交易，但交易额占营业额的比例不能超过 20％。同非社员

① 全国人大农委法案室．关于法国农业合作社的考察报告（摘要）[J]．中国人大，2006（21）：18-20.

的交易必须在账务上分开核算，交纳公司所得税。

合作社是体现一定公共利益的组织。法国有关法律规定，如果合作社因解散或其他原因进行清算，其剩余财产必须交另一家合作社或能体现公共利益的组织（如农业学校、与农业有关的社团等）。具体交给哪家组织，由被清算的合作社全体大会决定。

（四）从政策上对合作社的支持

法国政府对合作社采取支持和鼓励发展的政策①。20 世纪 60 年代，法国制定了《农业指导法》，将国家对农业的扶持资金大部分用于扶持农业合作社，鼓励农民通过合作社联合起来。对于合作社购买农产品加工和农业机械设备，给予一定比例的资金扶持。

在税收上有两项优惠政策：一是免公司税（根据经营利润多少征收）；二是减半征收营业税（根据不动产总额征收）。优惠的依据是农民组建合作社的目的不是取得利润而是为了获得服务，合作社的活动是社员生产经营活动的延伸，合作社获得的盈余都通过利润返还形成分给了社员，社员依法交纳个人所得税，因而合作社没有义务再交纳公司所得税。

由于合作社与非成员的交易形成的盈余，不能按照合作原则进行返还，会形成合作社的所得，因而法国有关法律规定对合作社与非成员的交易进行单独核算、单独纳税。但如果与非社员的交易超过 20%，则要对合作社的全部盈余征收公司税。

法国实行以农业合作社为主体的农业服务，加速了农业现代化的进程。这种服务不以营利为目的，促进了农业合作社以集团的力量参与国际市场的竞争，一人一票的制度体现出了民主管理的原则，增强了合作社的凝聚力。

五、丹麦农业合作社

丹麦农业高度发达，是农业合作社的发展促进了农业现代化的进程。《丹麦农业合作社与农业现代化的基本经验》一文作了介绍②。丹麦是农户家庭经营，都有自己的家庭农场，参加合作社的农户联合起来，用各自的家庭农场共同为创办合作社所需要的资金贷款提供担保，解决最重要的资金问题。

丹麦自 1882 年在西日德兰半岛建立了第一个牛奶合作社至今，合作社已有 130 年历史。当时，北美和俄国大量廉价的粮食涌入，冲击了丹麦的自身的粮食生产和市场。这也迫使丹麦由谷物种植向畜牧业发展。为了解决单个农民市场信息不灵、鲜活商品易腐烂，单个农民加工、储藏和销售设施差等一系列问题，丹麦农民，首先是中等农户，选择了“手拉手，一齐干”的道路，在加工和流通领域，首先建立了牛奶合作社组织。

丹麦的农业合作社企业都是单一项目的专业合作，在牛奶合作社的基础上，农户根据合作社的业务性质，又建立了屠宰合作社、鸡蛋出口合作社、饲料供应合作社、奶油出口合作社、肉牛销售合作社、土豆销售合作社、面包消费合作社、燃油消费合作社等。

① 全国人大农委法案室．关于法国农业合作社的考察报告（摘要）[J]．中国人大，2006（21）：18-20.

② 常青，等．丹麦农业合作社与农业现代化的基本经验［C］．加大城乡统筹力度协调推进工业化、城镇化与农业农村现代化，2010.

合作社采用标准化生产，严格控制产品质量和规格，使丹麦的农副产品竞争力很强，稳固地成功打进了英、法、德等工业国家的市场，丹麦也从农业国转向了以农产品加工出口业为主的工业化国家行列，实现农业现代化生产。

丹麦农业合作社的运行机制。基本制度有四条：①社员民主自治，实行一人一票制；②社员自愿加入和退出；③禁止或限制按股分红；④利润属于全体社员并且按照每个社员与合作社的业务交易量来分配。

在乳制品和屠宰场合作社中，社员都必须无条件地将自己的产品提交给合作社，禁止社员把自己的牛奶或者生猪卖给其他公司。同时，社员可以自己决定产量，合作社企业必须全部收购社员的产品并负责销售最终产品。

在社员与合作社的交易中，合作社收购社员生产的产品，并进行加工、销售（包括出口），价格由市场供求关系决定，合作社不为会员承担价格风险，社员自然无法讨价还价。同一个合作社的所有社员都享受同样的价格。社员得到的价格是由市场决定的价格，这样的价格最终应该在全国范围内是相同的。

社员按照向合作社提供农产品数量取得收入，在合作社盈利中提取一定比例用于合作社发展的公积金后，剩余的部分按农户上缴农产品数量的比例为会员分红；利润留成和分红数量的比例由每年董事会在年初确定。合作社为社员、经营管理人员提供了政策、信息、经营管理、技术方面的咨询、教育、培训、指导、生产资料供销等全方位的服务；合作社每年召开会员大会对重大事项进行表决；对合作社进行商业化运作和管理，负责委任高级管理人员对合作社进行市场运作和日常管理；代表社员的利益对外交涉，参加国内、国际相关组织，以争取有利的法律和商业环境。

丹麦合作社是丹麦农民在从事同类产业的基础上，自愿结合组成的经济组织，社员和合作社在经济上的互动关系如图 2-1。

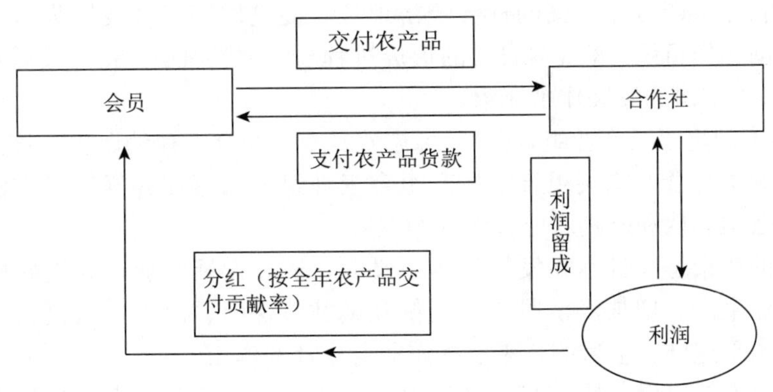

图 2-1　丹麦合作社员与合作社的经济关系图

资料来源：丹麦合作社模式介绍［EB/OL］. http：//wenku. baidu. com/view/1f067dfff705cc17552709d2. html.

合作社内部组织的责权利[①]。丹麦合作社是承担有限责任的经济组织，按照公司制运

① 丹麦合作社模式介绍［EB/OL］. http：//wenku. baidu. com/view/1f067dfff705cc17552709d2. html

作，实行现代企业制度。对内实行合作制，对外实行公司制。合作社内部实行会员大会和董事会制度，其最高权力机构是会员大会，大会选举产生董事会，董事会聘请经营管理层。合作社的日常运作由合作社章程规范，章程规定了会员、代表大会、董事会之间的权力和义务。管理层主要负责合作社日常业务的经营管理，重大事项由董事会批准，特别重大的事项由会员大会讨论决定。

丹麦虽然没有合作社法，涉及合作社商业化运作过程中都由相关商法来规范，因而合作社章程具有非常重要的作用，约定了合作社运作的基本原则。

农业合作社通过丹麦合作社联合会和丹麦农业理事会，参与议会制订农业政策和丹麦有关欧盟农业政策的工作，向丹麦议会和其他政府部门提出政策建议或意见。丹麦合作社联合会在丹麦经济委员会等8个国内机构，以及在欧盟农业合作社中心等6个国际相关组织中均有代表，参与相关政策、法律的制订工作，维护丹麦合作社及会员的合法权益。

农业合作社的优势：社员在农业行业发展上能获取更多的决策影响力，在原材料方面因规模经济而获得最大的价格优惠，在农业产业链中不断获得增值能力，提高了竞争能力。从农民角度来看，合作社可以保证农产品的购销，更好的市场定位和市场发展的参与，可以分享合作社的盈利，通过会员代表制度影响并参与政策制定等。

丹麦农业合作社也面临着一些外部问题：全球经济和人口增长、自贸区协议的不断增加、欧盟扩大、商业环境变化、农业政策方面的政治压力等；合作社内部面临着如何加快新产品开发，农产品品牌建设能力，资金运作和运筹能力，合作社国际化，通过并购和联盟实现行业增长，加快融入并向价值链高端延伸，进一步提高产量和环境保护等问题。

六、日本农协（日本农业合作社）

日本农协全称为“日本农业协同组合”，在世界上被公认为最成功的农村合作经济组织，是以提高农业生产力和农民的社会经济地位，促进国民经济发展为目的而建立起来的一个农民互助合作组织。《日本农协的形成过程与主要特征》[①] 和《战后日本农协发展史研究》[②] 对日本农协的发展作了介绍。

1900年日本制定了《产业组合法》，标志着日本农业合作社的诞生。该法案承认了除信用组合外，贩卖组合、购买组合、生产组合三种组合的存在并规定了它们各自所经营的事业。这一法案承认和鼓励农业合作社的发展，

法案产生的背景是，日本在发展资本主义时，还要发展农业，为更好地指导和帮助农户经营农牧业生产、增加经济收入、提供互助共济保险、改善农牧民自身福利待遇和提高农村生活水平这样一个目的，来发挥农业合作社的作用。

第二次世界大战以后，从1945—1950年，日本实行了土地改革，农民获得了土地成为了自耕农，为经济自立创造了条件。为了保护农地改革的成果，防止农户的两极分化及自耕农再次沦为佃农，1947年10月，日本政府发布了以欧美诸国的合作经济制度为模板的《农业协同组合法》（简称《农协法》），第一条明确指出：“促进农民合作组织的发

① 山田定市．日本农协的形成过程与主要特征［J］．农业经济，2004（6）：63-64．

② 于秋芳．战后日本农协发展史研究［D］．南京：南京农业大学，2009．

展，以期提高农业生产力和改善农民的经济社会地位，发展国民经济”。按照此法，日本成立了农协（日本农业协同组织）[①]。

日本的行政区划分为市、町、村，都道、府、县和中央三级。农协的机构设置也分为三级：以市、町、村作为经济区域，农民入股而组成的称为基层农协；以都、道、府、县作为经济区域，基层农协入股而组成的称为县级联合会；以全国作为经济区域，由基层农协和县级联合会入股组成的称为全国农业协同组合（注：为了单个农协无法完成大项事业的进行，两个以上的农协联合而成的组合就是联合会。要建立一个什么样的联合会由想要设立联合会的农协而定，联合会的种类及数量不限）。

基层农协分综合、专业农协两种。综合农协是以本地区的农户为对象，开展营农指导、农产品贩卖、专业品销售、金融和保险事业。现在日本农村每个市、町、村都有综合农协，不是一个市、町、村一个农协，而是按经济区域，有利于竞争才设立的。专业农协是以特定农产品生产者为对象，开展农产品贩卖和技术指导业务。和综合农协不同，是根据各地实际情况设立的，什么品种生产集中，就设立什么样的专业农协。1991 年全国有各种专业农协 2 103 个，平均每个专业农协有农民 50 多户（专业农协不经营金融和保险业务）。因此，从事特种产品生产的农户，为了调剂资金，同时加入专业农协和综合农协。

《农协法》的主要内容有以下几点：

农协成员为农民，有选举权和被选举权，除农民外的成员为准会员，不具有选举权和被选举权。成员加入退出农协自由。农协的事业包括信用、贩卖、购买、利用、农村工业、农作业共同化、农地改良、农地管理、农业灾害救济、农民的文化及生活的改善、团体协议缔结等方面，强调了组合事业方面的广泛性和合作性。

日本政府通过颁布法规促进农协发展。《农协法》发布后，日本农协发展得并不顺利，包括战后不景气等多种原因在内，主要还是组织先行与业务发展滞后之间的矛盾造成的。

1956 年，日本政府制定了《农业整备措施法》，加强了对农协的保护、援助和支持，使各级农协的发展更有保障。同年，日本政府制定了《农业基本法》，目的是提高农业生产效率，推动农业现代化，积极扶持专业农户，进一步扩大农业生产规模（日本政府认为经营规模过小不利于农业的快速发展）。

1961 年，日本政府制定了《农协合并助成法》，规定基层农协与市、町、村一级的政府机关联合成立农政协议会，从而确定了农协在农村经济中的领导地位，各项业务也有了很大发展。到 1989 年 4 月止[②]，综合农协的数目已由 1986 年年初的 4 267 个减少到 3 791个，3 年内减少了 476 个。农协合并的速度很快。到了 1990 年[③]，全国基层综合农协已由 1961 年的 12 050 个，合并为 3 574 个，而平均每个基层综合农协农民数却由过去的 628 户增至 2 397 户，扩大 2.82 倍。农民加入农协股金不断扩大，农协成立初期，平均每股为 100 日元，后来股金逐年增加，到 1990 年，基层农协股金已达 9 679 亿日元，

① 艾云航．日本农协的发展历程和运作方式［J］．世界农业，2000（10）：45-48.

② 胡天民．日本农协的新发展及其借鉴意义［J］．农业经济问题，1990（8）：58-61.

③ 艾云航．日本农协的发展历程和运作方式［J］．世界农业，2000（10）：45-48.

平均每个农协2.8亿日元，农民人均15万日元。农协规模扩大增加了市场竞争力，但也使事业管理费增加，20世纪90年代后农协通过减少职员人数降低经营成本以缓解压力。

农协事业在20世纪70—80年代中期呈增长趋势。这与日本经济高速发展时期的农业现代化政策有关。农业现代化推动了农业机械化和设施化，化学肥料、农药、饲料的大量投入，促使传统农业耕作模式向现代农业转变，推动了农业的大生产和大流通。在这一背景下，农协的作用充分发挥，购买大量农业生产资料和销售农产品，扩大了农协经济实力。进入21世纪，日本农协的发展趋势是：加速合并与大型化；农协经营的企业化和农协组织的脱农化；农协事业的综合化。这一状况，使农协成了一个无所不包的综合经营机构，什么都要管，有的农民认为不自由，农协管理机关人员太多，加重了农民的负担。这是农协发展中的一个突出问题。

（一）日本农协的运行原则和机制①

1. 加入自由原则

凡是想加入农协的任何人，都不拒绝，也不强制参加。农民退出农协，任何人无权阻止，只要在事业年度前两个月提出申请，便可退出，并退还全部股金。农协农民有正农民和准农民之分。准农民不一定是农民，但必须是住在当地农协管辖地区内，自愿向农协入股，利用农协事业。准农民有非农业户，也有事业团体单位。1990年，日本农协共有农民861万户，其中：正农民554万户，占64.3%；准农民307万户，占35.7%。

2. 民主管理原则

各级农协始终坚持民主管理，定期召开农民代表大会，向农民报告农协的工作，听取农民的意见和要求，讨论和决议农协的重大事宜。农协的干部实行选举制，从农协农民中产生，职员实行雇佣制。基层农协决议各项决定，选举干部时，凡是正式农民均享有一票的权力，不受入股金额多少，加入农协时间长短限制。县级和中央级联合会，原来也是按一个会员一票的权力，1970年改为按业务大小和农民户数确定选举权和表决权的票数。

3. “不以营利为目的”原则

农协在业务经营上，与农民不是一买一卖、讨价还价的关系，是合作的关系。农协为农民推销农副产品，供应农业生产资料，基本上是采取代理形式，农协只收取手续费，手续费的比例是由农民代表大会讨论决定的。据统计，日本70%以上的基层农协经营上述业务是赔本的，而是用经营保险、信用业务的盈余来补贴亏损。农协也不经营有损于农民利益的业务。农协利用自己的技术推广网络，无偿向农民推广农业科学技术。

4. 利润分配原则

农协与股份公司不同，经营目的是为改善农民的政治经济地位，保持合理的利润。为此，本着发展农协事业、兼顾农民的利益、鼓励利用农协事业的原则，把股金分红额限制在一定的范围内，股金分红率，基层农协限制在7%以内，县和中央联合会限制在

---

① 艾云航．日本农协的发展历程和运作方式［J］．世界农业，2000（10）：45-48.

8%以内。按规定，基层农协每年的纯利润分配在 4 个方面：25%作为发展农协事业的准备金；10%作为农协的积累积金；7%作为股金分红金；45%作为农民利用农协事业的返还金。除以上 4 项外的多余部分（13%），结转下年度分配。

5. 综合经营的原则

日本农协开展综合经营，联合服务，尽量做到“农民需要什么就经营什么，需要什么服务就提供什么服务”。基层农协无力进行的，就由县级、全国农协组织联合起来搞。目前日本农协不仅开展农产品的分类加工、委托贩卖、储藏运输以及生产、生活资料的供应，还从事信用、保险、生产生活指导等。

（二）日本农协主要功能

有学者认为[①]，日本农协组织规模庞大，组织体系十分严密，对农村社会经济的覆盖面很广，政治、经济、生活、文化各方面的功能齐全。从一定程度上看，日本农协具有半官半民性质，全面参与农村、农业和农民的各项事务，是连接政府和农民的桥梁和纽带。国家关于农村发展的政策与策略要依靠或通过农协来实现，政府对农业生产的保护、农业生产技术的推广普及、低息贷款发放等工作也都是通过农协来完成的。日本农协管理和参与“三农”的具体事务或者说主要职能，见图 2-2[②]。

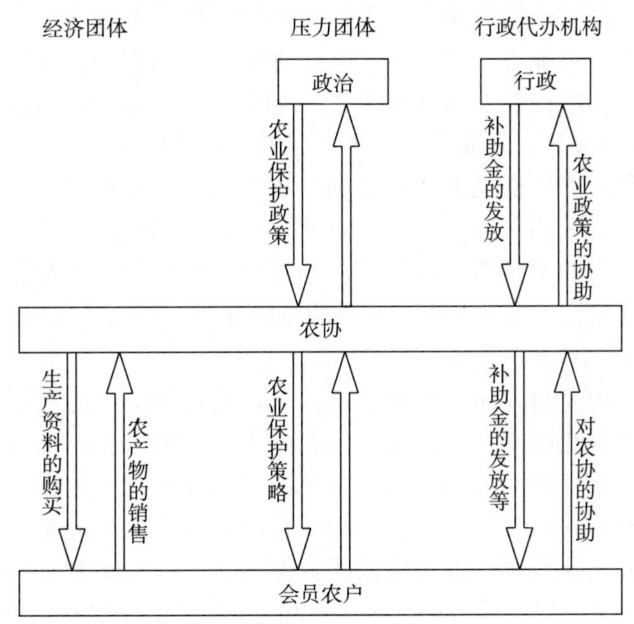

图 2-2　日本农协功能

资料来源：朝日新闻经济部．农协组织功能图［N］．朝日新闻社，1994.

① 陈柳钦．日本农协的发展历程、组织、功能及经验［J］．郑州航空工业管理学院学报，2010（1）：84-91.

② 陈柳钦．日本农协的发展历程、组织、功能及经验［J］．郑州航空工业管理学院学报，2010（1）：84-91.

1. 生产指导（营农指导）[①]

农协设有营农指导员，平均每个基层农协 3～5 人，为农户提供：①帮助农户制定长期经营计划。根据农户的土地、资金、劳力等情况，计划好如何经营。对土地所有者来说，计划好是自营作业还是委托他人作业。②帮助农户处理生产中遇到的问题，例如生产什么品种，选用什么生产资料，如何解决生产资金问题，如何保证产品质量。③指导农户提高技术水准，组织会员开展技术交流，有组织地推广实施新技术。④进行地方农业规划。掌握地方农地资源的利用情况，发挥地方优势，必要时进行调整，以更有效地利用农地。通过上述各项指导，使农民有目的、有计划地组织生产，避免了生产的盲目性，提高了农民在市场中的竞争力，农民的经济利益得到了有效保护。

2. 农业生产资料供应[②]

主要采取预约订购、送货到户的办法。每年年初，农协根据科技部门的预测情况，将本年度气候预计变化情况、病虫害情况、主要生产资料的新品种，采用广告形式，向农家广泛宣传。然后，农协统一印发“我家的经营设计表”发给各个农户，所需农机具、饲料、化肥、农药的品名、规格、数量、需要时间等均由农户填入表内，农协按规定时间收集汇总，并对照前三年的实际情况，进行认真地分析对比，确定本年度各个品种的进货数量，按使用季节分期分批同县经济联合会签订合同。县经济联合会汇总全县数字后，经过分析研究，再同全国农协或有关厂家签订合同。各级农协在签订合同时，均留有一定的余地，以应付可能发生的供需变化。如果订货数量小，实际需要大，超出部分按急需价供应，急需价比一般合同价高 30%；如果订货数量大，实际需要量小，可以退货，但要付给 3%的手续费。凡是合同品种，层层实行送货制，直到农家。工厂到县经济联合会的运费由厂方负责，县经济联合会到基层农协的运费由县经济联合会负责。基层农协送到各户的运费，平均分摊，由农户负责。农户除按生产资料出厂价格付款外，各级农协要分别提取适当的手续费。农协统一与生产厂家订货，再分售给各会员，这样使农民享受了厂价或批发价，减少了生产资料的中间环节，降低了成本。

3. 农副产品贩卖（销售）[③]

第一，在农产品的收购方面。根据上市计划，对农户生产的农副产品实行无条件委托贩卖。所谓无条件委托贩卖，是指农户不是把产品卖给农协，而是委托农协贩卖，不附加任何条件，卖什么等级、价格，均以市场成交情况为准。基层农协按不同品种，采取不同办法，把实行了规格化、包装化、标准化的农产品集中起来，运往县一级或中央一级批发市场。每天上市多少，各个市场投放多少，有一套大致的计划，农户按计划将产品交给农协，农协按计划投放市场。贩卖过程中的运费、包装费、手续费由农户承担，从贩卖额中扣除。货款结算，实行走账制，不用现金，一般一周内货款就汇入到农家账户。

① 艾云航．日本农协的发展历程和运作方式［J］．世界农业，2000（10）：45-48.

② 艾云航．日本农协的发展历程和运作方式［J］．世界农业，2000（10）：45-48.

③ 艾云航．日本农协的发展历程和运作方式［J］．世界农业，2000（10）：45-48.

第二，在农产品的销售方面[①]。为了强化销售，农协建立了强大的物流系统和各级批发市场。包括加工和包装厂、冷藏库、运输中心以及地方批发市场。在全国大中城市的74个中央批发市场中建立了分支机构。组建批发市场和集配中心，组织物流、商流、信息流及结账工作。基层农协建有农产品集贸所，为本地区农协成员服务，负责对农户产品进行挑选、包装、冷藏，然后输送到市场。农协的销售系统是：农户（农民）—农协—经济联—全农。农协作为销售中介的方式有四种：一是全利用方式。在市场较稳定时，会员共同利用协会提供的市场信息、运输条件，以降低流通成本。二是无条件委托方式。在市场有较大变动的情况下，会员委托农协抓住市场有利时机出售。三是手续费方式。农协从交易额中收取一定比例的手续费，以弥补工作人员工资、通讯、差旅费等项成本。四是共同计算方式。计算一定时期内同品种同质农产品的平均价格，以此为标准支付给农户。

这一独特的销售办法保护了农户的利益，还促进了农协与中间商之间形成计划销售体制；同时，建立了相互依存和信赖的合作关系。使农协生产更有组织性和计划性，保证市场供应的稳定性，避免了盲目生产，既确保了供求的平衡，又确保了农民收入的稳定。自2003年起，日本农协在流通领域也开始了改革[②]，见图2-3。

近年来，这种销售直销改革已经开始[③]。20世纪90年代后，在日本农协的改革推动下，日本农产品流通市场上出现了一种新的流通模式——直销店，是一种设立在农家周围销售当地农产品的商业设施，有两个特点：一是直销店以当地农户为流通主体，农民成为流通渠道的支配者。农户既是农产品的生产者又是商品经营者。他们把自产的农产品拿到直销店去出售，直接与市场衔接，解决了农产品销售困难的问题，最终还掌握了自销农产品的销售价。二是地产地销。这是直销店最主要的一个特点。为了便于农产品的销售，直销店一般都在城市近郊、城乡结合部或农产品产地开设，尽量缩短农产品从产地到消费者的空间距离。地产地销缩短了空间距离，大大节省了流通时间和流通成本，搞活了当地经济，提高了农民收入，一举多得。

在日本农协的推动下，在生鲜农产品的零售服务上，利用电子网络销售也十分盛行。消费者只要发一个电子邮件，运输公司就可及时送货上门，保证质量。据统计，日本在2003年利用网上电子交易的人数已达2 186万人，是1998年的8倍，交易规模已达32万亿日元，是1998年的50倍。

在日本农协的推动下，还提高了物流的组织现代化程度。农协经过多年努力，目前实现了从农产品净化到包装标准化的变革，建成了从集装箱、小包装箱、托盘、搬运机械、运输设备、到库房的一系列标准化系统，为现代化农产品流通提供了保障。

4. 信用服务[④]

日本农协的信用业务遍布全国农村以及城市郊区，信用资本是日本金融资本的重要

① 陈柳钦．日本农协的发展历程、组织、功能及经验［J］．郑州航空工业管理学院学报，2010（1）：84-91.

② 全国农业协同组合中央会．经济事业改革指标［R］.2003年（平成15年）.

③ 陈水乡．北京市农民专业合作社农产品流通的实践与探索［M］．北京：中国农业出版社，2012：20-24.

④ 艾云航．日本农协的发展历程和运作方式［J］．世界农业，2000（10）：45-48.

组成部分。同时，农协的信用业务也是整个农协的经济基础。

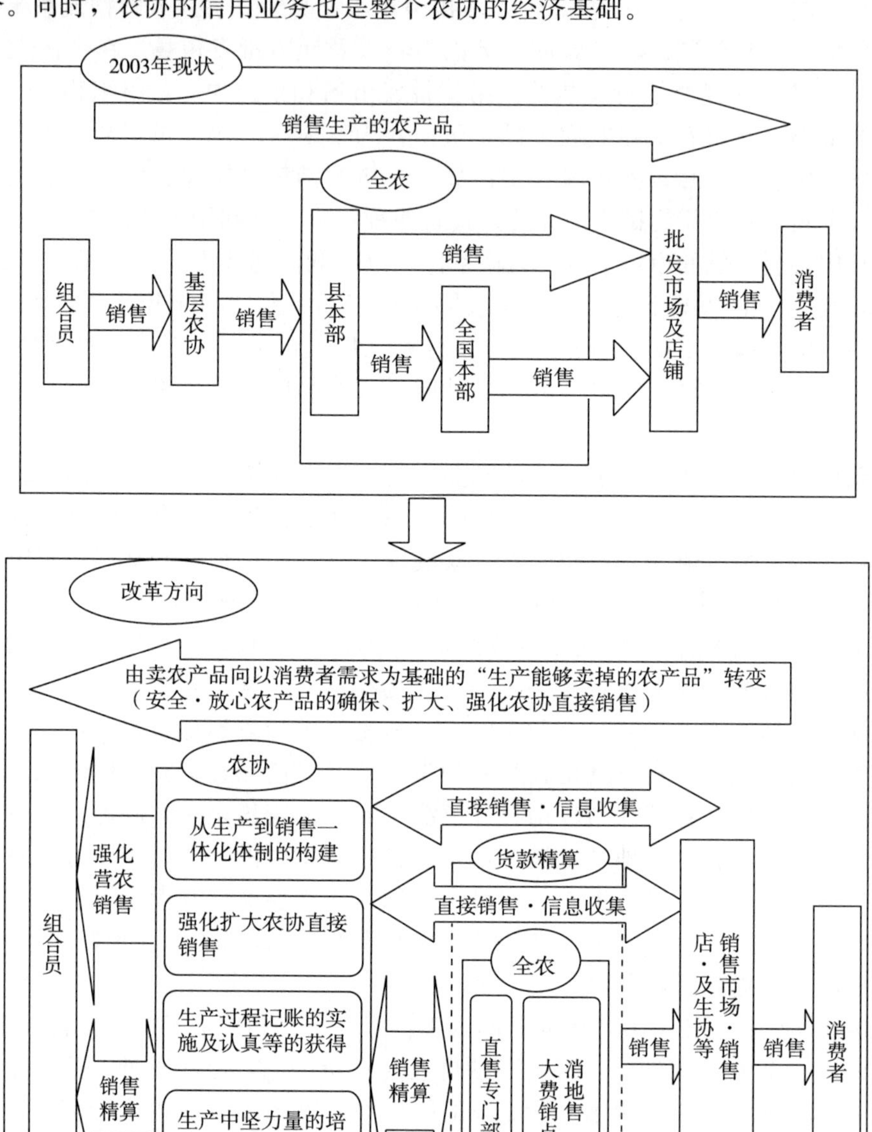

图 2-3　销售战略改革的方向及目标图

日本的法律规定[①]，农协可以自办信用事业，它包括存款、贷款、票据贴现、债务保证和国内汇兑交易等项内容。农协在成立之时，就组建了金融系统给社员和农协提供资金保障。农协存款利率高于其他银行（一般高 0.1 个百分点），营业网点遍及农村基层，工作人员定期上门动员和收取存款，故吸引了大量农民存款。农协吸收的农民存款也始

① 陈柳钦．日本农协的发展历程、组织、功能及经验［J］．郑州航空工业管理学院学报，2010（1）：84-91.

终保持在农民存款总额的50%以上。农民的农业资金也依靠农协发放低息贷款解决。

农民出售农副产品的收入，作为现金存入基层农协，农协用这些资金向农民贷款或用于本身的资金周转。剩余部分存入县信用联合会，县信联将这笔资金再向资金不足的基层农协和县级联合会贷款，剩余部分存入全国农林中央金库。农林中央金库以这笔资金作为基础，向资金不足的县信联和其他联合会贷款，剩余部分存入日本国家银行。当资金不足时，向国家银行借款，以此来调节全国农协系统的金融。存款和贷款分别偿付利息。

农协还负责为农户办理国家对农业发放的补助金和长期低息贷款业务，利用“政策金融”导入国家资金，实现国家通过金融来推动农业发展的政策意图，包括有农业现代化资金贷款、农业改良资金、农村渔业金融公库低利贷款、改善和扩大农业经营贷款和自然灾害救济贷款。农协在日本农业金融中处于核心地位，为农业产业化提供了良好的金融基础及资金保障。

5. 农业保险①

1938年4月和1947年12月，日本先后颁布了《农业保险法》和《农业损失赔偿法》，农协很早就开展了农业保险业务（包括农作物、牲畜），农民普遍参加了农业保险。日本农协的保险业位居全国保险业第一位。

农业保险有一套严密的组织系统，即基层农协、县共济联合会、全国共济联合会。这个系统为最大限度地抵御风险和合伙使用资金创造了条件。同时，政府给予扶持政策，不仅对各级农业共济联合会在政策上进行一定的指导，通过遇到农业灾害时以赔偿费的形式给予援助。此外，还有建筑物更新保险、农机具更新保险等险种，在发生事故时给予赔偿。农协的保险资金在系统内封闭运行，并作为中长期的农业资金和生活环境整治资金加以盘活。

日本农协还开展了生命保险业务②。包括年金（养老金）保险、养老人寿保险、儿童保险，在投保期满时，领取保险金。在生命保险方面，农协系统所持有的保险金额在全国位于第二，仅次于日本生命保险公司。

养老保险业务。采取法定国民年金保险加自愿补充养老年金的办法。农业劳动者参加国民年金，个人缴费和政府补助各占50%。补充养老年金保险，由农协经办，提高老年人的生活收入。

日本农协还开展了财产保险业务。包括火灾保险、汽车保险、汽车损害赔偿责任保险、伤害保险等。

6. 信息服务③

农协有一整套快速、高效的信息系统。农协配备了电子计算机，并形成全国网络。基层农协将收集到的农户生产信息、生产资料供应信息以及各种农副产品销售信息传递给县联合会和中央联合会，上级联合会经过汇总分析后再通过农协信息网向下传递，直

① 艾云航．日本农协的发展历程和运作方式［J］．世界农业，2000（10）：45-48.

② 陈柳钦．日本农协的发展历程、组织、功能及经验［J］．郑州航空工业管理学院学报，2010（1）：84-91.

③ 艾云航．日本农协的发展历程和运作方式［J］．世界农业，2000（10）：45-48.

至农家。此外，日本农协还同农林水产省、农林统计协会、经济新闻等部门的信息系统保持着密切关系，官方的信息可以随时回馈给农协，以便农协及时调整工作部署，指导农家按市场要求安排生产和上市。

农协为农民的社会化服务是全方位的，既包括对农业生产的产前、产中、产后的全过程服务，又包括为全体农协会员、准会员的日常生活服务，凡是生活在其中的人都已离不开它。

（三）日本政府对农协的支持

日本政府大力推动支持农协的建设和发展，没有政府的支持，农协不能发展成现在的状况。除上面提到的在立法上给予的支持外，政府的支农资金都是农协投入的，包括农协的经营服务设施，农产品加工、储运和科研设施的建设，以及农业保险资金的支持。在税收上，政府对农协一直实行低税制。如所得税，一般股份公司要缴纳62%，而农协只缴39%；法人税，一般企业要缴纳35.5%，农协只缴27%。各种地方税，一般企业要缴50%～60%，农协只缴43%。

七、美国农业合作社

美国是一个以农立国的农业大国，农业发展居世界一流水平。2001年全国人口2.848亿，农业人口仅占总人口的2.3%。而美国的粮食产量占了世界的1/5，年产3.5亿吨。合作社在美国的一体化农业服务体系中占有重要的地位。在家庭经营占绝对优势的美国，为了解决单个农场难以办到的问题，需要非盈利的合作社提供各种服务，降低生产成本，所以，美国的农业合作社在农业现代化中起了很大的作用。

美国的农业合作社发展历史悠久①。1810年美国第一个合作社——康涅狄克州牛奶合作社成立以后，农业合作社迅速地发展。截至2009年年底，美国有农民专业合作社3 000个，参加农业社的社员有260万人（美国农业人口仅210万人），说明美国农民不但全部参加了合作社，且不止参加一个合作社。1940年美国合作社的农产品的交易量为22.8亿美元，2007年已经达到1 231亿美元，说明合作社在农产品流通中发挥了重要的作用。

美国的农业合作社是以家庭农场作为基本的农业生产单位，故农业合作社也称为农场主合作社②。家庭农场产生的背景是，美国1826年制定了《宅地法》，奠定了家庭农场的基础。美国约有204万个农场，家庭农场一般分为两大类：一类是小型家庭农场（标准是销售额小于25万美元），小型农场的数量超过90%，占整个农业资产的70%。进一步划分5种类型：①资源有限型农场；②退休休闲型农场；③居住生活型农场；④低销售额的耕种型农场；⑤高销售额的耕种型农场。另一类是大型农场。也可以划分3种类型：①大型家庭农场；②超大型家庭农场；③非家庭农场，现在“公司农场”的数量在不断上升，大约有7万多个，数量不大，但其面积和销售额在美国农场中所占的比例却有上升的趋势。

① 牛序茜．中国与美国农业合作社模式比较及对策研究［J］．山东省农业管理干部学院学报，2012（4）：35-37.

② 美国农业概况及其特点［EB/OL］．http：//wenku. baidu. com/view/5bd443ff0242a8956aece405. html.

1922年，美国通过了《帕尔·沃尔斯太德法》，为合作社的发展提供了法律保障并确定了合作社的性质。该法规定：合作社的社员必须是生产者（即以农场主、种植者、畜牧和乳品生产者、干鲜果品生产者的身份从事农产品生产的人才有资格成为农业合作社的社员）。合作社的经营目的在于满足社员的某种需要，因此与社员的关系必须是互利的。任何社员，不论他的股份多寡，都只能有一票的表决权，没有实行一人一票制的合作社，按股分红时，最大的股东分红比重不得超过合作社股票面值的8%。合作社每年与非社员的交易额不得超过与社员的交易额。

（一）美国农业合作社基本特征

《帕尔·沃尔斯太德法》对美国的合作社定位为：不但是一种不以赚钱为目的的非营利性企业，而且是（不同于其他私人企业的）劳动者按劳分配、民主管理和平等合作的集体所有制组织。依据该法美国农业合作社有如下基本特征[①]。

1. 农业合作社是劳动者的集体组织

合作社的成员（农场成员、董事长）都是从事某种农业生产的劳动者，只有管理合作社日常事务的经理（作为合作社的雇员）才可以脱产。合作社的资产属于集体所有，不归任何私人。社员的认股证明不能任意转让；社员退社，不能立即将股金抽回，必须到年终结账将社有资产的负债清偿完毕之后才能够退还。

2. 民主管理

大多数合作社实行的都是“一人一票”制。只有很少的合作社规定，在“一人一票”外，还安排一些额外票。额外票取决于社员持有的股票数量，或者是他与合作社的交易数量，或者是他贡献的大小。为了防止某些人利用额外票谋取私利，美国法律对此有许多限制性规定。

3. 追求有限的资本利润率

合作社不是一个要求自己以赚取利润最大化为目的的企业。比如，在能源短缺时，合作社不能和其他企业一样，用手中的石油进行投机，而必须按照原价出售给社员。不以营利为目的，合作社就无法获取比较高的利润率。1990年美国农业合作社的交易总额为925亿美元，而利润仅19.4亿美元，利润率仅为2.1%。

4. 盈余采取惠顾返还方式，公平分配利润盈余

任何人只要是通过合作社买进货物、服务，或者卖出他的农产品，都是合作社的“惠顾人”。年终结账时，合作社在支付股息、提取公积金和公益金结余盈余，根据惠顾人与合作社的交易额即“惠顾量”按比例进行分配。“惠顾返还额”在不同的合作社做法不同，有的仅向社员支付，有的按比率支付给非社员，有的对会员和非会员一视同仁。

（二）合作社类型

美国有三类合作社：供销服务合作社，包括供货合作社和营销合作社；服务合作社，

---

① 张健，王伟．美国的农业合作社［J］．世界农业，1997（4）：46-48.

以金融服务为主；产业合作社。经过一百多年的发展，已经形成了合作社的体系。

1. 供销服务合作社

包括供货合作社和营销合作社两种。供货合作社（也称农场供应合作社），向社员提供全方位的生产服务，各种农用物资和商品，包括饲料、石油、化肥、农药、农机及其零配件、种子及建筑材料。

营销合作社是沟通农场主和市场的重要管道。收购、储运和销售社员所生产的农产品和其他产品。营销合作社的业务不但包括产品的集中、储存到谈判价格、组织拍卖等各个环节，而且进行深加工，生产出可供直接消费的产品，为农场主获取尽量多的利润。

合作社不收或者象征性地收取有关手续费，获取的利润和盈余交给合作社统一安排。供货合作社与营销合作社区分的依据，物资供应交易额超过一半的属于供货合作社；营业额超过一半的则属于营销合作社。实际上，大多数合作社是综合性质的，既供货也营销。

2. 服务合作社

主要业务是农业金融信贷，信贷服务合作是服务合作社的骨干，为农场主解决各类（包括季节性经营贷款、弥补周转金不足的中期贷款、用于基本建设的长期贷款和支持出口的贷款等四大类）融资、贷款等问题，主要形式有联邦土地银行协会、生产信贷协会、合作银行、乡村信贷联合会。美国的农业信贷体系，完全属于农民集体所有，由农民经营，政府农业信贷管理署负责监管。

除金融服务外还有专门从事某些服务的合作社，如提供种类繁多的科技服务，如土壤测试、防疫、育种、奶牛改良、作物监测直到经济核算和法律咨询；还有运输、仓储、烘干、灌溉、火灾保险、住院保险。服务合作的形式有乡村电力合作社、乡村电话合作社、农民火灾保险合作社，经营医疗保健、住院保险、火警、人寿保险，还提供煤气、电力和水利灌溉等方面的服务。

3. 产业合作社

包括奶牛改良合作社、共同灌溉公司、放牧合作社、多种经营合作社等。这类合作社中比较紧密的结合形式是合伙农场和农业公司，在产权合并上进行结合，从严格的意义上说不属于农业合作社。所以，美国的产业合作社并不发达。

（三）农业合作社发挥的作用

美国的农业合作社在美国农业中虽有一席之地，但没有居领导地位。居领导地位的是农业垄断公司，垄断了80%的农用物资供应，67%的农产品加工和销售，它们的实力比合作社强大得多。张晓山对这种状况有一个描述①：“西方农业合作组织的这种两重性，一方面，它成为与私人企业、垄断组织相抗衡的一种力量，在一定程度上保障了农民的经济利益；另一方面，它又是垄断组织的附庸，垂直一体化的补充。”尽管这样，农业合作社还是发挥了一定的重要作用。

① 张晓山．西方合作运动浅析［J］．农村经济与社会，1988（3）：6-12.

第一，合作社的存在增加了竞争因素，抗衡了工商业资本对农业的侵害。美国的农业合作社不但具有经济能力，更具有政治上的谈判能力，为农民争取利益。合作社迫使国会通过了限制垄断公司、保护农民生存的法案。为此，农民合作社建立了“议价合作社”，同垄断公司谈判保护农民的产品价格。1967 年《农业公平活动法案》明确规定：议价合作社是一种保护农民利益的正当组织，不得歧视。

第二，合作社与美国政府沟通，使其出台有利于农业生产发展的政策。美国农业受政府干预的程度很深，合作社在推动政府扶持农业方面发挥了重要作用。合作社推动政府出台的价格计划、农作物保险计划都有利于稳定市场、实行计划生产和销售，保护了农民的利益。同时，合作社组织农民开展新技术推广、新设备采用等科技推广工作。

（四）“新一代合作社”的发展

近十几年来，美国的农业合作社有了新的发展趋势①。进入 1990 年，在欧洲、亚太地区等国家农产品的竞争下，美国农产品出口下降，导致相对过剩、价格下跌，严重影响了农户的收入。为扩大农产品市场，生产相同农产品的农户主动联合起来对农产品进行深加工，实行差异化竞争，“新一代合作社”应运而生。

“新一代合作社”（New Generation Cooperatives，NGCs）是开展农产品加工增值、实行封闭成员制的合作社的名称（Closed Membership）。这是适应现代农业纵向一体化要求创新发展的组织，是农业产业化经营的一种方式，有如下特点。

1. 经营产品单一，开展农产品深加工业务，实现垂直一体化经营

农产品实行专业化生产，进行深加工和追求增加附加值。一般经营一种农产品，只接受事先与社员商定的特定数量和种类的农产品，然后进行加工和销售，并让社员分享增值的收益。“新一代合作社”以经营产品单一、“投资—利润”为主要取向，带给农户更大的收益。据美国农业部年度合作社统计表明，2005 年受调查的 2 896 个新一代合作社为它们的社员实现了约 20 亿美元的价值增值。

2. “新一代合作社”成员资格具有封闭性的特征

合作社根据合理的经营规模确定资产总股本和接受社员的数量，并按社员持股数量确定其产品限额。社员可以退社，但不能退股，社员的股金或剩余索取权可以在内部转让，股本相对稳定，因而能够保证合作社在高效益的情况下运行，有效防止了加工能力和产品供给过剩导致的经营效益下降。

3. 合作社股金具有稳定性

由于社员数量的稳定性和股份的可交易性，使得合作社的全部股金具有永久性。资金的永久性使得银行愿意提供条件优惠的贷款。

4. 入社资格是购买交易份额或交易权（Deliver Right）

通过购买交易权，规定合作社与社员双方的权利和义务。社员要加入合作社，就须购买合作社农产品的社员的交易权。交易权既是一种权利，也是一种义务。按照交易权，

---

① 韩国明，陈华．美国新一代合作社带给我国农民专业合作社的发展思考与启示［J］．农村经济，2009（11）：126-129.

社员必须交给合作社规定数量和质量的原料产品，合作社必须接受社员按合约规定交售的特定数量和质量的原料农产品。交货不足，社员须根据给合作社带来的损失大小予以补偿；同样，当市场价格低于合作社收购价格时合作社仍以议定价收购社员的产品。双方的利益通过合约的形式得到了保障。

5. 实行股份制企业管理的形式

合作社实行股份制企业的现代管理制度，权责明确，政企分开。筹资引入股份制公司筹集社会资本的做法，允许外来资金投资，扩大合作社的集资范围；在决策管理机制上，不再严格遵循"一人一票制"，实行按投资额大小分配投票权的办法，把表决权与投资额结合起来，同时，外聘 CEO 对合作社实行专业化管理。这种企业的经营的方式，提高了合作社的经营效率和竞争力。

6. "新一代合作社"的发展优势

一是突破区域限制，以全球为服务范围。成员突破了地区的限制，甚至越过了国界。如美国北达科他州的一个 bison（一种北美洲动物）加工合作社，其成员大量来自相距甚远的佛罗里达州，甚至加拿大。二是适应了外部环境的变化，合作社的制度安排进一步市场化，使合作社有了新的发展动力。三是"交易权"的合约，有效地防止了传统合作社开放社员制和不限制社员交易量所导致的合作社生产规模不佳以及生产能力和供给过剩。

适应新的环境，不断创新才能生存，才能发展。美国"新一代合作社"就是一个生动的案例。

（五）美国政府对合作社的支持①

立法支持。1922 年，美国会通过了《卡帕—沃尔斯坦德法》（Capper-Volstead Act），承认农业生产者在自愿基础上为共同利益结成协会的权利，并为他们提供有限的反托拉斯豁免。1926 年，通过《合作社销售法》（Cooperative Marketing Act）进一步为合作社提供了反托拉斯豁免条款，允许农户和联邦农户合作社体系的不同层级之间交换价格和其他市场信息。1937 年，《农业营销协议法》（Agricultural Marketing Agreements Act）批准了农民通过合作社协会组织起来，通过集体行动，增强行业自律，该法为合作社建立自我销售秩序提供了法律支持。1967 年，通过《农业公平交易法》（Agricultural Fair Practices Actof1），承认了农民自愿地共同加入合作社组织的需要，宣称对于此权利的干预是违反公共利益的。它建立了交易者在交易农产品中所需要的公平交易的六项标准。该法还批准了生产者可以通过他们的协会商议定价。

税收优惠。合作社主要享受所得税优惠。按照美国《收入所得税法》（Internal Revenue Code），对于从合作社交易中获得的收益只交纳一次税金，或是在合作社层面或是在惠顾者层面。如此征税，表示合作社业务盈余如果分配给他们的惠顾者，则不向合作社征税。

---

① 苑鹏，刘凤芹．美国政府在发展农民合作社中的作用及其启示［J］．农业经济问题，2007（9）：101-105.

促进合作社的建立。美国联邦政府设有全国办公室，在州一级政府中有合作社的发展专家直接向农民提供服务。政府通过农村合作社发展赠款计划（RCDG）资助建立了农村合作社发展中心。中心的主要任务就是向农民提供合作社培训服务和建立合作社的可行性调查分析，包括帮助筹建农民、专家组成的合作社筹建指导委员会、开展农民需求调查、进行市场分析、帮助建立合作社的章程和营销协议等法律文件、指导合作社选举理事会成员和培训新会员、帮助合作社制定经营计划、申请贷款、聘请经理，直到合作社正式运营。

此外，美国政府还在资金、技术援助、合作社研究、教育和信息方面给予合作社支持。

八、当代农业合作社发展趋势

蒋玉珉的《当代合作运动的特征及合作思想发展的总体脉络》一文①，认为当代农业合作社发展有许多新的变化和特征。这些特征是对西方发达国家农业合作社发展状况的一个比较恰当的总结性描述，有五个突出的总体特征：

一是组织结构逐渐趋于完善，法律地位逐步巩固，合作运动已成为世界上举足轻重的第三势力。体现在：①宏观排列有序性，形成了合作社的三级组织结构模式，基层合作社、地区联合社和全国总联盟。在合作组织由小到大的形成过程中，权力与控制力逐渐上移，离开了基层合作社与社员。②微观运行效率性，合作社各层次和各层次内部的具体经济组织的运行是高效率的；合作社组织中的三个层次具有不同的职能，分工明确。③总体行为公正性，组织结构透明度高，形成社员资格、管理制度与利益分配上的公正性，即：自由出入、民主管理、利益分类分配（按来源即交易额、股金与劳动量分配）。

二是由古典式的传统的自我服务为主，转向开放型的经营服务为主，逐步走向企业化、股份化。合作社向企业方向演变的主要表现：①建社之初为社员服务的那种组织意识慢慢淡化，独立经营的倾向增强，一些合作社把本应返还给社员的收益截留下来，用以扩大资本，大量雇工，获取利润，力图在竞争中打败对手，由集中走向垄断。②合作社逐渐与私人资本、垄断资本合流，合作社同它们联系的方式一般是购买私人企业、垄断企业的股票，或者对资本主义公司直接投资。③只要是适合，就在某些领域里采用股份公司的组织形式。

合作社企业化的原因：①市场竞争的压力，合作社必须有足够高的营利率才能满足合作社的发展资金需求。②合作社以生产资料私有制为基础，在市场经济规律中获取利润是最基本的经济规律，是经济的原动力。③合作社经理阶层的权力逐步强化，对经营的控制权和所有权加速分离。在股份合作社中，经理的经营目标首先是企业整体利润极大化，然后才是社员收入极大化。企业利润极大化首先影响经理的根本利益，从而促使经理推动合作社具有越来越浓厚的经济功利追求。

三是合作社集中过程加速，逐步走上集团化。集中过程加速的标志是在合作社社员人数不变或增加、合作社的营业水平与市场比重逐渐提高的同时，合作社的数量却呈现

① 蒋玉珉．当代合作运动的特征及合作思想发展的总体脉络［J］．经济学动态，1998（1）：61-65.

出反向递减趋势。合作社走向集团化的途径：①并社，同属一个部门的合作社或多部门合作社合并致使合作社的数量减少，但经济实力却增加了。②合作社协同经营。协作各社仍保持独立性，相互通过订立协议，联合兴办事业，或者相互联系的部门进行社际协作。③通过自身积累和发展新社员扩大规模，这种途径较少采用。合作社集中规模扩大的原因，一是私有制的市场竞争，合作社必须扩大经营规模才能增加竞争实力，自身无法扩大规模为了生存的需要就采取自愿合并或集中的方式来实现。二是随着社员合作意识及民主观念的增强，狭隘的地域心理与团体壁垒就会被打破，从而一个小区的需要与利益就会同相邻小区相重合，进而导致合作社的合并。合作社规模扩大的弊端是削弱了民主。规模大不利于社员对合作社经营活动的直接监督，社员的意见往往得不到及时、准确的反映；合作社经理掌握大权，遇事独断专行，不惜牺牲集体的利益。

四是农业合作社是西方合作社运动的主体，流通合作社又是农业合作社的主要形式。农业合作社主体地位加强的原因：①农业生产的基本组织单位仍然是家庭农场，在单个农户力量有限、生产要素不完备以及市场竞争激烈等因素的共同约束下，农业经营者具有更高、更迫切的合作需要。②在专业化水平达到一定程度后，经济一体化便成为一切经济组织的必然发展阶段。现代西方经济中的社会分工细化使农业面临着经济运行纵向联系阻隔的可能，这只能建立起具体的合作联合组织才可将相互关联的经济过程联结起来。这就是农业中的一体化过程。③在现存的资本主义生产关系制约下，农业经营只有通过合作才有可能在不触动现有私有制关系的基础上取得规模效益。

五是合作社的中立性淡化，越来越受到政府的控制，接受政府支持，成为政府发展经济、稳定社会的重要工具。合作社是非官方组织，理应不受官方和政党的控制和支配，但实际上，各国政府和党派都加强了对合作社的渗透控制。政府一是建立专门机构或专职人员加强对合作社的领导和管理。二是政府给予合作社大量的财力资助，一般通过减免税收，提供优惠贷款，甚至直接投资来支持合作社的发展。合作社普遍成为政府指导、干预农村经济、稳定社会的工具。

中篇

农业社会主义改造与人民公社发展的历史进程

第三章　农业生产互助组

1949年中华人民共和国成立，北京成为新中国的首都。北京的农业发展由此揭开了新的篇章。新中国建立的30年里，北京的农业生产关系变革经历了农业社会主义改造（1950年3月—1956年3月）和人民公社（1958—1983年）两个历史时期，即从农业合作化运动到人民公社化运动时期。

第一节　国家推动发展农业生产互助组

互助组分临时互助组和常年互助组。临时互助组，一般由几户组成，土地、耕畜、农具和产品归各户私有，各户独立经营、各负盈亏，仅在农忙季节实行简单的换工互助，所以也叫季节互助组。常年互助组则是常年换工互助，有的还实行农业和副业的互助相结合、劳动互助和提高技术相结合，有的还有某些简单的生产计划，有某些技术分工，有的还逐步设置一些公有农具和牲畜，积累了少量的公有财产。

一、农业生产互助组缘起

杜金涛《建国初期党内关于农业合作化问题的争论》描述了我们要否走合作化道路的争论[①]，新中国成立初期土地改革完成以后的农村中出现了富者买地、贫者卖地的现象，农村的阶级关系有了新的分化。主要表现在两个方面：一方面，土地的获得使绝大多数农民开始过上了土改前的中农的生活和拥有了与其相当的生产条件，出现了普遍中农化的趋势。另一方面，不可否认的是农村中出现的土地买卖造成了某种贫富差别和分化。突出表现为，一些原先的中农、富农由于卖房卖地相继沦为贫农甚至是雇农、佃农。与此同时，一些原先的中农由于经营良好而上升为富裕中农或新富农。他们或者买地买房、雇佣长工，或者买车买牛、扩大生产。

伴随贫富分化的出现，还有另一个问题：“单干致富”与“进一步提高互助合作水平”的争议。面对农村中同时出现的“单干致富”和“进一步组织合作”这两股倾向，地方政府一般采取了抑制前者、扶植后者的做法，但是普通干部群众的态度对此却并不尽然。这在事实上反映了一个问题，即在土改以后的农村经济如何进一步发展的问题上大家存在争议和困惑。这种争议和困惑最终演变成为党内关于农业发展道路问题之争。

一是东北互助合作的争论。高岗着重批评了“对于农业经济的发展放弃无产阶级的领导，主张完全的自由竞争，让其自由发展的资本主义的路线”，批评了对单干、旧式富农感兴趣，对组织起来感到苦恼的种种思想；强调对组织起来要加强领导，要把变工组办得更好，真正使变工组胜过单干，以此来吸引农民；并提出现时的互助合作在获得生

① 杜金涛．建国初期党内关于农业合作化问题的争论［J］．中共四川省委党校学报，2009（1）：46-51.

产工具的改进后，还可以进一步提高与发展，逐步提高为联组。中共中央书记处书记刘少奇在了解到高岗的有关思想后，表示了不同看法。1950 年 1 月 23 日，他签发的《答复东北局关于党员雇工问题的复信》指出[①]：“在今天农村个体经济基础上，农村资本主义的发展是不可避免的，一部分党员向富农发展，并不是可怕的事情，党员变成富农怎么办的提法，是过早的，因而也是错误的。”1951 年，高岗将中组部的答复和刘少奇的谈话记录带到北京面呈毛泽东，毛泽东对高岗的意见深为赞同，“对刘少奇谈话的不满，形于颜色。”[②]

刘少奇从解决和发展农村生产力的角度出发，提出保存富农经济政策[③]：“不是一种暂时的政策，而是一种长期的政策，在整个新民主主义阶段中都要保存富农经济。只有到了这样一种条件成熟，以至在农村中可以大量地采用机器耕种，组织集体农场，实行农村中的社会主义改造之时，富农经济的存在，才成为没有必要了，而这是要在相当长远的将来才有可能做到的。”

二是山西农业合作社的争论。1950 年 7 月 27 日，中共中央华北局向毛泽东报告农业生产及互助合作运动的情况。报告认为旧有的变工互助办法已逐渐不能适应形势发展的需要，要通过提供技术服务、发展流通领域合作和农副业相结合的办法来提高农业互助合作，以发展农村经济的看法和意见，成为当时一种有代表性的思路。山西省却出现了与之相左的另一种声音：把变工互助组进一步提升为农业生产合作社。山西省大部分地区在土地改革后，随着中农化趋向的出现，原有的互助组织也和其他老区土改后的情况一样，出现了涣散甚至解体的现象。中共山西省委和长治地委在调查之后，得出了要加强领导，把互助合作提高一步的结论，并明确提出要用成立按土地和劳动分红并征集公积金的农业生产合作社，作为引导互助合作组织发展的方向，以克服“自发的资本主义倾向”，解决互助组织涣散的问题。华北局在派人到长治调查后，提出了与省委和地委不同的看法，并获得了刘少奇、薄一波等人的明确支持。但是山西省委坚持已见，于 1951 年 4 月 17 日，向在当时主持华北局工作的刘澜涛提交了《把老区互助组织提高一步》的报告。报告认为：“农民自发力量……不是向着我们所要求的现代化和集体化方向发展，而是向着富农的方向发展，这就是互助组发生涣散现象的根本原因。”因此，“对于私有基础，不应该是巩固的方针，而应该是逐步地动摇它，削弱它，直至否定它。”华北局对山西省委报告中的这种观点以不同方式提出了批评。在 4 月下旬的华北局互助合作会议上，围绕山西省委的报告展开了激烈争论。

与会的大多数人不同意山西省委意见，认为[④]：“山西省委的报告不符合新民主主义政策，不符合《共同纲领》，混淆了新民主主义与社会主义的界限，现在组织农业合作社是空想的农业社会主义。”

刘少奇在接到华北局批转的山西省委报告和听取了华北局相关负责人的汇报后，连

---

① 薄一波．若干重大决策与事件的回顾：上卷［M］．北京：中共中央党校出版社，1991：197.
② 薄一波．若干重大决策与事件的回顾：上卷［M］．北京：中共中央党校出版社，1991：198.
③ 刘少奇．论新中国经济建设［M］．北京：中央文献出版社，1993：152-154.
④ 罗平汉．农业合作化运动史［M］．福州：福建人民出版社，2004：50.

续几次对山西省委报告的观点提出了“严厉”“系统”的批评。在合作化问题上，刘少奇认为，发展社会主义，搞合作化是将来的事情。合作社可以试办，但不能推广[①]，“企图由合作社直接转变到集体农庄是错误的，它本身没有前途，将来实行集体农庄，它是要被取消的。”

1951 年 8 月，毛泽东找到刘少奇、薄一波和刘澜涛谈话，明确表示不同意刘少奇和华北局在这个问题上的意见，而支持山西省委的意见。为了解决分歧，在同刘少奇等人谈话时，毛泽东提议召开全国第一次互助合作会议。

二、发展农业生产互助组决议

1951 年 9 月 9 日，中共中央召开了全国第一次互助合作会议[②]。这次会议形成了农业互助合作的会议稿，于 12 月 15 日印发了《中共中央关于农业生产互助合作的决议（草案）》指出[③]：

“（一）农民在土地改革基础上所发扬起来的生产积极性，表现在两个方面：一方面是个体经济的积极性，另一方面是劳动互助的积极性。农民的这些生产积极性，乃是迅速恢复和发展国民经济和促进国家工业化的基本因素之一。因此，党对于农村生产的正确领导，具有极重大的意义。

（二）解放后农民对于个体经济的积极性是不可避免的。党充分地了解了农民这种小私有者的特点，并指出不能忽视和粗暴地挫折农民这种个体经济的积极性。在这方面，党是坚持了巩固地联合中农的政策。对于富农经济，也还是让它发展的。根据我们国家现在的经济条件，农民个体经济在一个相当长的时期内，将还是大量存在的。因此，政治协商会议《共同纲领》曾经指出：应该‘使各种社会经济成分在国营经济领导之下，分工合作，各得其所，以促进整个社会经济的发展’，其中即包括了‘农民和手工业者的个体经济’。除此之外，《共同纲领》还有以下的规定：‘凡已实行土地改革的地区，必须保护农民已得土地的所有权。’

（三）但是，党中央从来认为要克服很多农民在分散经营中所发生的困难，要使广大贫困的农民能够迅速地增加生产而走上丰衣足食的道路，要使国家得到比现在多得多的商品粮食及其他工业原料，同时也就是提高农民的购买力，使国家的工业品得到广大的销场，就必须提倡‘组织起来’，按照自愿和互利的原则，发展农民劳动互助的积极性。这种劳动互助是建立在个体经济基础上（农民私有财产的基础上）的集体劳动，其发展前途就是农业集体化或社会主义化。长时期以来的事实，证明党中央这个方针是完全正确的。政治协商会议《共同纲领》根据人民解放区长期的经验和党中央的方针，曾经作出了正确的规定：‘在一切已彻底实现土地改革的地区，人民政府应组织农民及一切可以从事农业的劳动力以发展农业生产及其副业为中心任务，并应引导农民逐步地按照自愿

① 罗平汉．农业合作化运动史［M］．福州：福建人民出版社，2004：54.

② 杜润生．杜润生自述：中国农村体制改革重大决策纪实［M］．北京：人民出版社，2005：28.

③ 中共中央．关于农业生产互助合作的决议（草案）［EB/OL］．1951-12-15. http：//news. xinhuanet. com/ziliao/2004-12/15/content _ 2337342. htm.

和互利的原则，组织各种形式的劳动互助和生产合作。'”

显然，《共同纲领》的方针在实际上教育着广大农民，使他们逐步地懂得劳动互助和生产合作比起单纯的孤立的个体经济有极大的优越性，启发他们由个体经济逐步地过渡到集体经济的道路。

新中国成立后，党在《互助合作决议（草案）》中，第一次把发展互助组提上了议事日程。阐述了为何要建立互助组，把农民组织起来的原因：农民在分散经营上发生了困难，要使贫困农民迅速发展生产“丰衣足食”，要为国家提供商品粮和工业原料，要提高农民购买力，要使工业品有销售市场。这些都是表面上、直接的原因。根本的原因，还是要把小农经济改造为适应工业化发展的集体经济。

我们党为了恢复农业生产，也认识到了农民个体经济有自身发展的要求，这是《土地改革法》《共同纲领》作出了规定的。在发展农民集体经济有农民自身的客观要求，农民的个体经济也有自身的发展要求的同时，我们党作出了发展集体经济的倾向性的决策。这个决策有历史性渊源。

早在中国共产党第七届中央委员会第二次全体会议上（1949 年 3 月 5 日），毛泽东作报告就指出[①]：“第五，占国民经济总产值 90%的、分散的、个体的农业经济和手工业经济，是可能和必须谨慎地、逐步地而又积极地引导它们向的现代化和集体化的方向发展的，任其自流的观点是错误的。必须组织生产的，消费的和信用的合作社，和中央、省、市、县、区的合作社的领导机关。这种合作社是以私有制为基础的在无产阶级领导的国家政权管理之下的劳动人民群众的集体经济组织。”毛泽东在新中国建立前，就为农业合作化的发展绘制了蓝图，凭他观察解放区农民互助组的实践经验，他已经预见，中国的农业发展必须走合作化的道路。一旦发现有这种互助组发展的苗头和迹象，毛泽东一定是大力支持和鼓励发展的。

正如杜金涛指出[②]：《互助合作决议（草案）》的颁布，实际上开始了我国农业由个体经济向社会主义集体经济的过渡，决定了中国农业发展乃至整个国家现代化的道路。它使中央原先设想的“先工业化后集体化”的带有苏联味道的农业社会化思路，转变为了在手工劳动状态下通过发展农业生产合作的“先集体化后工业化”的道路，从而使我国农业社会主义改造多少带上了“中国色彩”。

三、发展农业生产互助组方针政策

《互助合作决议（草案）》[③] 指出：“根据运动发展的一般规律和发展农村生产力的必要性，党在目前对于发展互助合作运动的方针，应该有下列三个方面：

一、在全国各地，特别在新解放区和互助运动薄弱的地区，有领导地大量地发展互助合作运动的第一种形式（即临时性的季节性的简单的劳动互助）。如果看轻这种为目前

① 中共北京市委党史研究室，中共北京市委农村工作委员会，北京市档案馆．北京农业社会主义改造资：上册［M］．北京：中国社会出版社，1991：30.

② 杜金涛．建国初期党内关于农业合作化问题的争论［J］．中共四川省委党校学报，2009（1）：46-51.

③ 中共中央．关于农业生产互助合作的决议（草案）［EB/OL］．1951-12-15. http：//news. xinhuanet. com/ziliao/2004-12/15/content _ 2337342. htm.

广大农民所可能接受的最初级的形式，甚至认为临时性和季节性的变工换工不叫互助，只有常年互助组才叫做互助，而不肯积极地去领导推广，这是错误的。

二、在有初步互助运动基础的地区，必须有领导地逐步地推广第二种形式（即比简单的劳动互助有更多内容的常年互助组）。如果只满足于临时性的季节性的互助，而不企图进一步加以巩固和加以提高，使农民可能经过常年的互助获得更多的利益，这也是错误的。

三、在群众有比较丰富的互助经验，而又有比较坚强的领导骨干的地区，应当有领导地同时又是有重点地发展第三种形式（即土地入股的农业生产合作社）。如果不顾群众在生产中的需要、互助运动的基础、领导的骨干、群众的积极性、并有充分的酝酿等项条件，而只是好高骛远，企图单纯地依靠自上而下的布置和命令主义的方法去大搞这第三种形式，这是形式主义和轻举妄动的做法，当然是错误的。”

党中央的方针就是根据可能的条件而稳步前进的方针。党在各种不同地区的农村支部，应该在党中央这种方针的指导下，教育自己的党员积极地分别参加这些不同的农业互助和合作。

《互助合作决议（草案）》发展互助组的方针政策可以归纳为几点：第一，要发展临时性的季节性的简单的劳动互助、常年互助组、土地入股的农业生产合作社；第二，发展互助合作运动既反对右倾保守主义、又反对“左”倾冒进主义；第三，要遵循自愿、互利的原则；第四，农业生产合作社解决好收益分配的各项问题，这说明中央从互助组发展到合作社已经考虑得极为细致了。

《互助合作决议（草案）》的实施，标志着按照毛泽东的合作经济思想搞农业合作化。但是，问题和分歧却是比较明显。正如杜金涛指出①：毛泽东与刘少奇关于农业合作化问题之争根源上有两点：一是两者对农业合作经济理解不同。毛泽东认为的合作社主要是指农业生产合作社，刘少奇的理解则是侧重农民的商业或供销合作社。毛泽东认为，应先发展农业生产合作社，使之逐步过渡为集体经济。刘少奇认为，应先发展农村供销合作社，活跃经济，然后再发展生产合作社。二是毛泽东企图先改造生产关系，在公有制经济下发展生产力、实现工业化，或者说通过改变生产关系促进生产力的发展，其前提是认为私有制阻碍了生产力的发展。而刘少奇则是遵循生产力决定生产关系的马克思主义基本观点，先实现工业化、容许资本主义一定程度发展，等生产力提高后，一举改造生产关系，实现生产资料社会化。

如果我们在合作化的实践中，允许不同的实践，允许不同的探索，我们可能会有更好的结果。

第二节　北京市成立农业生产互助组

一、农业生产具有互助合作传统

北京郊区地少人多，农户细小，生产资料不齐备，农民中有互助合作的诉求和传统。土改中贫苦农民虽然分得了土地和一些生产工具，但耕畜、农具、水井、水车、运输工

① 杜金涛．建国初期党内关于农业合作化问题的争论［J］．中共四川省委党校学报，2009（1）：46-51.

具等生产资料仍然十分短缺，许多农户缺乏耕畜和种子，发展农业生产困难很大。因此农村在土改前、土改中就出现了自发的互助合作。

北京郊区的老解放区农村，就有劳力换工、人畜换工等形式的农业生产互助组织。如门头沟区（原为宛平县）的黄安坨村，在抗日战争时期，“男人抗战上前线，妇女后方搞生产”，以变工互助、换工伙工互助、季节拨工等形式发展生产。

这种互助组有两种类型，一种贫农、中农为主体的临时性的季节互助组，一种是地主庄园中的单身雇工组成的合作耕种组织“锅伙”。

1949 年春北平解放不久，适逢郊区天旱少雨、春播困难。政府号召农民组织起来抗旱点种，当时即出现了一些季节性的临时互动组。

京郊出现的第一个农业生产互助组，是 1949 年春第 11 区（后为南苑区，现属大兴县红星区）鹿圈村霍凤岐互助组。当年天旱少雨，播种困难，贫农霍凤岐响应党和政府“组织起来，抗旱点种”的号召，联合本村 20 多户贫农和中农组织了一个临时互助组，打土井三眼，点种棉花 75 亩[①]，使大家感到“集体干活力量大”，秋后没有散伙。互助组坚持下来后，1950 年又凑钱买了牲畜，共同讨论订出了拨工、记工、使用牲口的办法，当年虽遇涝灾，粮食仍比 1949 年增产一倍多。霍凤岐互助组是北京郊区最早的一批互助组之一，后被市政府评为模范互助组。在霍凤岐互助组的影响带动下，鹿圈村先后组织起 24 个互助组。

土改中，有的农会小组在参加土改的同时，一起到涝洼地去扫硝、熬硝，合伙苦干一冬春。土改分地完成了，把到供销社卖硝的钱积在一块买了一头牛，春耕一开始互助组就形成了，而且有了集体耕牛。

还有一种是土改中出现的地主庄园雇工组织的“锅伙”。1949 年 6 月土改试点刚刚开始，就有些地主庄园的雇工，因是光棍汉，分了土地只身耕种有困难，便向工作组提出继续在一块儿合伙种地、合伙生活的要求。这个要求在市委“四不动”政策中得到肯定。这种农民叫做“锅伙”的合作耕种组织，在土改中就出现了 16 个。

吴玉书《我是全区第一个女互助组组长》介绍了成立互助组的过程[②]：“1950 年春，北京市第十三区教育局在来广营村办民校试点班，我和村民张会芝、许秀云、陈宝珍、景桂珍五姐妹报名参加了扫盲班，组成了学习互助小组，互帮互学。因为我快言快语敢说话，大家让我当组长。

当时，土改刚刚结束，分得土地的农户都或多或少地遇到劳力、畜力和农具不足等问题，影响正常耕种，耽误农时。我们五家共有 70 多亩地，只有 5 个女劳力和简单的生产工具。于是，我们五姐妹商量，利用学习小组优势，各家有人的出劳力、有牲畜的出畜力、有生产工具的出工具，组成农业生产临时互助组，我被选为组长。实行生产临时互助合作，解决燃眉之急，有效地解决了劳力、工具、畜力不足的问题，五家的春耕播种很快就完成了，比别的单干户都快。

① 本书内容涉及大量历史文献资料，为保持文献资料的真实准确，编者对其中的非法定计量单位未作修改。15 亩=1 公顷，1 斤=500 克。

② 吴玉书．我是全区第一个女互助组组长［J］．当代北京研究，2012（2）：27-29.

当时，我们临时互助组只是在农忙时组织起来，合作耕种和收获。谁家的地收获的粮食仍归谁家所有，谁家的牲畜仍归谁家喂养，谁出的生产工具坏了仍是谁家负责维修。给谁家干活谁家就管饭，农闲的时候就自动解散。这样的临时互助组是建立在个体经济基础上的集体劳动组织，大家自愿互利，共同劳动，不存在也不计较利益分配问题。临时互助组不但解决了劳力、工具、畜力不足的问题，还提高了生产效率，受到区、乡政府的鼓励。后来，陆续有张奇、许德荣、杨振环、郑芳、岳德胜 5 户加入，临时互助组发展到了 10 家，土地有 120 亩。”

吴玉书的个案说明了几个问题：临时性互助组的生产效率要高于个体经营，解决了生产要素不全的问题，大家是自愿互利的，规模不是很大，这种集体经济一萌芽就受到了政府的关注和支持。上升到更高一个层次分析，在生产力还很低下的情况下，在熟人朋友、街坊和邻里之间的农业生产互助行为是自发的、本能的和自觉的行为。这是农民应对生产资料匮乏、生产水平低下的一种最经济的选择。

范明《新中国初期北京市农业政策述评》一文指出[①]：“但由于各种互助组不统一，特别是临时性的互助组由于缺乏领导，还停留在原始的水平。农民对互助组有顾虑，认为‘互助’就是‘互亏’，‘集体干活像劳动改造’，部分干部也错误地认为，‘京郊地少人多，劳动力有剩余，用不着互助’，甚至出现‘强制编组’的偏向，需要政府统一的协调组织。”在这种形势下，就迫切地需要把农民组织起来。

二、“三农”问题突出具备发展生产互助条件

北京市土改结束后农村生产的形势是严峻的。《北京农业社会主义改造的回顾》是这样描述的[②]：1950 年春，土改结束时，京郊农村共有农业人口 35 万多人，耕地近 110 万亩，人均占有耕地不足 3 亩。尽管当时人均占有耕地比现在多一倍，农民在土改中也分得了一些生产工具，可是由于刚刚解放，加上 1949 年雨涝成灾，广大农民在生活和生产上仍然困难重重。

《中共北京市委郊区工作委员会关于目前郊区组织劳动互助中的几个问题》（1950 年 6 月 13 日）一文中[③]，描述了生产资料匮乏的局面：“郊区耕畜缺乏，仅以十三区来说。全区共有旱地 170 232 亩，水地 6 418 亩，园地 2 523 亩，仅有骡马 1 231 头，驴牛 1 820 头。以平均每头驴或牛耕种旱地 25 亩，骡或马耕地 80 亩，或水地 25 亩，或园地 15 亩计，尚缺骡马 763 头。如将运输业的牲口除外，缺少的更多。一般村都是耕畜不够使用，个别村甚至没有牲口，如集贤庄集庆自然村 20 多户，1 000 多亩地，只有两头半牲口，铁匠营胡庄自然村，30 多户无一头牲口。迫切需要组织人畜力换工或人力互助，以解决群众生产中的困难。”

据统计，1949 年郊区粮田面积为 6.15 公顷，总产量为 4 208 万千克，平均亩产仅

① 范明．新中国初期北京市农业政策述评［J］．北京社会科学，2012（1）：22-27.

② 中共北京市委党史研究室，中共北京市委农村工作委员会，北京市档案馆．北京农业社会主义改造资料：上册［M］．北京：中国社会出版社，1991：3.

③ 中共北京市委党史研究室，中共北京市委农村工作委员会，北京市档案馆．北京农业社会主义改造资料：上册［M］．北京：中国社会出版社，1991：38.

45.5 千克。贫农和雇农仍然面临饥寒交迫，许多农户不仅没有耕畜，而且缺乏种子，有了土地也难以耕种。在这样严峻的事实面前，中共北京市委和市政府在 1949 年冬，即在实行土改的过程中，就领导组织农民生产自救。其主要方式是组织农民自愿集股，参加供销合作社，再由供销合作社因地制宜地帮助农民开辟副业门路，对于重灾区农民，则重点加以帮助。

如南苑区南部的海子里，盐碱地多。供销社根据这一特点，组织农民开辟一项副业——熬硝。对于其他有条件的地区，供销社则因地因户制宜，帮助农民解决资金、原材料及销路问题，组织农户纺羊毛、纳鞋底、挑补花、编筐、养鸡、养鸭、养蜂以至磨豆腐、磨粉和榨油等家庭副业，并以公平合理的价格收购这些农副产品。同时根据农民需要及时供应各种生产资料及生活必需品，以减少私商对农民的中间剥削。在春耕生产以前，各村供销社以简便的手续，把种子、肥料、农具和耕畜等及时卖给农民，在青黄不接时，供销社对缺粮农民（尤其是重灾区）及一般农户的粮食、食盐、火柴等，都能做到保证供应，使广大农民得以渡过灾荒、安心生产。

上述的各种问题表明土改后北京的农村、农业和农民的“三农”问题十分突出。农民贫穷、农村落后、农业生产资料匮乏，农业生产力低下，再加上严重的自然灾害，使得发展农业互助生产成为一种现实的、可行性很强的生产自救行为。正如范明认为[①]：“互助组是一种交易费用较低、小规模合作、有效率的产权组合模式，它较好地实现了生产资料和劳动力之间有效的合作，克服了以往力量分散的问题；所采取的农户自愿互利的原则，使农户具有了退社的自由选择权。”

沈滨、柳建平认为[②]：“互助组内部的互助行为虽然带有合作性质，但退出机制加强了对成员的行为约束与自律，构成互相之间的监督，加上成员之间的相互了解程度较高，机会主义行为几乎不存在，因而合作经济本身固有的缺陷得到了克服。”

北京郊区的很多地方自发地发展了农业生产互助组，具有了一定的群众基础。更主要的是“三农”问题突出，从客观上具备了发展互助组的条件。

三、市委市政府倡导发展生产互助组

1950 年 3 月中旬，中共北京市委、市政府召开郊区扩大干部会议，提出[③]：在郊区农村“压倒一切的中心任务是搞好春耕生产”；号召郊区农民开展大生产运动，提出了当年“增产一成”的任务。如何增加生产？在当时，已经有了互助生产的现象和苗头。这种互助组织虽然不普遍，但有互助合作的地方，发挥了组织起来的优越性，农民初步积累了一些互助合作的经验。有了先期发展互助组的宝贵经验，市委、市政府倡导农民“组织起来”，把分散的农民逐步引向集体的方向。

---

① 范明．新中国初期北京市农业政策述评［J］．北京社会科学，2012（1）：22-27.

② 沈滨，柳建平．中国农村土地制度变革与农业绩效［J］．生产力研究，2003（1）．

③ 中共北京市委党史研究室，中共北京市委农村工作委员会，北京市档案馆．北京农业社会主义改造资料：上册［M］．北京：中国社会出版社，1991：3.

市委、市政府提出[①]："根据郊区农村的实际状况，对发展互助合作提出了以下政策原则：坚持自愿互利，不能强迫命令包办代替，农民有参加和退出互助组的自由；互助组的形式，是临时的或常年的，由农民群众根据实际情况选择；开始应在群众习惯的组织形式的基础上，建立小型互助组，然后逐步发展提高；加强互助组内贫农和中农的团结，不能因为中农有较多较好的土地和生产资料，而在生产互助中让中农吃亏，要做到互助互利；说明组织互助组的区、乡干部，既不能包办代替，也不能放任自流，要帮助农民研究办法，解决问题，总结经验，引导互助合作运动健康发展。"

在土改一结束，在"三农"问题亟待解决又要发展生产的紧要时刻，市委、市政府就把发展互助组作为推动农业生产的一项重要措施和办法来实施，可以说抓住了主要矛盾。特别是这个政策坚持了自愿互利的这一个重要原则，坚持了既积极推进又不冒进的策略，使得这项政策推行得很顺利。

由于方向正确，政策清楚，符合广大农民的实际需要，所以当郊区干部向农民广泛传达以后，受到农民的普遍欢迎。在当年的春耕生产中，各村纷纷建立了第一批互助组，如现属海淀区的榆树庄村，在共产党员和青年团支部的带动下，全村一下子成立了 13 个互助组，解决了广大贫、雇农缺少耕畜和农具的困难，适时完成了春耕播种任务。在其他各区，尤其是像南苑区南部一带的重灾村，这样临时组织起来的互助组，对于克服困难，抗御自然灾害，保证适时播种，作用尤为显著。再加上各级政府在当年春天及时发放农业贷款 447 千克（折小米），帮助郊区农民购置一批种子、耕畜、农具，修复一批大车、水车、水井；拨出 90 万千克（折小米）实行"以工代赈"，疏挖凤河、凉水河、坝河、草桥河和南旱河等水利工程，从而初步改善了郊区的生产条件，增强了一些抗御自然灾害的能力。

在 1950 年的春耕生产中，在共产党员和青年团员的带领下，北京近郊建立了一批常年互助组。通过互助合作，初步解决了广大贫下中农缺乏耕畜和农具的困难，适时完成了春耕播种任务。当时隶属于河北省的远郊各县，也建立了一批常年互助组或临时拨工组。

1950 年，虽然仍是一个雨涝比较严重的年头，可是灾情却比 1949 年明显减轻。这一年，北京降水量为 867 毫米（1949 年为 936 毫米），有 1/3 的农田遭受不同程度的雨涝，可是由于土地制度的根本改革，生产条件的初步改善，广大翻身农民劳动积极性的提高，结果比 1949 年灾情明显减轻。1950 年，郊区粮食总产量为 9.2 万吨（比 1949 年的 4 208 万千克增加一倍多），棉花总产量为 170.5 万千克（籽棉比 1949 年的 83 万千克增加一倍多），花生总产量为 4 045 万千克（比 1949 年的 231 万千克增加 75%），蔬菜总产量为 6 万吨（比 1949 年的 3 173 万千克增加近一倍）。即使按常年产量计算，也超额完成了当年年初提出的"增产一成"的任务。

四、初期发展与主要问题

在《中共北京市委郊区工作委员会关于目前郊区组织劳动互助中的几个问题》（1950

① 北京市农村合作经济经营管理志编纂委员会．北京市农村合作经济经营管理志（1952—2002 年）［M］．北京：中国农业出版社，2008：16.

年6月13日）一文中，描述了北京市互助组初期的发展过程和其中的突出问题①。

在北京郊区互助组发展的过程中，郊区工委总结出了三种发展类型：第一种，一亩园的沈会和互助组为代表的互助形式。该组是由8个雇工组成，他们在土改中共分34亩稻田，伙在一块种，按地亩出种子、肥料，共同劳动，精密计工，按技术高低及劳动力强弱民主评资。秋收后，除去种子、肥料、工资等开支外，按地亩均分。本组活干完，留下一人看水，其余的出去打短，挣的工资，平均分配，解决了口粮问题。秋收以后，还准备集体打草绳。

第二种，十八里店陈宝森互助组为代表的互助形式。该组共有男劳动力9名，女劳动力4名，骡驴各一头，水地8.8亩，旱地44.6亩。以锄地多少为计工标准，每锄3亩地算一个工，骡顶5个工，驴顶3.5个工。每月结算一次，每年按麦、秋、菜三季齐工，少作工的补偿多作工的工资。采用这种组织形式的各区都有，它的好处是记工公平合理，基础巩固。

第三种，古城郝德斌的伙工组，男劳动力共4人，女劳动力5人，驴2头，水地57亩，旱地17亩，互助干活，不记工，哪块地需要先干哪块，一直把本组所有的地干完为止。这种互助组大都是以亲友感情作基础。没有等价记工，不易巩固、持久。

以上三种互助组说明，郊区地少人多，农民必须从事一些农业以外的生产以补生活的不足。这更需要组织起来，使部分人从事农业劳动，部分人得以不受土地的束缚自由的经营他业。因此，在京郊组织劳动互助，除有“培养农民集体劳动习惯”的意义外，还有它特殊重要的作用，就是组织农民发展“农业为主、多种经营”的生产。这从另一个方面，反驳了“郊区劳动力多，不需要互助”的错误观点。

在发展了一些互助组的同时，更多的或者说是广大农民仍是个体生产。他们对于劳动互助存在着种种顾虑，如“地不多，不需要互助”“互助起来买卖作不成啦”“牲口换人人不合算”“劳动力多的跟劳动力少的在一起不上算”“与坏人在一起不好”等。这些问题都是现实的，本质是互助组没有解决利益多的个体农民如何保证利益不丢失的问题。没有“等价交换”的前提，就不存在“自愿互利”的行为。

市郊区委在发展互助合作组的过程中，除了组织劳动互助，继续广泛深入地宣传“组织起来”生产，提高农民的觉悟外，还要解决农民不愿组织起来的问题，如何摆平和保证农民的物质利益问题。

针对农民的顾虑和实际问题，市郊区工委的工作思路、做法如下②：

“（一）从一点作起，作出样子给大家看，开始不要追求数量，只要做出成绩来，使他们感到互助组的好处，自愿的组织起来。

如一亩园的沈会和等8人共有34亩稻田，假如各干各的，抹好全部稻埂需要7天。组织起来以后，5天就抹好了，腾出5个人给别人抹埂，两天就挣了150斤玉米。大家看

① 中共北京市委党史研究室，中共北京市委农村工作委员会，北京市档案馆．北京农业社会主义改造资料：上册［M］．北京：中国社会出版社，1991：38-41.

② 中共北京市委党史研究室，中共北京市委农村工作委员会，北京市档案馆．北京农业社会主义改造资料：上册［M］．北京：中国社会出版社，1991：38-41.

到了他们组织起来的好处以后，相继建立了5个组。

这一例子就说明了农民是最现实的，多少美好的空话，不如一件具体的事实有力。因此，各区必须掌握一两个重点村，具体的去领导组织，作出典型来，然后由近及远逐步推广。

（二）从帮助群众解决具体困难作起。一般贫雇农的困难是缺乏耕畜，需要组织人畜力换工或人力拉犁，灾区及近郊兼营他业的农民的困难是搞副业与农业生产矛盾，土改中新得地的非农业劳动者，需要学习农业生产技术，地少劳动力多的农民需要为剩余劳动力找出路。

根据他们的要求，说明他们组织起来，解决他们的困难。这样互助组与群众本身的利益密切联系着，自然能够巩固持久。如一亩园的何永顺与胡奎祥原来都是三轮车工人，土改中分得了土地。春耕时两家都缺乏口粮，要去蹬三轮，又怕误了地里的活。两人就组织起来，一人蹬三轮，一人在地里干活，既解决了口粮问题，又不误地里生产，两人都很满意。

（三）劳动互助的组成，依群众自愿习惯而应是多种多样的，不必机械的要求一致。实行精密的记工换工的办法固然很好，但是群众旧有的互助形式如‘北锅伙’‘班刀子’‘插帮’‘合犋’等也可以提倡，即使是不拘形式的临时组合如‘农时的互助帮忙’‘秋后结账的雇工’也好，不管形式如何，只要是农民自己所喜欢而且是自愿结合起来的，都能发生一定作用。

我们要爱护这些互助的幼苗，加以培养逐步提高。有些群众自动组织起来的互助组，已合作的很好，但没有记工的，也不可勉强，要耐心的等待他们觉悟。只有根据群众的觉悟程度而逐步提高的互助组，才能巩固持久。

（四）必须坚守‘自愿两利，等价交换’的互助原则。郊区群众旧有的互助组，有些维持的时间很长，甚至有七八年之久的，其原因就是由于结组的多是亲友邻居，有感情的联系，是自愿的结合，同时也能做到公平互利，虽然没有记工，但每人心里都有个‘算盘’，彼此互换的人畜工相差不会太远。假如组织起来的结果，只对一方有利，他方是沉重的负担，这个互助组一定要垮台的。

如肖家河上河沿自然村，去年组织互助组时，有几组将一头骡子耕一天也算两个人工，只挣十几斤玉米，实际当时一头骡子耕地一天可挣30斤玉米，相差太大。因此，该村团支书吴瑞珍今春在群众会上又宣传组织互助组时，有牲口的户一个个都溜走了。这一事实，就说明了如果换工不等价，互助组是搞不好的。

（五）有生产经验的党团员或积极分子要起带头作用。目前发现的几十个较好的互助组，都有生产经验丰富的党团员或积极分子为骨干。如肖家河的丁文林组，干活情绪很高，就是因为该组有一个曾在党训班学习过的党员吴达津，在群众中有威信，对于互助组很热心，起了实际上的领导作用。另外还有两个团员，干活很积极，把大家都带动起来。又如古城的郝德斌组，是十九区互助组中最成功的一组，这是因为该组组长郝德斌生产经验丰富、技术高，能够领导全组，且善于团结人，组员都说：‘郝德斌是我们的代表人’，组外人则称他们为‘郝一心组’。从这两组看来，发挥党团员及积极分子的骨干作用是搞好互助组的重要条件。

因此，我们目前组织劳动互助、必须依靠党团员及积极分子带动群众，使能有一个良好的开端，以便吸引广大群众参加。有些村党团员孤立在搞自己的互助组，与群众没有什么联系；有些村党团员虽然参加了互助组，但没有起应有的骨干作用；有些村根本忽视了党团员在生产中的领导作用，这些偏向都是应该纠正的。”

1950 年 8 月下旬，中共北京市委和市政府决定，改组并扩大市委郊区工作委员会和市政府郊区工作委员会。当年冬季，市委郊委举办党员训练班，轮流培训郊区农村的党员，使之明确在土改后的农村，党员应带领广大农民组织起来，发展生产、勤劳致富的方向。

市郊区工委解决问题的做法可以概括为如下几点：一是坚持“自愿互利、等价交换”的原则，这是互助合作的根本；二是发挥典型互助合作组的示范作用；三是采用农民可以接受的、多种形式的互助合作的形式；四是依靠党员、团员和积极分子发展带头作用。这些办法可以从一定程度上解决多数农民不愿参加互助组的问题。

五、落实党中央决议推动互助组进一步发展

1951 年 9 月，中共中央召开了全国第一次农业互助合作会议，12 月底向党内发出了《中央关于农业生产互助合作的决议（草案）》。北京市委贯彻中央决议，坚持自愿、互利原则，在京郊农村有组织有计划地开展了互助合作运动，通过加强指导、培训干部、及时解决发展中出现的问题和偏差，保证了农业生产互助组的健康发展。

为了加强对郊区的农业生产相互助合作工作的领导，1951 年，市委郊区工作委员会根据广大农民的要求，提出了大力发展临时互助组和季节性互助组，有重点地巩固和提高常年互助组的方针。在当年的春耕播种、抗旱点种和夏季除虫等活动中，陆续发展了一大批互助组。这些互助组，一般在生产中走在前头，大多数能够多施肥料，改良土壤、精耕细作，有些组还打井开渠，把旱地改为水浇地，从而使粮棉产量大幅度提高，为单干农民树立了榜样。黄土岗殷维臣互助组全年粮食产量比上一年增产 80%。鹿圈村霍凤岐互助组由于旱地改水浇地，增施底肥，追加化肥，加强田间管理，全年粮食比 1950 年增长一倍。一般的互助组的粮棉亩产，也比当地单干户高出一成至三成。

从 1952 年 1—4 月，京郊的互助组发展得如何，有什么问题？《北京市人民政府郊区工作委员会关于目前京郊互助合作运动进行情况的报告》（1952 年 4 月 29 日，以下简称《1952 年情况报告》）①，作了详尽的描述：

“今年的互助合作运动，经过领导上的大力号召，党团员劳模的宣传动员及带头组织，加以大部群众对于互助合作已有初步认识，因此，一开始就呈现蓬蓬勃勃的新气象。截至 4 月 10 日，据不完全统计，全郊区已组织了 2 432 个互助组，其中长期互助组 249 个，农业生产合作社 6 个。工作较好的村子，组织起来的农户已占总农户的 60%～70%；如 11 区鹿圈村，在霍凤岐模范互助组的影响下，共组织了 71 个组，占全村总户数的 63%，13 区黑塔村 980 户农民已组织起来 687 户，占总户数的 70%。近郊农民忙于副业

① 中共北京市委党史研究室，中共北京市委农村工作委员会，北京市档案馆．北京农业社会主义改造资料：上册［M］．北京：中国社会出版社，1991：47-48.

忽视农业，菜区农民有‘抢先多卖钱’思想，加以零活多，技术差别很大，实际互助有困难，组织起来的不多。”

从整体形势看，京郊的农民参加互助组在60%以上；但是，近郊的菜农，由于技术差异大和卖菜赚钱的影响，组织起来的并不多。

对自愿组织的互助组，《1952年情况报告》描述如下①：

“绝大多数互助组都是经过宣传动员群众有了认识后自愿组织起来的。凡是这样的互助组，都起了作用：如13区东北旺地解冻前经过村干部动员有牲口户与无牲口户临时互助，三天之内全村旱地普压一遍，14区下清河因为今年组织了15个长期互助组，解决了缺乏牲畜农具的农民的困难，现在已完成了春播。”

从这个描述中可以看出，自愿组织的互助组，就可以解决农具缺乏的困难，完成春播，达到了互助的目的。

对走形式组织起来的互助组，《1952年情况报告》描述如下②：“有少数村干部因有单纯任务观点，用‘要贷款就必须组织起来’，‘不组织的就是资本家’办法，编制了许多互助组，实际不起作用。有些村，对于‘组织起来’的意义贯彻的不够，群众认识有偏差；如11区右安门群众认为‘早组织早踏实，早晚也得组织’，形式地组织起来，避免村干部‘找麻烦’；12区东管头部分群众认为互助组是一种政治性的组织，不参加怕孤立，参加了又不互助，只挂个名。个别村还发生了‘好汉找好汉’的偏向；雇贫中农分组，青壮老年分组，男女分组，甚至有夫妇各参加一个互助组的现象。这些偏差发现以后，都已及时纠正。”各种形式主义的互助组，都是在应付差事和领导，并没有从根本上做通农民群众的工作。

对地主富农参加互助组的问题，《1952年情况报告》描述如下③：“地主富农参加互助组的现象很普遍，13区黑塔村有26户地主，27户富农，3户农业资本家参加了互助组，15区廖公庄23个互助组中13个组有地主富农，其中两组完全是地主组成；11区辛四村有一地主当了互助组长；13区东北旺孙长海组有一地主劳动力只顶农民的1/3，但他也和别人一工顶一工，组员孙长和不愿吃亏，要求退组单干，12区鹿圈村青年团员崔文海竟因过去和地主‘互助’而模糊了阶级意识，认为‘现在不好意思不和地主互助’。为了避免上述流弊的发生，我们的意见是不允许地主富农参加互助组，其已参加的地主，个别态度老实认真劳动，组员没意见的，可以留在组内。”这反映出如何给地主富农出路，这也是互助合作中的一个比较大的问题。地主、富农毕竟是农村中的一个群体。

在近郊区的菜田，种菜用工多，人手不够用，就产生了雇工的问题，《1952年情况报

① 中共北京市委党史研究室，中共北京市委农村工作委员会，北京市档案馆．北京农业社会主义改造资料：上册［M］．北京：中国社会出版社，1991：50-51.

② 中共北京市委党史研究室，中共北京市委农村工作委员会，北京市档案馆．北京农业社会主义改造资料：上册［M］．北京：中国社会出版社，1991：50-51.

③ 中共北京市委党史研究室，中共北京市委农村工作委员会，北京市档案馆．北京农业社会主义改造资料：上册［M］．北京：中国社会出版社，1991：52.

告》描述道[①]："互助组雇工问题：这一问题在菜区较严重，如12区太平桥31个互助组中有14个组雇长活22个，其中何文明组6户就雇了4个民工，白菜丰产能手潘永泰组，也雇了3个长活。这样，互助组就变了质，走上了资本主义的道路。菜地很费工，如使长工退出，势将降低蔬菜生产。我们的意见是大田区互助组不许雇工，但在农忙季节，为了生产上的需要，可雇短工和技术工，菜区互助组中的长工，可暂时留在组内，待进一步弄清情况，研究出妥善解决方案后，再作处理。"

互助组雇工是生产上的客观需要，不雇工肯定要影响到生产，这不是走资本主义道路的问题。硬往资本主义路线上扯，就要拖生产的后腿。变通的办法就是雇短工和技术工，长工暂留在互助组内，不作定论。这种变通的做法应该是在当时复杂的环境中的一种最佳选择。

针对互助合作中的问题的报告，就在同一天，市委郊区工委下达了开展合作运动的指示。《北京志·农业卷·农村经济综合志》记载[②]："1952年4月29日，市委郊区工作委员会发出《关于1952年开展互助合作运动的指示》（以下简称《1952年合作运动指示》），提出目前开展互助合作的方针是：①有领导、大量地发展临时性的简单的劳动互助，纠正认为临时性和季节性的变工换工不算互助而不加领导的偏向；②在群众对于简单的劳动互助已有习惯和认识的村庄，必须逐步地推广结合改进技术及副业生产的常年互助组"。

为了更好地体现自愿互利的原则和巩固发展起来的互助组，《1952年合作运动指示》提出[③]："合理规定人畜工价，做到互不吃亏，使中贫农能巩固地团结起来发展生产。"

"根据过去两年经验，要使互助组巩固发展，必须注意以下几点：

（1）一般新成立的互助组，应经过组员讨论，订出简单易行的评工换工制度，做到大体上的等价互利。历史较长内容较充实的互助组须按劳动力强弱、技术高低、干活好坏多少，民主评订工分等级，鼓励能干的多干。工资一般的应随市价。

（2）吸收妇女劳动力和半劳动力参加互助组，增加生产力量，实行精耕细作，提高单位面积产量，抽出剩余的劳动力搞副业，增加组员收入。从增多组员的收益方面来巩固互助组并吸收单干户参加互助组。

（3）发动所有互助组普遍制订生产计划。计划内容主要为：农副业增产任务以及完成任务的具体措施，如增添牲畜大车、新式农具，集资打井变旱地为水地，改良沙碱地，推广良种，增施肥料，防治病虫害，改良耕作方法，养猪积肥，培养果树，搞火车运输及其他副业。通过订立计划及争取计划的实现，充实互助组内容，增加组员的向心力。

（4）发动各组普遍参加爱国增产竞赛，订立爱国公约、劳动纪律、加入冬学民校，组织炕头组、地头组、读报组，通过这些活动，不断提高互助组员的文化水平及政治觉悟，加强组员集体观念。

---

① 中共北京市委党史研究室，中共北京市委农村工作委员会，北京市档案馆．北京农业社会主义改造资料：上册［M］．北京：中国社会出版社，1991：52.

② 北京市地方志编纂委员会．北京志·农业卷·农村经济综合志［M］．北京：北京出版社，2008：85.

③ 中共北京市委党史研究室，中共北京市委农村工作委员会，北京市档案馆．北京农业社会主义改造资料：上册［M］．北京：中国社会出版社，1991：47-48.

（5）建立必要的会议制度，实行民主管理。组内一切重要问题，如制订生产计划、爱国公约、劳动纪律、吸收新组员、添置公有农具、排定干活次序、评定工分等都应经过全体组员充分讨论，大家意见一致后，作为决定，共同执行。并应经常展开批评和自我批评，保证决定的实现。”

这些措施细致入微，从评工计分、劳动计划制定、提高组员素质、实行民主管理，到计划的具体内容和如何增加互助组的凝聚力，《1952年合作运动指示》都考虑得周到妥帖，没有经过深入的调查研究，是无法作出这样详尽深入的指示的。

为了作好1952年的互助合作工作，《1952年合作运动指示》提出[①]：“市府郊区工作委员会设互助合作科、区政府设互助合作组、村指定专人，经常检查、研究互助合作工作中的问题，推动互助合作运动。各个部门并应作如下的配合。

（1）农村党团支部要教育党团员积极参加互助组，把余粮投资互助组扩大生产，不许雇工和放高利贷，要经常研究本村互助组中的问题，及时向上级党、团委反映情况。并须通过党团员向互助组员进行政治教育。

（2）区村妇联应动员青壮年妇女参加互助组，试办农忙托儿所、看儿组，解决妇女参加生产的困难。

（3）宣教部门除应经常向农民进行前途教育、集体教育外，并须经常宣传各互助组的成绩经验，鼓励互助组员的情绪，扩大互助组的影响。

（4）银行合作社在发放农贷，供应生产资料、推销农产品等方面，应优先照顾互助组。在互助有基础的村子，可以试办以互助组为供销社社员小组，通过订立‘结合合同’帮助互助组发展。

（5）农业技术指导部门及国营农场必须供应互助组优良品种，指导互助组采用新农具、新技术，帮助他们除治病虫害。在推广示范新技术，举办新技术训练班时，尽先照顾互助组。”

从这些措施中可以看出：政府在机构设上设置了专门的管理部门和人员，强化了发展互助组的力度，并强调了部门的配合；强调了发挥基层党团组织的作用；在发放农业贷款、推广农业先进业技术方面优先向互助组倾斜。这些措施对推动互助组发展是有效果的。

1952年6月20日，市委郊区工委进一步梳理了互助合作中的问题。《中共北京市委郊区工作委员会关于郊区互助合作运动领导中的问题及解决意见的报告》（以下简称《意见报告》），对形势作出了判断，指出[②]：“截至5月底止，据不完全统计，全郊区已组织起3 617个互助组，其中常年互助组1 198个，农业生产合作社10个。组织起来的户数占农民总户数的36.7%。基础较好的村子，组织起来的户数已达70%～80%。近郊副业发达的村庄及菜区农村，因有特殊困难，组织起来的不多。

---

① 中共北京市委党史研究室，中共北京市委农村工作委员会，北京市档案馆．北京农业社会主义改造资料：上册［M］．北京：中国社会出版社，1991：49.

② 中共北京市委党史研究室，中共北京市委农村工作委员会，北京市档案馆．北京农业社会主义改造资料：上册［M］．北京：中国社会出版社，1991：53.

由于这些互助合作组织的建立，春耕前，顺利地开展了保墒运动，经过耙、压、盖等保墒措施的土地达48万亩。组织起来后解决了缺乏牲畜农具的贫雇农春耕播种的困难，使春播比往年提前半个月完成，由于互助组的带动，春播中温汤浸种、药剂拌种、棉花宽垄密植等技术及先进生产经验的推进，比去年的成绩更大。在除治麦蚜虫斗争中，互助组也都起了带头作用。”

从资料分析看，至1952年5月底的互助组3 617个，较4月10日的2 432个增加了735个；常年互助组1 198个，较4月10日的长期互助组249个增加了949个。4月10日至5月31日的时间并不算长，从“长期”到“常年”互助组就猛增了949个。这其中的资料值得斟酌和进一步考证。

《1952年情况报告》和《意见报告》都反映出了互助组在春耕中，解决了缺乏牲畜农具的贫雇农春耕播种的困难，发挥了带头作用。两个报告也都反映了近郊的互助组组织不起来，说明了真实的问题及情况。

针对“左”倾的问题，《意见报告》描述道[①]：“在运动发展过程中，也发生过一些左的偏向：有少数村干部仍有‘单纯任务观点’，以‘不组织就是资本家’‘不组织不散会’‘要贷款就必须组织起来’等办法强迫群众参加互助组；有些区村干部看不起临时性季节性的互助组，不愿意领导，认为‘只有搞长期互助组才过瘾’，有的不顾条件够不够，盲目地发展农业生产合作社，有些党团员和积极分子脱离群众，单独搞‘民兵组’‘青年组’‘妇女组’，歧视单干农民，甚至与单干农民闹对立。这些偏向发现后，都已及时纠正。”

对于搞形式主义发展互助组，《意见报告》《1952年情况报告》都是一致的，列举了假互助的各种形式，也承认了歧视单干农民甚至与单干农民闹对立的问题。

但是，《意见报告》的着重点还是在于不发展互助组上，还是在于右倾的问题上。对于领导不利的问题，《意见报告》指出[②]：“尚未建立领导机构或指定专人：4月底郊委曾指示各区要建立互助合作小组，农业生产合作社要派较强干部领导，各区一直没有认真执行。如11区的小组最近才建立起来，13区最近指定了两个专人。其他各区虽然指定了专人，但是‘专人不专’，互助合作还是没有人管，11、13、14区春季以来没写过一次关于‘互助合作’的专题汇报。我们今年办农业生产合作社的方针是‘重点试办，作出成绩，取得经验’以便逐步推广，但是各区多未指派能力较强干部经常驻村领导，区委亦未认真研究农业生产合作社中的问题。除15区杨庄、八角及16区何各庄等三社曾作过一次很简单的书面汇报外，其余7社都未向我们作过一次汇报，有几十个小社区里就根本不了解情况，像这样下去，不要说创造经验，恐怕连‘不垮’也难保证。”不指定专人、不派得力的人推广互助组、甚至是合作社；也不作专题汇报，这其中的问题不在于干部不努力去做，而是在工作中遇到了实际的困难。这些困难与形势的要求是不一致的。基层

① 中共北京市委党史研究室，中共北京市委农村工作委员会，北京市档案馆．北京农业社会主义改造资料：上册［M］．北京：中国社会出版社，1991：53.

② 中共北京市委党史研究室，中共北京市委农村工作委员会，北京市档案馆．北京农业社会主义改造资料：上册［M］．北京：中国社会出版社，1991：53-55.

只能以静观和沉默来对待。

没有把农民“组织起来”，当做我党在农村的基本政策的来对待的问题，及各种表现，《意见报告》描述道[①]：“把‘互助合作’当做普通工作看待，不了解‘组织起来’是我党在农村的基本政策，多数区委都借口‘其他工作忙’不过问‘互助合作’，也致互助运动停滞在一般号召上，有‘典型’无‘经验’，有‘布置’无‘检查’及具体组织推动。

有些干部甚至把改进技术及除虫等具体生产工作与互助运动对立，不能依靠互助合作组织，来推动生产，不能从具体的生产活动中去提高互助合作组织。

村干部对于这一问题认识更模糊，此次互助合作干部训练班中二区两个村的干部就有46个未参加互助组，有几个党支部书记在检查右倾思想时都说：‘过去认为领导互助组是区干部和村政府的事，与党支部无干。’因此他们就对群众的互助热情抱冷淡态度，致被群众讽刺为‘英明’（应名）领导。

由于领导赶不上去，一般互助组都是‘内容贫乏’‘缺乏办法’，春耕播种后就不知如何互助，有的村的互助运动已开始走上‘春热闹，夏消沉，秋冬散伙’的老路，如14区12个村，春耕时组织起160个组，现在只剩下二三个。在最近举办的互助合作训练班上有一个互助组长说：‘区干只要表，村干只号召，农民争论先榜后榜，嚷嚷一阵算了’。这几句话大体上可以说明京郊两年多以来互助运动的真实情况。”

区委干部是借其他工作忙，只把互助合作当做一般工作对待，甚至没有把改进技术与互助合作结合起来做。有布置无检查，有典型无经验（不作深入细致的总结）。村干部更是应名作互助合作的工作。

互助组的真实情况最后是“区干只要表，村干只号召，农民争论先榜后榜，嚷嚷一阵算了”，到了走过场的境况。

不走社会主义的道路，就会有资本主义的苗头。《意见报告》描述道[②]：“对于不断滋长的资本主义因素采取放任自流态度：有些区干不知什么是资本主义因素，有人说，‘地主富农参加互助组生产有利’，‘政府号召发展生产，雇工正是为了生产’，还有人说：‘农村只有地主、农民两个阶级，富农不是阶级。’

由于干部思想混乱，所以今春有很多地主富农混进了互助组，12区上岸有一互助组长是富农，10区辛四村有一互助组长是地主。有些互助组中有雇工，12区五圈有5个党员带头雇了长工，个别互助组员间还有租佃关系。虽然曾数次指出这些偏向，但因区村干部未认识到这些问题的严重性，所以还未得到彻底解决。”

真实的情况是地主、富农有组织农业生产的经验和办法，就自然当了互助组长。雇工有利于农业生产，就产生了雇工甚至党员雇工的现象。

市郊区工委把上述这些问题归结为教育与思想问题。《意见报告》描述道[③]：“缺乏政

---

① 中共北京市委党史研究室，中共北京市委农村工作委员会，北京市档案馆．北京农业社会主义改造资料：上册［M］．北京：中国社会出版社，1991：54.

② 中共北京市委党史研究室，中共北京市委农村工作委员会，北京市档案馆．北京农业社会主义改造资料：上册［M］．北京：中国社会出版社，1991：55.

③ 中共北京市委党史研究室，中共北京市委农村工作委员会，北京市档案馆．北京农业社会主义改造资料：上册［M］．北京：中国社会出版社，1991：55.

治教育及思想领导：有些区村干部不敢宣传社会主义，怕农民恐慌，反而使农民思想更混乱。如14区来广营农民不愿参加互助组，怕今年‘互助’，明年‘合作’，后年‘集体吃大锅饭’，北湖渠农民怕‘合伙’，要把土地退还国家一部分。一般参加互助组的农民只知道‘互助好，三人活两人了’‘省工出活多打粮食’，但对发展前途不明确，甚至有人问：‘互助组富了，能不能雇工买地’，有些农民为‘贷款’‘贷肥’‘贷大车’而组织。

这些现象虽然都是由于我们的干部在动员农民组织起来时，单纯地宣传经济利益，而不进行前途教育所造成。今春有好多互助组订生产计划都没有政治内容，容易助长农民‘埋头生产，不问政治’的偏向。另外有些干部，在解决互助组内部纠纷时，不是用批评和自我批评的办法来教育组员，而是采取庸俗的调解，敷衍办法来掩饰纠纷，这显然也是一种迁就落后思想的右倾表现。”

农民是最现实的，只有用物质利益和经济的办法才能吸引他们到互助组来。只有互助组才能“贷款”“贷肥”“贷大车”，他们当然也只能加入到互助组来，入了组他们还惦记着致富买地和雇工呢。这实际上就产生了物质利益（经济利益）与政治教育不一致的问题与冲突。

针对上述各种问题，市郊区工委的对策，在《意见报告》描述道[①]：“召开一次区各部门主要干部联席会议，学习中央《关于农村互助合作运动的决议》，联系检查两年多以来对互助运动放任自流的偏向，扭转领导干部的右倾思想。今年下半年应在区、村干部及党团员中，有系统地进行关于‘组织起来’的教育，使我们的战斗队伍彻底与富农思想分家，以便领导广大农民逐步过渡到社会主义。

在机构方面：可仿照河北省办法，市府郊委设互助合作科，市委郊委办公室设互助合作研究组。区由区长、副区长或区委委员一人兼管互助合作，设专职干部三人作具体工作。村级在生产委员会下设互助合作指导小组。各级党委定期讨论互助合作工作，农村确定一支委专责领导。最近应对所有农业生产合作社普遍检查一次，除无培养前途者外，都要指派较强干部经常驻村领导。社内党员三人以上，成立党小组，通过党员实现党对社的领导。

今后工作：（甲）目前，应通过评比、参观等方式发动所有互助组总结春季生产成绩，发现问题，订出改进计划，以便开展夏季生产竞赛。特别应注意发动单干户与互助组、农业生产合作社之间的评比，以便通过‘组织起来’的优越性教育单干农民，把他们吸引到互助合作组织中来。（乙）麦收后或挂锄后，各区要普遍召开互助代表会议一次，交流成功的经验，批判错误的和落后的东西，提高互助组和农业生产合作社骨干的领导能力，充实互助组的内容。（丙）秋收期间，要组织参观，开展评模运动，交流丰产经验，树立丰产旗帜，以便为明年的爱国丰产运动打下基础。（丁）冬季农闲期间，要以区为单位，大量训练互助合作骨干为明年的互助合作运动做好准备，特别应注意训练合作社的骨干，以便有领导的稳步发展农业生产合作社。为了做好这些工作，要求各区作出计划，经郊委批准后认真执行。并应建立请示报告制度，以便加强郊委对区的领导。”

① 中共北京市委党史研究室，中共北京市委农村工作委员会，北京市档案馆．北京农业社会主义改造资料：上册［M］．北京：中国社会出版社，1991：55.

从《意见报告》看出，针对农民不愿参加互助组的问题，主要对策：就是在思想上，加强领导干部的思想教育，扭转领导干部的右倾思想；在组织机构上，设专岗和强化领导负责。在以后的工作安排上，通过评比、参观、交流经验和训练骨干解决问题。这些措施对于推动互助合作运动是有益的。

1952年6月，市委、市政府专门举办了从事互助合作工作的区、村干部和互助组长、试办农业合作社主任参加的“京郊农业生产互助合作干部训练班”，进行了农村经济发展方向、互助合作的自愿互利原则、互助组的经营管理以及农业生产合作社的性质等专题的培训教育。

《北京市人民政府郊区工作委员会关于京郊互助合作干部训练班的总结》（1952年7月4日，以下简称《训练总结》）[①]，对这次训练的描述如下，训练的目的和人员有：“为了加强互助合作的领导力量，巩固并扩大今春互助合作运动的成绩，我会于春播后夏锄前举办了互助合作训练班。训练时间4天，参加受训的共计432人，其中有区干部131人，村干部242人，互助组长50人，农业生产合作社主任9人。”从规模上看，涵盖了区、村两级的400多人，还是相当大的。

训练的内容包括：“（一）农村经济发展方向：包括农村经济发展的两条道路，组织起来的好处，互助合作组织的发展规律，互助合作运动中两种错误倾向的批判；（二）发展巩固互助组的具体办法，如贯彻‘等价两利’原则，结合副业及改进技术，实行民主管理等；（三）农业生产合作社的性质，发展方针，组织机构与各种制度。训练办法为大会报告，小组讨论。大会报告，聘请专家及首长担任；小组讨论，以区干部为骨干，讨论时联系实际，总结工作，批判错误，找出方向。”

从训练内容上看，如何贯彻“等价两利”的原则最为关键，这决定了互助组能否巩固和发展的一个最重要的因素。

《训练总结》中的主要收获是这样描述的：“解决了评工记账中的许多困难，有好多互助组，过去老垮台，找不出原因，这次学习后方知道是由于‘不记工，不等价’。部分村干部认为‘组长必得吃亏，才能搞好互助组’的思想受到了批判。过去一般互助组都是‘一工顶一工’、‘工分固定不变（死分）’。经过讨论，大家认识了这样会使‘积极的变消极’，应该按劳力强弱、技术高低评分，并应按干活好坏、多少加分或减分。最好是每天完活后地头评工，免得‘以后干活情况弄不清，不好评’。十五区有些组过去认为工资比市价低是优点，现在才知道这样做，会使地少劳力多的贫农吃亏。一般组长都感到‘识字人少，记账困难’。听到报告中介绍别的地方实行工票、工牌的办法后，大家一致认为‘这办法好，又省事，又清楚’。”

这段话有着丰富的内涵。互助组垮台的一个重要原因，是没有贯彻等价交换的原则，“不记工，不等价”，农民吃亏了自然是不干的，就要退出互助组。“组长必得吃亏，才能搞好互助组”，实际上也是不等价的一个表现，这也是搞不好互助组的。如何互助？“一工顶一工”“工分固定不变”，记死分，显然不符合等价交换的原则，解决不了劳力强弱、

① 中共北京市委党史研究室，中共北京市委农村工作委员会，北京市档案馆．北京农业社会主义改造资料：上册［M］．北京：中国社会出版社，1991：57-61.

技术高低、干活好坏、多少的矛盾。解决的出路在哪儿？就是“每天完活后地头评工”。这在当时不失为解决问题的一个办法。采取工资制也是一个办法，但是工资制如果比市场的价位低的话，地少劳力多的贫农家庭就要吃亏。面对文化程度低，“识字人少，记账困难”的问题，实行“工票、工牌”的对策，大家认为是一个好办法，省事、清楚；但是，这又如何面对劳力强弱、技术高低、干活好坏、多少的问题呢？

《训练总结》中的主要收获是这样描述的：“学习前，在农副业结合问题上有好多错误认识，如忽视农业，重视副业；‘结合副业就是搞买卖’；‘搞副业就得拴汽轱轳、开粉坊’，大干大搞；农副工资绝对平均，限制有技术的组员搞副业的积极性，强把组员现有的运输大车拉进组内作为全组的副业，致使有大车的农民不敢加入互助组等。学习过程中，这个糊涂思想，都受到了批判。如十四区九间房村长朱瑞森说；‘过去觉得农业生产利小，总想搞买卖，这次学习后，才知道互助组应集中力量提高单位面积产量，有多余人力才搞副业。副业赚了钱，应投资土地，扩大农业再生产。’十六区有些互助组长原想‘大搞’，学习后说：‘搞副业，得靠山吃山，靠水吃水，有啥条件搞啥，大搞思想不对头。’”

这段话也非常有意义，也说明了等价交换的重要性。新中国成立初期，城乡差别和工农产品不等价交换，使农民认识到了搞副业的重要性，他们自然要重视副业，忽视农业。如何处理好农副业的关系，从对国家有利的角度看不应忽视农业这是对的，训练班也是这样教育农民的。但是，忽视了农民的权益，农民自然还要抓副业，这是市场经济规律在起作用。在认识到“等价交换”的意义后，在调整农副业自身之间的利益时，农民们认识到了“农副工资绝对平均，限制有技术的组员搞副业的积极性”，所以，有技术的搞副业的组员的工资应该高；“强把组员现有的运输大车拉进组内作为全组的副业，致使有大车的农民不敢加入互助组”的行为也是不对的。

等价记工是《训练总结》的宝贵之处，是使互助合作得以发展的真正动力之一。难怪在《训练总结》的最后总结缺点时描述：“有些学员回去只能说‘两条大道必须走向社会主义道路’，讲不出怎样走法，有的对‘组织起来，发展生产’的观点不明确，只在建立制度、等价记工学习文化等方面考虑巩固发展互助组。”这一描述是何等准确，因为只有提高文化才能把工记下来，只有等价记工农民才愿到互助组来。现在看来，这些缺点恰恰是闪光之处。

1952 年 9 月，中共北京市委调整了农村工作机构，建立了市委农村工作委员会，主要任务是抓互助合作运动和农村政策。为通过互助合作提高生产率，达到多产粮食和其他农产品、增加农民收入的目的，市委、市政府在改进农业生产条件、推广农业新技术、新品种、新农具，发展生产力和保障农民生产、生活资料供应等方面采取了很多措施。所有这些提供农业生产力的技术措施，直接促进了农业生产互助组的发展。

1952 年，是落实党中央决议推动互助组进一步发展的一年。这一年的互助组究竟发展得如何？《北京市人民政府农林局关于一九五二年京郊互助合作运动总结》（1953 年，以下简称《1952 年合作运动总结》）[①] 描述如下：“一、组织起来的情况：1952 年京郊互

① 中共北京市委党史研究室，中共北京市委农村工作委员会，北京市档案馆．北京农业社会主义改造资料：上册［M］．北京：中国社会出版社，1991：186-187.

助合作组织有很大的发展，截至 12 月底，全郊区各种类型互助组共有 12 043 个（包括农业生产合作社 36 个），比 1951 年增加了 1.72 倍；组织起来的农民 74 315 户，占全郊区总农户的 58%，组织起来的劳动力 97 108 个，占全郊区农业劳动力总数的 43%，组织起来耕作的土地 68 万亩，占全郊区耕地总面积的 55%。

从质量方面看，1952 年互助合作运动，呈现以下几个特点：

（一）临时互助组逐渐发展为常年互助组：1951 年，全郊区只有 1 709 个常年互助组（包括矿区）。1952 年春耕播种时，常年互助组也只有 2 241 个。经过夏秋季评比运动，有很多临时互助组充实了内容，建立了制度，陆续发展为常年互助组，截止 12 月底，常年互助组发展到 5 199 个，占各种类型互助组总数的 43%；比春季增加 232%，比去年增加 304%，这就改变了往年'春组织、夏消沉、秋冬散伙'的旧情况，为 1953 年的互助合作运动打下了基础。

（二）常年互助组逐步扩大组织充实内容：经过夏锄、秋收、种麦等生产运动，有些常年互助组为适应生产上的需要，要求扩大、并组或建立联组。春耕中，平均每一年互助组只有 5 户，到秋收时，已扩大到 6～7 户，基础较好的廖公庄，平均每组达 13 户。一般常年互助组，都建立了记工清工制度，部分组还实行了'死分活评'，少数先进组已开始采用定量、定质、定时的计件评工办法。组内的公共财产也不断的增多，仅南苑区 24 个村 117 个较好的常年互助组公有的牲口、大车、新式农具等，价值就达 2.1 亿元，平均每组公有财产将近 200 万元。秋收以后，大部常年互助组都开展了副业生产，保证了全年都能坚持互助，改变了往年因冬季无互助内容而散伙的现象。"

从《1952 年合作运动总结》《意见报告》《1952 年情况报告》提供的数据中，我们作出 1952 年的互助组的发展统计表（表 3-1）。

表 3-1　1952 年互助组发展状况统计表　　单位：个

1952 年	互助组（临时、常年）	常年互助组	组织状况（12 月数据）	占全市（%）
4 月	2 432	249	74 315（户）	58
5 月	3 617	1 198	97 108（个劳动力）	43
12 月	12 043	5 199	68（万亩）	55

注：12 月互助组中，除有临时、常年互助组外，还有生产合作社 36 个。

从数据分析看，至 12 月底的互助组 12 043 个，较 5 月的 3 617 个增加了 8 426 个；常年互助组 5 199 个，较 5 月的 1 198 个增加了 4 001 个，刚到半年，还不到一年，就又有了如此高的增长数，这明显是政策推动的结果。

常年互助组的户数，一般是 5 户，多的至六七户，就是最好的平均每组也就是 13 户。这是符合实际情况的。初期的临时、常年互助组一般靠邻里、熟人的关系来维系，规模不可能很大。我们如果用 1952 年年底的数据 12 043 个互助组去除以 74 315 户，得出了每组仅有 0.16 户。这说明互助组的规模一方面还是很小，另一方面我们还没有这么多的户参加到互助组来。这也说明建立互助组不是一件容易的事情。

互助组特别是长期互助组得以坚持下来的一个重要原因是做好评工记分工作。正如

《1952年合作运动总结》中描述的："一般常年互助组，都建立了记工清工制度，部分组还实行了'死分活评'，少数先进组已开始采用定量、定质、定时的计件评工办法。"只有做到了记工清工，才能不算后账，才能使大家互不吃亏。更科学和合理的办法是评工做到了"定量、定质、定时"，直至计件，才能真正做到了报酬和出工是挂钩的。在劳动生产率还不高的前提下，农业劳动还无法做到精确、精量，再加上文化程度还不高，无法准确记录劳动量，所以只有少数组才能做到精确记工。

在短短几个月的时间里，互助组能有一个大的发展，《1952年合作运动总结》描述了主要的做法①：

"（一）大量训练互助合作骨干是发展互助合作组织的重要步骤。今年郊区互助合作运动所以能顺利开展，主要是由于去冬开办了党团员训练班，在3 068名党团员和积极分子中进行了'前途教育'。今年春季召开了全市农业劳模大会，又在318名市、区劳模和村干中贯彻了'组织起来，改进技术，提高单位面积产量'的方针。在春季互助合作运动开展起来后，又举办了互助合作干部训练班，在432名区、村干部和互助组长中，进行了互助合作具体任务的教育。通过这一系列的教育，不仅使这些劳模、村干部和互助组长明确了方向，掌握了政策，而且学习了领导互助组的具体办法，因此，他们都成为互助组中的领导骨干。有很多人还成为互助运动中有力的组织者。如原来南苑区鹿圈村模范互助组长霍凤岐，今年除搞好自己的互助组转为生产合作社外，还帮助全村群众组织了19个常年互助组和11个临时互助组，使全村63%的农户组织起来。

（二）开展评比竞赛，是发展巩固互助合作组织的有效办法。今年的爱国增产竞赛运动是以互助组为核心开展起来。通过竞赛不仅鼓舞了组员的爱国增产热情，制订了增产计划，充实了互助内容，而且通过评比运动，显示了组织起来的优越性，可以坚定组员的信心，并能吸引单干户参加互助组，对于互助合作组织的发展巩固作用很大。春耕春播以后，全郊区组织了6 151个组，占郊区农户的35.4%。夏季评比后，组织了9 000多个组，占郊区农户的45%以上。秋季评比后，组织了12 043个组，占郊区农户的58%。消除了往年'春热闹、夏消沉、秋垮台、冬散伙'的一般现象。每次运动之后，都使互助组提高一步。如石景山区衙门口的贾文献组和八角村高振全组等，本来散了，经过夏季评比运动，又重新组织起来。海淀区东下关牛德金互助组，在评比时，群众提出生产虽好，但不注意政治学习，散会后，他们马上订了《人民日报》和《华北人民》，展开学习。黑塔村孟宪亭互助组在夏季评比前，只是工换工，评比后，也实行了评工记账。

（三）经常检查，发现问题，通过互助组长座谈会、互助组代表会，及时予以解决是巩固互助组的重要工作。今年的互助合作运动，所以能贯彻全年，主要是经过'三反''五反'以后，克服了存在于一部分农村工作干部中的右倾思想，纠正了对于互助合作运动中的放任自流偏向。市、区都配备了专职干部，各村里也建立了互助合作委员会。经常研究互助运动中的问题，并分别召开了以区或村为单位的互助组长座谈会、代表会，解决了运动初期的强迫命令、盲目追求高级形式及运动开展起来以后的组织不纯、不等

① 中共北京市委党史研究室，中共北京市委农村工作委员会，北京市档案馆．北京农业社会主义改造资料：上册［M］．北京：中国社会出版社，1991：189-191.

价、不两利等问题，逐步巩固扩大了互助合作运动的成绩。如春耕开始时，石景山区有些互助组是村干部编制的，不起作用，有些青年脱离群众，单独组织青年民兵、妇女互助组，造成一家人分别在几个互助组的现象。区人民政府及时召开了互助组长会议，贯彻了‘自愿两利’和以户为单位的原则后，编制起来的形式组，都解散了重新再组。一家人分别参加在几个组的，都合并到一个组里，互助运动提高了一步。该区廖公庄春季组织了 24 个互助组，因不评工记账，夏锄时，开始涣散垮台，领导干部发现后，及时召开了互助组长座谈会，贯彻了等价互利政策，开展了群众性的两利运动，互助运动得到巩固发展。

（四）培养典型，树立旗帜，用活人活事教育群众是推动互助合作运动有效的办法。今年春季，试办了 10 个农业生产合作社，各区也都培养了一部分典型互助组，对于这些重点社、组，各区都派有专职干部驻村领导，帮助他们健全制度，充实内容，在生产上取得显著的成绩；夏秋季评比运动中，一般村都评选出了 2～3 个生产好、制度健全的模范互助组。各区、村召开互助代表会、座谈会或群众会时，经常使这些社、组长亲自报告成绩和经验，对于一般互助组和单干农民起了很大的教育作用。如丰台区培养了殷维臣社取得成绩后，在他的影响下，新建了 10 个合作社，其中有 6 个社模仿殷维臣社，也采取了土地不分红，完全按劳分配的办法。

京郊区豆各庄佟德禄互助组春播后，在区干部的帮助取下，开展了批评与自我批评，实行了‘死分活评’制度，在他的影响带动下，全村有 20 多个组采用了死分活评的办法。有些农民听到干部宣传外区、外村模范村、组的成绩时，总不相信，等到看到本村模范组的具体成绩，才表示心服口服，愿意组织起来。如北岗洼的农民，在春耕中，不相信区干部宣传的殷维臣社的成绩，夏季评比中，参观了该村吕树林互助组的庄稼后表示：‘坚决跟吕树林走，他走到哪里跟到哪里，不明白就问他。’”

从上述的经验可以看出：训练互助合作骨干、开展评比竞赛，经常检查、发现问题，培养典型、树立旗帜，这些方法是互助组得以发展的重要原因。但是，更重要的是这些方法和形式中都要贯彻“评工记账、等价交换”的原则，都要真正地把工分记好，要实行“死分活评”的制度，才能避免出现“春组织、夏消沉、秋冬散伙”形式主义的结果。

互助组发展过程中的问题，《1952 年合作运动总结》描述如下①：

“（一）运动发展极不平衡。先进的村子已组织起来 80％～90％，落后的村子组织起来的数量少，质量也低。如石景山区组织起来的农户已达 91％，而相离很近的刘娘府村只有 2～3 个临时互助组。落后村子中，除一部分近郊农村地少人多，农业不占主要地位，组织起来有困难外，在菜区由于有些区领导干部工作不深入，未研究出在菜区开展互助合作运动的特殊办法，错误地认为菜区无法组织起来，放弃对这些地区互助合作工作的领导，因此，菜区互助合作组织的量和质都比较差。另外，由于有些村子工作基础比较差，市区干部认为‘只有搞重点社和重点组才过瘾’‘搞先进村才搞得出成绩来’，不愿到这类村子去工作，因而使这类地区的互助合作运动，也开展得很差。对于这些错误认

① 中共北京市委党史研究室，中共北京市委农村工作委员会，北京市档案馆．北京农业社会主义改造资料：上册［M］．北京：中国社会出版社，1991：191-193.

识，必须加以批判，争取平衡发展。

（二）供销合作跟不上去。1952 年京郊农业生产互助合作运动发展很快，但是供销合作却远远落在后边，全郊区 12 043 个互助组中，只有 20 多个与供销社订立了‘结合合同’。就是这仅有的合同，也未认真执行。如殷维臣农业生产合作社虽与供销社订了合同，但由于供销社不认真执行，致使丰收了的土豆、茄子不能及时推销出去，烂掉土豆 2 万多斤，茄子 4 万多斤，损失达 1 000 万元，大大影响了社员的收入。发生这一问题的主要原因，是由于领导农村供销合作工作的干部，对于扶持农民组织起来发展生产的观点不明确，把经营城市消费社的办法照搬到农村，只供给农民一些生活资料，不了解‘结合合同’在领导农业生产中的作用。为了解决这一问题，最好能建立专管郊区供销合作社的领导机构，经常研究并解决供销合作与互助合作的结合问题。

（三）等价两利政策还没有很好的贯彻。目前大部分互助组还是实行‘死分死计’。如互助基础较好的鹿圈村，19 个常年互助组，只有 6 个组开展了评工记分。去年试办的 10 个农业生产社中，有 6 个社还是采用‘死分死计’的办法，致使社员反映：干多干少老 9 分，劳动的积极性不能充分发挥。一般互助组都不能实行同工同酬，不管干什么，妇女的工分总比男劳动力低，限制了妇女参加互助组的积极性。如南苑区南小街 20 多个互助组中，只有 3 组有妇女。有些组畜工工价过高，致使无牲口户吃亏。如南区庑殿互助组长袁海成把他的牲口定 30 分，用一天外加 10 斤草料。一般互助组虽然有了记工制度，但不能按时清工，致使组员有‘工票一大把，就是不算账’，‘互助虽然好，秋后才见粮’等反映。这些问题的发生，主要由于互助合作组织发展很快，巩固工作未赶上去，等价两利政策还未深入贯彻。为了提高已发展起来的互助合作组织，今后必须抓紧解决这一问题。”

从上述的问题看，运动发展不平衡是一个突出问题。一是菜区和落后的地区没有搞互助组；全市有 57%的劳动力、42%的农户没有组织起来。就是组织起来的，市里的重要的农业服务部门供销社也没有为互助组做好服务工作。就是所做的极小的部分，也仅是提供了生活资料服务工作，农业生产服务根本谈不上。这对互助组走形式主义起了推波助澜的作用。二是最主要的问题，还是“评工计分”问题。这一问题不解决，就谈不上自愿互助和等价两利原则的实行。除了“死工死记”外，就是畜工定价过高。看来畜工如何定价是一个难点。前面涉及到畜工定价过低农户不愿入组，而畜工过高，没有畜工的农户就觉得吃亏。

北京市互助组发展的不平衡，突出问题就是郊区和菜区的互助组发展的反而不够理想。对此《中共北京市委农村工作委员会办公室关于目前郊区互助组中的几个主要问题》(1953 年 4 月 25 日，以下简称《郊区互助组中的问题》) 描述如下①：“经过 1952 年的互助合作运动，大部农民都体验到组织起来的好处，加以去年冬季通过整党，在农村党员及积极分子中，进行了两条道路的教育，各区又普遍开办了互助合作训练班，为今年的互助合作运动准备了骨干。因此，今年春季，群众组织起来的情绪很高，很多互助组要求区、村干部给他们开会，帮助他们进行整顿。有些村子，群众自发的发展整顿了互助

① 中共北京市委党史研究室，中共北京市委农村工作委员会，北京市档案馆．北京农业社会主义改造资料：上册［M］．北京：中国社会出版社，1991：116-118.

组，因而使互助组的量和质均有发展和提高。据丰台区56个村统计，目前共组织起来6 968户，比去年多516户，常年定型互助组788个，比去年多9个。但因领导赶不上去，在运动发展过程中，也发生了不少问题。最主要的有：

一、对于‘两条道路’的宣传有偏差，有些群众是在政治压力之下入组。南苑区的团河、丰台区的小屯、太平桥均发现党团员、村干部曾经向群众讲过，两条道路‘一条是社会主义，是光明大道，一条是地主、富农的道路，是死胡同’，“不组织起来，就是走资本家的道路”。动员群众组织起来时，不用组织起来比单干优越的事实来吸引农民入组，而是宣传‘单干户吃不开，菜坏了没人管，饿着没人理，组织起来，政府优先贷款，菜坏了还帮助解决困难’。丰台区东河沿的村干部甚至在实际行动上排斥单干户，不组织起来不许到沙子坑挖沙子。因此，就在群众中造成了‘入组光荣，单干落后’的认识。有些农民，本来没入组的要求，但因怕人说‘单干’而勉强入组。如太平桥张振清组组员何占奎（中农），入组后，不给人干活，也不找人干活，但又不愿出租。焦清泉组的组员焦桂森入组条件是：大车牲口不入，不给别人干活，只挂个名。何玉堂、张文清互助组是给干部看的。干部来了就干，不来就散。刘玉成组组员刘鸿宾说：‘组织起来于我没什么好处，这是政府的法令，咱贫雇农不入，谁入！’

二、盲目发展大组。有少数村干部，不根据群众生产的需要，只是为了减少组数，便于掌握，把小组并为大组。有的是为了追求‘高级形式’而盲目发展。海淀区亮甲店村有5个组共117户，平均每组23户，最大的到33户：牛碌坟最近组织了20户以上的互助组3个，东郊区平房等村也发现有盲目编制大组的偏向。为了凑成大组，吸收了一些不合条件的组员，领导发生困难，有的已因此而垮台。如牛碌坟王德海组23户，有一部分组员入组动机不纯，想到组里找便宜，有一户出外做买卖，把地交给组里种；有一户把牲口租给别人，不给组内用；有一户想借互助组名义贷水车。因此，组员之间纠纷很多，搞不到一块，现在已垮了台。

三、等价互利政策未深入贯彻，不等价交换现象很普遍。有些组不按活评分，只按人头给分，如丰台区郑常庄马志组组员李锐声撒籽只记5分，另一组员张某改畦口子也挣10分。有些组采取平均主义的办法，只要干活就给10分。男女同工同酬原则，很多组里还不能贯彻。妇女和男子干一样活，却不能和男人一样记分。白盆窑、黄土岗等村互助组的工价，普遍比市价低，地多的劳力少的占了便宜。有些组工价没有季节差额，如张义村吴玉文组，忙、闲每工都是1万元。丰台区很多组牲口、大车计分过低或不计分，白使，甚至限制有车户自用的自由。如新发地高玉芳组，规定大车私有公用，损坏公修，牲口套车不记分。并不准有车户私自外借。车户张学文说：‘这是我自己的财产，还不能自便？’组员们说调皮捣蛋，要开除他出组。太平桥刘玉成组组员刘鸿宝，因私有驴车不能自由使用而退组，他说：‘组里使牲口车一天2万，外边3万，为什么不让我往外跑！毛主席叫人翻身自由，使自己的驴车反没自由支配权了！’

四、地主、富农及被管制分子，仍未彻底清洗出组。丰台区马厂、白盆窑等村，9个互助组内有8户富农、2户地主，黄土岗王建堂组共5户，其中就有2户地主。该村钟兰田互助组内的富农王培中，过去是组长，发现以后，经过改选，仍然让他当记分员，掌握实际上的领导权。吕村吴玉和组，有国民党区分书记王玉才在组内当会计，领导权实际是在他手里。吕村富农王凤林当了互助组长，他的地有 20 亩，占全组土地三分之一，组员成了他的变相的雇工。

五、普遍存在着‘吃饭’问题。给谁干活就在谁家吃饭，但由于饭的好坏，时常引起争吵，以致不好好生产，造成组内不团结。如丰台区郑常庄王兴互助组组员刘义祥，给别人锄地只锄一寸深，撒芸豆籽撒的乱七八糟。他说：‘吃白面干白面的活，吃玉米面干玉米面的活。’又如马厂村党员郝云生，只因家里没人做饭，村里就没有人和他互助。太平桥也有‘谁家饭脏，不愿给谁干活’的现象。”

《郊区互助组中的问题》这篇报告写得很精彩。北京郊区农民的觉悟实际是比较高的，一方面村和互助组领导干部有办好互助组的主观愿望，另一方面京郊经济相对发达，农民搞好自家经济的愿望也很强烈，在这篇报告里详细地反映了出来。

郊区的村干部和互助组的干部用政治的办法来让群众入组。把入不入组上升到两条道路的层面来对待，把不入组就看成了走资本主义的道路。这就把普通农民放在对立面来看待，这显然是错误的。

郊区盲目搞大组，不符合循序渐进的发展规律。互助组最初都是邻里之间、熟人之间的信任关系逐步发展起来的。盲目发展大组，不搞水到渠成，条件不成熟，自然大家入组的动机就不纯。有的是为了搭便车，入组是为了把地让别人种，自己去做买卖；有的入组是为了搞贷款买水车。这种不自愿互助的组就必然要垮台。

最突出的问题是不搞等价交换，不实行自愿互利的原则。这种表现多种多样：不按活计分，而是按人头计分；男女不同工同酬；大车不计分少计分；组员的驴车不按市价，而是采取组内低价计分；强制农民的私产公用。这些问题都影响了农民入组的积极性。

地主富农在互助组里把持着领导或者当计分员。从一定程度上反映了互助组的评工计分工作是要有较高的文化和管理水平才能当好这个互助组长。而地富们具备了管理能力，具有相当的文化程度，他们在评工计分上有着天然的优势。

在新中国成立初期，温饱问题还没有解决，吃饭是一件大事。把吃饭和互助合作结合起来是一个必然的选择。吃得好，自然就干得好。没有饭吃，自然就不好好干活。这不是觉悟问题，而是当时的经济状况所决定的。谁家饭脏，自然就不愿到谁家干活。互助中的问题千头万绪，而吃饭是头一件事。这自然马虎不得。

1952 年，是北京市互助合作运动深入发展的一年。在党中央、北京市委和市政府的极大推动下，北京市的农户数、劳动力数近一半互助了起来，并形成了一批互助组的先进典型和骨干队伍。这是互助合作运动深入发展的重要力量。但是，运动发展得并不平衡，有近一半的劳动力、近一半的农户、近一半的土地还没有被组织起来，近郊区的问题尤为突出；最关键的“等价两利”的原则没有得到有效的贯彻，落实到关键点是评工计分工作没有做好。

六、结果与成效

进入到 1953 年上半年，互助组的发展建设工作基本告一段落。工作的重点很快就转到建立农业生产合作社上来。回顾这一段的工作的成效，可以总结如下。

据统计[①]，1951 年近郊区建立互助组 4 424 个，参加农户 2.20 万户，占近郊区农户总数的 23.1%。当时隶属于河北省的远郊各县也大力发展互助合作组，据昌平、通县、密云、延庆、平谷 5 个县统计，共建立互助组 1.68 万个，参加农户 9.7 万户，约占这几个县农户总数的 39.2%。

据统计[②]，1952 年全郊区共建各种类型互助组共有 1.2 万个，占全郊区总农户的 58%，组织起来的劳动力 97 108 个，占全郊区农业劳动力总数的 43%，组织起来耕作的土地 68 万亩，占全郊区耕地总面积的 55%。

据统计[③]，1953 年，全郊区共建互助组 4.98 万个，参加农户 28.10 万户，占农户总数的 46.1%。1954 年，参加农户 9.7 万户，约占这几个县农户总数的 39.2%。1953 年，全郊区共建互助组 4.98 万个，参加农户 28.10 万户，占农户总数的 46.1%。1954 年，全郊区有互助组 4.61 万个，参加农户 31.65 万户，占农户总数的 52.2%。1955 年，全郊区尚有互助组 2.2 万个，参加农户 16.01 万户，占农户总数的 26.2%。在发展互助组的同时，于 1952 年试办了农业生产合作社，随后有些互助组转为合作社，也有些农户没有入互助组直接参加了农业生产合作社。

上面的数据源不同，有些出入，但总体上讲，到了 1953 年，基本上有将近一半劳动力、一半农户、一半的土地加入到了互助组来。虽然，京郊的农业生产互助组形式不同，制度也不够健全，但对解决个体农民生产中遇到的困难，培育集体意识起了很大作用，主要成效有以下几点：

通过互助合作，人畜换工，生产资料配套，解决了个体农民，特别是缺乏耕畜的贫下中农的生产困难，有利于适时耕作，提高了工效，实现了增产增收，粮食产量一般比单干农民高出一至三成，互助组的优越性开始被农民认识。

通过互助合作，有了简单分工，增加了生产，既有利于提高劳动生产率，也解决了菜农“顾了生产，顾不了上市”的矛盾。

通过互助合作，有些互助组在完成农业耕作后，还开辟了副业生产，有利于多种经营，增加收入。

通过互助合作，增强了抗灾能力。1949 年、1950 年都遇涝灾，但组织起来的互助组，通过合作抗灾，减轻了灾情，提高了产量。1951 年郊区少雨（降水量为 440 毫米），春旱、夏蝗、秋蚜虫，自然灾害频频发生，但是在党和政府的正确领导和支持下，广大农民组织起来，及时抗灾，农业生产比 1950 年普遍提高。全郊区 102 万亩粮食作物，平均亩产 87 千克，比 1950 年增加 22%；6.5 万亩棉花，平均亩产籽棉 89 千克，比 1950 年增加 30%以上；4.6 万亩花生，平均亩产 99.5 千克，比 1950 年增加 7%；蔬菜总产量达到 16.5 万吨，比 1950 年猛增 5 万吨。

由于广大农民在政治上翻身做了主人，经过土改又获得了土地，加上互助合作运动

① 北京市农村合作经济经营管理志编纂委员会．北京市农村合作经济经营管理志（1952—2002 年）［M］．北京：中国农业出版社，2008：16.

② 中共北京市委党史研究室，中共北京市委农村工作委员会，北京市档案馆．北京农业社会主义改造资料：上册［M］．北京：中国社会出版社，1991：186-187.

③ 北京市农村经济研究中心．中国农业全书·北京卷［M］．北京：中国农业出版社，1999：210.

的开展，农民的生产积极性空前高涨，北京郊区农业生产得到迅速恢复并有新的发展。

据统计[①]，1952 年，粮食总产 7.33 亿千克，比 1949 年的 4.17 亿千克增长 75.84%；蔬菜总产 2.92 亿千克，比 1949 年增长 1.77 倍；出售商品猪 22.1 万头，增长 82.64%；农业总产值增长 73.72%，年均增长 20.21%。从这些数据可以看出，互助合作社的发展，推动了农业生产力的发展。

七、经验与教训

（一）成功经验

新中国成立初期，我们党的威信高，这是我们发展互助合作运动的最重要的政治基础和群众基础。北京郊区互助合作运动得以开展下去的，还有宝贵的经验值得总结。

第一，制定了正确的方针政策。在开展互助合作运动之初，市委市政府就提出："坚持自愿互利，不能强迫命令包办代替，农民有参加和退出互助组的自由；互助组的形式，是临时的或常年的，由农民群众根据实际情况选择；开始应在群众习惯的组织形式的基础上，建立小型互助组，然后逐步发展提高；加强互助组内贫农和中农的团结，不能因为中农有较多较好的土地和生产资料，而在生产互助中让中农吃亏，要做到互助互利；说明组织互助组的区、乡干部，既不能包办代替，也不能放任自流，要帮助农民研究办法，解决问题，总结经验，引导互助合作运动健康发展。"

这一方针政策的本质，就是既要引导互助合作运动向前发展，又要尊重农民的选择。尊重了农民的选择，表面看数据可能会落后一些，但是却符合了实际的需要。

第二，深入实际调查研究，研究问题细致入微。在互助合作运动发展中，遇到了很多阻力和问题，只有做深入细致的调查研究，才能发现问题，提出切中时弊的对策。《1952 年合作运动指示》这篇报告反映得就非常突出，上面已经详述了报告，闪光之处比比皆是。最值得总结的是，报告提出："要使互助组巩固发展，必须注意以下几点：一般新成立的互助组，应经过组员讨论，订出简单易行的评工换工制度，做到大体上的等价互利。历史较长内容较充实的互助组须按劳动力强弱、技术高低、干活好坏多少，民主评定工分等级，鼓励能干的多干。工资一般的应随市价。"这是等价交换原则的最细致的体现。这是互助组能否搞得好的关键之点。没有做过深入的调查，就得不出这样中肯的意见和建议。

第三，采取了有效的应对措施。针对互助组发展缓慢的问题，市里采取的应对措施是比较有效的。一是大量训练互助合作骨干，发展互助合作组织；二是开展评比竞赛，发展巩固互助合作组织；三是经常检查，发现问题，及时予以解决巩固互助组织；四是培养典型，树立旗帜，用鲜活事例教育群众推动互助合作组织发展。这些措施都有助于互助组的发展。

第四，产权制度的进步。互助组是个体农户之间的松散的外部联合，在产权安排上，主要特征如下：①保持了自愿加入和自愿退出机制。农民群众认为自己的利益受侵害时，

---

① 北京市农村经济研究中心．中国农业全书·北京卷［M］．北京：中国农业出版社，1999：210.

可以退出。入组时没有被强迫加入的顾虑。②农户保持着土地、耕畜、农具等生产资料的所有和生产经营的自主权。生产费用由农户自己负担，享有土地上的收获物。这是在保持私有产权的前提下开展的互助合作。

（二）几点教训

北京市互助合作运动发展中的最突出问题就是没有把自愿互利原则始终坚持贯彻好。这为互助合作运动的深入发展埋下了“祸根”。从大的形势讲，这是全国的客观形势发展要求所迫。我们没有更多的时间、空间更从容地搞合作运动。从自身的微观环境讲，就是我们没有把“等价交换”的工作做得更实。这样就会产生几个方面的问题。

第一，追求数量上的发展，追求形式主义。我们分析 1952 年的数据就可以看出，常年互助组还没有到一年，就由 1 000 多个发展到 5 000 多个。又由 1952 年的 5 000 多个发展到 1953 年的几万个。而且，形式主义的表现形式也多种多样；夫妻两人分到了两个互助组，并且以上升到两条道路的斗争的名义表现了出来。这明显是在完成任务走形式。

第二，追求大规模的互助组形式，没有打下真正互助的基础。按照北京当时的自然经济条件，小型的、六七户规模的互助组是最佳的规模。联系的纽带是亲朋之间、邻里之间。这样的互助组才有基础、才能牢靠。吴玉书《我是全区第一个女互助组组长》的案例，是 5 家组成的一个互助组。而从小型发展到几十家，再发展到整个村落，必然带来不稳定的因素。

第三，“评工计分”工作没有做好。互助合作的基础就是在合作的过程中，要合理地记好分才能合作得好。这是搞等价交换、实行自愿互利的基本工作。《1952 年合作运动指示》《意见报告》和《训练总结》都反复指出的问题、反复强调并也提出解决办法的一点。就是这一点根本做不到。从客观上讲，这与当时农民的文化水平还比较低有关，甚至让富农地主当互助组长的办法来解决。正如刘颖娴指出[①]：“按照‘等价交换’的原则，对人力和其他生产资料进行互助调剂。互助组以按日计工、评分计工、按件计工等方法，对劳动力进行合理的记工评分，以‘私有、公用、公修、折旧补贴’或租用等方法对农具合理使用，以人工换牛工，包工等方法，决定耕畜的使用，以每天记书面账和‘田头清’的发工票的方法记账。结账时，工分多的可以进工资，工分少的要出工资的来对互助组的劳动进行收入分配。这种方法大体上可以做的等价交换，可是掺杂着打分者的主观因素，容易引起争执。”从深层次讲，正如李谷成、李崇光指出[②]：“农业生产周期长，劳动成果必须在最终产品中反映，土地收益存在级差性，这使得劳动成果计量和分配复杂，激励机制容易失效。农业生产不能完全集结，劳动分工和专业化程度不可能非常细。”农业劳动成果的计量是一个非常复杂的难题，在农业合作化的初期，这个问题就尖锐地提出了，困扰了我们几十年无法解决。

第四，为互助组服务的农业服务网络并没有建立起来。为建立互助组，我们最初提供了一些服务，比如互助组可以享受优先贷款，一些农业生产技术服务服务优先向互助

---

① 刘颖娴．我国农业生产合作社发展及其产权制度［J］．台湾农业探索，2008（6）：27-31.

② 李谷成，李崇光．十字路口的农户家庭经营：何去何从［J］．经济学家，2012（1）：55-63.

组倾斜。但是，互助组真正建立起来后所需要的农业服务项目，比如销售农产品服务，为购买农业生产资料提供服务，绝大多数互助组却没有享受到。由于新中国成立初期，耕畜、农具、资金严重不足，互助组巩固和进一步发展时，如果能得到这些支持，在发展时会更加有利些。没有这些帮助，自然就会限制了发展。北京郊区的农民，从经过简单的共同劳动组建的临时互助组，发展到在共同劳动的基础上实行某些分工分业，而有某些少量公共财产的常年互助组，这是一个很大的跨越。这个跨越是在党和政府的极力推动下完成的。在这个跨越过程中，还有很多问题没有解决，还需要进一步探索，甚至还有一半的农户、一半的农业劳动力和一半的土地没有加入到互助组中来，我们又要向新的目标迈进，又要跨越新的高度。困难会更大，问题会更大。新的挑战考验着京郊的干部和群众。

第四章　初级农业生产合作社

初级社，又叫初级农业生产合作社，也叫农业社，它仍然保留了社员生产资料私有制，但实行土地入股，统一经营、产品统一分配。社员除劳动工分得到劳动报酬外，入股的土地和交社使用的耕畜和农具等均得到一定的报酬。因此，也叫土地合作社。

1952年，党中央按照毛泽东同志的建议，提出了过渡时期的总路线：要在一个相当长的时期内，逐步实现国家的社会主义工业化，并逐步实现国家对农业、对手工业和对资本主义工商业的社会主义改造。发展农业生产合作社，是农业社会主义改造的最主要内容。毛泽东强有力地推动了农业社会主义改造运动的发展，其实质就是要领导中国农民变个体所有制的小农经济，为社会主义集体所有制经济。这其中的中间一环，就是把互助组发展为农业生产合作社。

初级农业生产合作社把互助组提高了一步，是具有半社会主义性质的农业生产合作组织。处于农业社会改造的中间阶段。这是一个承上启下的重要时期。1953年12月16日，中共中央通过了《关于发展农业生产合作社的决议》[①]，正式拉开了建立初级农业合作社的序幕。

第一节　试办初级农业生产合作社

北京市在建立和发展互助组的阶段，就开始试办了农业初级社。这是根据《中国共产党中央委员会关于农业生产互助合作的决议（草案）》[②]（以下简称《决议（草案）》）的要求执行的。

《决议（草案）》（这个决议于1951年12月15日中共中央以草案形式发给各级党委试行，至1953年12月15日中共中央通过成为正式决议，并做了部分的修改）指出[③]："第三种形式是以土地入股为特点的农业生产合作社，因此或称为土地合作社，这种形式包括了第二种形式（注：常年互助组）中在有些地方已经存在的若干重要的特点，即如上述的农业与副业的结合，一定程度上的生产计划性和技术的分工，有些或多或少的共同使用的改良农具和公有财产，等等，但带了比较扩大的形式。因为有了某些公共的改良农具和新式农具，有了某些分工分业，或兴修了水利，或开垦了荒地，就引起了在生产上统一土地使用的要求。这还是在土地私有基础上的农业生产合作社。一般说来，这种

---

① 中共中央．关于发展农业生产合作社的决议［EB/OL］.1953-12-16. http：//news. xinhuanet. com/ziliao/2004-12/22/content _ 2367658. htm.

② 中共北京市委党史研究室，中共北京市委农村工作委员会，北京市档案馆．北京农业社会主义改造资料：上册［M］．北京：中国社会出版社，1991：77-87.

③ 中共北京市委党史研究室，中共北京市委农村工作委员会，北京市档案馆．北京农业社会主义改造资料：上册［M］．北京：中国社会出版社，1991：77-87.

以土地入股的合作社通常是在较好的互助运动基础上发展起来的，是农业生产互助运动在现在的高级形式，目前还只是在若干县区存在，数量还不很多，但在东北华北两区也已经有了300多个，并正在发展中。在群众有比较丰富的互助经验，而又有比较坚强的领导骨干的地区，应当有领导地同时又是有重点地发展第三种形式，即土地入股的农业生产合作社。

农业生产合作社，就其建立在私有财产的基础上，农民有土地私有权和其他生产资料的私有权，农民得按入股的土地分配一定的收获量，并得按入股的工具及牲畜取得合理的代价这些条件来说，它保存着私有的性质。就其在农民以土地入股后得以统一使用土地，合理使用工具，共同劳动，实行计工取酬，按劳分红，并有某些公共的财产这些条件来说，它就比常年互助组具有更多的社会主义的因素。同时，这两方面的性质也正说明了：现在所称的农业生产合作社虽然是互助运动在现在过渡时期出现的高级形式，但是比起完全的社会主义的集体农庄（即是更高级的农业生产合作社），这还是较低级的形式，因此，它还只是走向社会主义农业的过渡的形式。可是，这种走向社会主义的过渡的形式又正是富有生命的有前途的形式。"

在1951年的《决议（草案）》中，党中央除提出了大力发展临时互助组和常年互助组这两种互助合作组织外，还鲜明地提出了要发展农业生产合作社的概念；并对这种互助合作的组织给予了鼓励和充分的肯定。《决议（草案）》明确了逐步向集体化过渡的思想，这标志着我国的农业合作化的道路基本形成。按照党中央的要求和部署，在1951年12月发布的《决议（草案）》后的1952年，北京市试办了第一批初级农业生产合作社。

一、第一批初级农业生产合作社试办情况

1952年春，中共北京市委郊区工作委员会按照中共中央《决议（草案）》的要求，制订了北京市郊区1952年的年度计划。《北京志·农业卷·农村经济综合志》记载①："1952年4月29日，市委郊区工作委员会发出《关于1952年开展互助合作运动的指示》指出：'选择互助较久、骨干较强、有公共财产的互助组，在组员完全自愿的条件下，重点试办农业生产合作社。'其中，每个区（经郊区委批准）可试办一个农业生产合作社，必须指派较强的干部领导，只许办好，不许办坏，无条件者可以不办。"

据《北京农业社会主义改造的回顾》记载②："1952年春，在群众自愿的基础上，经过中共北京市委郊委和有关区委批准，在郊区正式试办了10个农业生产合作社。"

这10个农业生产合作社，分布在丰台区、海淀区、南苑区、石景山区和门头沟区共计5个区（东郊区未试办）。其中有丰台区的黄土岗村殷维臣农业生产合作社和陈留村刘庆常农业生产合作社（均为菜区）；海淀区的东北旺村王岐山农业生产合作社（半菜半粮区）和东冉村刘广伦农业生产合作社（菜区）；南苑区的瀛海庄曾昭佐农业生产合作社，姜场村刘洵农业生产合作社（均为粮棉区）；石景山区的八角村梁贵农业生产合作社和杨

① 北京市地方志编纂委员会．北京志·农业卷·农村经济综合志［M］．北京：北京出版社，2008：85.

② 中共北京市委党史研究室，中共北京市委农村工作委员会，北京市档案馆．北京农业社会主义改造资料：上册［M］．北京：中国社会出版社，1991：6-7.

庄于贵农业生产合作社（均为粮食和花生产区）；门头沟区的何各庄何振农业生产合作社（粮区）和黄塔村杨永山农林牧生产合作社。

祝遵璜在《京郊试办第一批农业生产合作社》[①]一文中指出："10个被批准试办的农业社，规模比较小，共计103户，其中最大的八角村梁贵社为23户，最小的黄塔村杨永山社只有5户；10个社共有耕地1 797亩，其中国有土地1 039亩，占57%强。这些社一般都有两年以上办互助组的基础，有党团员骨干，又是在自愿互利的原则上组成的，办社条件较好。"这段历史反映了两个重要的事实：一是办社是自愿的；二是农业社的规模很小，最大的不过23户，最小的也只有5户。这一规模与互助组的规模没有什么差异，主要不同的就是分配制度。

就分配形式而言，《北京农业社会主义改造的回顾》记载[②]："这10个社中，有两个社（即丰台区的殷维臣社和刘庆常社）从一开始就实行土地不分红、其收入完全按劳分配，其余8个社则实行土地入股，按土地、工分比例分红的办法。"

祝遵璜的《京郊试办第一批农业生产合作社》一文描述得更为详尽[③]："如果从分配形式上划分，这10个社可分为四种类型：一是土地不分红、实行完全按劳分配的有两个社，殷维臣社和刘庆常社，二是土地入股、按查田定产之固定产量三成或四成分红、其余部分按劳分配的有5个社，梁贵社、于贵社、曾昭佐社、何振社及杨永山社；三是土地入股、按当年土地的收获量三成或四成分红，其余部分扣除一切费用后按劳分配的有两个社，刘询社和王岐山社；四是刘广伦社，实行土地入股、按土地和人头比例分红。这个社由于分配方法不当，挫伤了社员的劳动积极性，被上级发现后，当年退转为互助组。"

上述的分配方式可以进一步简化总结为三种形式。《北京农业社会主义改造大事记》记载[④]："1953年1月，中共北京市委农村工作委员会在《京郊农业生产合作社的总结》中指出：1952年北京郊区有领导地试办了10个农业生产合作社，入社农户103户。10个社分别采用三种不同的分配形式：①土地不分红，完全按劳分配；②按固定产量的三成或四成实行土地分红，其余按劳分配；③按土地收获量和劳动工分比例分红。"

从初级社的分配制度我们都可以看出，无论土地入股与否，初级社较互助组来说，都是一个质的飞跃。这就是"私有土地的联合使用"。这就构成了初级社产权制度方面最本质的特质和特征。这个本质特征，表明了初级社已经孕育了公共财产归社员无差异共同占有等若干集体经济的因素。所以，我们可以将初级社称为农业集体经济的萌芽形态。正如岳书铭、姜文荣在《从初级社产权关系的历史考察中得到的启示》指出[⑤]："初级社的出现，标志着我国封建土地制度的彻底崩溃和短暂的农民个体私有经济的瓦解。初级

① 祝遵璜．京郊试办第一批农业生产合作社［J］．北京党史研究，1990（5）：23-27.

② 中共北京市委党史研究室，中共北京市委农村工作委员会，北京市档案馆．北京农业社会主义改造资料：上册［M］．北京：中国社会出版社，1991：7.

③ 祝遵璜．京郊试办第一批农业生产合作社［J］．北京党史研究，1990（5）：23-27.

④ 中共北京市委党史研究室，中共北京市委农村工作委员会，北京市档案馆．北京农业社会主义改造资料：下册［M］．北京：中国社会出版社，1991：392.

⑤ 岳书铭，姜文荣．从初级社产权关系的历史考察中得到的启示［J］．山东农业大学学报（社会科学版），2000（1）：18-25.

社是建国后我国农村继土地改革的第二次大规模的土地制度创新，它在承认私人产权的基础上，即在并未削弱农民追求自身利益的动力的基础上，创造了一块公共财产，客观上提高了我国农民同自然作斗争的能力，如联合起来兴修水利、改造农田、采用新技术等。”

二、初级社为什么最先在城近郊区建立起来

（一）大城市需要稳定的农产品供应

新中国成立初期，首都北京对蔬菜等副食品的需求急剧增加，供求矛盾突出。以至于其后毛泽东在《关于农业互助合作的两次谈话》（1953 年 10 月、11 月）中就突出地指出了这一矛盾①：“在城市郊区，要多产蔬菜，不能多产蔬菜，也是没有出路的，于国于民也都不利。城市郊区土地肥沃，土地平坦，又是公有的，可以首先搞大社。当然要搞得细致，种菜不像种粮，粗糙更不行。要典型试办，不能冒进。城市蔬菜供应，依靠个体农民进城卖菜来供应，这是不行的，生产上要想办法，供销合作社也要想办法。大城市蔬菜的供求，现在有极大的矛盾。”新中国成立初期，百废待兴，又当抗美援朝时期，大事无数，北京的蔬菜供不应求的突出矛盾，给了毛泽东突出的印象，在 1953 年 11 月的农业合作谈话中，专门提了出来。这种供需矛盾激发了郊区农民生产蔬菜的极大热情，《当代北京菜篮子史话》证实了这一点并指出：②“新中国成立的最初几年，各项事业百废待兴。为了恢复和发展国民经济，国家对农业生产和商品经营没有统一的规定和限制。郊区农民可以根据自己的意愿，从事蔬菜生产和经营。”

祝遵璜的《京郊试办第一批农亚生产合作社》一文，描述了建国初期京郊蔬菜发展的情况，并指出③：“在近郊菜区，由于城市人民对商品菜需要量逐年增加，菜田面积随之扩大，到 1951 年近郊各区的蔬菜播种面积已达到 124 519 亩，比 1949 年的 65 000 亩增加 56.4%，温室、阳畦等细菜栽培也相应扩大。据统计，到 1951 年近郊已有温室 2 301 间，比 1949 年的 838 间增加一倍多，有阳畦 25 397 个，比 1949 年的 5 332 个增加三倍多。通过这些数字，可以看出：一方面随着城市经济的恢复、建设事业的发展、人口的增加和市民生活的改善，对蔬菜的需要量确实增加很快，一方面也说明以个体经济为主的菜区农民承担着越来越重的蔬菜生产和供应的任务。”这一现象说明，当时的个体农民一方面在不断地扩大生产、增加投入；另一方面也深刻地面临着小生产无法满足大市场的矛盾。

毛泽东指出④：“从解决这种供求矛盾出发，就要解决所有制与生产力的矛盾问题。是个体所有制，还是集体所有制？是资本主义所有制，还是社会主义所有制？个体所有制的生产关系与大量供应是完全冲突的，个体所有制必须过渡到集体所有制，过渡到社

① 中共北京市委党史研究室，中共北京市委农村工作委员会，北京市档案馆．北京农业社会主义改造资料：上册［M］．北京：中国社会出版社，1991：163.

② 杨铭华，焦碧兰，孟庆如．当代北京菜篮子史话［M］．北京：当代中国出版社，2008：4.

③ 祝遵璜．京郊试办第一批农业生产合作社［J］．北京党史研究，1990（5）：23-27.

④ 中共北京市委党史研究室，中共北京市委农村工作委员会，北京市档案馆．北京农业社会主义改造资料：上册［M］．北京：中国社会出版社，1991：163.

会主义。合作社有低的，土地入股，有高的，土地归公，归合作社之公。”毛泽东从城市蔬菜供需矛盾的现状，看出了发展农业合作社的必然性。京郊最先组织起来发展合作社，符合这样一个最基本的道理，在自愿互利的原则下组织起来、发展生产，走共同富裕的道路，选择发展合作社的道路是正确的选择。

（二）生产经营体制更适于城近郊区蔬菜产业发展

我们以丰台区黄土岗村殷维臣农业合作社的例子来说明这一观点。《中共北京市委农村工作委员会办公室关于殷维臣农业生产合作社总结》（1952 年 12 月 30 日，以下简称《殷维臣生产合作社总结》）[①] 记载：“1950 年春，丰台区黄土岗村党支部副书记殷维臣，组织了一个 3 户临时互助组，解决了土改后生产工具缺乏的困难。1951 年发展为常年互助组。当年，全组 64.5 亩水旱地共打粮 544 石，比 1950 年增产 80%，当选为全市一等模范互助组。

由于生产的提高，和互助组已不能进一步解决蔬菜生产中‘抢工’的矛盾，以及在党内与农民中批判了单干雇工走资本主义错误道路后，结合组员统一使用土地扩大生产的要求，经过一冬的酝酿，今春，组织了一个有 8 户农民参加，以蔬菜生产为主的农业生产合作社。8 户中，雇农 3 户，贫农 5 户，共 43 口人，其中有党员 5 人，入社土地共 117.729 亩，其中水地 46.239 亩，旱地 71.49 亩，公有财产有：骡 4 头，驴 2 头，胶轮车、铁条车各 2 辆，水车 6 架，新式 7 寸步犁、10 寸步犁、耘锄各 1 部。

由于 8 户土地皆为公有，他们从需工多而季节紧迫的蔬菜生产中体验到劳动力是决定生产好坏的关键。特别是社内 5 个骨干，经过去年党训班学习后，认清了农村发展方向，提高了思想觉悟，因而他们为了避免社员依赖土地，不积极参加劳动影响生产和土地剥削劳动力的不合理现象，经过讨论，采取了完全按劳取酬，土地不分红的先进的分配办法。

目前这个社已扩大到 32 户，其中有 4 户旧中农，另外还有多户农民要求参加，大家都认为‘入了社就有光明前途’。连姑娘找‘对象’也愿意找青年社员，有人给新社员于德泉介绍‘对象’时就说：‘你别看他现在穷，他可入了合作社啦。’农民们提出：‘向殷维臣学习’的口号。今年秋收后，黄土岗附近白盆窑等 4 个村按照殷维臣社的形式新建立了 5 个农业生产合作社。殷维臣农业生产合作社的成就，已给大城市郊区经济迅速上升的菜区农民，指出了一个正确而光明的向社会主义发展的方向。”

上述史实生动地记述了合作社的成立过程。规模不大，从最初只有 8 户农民发展到了 32 户。关键点在于入社的条件是土地皆为公有，土地不分红。从一开始，农业合作社就是集体所有的性质，直接就到了较土地入股更为先进的土地为公有的集体所有制。个中原因就是他们认识到了“从需工多而季节紧迫的蔬菜生产中体验到劳动力是决定生产好坏的关键”。土地不分红，可以避免社员依赖土地，不积极参加劳动影响生产和土地剥削劳动力的不合理现象。所以，采取了完全按劳取酬的分配办法。

---

① 中共北京市委党史研究室，中共北京市委农村工作委员会，北京市档案馆．北京农业社会主义改造资料：上册［M］．北京：中国社会出版社，1991：69-76.

《殷维臣生产合作社总结》[①] 记载了合作社成立8个月就取得的成绩："建社不到一年，为什么会有这么大影响呢？主要是他们的生产获得了显著成绩。

今年，全社水旱地117.729亩总产量折玉米99.82石，比去年增产45.37%。其中水地46.239亩总产量折玉米868.516石，平均每亩产量2 817.5斤，比去年每亩1 635.6斤增产72%，比该村生产最好的徐继臣互助组每亩的2 140斤高31.6%，比该村殷德顺等14个强单干户的每亩1 621.7斤高73%。旱地虽不是他们的生产重点，单位面积产量也有增加，全社71.49亩旱地总产量折玉米131.29石，每亩平均产量275斤，比去年的每亩187斤增产52%，比该村生产最好的徐继臣互助组的每亩222斤高93.8%，比该村殷德顺等14个强单干户的每亩167斤高64%。

全村21种作物，除2亩西葫芦外，均高于当地一般产量。其小白菜、土豆、小麦、玉米（水地）等7种作物的产量为该村最高产量，特别是土豆、白菜的产量，创造了郊区丰产记录。土豆21.84亩，每亩平均产3 687斤，比去年的每亩2 231斤增产65.2%，其中3亩5分丰产地达到每亩5 123斤的高额产量，比该村徐继臣互助组的土豆丰产地高1 000多斤。白菜11.04亩，每亩平均产14 049斤，1亩2分丰产地达到每亩18 123斤的高额产量。

除农业生产以外，他们还抽出2个劳动力、2辆大车搞运输，全年收入168石玉米，占农副业总收入的18.7%。

由于生产的提高，社员收入大大增加了，总计全年农副业收入折玉米896.43石，扣除生产投资，公粮、公积金、公益金占总收入的55.15%。全社每人平均收入折1 431斤玉米，比去年的868.8斤增加64.7%。8户收入普遍增加。其中增加1倍以上者3户，最低者增13.4%。

土改前，8户都是贫雇农，现在却成为村里最富裕的人了。农忙季节，社员每天吃一顿细粮，中秋节，8户买了50多斤肉，4袋麦。秋收后，8户买了9匹多布，每人合2丈4尺多，大人、小孩都穿上了新棉衣，姑娘们也都打扮得花花绿绿的。8户添了14条毡子，5套新被褥，每家一个暖水瓶，学龄儿童都进了学校。社员龚士忠的小儿子，夏天学校毕业后，就把他送到丰台去上中学了。人们羡慕地说：'不入合作社，孩子哪能上中学。'"

合作社成立不到一年，在生产上就取得了极大的成绩，丰产丰收。这一成果不但强过最好的单干户，还强过互助组。《殷维臣生产合作社总结》记载[②]："为什么能在短短的8个月中取得这么大的成绩呢？一句话：'因为他们是合作经济，它具有互助组和单干户所没有的优越性。'

第一，完全按劳取酬，土地不分红的先进的分配办法，大大刺激了农民的生产积极性，消除了社员对土地的依赖思想，保证了精耕细作。全社11个主要劳动力，人人争取

① 中共北京市委党史研究室，中共北京市委农村工作委员会，北京市档案馆．北京农业社会主义改造资料：上册［M］．北京：中国社会出版社，1991：69-76.

② 中共北京市委党史研究室，中共北京市委农村工作委员会，北京市档案馆．北京农业社会主义改造资料：上册［M］．北京：中国社会出版社，1991：69-76.

下地，虽然其中有5个主要村干部经常开会误工，但8个月中平均每人仍出工200个，最多的出工234日，农忙季节，主任殷维臣从区里开会回来，不休息就下地，社员龚士忠有病都不歇工，带着药到地里去吃。社员在地里干活，虽然太阳落了，也总得把活零头干完才歇工。许多社员说：'土地不分红，想懒也懒不成。'社员争取下地给精耕细作创造了条件，去年他们的旱地是耕一、盖二，锄二三遍，今年则普遍做到耕一，盖二，锄四五遍；水地基本做到了旱了就浇，有草就拔。

第二，在技术上实行'取长补短'，有力地保证了丰产。'技术'在蔬菜生产上是极其重要的。老乡们说：'技术加粪水就是丰产。'小农生产，为了'保障'其个人经济利益，有些生产上的专长是秘不传人的，他自己也墨守成规，得不到改进，但合作社的集体生产解决了这个问题。为了共同的经济利益大家都掏出了'老本'（技术），今年在种土豆、白菜时大家各尽所长，讨论研究，综合出一套比较完整的耕作技术，在施肥、浇水、管理等方面都有了改进。种土豆，他们实行了'深播，浅盖，两次封沟、大量施底肥、按生长阶段分期施追肥'的办法，使秧苗茁壮，果实肥大，获得了创纪录的丰收。种白菜，为了减少毒素病的传播实行'单沟栽种，随栽随浇'，不施底肥，用腐热豆饼大量抓青的办法，每亩也获得18 000斤的高额产量。

在病虫害的防治上，他们也特别重视高粱、谷子，全部用'赛力散'拌了种，白菜还没发现虫子，就喷洒了六六六药粉，也保障了丰收。

第三，土地、劳力和资金的统一使用，给蔬菜生产提供了极其有利的条件，克服了许多单干菜农所无法解决的困难，具体表现在：

（1）可以因地种植，提高产量：蔬菜生产完全是小商品经济，它直接受市场价格规律的支配。生产者在无法预知市场需要的情况下，为了避免完全'赔本'，就不得不在同一季节，同一小块土地上种植几种作物，而无法合理地根据土质进行大面积种植。去年殷维臣5亩6分地一季就种了四样庄稼，费工而又不便管理，产量也不高。

目前，蔬菜生产合作社虽仍未摆脱市场供求关系的影响，但由于耕地的统一使用，已经有条件，合理地进行因地种植，今年全社46亩多水地，一季只种了6样庄稼，并根据沙质壤土的特性，种了20亩多土豆，发挥了土地效能，平均每亩获得3 687斤的产量。

（2）可以合理调配茬次，增加细菜的种植，菜区的土地利用率是比大田高的。大田一般是种一茬庄稼而菜区一般是三茬庄稼，但由于有许多菜蔬如韭菜、茄子、西葫芦、黄瓜、西红柿、青椒、葱、蒜等不能重茬，特别是当地生产的主要作物韭菜，占地和'倒茬'时间长（韭菜重茬一般需要三年至五年），同时下茬又有许多菜不能种，因之'倒茬'就成为菜区生产的特殊问题，一般单干农民，受小块土地的限制，在"倒茬"上是有很大困难的。社员李长相去年单干时2亩水地全种了韭菜，今年春节就感到'倒不开茬'，但入了合作社，土地统一使用后，解决了'倒茬'中的困难，一季就种了10亩韭菜。

（3）便于完成突击性的生产任务，克服了农忙季节单干菜农的误工和互助组内的'抢季'现象，并节省了劳动力。蔬菜生产是细致而费工的，譬如大田一亩玉米全年需工六七个，而一亩白菜一季需工至少在16个以上，同时蔬菜生产在季节上又是十分紧迫的，它需要劳动力的高度集中。因此，农忙季节，一般单干菜农虽大量雇工，也常常顾此失彼，做不及时，而合作社解决了这个问题，适时适量浇水，对蔬菜生产是有决定意义的。夏季天旱，许多单干菜农由于劳畜力不足，土豆浇不上水，秧苗日渐枯萎，而合作社组织了全社劳畜力轮流浇水 13 昼夜，做到人、畜、水井三不闲，基本上没有误水。另外，由于市场价格的经常变动，早种、晚种、早收、晚收，直接影响菜农的收入，因之'抢季'就成了菜区互助组组织不起来的主要原因。合作社由于它本身是一个经济统一体，这个问题已不复存在，并且由于劳动力的统一调配，合理使用，今年全社比去年单干时节省了 4 个整劳动力。

（4）统一使用资金，扩大生产投资，并增加了冬菜的种植，蔬菜生产不仅需要较多的劳动力，而且需要大量的投资，在一般单干菜农往往因力量单薄无力投资影响生产，如社员侯兴城去年单干，因无力投资把 5 亩水地种成了旱田，全年收入仅 900 多斤玉米。今年合作社统一使用资金后，生产投资大大增加了，仅施肥一项每亩水地即超过当地一般单干菜农的三分之一，同时合作社为了供应城市日益增加的细菜的需要，今年秋季花 1 200万元新建了 27 间暖洞子进行冬菜生产。这在一般单干农民是根本无法做到的，也是全村农民非常羡慕的'奇迹'。"

上述总结，栩栩如生地概括了生产合作社的生产经营管理体制，特别适合蔬菜产业的生产情况。可以概括如下几点：①"土地不分红，想懒也懒不成"的管理方法，体现了按劳分配的原则，对蔬菜生产真正做了精耕细作。②真正的合作经济这一利益共同体，打破了生产技术的封锁，使得农民所具有的、有利的生产技能，都能主动地贡献给合作社这一利益共同体。③土地、劳力和资金的统一经营，为蔬菜生产的扩大提供了最优越的生产条件，解决了单干菜农所无法解决的困难；土地的倒茬、生产季节的抢季、人畜水等生产要素的调配、资金的调度、使用和扩大再生产，都因为有生产合作社的运作机制的优越性而得到了充分的发挥。这是一个成功的、典型的、突出的案例。

京郊个体农民在蔬菜生产方面，遇见了很多自身无法克服和解决的困难，而生产合作社就可以克服这些困难。祝遵璜指出[①]：种菜要比种大田作物的投资大、用工多、技术性强。在当时，种大田作物一般是旱地，而种菜必须把旱地改为水浇地，再进一步细加工改为菜田。这就需要投入相当可观的资金和劳动力，进行打井开渠、添置动力设备等项基本建设。根据当时的调查估算，在近郊区每亩菜田的一茬生产费用需要几十万元（旧币，下同）至 100 多万元；发展温室、阳畦等细菜需要投入的资金更多，一个阳畦所用的一领蒲席为 30 万元，一间温室的造价和设备费用为 140 万～200 万元。再从劳动用工上对比，一亩大田作物，从种到收，一般只用 10 个工左右，而 2 亩大路菜从种到收需用二三十个工，一亩细菜需用 60～100 个工。这里且不说种菜技术和蔬菜销售过程中的复杂性，仅就资金和劳动用工这两个条件而言，如果要想继续扩大菜田的规模，是个体小农经济，尤其是贫下中农所无法办到的。这就从客观上说明，在城近郊区的蔬菜生产上，发展农业生产合作社比农民单干、比临时互助组、甚至比常年互助组都有更强的优势。这种发展农民生产合作社的客观要求，与个体农民发展生产、增加收入的主观意愿形成了契合。

① 祝遵璜．京郊试办第一批农业生产合作社［J］．北京党史研究，1990（5）：23-27.

三、试办初级社取得了初步效果

这10个社在"完全自愿"原则的前提下，在统一经营上做到了土地入股（或者土地统一经营不分红）、耕畜车辆等折价入社，实行统一计划、统一种植、统一调配劳力；办社骨干清正廉洁、办事公道；各区区委还派有干部指导，内部各项管理工作有条不紊。田间管理都较及时，又采用一些可行的先进技术，尤其是因地制宜种地，普遍取得了增产增收的效果。合作社与单干户、互助组相比，有很多优越性，祝遵璜概括为以下几点[①]：

"第一，地尽其利。农民在单干时，土地少、经营规模小，传统习惯是'吃啥种啥'，很难做到因地制宜地种植各种作物。成立合作社以后，由于实行土地入社、统一经营、统一安排种植计划，根据土质情况，适合种什么就种什么，所以能够做到地尽其利，发挥了土地增产潜力。如梁贵农业生产合作社，23户农民在单干时，家家户户以种谷子、玉米为主，成立合作社后，把一部分沙土地改种花生和白薯，其余土地则因地制宜地安排了玉米、谷子、高粱等粮食作物，第一年就取得了全面增产，比1951年增产48.7%。

第二，人尽其才。在旧社会，农业生产技术，尤其是种菜技术一般不外传。成立合作社以后，社员为了共同的经济利益，大家经常交流技术经验，有些老农民把'绝招'也拿出来了。如殷维臣农业生产合作社通过互相交流经验、取长补短、各尽所能，对土豆和大白菜从播种到收获，总结出一套比较完整的技术操作规程，当年在社里取得了丰收，并创造了全市的高产纪录（其中3.5亩丰产土豆，平均亩产5 123斤，1.2亩丰产大白菜，平均亩产18 123斤）。由于他们的产量超出当时郊区这两种作物一般产量一倍至两倍左右，所以第二年就由政府推广到其他菜区。

第三，物尽其用。农民在单干时，一家一户的物力财力有限，有些农民即使添置一些生产设备，但由于其生产规模的限制，也不可能充分得到利用。比如有的农户打一眼井，本来可浇地30亩，而他只有十几亩耕地，这眼井的灌溉能力就得不到充分利用。成立合作社以后，由于各户的土地和其他生产设备以及耕畜等都归合作社统一使用、统一经营、统一调配，所以都能够得到充分而合理地使用。所以在建社头一年，即使利用原来的旧井，也能扩大水浇地50%以上。在畜力的使用上，差别也很明显。农民在单干时，一般的每户只有一头耕畜（有些户没有），即使两户搞互助，一般的也只是一驴一骡配套，还是用旧式犁杖耕地，只能耕四寸深，而合作社一般是用毛驴拉水车，两头骡子或马配套耕地，用的是七寸或十寸步犁耕地，深耕七八寸，庄稼当然长得好。如黄土岗村在1952年秋后评比验收大白菜时，互助组和单干户里殷富和的大白菜长得好。殷富和也是全村种菜的好手，便由他牵头评比。结果是：挑他一块最好的，经过丈量土地和过秤，平均亩产15 000多斤；而殷维臣合作社的大白菜，挑选一块中上等的，平均亩产17 000多斤，最好的亩产达到18 000多斤。殷富和在事实面前，才点头服气了。

第四，统一使用资金，经济实力强大。单干农民在扩大生产时，往往遇到资金不足的困难，即使是比较富裕的农民，要想单独兴建几间温室也不是那么容易的。可是组织

① 祝遵璜．京郊试办第一批农业生产合作社［J］．北京党史研究，1990（5）：23-27.

起来以后，尤其是成立合作社以后，由于资金的统一使用，经济力量强大，便有可能加快生产的发展速度。如黄土岗殷维臣合作社，建社前的 8 户农民（3 户雇农、5 户贫农）没有一间温室，而在建社的第一年秋后，就筹集资金兴建了 27 间温室，进行冬季的细菜生产，这是单干时所不可想象的。

第五，有了初步的分工分业，从事多种经营。农民在单干时，由于生产规模狭小，生产条件简陋，所以一般的只能从事种植业和小规模的家庭养殖业，在成立合作社以后，随着生产规模的扩大、各方面的条件的改善、劳动效率的提高，便出现了分工分业。开始时由大田组中分出蔬菜组，继而从种植业中分出饲养业和副业。一些有条件的合作社，还办起粉坊、豆腐坊和猪场。八角村梁贵合作社发挥他们的地理优势，专门成立了副业组，常年刨干土、挖沙子，用副业收入添置生产设备，促进农业生产的发展。黄塔村杨永山合作社刚办时虽然只有 5 户，但也根据深山区的有利条件，实行农、林、牧分工分业，为后来的发展奠定了基础。

第六，菜区合作社，解决了互助组所根本无法解决的矛盾。菜区农民在单干时，历来是个体劳动、个人上市卖菜，一身二任。土改后虽然一部分菜农组织了互助组，但只是在劳动生产上实行互助，而在上市卖菜时一般仍是‘各干各的’，不能互助。原因是上市的菜价是‘早晚市价不同’，只有自己出售最有把握。可是越是到农忙时，田间管理和采摘蔬菜的活茬越多，越是要抢工、抢季、抢上市，这便是互助组到农忙时容易散伙的原因。第一年试办的 10 个合作社中，有 4 个社在菜区。这 4 个社的实践证明，合作社在统一销售蔬菜方面比互助组和单干户优越得多。过去到了蔬菜上市旺季，每家每户至少需要一人上市卖菜，即使摘 100 斤西红柿也要一人送到市上去卖。成立合作社后，由于实行统一核算、统一分配，即使一天采摘 2 000 斤蔬菜，有一人赶着一辆大车也能上市了。这样，不仅大大节省了劳动力，更重要的是解决了菜区互助组中的一大难题，即集体劳动和个体经营之间的矛盾。从而为菜区农民探索出一条发展生产、共同致富的道路。”

从以上的 6 项效益中，我们进一步概括出了“私有土地的联合使用”构成了初级社产权关系的主要特征。这一特征孕育的公共财产归社员无差异共同占有等若干的集体经济因素，有利于生产要素的最佳组合：就是合理利用土地、地尽其利；根据农事需要，合理分工，因材使用劳力，合理使用劳力、畜力和物力；改进了耕作技术，使用新式农具，提高了生产效率；采用了浸种、拌种、合理密植、追施肥料等新技术，有的还添置了新式步犁、耘锄和喷雾器等新式农具，农作物产量有了较大幅度提高；因地制宜，开展副业生产，增加了社员收入。

合作社形成的生产要素的最佳组合，使得参加合作社的农户都比单干时增加收入一至两成，最高可以达到一倍以上。如殷维臣农业生产合作社共有耕地 64.5 亩，种了 26 亩土豆，平均亩产 3 310 斤，比当地产量高出 50%左右；其中 1.5 亩高产地块，亩产高达 5 123斤，创造郊区的高产记录。其余 9 个社的粮、棉、油（料）、菜的单位面积产量，也分别超出当地农民产量的 30%至一倍左右。据 10 个社年终决算的统计，平均比上一年增 42%，社员收入比上一年增 51.8%。总之，从生产成果来看，明显地出现了三个层次：即农业生产合作社高于一般的互助组，互助组高于一般的单干户，从而使互助组、合作社对一般农民产生了吸引力。

四、试办初级社取得成功的几点经验

试办初级社阶段比较顺利，有几点成功的经验可以总结如下。第一，贯彻落实了全党办社的方针。市、区党委、政府的各部门大力支持帮助办社，抽调干部联合组成驻社工作组具体帮助；农村工作部门及时总结经验，研究制定具体政策和经营管理制度，使办社经验及时得到交流推广；农村供销社则在农业生产合作社的生产资料和生活资料供应、农副产品销售和发放预购定金等方面发挥了主要的作用。

第二，合作社有效的生产管理制度，也为自身的健康发展奠定了基础。石景山区八角村梁贵农业生产合作社是当时郊区农村最大的合作社。为了加强对入社土地和劳动力的管理，他们实行劳动定额管理，效果很好。内容是划分四个耕作区，并编成四个作业组，每天由组长派工，根据当地主要的活茬分别定出工作量的标准和质量要求，经过试工后即按此标准定量记工。他们以有经验的老农为主成立试工和验收小组，对于合乎标准的如数计工；对于不顾质量的返工或扣工分。在春耕播种时，社里派青年梅永宽拉沙子，他起早贪黑地干活，一天完成了两个定额，挣了 20 多分。这种办法对于解决平均主义、奖励勤奋多干者，起到了很好的效果。

第三，一开始试办就采取了适合农民特点的灵活的经营管理机制。如家庭主要务农劳力在社内务农，有专业技术的劳力可以在社外搞副业，家庭妇女等辅助劳力根据各户情况可以在社内外干，农事紧张时动员全部劳动力突击干，体现了大集体、小自由。而且在发展集体农业的同时，又兴办了副业生产，并扶植和带动了社员家庭副业。

第四，在农业合作社的民主管理方面也开了好头。《殷维臣生产合作社总结》[①] 记载："建立民主管理制度，提高社员主人翁感觉，也是这个社能够巩固扩大与获得重大成绩的主要原因。建社初期，民主范围不够广泛，不能充分发挥依靠社员办社的精神，有的社员对社的活动不了解，不关心社，甚至有怀疑，因而社务不易推动。经检查出这一缺点后，凡解决社内重大问题，都广泛征求社员意见，使得每个社员都能发表自己的意见，正如社员们所说'我们是大家当家'。因此，很多生产工作与建设计划在得到大家同意与支持之后，干起来就非常顺利，也保证了社的团结。"

真正实行民主管理制度，是合作社生存下去的重要因素。这 10 个初办的合作社，社干部都没有经验，深感社内生产事关重大，办事格外谨慎小心，遇事总是同大家商议，不搞个人专权。而且社的规模大小适中，社员有事能随时碰头商议，社员对社内的事看得见、摸得着、管得了、信得过、人心齐，一块劳动，心情愉快。这都是民主管理的生动体现。

五、土地不分红的初级社经验

《北京农业社会主义改造的回顾》记载[②]："1952 年 9 月，根据中共中央和政务院决

① 中共北京市委党史研究室，中共北京市委农村工作委员会，北京市档案馆．北京农业社会主义改造资料：上册［M］．北京：中国社会出版社，1991：69-76.

② 中共北京市委党史研究室，中共北京市委农村工作委员会，北京市档案馆．北京农业社会主义改造资料：上册［M］．北京：中国社会出版社，1991：8.

定，把原属河北省的宛平县和房山、良乡两个县的一部分村划归本市郊区管辖，郊区耕地面积扩大到近130万亩，农村人口增加到54万多人，人均耕地2.4亩。同时，经市委和市政府决定，撤销两个'郊区工作委员会'，分别成立'市委农村工作委员会'和'北京市人民政府农林局'。前者以抓互助合作运动和农村政策研究为主，后者以抓农业生产和农村水利建设为主。"

1952年春京郊试办的10个农业生产合作社（包括矿区的1个），其中丰台区黄土岗殷维臣社、陈留村刘庆常社，土地不分红，完全按劳力多少分配。秋收期间在这两个社的影响下，丰台区又建立了6个（东河沿、北岗洼、下营、草桥各1个，白盆窑村2个）土地不分红的新社。

这类合作社所以能采取土地不分红、完全按劳分配的原因，《北京市人民政府农林局关于建立土地不分红的农业生产合作社的意见（1952年11月22日）》，作了详尽的分析[①]：

"一、8个土地不分红的社中有5个分布在菜区，蔬菜生产所需人工多，投资大，土地在生产中的作用很小，菜区农民都认识到这一点。如陈留村刘庆常社的富农邢广喜（下降富农）原有三个季水地22亩，去年由于缺工缺肥，大部分改种了两季作物，产量很低。因此，该社建社时，大部社员都认为'没有人工和大粪，地不会长庄稼'，主张地不分红。三个大田区的社，也都有一年以上的互助历史，生产水平较高，社员对办社有信心，都认为'只要精耕细作增加投资，就会增产'，没有'不够吃'的顾虑，能够接受这个先进的分配办法。

二、社员土地大部为国有，私有的观念淡薄。8个社共有社员144户，其中新翻身的贫雇农96户，中农44户，富农4户。他们的土地大部为国有，因此对土地私有观念不强，对土地分不分红不大在意。如殷维臣社共135亩地，全部是国有地。

三、社员政治觉悟较高，能够认识到按劳取酬是公平合理分配办法。这8个社共有19个党员，10个团员，占社员总数的20.13%，其余社员，大部是群众中的积极分子，社员的思想觉悟较高，对社会主义及苏联的集体农庄没有什么模糊观念，如殷维臣社社员普遍认识到'地是死的，不能生产，要想多打粮食，就得干活卖力气'。该社社员田长和（党员）和吕树林社的吕树林（党员）都是地多劳动力少，但他们在建社过程中都坚决主张地不分红，认为'粮食是劳动创造的，不能靠地多剥削人'。

在开始建社时，有一部分领导干部认为土地不分红会打击中农生产的积极性，会限制地多的农民入社，不利于社的发展，劝社员改为按土地、劳力比例分红。但是社员认为土地分红麻烦，坚决不同意。经过一年的试验，证明上述问题并不存在。目前黄土岗和陈留两村群众对于殷维臣、刘庆常两社都很羡慕。秋收期间，刘庆常社从原来的8户发展到15户，殷维臣社也吸收新社员24户（其中有3户中农），还有20多户农民要求入社。在这两个社的影响下，丰台区新建立8个社，其中6个是土地不分红。这一事实说明：决定合作社能否发展扩大的关键，不在于土地分不分红，而在于生产是否搞好。因

① 中共北京市委党史研究室，中共北京市委农村工作委员会，北京市档案馆．北京农业社会主义改造资料：上册［M］．北京：中国社会出版社，1991：67-69.

此我们认为在群众完全自愿的条件下，可以试办土地不分红的农业生产合作社，但不能提倡号召，因为各村群众觉悟高低不同，经济条件不同。在群众还没有认识到土地不分红的好处的村子，过早的采取这种办法，会影响中贫农的团结，对生产不利。如草桥村李松林互助组酝酿转社时，贫农都主张土地不分红，中农认为吃亏，大部退出，余下的11户社员有10户是贫农，全社没有牲口、大车，农具也不完全，生产上很困难。对于这类土地不分红的农业生产合作社，应该给以极大的注意，办出成绩，扩大影响。因为这类社扩大以后，使用了拖拉机，就是集体农场。办好这类合作社，对于京郊的合作化、集体化，会有很大的推动作用。”

这个总结非常实事求是，客观地认识到了土地不分红的几条原因：①合作社大部分在菜区，菜区生产的决定因素是人工不是土地；②土地大部为国有，私有观念淡薄；③社员政治觉悟较高，认识到按劳取酬是公平合理的分配办法，决定合作社能否发展扩大的关键，不在于土地分不分红，而在于生产是否搞好。所以，办好这类合作社对于京郊的合作化、集体化，会有很大的推动作用。但是，如果群众没有达到这个觉悟的情况下，就不能提倡和号召办这类社。

这种不以土地分红形式而以劳动报酬为主的较高级的初级社，打破了上千年来农民形成的私有观念，农民集体劳动、统一经营，积累了一定数量的公共财产，解决了互助组时期的一些生产困难，应该说是一个大的进步。

六、试办农业机械合作社

1952年下半年，北京市试办了使用农业机械的合作社。《北京志·农业卷·农村经济综合志》记载[①]：“试办了初级社，仍代替不了用机械作业的大田大面积的合作试验。1952年7月29日，彭真在全市领导干部会议作报告时提出，在郊区建立一个示范性集体农庄，实行土地连片，使用机器耕作。市委郊区工作委员会根据这一指示，经过选择比较，把建集体农庄的地点选在南苑海子里的姜场、钱庄子、中立堂三个自然村，命名为红星集体农庄。”

红星集体农庄是在市委的直接领导下建立的。时任中共北京市委农委副书记、市农林局局长柴泽民在《关于在京郊组织集体农庄的意见》（1952年10月21日）指出[②]：“调查了农委准备组织集体农庄的姜场等村的情况，认为建立集体农庄是有条件的：

一、绝大部分土地是国有的，准备参加农庄的1 635亩土地中，国有土地就占1 293亩，私有土地仅占264亩，且分属于7户中农（141亩）和19户贫农（123亩）。

二、这个村庄的农民比较贫困，87户农民中贫、雇农就占5户，中农25户，富农1户，地主2户。声明愿意加入集体农庄的61户中，贫农51户，雇农1户，中农9户。

三、附近的国营农场对该村有良好的影响。该村靠近国营农场，但土地产量与农场相比则差别悬殊。1951年国营农场棉花每亩平均产量167斤，农民每亩平均只收115斤；

① 北京市地方志编纂委员会．北京志·农业卷·农村经济综合志［M］．北京：北京出版社，2008：87．

② 中共北京市委党史研究室，中共北京市委农村工作委员会，北京市档案馆．北京农业社会主义改造资料：上册［M］．北京：中国社会出版社，1991：64．

今年国营农场棉花每亩产量可达300斤左右，而农民的棉田每亩仅能收获140斤左右。另外，这一带农民的土地，国营农场曾用拖拉机给他们代耕过，农民亲眼见到了集体经营与用机器耕种的好处。但是也有缺点：①党、团力量弱，群众觉悟低。该村仅有党员4人，团员五六人。②互助组的基础不好，起作用不大。

今后只要能不断加强对群众的教育并派干部加强领导，这些缺点是可以克服的。因此，我们认为在这个地区实验集体农庄是可以的。虽然不如新中国农场（原民航局所购之5 000亩，准备作机场用的）条件好，不过这个村庄的工作，农委已派人宣传酝酿了很长时间，条件也创造的差不多了，他们不愿意放弃这个地方。我们意见就在这里实验下去，不过应有条件规定：

一、参加农庄的农民必须是自愿的，决不允许有丝毫强迫。如农民参加进来后感到不满意，还可以请求退出，退出时可以带出入庄费及相当于其入庄土地数量的土地。

二、农庄必须是民主的而又有严格的劳动纪律的。关于农庄的干部、制度等，皆应通过庄员大会充分讨论决定，共同遵守，反对任何的包办代替和强迫命令。

三、参加农庄的户数开始不必要求太多，可以一步步的发展，以免人多问题多，纠纷也多，不易办好。”

从《意见》中，可以看出发展使用机械化耕作的合作社，规模要大，所以集中了姜场、钱庄子、中立堂三个自然村的1 635亩土地。再有就是这1 635亩土地中，国有土地就有1 293亩，占了79%，这就为土地集中创造了条件。第三就是农民有参加的意愿，所以参加户数不能过多，多了就会意见不统一。尽管如此，有61户农民愿意参加农庄，这个规模，在当时也是非常巨大的；而且是在党团员不多、互助组基础不好的情况下组织起来了。这也说明，建立示范性合作社，就是要创造各种条件。《北京农业社会主义改造的回顾》记载①：市农林局为办好这个社，帮助调集了土地和解决了房屋、贷款、肥料、捐给骡子等，郊委、郊区团工委、妇联、农林局抽干部组织了工作组，协同区委到该村进行调查宣传工作，经过两个月工作之后，群众情绪一般都很高。

秋后，在市委的直接领导下，在南苑区东南部的姜场村钱庄子村、三槐堂、中立堂、瀛海庄五个自然村，试办了“红星集体农庄”。入庄庄员63户，拥有耕地1 500多亩，是当时郊区户数量多，规模最大的合作经济组织。

《北京农业社会主义改造的回顾》记载②：“据当年年终统计，全郊区又新建了25个农业合作社。这一批合作社都是在有比较坚强的领导骨干、搞得比较好的互助组的基础上建立的。如海淀区羊坊店村李墨林温室蔬菜生产合作社，东冉村王贵等组织的远大农业生产合作社，丰台区白盆窑村李宗和农业生产合作社，张郭庄郭荣农业生产合作社，东郊区来广营村吴玉书互助组与燕贺春互助组合并，组成的来广营农业生产合作社。这些农业合作社，后来都成为郊区各地学习的榜样。这些办社的骨干，后来有的被评选为

① 中共北京市委党史研究室，中共北京市委农村工作委员会，北京市档案馆．北京农业社会主义改造资料：上册［M］．北京：中国社会出版社，1991：65-66.

② 中共北京市委党史研究室，中共北京市委农村工作委员会，北京市档案馆．北京农业社会主义改造资料：上册［M］．北京：中国社会出版社，1991：8-9.

北京市劳动模范，有的被评选为全国劳动模范。”

到1952年秋，经过4年的恢复和发展，京郊农民的生产条件和生活条件，已有明显改善，农业生产的主要产品——粮、棉、油（料）、菜等主要产品的总产量和单位面积产量，均已超过抗日战争以前的最好水平。

第二节　初步发展初级农业生产合作社

初步发展初级农业生产合作社，这个阶段大致在1953年的时间。1953年6月，毛泽东提出过渡时期总路线，参照苏联农业经验，把全国实现农业生产合作社和集体化的时间估计在10～15年。1953年起，北京市郊区农村的互助合作运动一方面是建立临时和常年互助组，另一方面是从试办合作社进入到了初步发展初级农业生产合作社的阶段。

一、1953年北京市初步发展合作社概况

《中共北京市委关于北京郊区农业生产合作社发展情况向华北局并中央的报告（1954年2月）》（以下简称《合作社发展情况报告》）记载如下①：“华北局批示：兹将北京市委《关于北京郊区农业生产合作社发展情况的报告》转发给你们参考。

兹将北京郊区农业生产合作社最近发展的情况简报如下：

一、1953年，郊区共有农业生产合作社63个（其中有15个社是以后批准的）。截至今年2月上旬，已新建了259个社，原有的3个老社则扩大合并为53个，合计现有新老社312个，其中土地不分红的社76个。入社农民共6 545户，占全郊区农户总数5.3%。一般社都在20户左右，50户以上100户以下的社5个，100户以上200户以下的社7个，200户以上的社4个，最大的南苑红星集体农庄已发展到526户，土地达12 000亩。菜区发展最快，现在已有蔬菜生产合作社86个，入社菜农2 175户，占全郊区农户总数的13.6%。2月中旬建社工作即可结束，预计连老社在内共可发展到330个社，入社农民可达7 500户左右，占郊区农户总数的6%。

二、这次发展社中，我们主要进行了以下几项工作：

1. 结合统购统销工作，大张旗鼓地向郊区农民进行了总路线的建育，大大增强了农民‘走社会主义道路’的信心，给发展互助合作打下了思想基础。

2. 在农民办社的热情起来之后，一方面从党内到党外，从市到村，召开了一系列的干部会议，明确了中央‘积极领导，稳步前进’和‘只许办好，不许办坏’的方针，着重地批判了某些领导干部只是机械地考虑翻一番或翻两番，而对宣传总路线及统购统销后农民要求互助合作的高度热情不去积极领导的保守倾向，同时也批判了少数党团员、积极分子不看具体条件盲目建社的冒进倾向，统一了党内思想。另一方面又训练了要求转社的积极分子690人，并组织了160多名干部下乡帮助农民分批建社。市委农委与郊区区委则分别直接掌握一两个重点社的建立和发展工作。

① 中共北京市委党史研究室，中共北京市委农村工作委员会，北京市档案馆．北京农业社会主义改造资料：上册［M］．北京：中国社会出版社，1991：221-223.

3. 在建社过程中，各区委都充分地利用了老社的成功经验，向农民介绍农业生产合作社的生产成绩及其优越性，发挥了老社的示范作用。一方面通过老社员以亲身体验宣传入社的好处，另一方面向新社员传授办社的经验。如陈留社社员即帮助附近两个新社解决了建社中的许多具体问题。

4. 在发展社的同时，即领导各社作生产计划。合作社一经建成，即全力投入生产或准备生产，反对把建社和生产机械分开或只顾建社忽视生产的做法。

5. 为了加强合作社的经营管理，保证办好新建的合作社，大力训练了合作社干部，如举办会计、技术员训练班等，各区并分别召开合作社领导骨干会议，训练了各社的领导骨干。春播后，拟再举办一千余人（包括合作社的领导骨干与党、团支书）的训练班。

三、在这次发展合作社的过程中，充分说明了农村中两条道路的斗争是激烈而尖锐的。一方面广大农民和绝大多数党团员、乡干部对互助合作的积极性大为高涨，另一方面，不但有些富裕中农不愿入社，以至阻挠别人入社，甚至有少数经济地位上升了的党团员、干部思想蜕化，对入社不感兴趣，埋怨社会主义来得太快，个别还有对抗情绪。对此，除了在建社过程中分别进行教育和批判外，拟结合郊区普选，对乡干部进行一次调整，同时进一步整顿党的组织，并在党的基础太弱和‘空白点’乡，适当建党，以适应对农业进行社会主义改造的需要。

现在，建社工作即将结束，我们已指示郊区各区委，立即全力抓紧对春季生产的领导，抓紧发展与整顿互助组，并注意领导单干户的生产和帮助他们解决生产中的困难。”

《合作社发展情况报告》统计出 1953 年新建合作社 63 个，较 1952 年全年的 25 个，增加了 38 个。这一资料在郭晓燕的《京郊农业互助合作运动的冒进偏向与纠偏努力》一文中得到了印证并指出①：“到秋后统计，除已有的 1 个集体农庄外，正式办成的农业生产合作社共 63 个，入社社员占全郊区总农户的 0.8%，平均每个社 16 户。包括集体农庄在内的 64 个社，有 16 个是土地不分红的高级社，大多在菜区，个别在大田区试办。”这些资料反映出，1953 年时的农业社规模不大，平均每个社才有 16 户。

《合作社发展情况报告》反映出这一年的办社方针，依旧是执行中央的“积极领导，稳步前进”和“只许办好，不许办坏”的办社方针。这一方针反映了我党对农业合作化采取了从互助组、初级社到高级社的分阶段渐进发展的策略。这种相对缓和的方式易于被大多数农民所接受。

农业社会主义改造大事记记载②：“2 月 24 日，华北行政委员会农林局在《关于 1953 年互助合作运动方案》中，提出互助合作运动的基本方针是，普遍发展新的互助组，巩固提高原有互助组，积极稳步组织农业生产合作社；有重点地个别地试办集体农庄，并加强对薄弱地区的具体领导；努力争取平衡发展，为农业合作化奠定良好基础。”上述的资料说明，在当时的临时互助组和常年互助组还在发展和巩固的阶段，如果我们更高一级的初级社条件不成熟就去办，这对互助合作运动的开展一定会起到破坏的作用。所以，

① 郭晓燕．京郊农业互助合作运动的冒进偏向与纠偏努力［J］．北京党史，2008（5）：17-20.

② 中共北京市委党史研究室，中共北京市委农村工作委员会，北京市档案馆．北京农业社会主义改造资料：下册［M］．北京：中国社会出版社，1991：393.

“稳步前进”的策略是必要的。

《合作社发展情况报告》强调了老社的示范作用和经验。但是，有一个重要的史实是，老社其实并不老，成立也不到一年，也在发展过程中，也要面对新的情况和新的问题。这样的老社能对新社起到多少积极的示范作用呢？

在总路线的提出和对农业的社会主义改造的大背景下，《合作社发展情况报告》把农业合作化上升到两条道路尖锐的、激烈的斗争的高度去认识，认为经济地位上升了的党团员、干部思想蜕化，对入社不感兴趣，埋怨社会主义来得太快，个别还有对抗情绪。这也从另一个侧面反证了合作化的道路和过程并不平坦、不顺利。

我们纵观 1953 年农业合作社的发展过程，发展的数量并不多，且主要是在菜区。在城近郊区的蔬菜产区，发展合作社是符合客观事物的发展规律的。1953 年 2 月 23—26 日，北京市召开农业丰产劳动模范代表大会。会议的目的是为了进一步推动农业互助合作运动，发展互助合作组织；深入开展爱国增产节约运动，大力推广先进经验、科学技术，普遍提高单位面积产量。周凤鸣作了《1952 年郊区农业生产的总结报告》，提出两点意见[①]：“第一，北京郊区农业生产的发展必须采取供应城市需要与市政建设密切配合的方针，要高度地发挥土地与劳力的潜在力，有计划地发展蔬菜、牛、羊、乳、猪和水果的生产。第二，北京郊区菜区因为具有许多特点，今后必须重视对菜区组织起来的领导。近郊菜区近两三年来生产发展很快，需要投入较多的资金和大量劳力，因此，凡是生产发展快的，到农忙季节普遍需要雇用短工，有些农户（甚至党员）还有雇长工的。在前一两年里，菜区也组织过不少的互助组，但是由于蔬菜生产的特点，诸如组员‘抢工’‘抢季’‘上市’，最终为了‘抢行市’‘抢价格’，也就使集体劳动和个体经营的矛盾难以解决，往往到农忙时，矛盾更尖锐，以致使互助组散伙。有些领导骨干强的，组员情投意合的，干脆转成农业生产合作社。”从这段文字的描述中，我们看到农民们为解决“抢行市”“抢价格”的矛盾，为解决小生产和大市场的矛盾，自愿地组织起来，从互助组转成了农业社。总结报告如实地描述了这一情况。

我们从菜区的生产状况看，发展农业生产合作社是解决小生产和大市场矛盾的比较有利的办法和途径。这一发展趋势既符合形势发展的需要，又符合积极稳妥地发展合作社的方针。所以，菜区的合作社的发展是比较平稳的。郭晓燕指出[②]：“北京市的领导部门十分重视发展菜区的农业互助合作。20 世纪 50 年代初期，京郊菜区占郊区耕地总面积的 3.8%，当时认为：个体经济难以适应城市对蔬菜供应的需求；菜区大部是国有土地，社员对土地不很重视；已经试行的‘蔬菜产销结合合同’为菜区的互助合作创造了条件；国家可以为农业社的发展提供物质上的帮助。出于以上考虑，对菜区的土地不分红从‘不宣传、不发展’到提出京郊劳力分红的比例会更大些，鼓励菜区及有特殊条件的地区在群众自愿的条件下试办土地不分红的高级社。由此，菜区高级社发展速度明显快于其他区域。”

① 中共北京市委党史研究室，中共北京市委农村工作委员会，北京市档案馆．北京农业社会主义改造资料：上册［M］．北京：中国社会出版社，1991：8-9.

② 郭晓燕．京郊农业互助合作运动的冒进偏向与纠偏努力［J］．北京党史，2008（5）：17-20.

截至1953年3月的统计，北京市全郊区已经批准了48个农业生产合作社（其中包括1个集体农庄），切实贯彻了中共中央和华北局的指示，本着“积极领导，稳步发展”，“只许办好，不许办坏”的精神。这一时期，发展的新社不多，规模也不大，步子也比较稳健，合作社的发展有积极进取向上的一面，但也有很多冒进的问题。1953年的合作社的发展，是在一面整顿、一面发展的过程中走过来的。

二、整顿农业生产合作社

郭晓燕指出[①]：“以往对农业合作化的研究，一般认为急躁冒进偏向集中反映在1955年下半年农业合作化高潮时期。历史数据表明，农业互助合作中的急躁情绪在运动初期已有显露。从北京市农业合作化运动的发展历程看，在1952、1953、1954三年冬季连续出现递进势头，运动的每次推进均伴随着急躁冒进，紧接着就是一次纠偏。”这一判断是准确的。不仅是北京市，就是华北地区、甚至全国都存在着冒进的现象和势头，中共中央及华北局发布了一系列的指示来纠正这一问题。

1953年2月15日，中共中央正式通过《关于农业生产互助合作的决议》指出：“建立在个体经济基础上的集体劳动，发展前途就是农业集体化或社会主义化。”强调在发展农业互助合作的时候要克服“消极对待”和“急躁冒进”两种错误倾向。提出发展农业生产合作社必须坚持由小到大、由少到多，由低级到高级循序渐进的方法。在处理互助组和农业生产合作社内部问题时，必须绝对遵守自愿和互利的原则。这些形势分析和判断都是正确的，为合作社的发展指明了方向。

1953年3月，中共中央全国和华北地区农村的情况，连续发出几个指示，如3月8日发出的《中央关于缩减农业增产和互助合作发展的五年计划数字给各大区的指示》，3月19日发出的《中央关于解决区乡工作中“五多”问题的指示》《中央关于春耕生产给各级党委的指示》等等。这些指示认为互助合作的发展“计划订高了，也势必发生急躁冒进，贪多贪大、盲目追求高级形式与强迫命令”的偏差。认为“我党现在在农村中的主要的危险倾向，就是许多同志将分散的经济混同于集体经济，就是干涉过多”。因此指示要求各地“在组织互助组、合作社时，不要忘记从群众的觉悟水平与切身体验出发，从群众的实际需要出发，从小农经济的现状出发，正确地解决农民的个体利益与公共利益的结合问题，稳步地循序而进，任何急躁冒进的方针都会挫伤广大农民的生产积极性，都将损害春耕生产工作，因此都是极有害的。”

中共中央华北局根据华北地区盲目冒进的情况，作出的《关于纠正农业生产合作社发展中的盲目冒进偏向的指示》决定[②]：“一、应立即坚决停止发展新社工作。二、普遍检查、整顿已建立的农业生产合作社，加强领导，反对工作中的官僚主义现象。三、对不够条件的社，应讲清道理，劝其转为互助组。要求各地在具体工作中予以制止和纠正。”指出，各级党委必须重视这种“左”倾冒险错误所造成的严重恶果，不能熟视无

① 郭晓燕．京郊农业互助合作运动的冒进偏向与纠偏努力［J］．北京党史，2008（5）：17-20.

② 中共北京市委党史研究室，中共北京市委农村工作委员会，北京市档案馆．北京农业社会主义改造资料：上册［M］．北京：中国社会出版社，1991：88.

睹。这些反冒进的措施是非常及时和正确的。

华北局对符合“有互助组织的基础、群众自愿互利、领导骨干办事公道、管理制度比较健全和能够增产增收”的五项条件，才能办农业合作社作出了明确的规定。在这一时期，我们党是非常实事求是的，针对合作社发展中过快过急的问题，认真、及时地纠正了出来。这为北京市的合作社的顺利发展指明了方向。

1953年3月，市委农委和郊区各区区委抽调了一批得力干部，分别组成了几个精干的工作组，由各区区委负责同志牵头，分批检查了2个老社和18个新社，并于1953年5月17日，写出了《中共北京市委农村工作委员会关于检查整顿农业生产合作社的报告》(以下简称《整顿合作社报告》)①。

20个社的基本情况。《整顿合作社报告》记载如下：“这20个社，共有291户，最大的28户，最小的9户，一般在15户左右。其中以生产粮食、棉花为主的10个；以生产蔬菜为主的8个，手工业与农业相结合的2个。17个社是在区干部领导下建立起来的，群众自发组织起来尚未经批准的3个。土地劳力按比例分红的1社；土地固定报酬，其余按劳分配的11社；土地不分红，完全按劳分配的8社。根据中央规定的5个条件检查，条件不具备，只是由于干部及少数积极分子主观愿望而勉强凑成的有1社；条件不完全具备，但社员合作生产的要求热情很高的3社；其余的16社条件都大体具备，但也存在着不少问题。”这段描述中反映出这20个社的规模都不大，不符合五项办社条件的只有一家，还有3个社是自发组织起来的。这20个社涵盖了试办初级社时期的三种分配形式。

20个社的生产状况。《整顿合作社报告》记载如下：“除了不具备转社条件的东郊区马房寺邢启珍社以外，其余各社绝大多数社员的生产情绪是高涨的。去年秋冬季，一般社都使用十寸或七寸步犁实行了深耕。春节后，旱地区各社及时进行了保墒工作，做到了压二、耙三、盖一，为春播打下了有利基础。冬季，各社都积极铲垫脚、挖河泥，准备下较充足的肥料。如南苑区孙光怀社，团河李敬环社，往年都是几亩地一车粪(1 500～2 000斤)，甚至有一部分‘卫生’地（不上粪)。今年每亩地至少可上一车粪，棉花地都计划追豆饼或棉籽饼。有些社还抽出了部分劳动力从事挖沙子、大车运输等副业，对于农业起了很大的支持作用。如白盆窑李宗和社，团河李景林社，从去冬到今春，副业收入已达2 000万元，石景山区水屯牛万成社，用副业收入买了两头骡子、一头马、一辆反瓦大车、一万多斤大粪，解决了畜力及肥料不足的困难。一般社员们表示：‘社里的生产，一定要比互助组和单干户高。’白盆窑李宗和社的社员和劳模殷维臣社比着干活，并决心追上他们。南苑区孙光怀社社员自动拿出现金投资300多万元买了大粪上到麦地里。”这段文字反映出了农业社社员在生产投入上的真实情况和充足的干劲儿。不但农业生产干得好，还抓副业支持农业，增加农业的投入。这些都是积极的方面。

20个社存在的普遍问题。《整顿合作社报告》记载如下②：“①劳动组织不健全，社内

① 中共北京市委党史研究室，中共北京市委农村工作委员会，北京市档案馆．北京农业社会主义改造资料：上册［M］．北京：中国社会出版社，1991：118-124.

② 中共北京市委党史研究室，中共北京市委农村工作委员会，北京市档案馆．北京农业社会主义改造资料：上册［M］．北京：中国社会出版社，1991：118-124.

没有分工或分工不明确，生产没有计划，人力有浪费。如海淀区东北旺王岐山社，每天都是临时安排活，经常比群众晚下地，不管什么活，都是全社十几个劳动力在一块干，常常产生窝工现象；②不能认真的评工记分，劳动的积极性未充分发挥。这些社，虽然都规定了实行死分活计，但因打不开情面，实际上有的还是死分死记，有的则是由评议员包办。因此，使少数社员产生'混分'思想；③财务管理很差，一般社开支没有批准手续，借支没有制度。有些会计业务能力太低，不能按时清账，个别社还有浪费现象。如团河李敬林社，送礼、捐款、演剧、买爆竹等开支就有30多万；④缺乏政治思想领导，不少社员只是单纯的'干活挣分'，对社务不够关心。有少数社员常常无故旷工。有的不干累活，专挑活轻、分多的干。有的不爱护公共财产。如南苑区团河李敬林社，因社员使牲口时不够爱惜，致使两头牲口受伤。"这段文字反映出了农业社的管理水平低下的一系列问题。最主要的还是互助组时期就没有解决的"评工计分"的老大难问题。死分死记，甚至还要评议员包办。这样的结果，一定是专挑轻活、分高的活儿才干的现象出现。

20个社在建社和农副业生产的经营上，存在盲目冒进偏向的问题。《整顿合作社报告》记载如下①：

"1. 有些领导建社的干部有急躁情绪，致使不具备条件的互助组也转了社。有的社酝酿不够成熟，青壮年入了社，家庭不同意入社。有些社员是被'动员'入社。有些社拉入一些不够条件的社员，影响社的巩固。如东郊区马房寺邢启珍社，是在少数积极分子的要求和领导干部的积极动员下凑起来的，多数组员并没有转社的要求，转社不久就有5户退出，今春又有3户要求退社，社员情绪极不稳定。团河李敬林社，转社时未在社员家庭中充分酝酿，柴刚瀑入社后，他父亲却租了5亩地自己种，赵佩伦入社后，他妹妹不参加社内劳动，反到外面打短，社内开大会时，老年人及妇女从来不参加，社员们反映：'我们是家庭代表社。'水屯牛万成社、十八里店阎凤鸣社，南苑区孙光怀社、来广营吴玉书社，建社时，由于急于凑成，四社共拉进了6户非农业户及无劳动力户，有7户是到社内找便宜的。十八里店阎凤鸣社社员高祥入社后就向社借钱打酒喝。

2. 不根据具体情况逐步积累公共财产，有些社将用不着的牲畜、农具也折价入了社，增加了社的负担，影响了社员的收入。如白盆窑李宗和社，本来有四辆大车就够用了，可是把社员的七辆大车都归了社，社内只需要一把铡刀，折价入社的却有三把。多余的大车、铡刀闲放在社里，社员们反映：'大车站岗、铡刀把门。'小屯张荣社，把一头几乎不能吃草的老骡也折价120万元入了社，社里用不着，60万元又卖出去。小屯田歧社，大小农具都采取了折价入社的办法，连与生产无关的秤都入了9杆。由于盲目的积累公共财产，使社内增加了很多负债。白盆窑李宗和社，仅折价入社的牲畜、农具、水车等项负债即已达6 000万元，按5年还清，第一年需偿还1 680万元（其中有利息480万元，年息8厘计），平均每户要减少收入1 100斤玉米。

3. 有少数社摊子太大，家底空虚，影响了生产的发展。东郊区来广营吴玉书社，建社刚刚半年，开了一座油坊、打新砖井一眼、修建新式猪舍11间。打井、养猪计划尚未

① 中共北京市委党史研究室，中共北京市委农村工作委员会，北京市档案馆．北京农业社会主义改造资料：上册［M］．北京：中国社会出版社，1991：118-124.

完成，贷款已达 3 087 万元。如按原计划进行，尚需贷款 2 260 万元。两项合计，占该社 1953 年农业生产总值 7 400 万元（按计划估计）的 72%。海淀区东北旺王岐山社，去年秋后，集中力量经营粉坊，致使 45 亩棉花地没有秋耕，连垫脚土也没铲，今年春季的生产发生了困难。南苑区石太庄周子龙社，本来没有搞大车运输的条件，但他们却贷款 920 万元买了一头骡子，一辆胶轮大车。现在大车在社里闲着，牲口缺乏草料，每年还要给银行出将近 100 万元的利息。

4. 有些社过早过急的压低土地分红的比例，或实行土地不分红，影响了土地较多的农民入社的积极性。在一部分群众中引起混乱的思想。如石景山区水屯牛万成社，建社时，经社员讨论，按地四劳六比例分红，报名入社的有 21 户。后经区里提意见，改成地三劳七固定土地报酬，有 3 户土地多的社员退了社。丰台区小屯张荣社，建社时，地多人口多的中农叶朴也报了名，后来社内决定土地不分红，他父亲要求'按人头分'，社里不答应，他们就退了社。张荣的母亲因为土地不分红，哭了一早晨，说：'受了一辈子穷，共产党来了才享两天福，这回又打长活了。'田世恭的母亲说：'共产主义来了，天塌压大家，这年头就是随着。'"

我们分析《整顿合作社报告》，先看主流、积极的一面，就是初级社已经具备了"公有制"的性质。李东岩认为①："判断一个经济单位是不是'公有制'性质，必须遵循三个标准：①出资者是否是劳动者；②劳动方式是否以联合劳动为基础；③在联合劳动的基础上是否实现了资本（或资金）的联合。符合以上三个条件的，就是公有制。"这一观点我们认为是正确的。根据这个标准来判断一下初级社的所有制性质。

李东岩指出②："第一，初级社的基本特征是全体社员作为'出资者'。贫农和中农入社以后，土地及其他主要生产资料都交给合作社统一使用，基本上做到人人占有生产资料，人人参加劳动。这和私有制的基本特征有着根本区别。

第二，初级社是在联合劳动的基础上实现了主要生产资料的联合，入社的劳动力由合作社统一调配、统一使用。其发生机制是劳动创造所有权，因而这一机制本身就有保持生产资料在劳动者之间的平均分布、实现共同富裕的趋势。

第三，初级社的分配原则规定，合作社的全部产品都是由社员的集体劳动创造的，因而产品的分配不能像在个体经济条件下一样，由农民各自占有自己土地上的产品，而是对扣除应缴纳农业税之外的产品，由合作社根据劳动贡献大小和所持'股份'多少为所有劳动者占有。"从上述的三个标准看出，初级社具备了公有制的性质。

我们从产权制度安排进一步分析，初级社是何种程度的公有制。首先，加入初级社要遵守自愿加入和退社自由的原则。刘颖娴指出③："林毅夫认为在 1958 年以前的合作化运动中，社员的退社自由权还受到相当的尊重，这构成了合作社'重复博弈'的性质，维持着社员间达成的'自我实施'协定，对合作社经营起到正效应。其次，土地入股分红。初级社根据社员土地的远近、好坏、灌溉便利与否之分，将其折成统一的土地股份，

① 李东岩．对建国初期农业"初级社"的再认识［J］．天津市经理学院学报，2006（5）：7-8.

② 李东岩．对建国初期农业"初级社"的再认识［J］．天津市经理学院学报，2006（5）：7-8.

③ 刘颖娴．我国农业生产合作社发展及其产权制度［J］．台湾农业探索，2008（6）：27-31.

由合作社统一经营，所有权仍属原主。土地上的收益扣除公积金和公益金后，按土地与劳动的一定比例分红。这样社员间有了共同利益的纽带，每个农户的利益就和全社土地上的总收益相关，在各农户之间由于耕作先后而产生的矛盾就消失了，也改变了农户重视自己土地的生产，干别人的活不精心的现象。但是在土地入股问题上，容易产生偏差。一是根据土地的产量评，会使贫农吃亏；一是按土地的质量评，会使中农感到不满，需要进行民主讨论解决。”从这两点可以作出判断，初级社没有改变生产资料的私有性质，却有了公有的生产资料和公共积累，将按生产要素和按劳分配结合起来，是属于半社会主义性质的。这种半社会主义性质的初级社却是一个质的飞跃，打破了上千年来形成的封建农业制度。所以，我们给予这种半社会主义制度的初级社高度评价。这将对农业生产力的发展起到很强的促进作用。尽管在办社初期，还不可避免的出现这样或那样的问题。

将这些问题梳理如下。第一个问题真实地描述了入社上形式主义的做法。不具备条件的互助组就转了社，家里的年轻人思想先进入了社而其他人还没有想通，没有入社要求就被拉进了社，凡此种种，不一一而论。

第二个问题是将耕畜、农具等生产资料收入社。合作社通过折价向社员购买，向社员租用，统一使用耕畜、农具等生产资料，这其中存在着“搭便车”问题。搭便车理论首先由美国经济学家曼柯·奥尔逊于1965年发表的《集体行动的逻辑：公共利益和团体理论》（The Logic of Collective Action Public Goods and the Theory of Groups）一书中提出的。其基本含义是不付成本而坐享他人之利，这一问题中西方都有，探讨的领域也很多。就农业经济组织而言，需要通过分工的设置，权责的设定，分配制度的设置等具体措施来影响这种“搭便车”发生的速率，减少“搭便车”现象。

第三个问题是盲目扩大再生产。在初级社经济实力还不够强大，家底儿还很薄、运行也不十分顺畅的条件下，就追逐获利项目，必然带来了问题。

第四个问题是过早地压低土地分红的比例或者是土地不分红对农民造成的伤害。李东岩认为[①]：“初级社的做法实际上已把股份制的一些因素融入到了合作制中，即在一定程度上实现了劳动的联合和资本的联合。从资本形成来看，初级社在自愿的原则下强调全员入股（包括土地、其他生产资料和资金）。从产品的分配来看，初级社充分考虑了股金在产品分配中的地位，土地、农具、牲畜等生产资料入社，都可以按股金分红的形式获取报酬。”这种具有股份制形式的、半社会主义性质的初级社，就要求按股分配，如果一定要打破股份制分配的规则，就必然引起股东的反对。报告的描述是多么的真实：张荣的母亲因为土地不分红，哭了一早晨，说：“受了一辈子穷，共产党来了才享两天福，这回又扛长活了。”

根据社员的意愿，《整顿合作社报告》提出了整顿工作的意见[②]：

“1. 动员条件不具备、大部社员情绪又不稳定的社退为互助组。其余的社，经过反复

① 李东岩．对建国初期农业“初级社”的再认识［J］．天津市经理学院学报，2006（5）：7-8.

② 中共北京市委党史研究室，中共北京市委农村工作委员会，北京市档案馆．北京农业社会主义改造资料：上册［M］．北京：中国社会出版社，1991：118-124.

贯彻‘自愿互利’政策后，对社缺乏信心自动退出3户。对于无人参加农业劳动的非农业户及无劳动力户，拟劝说他们退社，由社以租地方式解决他们种地的困难。

2. 一般社都实行了分工，划分了生产小组，加强了生产管理，并经社员讨论订出了‘按时下地’‘不旷工，’爱护社内牲畜、农具等劳动纪律。评工计分问题比较多的社，经过社员讨论，采取能按件计工按件计，按件计工有困难的，实行‘自报公议’‘地头比活’的办法认真评分。财物管理比较紊乱的社，还规定了‘日清月结’定期公布的办法，建立了批准借支及防止浪费等制度。

3. 建社时摊子摆得太大，社内负债过多的，则结合讨论社章，经社员自愿，加以适当的收缩，已折价入社的大车，社内不需要者，退还原主者由社出卖，先归还一部债款。水车，大农具采取私有租用或私有伙用，逐年偿付折旧费的办法。小农具自带自用，损坏由社修理赔偿。折价入社的债款，根据社内生产情况，定出偿付的年限，未尝付的债款给以相当或稍高于银行的利息。”

从现在看，这些整顿的措施都是非常正确的。在初级社阶段，就是要贯彻自愿入社的原则，不具备入社条件的退回互助组是实事求是的做法。对“评工计分”的难题，采取了“自报公议”“地头比活”的办法给予解决。对于侵占社员利益的各种行为都及时纠正和补偿，甚至小到社员自带自用的小农具。

对存在的几个问题，《整顿合作社报告》提出处理意见[①]：

“1. 土地不分红问题：8个土地不分红的社，经过贯彻政策后，只有1社改为土地固定报酬，其余7社，绝大部分社员仍主张土地不分红。其原因，去年试办的10个社中，有2个是土地不分红，领导上虽明确了这是特殊情况产生的，是高级形式，目前不宜推广。但未在干部及群众中深入贯彻。因而在有些社的骨干中造成了片面地认识土地不分红是‘高级形式’，将来转集体农庄一下子就转过来了，土地分红就是剥削，为追‘高级形式’而采用土地不分红的办法。另外，在经济上的原因是：7社中1社是暖洞子生产，用地很少，5个社在菜区，蔬菜生产投资大、费工多，而且大部是国有土地，1社是打石板与农业相结合，石板收入为农业收入的9倍（实际上这个社成为手工业合作社）。因此，群众对于土地不很重视，加以各户土地与劳力的比例相差不多，土地评产困难，群众亦感到土地分红麻烦。因此，同意土地不分红。对于土地不分红的社，我们的意见是：今后不宣传、不发展。现有的社，经过交代政策，充分酝酿，绝大多数社员坚持土地不分红者，不予变更；少数不同意的社员，可以自由出让。大部分社员要求土地分红者，应帮助他们改为土地分红。

2. 牲畜折价入社问题：近郊各社建社时，对于社员牲口，一开始都采取了折价入社、分期付息偿还的办法。这是由于近郊蔬菜及经济作物生产，需要的畜工较多，因受大车运输业的影响，畜工工价较高，雇用牲口不上算。如白盆窑李宗和社，210亩菜地、60亩旱地，每年耕耙两次需工资756万元；菜地浇水，每年两茬，每茬浇10次，全年需畜工2 100个（按每一牲口每日浇2亩地让），工资5 250万元，拉粪、卖菜畜工尚未计在

---

① 中共北京市委党史研究室，中共北京市委农村工作委员会，北京市档案馆．北京农业社会主义改造资料：上册［M］．北京：中国社会出版社，1991：118-124.

内，全年所需畜工工资即达6 060万元。而该社12头牲口，折价1 630万元，全年牲口草料费2 155万元，两项合计仅3 785万元。采取折价入社办法，使用一年将价款还清，还可减少2 274万元的负担。因此，我们认为近郊区各社，一开始就采取牲口入社的办法是适合当地情况的。但是必须是群众自愿不得用任何强迫命令的方式，硬性规定牲口入社的办法。

3. 投资问题：近郊区各社，因种菜或经济作物，需要的现金投资比较多，但又无解决这一问题的好办法。目前一般社都是采取动员方式'多的多拿，少的少拿'，不给利息，因此，就形成社内积极分子投资多，落后社员投资很少，甚至不投资。如小屯张荣社，目前现金投资共697万元，3个骨干投资就占56.7%，有7户分文未投。社员张元清用富余的钱买了一辆自行车，却不向社内投资。为了解决这一问题，我们的意见是：每个社员都须向社交纳一定的股份金，作为社内的生产资金。退社时，可以带走。股份金以外的投资应给以相当或稍高于银行的利息。"

这几条处理意见也是非常正确的。社员要求土地不红的理由很充分，就按不分红的意愿实行；社员要求土地分红的，也不扣帽子，按分红的办法来。为了不侵害社员的利益，对牲畜折价的办法，作出了详尽的安排。社员投资不足就交股份金，退社时可以带走。股金以外的投资还给相当银行同期或稍高的利息。这些意见都体现了尊重农民的经济利益。

1953年5月17日，中共北京市委农村工作委员会作出《整顿合作社报告》之后于6月3日，开始整顿郊区农业生产合作社。

三、自发社的发展及问题解决状况

1953年，北京郊区除有组织地发展农业生产合作社外，还出现了一些未经批准而自己办起来的自发社。自发社的基本情况，《中共北京市委农村工作委员会关于郊区自发社的情况存在问题及解决的意见（1953年8月）》（以下简称《自发社解决意见》）记载[①]："郊区现有自发社61个，其中海淀区38个，南苑区11个，丰台区5个，京西矿区6个，东郊区1个。这61个社共有社员534户。平均每社9户左右，最小的3户，最大的17户。10户以下的有44个社，11户至17户的17个社。534户中有贫雇农339户，中农174户，富农5户（其中3户新富农），占有少量土地的工人、小商贩等19户。"这些社从规模看还是很小，平均只有9户。

这些社组成的动机，《自发社解决意见》记载：

"1. 经过总路线的教育认识了发展前途及农业生产合作社的优越性而自愿组成的有27个社。如南苑区大红门李锡庚社，经过一年多互助生产，曾被评为棉花丰产组，经过总路线教育，社员自愿转社，西红门陈子龙社，建社前部分社员作小贩，经过统购统销，受到总路线教育，觉得作小贩没有出路，因而联合部分农民建立农业生产合作社，要安心搞农业生产。

① 中共北京市委党史研究室，中共北京市委农村工作委员会，北京市档案馆．北京农业社会主义改造资料：上册［M］．北京：中国社会出版社，1991：137-140.

2. 少数骨干为了争光荣，出风头，好强，赌气而办社，个别的是由于富农分子为掩盖其剥削行为而组织起来。这类社共有 20 个。如海淀区四王府侯起龙为了当社主任，在转社时一连开了 20 多天组员会，把组员开烦了才勉强同意成立。侯起龙说：为了光荣只要有粥喝就行。’东冉村李玉侠社，三个被开除的党员（原乡长、党支书）看别人办社不服气，也建立了一个社自称‘民主人士社’。萧家河张德林（新富农）社，三户新富农带了两个长工组织了一个社，以办社为名掩盖其剥削实质。

3. 社员对农业生产合作社并不了解，但为解决其生产中的困难，因而在旧有的‘锅伙’（合伙种地）的基础上，发展成合作社的形式，社员不承认自己是合作社，这种形式的社共有 8 个。如海淀区六郎庄李德贵社，因怕互助组在抢季时散了伙，地种不过来，所以大家合伙，按地投资，按地分红，劳力付给工资。”

自发社的组成动机分三类；第一类是自愿组成的有 27 个，占自发社总量的 44%；第二类是为了争光荣、出风头、好强和赌气而成立的 20 个，占了 33%；第三类是为了解决生产困难而成立的自己却不认为是合作社的有 8 个，占自发社总量的 13%。这三类合计达到了总量的 90%，还有 10%的比例没有说明情况。第一类和第三类应该都归为自愿组成的社，比例占了 57%，超过了半数。这也说明，发展初级社还是符合一部分农民的心愿的。

自发社的生产状况，《自发社解决意见》记载：“一般社都做到了按时进行春耕播种，出苗较齐，除 8 个社因受涝灾及少数社因经营管理不善庄稼生长情况不好外，其余各社的庄稼都比互助组及单干农民的庄稼长得好。有些社有的作物并得到了丰收。如海淀区东冉村李玉侠社 12 亩黄瓜平均每畦产 180 斤，比当地群众高 70 斤。由于生产搞得好，大部分社的社员情绪较高，对办社有了信心。如西二旗乡李书田社社员开始对办社没信心，自留地很多，现在都要求土地全部入社，以便统一使用土地，调配劳力搞好生产。但也有少数因经营不善生产不好，社员抱着‘凑合到秋后再说吧’的态度。”

从生产经营状况看，总的情况还是不错的。符合初级社好于常年互助组，好于单干农民的一般性规律。只有个别社是属于干着看，经营不善生产也不好的情况。具体归到哪一类办社动机的，史料没有进一步记载。

自发社存在的主要问题，《自发社解决意见》记载：

“1. 一般社的领导骨干不强，少数社缺乏领导骨干。61 个社没有党员，只有一个党员的 17 个社，现在担任社里领导骨干的有的对互助合作政策认识模糊，有的缺少办法，有的思想落后。海淀区萧家河自发社主任李志兴（党员），自私自利，社员干一天活才挣 7 分，他只拿着铁锹瞧水，每天就要 13 分，少了还不行。北辛庄自发社主任陈和（党员），社里丢了 50 万元（旧币，下同），不追查丢失原因，跑到卦摊上算卦寻找。丰台区长辛店三个社的主任，两个当过伪甲长和伪军，一个是小商人。

2. 有些问题处理不合理。61 个社只有 16 个社订有社章，其余社既没社章又缺乏制度，有少数社分配办法规定不合理，如海淀区单纯按地分红的有 4 个社，这样不但地多劳动少的占便宜，且地也不分土壤好坏，所以极不合理，如一亩园李善堂社土地少的社员反映：‘原想入社找秀气，结果倒成了无主的长活。’有的群众反映：‘比地主剥削还王道。’

3. 少数社成员复杂。在 16 个社中有伪军官 4 人，一贯道坛主 10 人，点传师 2 人，被解除管制的特务分子和伪军情报员 7 人，伪保长 1 人，富农 2 人，其中有 4 人还担任了社的领导干部。如海淀区马连洼李贵荣社，共 11 户，就有两个特务分子，一个一贯道坛主。丰台区长辛店三个社共 33 户，其中就有 8 户是伪保甲长、伪军官或国民党员。

4. 经营管理混乱。由于领导骨干不强，建社后，各区也未认真加以领导，因而各社经营管理上都存在着程度不同的混乱现象。如南苑区广德庄靳永和社，生产不能统一安排，社员各人订各人的生产计划，然后由社统一为全社的计划。在评工记分方面，大部分社都是用死分死记，海淀区 38 个社中只有 4 个社是死分活评。财务管理上更混乱，不少社仍未建账，有些社虽有会计，但水平很低。海淀区六郎庄牛保林社没人会写字，就以“0”、“—”等符号画在墙上代替记账。”

在主要问题中，最主要的：①缺乏党员骨干。只有 17 个社有 1 名党员。史料上记载有 61 个社没有党员应该是计算错误或者是笔误，总共就有 61 个社，17 个有 1 名党员的话，余下没有的应该是 44 个社。在没有党员的情况下还能成立合作社，这应该是自觉性的体现。即便有党员，党员的表现也不佳，不但找轻活干还要求得最高的工分。3 个社的主任两个当过伪甲长和伪军，一个是小商人。虽然社主任的成分不好，但却从侧面反映出一个问题，社主任一定要是见过世面或者当过“官”的人才能组织一个合作社，哪怕这个社只有几户人家，也需要有个挑头儿的出来主事儿。②合作社的管理制度有问题。16 个社有章程其余的 45 个社没有章程。没有管理制度，最主要的分配办法就没有，即便有了的也不合理。单纯地按地分红，地多劳力少的占便宜；地少劳力多的自然就要吃亏，导致的结果就是地主的长活，“比地主剥削还王道”。农民把这种不合理的分配制度上升到地主剥削的高度来认识。③合作社的社员成分复杂。伪军官、保甲长、解除管制的特务、一贯道坛主、富农、国民党员都加入到了社。从现在看，这也反映出这些人的政治敏感度高，以参加到合作社的办法以寻求政治庇护避免歧视的动机和愿望。当然，也不排除这些成分复杂的人员以合作社的名义剥削农民的可能。④管理混乱的问题。没有党员骨干领导、没有规章制度，管理就会出现问题。表现在生产上不能统一安排，最重要的评工计分制度是多数社是死分死记。没有财务管理制度没有建账，有的也水平很低(因为文化水平低)，甚至因为没有文化画符号来代替记账。上述的这些问题都真实地反映出农业社建社初期的真实的发展水平。

对待这些问题的处理办法，《自发社解决意见》记载：“根据检查材料来分析，现有 61 个社的条件不同，处理办法也不能一样：①有领导骨干，建社时经过一定时间酝酿，社员自愿入社，分配投资办法也较合理，有简单的全年生产计划，生产好，社员情绪高，具备办好条件的社 13 个。对于这类社应马上批准。②领导骨干缺少办法或作风不民主，建社时分配投资中有些问题处理得不合理，有的社成员不纯，经营管理中的问题很多，但是生产好，大部分社员办社热情高，这类社共 26 个。对于这类社应加强领导，指派干部帮助解决其问题。待具备条件时再加批准。③没有领导骨干，成员比较复杂，分配办法不合理，生产较差的社 16 个。对于这类社，暂时允许其试办，待秋后发展社时，并入有条件办好的社中。

不论批准与否，都应加强领导，帮助其解决现存问题，使其搞好生产，巩固下来。

提高这些社的领导骨干的政治觉悟、政策水平，使其学会办社，逐步克服经营管理中的混乱现象，改变不合理的分配投资办法。对个别不称职的主任或坏分子担任了领导骨干的，应物色称职人员，经过酝酿，加以改造。对混进社内，进行变相剥削的富农应即发动社员清洗出社。并应教育社员提高警惕，对还留在社内的富农、伪军官、反动会道门头子等加强监督，防止其窃夺领导权或进行破坏活动。”

这个处理意见，现在看来是可行的也是实事求是的。分为三类：对于有骨干的、社员自愿的等符合办社条件的，批准办社；对于领导骨干缺乏、有分配投资问题的但是社员情绪高的社，派人进社指导解决问题，符合条件了再行批准；对于各类问题较多的社暂时允许办社，再发展新社时，并入条件好的社中。

总之，对自发社采取了批准、引导发展的政策。无论什么状况的社，都强调了加强管理工作。对待自发社的突出问题，比如缺乏领导骨干的问题，提出了加强培养的对策；对于混进合作社的变相剥削的富农，清理出社；对留在社内的复杂人员采取了加强监督的办法。从对自发社的处理办法，我们看出北京市的对于农业生产合作社的发展采取了鼓励发展、积极引导的政策。

四、主要郊区初步发展合作社概况

1953 年，北京市主要郊区初步发展合作社的情况有报告记载，我们描述并进一步分析如下。

（一）东郊区

《北京市东郊区试办农业生产合作社总结（1954 年 1 月 19 日）》（以下简称《东郊区合作社总结》）[①] 记载了主要情况。

在基本情况方面，《东郊区合作社总结》记载如下：

“在 1953 年互助合作运动中，我区试办了 4 个农业生产合作社。除马房寺邢启珍社垮台以外，其余 3 社试办比较成功，起到示范作用。

3 社共 40 户，最大社 18 户，最小社 10 户。成分计中农 18 户、贫农 22 户，共计人口 109 口，男劳动力 77 个，女劳动力 63 个，党员 8 人，团员 6 人，土地 459 亩（旱地 448 亩、水地 6.8 亩、园地 4.2 亩）。3 社并初步地积累了牲畜 11 头（骡 5、马 5、驴 1）、车 8 辆、步犁 7 架、水车 1 辆、水井 1 眼等公共财产；吴玉书社并修建猪圈一座，现养苏联种猪 27 头。

3 社的收获量比当地互助组和个体农民都有突出的增加，吴玉书社今年每亩平均 435 斤，比去年 303 斤增产 43.4%，比今年全乡 300 斤增产 44%。佟德禄社今年每亩平均 456 斤，比去年 276.5 斤增产 65%，比今年全乡 290.5 斤增产 57%。王进富社今年每亩平均 375 斤，比去年 304 斤增产 23%，比今年全乡平均 295 斤增产 27%。

3 社共有玉米丰产地 33.4 亩，每亩产量 470～480 斤，超过当地一般群众产量 60%～

---

① 中共北京市委党史研究室，中共北京市委农村工作委员会，北京市档案馆．北京农业社会主义改造资料：上册［M］．北京：中国社会出版社，1991：208-211.

123%。佟德禄社丰产小麦2亩，每亩达到309斤，达到北京市奖励标准。吴玉书社白玉米15亩，每亩480斤，获得了大面积的丰收。3个农业社不仅在农业上获得了丰产，并且在副业上也增加了许多，今年副业收入5 863万元，占总收入21 080万元的27%，有力地支持了农业。

今年各社由于得到了丰收，社员分红比互助组大大增加。40户中有35户的收入超过了去年，占到总户数86%。例如王进富社今年社员的实际收入平均超过了去年42.2%。该社贫农社员胡长海，一个劳动力，9亩地，今年共得工分1 173分，去年纯收入1 890斤，今年收入3 518斤，比去年增加收入86%。

农业社的试办成功带动了全区互助合作有了新的发展，再加上大张旗鼓地贯彻了总路线，农民社会主义觉悟提高了，一致反映说：'听毛主席的话没错！走互助合作道路大家才能富裕。'现在全区有30多个互助组要求转入农业社，旧社也正在积极稳步发展。"

从记载的史料看，东郊区试办社的规模也不大，最大的18户，最小的10户。试办的4个社，除1个垮台外，另3个社办得都不错，农业增产增收，超过了互助组的发展水平，超过了全乡的平均水平，更达到了北京市的奖励水平。在宣传总路线的大的环境氛围下，因为有了实在的收入增长，副业办得也有起色，有30多个互助组也有了办农业社的意愿。

试办农业社的经验，《东郊区合作社总结》记载如下：

"1. 发挥农业社本身存在着的优越性，增产粮食，农业社才能巩固。由于合作社本身存在着能合理地使用劳力、土地、发挥每个劳动力的积极性等，我们在此基础上大力发挥其潜在力量，增加粮食，巩固了社，社员在入社后的头一年中，对社是存在着许多疑虑，社员对社的认识普遍存在着'办不办秋后看，分的多就干，分的少就散'。由于区领导对这个问题很重视，各社又充分发挥了地力和人力。如吴玉书社张孝宗的土地10亩宜种棉花，在单干时因地少倒不过茬没有办法，所以每年只收200多斤玉米，入社后改种了棉花，由于耕作及时，土质合适，每亩收250斤棉花，超过以前产量一倍以上。由于合作社发挥了本身的潜在力量，对于增产粮食有了保证，产量高、分红多，对社员的教育是深刻的，因此才巩固了社。

佟德禄社社员松永增在单干时，纯收入才23万元，今年入社后分到160万元，增加5倍多。他分到粮食后兴奋地说，'我一辈子头一回打这么多粮食，今年才真是个大喜事呢。'

2. 加强经营管理，逐步做到分工分业。合作社的经营管理问题必须给予足够注意，否则将使合作社在经营管理上发生混乱现象。今年我区试办的3个合作社已初步地摸出了一些经验，合作社内部在经营管理上首先要加强生产上的计划性。各社在最初工作很差，如耠地时套上牲口不知耠那块，活茬分配不适当，造成人多活少，社员每天到社长家要活做，浪费了人工，使社受到了损失。各社经研究后，社委员会事先加强工作计划性，每个阶段都事先研究活茬，忙闲劳力多少、技术高低，组成生产队，并根据全社土地亩数，划出耕作区，分配给生产组、队，使该队在固定耕作区内进行生产，各队在生产时无形中产生了比赛思想，这样就提高劳动效率和减轻了社长的领导负担。在划分小队和耕作区后，可以将活茬固定工分，实行定质定量的包工，超额完成的给以奖励，以进一步的启发劳动力的积极性。

其次在财务会计工作上也要制定必要的财务制度和会计手续，最好是会计、出纳分开管理，以便克服财务制度的混乱和便于检查财务工作。在牲畜喂养和公有农具、家具保管上，3个社以前均发生过随手就拿，用过就不管的无人负责现象，经过教育后已基本上克服。

3. 展开民主检查。佟德禄社在8月初因发挥社委社员积极性不够，缺乏计划等，所以使得社员情绪低落，活茬全挤到一起了。经过先召开社内党小组会，进行检查党员思想，由上到下检查，展开批评，并由乡支部明确出党员的任务是要起到保证合作社的巩固，以身作则，还要掌握社内思想情况，把如何搞好合作社作为社内党小组生活内容之一。然后社长向全体社员进行检讨，大家提出了批评和建议，社员智信义说：'过去我情绪低因你们带动不够，今后希望你们把我们带动起来。'因此依靠社内骨干分子，发扬民主对整个社的领导进行民主检查，是巩固合作社的一个好的工作方法。

4. 改进农业技术，重点试验先进经验，通过夏秋评比是对当地群众进行教育的一个最好办法。今年试办的3个社中在播种上均打破了过去'窄垄稀植'的播种办法，采用加宽株距、缩短行距的办法，每亩玉米田往年1 200棵，密植到1 870棵。棉花采用密植，并先打群尖后打顶的新整枝技术。在7月中旬，结合除治钻心虫，3社均重点试验了玉米去雄杂交、人工授粉。

佟德禄社在秋收后的验收中证实：在同样的条件下人工授粉的收519斤，自然授粉的收478斤，每亩人工授粉比自然授粉增产8.4%，增产51斤。合作社并作了移苗补苗，分期合理施肥，及时做到保墒，对于当地的农民教育很大，并起到了带动全乡生产和示范作用。在秋季评比时，东八间房互助组长陆长清看到佟德禄社的庄稼时说：'不怕不识货，就怕货比货。'

在推广先进经验上并不是一帆风顺的，在社的内部也同样存在着新旧思想的斗争，但是终于新思想战胜了旧思想。吴玉书社在实行玉米去雄杂交时，老农岳德胜特别反对说：'人把脑袋去掉还能活吗，玉米去了脑袋也一样！'但事实却教育了他。因此更使我们体会到，以合作社为重点新的技术才可能得到推广。"

东郊区初级社办社经验总结得好。①社办得好不好关键是看有没有提高生产力，标准就是粮食增产。试办的第一年，粮食增产了，打消了对合作社产生的顾虑。②社办起来了，最重要的就是要管理好。社一成立，大家聚到一起活儿咋个干法？刚开始是到社长家要活，耕地时套上牲口不知耕那块，活茬咋分配？这就要统筹安排，计划就提到了日程上来。"忙闲劳力多少、技术高低，组成生产队，并根据全社土地亩数，划出耕作区"，这就需要分工。分工后就出现了计酬，办法是分小队和耕作区后，将活茬固定工分，实行定质定量的包工，超额完成的给以奖励。这就为科学的计酬走出了重要的一步。③财务制度也要建立起来，出纳和会记分开，便于检查和监督；在牲畜喂养和公有农具上有人管理。④改进农业技术，推广先进经验，是提高生产力的重要途径，这是最好的示范和榜样。这需要新的思想战胜旧的思想。

在存在的问题及今后意见方面，《东郊区合作社总结》记载如下：

"（1）必须进一步提高政治思想教育工作，根据今年试办合作社的情况、对社员的政治思想教育做的仍是不够。如有的社员活忙时只顾给自己干活，不愿给社干活，个别社员并认为在社内干活是给社长干；只有逐步地将集体主义、爱国主义教育灌输到社员思想中去，用增产的事实结合社员切身利益时刻进行教育，合作社才能巩固和正常发展。

（2）为适合工业及城市日益发展的需要，农业社应在搞好农业生产增产粮食的前提下搞好副业生产，增加社员的收入，应根据社内条件大力变旱地为水田。适当发展林牧业和经济作物（棉花、大豆、油料作物）来供应国家需要。

（3）农业生产合作社要及时总结各个农事活动时期，所发生的问题和解决的办法，并要首先带头试验先进经验，及时总结交流以期全面推广，带动在当地的互助组和单干农民进行生产，以便扩大农业社的影响，搞好互助合作运动。”

在公与私的矛盾方面，合作社一成立就尖锐地暴露了出来，活忙时愿意给自己家干活，不愿意给社里干活。这个矛盾如何处理？靠集体主义、爱国主义的思想政治工作教育虽然提出来了，但是管用吗？在办好合作社的方面，进一步说，要靠思想政治工作的方法来办社，这是一条重要的意见被提出，如何操作没有切实的办法。但是，现实的路径是要总结先进的经验，这里着重的是技术方面的经验，就是要有增产的效果。在经营方面，鲜明地提出要抓好农业的时候，要搞好副业生产，要抓经济作物，要增加农民的收入。这个时候，种粮食作物的比较效益低下的矛盾已经显现了出来。

（二）丰台区

《中共北京市丰台区委关于建立农业生产合作社总结（1954 年 2 月 13 日）》（以下简称《丰台区合作社总结》）记载了合作社建社过程的概况[①]。

建社的基本情况，《丰台区合作社总结》记载如下：“去年我们试办了 14 个农业生产合作社，入社农民共 232 户，占全区农业户 2.1%（占组织起来户数的 5.2%）。合作社充分显示了组织起来的优越性，14 个社均获得丰收，产量较当地农民一般高 30%～40%。

这种事实，有力的鼓舞了农民办社的热情。大张旗鼓宣传总路线以后，由于广大农民社会主义觉悟的提高，组织起来的积极性及办社的情绪更加高涨，在宣传总路线当中，全区就有 65 个互助组积极要求转为合作社，许多单干农民纷纷要求参加旧社或组织新社。这时，我们除了普遍号召群众大量组织和恢复互助组外，并抽调 8 个专职干部，从 12 月下旬起分批进行了建社工作。截至目前，共建成新社 39 个，其中：半菜区 17 个，菜区 22 个，土地分红的 6 个，不分红的 33 个。

新建 39 个社共 478 户，平均每社 12 户，多者 32 户，少者 6 户，共 2 208 人，有男劳动力 690 个，女劳动力 376 个；共有土地 3 981 亩，每人平均 1.8 亩，每个男劳动力平均耕种 5.77 亩。其中：水地 2 569 亩，旱地 1 412 亩；国有地 2 251 亩，私有地 1 730 亩；共有牲口 205 头、大车 169 辆、水车 157 辆、新式步犁 15 架。

这些社均有一定的互助基础和相当数量的领导骨干。每个社都由一个或两三个互助组转成的，一般都有一年以上互助基础，39 个社共有党员 58 人、团员 50 人、乡干部 90

① 中共北京市委党史研究室，中共北京市委农村工作委员会，北京市档案馆．北京农业社会主义改造资料：上册［M］．北京：中国社会出版社，1991：215-220.

人，一般社均有三四名骨干，使社的巩固和稳步发展有了相当的基础。

在建新社的同时，旧社（除去两个社）也都有了扩大和发展，原有的14个社并成了11个，除张郭庄、白盆窑、黄土岗3社有很大发展外，（详情另报）、各社均扩大了几户或十几户，11个社共扩大了667户；加上新建的，全区现在共有50个农业生产合作社，共工，377户，占农业总户的12.5%。有社的乡27个，占全区42个乡的64%。”

丰台区在1953年试办了14个合作社，后合并为11个。从宣传总路线至1954年2月期间，又成立了39个合作社，实际成立了50个合作社。这50个合作社大部分是从互助组转为合作社的，具有党员多、乡干部多、骨干多的特点。每个社平均有7.54户，社的规模不大。

建社的过程，《丰台区合作社总结》记载如下：“在建社工作中，我们基本上做到了‘积极领导，稳步发展’，建成的新社绝大多数是够条件的（只有7个互助基础较差，骨干较少，但建社要求极高，尚待有试办的性质）并且取得了建社工作的初步经验，这些经验是：

一、按照建社条件，认真选择建社对象，训练建社骨干，是建社工作的首要环节。转社条件我们主要掌握了：①有充分的建社要求。②有一定数量的（比如两名以上）公道、能干的领导骨干。③有一定的互助基础。按照这些条件，在宣传总路线当中，头一批建成了14个社，取得了初步经验。宣传总路线以后，积极要求和初步表示转社的互助组达到110余个，这时我们紧接着召开了4天的建社骨干训练班，共193名；其中除已建成的14个社的主席、管理委员外，有积极要求建社的51个互助组的骨干137名。训练班除进行办社政策和办法的教育外，区委并亲自参加逐组审查了转社条件，确定了建社对象，随即派区干部去帮助建社，经过训练的骨干，在建社中都起了很大的作用，保证了建社工作的顺利完成。

二、建社要经互助组提出申请，区委认真审查批准，并要有相当政策水平、懂得办社知识的得力区干部亲自具体帮助，这是保证建社质量的关键。新建的社，我们均履行了请示、批准的办法，并且都派区干部去帮助，区干部未到之前只许酝酿，不能自动归伙，不这样做就要出乱子。在未召开办社骨干训练班以前，有18个组自行归了伙，因为不懂具体政策，产生了很多不合理现象，有的分红原则不合理，有的组折价不公，万泉寺乡王继诚的蒲席一领值17万，只作价4万，一辆胶轮车实值300万，作了120万；六圈陈德清社在社章里订了‘有病随便使钱，死人送棺材一口，结婚送制服一套’。这些不合理现象都经过区干部的帮助才得到了纠正。转社工作是一套非常复杂的组织工作，而目前大部分区干部缺少建社知识，如青年团干部王凤桐对乡干部讲‘只要你们愿意办就可以办，区里不批准你们就办黑社’，助长了群众的盲目性。因此，必须有强的干部，才能胜任这一工作。

三、经过一定时间的酝酿，按照适当的步骤从始至终充分发扬民主，是建社过程顺利与否的关键。一般的社都是经过一个月左右时间的酝酿，才开始建立的，有的转社前连续数夜自动开会，许多具体问题的处理，都有了初步意见，因而使建社工作得以顺利进行，缩短了建社时间，转一个社一般的只用一星期左右。建社步骤大体分四步：第一步：了解情况，具体审查建社条件。乡建社干部到乡后，首先和支部商量，听取支部意见，然后召开转社农民座谈会，进行摸底，着重了解群众对合作社的认识、转社条件、酝酿情况等，决定转社或说服办组，对不具备建社条件而多方面说服无效后，也要积极帮助转社。第二步：继续进行农村发展方向的教育，发动转社农民学习有关合作社的各项具体政策，对分红办法、牲口、农具的处理，转社的条件等各项具体问题，都要充分讨论，做到入社农民了解政策，澄清对社的混乱思想认识。第三步：经过学习，群众对办社有了具体的正确的认识以后，进行报名登记，随即成立筹备委员会，来领导社员讨论并决定分红办法和牲口、农具的处理办法，以及公积金、公益金的积累数量等，然后登记和评议作价入社农民的主要生产资料。第四步：经过酝酿，民主选举社的领导机构，制订社章和初步制订生产计划，开始生产。在整个建社过程中，均需充分发扬民主，建社中的几个较大问题诸如分红办法、重要生产资料的处理办法，以及公积金、公益金的积累比例，制订社章、选举领导机构、确定生产投资额等，均要经过全体社员的认真讨论后决定。这些问题如果处理不当，不仅使建社过程产生困难，而且影响以后社的巩固，特别是领导机构，尤需慎重产生。如郭公庄胜利农业生产合作社选举主席时，社员都认为党员马玉堂有能力领导，但因他民主作风差而有所顾虑。针对这种情况我们向社员进行了民主办社的教育，支部帮助马玉堂在社员大会上作了检讨，表示决心改正错误，经过充分酝酿，马玉堂被选为主席，社员情绪很高。贾玉先说：‘还得说是党员，有了错误能承认改正，咱们的合作社一定能搞好。’保证了社的巩固团结。”

这份报告总结办社经验时，实际上详尽地报告了办社的过程，有如下的关键步骤：①办社方针要贯彻“积极领导，稳步发展”的方针。②办社要有要求、有骨干、有互助组的基础等基本条件。③区委要审查、区委干部要具体指导帮助建社。④办社的重要步骤：审查办社条件；对分红办法、牲口、农具的处理上在思想认识上达成一致；决定分红办法和牲口、农具的处理办法，公积金、公益金的积累数量，登记和评议作价入社农民的主要生产资料；选举社的领导，制定章程和生产办法。总结认为，办社的关键是对关系到合作社的重要事项，从领导选举、章程的制定到分红办法、公积金、公益金的比例确定，社员的生产资料的折价全部都要经过社员民主讨论来决定。只有按照这个办法来办社，才能充分体现出自愿的原则。

在对待如何处理好互助组转为合作社的关系上，《丰台区合作社总结》记载如下：“对于积极要求但不够建社条件的互助组，要通过各种方式耐心的劝导他们安心办好互助组，创造条件，争取将来转社，在多方面说服无效之后，就要积极领导帮助转社，绝不能采取粗暴的限制，或消极的置之不理的错误态度。这样做不仅不伤感情，不伤害群众正在急速增长着的互助合作的积极性，又使建社工作得以‘稳步发展’，并给今后建社工作打下了基础。我们在平时宣传上就注意了一方面讲合作社的优越性，引导群众办社，同时号召群众要大量的发展和办好互助组，使群众对建社有了较明确的认识；有许多不够条件的组，便不提转社了，在合作社训练班中有 8 个组经说服自动不转社。在 1 月下旬召开的互助组骨干训练班中又着重进行了‘合作社光荣，办好互助组也光荣’的教育，安定了办组情绪，许多组表示：‘一定把互助组搞好，争取秋后转社。’靛厂乡要建社的 9 户都是乡的主要干部，顾了社，乡的工作就会垮台，顾了工作，社的生产也搞不好，也没有互助基础；张仪村乡杨有才组，虽有 3 名党员，但都觉悟不高、能力不强，而他组要转社的10户中，却有国民党员、三青团员、伪保长和伪消防队员4名，经过说服，这样的组都不转社了。小屯乡史文亮组办社条件不强，没有会计人才，8户中1名党团员也没有，只有两个不负主要责任的乡干部，互助基础也不强，但非转社不可，即帮助他转了社。事实证明，只要群众要求迫切，其他条件虽差，我们注意帮助领导，也是可以把社办好的。”

只有把互助组办好，才能进一步发展合作社。正如《华北局关于农业生产合作社若干问题的解决办法》指出[①]：“许多地方不认为互助组是目前互助合作运动中最大量存在的、最易为农民所接受的、因而也是主要的形式，不以互助组特别是常年互助组为必要基础，图快、贪多、求大，跃进式地发展农业生产合作社，不根据群众自身的经验与要求，而采用强迫命令的方式组织农业生产合作社。这些都是极端错误的，已引起了农民的很大不满。”只有真正符合办社条件，我们才能发展成合作社。丰台区一方面对有热情加入合作社的互助组给予积极支持，一方面对条件不成熟的互助组给予积极的引导。

对于党支部在合作社中的作用，《丰台区合作社总结》记载如下：“建社工作要通过党的支部去做，建社一切重要场合，都应吸收支委和乡主要干部参加，和他们商量，这样做不仅可以在建社工作中培养提高支部的领导能力，而且使乡支部熟悉了社内情况，给今后乡支部对合作社的领导打下了基础。建社干部到乡后，都首先和支部一起研究转社对象，征求支部意见，吸收支部参加建社的领导，建社的主要会议均有支书或支委参加，社领导干部的产生，一般均事先和支部研究。目前，大多数乡支部对农业生产合作社的具体知识，还是陌生的，这样做尤其重要。郑常庄乡支书商贺庭在建社结束后说：‘我想转社就一转就得了，没想到这里边还有这么多问题。’这次转社工作中，乡干部正忙于统购统销和推销公债工作，多数乡支部未能系统的参加建社工作的领导，今后建社时应注意改进。”发挥党支部的领导作用，可以有利于合作社的发展，很多地方在建社时没有注意到这个问题。这也是一点不足。

在如何做好社员家属工作时，《丰台区合作社总结》记载如下：“作好家属工作：尽可能做到全家同意再入，至少要做到家中大多数人同意或家中主要成员同意。家属不同意，不仅增加转社过程中的困难，而且影响社的巩固，影响社的计认的顺利实现。小屯乡张凤家3口人，老婆、儿子同意入社，他本人不同意，勉强入了社，在折价时他把牲口拉到外乡去了，增加了许多麻烦。积极分子同意而家属不同意经再三动员无效时，可以说服积极分子暂缓参加。下营王安愿意入社，儿媳妇不同意，表示‘要入社就分家’，王安因此愁的吃不下饭，转社干部及时帮助动员，王安家又经过酝酿，儿媳妇同意后，才全家入社。宗振山互助组组员宗全坚决要求入社，他父亲坚决不入，动员无效，即说服宗全没有入社。”从这个史实看出，并不是所有的人都认同加入合作社的做法。一些人以自己的方式表现出入社的抵触情绪，甚至以“入社就分家”相“要挟”。

在如何确定合作社的规模的问题上，《丰台区合作社总结》记载如下：“一乡内同时有数个互助组要求转社时，如户数不多，有条件合并的，要尽量动员并组办社（新办社

① 中共北京市委党史研究室，中共北京市委农村工作委员会，北京市档案馆．北京农业社会主义改造资料：上册［M］．北京：中国社会出版社，1991：215-220.

户数亦不能太多，一般以不超过 30 户为宜)，这样既可以更加充分显示合作社的优越性，又减少了区的领导单位，便于领导。我们动员 9 个已转的小社，分别并入了张郭庄、白盆窑、黄土岗的大社，动员 9 个要建社的互助组合办了 4 个社，在合并办社工作中，最容易产生的思想障碍是争主席，争社址和宗派思想，对于这些思想要用耐心讲道理，提高觉悟的方法去解决，打通思想以后再并办，不能急躁。”社的规模到底多大为宜，当时确定了 30 户的规模，太大了肯定不利于管理。但是，太小了也应该合并，也不利于管理。

建社后的最重要的问题是发展好生产，《丰台区合作社总结》记载如下：“建社以后要立即帮助制订生产计划，投入生产，这样可以安定社员入社情绪，增加社员信心。社员入了社，农具折价等具体问题得到满意的解决以后，所最关心的就是‘合作社能否增产’，‘本人收入能否比入社前增加’。建社阶段尚未结束，我们即抽调 49 名干部，用 4 天时间帮助 34 个新建的社制订了初步的生产计划，通过订计划鼓舞了社员的情绪，东管头乡民主合作社，订计划前很多社员担心今年‘增不了产’，经过算细账，仅淘粪、变 6 亩旱地为水地、开 3 亩熟荒即可收入 3 600 余万元，如折玉米全社 51 户人，每人可得 800 余斤，社员都很高兴，感到‘增产没问题’。订计划后，各社都立即转入了准备肥料、种子等生产准备工作。合作社只有生产比互助组搞得更好，才能有吸引力；只有使农民的收入增加，才能有信服力。做好生产计划，使合作社顺畅地运转起来是很重要的一步。”

在如何吸引更多的农民加入到合作社来，《丰台区合作社总结》记载如下：“区乡干部在协助建社时，不仅要积极对提出转社的农民进行工作，而且还须注意了解周围群众的思想动态，有意识的吸引他们参加建社中一些会议，这样做的好处，不仅可以扩大办社影响，对周围群众是一次深刻的教育，而且还可吸引更多农民入社，壮大社的规模。事实上，在建社过程中，也确有不少农民自动参加建社会议，或请老社主任报告合作社的情况，这说明农民对办社是十分关心的。但是我们对这一点却注意不够，如果开始就重视了这方面的工作，已建成的社在规模上都有可能比现在大一些。这是我们建社工作中的一个缺点，值得今后注意改进。”让农民参加合作社的会议是一个办法。这一史实也证明，在合作化运动的推行中，普通的农民对合作社还是很关注的。但是，他们还要看合作社到底有没有成效。

（三）海淀区

《中共北京市海淀区委关于海淀区发展农业生产合作社、互助组工作总结报告（1954 年 3 月 17 日）》(以下简称《海淀区合作社总结报告》）记载了海淀区发展农业合作社的概况①。

关于成立合作社的基本情况，《海淀区合作社总结报告》记载：“去年冬天以来，我们普遍深入的宣传贯彻了党在过渡过期的总路线，进行了粮食统购统销工作之后，普遍的提高了群众的觉悟。根据这个情况，及时组织了干部发展了互助合作运动。到目前止，全区农业生产合作社从 1953 年 3 个，发展到 46 个，共计 984 户，4 471 人，8 707 亩土

① 中共北京市委党史研究室，中共北京市委农村工作委员会，北京市档案馆．北京农业社会主义改造资料：上册［M］．北京：中国社会出版社，1991：228-234.

地，占全区农业总户数的 4.5%，占全区耕地面积 4.1%。其中 100 户以上的大社 1 个，50 户以上的 1 个，30 户以上的 7 个。”

从史料记载看，海淀区的合作社的规模较其他区都要大一些，平均都在 30 户以上。在办合作社的过程中，有一些经验教训，《海淀区合作社总结报告》记载：“普遍深入的宣传贯彻好党在过渡时期的总路线，是开展互助合作运动的首要关键。总路线未宣传前，我区农村中自发的资本主义势力发展是较严重的：菜田中雇工，稻田的卖青，都在日渐发展；全区的互助合作运动一直没有很好地开展起来，1953 年全区 4 个农业生产合作社，秋收后垮了 1 个，1952 年全区组织起来的农户占总农户的 50%，而到 1953 年秋，根据 19 个乡的调查减少到 24.5%，有些社（组）员看到社（组）外群众赶大车赚钱多，就想退社（组）单干，想买骡马，拴大车，个人发财。但经过在全区范围内深入普遍的贯彻总路线后，才彻底扭转了以前的局面。区委计划一再改变，区里原计划到今年发展 6 个农业生产合作社，争取到 9 个；而后又增到 23 个，又增到 40 个，最后发展了 46 个新社。双槐树村胡士林社本来有 5 户要求退社，总路线宣传后不但没退反而发展扩大了 11 户。各乡党支部也都在不同程度上检查了党内某些同志受了资产阶级思想影响和放松对互助合作工作领导的错误，并立即积极的领导了这一工作。”

在 1953 年 8 月（总路线贯彻宣传前），合作社发展得并不好。自发的资本主义势力发展得比较严重。“菜田雇工，稻田卖青”。社外群众拴大车赚钱，社员就想效仿，纷纷退社，要出来赚钱。总路线宣布后，区委为了贯彻农业社会主义改造的精神，才又发展起了合作社，并且不断变动计划，从 6 个、9 个、23 个、40 个，发展到 1954 年 3 月时的 46 个合作社。

合作社从发展得不好，到发展了 46 个，为什么会有这样大的转变，总结报告归纳为贯彻了总路线。《海淀区合作社总结报告》记载：“具体贯彻宣传总路线的工作中，这次我们也取得了一些经验，主要的是：在向农民宣传总路线时，除把国家社会主义工业化，工农联盟的重要意义讲清外，在讲农业社会主义改造时主要应把以下几点讲清：①从农村实际的阶级分化例子，来把农村发展的两条道路讲透，使农民清楚明确地认识到资本主义是条死路，单干是永远摆脱不了贫困的。如东冉村这次讲了贫农蔡文和上升为地主，另外有 13 户中贫农出卖土地的例子，对农民教育就很大。②从阶级教育入手，帮农民算三笔账，使他们清楚的认识到‘跟着共产党走没有错’，‘毛主席的话是对的’。③宣传组织起来的优越性和社会主义的远景，使农民认识到‘只有组织起来才能走大家富裕的道路，才能支持国家工业建设，才能永远摆脱贫困’。”

从这个史实中可以看出，总路线的宣传力度之大、影响力度之强，足以把农民从私有化的想法拉到了走社会主义的道路上来，一部分农民经过教育是愿意走社会主义道路的。正如姬丽萍、闫夏指出[①]：“以群众运动的方式推动农业经济活动，意识形态特征十分鲜明，且政治意义高于经济意义，这一特性在当代中国经济运动史上具有普遍意义。”靠政治宣传可以促进合作化的发展，但是，现实的问题还是要面对的。《海淀区合作社总结报告》记载：“总路线贯彻了之后，农民们互助合作的积极性起来了，紧接着便会提出

① 姬丽萍，闫夏．20 年来国内农业社会主义改造运动研究［J］．史学月刊，2009（7）：121-125.

很多具体问题，发现很多思想顾虑。如担心入社会不会吃亏，怕挨饿，怕入社吃菜、零花钱都不方便，有的有等待思想，想‘看一年再说’，有的就担心土地入社怎么分红，地好地坏怎么办？牲口农具怎么办？麦子地如何处理等具体问题。另外有的人想入社省心，有的想入社好贷款等不正确的思想也都会发生。这些思想顾虑与问题，必须及时解决，工作才能开展起来。”

这段史料真实地说明了现实的问题，农民愿意入社，但真要入社了，土地入社后如何分红？地好地坏如何处理？牲口农具怎么办？对待这些问题，《海淀区合作社总结报告》记载：“根据总路线的精神，首先检查区委及各部门的领导。区委扩大会议上大家都对过去对互助合作工作领导不够积极，认不清这是党在农村的根本任务，及对农村自发的资本主义势力放任不管，和认为‘郊区互助合作没搞头’等错误思想作了检查批判。随后在党员训练班与互助合作训练班，结合统购统销工作都在党内作了检查。因而进一步教育和提高了区、乡领导，有力地领导了这个运动的开展。及时地领导这个运动，并加强训练教育干部，使干部自己有了本钱，才能领导好这一运动。

在总路线宣传贯彻开始后，群众互助合作的积极性一起来，我们首先抓住了火候，抽调了区干部 26 人专门领导互助合作工作，到 2 月又抽调了区干部 12 人，共计 38 人，内有区委 4 人作具体领导，使互助合作运动及时深入地开展起来。其次及时地训练了党支部书记和转社骨干分子。根据群众对入社存在着各种不正确的思想和区、乡干部及骨干都缺少建社的具体办法情况，于 1 月 3 日举办互助合作训练班，贯彻了中央关于互助合作运动‘积极领导，稳步前进’的方针和农业生产合作社的一些具体问题的解决办法，使区、乡干部和转社骨干积极分子明确了中央关于互助合作运动方针、政策、原则和转社中具体问题的解决办法，扭转了不正确的思想，使运动转入健康的发展。”

上述描述反映了在开展合作化运动时，区委及各部门领导自己在头脑中先端正对合作化的认识，这是党在农村的根本任务。同时，批判“郊区互助合作没搞头”的错误认识、对自发的资本主义势力放任不管的错误倾向。抽调 38 人的工作组到农村开展互助合作运动。举办互助合作训练班，训练党支部书记和转社骨干分子。

在办社的条件方面，《海淀区合作社总结报告》记载：“广大干部艰苦努力，细致慎重的作好建社工作。在建社过程中我们强调要充分酝酿，提出要做到三通——本人通，家庭通，社员通。最后并经过区委根据中央五个条件审查研究。因而这次新建的社一般都合乎条件。”

这段史实反映出办社要做到自愿的原则，要做到三通：本人通、家庭通、社员通。就是自家、别人家、大家全都需要想通了才能入社。想通了还要符合五个条件（华北局对符合“有互助组织的基础、群众自愿互利、领导骨干办事公道、管理制度比较健全和能够增产增收”才能办农业合作社作出的明确的规定）才能办社。

在办社的过程中，如何处理“左”“右”两种错误倾向的做法，《海淀区合作社总结报告》记载：“时刻注意与‘左’和‘右’的各种错误倾向作斗争，才能使运动健康的发展。运动中，在各地都发现了或多或少的‘左’的冒进的情绪，主要表现在：

1. 在工作方法上，有的乡为了搞社，把互助组中的骨干分子抽走，如稻区、山后等乡曾出现过这个情况：在宣传动员社员入社时，有的乡如东冉村云慧寺自然村采取了挨门登记的方式，有的就向群众说：‘毛主席的总路线，四面八方包围了，不参加逃不出去。’有的说‘不参加互助组就不给开副业介绍信！’

2. 表现在思想上，最初有的村干部认为不能向群众宣传自愿，如双槐树乡支书程学信最初就表示‘自愿不能说，说了即没有人参加了！’区、乡干部在工作中普遍的表现是重视生产合作社而轻视互助组，因而对互助组的领导是不够的。一部分村干部且产生了‘村子里没有生产合作社不光荣，互助组没搞头！’‘搞大社区里才重视，搞小社没劲！’等错误思想。

3. 在社的公共财产积累上，最初有的社不管实际生产是否需要，而把大小农具都折价归了社，如东冉村申多组需要 5 辆大车入了 11 辆，牲口需要 8 头入了 11 头。有的社刚一转社就想搞副业，种西瓜，想马上增产。

但是另一方面，在农村的阶级路线上我们却又在不同程度上发生了‘右’的错误，初步检查，关于依靠贫农这一点上，区、乡干部普遍是不明确的，过去在区委的领导上也不明确。因之使过去在合作社内树立培养贫农的领导权不够，甚至个别干部还认为‘贫农也不见得全可依靠’。黑塔乡在建立刘福才社时，为了吸收照顾刘福才入社（因刘有技术）却把大家已通过的土地分红提高 5%（因刘是中农，土地多），对社内的干部单纯从技术、能力上着眼，缺乏从阶级本质上去分析问题，如一亩园乡就选了一个过去当过伪警、历史上有问题的人当了社长。

对限制富农剥削上，区、乡过去在思想上也不够明确，如黑塔乡组织了 38 个互助组中内有 7 个富农，2 个农业资本家，1 个地主参加。在建立农业生产合作社中全区吸收了 6 个富农入社。在各乡供销合作社和信用社干部上也有富农参加，如三里河信用合作社理事吴秀兰就是富农成分。供销合作社去年评选 1 个模范是逃亡地主。而有的干部反而认为‘只要工作好就成，不管什么成分！’

对于以上这些‘左’与‘右’的倾向，我们结合工作与训练班都及时进行了批判纠正，其中虽发生了一些偏差，有的还需继续不断地来贯彻纠正，但基本上保证了这个运动的健康发展。”

从上述的史实中我们看出办社过程中，“左”“右”两种错误倾向都有表现。“左”的表现是冒进：宣传入社、挨门登记；重视入合作社而轻视入互助组，重视入大社轻视入小社，没有遵循循序渐进的原则；所有的农具都折价入社，侵犯农民的权益。“右”的表现是保守、落后和后进：不依靠贫农，单纯照顾中农的利益；选伪警当社长；没有限制富农进农业社。从对“左”“右”倾的两种认识上，我们也可以看出，农业合作化运动在过渡时期的总路线发布阶段，呈现着波浪式发展的态势，因为总路线要限期完成工业化和社会主义改造的既定战略，必须强力推行合作化，这是大势所趋。但走得过快、过急，又需要整顿、巩固。合作化就在急与慢、左与右的摇摆之间发展着。

在建社的具体问题解决办法上，《海淀区合作社总结报告》记载：

“（一）土地和劳动力分红问题综合起来，全区主要采取了三种办法：

第一，土地不分红，按劳取酬的办法；采取这个办法有稻田 2 个社，菜地 4 个社。

第二，是固定土地报酬，自己负担公粮办法，菜地和稻田社一般是按查田定产的产量三七成固定地租或是根据实际产量固定地租，大体上相当于三七成。旱地社土地分红稍高一些，最高的有按查田定产四六成分红的。采取以上这些分红办法的有 38 个农业生产合作社。

第三，实产比例分红，在每年年终收入中按三七成进行分红。有两个旱地社是采取了这个办法。

（二）牲口、大车、大农具的解决主要采取两种办法：

第一，折价入社，根据生产需要将大车、牲口、大农具折价入社，分期三年至五年还清，每年付给欠款利息，有 42 个社是采取了这个办法。

第二，自养自喂，用评工记分的办法。有 4 个旱地社是采取了这个办法。

（三）投资解决办法：

第一，发动社员自由投资，旱地社投资主要是土肥、种子等，价格较少，因之一般都是采取了这个办法，每年秋收分配时还清。

第二，固定一部分投资，不足部分发动社员自由投资。稻田和菜地社投资，较多采取这个办法。这其中还有两种办法：①按劳动力固定一部分投资数目，每个劳动力都要投资，作为固定资金，每年不退还不付息，不足部分发动社员自由投资，付利息，每年偿还。②第一年采取按土地多寡固定投资，不足部分动员社员自由投资，秋后赎还，第二年再改为按劳动力固定投资。

（四）卖地入社解决办法有两种办法：

第一，折价入社付给种卖户工资；肥料、种子，由社统一收割，或是种卖户与社伙分的办法，大部社多是采取了这个办法。

第二，谁种谁收办法，采用这种办法的较少。

（五）农副业结合问题有两种办法：

第一，由于统一计划农副业，统一抽出剩余劳动力搞副业，副业收入与农业收入除土地分红外统一分配。

第二，在季节性农闲期间个人搞副业，如稻田社 1～6 月就有 40 天没有活干，统一副业又不好找，目前就采取了个人搞副业的办法。”

在这段史实中，我们看到初级社是“私有土地的联合使用”，具备了半社会主义的性质。其产生的经济动力源泉正如岳书铭、姜文荣指出[①]：“农业合作化以前，个体农民仍处于自给自足的自然经济状态，同自然做斗争的能力很低，特别是经过长期战乱，许多个体农民甚至缺少必要的生产工具，从而大大制约了农业生产的发展，同时，个体农民在参与市场交易过程中，由于数量少且难以有效地获取准确的市场信息，必然造成交易费用的相对昂贵。因此提高同自然作斗争的能力，充分发挥现有生产工具的作用，提高农业生产的社会化程度，使有限的投入获得更大的产出，同时减少由于分散造成的相对昂贵的交易费用，就成为分散个体农民走上联合道路的内在要求，而走上联合道路的农户在提高农业产出、发挥现有生产条件的作用及降低交易费用方面的示范效应，极大地调动起了广大个体农民走合作化道路的积极性。于是，大量的、有组织的‘土地所有者

---

① 岳书铭，姜文荣．从初级社产权关系的历史考察中得到的启示［J］．山东农业大学学报（社会科学版），2000（1）：18-25.

集合体’出现了。分散的个体农民被整合到‘土地所有者集合体’中来，有组织地进行供、产、销活动，有效地提高了农户的规模经济效益。”

这就是为什么初级社可以发展起来的经济动力。这也是政治动员中的重要理由，只是经济动因中，因为有更多的政治动员、宣传的氛围而忽视了初级社的经济动因。

“土地所有者集合体”这一产权制度的根本特征是虽然土地交给了合作社统一使用，但是，却仍归社员私有，所以我们就看到了土地参与分红的必然选择。土地与劳动力相结合的两种分配办法：①固定土地报酬。菜地和稻田社一般是按查田定产的产量三七成固定地租或是根据实际产量固定地租，大体上相当于三七成。② 实产比例分红，在每年年终收入中按三七成进行分红。这两种土地参与分红的社共计 40 个社，占 46 个合作社总量的 87%。说明这种分配方式，符合多数农户的心愿。

牲口、大车、大农具的折价；投资解决办法；卖地入社解决办法都反映出如岳书铭、姜文荣指出的[①]“‘私有土地的联合使用’并未削弱社员通过努力最大化来获取自身利益最大化的内在动力”的突出问题。这一问题引伸出初级社产权制度内还有潜在的矛盾，表现在三个方面：一是“复合产权”对联合行动的特定要求与这种权利行使方式费用过高之间存在矛盾，所谓“复合产权”即初级社的产权是由分散的不一定等量的私人产权构成的“复合产权”；二是初级社代理组织成员目标与合作社社员目标之间存在矛盾；三是社员追求自身利益与合作社公共财产的无差异占有制度之间存在矛盾。这三个矛盾派生出了合作社成立后的各种经济纠纷。

合作社成立后出现的新情况及采取的对策，《海淀区合作社总结报告》记载：“当前在我区整个的互助合作运动上主要的情况是：群众的积极性很高；生产合作社从去年的 4 个发展到 46 个，是一个大的快速的发展。由于过去基础弱，经验少，因而在区，乡领导上及合作社内部都缺少领导办法与合作社内部具体经营管理的经验（现在有的社即已产生窝工的现象），区、乡干部在思想上重视社轻视组的思想虽初步得到了扭转，但仍需继续不断的贯彻纠正。另外，在全区尚有 17 个乡中有 23 个没有经过审查研究和领导、而群众仍在自发地酝酿组织农业生产合作社。因此针对目前这个情况，经区委研究后，我们今后的措施，主要是：

（一）集中力量，加强对互助合作的领导。

1. 树立乡支部对互助合作工作的领导，要求党支部每月定期研究互助合作两次。然后召开组长、社长联席会议来汇报布置工作，支委要分工领导，及时解决社、组中的问题，创造经验。条件好的乡可试行互助合作网的办法。

2. 为了加强区委领导，区里由区委办公室与政府农林科统一成立办公室来统一领导。全区根据社的性质组织了 7 个工作组，配备上各部门干部共 57 人下乡具体领导生产与互助合作工作，并抽调区委 4 人下乡来分工掌握。在领导方法上采取建立中心社的办法，每组确定一个中心社，重点搞好中心社来吸取经验推动一般。在生产合作社的经营管理上，大社一般的要逐步试行定额管理的办法。

---

① 岳书铭，姜文荣．从初级社产权关系的历史考察中得到的启示［J］．山东农业大学学报（社会科学版），2000（1）：18-25.

（二）对不够条件正在酝酿建社的（有的已合到一起）17 个乡 23 个农业生产合作社，主要是采取耐心说服教育，贯彻中央关于互助合作运动方针、原则及讲清建社的五个条件，计划召集这些乡的党支部书记及组长、社长，举办三天训练班交代政策，耐心说服教育，根据中央的建社条件进行讨论审查。够条件的可以转让，不够条件的则动员其转组。但我们认为对其中坚持要办又不够条件的如何处理？尚是问题。”

在这一记载中，我们看出了合作社成立后如何运行就是一个很大的问题，因为没有经验已经出现了窝工的现象。解决的办法是设立一个中心社，搞好这个中心社，以定额管理的办法，推广其经验。再有就是对合作社加强领导，组成工作组和开展培训工作等。

（四）南苑区

《中共北京市南苑区委关于一九五三年试办农业生产合作社的总结（1954 年 4 月 7 日）》（以下简称《南苑区合作社总结》）[①]，记载了南苑区的办社情况。

办社的基本情况，《南苑区合作社总结》记载如下：“1952 年试办了 2 个社，1953 年以 1 个社为主成立了红星集体农庄，并又试办了 9 个社，共计 11 个社。入社农民总共 253 户（雇农 27 户，贫农 156 户，中农 70 户），1 058 人，劳动力 493 个。党员 35 人，团员 39 人，入社土地 5 080 亩（水地 299 亩，旱地 4 781 亩）。以蔬菜为主的 3 个社，以植棉为主的 8 个社。在分配办法上，集体农庄完全按劳分红，其余 10 个社土地分红（固定在负担产量 30%的 2 个社，40%的 4 个社，3 个蔬菜社完全采用固定租方式，1 个社按实产量劳六地四比例分红）。集体农庄 63 户，其余 30 户左右的社 3 个，20 户以下的社 7 个。1953 年试办结果基本上获得了成功，提高了产量，社员普遍增加了收入。”

南苑区红星集体农庄是北京市第一个成立的不分红的农业社，具有高级社的性质。但是，其他的农业社还是采取了土地分红的分配形式。除去集体农庄 63 户的规模外，分红农业社规模为 19 户一个社，规模不大。

土地参与分红的合作社显示了这种集体生产的优越性，《南苑区合作社总结》记载如下：“由于各社实行了以劳为主兼顾土地的分配办法及死分活计、按件记工的计工方法。事实证明，完全按劳分红劳动热情最高，固定地租比按实产量比例分红更能发挥劳动积极性，小红门社按负担产量固定土地报酬 30%，据社员反映：‘多劳多分比互助组提高劳动效率 20%左右。’今年春旱，鹿圈社出动了 35 个人点种棉花 77 亩、谷子 6 亩，及时完成春播，保证了全苗。并能合理地使用劳动力，初步的实行分工分业，大部分社在耕地、撒籽、赶车及管理暖房等技术性的活都有专人分工负责。另外，各社都抽出剩余的劳动力经营各种副业，增加了收入。”

以劳为主兼顾土地的分配办法、死分活计、按件记工的计工方法等多种分配形式可以提高劳动者的积极性。因为入社的土地比较多，社员对土地生产要素看得就比较重，所以“固定地租比按实产量比例分红更能发挥劳动积极性”。分配制度合理了，这样就形

① 中共北京市委党史研究室，中共北京市委农村工作委员会，北京市档案馆．北京农业社会主义改造资料：上册［M］．北京：中国社会出版社，1991：237-242.

成了分工分业，可以抽调更多的劳动力参与各种副业生产增加收入。

按劳分配可以提高劳动积极性，特别是妇女参与生产合作社的劳动。《南苑区合作社总结》记载如下："大力发动妇女社员参加劳动，对增产起着重要的作用。由于实行以劳为主的分配办法，刺激了劳动的积极性，社内往年不出门的妇女也参加了劳动，尤其是红星集体农庄63户中下地的妇女就有47个，共做了5 942个劳动日，占全年全庄劳动日总数的23%，不仅解决管理棉田时劳动力不足的困难，对完成增产任务起了很大的作用，而且妇女挣得劳动日以后，在家庭中的地位有了变化。如庄员石宝伦以往常打他老婆，其妻积极参加庄内劳动并挣得100个劳动日，现在全家很团结，互敬互爱，有说有笑。"

红星集体农庄完全按照按劳分配的制度，没有采取土地分红办法，就吸引了妇女劳力的参与，以解决劳动力不足的困难。妇女取得了经济收入，社会地位也提高了。

生产合作社成立后的优越性，《南苑区合作社总结》记载如下："土地集体经营能够根据土质种植适当的庄稼，在互助组时无法解决的矛盾现在有了办法。社员说：'发蒜的地就种蒜，发棉花的就种棉花。'同时地垄相连打开了地界，节省了劳力、畜力，进而创造了机耕条件，全年5个社用拖拉机秋耕地1 812亩，机播644亩，大大提高了耕作效率，而且因深耕的结果，作物增产约在15%左右。

扩大了生产建设，为增产创造了条件。由于生产的需要，社里都积累了不少公共财产，据7个社的统计：添买大车7辆、牲口7头、大农具16件、新建暖室11间、打蒲席32块，总值8 896.1万元。另外，团河社挖防碱筒子地20亩，鹿圈社变旱地为水地41亩。这些都给增加生产创造了条件。

合作社更便于改进技术、接受先进经验。由于集体经营土地，先进社员带动了比较保守的社员，全区各社今年使用了新式步犁耕地，11个社约有80%左右的土地达到了深耕六寸，部分土地深耕到八寸，有些社员在夏锄时使用新式耘锄，工作效率提高了3倍。在棉田技术方面，各社棉田共2 138亩，一般株距八寸到一尺，行距二尺到二尺二寸，每亩平均2 500棵到3 000棵左右，全部做到了适当密植并进行'棉花分期打围尖'，社外农民只打了一次，合作社打了二次至三次，减少了落铃及霜后花。在施肥方面，各社每亩平均底粪1 500斤左右，超过了一般互助组。

一年来，增加了产量，社员普遍增加了收入。11个社植棉面积共2 138亩，1953年总产量340 405斤（籽棉），单位面积产量每亩平均159斤，较当地互助组每亩平均145斤增产9%，较附近一般的个体农民每亩平均140斤增加了13%。小红门红光社白菜共16亩，每亩平均17 218斤，较当地群众12万斤增加了43%，其中2.2亩每亩达到26 914斤，创造了全区单位面积产量的最高纪录。

由于北京郊区条件好，各社在开展各种副业方面也获得了很大战绩，11个社副业收入为4.1858亿元，占总收入的18%，可换粮食431 916斤，不仅有力的支持了农业生产，同时也增加了社员收入。

通过分配，社员普遍的增加了收入，据11个社统计，每户社员平均收入559万元，每个劳动力平均收入307万元，每劳动日平均24 270元，社员中超过1952年纯收入5%以上的17户，超过10%以上的20户，超过20%以上的21户，超过30%～50%的89户，超过100%以上的83户。怡乐庄社贫农赵连元5口人，25亩土地，两个半劳动力，1953

年实际收入 1 110 万元，较 1952 年收入 243 万元增加 4 倍多。又如鹿圈社劳力较缺乏的李广元 60 多岁了，老夫妻俩专门在社内喂牲口，1952 年收入 227 万元，1953 年实际收入 489 万元，也增加了 116%。11 个社仅有 23 户社员收入较 1952 年减低了，减低 1%～10%的 11 户，减低 11%～20%的 9 户，减低 21%～47%的 3 户。其减低原因，多数是主要劳动力出外，有的是因为害病及歇工所致，只有 3 户富裕中农因往年生产条件优越所以收入减低。"

从上述记载中我们看到，办初级社具有的优越性有几点：①土地体集中带来的好处，适宜安排种植作物、地垄相连打开了地界节省了劳力畜力便于机耕；②扩大了生产建设，为增产创造了条件；③合作社更便于改进技术、接受先进经验；④增加了产量，社员普遍增加了收入。这些优点最关键的是最终的结果是增产增收；还有就是农业社好于互助组，互助组好于个体农民。

在总结办好初级社最重要条件时，《南苑区合作社总结》记载如下："试办合作社当中的几点经验：正确掌握建社条件，大力培养社的领导骨干是办好合作社的基础。在办社时，首先注意掌握建社条件，特别是社内领导骨干的挑选，须是办事公道、任劳任怨为群众所信任的积极分子。建社以后，区委会曾不断的通过会议、个别谈话和派区干部帮助社内骨干提高其政治觉悟和领导能力，使能克服困难积极的把社办好。10 个社都是这样做的，只有十八里店社骨干不强，存在着严重的自私自利、脱离群众和互相不团结的问题，虽经常有区干帮助，亦未能迅速克服缺点，社员称：'四个社长八个心眼'（三个副社长）。致使生产上受到损失，结果办的不好。"

这段记载表明，办好初级社，关键是要有一个好的社领导班子。这个班子要"办事公道、任劳任怨为群众所信任"。这个领导班子，要形成初级社的骨干。如何挑选这个班子，就需要培训和挑选。这个骨干不仅有政治觉悟，还要有领导能力。十八里店社就是一个办不好的反面例子。

办好初级社的一个关键，还要抓好生产管理，《南苑区合作社总结》记载如下："逐步改善生产上的经营管理，使之适合集体生产的要求。

1. 加强计划管理，合理使用劳动力，克服小生产的盲目性。春耕以前，首先是根据国家的需要，利用了本身的优越条件，各社都制订了全年的简单的生产计划。在春耕开始时，劳动热情高，但各社都是呈现着不同程度的紊乱现象，大部是'社员向组长要活，组长向社长要活，社长则随想随派"。劳动组织的情况是：组长固定，组员流动，社长随便抓社员干活，太阳老高了社员还等着派活。30 户的社 40～50 个劳动力就像短工市场一样，社外农民反映，'上地一群羊，下地一窝蜂'。因此，不仅要有全年生产计划，同时必须有季节计划，农事活动计划及生产队（组）的具体执行计划。在劳动组织上，20 户以上的社应根据劳动力强弱，技术、骨干情况实行分生产队、固定常年的耕作区，10 户左右的小社应视生产的需要建立临时的生产组和固定季节的耕作区，这样才能适合集体生产的要求，做到有计划地有秩序地进行生产。

2. 逐步推行定额管理，进一步提高劳动效率和认真贯彻按劳分配的原则。劳动日的计算，在办社初期一般是采用'死分活计'的计工方法，发生的问题是：光死计不活评，社员有意见，或是因为一分之争直评到半夜不散，同时队与队之间掌握评工的标准不一样，产生互相不团结，甚至对立起来。我们积极的提倡并试行按件计工和小包工的较先进的计工办法，多数合作社根据生产的需要及社员的要求从部分活做试验，先把铡草、拉粪、选籽种等简单容易计算的活实行按件计工，四、五月间进一步扩大到开苗、中耕及秋收时的摘棉花、拔棉柴、剥棒子等临时包工办法，每开始一样活都经过标准劳动力的试验和社员的评定。从执行的结果来看，增加了社员的责任心，提高了劳动效率。如怡乐庄社锄地时，原先每人每天平均锄五亩一分，实行临时包工后，每天平均锄到六亩几分，劳动效率提高了35%。由于思想教育、制订劳动纪律和检查工作未跟上，又出现了贪多图快、追求数量忽视质量的偏向。如瀛海庄社一个社员为了贪多抢快，锄掉了二成棉苗。事实证明，先把简单容易计算的活实行按件记工、再把几个劳动力共同干的活实行临时包工、个人所得工分采用活评的办法，然后过渡到季节包工和常年包工是改进定额管理的重要步骤，必须积极试验和坚持推行。”

这段记载有着太多、太重要的内涵和道理。形成了生产合作社，特别是形成了不同规模的合作社就会有不同的管理方法。不但要有全年的生产计划，还有不同生产季节的计划。20户以上的社，就要根据劳动力的强弱、技术情况分配常年的耕作区；10户的小社，就要有临时耕作区。否则就会出现“上地一群羊，下地一窝蜂”打短工一样的市场。

定额管理也有许多问题要解决。“死分活计”如何记？南苑区的各合作社总结了“按件计工和小包工”的记工方法。先易后难、按件记工、临时包工、季节包工、常年包工；先把简单容易计算的活实行按件记工，再把几个劳动力共同干的活实行临时包工、个人所得工分采用活评的办法，然后过渡到季节包工和常年包工。早在初级社阶段，聪明的农民就创造出了包工的好办法，把“死分活评”做到了细致。这是解决出工不出力、搭便车的有效措施。所以，南苑区各社要积极实验、坚持推行。

如何巩固合作社，就是要一个明晰的财务制度。《南苑区合作社总结》记载如下：“建立严格的财务管理和会计制度是巩固合作社的重要条件。春季合作社会计都参加了农委举办的会计人员训练班，又经过帮助，建立了账目。一年来，强调建立严格的开支制度，向摆大摊子，随意开支等现象作了斗争。在账目的管理上，应做到定期的公布账目，使社员心中有数，同时经常派互助合作专职干部帮助和检查合作社的财务管理和会计制度，必须注意对会计人员进行思想教育，克服有了技术要‘拿一手’的错误想法，并向贪污盗窃行为进行了坚决的斗争，处理了贪污案两起。”

只有建立严格的财务制度，才能保证合作社的钱财用在社员们身上，才能公款公用避免贪污和浪费。

办好合作社还要在社内实行民主管理，《南苑区合作社总结》记载如下：“在社内实行民主管理，我们有以下几点体会：

（1）按制度办事：凡社发生的大小事情，一般应按以往订立的章程和制度处理，随意的改变会引起社员的不满。

（2）保持社务委员会的集体领导：春耕开始，遇事是社长个人做主，以往‘长工头’或‘把式’的方法去领导合作社，结果是费力不讨好。后来强调保持社委会的集体领导，使社委会成为领导合作社生产的核心，发挥了社委和社员的积极性。

（3）定期的总结和检查社内工作，由社委会向全体社员作报告，展开批评与自我批评，这样，不仅改进了合作社的工作，而且能提高社员的政治觉悟。”

制定章程、按规办事，遇事与社委及社员商量，充分实行民主管理，才能调动社员的积极性，宣传的口号大家才相信。

对待入社时的社员通常的表现和心理活动，《南苑区合作社总结》记载如下：“社员入社带进社内的小私有观念和不习惯于集体生产等会不断的反映到各个方面。一般的是：开始入社后，对社不摸底，不愿向社内投资，抱着‘一脚门里，一脚门外’及‘脚蹬两只船’的试探态度，对旧道路留恋，对新道路不习惯。在生产过程中，往往发生干活贪多、图快、不求好，企图多得分多分红，甚至‘干活往后蹭，争分瞪眼睛’，不爱护公共财产等个人利益与集体利益的矛盾，秋收前对究竟能分多少发生怀疑。”

对上述这种搭便车和“红旗究竟能打多久”的现象，除了要搞“评工计分”的管理办法，就是要如《南苑区合作社总结》提出的：“加强政治思想领导，提高社员政治觉悟。密切结合生产活动，不仅讲大道理，还结合处理具体问题进行了新旧两条道路和集体主义的教育，并及时抓住好坏典型进行表扬和批评，收到良好的效果，提高社员的社会主义觉悟，对巩固合作社起了极大的作用。作好社内思想领导工作的关键，在于加强党支部对这一工作的领导，支部按期研究社员的思想情况及找出解放问题的办法，确定专人负责，并通过党员的模范行动去带动社员。”就是要结合思想教育工作，解决实际问题。

五、发展大社概况

1953 年，北京市各郊区发展农业生产合作社都有各自的做法及特点，共同点是建立的合作社的规模都不大。但是，这一年，各区也发展了一两个大社。《中共北京市委农村工作委员会办公室工作简报（第 21 期，1954 年 1 月 27 日）》① （以下简称《工作简报》）记载了建立大社的概况。

对于大社建设的概况，《工作简报》记载如下：“农委于 1 月 22 日召开了各区大社工作会议，出席会议的有各区区委及重点社的工作组长等 20 余人，会上重点汇报了丰台区张郭庄社及南苑区红星集体农庄的发展情况和工作经验，最后由赵凡同志作了总结。

由于各区区委对市委关于每个区委要直接领导一两个较大的社的指示都曾进行过详细、认真的研究，并亲自带领工作组进行大社的发展工作，因此，各区大社的发展进行都很顺利。至目前为止，南苑区红星集体农庄已发展到 526 户，小红门社已发展到 102 户，鹿圈社已发展到 50 多户，丰台区张郭庄社已发展到 320 余户，黄土岗社已发展到 140 户，白盆窑社已发展到 127 户（估计可达 200 户），东郊区南皋乡五一社已达 110 户（估计可达 200 户），来广营社已达 77 户（估计可达 1 100 户），海淀区双槐树社已达 120 户，京西矿区檀木港社已达 96 户，何各庄社、五里坨社、黄塔社都发展到 50 户上下，石景山区目前正在八角社、田村社进行扩大工作，估计两社都可达百户左右。现在多数大社已停止发展，进入解决建社的具体问题，并制订生产计划。”1953 年各区建大社概况见

① 中共北京市委党史研究室，中共北京市委农村工作委员会，北京市档案馆．北京农业社会主义改造资料：上册［M］．北京：中国社会出版社，1991：212-214.

表 4-1。

表 4-1　1953 年各区大社建设统计表

郊区	社名	户数（户）	可扩户
南苑区	红星集体农庄	526	
	小红门社	102	
	鹿圈社	50	
丰台区	张郭庄社	320	
	黄土岗社	140	
	白盆窑社	127	200
东郊区	五一社	110	200
	来广营社	77	1 100
海淀区	双槐树社	120	
京西矿区	檀木港社	96	
	何各庄社	50	
	五里坨社	50	
	黄塔社	50	
石景山区	八角社		200
	田村社		200

从历史记载中可以看出，当时的大社并没有一定的最低标准和要求，但从可以预计扩大的户数看，都在 100 户以上才可以称为大社。这些大社，是应市委要求，由区里直接领导下才建立的。这就有自然形成和扶植形成的因素在起作用。

大社的建设步骤及社员的反映状态，《工作简报》记载如下："在发展社中，一般是采取三个步骤：首先由党内到党外，由干部到群众，开好一系列的会议，广泛地宣传合作社的优越性及建社的各项具体政策，做到家喻户晓、人人皆知，然后开始登记报名入社并处理入社的具体问题，选举领导机构，订立社章，最后制订生产计划。

大多数群众对合作化的方向是明确的，认识到办大社更能增产，白盆窑乡农民说：'小社拉粪卖菜都有困难，办大社力量大，能提高生产'，'办了大社，涝了有旱地，旱了有洼地，不旱不涝有平川地'。张郭庄有的群众在听到办大社的消息后，说：'宣布总路线时说社会主义 15 年才能到，现在 15 天就到了。'莫不欢欣鼓舞。挨近红星集体农庄的大兴县农民有些也要求加入农庄，河间县有的农民套着大车前去参观集体农庄。据张郭庄乡的调查，入社的中农已占全乡中农总户数的 39.7%；入社贫雇农占全乡贫雇农总户数的 58.9%。有少数富裕中农对入社仍有思想顾虑，还想再看一年，表示：'你就给我先登记上吧，我秋后准入'。"

办社的步骤是宣传好处与政策，登记报名解决入社具体问题，选举社领导、制定章程、制定生产计划。从大的形势看，这些步骤应该体现办社的一系列政策，做到自愿、符合办社的条件。但是，大社究竟比一般的社有多少优越性？有什么更有利的政策？当然，红星集体农庄，是为了农业机械化，在这方面还是很有特点及吸引力的。张郭庄社在记载中除了贫雇农占有多数的优势外，并没有其他的由小社并到大社的规律及特点。

从小社发展到大社，一定要有一个过程、规律，或者是要求，如果人为的因素在起作用，兴办大社就比较艰难。《工作简报》记载了这个困难："这次发展大社工作对所有的党、团员及乡干部都是一次严重的考验，上述几个乡的党员一般都带头入社并积极推动发展工作，党支部成为领导社的核心。瀛海庄有些党员为了做好调剂土地的工作，每天背着行李、带着干粮出村调查土地情况。多数团员和乡干部对发展社的工作都是非常积极的，老社员及互助组组员也成为这次扩大社所依靠的骨干力量，他们不少人用自己的亲身体验说明互助合作组的优越性，起作用很大。

但在工作中也暴露了少数党员及乡干部觉悟很差，存在着严重的资本主义思想。如南苑区瀛海庄党支部委员石俊荣说：'我没想到社会主义来得这样快，要是早知道就把牛卖了加入集体农庄，'表示很惋惜。瀛海庄乡长刘振亭（党员）有 30 亩地，只一个劳动力，过去就靠别人给种地，这次也不愿入农庄，经过几次批评动员，才勉强入了农庄。中兴庄有 3 个干部（群众）雇工，坚决不入农庄，要搞'互助组'进行变相剥削，该村在他们的影响下，全村 75 户中只有 19 户参加农庄。由此可见，农村党和政权组织如被这些人掌握，则互助合作运动就很难开展，今后在普选及整顿支部中需加以解决。"

党支部、乡干部、老社员、互助组成员是办大社的主力和骨干。他们要做的主要工作是土地入社，调剂土地。除了大社有土地集中适宜耕种的优越性外，少数党员、乡干部对入大社还是不认同甚至是抵触的。干部尚且如此，群众的态度更可以想象是多么不情愿。所以，《工作简报》认识到了领导干部必须对互助合作运动支持和认同的重要性。

办大社的经验，《工作简报》记载如下："由这次发展大社的工作中体会到：①通过老社员及家庭中的进步力量，进行宣传动员是很好的办法。如黄土岗王建凯入社后动员他老丈人也入了社，张郭庄青年团员李淑琴先动员母亲入社，等到母亲思想搞通了，他又联合母亲去动员他父亲，结果全家都入了社。②在宣传动员工作的同时讲解入社后各种具体问题的处理办法，能够有力地解决群众顾虑并缩短建社时间，如集体农庄在开始工作的 3 天中就先明确了牲口折价等具体问题，使群众心里有了底，因此工作就顺利开展。③在发展社员基本上告一段落时，即应先按居住地区编好生产队，依靠这个组织——生产队进行土地登记，农具、牲口折价等问题的处理，并进行生产工作，这样就可以做到边建社、边生产，不致因社大人多而产生混乱现象。"

入社的过程虽然艰难，但还是有以下几点经验：①先进分子动员家人入社是一个经验。②入社的具体问题要解决好，要解决群众考虑的入社值不值得的问题。③入社后的生产组织工作要安排好。

入社后的主要问题，《工作简报》记载如下："这次会议指出订好今年生产计划是增产的关键问题，因此各区必须予以充分重视，注意发掘生产潜在力，编好生产队，解决妇女及半劳力参加生产等问题。生产上要抓住农作物大面积丰产这一主要环节，保证增产成为可能。在副业的经营上，要精打细算，注意销路、降低成本，把计划放在可靠的基础上，以便有利可图，真正起到扶植农业生产的作用。此外，各大社还应配备好会计人员，制订出一套比较完整的财务制度，区委并应加强对社财务工作的领导。有些大社为使经营方便目前正在调剂土地，争取连片，但牵涉到社外群众的面应尽量缩小，同时必须完全根据社外群众的自愿，不能有丝毫的强迫命令。

为了取得制订大社生产计划的经验，会后农委已组织了两个工作组在海淀区的双槐树社及东郊区南皋社帮助试订生产计划；并准备在春节前再召开一次大社工作会议，专门研究订生产计划问题。”

从上述记载中可以看出，大社组建后的主要问题就是要增产和增收。增产，就要制订好生产计划、编好生产队、解决妇女和半劳力的劳动生产问题，这些都是围绕着增产的最终目的而展开的工作。增收，就是要抓好副业，找好销路、降低成本、有利可图。副业搞好了就能支持农业。同时，保障增产增收的条件是做好财务工作。

总之，1953 年是北京市农业生产合作社的发展之年。这个发展是在整顿和巩固中发展的，各区都有各区的独特作法。在发展中，还探索了建立大社的途径和方法。

第三节　扩大发展初级农业生产合作社

扩大发展初级农业生产合作社，这个阶段大致在 1954 年。1954 年 1 月 8 日，中共中央发布的《关于发展农业生产合作社的决议》指出：党在农村中最根本的任务，就是“教育和促进农民群众逐步联合起来，逐步实行农业的社会主义改造，使农业能够由落后的小规模生产的个体经济变为先进的大规模生产的合作经济。”并且指出：“在发展农业生产合作社的运动中，采取逐级领导试办，树立好的榜样，逐步巩固与逐步推广的方针。”通过贯彻过渡时期总路线和上述决议，北京市郊区农业生产合作社由试办、初步发展阶段转向了扩大发展阶段，发展步伐加快。

一、扩大发展合作社概况

北京市在这一年的发展合作社的过程中，除了贯彻党发展合作社的一系列的方针政策后，根据自身的实际情况，作了很多具有开创性的工作。《中共北京市委农村工作委员会关于北京郊区互助合作运动发展的情况和蔬菜供应及产销问题的报告（节录，1955 年 1 月 6 日）》（以下简称《互助合作运动情况》）①，记载了 1954 年合作社的发展概况。

《互助合作运动情况》记载如下：“北京郊区分为 6 个区，共有 50 余万农业人口，12 万农户，312 万多亩耕地。1950 年完成土地改革，随即开展了互助合作运动。1952 年开始试办农业生产合作社，共试办了 10 个社，其中蔬菜生产社 3 个，有 2 个社土地不分红。1953 年新建和扩建了农业社 63 个，入社农户占郊区总农户的 8%，其中蔬菜社 20 个，土地不分红社 16 个。按照 1953 年 10 月间中央第三次互助合作会议‘积极领导，稳步前进’的精神，1954 年郊区农业社发展到 412 个，入社农户占总农户的 8%，其中蔬菜社 134 个，入社农户约占菜区总农户的 18%，土地不分红的有 114 个社，100～500 户的社 13 个。今年新建、扩建社的工作有了更进一步的发展，已有丰台、南苑、石景山三个区达

① 中共北京市委党史研究室，中共北京市委农村工作委员会，北京市档案馆．北京农业社会主义改造资料：下册［M］．北京：中国社会出版社，1991：1.

到基本上合作化。"

《北京志·农业卷·农村经济综合志》[①] 记载："至1954年春，郊区农业生产合作社发展到412个（其中以生产蔬菜为主的菜区社134个），入社农户9 860户，占郊区农业总户数的8%，为1953年的10倍，超过年初预订计划3倍。社的规模一般保持在20户左右，其中50户以上的有30个，100户以上的有13个，红星集体农庄发展到530户。这412个社中，土地不分红的高级社有114个，占合作社总数的27.6%。1954年春，虽然合作化的步子迈得快些，但由于党和政府加强领导，一些老社连年增产增收的榜样作用，农民们相信'共产党说话没错'；干部的以身作则，与群众同甘共苦；加上驻社干部的帮助，所以大多数社（尤其是新建的社）遇到的困难都能得到解决。"

以上两份文献的数据一致，可以相互印证，到1954年，郊区的合作社发展到了412个，较1953年63个合作社增加了349个。这一发展速度是非常快的，所以1954年进入了推广农业合作社的阶段。我们将这一年合作社推广的状况列表4-2如下。

表4-2　1954年京郊农业生产合作社发展状况统计表

1954年	总量（个）	其中老社	新建	入社数（户）	占总量（%）
2月数据	312	53（合并数）	259	6 545	5.3
4月15日	374	52（合并数）	322	9 142	7.4
5月底数据	412	52（合并数）	360	9 860	7.9

2月数据依据，《合作社发展情况报告》（1954年2月）记载[②]："截至今年2月上旬，已新建了259个社，原有的3个老社则扩大合并为53个，合计现有新老社312个，其中土地不分红的社76个。入社农民共6 545户，占全郊区农户总数5.3%。"

4月15日数据依据，《中共北京市委农村工作委员会关于发展农业生产合作社的总结报告（1954年4月15日）》（以下简称《发展合作社报告》）记载[③]："北京郊区农业生产合作社的发展工作已经结束，截至3月15日止，全郊区共建立新社322个，原有63个老社合并为52个新老社合计374个（尚有31自发建立社未统计在内），其中土地不分红社会主义性质的社98个。入社农民共9 142户，占郊区农业总户数的7.4%。"

5月底数据依据，《中共北京市委农村工作委员会关于郊区合作化运动的情况及今后工作的意见（1954年6月）》（以下简称《郊区合作化运动情况》）记载[④]："去冬今春，郊区的互助合作组织发展很快。截至5月底止，农业生产合作社已有412个（其中有试办社36个），入社农民9 860户，占郊区农业户总数的7.9%"。

从上述记载中我们可以看到，在不到半年时间里，合作社新建了360个，有了扩大性

① 北京市地方志编纂委员会．北京志·农业卷·农村经济综合志［M］．北京：北京出版社，2008：88.

② 中共北京市委党史研究室，中共北京市委农村工作委员会，北京市档案馆．北京农业社会主义改造资料：上册［M］．北京：中国社会出版社，1991：221-223.

③ 中共北京市委党史研究室，中共北京市委农村工作委员会，北京市档案馆．北京农业社会主义改造资料：上册［M］．北京：中国社会出版社，1991：242-249.

④ 中共北京市委党史研究室，中共北京市委农村工作委员会，北京市档案馆．北京农业社会主义改造资料：上册［M］．北京：中国社会出版社，1991：276-284.

的发展。合作社的规模，我们看《发展合作社报告》）记载[①]："一般社在 20 户左右，50 户以上的大社共 30 个，其中 100 户以上的 13 个，最大的南苑红星集体农庄已发展到 530 户。"所占份额见统计表 4-3。

表 4-3 1954 年合作社规模统计表

1954 年	总量（个）	20 户	50 户	100 户	100 户以上
4 月 15 日数据	374	344	17	12	1
所占份额（%）	100	92	4.5	3.2	2.3

从表 4-3 看出，90%以上都是小型的合作社，50 户的只占了 4.5%，100 户的只占了 3.2%。虽然这一年的合作社呈扩张发展之势，但还是以小型社的发展为主要形式，发展的合作社的户数越多，所占的份额反而越少。

二、主要做法

经过 1952 年的试办和 1953 年的发展两个阶段，1954 年北京市的合作社的发展进入了推广阶段。尤其在上半年，合作社的推广速度更快。北京市的几个重要的总结报告，记载了推广阶段合作社发展的经验。

（一）宣传党在过渡时期总路线，推广合作社

推广合作社的做法，《发展合作社报告》）记载[②]："根据初步检查的结果看，这一段发展社的工作，基本上是健康的、正确的，所以能取得这样成绩，主要是由于我们采取了以下几项措施：

1. 建社之前大张旗鼓地向群众进行了总路线教育，充分发动了群众，为发展互助合作打下了思想基础。在宣传总路线之前，曾训练市、区、乡干部和农村党团员万余人，宣传内容上又结合了 1953 年试办的 63 个社优越性的具体材料，宣传普遍、深入、有力，因而大大提高了农民走社会主义道路的觉悟，原来动摇的老社员都坚定起来，未入社的贫农和部分的中农，都积极要求入社或办社，有些农民为了建立新社，派代表到老社去学办法、借社章，有的因为入不了社，要求区、乡政府说明解决，部分农民入社后就成为建社中的积极分子，到处动员社外农民入社。如殷维臣社 71 岁的老农卢宝玉一人就动员了 8 户农民入社。

2. 在农民办社的热情高涨以后，从党内到党外，从市到区、乡召开了一系列的干部会议，着重检查了各级领导干部对总路线教育后农民积极要求组织起来的新情况估计不足而产生的保守思想，扭转了去春纠正盲目冒进以后所产生的右倾情绪，同时批判了部分区领导干部中的'郊区互助合作没搞头'的错误认识，端正了领导思想，因而保证了

① 中共北京市委党史研究室，中共北京市委农村工作委员会，北京市档案馆．北京农业社会主义改造资料：上册［M］．北京：中国社会出版社，1991：242-249.

② 中共北京市委党史研究室，中共北京市委农村工作委员会，北京市档案馆．北京农业社会主义改造资料：上册［M］．北京：中国社会出版社，1991：242-249.

运动的顺利开展。

3. 在群众普遍开始酝酿建社时，各区都抓紧了‘火候’举办建社骨干训练班，总计市、区共训练建社骨干1 100余人，讲清了办社的条件，贯彻了中央‘积极领导，稳步前进’‘只许办好，不许办坏’的方针，讨论研究了分配原则，土地、牲畜、农具入社及投资办法，有些区还请老社骨干在训练班中报告了建社经验。经过训练，澄清了牲口、农具低价或无价入社，盖房、买锅准备集体吃饭和地租过高等混乱现象，使要求转社的骨干和积极分子都掌握了政策和办法，有了办社的本钱。

4. 在总路线宣传过程中，各区都抽调了一批干部，重点建立一批新社，取得建社的初步经验。在建社骨干训练班结束后，市、区共组织干部160多人说明群众分批建社。市农委与各区委都直接掌握一两个100户以上的大社，有些区委书记和区长都亲自动手，做好典型，带动一般。

5. 建社末期，及时下达了华北局2月互助合作会议的精神，对已建立起来的社进行了重点检查，克服了部分地区对建社放任自流及工作粗糙等现象。及时制止了少数积极分子受办社空气影响盲目自发转社偏向，因而保证了发展工作的稳步结束。”

从上述记载可以看出，总路线的政治思想教育的力度在不断加大，对扩大合作社的发展起了重要的作用。新社员借鉴老社的办社经验也很重要。领导干部既反对“左”倾冒进又抵制右倾情绪，有一个恰当的认识保证了建社中大的方向没有偏离。“积极领导，稳步前进”“只许办好，不许办坏”的方针得到了认真贯彻，在具体的关键问题处理上就非常到位，比如：分配原则，土地、牲畜、农具入社及投资办法就可以妥善地制定出来。这样就避免了牲口、农具低价或无价入社，盖房、买锅准备集体吃饭和地租过高等混乱现象的出现。市区两级领导160多人抽调出来帮助分期分批建社，体现了稳步推进的原则。再加上落实华北局纠偏、制止盲目冒进的做法，保证了建社工作顺利进行。

（二）支持发展农业生产，巩固合作社

北京市把支持、发展农业生产和巩固农业合作社结合起来，也收到了好的效果。《中共北京市委关于北京市郊区互助合作运动情况向华北局并中央的报告（1954年4月）》记载①：“今年许多农业生产合作社都扩大了生产，肥料、菜籽等生产资料供应问题很大，经过市卫生工程局供应粪肥和市合作社大力协助解决后，已经大体解决。今年蔬菜种植面积扩大，需要大力组织推销，现正逐步推广农业生产合作社与供销合作社订立结合合同的办法。

今年全郊区的农业贷款共有138亿元，信用合作社发展也很快，由去年的66个增加到现在的179个。必须切实加强对农贷和信用合作社工作的领导，使农贷全部及时合理地发到农民手中去，并妥善地使用信用合作社的存款，解决农民在生产上和生活上的需要，以逐步消灭农村中的高利贷现象。”

在上述记载中我们可以看到，北京市为支持农业社的发展，协调市卫生工程局供应

① 中共北京市委党史研究室，中共北京市委农村工作委员会，北京市档案馆．北京农业社会主义改造资料：上册［M］．北京：中国社会出版社，1991：257-258.

粪肥，解决生产急需的肥料问题；要求供销社与生产合作社订立蔬菜销售合同，解决蔬菜销售问题；发展信用合作社，解决农民生产、生活的急需的贷款问题。这些在生产中巩固农业合作社的做法既符合了中央的办社精神，在实际中又解决了农民办社中的实际生产困难。发展合作社实际上是发展一个支持和支撑体系，在这个体系中供销社和信用社扮演了非常重要的角色。

（三）采取综合措施，稳定合作社

为了稳定发展起来的农业生产合作社，北京市着力采取一些重要的措施。在经营管理方面，《郊区合作化运动情况》记载[①]："今后的任务应该是集中力量巩固现有的 412 个社。要求在不受不可抗拒的自然灾害的情况下，普遍比 1952 年增产二成以上，带动互助组和单干农民，完成郊区 1954 年的增产任务，作好发展社的准备工作。

积极改善社的经营管理。①凡是分队分组进行生产的社，主要活茬必须实行按件记工，并扩大按件记工的范围，总结先进社员的经验，争取不断突破定额，提高劳动效率；小型社目前还不能实行按件记工的，亦应选择一些便于按件计算的活茬试行，创造实行按件记工的条件。②一般社都要按季节（菜区社可按月）制订生产计划，并作小段安排，合理安排活茬，有效使用人、畜力，克服窝工浪费及忙乱现象。③一般社都要建立领导分工负责制及牲畜农具喂养、保管、使用责任制；中社、大社要普遍建立固定的生产队（组）推行耕作区域责任制，试行超额奖励制，以加强各队的责任心与生产积极性。④建立账目清结公布制度，规定开支、借支的审批权限，防止贪污浪费及盲目开支。大社应逐步建立生产成本核算制度。"

合作社的中心环节是组织农业生产。组织好农业生产是保证合作社持续稳定发展的重要基础和条件。这里的关键点是要制定好生产计划及劳动报酬的制度安排。我们从上述的记载中看出有关领导非常重视这一工作。一般社按季节制定了生产计划（菜区社甚至按月制定计划），包括人、畜力（牲畜喂养）、农具保管与使用。实行按件记工、定额管理、耕作区责任制、超额奖励，这些都是实行生产责任制的雏形和最初的形式。这也是合作社的社员、干部及北京市相关领导在生产领域实行的探索性、创造性的管理办法。我们可以看出，早在 20 世纪 50 年代的初期，针对农业生产是自然再生产和社会再生产的特殊性，北京市农口的群众就开展了宝贵的生产责任制的探索。

各有关方面着力在农业技术、经济领域对合作社的建设给予了支持。《郊区合作化运动情况》记载："加强对社的技术指导与经济支持。农业技术指导部门，要积极指导各社作好中耕锄草、施追肥、防止病虫害等田间管理工作，帮助菜区社解决电井、柴油抽水机、电力水车安装及使用问题。农业机器站，除帮助大社机耕机播以外，还要指导一般社使用双轮双铧犁及新式步犁，要求近郊区各社今年秋耕时，一般的都不使用旧式犁。供销社要与蔬菜社普遍订立产销结合合同，解决蔬菜推销中的困难。要积极供应生产社所需的肥料、农药、新式农具。国家银行，应通过信贷社贷款或发放农贷帮助生产社解

---

① 中共北京市委党史研究室，中共北京市委农村工作委员会，北京市档案馆．北京农业社会主义改造资料：上册［M］．北京：中国社会出版社，1991：276-284.

决生产中的困难及社员的生活困难。信贷社亦可与生产社签订存放款合同或代理生产社的出纳。但在发放贷款、供应生产资料、技术指导等工作中，应适当照顾互助组及单干户，以免生产社脱离群众。”

从上述记载看出稳定合作社的发展，体现在农业技术部门的技术支持上、农业生产资料的供给上，还体现在农业金融服务部门的支持上。这些有形的物质支持是生产合作社巩固的重要保证。

稳定合作社的发展，还要开展政治工作。《郊区合作化运动情况》记载：“开展社内的政治工作。要在社内建立正规的政治工作，各区区委要给乡党支部布置任务，教给办法，并要定期督促检查；要使支部及党员认识在社内依靠贫农和中农的巩固团结，发动青年团、妇女会等有组织的群众协力搞好生产、和剥削分子及破坏分子进行斗争；对于一般社员的落后思想和自满倾向，要本着同情和爱护的心理耐心的进行说服教育；要教育社员主动地团结互助组与单干农民，在生产技术、生产工具等方面照顾、帮助互助组和单干农民，要在互助组和单干农民中正确的贯彻中央关于发展农业生产的决议，解除他们的顾虑，安定他们的情绪，为秋后发展社打下基础。”

从上述记载中可以看出，相关的政治工作也非常重要。这些政治工作还要与生产实际、生活实际相结合，还要帮助没有入社的互助组、单干农民一起发展生产，这样才能为合作社的深入发展打下更广泛的群众基础。

稳定合作社，还要培训骨干，加强领导。《郊区合作化运动情况》记载：“训练建社骨干。为了适应合作化运动的需要，应发现培养积极分子，发展党员、整顿党员的思想作风，提高农村党的战斗力。要分批训练建社的骨干；挂锄后应训练一批，以便在种麦前发展一批新社，秋收后，大量训练，以适应合作社大发展的需要。另外，为了培养大社所需要的各种技术与会计人才，应设一中级农业技术学校，以便有计划地分期训练。

健全领导机构，加强领导力量。随着农业社会主义改造的逐步深入，不仅需要农村各部门从各个方面配合工作，还需有专门机构研究与解决合作化运动中出现的新问题。因此，市、区都应设党的农村工作部，并配备足够的力量。”

培训合作社的骨干人员，包括培训会计人才、技术人才，加强领导机构建设，这些也为稳定合作社的发展创造了有利的条件。总之，我们从《郊区合作化运动情况》的史料中看出，北京市农委为稳定生产合作社的发展，制订了一系列的措施计划，这些计划针对性强，可以解决实际问题。

三、几点经验

1954 年的农业生产合作社有了进一步的、扩大性质的发展，有一些经验值得总结。

第一，就是实行有领导、有计划的建社。《发展合作社报告》[①] 记载：“在群众走社会主义道路的热情高涨起来之后，领导上站在运动前列，实行有领导有计划的建社是保证合作社稳步发展的重要条件。经过总路线教育后，群众走社会主义道路的热情空前高涨，

① 中共北京市委党史研究室，中共北京市委农村工作委员会，北京市档案馆．北京农业社会主义改造资料：上册［M］．北京：中国社会出版社，1991：242-249.

这是发展社极其有利的条件。但是一般群众不了解有关办社的各项具体政策，有的缺乏骨干，互助基础很差，不具备转社条件；有的一乡数社，互拉社员，争骨干，或把骨干集中到这里，使互助组涣散、垮台；少数未改变成分的地主、富农及坏分子也乘机活动，企图混进社内。市委根据这一新的情况，指示各区采取了积极领导的态度，及时举办了建社骨干训练班，召开了乡干部、党团员会议，讲清了发展社的方针、政策，建社条件及具体办法，规定了未经批准之前只能酝酿不能自动归伙的办法，初步审查了转社对象，说服了部分不具备条件的互助组停止转社。对于够条件或不够条件但坚决要转社的组，都派了干部分批帮助他们把社建立起来。在骨干缺乏、领导有困难的乡里，则动员小社并入大社或数小社合办一社，仅丰台区就动员了18个组实行并社和合办。经过这一系列的措施以后，才保证了运动的健康发展。但是也有个别区未及时抓紧领导，因而出现了少数条件很差的‘自发社’，增加了领导的困难。”

上述记载表明，建立农业生产合作社要有领导、有计划。有领导就是自上而下，办骨干成员培训班，积极组织领导队伍。有计划就是按照办社政策、方针执行，具备办社条件的就按照计划组织，保证运动健康发展。

第二，积极稳妥地解决办社中的具体问题。《发展合作社报告》记载：“充分发扬民主，有步骤地、合理地解决建社中的各项具体问题，才能保证建社工作的顺利进行。根据这一时期的工作经验，要建成一社，一般须经过三个步骤：第一步，在群众中宣传有关合作社的各项具体政策，发动大家充分酝酿讨论并决定是否入社。群众入社之前，因为不摸底，思想顾虑很多；怕收入少、不够吃、怕吃亏、怕不自由、怕花钱不方便……，有些农民在建社之初废寝忘食，坐卧不安，有的甚至三进三出，在一个家庭里也有进步与落后的斗争。因此，必须随时掌握群众思想情况，针对顾虑，通过群众会、家庭会、个别谈话或通过亲友及建社中的积极分子动员等方式，反复贯彻政策，澄清混乱思想。务须做到家喻户晓，防止少数积极分子在酝酿不成熟时急于建社，反而增加建社的困难。第二步，报名登记，成立建社筹委会，领导社员讨论土地及牲口、农具等生产资料入社问题。在讨论土地分红比例及牲畜、农具折价之前，应向社员进行集体主义的教育，作好思想动员，减少阻力。在讨论这些问题时，应本着协商精神，争取人人满意，不可以简单的多数通过的方式来解决。入社牲口、农具、种子、肥料评价时，应该公平合理，防止积极分子带头低价入社，个别落后分子抬高价格，致使积极分子及老实社员吃亏的偏向。在决定牲畜、农具入社时，还应根据生产需要，以免盲目入社，增加社的负担。第三步，选举领导机构，制订社章，正式建社。在进行这一步工作时，须充分发扬民主，使群众自行选举他们满意的人作为骨干，才能保证社的巩固团结。但为使真正公道、能干的党团员或积极分子当选为社的领导骨干，必须吸收他们参加建社工作，锻炼他们的工作能力，树立他们的威信，说明他们克服缺点，才能使他们受到群众的拥护。如丰台区郭公庄胜利合作社选举主任前，社员都认为党员马玉堂有领导能力，但因他民主作风差而有顾虑。经过党支部的说明，使他认识了缺点，在社员中作了检讨，经过酝酿后，当选为主任，社员很满意。”

上述记载表明，建立合作社，要真正打消群众的顾虑，就要解决群众的实际问题。一是解决土地分红比例；牲畜、农具合理折价；种子、肥料公平合理评价等问题。二是选举真正公道、能干的党团员或积极分子当选为社的领导骨干，而且要参与组建合作社。群众的切身利益公平合理地解决了就可以顺利建社了。

第三，发展老社，要解决新老社员之间、先进的生产关系与落后的生产力之间不相适应的矛盾。《发展合作社报告》记载："适当的解决新老社员间的矛盾和先进的生产组织与落后的生产工具的矛盾是发展老社的关键。老社在发展中有两个主要矛盾：①老社经过一二年的集体生产，土地经过加工施肥，生产水平高，社内并已积累起相当数量的公共财产，一般老社员怕新社员进来'占便宜'，有'关门主义'倾向。对于这一问题，我们除了向老社员进行教育，提高他们的觉悟以外，并采取公共财产、公积金分到个人名下，新社员入社分担一份当年的生产投资，有困难的经过社员讨论以少拿或暂时不拿，同时还积极挖掘生产潜力，增加生产投资，变旱地为水地或园地，尽可能地争取老社员的收入不低于去年的水平。②老社发展成为100户以上的大社时，便突出的暴露出个体生产时的生产工具不适合于大生产的需要。这一矛盾在蔬菜社里表现得更明显：如殷维臣蔬菜社，今年扩大到148户，土地1 748亩，今年春季计划种300亩土豆，120亩小萝卜，24亩茄子，需要从市内拉回3万桶粪稀，并把社内生产的60万把小萝卜、15万斤茄子、90万斤土豆运到市场上。社员现有的毛驴、排子车、铁条车不能及时地完成这样巨大的运输任务，影响生产和产品的推销。同时，大片种植蔬菜需要充足的水分来灌溉，在夏季或天旱抢浇时，毛驴拉水车供不上作物的需要。土地连片经营后，土地当中有许多水井、水车也妨碍机器耕作。为了解决这些问题，我们在发展大社时一般都采取了社员牲畜、车辆统一折价入社的办法，由社留下一部还能使的牲口、车辆，其余的由社出卖，换成大牲口和大车。同时使生产社和供销社订立结合合同，争取供销社帮助解决一部分运输推销的困难。在有电力可利用的蔬菜社里，还准备由国家给以贷款和技术上的援助，装置电井。"

上述记载进一步说明，正如《华北区农业生产互助合作运动基本总结（1954年）》[①]指出："目前的半社会主义性质的农业生产合作社，虽然在内部关系上——如统一经营、集体劳动、有了公共积累、以劳为主的分配等有了某些变化，但由于其基础还是私有的，所以社内还存在有矛盾。如新老社员利益的不一致、土地和劳力分益的矛盾、扩大公共积累和社员分红的矛盾等以及畜力不足或牲畜太小、生产工具缺乏或工具古老而不适于集体劳动的需要、耕作技术落后，经营管理不适于集体劳动等。由于这些问题的存在，所以常常发生旧社不愿意吸收新社员，土地多、工具多而劳力少者想增大土地分益及工具报酬，而土地少、工具少、劳力多者则要求扩大劳力分益，又如在增产的情况下，保证了社员实际收入逐年增加后，合理地提高公共积累，这对提高生产力、扩大再生产是十分需要的，但社员要求则是多分、甚至分光。所以合作社建立后不断地提高其生产力，逐步地改善其内部关系，就成为巩固与提高合作社使之逐步过渡到完全社会主义的生产合作社（即集体农庄）必须重视的问题。解决这些问题，从总的方面说来，主要是增加合作社的生产量，增加社员收入，使社员的物质和文化生活逐步提高而为改造其内部关

① 中共北京市委党史研究室，中共北京市委农村工作委员会，北京市档案馆．北京农业社会主义改造资料：上册［M］．北京：中国社会出版社，1991：330-343.

系创造条件。”老社扩大发展时，要协调、处理好新老社员之间的经济利益关系。老社员积累的财富，新社员不但不能搭便车占用，还要追加生产投入，与老社员的投入大体一致。这才能在经济上完成扩大再生产上新老社员的一致投入。同时，在变更生产关系后，要使生产力适应新的生产关系的变化，要投入新的更大规模的生产要素，才能进一步发展生产。上述的这两个问题密切相关。

第四，发展新的合作社与生产要密切结合起来。《发展合作社报告》记载：“发展社与生产密切结合，是安定社员情绪，坚定社员信心的有效办法。一般干部在发动群众建社时，同时也注意了组织社内生产，实行边建社、边生产，为春耕生产做好准备。为使建社与生产结合不致落空，还把订全年生产计划作为建社的最后一个步骤。在社建成以后，同时也就订出生产计划，社员有了奋斗目标，立即转向生产，从生产中显示出合作社的优越性来，有力的鼓舞了社员入社的积极性。如京西矿区檀木港社，发展社过程中，修自然林 500 多亩，割荆条 10 万斤，收入 2 000 万元，解决了新社员春耕生产中生活的困难，现在社员正满怀信心地送粪、开梯田、打石板，积极准备春耕播种。丰台区太平桥乡 5 个社，在订计划前很多社员担心增不了产，情绪不稳，经过挖潜力、算细账，订出生产计划，5 社全年可以扩大蔬菜面积 100 亩，增强了社员的信心，各社立即转入了准备种子、肥料等工作。”

上述记载说明了一个最基本的道理，我们不是为建立合作社而建立合作社。建立合作社的目的，就是要发展生产力，增加产量和收入。水到渠成建立的合作社，增加生产是顺理成章的事情，而按照形势要求成立的合作社，就必须把发展生产当做头等大事来办，否则这个合作社就没有经济基础，就不可能站稳脚跟而生存下来。合作社有没有生命力，经济能不能发展就是衡量的标准。

四、取得的成效

《中国共产党北京历史》（第二卷）指出[①]：“1954 年是京郊农业合作社由试办转向推广的一年，也是遭受严重自然灾害的一年。”对这一判断，我们认为还是值得进一步商榷的。按照农业社发展的程度来分，这一年还是农业社发展的一年而不是推广年，可以更细致地划分为扩大发展的一年。

《中国共产党北京历史》（第二卷）指出[②]：“由于市委领导部门适时调整思路，纠正急躁倾向，大发展后把工作重点转到经营管理上，涌现出海淀区四季青蔬菜生产合作社主任李墨林、丰台区白盆窑农业生产合作社主任李宗和、朝阳区来广营农业生产合作社主任燕贺春、石景山区八角村农业合作社主任梁贵、南苑区红星集体农庄主席于潮凯、房山县岗上农业合作社主任吴春山、南韩继农业合作社主任徐庆文、怀柔县一渡河农业合作社主任刘宗悦等一批得到群众认可的带头人。”正是在这些先进人物的带领下，改造小农经济，向社会主义方向发展，北京市农业生产合作社在扩大发展阶段取得了初步的成效。《中共北京市委农村工作委员会办公室关于北京市郊区一九五四年度农业生产合作

① 中共北京市委党史研究室．中国共产党北京历史［M］．北京：北京出版社，2011：122-123.

② 中共北京市委党史研究室．中国共产党北京历史［M］．北京：北京出版社，2011：122-123.

社显示出来的优越性（1955 年 2 月 8 日）》（以下简称《合作社的优越性》）[①] 系统地记载了这些成效。

第一方面，农业生产合作社的成立，保证了首都市场的农产品供应。《合作社的优越性》记载："第一，按照国家经济计划与首都需要，积极发展蔬菜、经济作物的种植面积和水果畜牧生产，保证了城市供应。1954 年一般社都响应了党和人民政府所提出的'支持工业建设''保证首都蔬菜供应'的号召，在整个生产计划时，根据了本社条件，适当的扩大了蔬菜、棉花等作物的播种面积，发展了果树、畜牧等生产。仅黄土岗等 7 个蔬菜社，就扩大菜田 988 亩；南苑区 32 个社，增加棉田 4 211 亩，京西矿区 109 个社就种了果树 247 000 多棵，同时全部蔬菜生产合作社都与市供销合作社订立了产销合同，保证了蔬菜的及时供应。比如去年'五一'节前，市场对蔬菜的需要增加，供销合作社事先就与务农业生产合作社约定'加倍送菜'，丰台区白盆窑乡农业生产合作社就由每天送4 000 多斤韭菜，增加到 8 000 多斤；在小萝卜刚收获时，一天就送了 60 000 把，其他农业生产合作社也都履行了这个约定，这对满足市民节日需要，稳定菜价起了很大的作用。去年夏季，由于阴雨连绵，蔬菜减产，在供应紧张的情况下，社员们想尽一切办法，战胜重重困难，抢种快蔬菜，来供应首都人民的需要。丰台区白盆窑乡农业生产合作社抢种了快熟的油菜、菠菜等 237 亩；南苑区西铁匠营乡三个社抢种了 78.5 亩，占全乡抢种面积的半数以上，东郊区五里沟乡两个社带动全乡农民抢种了 46 亩。"

从以上记载看出，首都郊区农业在新中国成立伊始的几年来，就承担了为首都提供以蔬菜为主的农副产品供应任务。面对首都巨大的市场需求，一家一户的小农个体经济是很难满足这一需求市场的。只有组织起来，有计划的、连续的、持续的、不间断的生产，才能解决这一巨大的供需缺口的矛盾。首都郊区的农业生产，只有建立起合作社的生产体制，才能解决供需矛盾。而只有合作社才能汇集起成百上千的农民，与供销社建立起供销合作的体制，建立起一个完整的供应链条，供应首都农副产品市场。这是农业生产合作社得以成立与发展的重要的社会性原因。

第二方面，农业生产合作社抵御自然灾害的能力更强一些。《合作社的优越性》记载："第二，发挥了集体的力量，战胜了自然灾害。1954 年虽然曾发生了严重的涝灾和病虫害，但合作社都能在紧要时机，集中力量与这些自然灾害进行斗争。如丰台区白盆窑乡农业生产合作社在夏季有 1 400 亩土地受了涝灾，经全体社员的努力，挖了 12 里长的三条排水沟，抢救出庄稼 720 亩，接着社内又展开了抢种工作，以弥补涝灾的损失。在抢种中，秋芸豆曾连续种了 4 次，都因为遭雨没有出苗，可是他们并没有被灾害吓倒，又改种了 80 亩油菜，32 亩小白菜，300 亩菠菜，还利用韭菜的夹畦种了 20 亩小萝卜，战胜了涝灾，保住了全社的收成。南苑区小红门红光社为了消灭跑马干，在 17 亩 8 分黄瓜地上打了 23 000 多斤铜皂液水，在 30 天内平均每天出动 16 台喷雾器打药，所以社内的黄瓜比社外农民晚拉秧半个月，因而增加了产量。

去年夏季雨水大，地里草长的快，一般社都展开了劳动竞赛，集中了力量进行了抢

① 中共北京市委党史研究室，中共北京市委农村工作委员会，北京市档案馆．北京农业社会主义改造资料：下册［M］．北京：中国社会出版社，1991：19-23.

荒。如京西矿区青土涧社，去年夏季发动了全社的男女劳动力进行了及时拔苗锄草，因而保证了该社 712 亩土地收成。附近的农民都羡慕地说，‘哪块地没草，草少就是社里的，还是入社强’。”

上述记载描述了合作社抵御自然灾害的能力要强于个体农民。这里的原因主要有几点：一是整体的农业劳动力生产要素的投入与协作，在面临自然灾害时所采取的一系列的应对措施，要强于个体劳动力的应对能力。二是集体的土地相对个体的土地面积更为宽广，可以调剂种植不同的作物品种，做到堤内损失堤外补。

第三方面，农业生产合作社更利于采用新的农业技术。《合作社的优越性》记载：“第三，推广新式农具，进行了基本建设。1954 年一般社都使用了十寸步犁或七寸步犁，大型社还使用了拖拉机进行了深耕。如东郊辛庄星火社去年春季使用了双轮双铧犁耕地，耕的地又深又快，一部双铧犁只用两个牲口，一个人，平均每天就能耕 12 亩多地，比使用旧式步犁节省了一个人工，还多耕 5 亩多地。社员郑文魁说：‘双铧犁使着轻便，耕的地又深又平，真像小拖拉机。’该社播种时，又用马拉播种机播种，十行播种机用两个牲口，两个人，每天就播种 80 多亩，比老法子播种，每天节省三个劳力，还多种了 60 多亩地，同时撒子均匀又不断条。麦收时该社又用马拉收割机收割小麦，一个多钟头的时间就收割了 6 亩，并割的很干净，不丢麦穗。社员们都高兴地说：‘入了社才使上了新农具，不入社有新农具也使不开。’南苑红星集体农庄和各农业生产合作社与农业机器拖拉机站订立代耕合同，仅去年机耕土地就达 17 000 多亩（不包括去年秋季的秋耕地），这为增产创造了有利的条件。如南苑红星集体农庄用机器播种的 320 亩密植小麦，每亩平均产量为 225 斤，其中有 20 亩达到亩产 310 斤的产量，超过当地一般农民的小麦产量一倍多。部分大中社还根据本社的劳动力量和经济力量，进行了基本建设，因而，有效的逐步扩大了农业的再生产。如去年田村、双槐树乡、白盆窑乡等 5 个农业生产合作社打了两眼电井，安了 6 部柴油抽水机，不但节省了浇水用的人工，而且扩大了菜田。田村的农业生产合作社的电井，只需 3 个人改畦口子，一天就能浇 30 亩菜地，比一般农民节省了很多人工，今年他们社扩大了 270 亩蔬菜的种植面积。”

上述记载表明，农业社的生产经营体制，利于推广和使用新式农具和使用农业机械，提高劳动生产率。从耕地、播种、收割到机井灌溉的各环节都使用新式农具，不仅显示出了劳动效率的提升，而且提高了作物的产量。采用新机械、新技术促进了农田基本建设，旱地变菜田改善了土壤质量。

第四方面，农业生产合作社的生产经营体制，使土地等生产要素的配置处于更为合理的水平。《合作社的优越性》记载：“第四，发挥了人力、地力、物力的潜在力量，做到了‘人尽其才、地尽其利、物尽其用’。如海淀区双槐树社有 6 个西瓜把式，单干时因为西瓜是富庄稼，不仅垫本垫不起，就是茬也调不过来（按现在农民习惯，一般是西瓜 10 年只种一茬），他们从土地改革后一直没有种西瓜。农民沈志安过去在果园内做过工，有经营果树的经验，可是因种果树投资大，也种不起。去年社里就种了 48.8 亩西瓜。栽了 70 多亩果树，发挥了他们的技术特长。由于实行了土地统一经营，因地种植，该社 132 户的土地由 466 块并成 133 块，仅平毁地界、垄沟就增加耕地 38 亩多。社内 50 多眼水井，充分的利用了起来，水浇地由 435 亩增加到 587 亩。社里根据每块地的土质长什么好，就种什么，把400多亩沙性地都种上了花生、白薯，把能种菜的地都种上了菜。这样光细菜就由十几亩增加到150多亩，充分地发挥了土地的作用。如海淀东冉村乡四季青社在未并社时，原李墨林温室生产合作社的土地少，只经营温室蔬菜，社里买的一部柴油机在一年中只用过几次，有多余资金没法利用。该乡其他3个社每社只有10户左右社员，资金少，春天想育点秧苗，自己又没有温室秧畦，好的菜地也只好种三大季的粗菜。4个社扩大合并后，原来的李墨林温室生产合作社的柴油机，整天开动着引水浇地，社里新吸收了投资4 000多万元，解决了资金不足的困难，充分发挥了资金和设备的作用。”

上述记载表明，正是农业生产合作社的经营体制，使零、小、散的土地资源、生产资金和技术人才，有效地结合起来，做到了一家一户小生产无法做到的生产要素的最佳配置。在当时生产力的状况，这种对传统的小农经济的改造，只有合作社的体制才能做到。

第五方面，农业生产合作社的经营体制，让农民增产、增收，认识到了这一体制的优越性。《合作社的优越性》记载：“第五、提高了生产，增加了社员收入，为农业合作化开辟了道路。1954年的412个社，除受涝灾较重的社外，一般都增产20%～30%；部分受涝灾较重的社，由于积极开展了副业生产，社员收入还是大大的超过互助组和单干户的收入。如东郊区南皋乡‘五一’农业生产合作社的4 560亩大田作物，每亩平均产粮食284斤9两，比去年每亩平均产量平均提高25.3%；丰台区黄土岗乡农业生产合作社种植的297亩土豆，每亩平均产量达到3 500斤，比当地一般农民的土豆产量高一倍以上。其中有8.85亩土豆每亩产量达到5 355斤，创造了本市郊区土豆丰产新纪录。去年白盆窑社在受涝灾的情况下，全社还比1953年增产19.2%，社员平均收入比1953年增加了28.8%。如南苑区大红门乡三星农业生产合作社虽因地势低洼，受灾严重，只有一二成的收成，但因积极地进行了生产度荒，把受灾较轻的24亩棉花交给女社员管理，腾出男社员去补种秋菜和做打苇子、秋草、蒲草等副业，到旧历年前计划收入3 000万元，能弥补涝灾损失的70%。由于社员积极的参加了劳动，截止到去年12月初，副业总收入已达4 700余万元。超额完成了原计划的57%，除有力地解决社员生活困难外，还从副业收入中抽出一部分资金，买水车一辆，打砖井一眼，加风障三节，打蒲席三领，并计划开水地9亩，积粪稀45万斤，总计约有2 000万元，给今年农业扩大再生产做好准备。由于合作社显示了诸多的优势，调动了农民入社的积极性，目前该社已发展到158户，全部实现了合作化。由于1954年412个社办得好，‘产量好，收入大’，这就有效地吸引了广大农民走合作化的信心。”

农业生产合作社的优越性和优势就是可以增产增收。这是合作社体制较互助组、个体农民的生产有生命力的最有说服力的证明。只有增产、增收这个事实，才能吸引更多的农民加入这个生产组织来，农业合作化的发展道路才能更加宽广。

五、个案分析

农业生产互助合作社运动的发展规律，一般是“由低级到高级，由小到大，由少到多，由点到面”。在扩大发展合作社的阶段，我们以北京市农业合作社的先进典型李墨林合作社和丰台区白盆窑蔬菜生产合作社的史料来作进一步的分析。

（一）李墨林合作社

1952 年，李墨林在海淀区创建了第一个农业生产合作社“李墨林温室生产合作社”，在简易温室里生产出了新鲜的黄瓜、西红柿，从而结束了京城百姓冬天只能吃到萝卜、白菜的历史。《北京农业社会主义改造的回顾》记载[①]：“原在阜成门外羊坊店村的李墨林温室生产合作社，就是由于城市建设占地的需要，在 1953 年迁往西冉村乡，1954 年与其他几个小社合并成为 64 户，以后才扩大成为四季青蔬菜生产合作社的。由于几方面的资金、技术和土地等条件得以优化组合，所以李墨林温室蔬菜生产合作社的温室于 1954 年下半年就从 200 间发展到 616 间，并且改进了对温室的供水方法，把过去用人工挑水浇菜的方法改为地下管道输水浇菜的方法，既大大节约了人力，又提高了蔬菜的产量。到 1955 年夏，李墨林温室社又与东冉村的远大合作社和金庄合作社合并，扩大到 300 多户，定名为‘四季青蔬菜生产合作社’，逐渐发展成为京郊的主要蔬菜生产基地之一。”

李墨林是农业合作社特别是蔬菜合作社的先进典型，合作社的扩大和发展得到了市、区政府的直接指导和帮助。1954 年的小社并大社的工作，《北京市人民政府农林局关于李墨林社合并扩建第二阶段工作进行情况的报告（1954 年 6 月 5 日）》[②]（以下简称《李墨林社合并报告》）记述了这一过程。

社合并的过程，《李墨林社合并报告》记载如下：“李墨林社除原计划与袁明社、李满场社合并外，经李瑞的要求，海淀区委会的研究，又将邻近的李瑞社合并在内，四社合并后，计 46 户（其中贫农 19 户，雇农 9 户，中农 18 户），占有土地 310 亩（其中水地 128.6 亩、旱地 154.5 亩、其他 37 亩），种植粮食和经济作物 165 亩，占总面积 51.5%；种植蔬菜及瓜类 155 亩，占总面积 48.5%，劳动力 72 人（男劳动力 52 个，女劳动力 20 个），党团员的力量比较薄弱，仅有党团员各 4 人。

为了统一领导生产和建社工作，前后经过四社主任和四社管理委员会联席会议，充分的研究讨论，提出了新社筹备委员的名单，在 5 月 12 日经社员大会的通过，成立了新社筹委会。大家推选出李墨林、李满场、袁明、李瑞等 11 人（其中党员 3 人，团员 3 人）为筹备委员，选出李墨林为筹备委员会的主任。会后首先在原来的基础上，根据社员住在土地邻近的原则，健全了劳动组织，把全社划分为三个耕作区，三个生产队（第一队以李墨林社及李满场社为基础，第二队以原袁明社为基础，第三队以原李瑞社为基础），并选出了临时的生产队长、记分员、会计、出纳和运输、饲养员等人；分别负责进行工作。”

上述记载说明，在海淀区委的直接指导下，合并社的工作很顺利。四社合一，其中一个社还是在计划外自愿加进来的。即便成为了一个社，规模也不大，没有超过 50 户，没有达到 50～100 户以上的大社的标准。新社的成立过程非常规范，关键是健全了劳动组

① 中共北京市委党史研究室，中共北京市委农村工作委员会，北京市档案馆．北京农业社会主义改造资料：上册［M］．北京：中国社会出版社，1991：14.

② 中共北京市委党史研究室，中共北京市委农村工作委员会，北京市档案馆．北京农业社会主义改造资料：上册［M］．北京：中国社会出版社，1991：269-275.

织，划分了工作区，建立了生产队，选出了生产队长、记分员、会记、出纳；甚至运输与饲养人员的分工都确定了下来。这些为下一步的工作奠定了基础。

新社确定了评工计分等重要分配制度、劳动制度和其他制度，《李墨林社合并报告》记载如下："筹备委员会和劳动组织建立后，加强了当前生产工作的领导，解决生产中的问题并领导安排活茬等：

一、解决评工计分上的混乱现象：在四社合并起来进行生产的初期，评工记分方面，四社之间互相怀疑'你社分高，我社分低'，争分、抬分。像袁明社在并社前，每天每个劳动力死分活评时最高仅评到10分，合并后，最高的评到11～12分。针对这种情况，对个别活茬进行了定额管理，又对社员进行了一次教育，暂时解决了一下'争分、抬分'的偏差，但是评分不合理的现象还没有根本解决。

二、社员们对于劳动纪律亦很不重视，个别的社员挑活干，不服从队长分配。像第一队社员德继文，因为第三队活茬忙，队长分配他到第三队工作他就不干，嫌得分少、活茬累。为了整顿这种思想，除加强政治思想教育外，并通过社员大会制订了劳动纪律数项：

（一）服从领导，干活先社后家。

（二）按时完成生产任务，保证质量。

（三）不随便歇工，有事先请假，须经队长同意。

（四）遵守工作时间，按时工作，按时收工，不迟到，不早退。

（五）爱护公共财物，不损坏社内一切大小农具和财产。

三、统一了社内干活时间，四个社干活的时间在合并前也不一致，出工时间有早有晚，歇工时间有长有短。为了使工作时间一致，经社筹委会的研究决定了统一的工作时间：早晨6点开始工作，太阳落收工，中午歇晌，上下午各休息一次。

四、规定了统一的财务制度：像社员借支办法，开支手续，牲口饲料的供给数量等一些问题，在原来四个社的基础上也很不一致，经过筹委会的研究规定了统一的办法。如社员的借支制度是：凡社员借支在10万以下者，由正、副主任批准，10万元至20万元者由委员会批准，借支在30万元以上者则需要经过社员大会通过。

通过如上一些工作，除尚有极少数社员争分外，社员的生产情绪基本上已经安定。并社工作并没有影响生产工作的正常进行。"

上述记载的内容与问题非常重要，涉及到社员的经济利益。首先，评工计分涉及到公平分配，这是一个大的问题。虽说是制定了"死分活评"的制度，但执行起来并不容易。出现了"你社分高、我社分低"争分、抢分问题，四社之间如何最终确定一个统一的公平尺度？这个问题并没有从根本上得到解决。其次，制定了劳动纪律，这实际上是对劳动数量作出了规定，要按时完成生产任务。第三，四社合一的劳动时间如何安排？合并社后作出了详尽的规定，安排了统一的作息时间。第四，规定了借支的规定，大额借支要社员大会决定，这反映了民主办社的一项重要的内容。目前看，除了"死分活评"的评工计分操作起来比较困难外，在一个50户以下的小社，其他规定都是比较好执行的。

关于入社资产的折旧问题和社员的投资问题，《李墨林社合并报告》记载如下：

"（一）麦田折价办法。原来李满场社、袁明社和李瑞社对麦田入社办法，各有不同，但经过算账后，虽然方法不同，但在作价金额上并无多大出入，像袁明社，把麦田分为每亩 7 万元、8 万元、9 万元三个等级折算；李满场社采用不分级的统一办法折价归社，但经过算账，每亩麦田亦合 7 万 9 千元，总的折算每社每亩麦田平均还是 7 万多元。因此筹备委员们同意小麦折价办法不予变更。

（二）农具折价原来各社亦有所不同，这次研究了统一的办法是从大镐、大锄、手耙等以上的农具全部折价归社所有；一般的手锄、韭镰等小农具则采用了‘自用自办’的办法，不折价归公。

水车折价归社，大家一致同意，水井则决定不折价，筹委会的理由是：

（1）水井属于地上物应该随着土地走，不应该折价。

（2）一般的水井，年限很长，早已把本钱找出去了。

（3）水井的数量很多，折起来价钱很高，社里的经济力量也负担不起。

（三）牲口的折价问题，开始时社员之间有些分歧意见，互相怀疑‘你的价钱高，我的价钱低’，经过筹备委员们充分的比较研究，得到了一致的认识，认为各社折价归社的牲口价格无大差异，不再变更。

另外，并社前袁明社死了一匹马，李瑞社的社员们提出了‘由谁负担损失’的问题。经过解释，再加李瑞社亦有一头牲口因病住院时间很长，损失也不小，与死马相比，损失大体相同，均由全体负担。

（四）暖室设备折价归社问题。工作组首先向社员们进行了政治思想教育，结合试点折价的办法，按自报公议的办法，已初步折算完毕，一般说社员自报的价格都比较合理，像有的社员说：‘自己是卖主，自己也是买主。’其中设备最好的三个大的社设备作价 1 100多万元，最次的折价 100 多万元。

关于社员投资的问题。原来四个社的生产投资的办法和数量都不一致，有的按土地多少决定投资的金额，有的按劳动力的强弱决定投资的数量，但扩建后土地不分红，就决定采用按劳动力的强弱，干活时间长短的原则进行投资。初步研究，社员固定投资，分为：250 万元、200 万元、150 万元三等。此外，为了奖励社员投资，除固定投资的金额外，可以自由投资，自由投资现款部分付给月息一分的利息。社员投资的来源是从每个社员投入社内的现金，以及肥料、种子、大车、农具、牲口等折价的总数中扣除，如有社员投资金额不足时，由该社员负担利息，根据情况在秋收分配时再扣除。”

上述记载在入社财产折价方面，农田折价，考虑了级差土地收入后，在差异不大的情况下，计算出了统一的折价办法。农具折价，大农具统一折价归社所有，小农具自备自用，这就避免了大小农具的混合折价的诸多麻烦，产权确定比较清晰。水利设施是水车折价、水井不折价，理由也很客观。牲口折价大家也形成了统一的共识。蔬菜温室的折价办法是“自报公议”，避免了“虚高实低”的现象。总体上说，公共财产的折价体现了公平的原则。在社员的生产投资方面，因为是土地不分红，所以就按照活劳动的投入标准计算，分为了劳动强度和劳动时间两个因素综合计算投资标准。社员投资的现款还计算利息，这也是公平的，体现了鼓励投资的原则。

关于社员入社资产的偿还问题，《李墨林社合并报告》记载如下：“关于偿还的办法。社员一切入社的财产折价后除去固定投资外，其剩余部分在500 万元以上者分五年平均偿还，在500万元以下者，三年还清，第一年和第二年还给30%，第三年还给40%。”从记载中可以看出，社员的资产偿还有明确的时间及比例，按时清偿就打消了社员的入社顾虑。

社员入社后产生的主要问题，《李墨林社合并报告》记载如下：

“（一）在评分记工上突出的表现了资本主义的思想，男女同工同酬在社员中还没有彻底的搞通，最严重的社员认为有些活茬（像摘扁豆、抽蒜苗等）让妇女去干，作活后给记分，不如在外面雇工便宜，像筹备委员赵润庭说：‘给他们记七八分，还不如在外边雇工呢，外边一个工1万5千元，咱们一分能到3 000元，七八分就合2万多元了，给记分就是社里吃亏。’

（二）目前扁豆、黄瓜、豌豆等早熟的庄稼已经收获，社员们见到钱，都想借支，实际上社内收入的现钱，才能应付当前的生产开支，借给社员实在有困难，因此一部分社员思想上有意见，如社员李成瑞说：‘再不借支，我就到外边打短去了。’后经过向社员解释，有困难者可先向信用社借贷一部分，现情绪已经稳定下来了。”

从上述记载中看出，男女社员同工同酬还是有阻力的。其中的重要原因是雇工较用本社的女工更经济划算。再有就是社员的生活开支社里如何统筹安排是个大问题。在生产与生活都需要资金的情况下，如何解决这个困难还是一个问题。

后来的北京市著名的四季青蔬菜合作社，就是由李墨林蔬菜社发展起来的，其中的渊源《李墨林社合并报告》记载如下：“关于社的名称，经过社员们初步酝酿，有下面三个名字，还没有最后确定。

（一）米丘林蔬菜生产合作社。意思在于用米丘林的名字，表示该社的特点，他们不是等待天的赐予，而是自己争取，和严寒的冬天进行斗争，生产大量的蔬菜，供应首都市民的需要。

（二）四季青蔬菜生产合作社。用四季青的字样来说明该社能够在春夏秋冬保持蔬菜生长的特点。

（三）红五月蔬菜生产合作社。除了有一定的政治意义以外，同时说明了该社是在五月间建立起来的意思。”

四季青蔬菜生产合作社的名字起得好。四季生产蔬菜供应首都市场，首都市场更是四季都需要新鲜的各类蔬菜。

（二）白盆窑蔬菜生产合作社

丰台区白盆窑蔬菜生产合作社是北京市先进典型合作社之一。其发展状况，《中共北京市委组织部关于北京市丰台区白盆窑乡支部领导互助合作运动的经验的报告（1954年10月）》[①]（以下简称《白盆窑乡互助合作运动经验》）有一个详细的描述。

白盆窑蔬菜合作社的发展过程，《白盆窑乡互助合作运动经验》记载如下：“白盆窑乡是1953年6月由白盆窑、纷庄两个行政村合并组成的。全乡共468户，2 136人，共有

① 中共北京市委党史研究室，中共北京市委农村工作委员会，北京市档案馆．北京农业社会主义改造资料：上册［M］．北京：中国社会出版社，1991：293-302.

土地 4 872 亩（其中水地 3 392 亩，占土地总数的 69.7%），是以种蔬菜为主的纯农业乡，也是丰台区互助合作的重点乡。全乡今年种菜 3 425 亩（包括复种面积），产菜 1 300 多万斤，对首都的蔬菜供应起一定作用。

该乡互助合作运动发展较快。1952 年春开始发展互助合作，同年秋天，成立了 17 个互助组。1953 年在原有互助组的基础上成立了 3 个农业生产合作社，共有 43 户。今年春，3 个社合并，扩大成为 250 户的京郊最大的蔬菜生产合作社。入社农户占全乡农户的 59.9%，社员 1 121 人，占全乡农业人口的 68.7%，入社土地 2 817 亩，占全乡土地的 66.5%。今秋又有 108 户报名入社，总计全乡有 85.9%的农户参加了社，成为京郊基本合作化的乡之一。”

白盆窑合作社是一个大型合作社。在短短 3 年不到的时间里由只有 43 户的三个小社，发展到一个有着 250 户的大型社，全乡做到了基本合作化。究其原因，正如本篇报告市委批示所指出：“市委组织部关于白盆窑乡支部领导农业互助合作运动的调查报告很好。白盆窑乡支部在执行党的发展农业生产互助合作运动政策当中，注意通过具体事实和典型试验教育和引导群众，贯彻了党的群众路线的领导方法，这一经验不仅农村支部，而且其他支部均值得学习和仿效。”

白盆窑蔬菜生产搞得好的重要经验之一，是把蔬菜生产与销售紧密地结合了起来。《白盆窑乡互助合作运动经验》记载：“使农业生产初步和国家经济计划联系起来。过去，蔬菜生产有很大的盲目性，今年除了根据城市的需要，有计划地扩大蔬菜种植面积和播种 26 种早熟和晚熟的蔬菜外，还和供销合作社订立了产销结合合同，割断了与私商的联系，和国家经济连接起来，有计划地供应了首都人民。如今年七八月间市场蔬菜供应十分不足，该乡就大量供应了土豆等蔬菜支持国营商业和供销合作社稳定了菜价。”这种产销结合的形式，稳定和促进了农业生产。

白盆窑发展互助合作运动的经验是培养典型，带动全面。《白盆窑乡互助合作运动经验》记载：“1952 年互助组大发展，全村成立 20 多个组，由于互助组缺乏经验普遍存在着评工记分不合理的现象，影响了组员的生产积极性。这个问题不解决，互助组就不能巩固。为了搞出经验，指导全面，支部就培养了郭凤太互助组。这个组是由 3 户组成的，过去为死分死记，男女同工不同酬，组员很不满意，支部书记李宗和亲自帮助他们学习别地经验，把活茬按劳力轻重、技术高低分成三等，实行了死分活评，男女同工同酬等制度，提高了组员生产积极性，因此该组大部作物都获丰收，被评为该村第一模范组。支部随即在全村互助组长会及片会上推广了这些经验，使多数互助组学会了评工记分的办法和领导互助组的方法，因而巩固了互助合作运动。今年建立大社后，由于缺乏管理经验，支部就决定由支部书记亲自领导第二生产队，作为全社的重点队，讨论生产计划、贯彻定额管理等，都先在该队试点，取得经验再全面推广，这样就使整个社的工作避免了许多弯路。”

上述记载表明，树立典型，就是树立能解决合作化运动难题的典型。合作化的最大的难题就是如何评工计分。支书（社主任）抓住了男女同工同酬、死分活评（把活茬按劳力轻重、技术高低分成三等，实行了死分活评）的难题；抓合作社成立以后的生产计划、定额管理的难题；树立搞得好的典型，以点带面，推动合作社发展。

白盆窑发展生产合作社，就是同私有制的小农行为不断地斗争，不断地巩固合作社。《白盆窑乡互助合作运动经验》记载："今年大社建立之后，社内存在着严重的问题，首先是干部责任心薄弱，劳动态度不好。有的队长东溜西逛，派工作时给自己留轻活，被社员称为'脱产干部'；有一个组长五天不下地干活，躺在被窝里派工；有的队长每天早晨才派工，造成严重窝工现象。单干农民吴德贵反映：'我们不能跟合作社比，他们下地时，我都干一早晨活了。'社员中也有不遵守劳动纪律的现象，有的社员打上工钟后半小时至一小时才下地干活，听见打下工钟马上就走。大车组长王启连串通组员集体'磨洋工'，原每天能拉五次粪，只拉三次。不爱护公共财物的现象很普遍，合作社的大车、水车虽然买了油，但不勤上，走起来吱吱响，群众反映：'合作社的车听得出来。'常士平负责管理农具，六把铁锹丢了四把，四条扁担只剩下一条。本位主义思想也很严重，各队之间互不支持，三队帮五队去种韭菜，五队叫他们'专家'，把他们顶回去；五队浇地很忙，六队牲口闲着也不借给五队，有的队收了好小麦，不愿拿出来统一分配。以上这些小生产者自私自利、自由散漫的思想作风，腐蚀着合作社，严重地威胁着社的巩固和生产的提高。针对这种现象，支部除帮助合作社健全管理制度之外，并大力加强了政治思想教育工作，发动群众集中地揭发批判违反劳动纪律、损坏公共财物的现象。支部首先根据调查所得事实，在干部中进行教育，通过管委会重点处分了错误严重的干部，启发劳动态度不好的干部进行自我检查，然后发动社员给管委会和队、组长提意见，社员认真地批评了不负责任的干部，大大加强了主人翁的责任感和办社的责任心。最后，支部又发动社员在小组会上进行自我检查和互相批评。经过这些工作，干部和群众都受到了很大教育；过去不负责任的队长赵廷华转变成很好的队长，为了使合作社不受损失，他带领社员冒雨下地挖土豆；许多社员都主动关心社的生产了，'磨洋工'和损坏公共财物的现象大为减少，合作社得到了进一步的巩固。"

上述史料如此珍贵，描述得如此生动。生产合作社统一建立，集体经济的痼疾就暴露无遗：生产队长成了脱产干部，群众出现了"磨洋工"现象，各生产队之间以邻为壑，集体的公共的财物是没有人爱惜的，大车、水车吱吱响的一听就是合作社的，没人上油。这里除了思想意识的问题外，更多的是经济学的搭便车现象处处可见。大型合作社的这些问题的解决除了做思想工作外，就是应建立生产责任制。可惜，白盆窑还没有找出更好的办法来处理这些问题。

白盆窑抓生产主要抓了三个环节：第一是生产计划，第二是组织劳动竞赛，第三是推广先进经验。《白盆窑乡互助合作运动经验》记载：

"1. 订好生产计划。今春合作社建立后支部及时领导该社制订了全年生产计划。制订计划时首先由支委会研究拟出草案然后提交管委会讨论，经修正通过后，即发动社员分队进行讨论，最后在社员大会上通过。计划在群众讨论前先经过支部大会讨论，这样可起到全党审查的作用，同时也能更好的发动全体党员保证计划的实现。群众在讨论计划时普遍存在着'生产到顶'的思想，认为去年土豆每亩收 2 400 斤已经不错，今年再增产不大可能。支部就组织了由生产队长和老农参加的技术座谈会，向大家介绍了殷维臣种土豆的先进经验，帮助他们详细地提出了计划增产的根据，打通了他们的思想，然后再通过他们向群众进行说服教育，结果全体社员一致同意每亩土豆增产 300 斤的计划（实际增产大大超过这个计划）。有的社员原来顾虑办大社不能增产，讨论生产计划后，有了信心，说：'这回生产有目标了，增产没有问题。'

2. 组织劳动竞赛。今年合作社初步巩固后，支部就领导开展了社内第一次队与队、组与组之间的红旗竞赛，管委会提出了'三比'的竞赛条件：比生产（春耕全苗，保证规格）、比管理（出勤率高，人畜不窝工，农具管理好）、比团结（互相支持、执行管委会决议），规定了竞赛期限，召开社员大会进行了贯彻，各队各组随即围绕当前生产工作热烈地开展了竞赛。社主任、监委会主任、各队队长及各队群众推选的代表共 17 人组成了评比委员会，深入现场检查工作，最后评定第三队为红旗队，社员大会上发给流动红旗。这次竞赛大大提高了社员的劳动热情，推动了生产，管委会原计划五天种完花生，但竞赛的结果，三天就种完了。通过竞赛，各队之间的团结增强了，劳动纪律进一步巩固了，管理工作也得到了改进。

3. 推广先进生产经验。支部十分重视先进生产经验和耕作技术的推广，认为这是增产的关键。今年建立大社后，支部利用了合作社的优越性，在全社 845 亩土豆地上统一推广了殷维臣农业生产合作社种土豆'深播浅盖，两次封沟'的先进经验，结果使合作社土豆全面丰收，高的产量每亩达 4 803 斤，平均产量每亩 3 383 斤，超过去年平均产量 41%，比计划产量提高了 28.4%，较计划多收入 2 亿多元。"

上述记载表明，抓生产还是有经验可以总结推广的。生产是要有计划的。这个计划要由社员们讨论才能通过，这是发挥民主的精神，毕竟活能不能干完，担子能不能挑起来，社员最清楚，还得由社员说了算，因为所有的农活儿还得由社员干。抓生产还有一个办法就是搞劳动竞赛，这是激发劳动热情、提高生产效率的一种方式。但是，这种方式的持续时间能有多长是值得探讨的。换句话说，没有物质利益驱动的劳动竞赛不会有长效的效果。抓生产的有效手段之一是推广先进的生产技术和经验，这是看得见的、可以长久地检验的、最行之有效的手段。总之，发展和巩固合作社的中心环节是要提高劳动生产率，提高产量，围绕着这一中心环节的各种办法都应该尝试和探索。

六、主要问题

1954 年扩大农业生产合作社工作过程中，不可避免地产生了一些问题。这些问题，在《发展合作社报告》《互助合作运动发展的情况》《郊区合作化运动情况》《中共北京市委农村工作委员会关于当前发展社工作中的几个问题（1954 年 11 月 4 日）》[①]《中共北京市委农村工作委员会关于当前京郊农业生产合作社发展情况和问题的报告（1954 年 12 月 14 日）》[②]（以下简称《京郊合作社问题报告》）等几篇报告中均有记载，可以概括为以下几点。

---

① 中共北京市委党史研究室，中共北京市委农村工作委员会，北京市档案馆．北京农业社会主义改造资料：上册［M］．北京：中国社会出版社，1991：302-303.

② 中共北京市委党史研究室，中共北京市委农村工作委员会，北京市档案馆．北京农业社会主义改造资料：上册［M］．北京：中国社会出版社，1991：304-311.

（一）建社中的问题

一是贪多、贪大、图快、追求高级形式的急躁情绪。如在宣传动员中发生了强迫命令的倾向，南苑区四海庄工作一组向两户不入社的中农“攻碉堡”。广德庄团支书宣传：“大家愿意走毛主席的道路还是愿意走蒋介石的道路?”海淀区武装部干部杨开益同志在温泉乡扩大干部会上讲：“大多数农民都愿意走社会主义道路，有少数人不愿走社会主义道路，想走资本主义道路，资本主义道路走不通，想坐架小飞机上台湾去，那行不行?不行！我们有高射炮，把你打下来！”讲完后还出了3道讨论题：①你愿意当火车头吗（指带头入社）？②你愿意当大车吗（走得慢）？③你愿意当手推车吗（不推不走）？该区团区委书记杨明同志在东冉村扩大干部会上讲：“不入社的土地，将来社里需要时，不论什么成分，愿意换也得换，不愿意换也得换。”该乡乡干部动员群众入社时说：“你们入社吧！不然社里打了电井，把你们井里的水都抽干了。”

少数乡干部在动员群众入社时，有急躁情绪，实行变相的强迫命令，造成群众思想混乱。丰台区高立庄乡党支书鲍洪生在群众会上说：“不入社就是翻身忘本，叛变思想，反革命行为”。该乡派出所警士刘贵生说：“不入社就是亲美思想”，引起群众恐慌。会后报名入社的40户当中就有23户是过去坚决不入社的中农，连说过“枪毙也不入社”的这次也报了名。中农高启明的老婆不愿入社，又怕不入不行，急得直哭。王德宽的老婆说：“我开完会一夜没睡，连农具都要。这不跟斗争地主一样吗?”

二是入社不讲实情，不尊重、不照顾农民的经济利益。京西矿区周口店小区有些区干部宣传中只讲入社的优越性，不敢讲土地、牲口入社折价的办法，怕讲不清群众不加入。海淀区双槐树社没有经过充分酝酿就宣布了土地不分红。东冉村社主任申多积极想搞土地不分红的社说：“咱们这200多户的大社还不闹个社会主义的社，还闹半社会主义的吗?”

有些区乡干部中有盲目乐观情绪，工作不够深入细致。如高立庄社没经社员充分讨论就决定：土地不分红、生产资料折价平均入股，折价除顶股金以外，以多余部分的3%作为公积金，引起部分中农不满。如土地及生产资料多劳力少的中农王增泉说：“不管怎么办，大家入了社，别人吃白面叫我喝菜粥我就不干。”海淀区西二旗乡原有3个社，乡干部及群众都不愿合并，工作组硬叫合并，合并后群众意见很多，又分开了。丰台区太平桥社采用生产资料全部折价入股的办法，但工作组并不了解群众为什么同意这个办法和群众有哪些反映。海淀区万寿寺乡在建社中由于政策宣传不充分，群众思想酝酿不成熟，哄起了一个200户的大社，现在只剩下42户。

入社不考虑农民的切身利益，就会出现反常的景象。很多人入社前出卖生产资料。据南苑镇牲畜交易所不完全的统计，8月农民在该镇出卖大牲口45头，四海乡8月上旬10天内就卖了15头。海淀区高里掌乡郑秀英（党员）、郝奎顺等5户把胶轮大车、骡子、绳、套等全部卖了。有的甚至把饲养的几头耕畜一齐卖掉，如海淀区辛庄乡李殿增喂的两头骡子都卖了，南苑区红星乡有20多户准备入集体农庄的农民要求政府开给出卖牲畜的证明，没领到证明的户宁愿缴税也要卖。农民出卖生产资料的原因，除少数是遭受涝灾，生活困难外，主要是出于自私自利的打算，怕生产资料入社作价低自己吃亏，又顾虑作价款几年内不一定能还清，不如趁早捞一把，用着也方便。红星乡有的农民在报名加入农庄的第二天就赶紧卖掉了牲口；海淀区温泉乡中农关金瑞打算把全套大车卖掉，“弄几个钱花”；袁广也打算卖了牲口大车买辆自行车，有的还计划盖房子。

相当多的中农对入社抱观望态度。南苑区西5号村开入社动员会后，许多中农夜里睡不着觉，聚到一起交谈。他们主要有两怕：怕受限制，“不如单干自在”；怕办不好减少收入，他们说：“合作社好是好，就怕当家的不好。”有的要“看看再说”，“拖不过去就入”。少数人坚决不入，认为“15年还早着呢”，“刀放在脖子上也不入”。据丰台区统计，要求入社的中农，占中农户数的45％。

三是有部分干部和工作组过早地将全部精力集中在发展社的工作上，而放松并忽视了对当前秋季生产和领导灾区农民进行生产度荒工作，对巩固现有社、搞好当前生产、保证社员增加收入也抓得不紧，致使有些大社发生三秋工作缺乏计划和窝工忙乱的现象。有的乡只顾扩社建社不顾生产，如海淀区温泉社只忙于发展社的工作，有40亩麦子种上没有砘，老社的玉米都发了芽还没分给社员。东北旺社的秋耕地比单干户的要晚五六天。丰台区高立庄社由于没订冬季生产计划，没很好地组织劳动力，社员们都自己去搞副业，秋耕积肥等工作没人管。

（二）建社后的生产管理问题

一是生产上计划性差或者就没有计划。如石景山区，各社虽然制订了计划，起了一定的作用，但不细致，执行很不严格。在成本核算方面，一般都马虎，如田村最大的一项白菜（195亩），原计划成本每亩50万元，后增至120万元，降低了纯收入。部分没有劳力调配计划，影响了生产。如八角由于庄稼排开种解决得不好，荒了100多亩地。在检查计划执行情况上比较松，八角订计划后，一年中很少检查，田村年终检查结果，29种作物中，14种与原计划相差很远，如玉米原定种360亩，实种254亩。有的社在修改计划时，未经管委会讨论就由几个人作了决定。

二是评工计分不合理。各社普遍存在评工计分不合理、劳动组织不当、财务上没有制度，有些社经营方针不明确，个别社还有摆大摊的现象。

三是缺乏骨干。这些社一般是缺乏骨干、建社时酝酿不够成熟、分配、折价问题处理得不够合理，缺乏经营管理的经验，大部分社没季节计划和小段安排，部分社评工计分不合理。分工负责制没有建立或没认真执行，财务开支没有一定的制度，一般社的政治工作都比较薄弱，资本主义倾向对社员还有影响，小农经济的自发势力不断表现，因此，思想问题不断发生。

四是疏于管理。①对于合作社的公共财务管理责任制不健全，不爱护公共财产和不注意安全生产的情况很严重。如石景山区的合作社，大部分都没有严格的财产登记保管制度，每个社都有少数社员不爱护公共财产，因此，使农具和家具受到了损失。田村夏天买的50条新麻袋，很快就被社员拿光了；两个社发生了打瞎马眼的事件；粪村有一个社员在秋耕地后，将犁忘在地里上了冻；八角种麦时，将一包春麦当做小麦，用完耙放在地里一个月。安全生产方面也出了一些问题。有的社砸断了社员的腿，用铡草机时，轧断了手指，八角砂土坑有的青年竟危险钻洞，还美其名叫“自动化”。②财务会计重视不够，影响了生产管理。1954 年一部分农业合作社的财务会计混乱是一个很大的教训。石景山区 16 个社中，只有 5 个社做到了账目清楚，日清月结，顺利进行了决算，有 6 个社会计责任心不够强，财务制度存在一定程度的混乱，影响了决算。在田村、庞村、龚村、胜利 4 个社中，账目严重混乱，以至长期不能搞好决算。最严重的，如龚村一批白菜卖给本村群众，谁要来钱谁花，算不清账；田村两个会计交代后，空了两个多月账，原始单据混乱，影响了结算。财务制度混乱的原因，主要在于管理委员会和工作组不够重视，如八角一个副社长拿走一笔钱去开支，也不打条子，却对会计说："你还信不过我"。其次，会计的责任心和业务能力不强也是很重要的问题。③已经建立起来的社没及时向新社员进行思想教育，社员思想动荡，不巩固。如海淀区有些农民入社后出卖干草，社里需用时却没有。有的农民存在依赖社思想，门头村社有五六户新社员过去盖房贷的款不还，等着社给还。新社员李德山认为入了社，没吃的社里自然要解决，自己不想办法，他说："入了社最低也得给窝头白薯吃吧!"有的说："入社就有人替我着急了。"

五是社员没有从思想上真正地加入到合作社来。部分社的新社员思想仍然有很多顾虑，情绪不稳定。有部分新社员和社两条心，不愿参加社内劳动，不愿交纳来年的生产资金，刚入社就借支，想多抽出一部分土地"留个后手"，不爱护公共财物或私自出卖生产资料等各色各样的自私自利表现。石景山区田村社扩社后活茬很多，但有些新社员却不到社内劳动，新社员沈秀庚入社后又要抽出 3 亩地自己种麦子，南苑区鹿圈乡晨光社社员自留地总数多达 700 多亩，占全社土地的十分之一。京西矿区河北小区瀛水社一新社员把社里一头牛活活累死了。在个别社还发生了新社员破坏或出卖生产资料以及入了社又退出的现象。丰台区六圈社新社员田宝才把入了社的水车管子拆下来打了洋铁壶，海淀区东北旺社扩大后牲口缺草，但有些新社员却把自己的谷草偷着卖掉了。海淀区白家疃社有 30 来户新社员退了社，双槐树和东北旺社都有十几户新社员退了社。还有个别社在发展中没有认真贯彻党的阶级路线，没有树立起贫农（包括新中农）的优势，排挤贫农，或不经任何批准吸收富农入社等。这些缺点虽说是少数的、个别的，但性质却是很严重的，如不迅速加以彻底克服，势必妨碍京郊合作化运动健康地发展。

产生社员没有从思想上真正地加入到合作社来，入社又退社等一系列问题的原因，《京郊合作社问题报告》描述如下："第一，估计过低，为了追求数字和怕完不成任务，在宣传动员工作中曾发生强迫命令和威胁利诱的偏向。有的给农民乱扣帽子胁迫农民入社说：'不入社是和地主、富农有拉拢'，'不入社就是翻身忘本'，有的用'调剂土地''收回国有地'威胁农民入社；有的干部对一时不愿入社的农民采取'不发言、不散会'或一天五六个人到一户去'动员'的'攻堡垒'的办法。有的用'入社后一切困难都可以解决'的办法利诱农民入社，京西矿区有个别乡甚至用'竞赛'的方法'轰'群众入社。对这些问题虽及时进行了批判和纠正，但仍有一部分思想认识较差的农民带着很多顾虑入了社，给巩固社的工作带来了一些困难。

第二，运动开展起来以后，部分区、乡干部又迷惑于运动的高涨形势，产生了盲目乐观情绪。有些干部不实事求是地分析当地条件而盲目贪多求大，追求高级形式，使得个别社不该大的大了，不该高的高了。京西矿区生产水平很低的清水小区，也有个别社未经批准，采取了土地不分红的分配办法；矿区还有 4 个社果树都不分红了。在运动高潮到来后，部分干部只看到群众情绪高，运动发展顺利，并又过高估计了这种现象，因而工作粗糙，前紧后松和工作步骤紊乱。少数社把生产资料评价工作当做‘技术’工作去做，忽视了进行艰苦的政治思想工作，因而使有些社的评价不公平、不合理，社员有意见。海淀区白家疃社因评价不合理有30来户退了社。部分社只是重视了思想发动和生产资料评价工作，却忽视了定社章、选社干、安排生产等一系列的接连不断的巩固社的工作。有些社的社章是照抄别社的，在社员大会上一宣读一举手就通过了，社员对社章内容并不清楚。矿区还有些社采取了先定社章后处理生产资料入社评价等具体问题的本末倒置的工作方法，使社员摸不着底，引起部分新社员思想混乱。

第三，部分干部对党在农村中的阶级路线不明确，工作中没有很好依靠贫农，充分发挥贫农对合作化事业的积极性，树立贫农的优势，甚至有些地方使贫农吃了亏。京西矿区牛战村社的牲口评价，因中农互相抬价，竟高出市价一倍，使贫农吃了亏。部分区、乡干部对有些中农讽刺打击贫农的言论听之任之不加驳斥，而使贫农处于气馁‘理亏’的地位。南苑区鹿圈乡晨光社在讨论生产资料入社办法时，有些中农公开说：‘贫农连个上吊的绳子都没有，哪个办法都沾光。’该社牲口评价一般比市价高十分之一，但有些贫农也气馁地说：‘人家牲口入社应该高点。’有些干部甚至把团结中农变成了依靠中农。南苑区十八里店社的扩社筹备委员多数是中农，这些人自私自利严重，因此部分贫农不愿入社；海淀区东冉村四季青社的生产队长大部分是富裕中农或新富农。也有些干部对富农缺乏警惕，盲目吸收，丰台区新发地乡13户富农全部入了社。”

一味地追求形式主义，一味地追求土地不分红的高级形式，必然要导致这些不利于农业合作社顺利发展的结果。必然是入了社不安心在社，入社后就想着退社。

我们从上述的各类问题可以看出来，农业生产互助合作运动的发展一定是要遵循“由低级到高级，由小到大，由少到多，由点到面”这个规律的；还要为农业生产合作社的发展积累好的经验和培养领导骨干；更要采取积极且又稳妥的方针，遵照自愿原则，充分利用农民固有的互助习惯和互助形式，逐步加以改造和提高，使农民走合作化的道路。

我们从上述的各类问题可以看出来，北京市从临时互助组的形式，走到常年互助的形式，随后又走到农业生产合作社的形式，最后过渡到完全社会主义的农业生产合作社的形式，这实际上是需要一个相当长的过程甚至是历史时期。但是，按照全国的发展形势和要求，北京市又不得不压缩了这个发展过程。这就会产生不根据农民发展生产的要求，没有逐步地提高互助生产的形式，循序渐进地引导农民走上农业生产合作社的道路。这就必然地要产生各类问题，使互助合作运动的发展呈现消沉涣散的现象。改造小农经济应该是一个漫长的过程，如果不经历这个过程而走跳跃式的发展道路，我们就必然要产生问题，甚至农村资本主义的自发势力迅速地增长起来的现象出现就不足为奇了。

第四节 推广发展初级农业生产合作社

1955年，北京市进入到了推广初级农业生产合作社的发展阶段。推广阶段实际上是发展农业社工作还没有完全走稳，就开始小跑起来。这也是与全国发展形势要求这样做密切相关的。

1955 年 7 月 31 日，毛泽东在全国省、市、自治区党委书记会议上作了《关于农业合作化问题》的报告①。他指出："在全国农村中，新的社会主义群众运动的高潮就要到来。我们的某些同志却像一个小脚女人，东摇西摆地在那里走路，老是埋怨旁人说：走快了，走快了。过多的评头品足，不适当的埋怨，无穷的忧虑，数不尽的清规和戒律。"并批评中共中央农村工作部对浙江省农业合作社采取收缩的做法，是"胜利吓昏了头脑"，"犯出右的错误"；认为在农业合作化问题上，"一个要下马，一个要上马，却是表现了两条路线的分歧"。当时提出，全国农村将在 1960 年基本完成半社会主义的改造，1960 年以后逐步地分期分批地由半社会主义发展到全社会主义。毛泽东要求各级党组织"全面规划，加强领导"，"要主动，不要被动；要加强领导，不要放弃领导"。这次会议后，不少省份做出了加快发展农业合作社的计划。1955 年 10 月，中共中央召开了七届六中全体扩大会议，会议根据毛泽东《关于农业合作化问题》的报告精神，做出了《关于农业合作化问题的决议》，进一步批判对合作社发展实行收缩的方针，指责这种"右倾机会主义在实质上是反映了资产阶级和农村资本主义自发势力的要求"。七届六中全会后，全国各地农业合作社的发展速度明显加快。

1955 年的农业社的推广阶段，实际上是为高级社的发展做了一个铺垫和准备，是为高级社的发展拉开了序幕。这一阶段农业社的发展特点是既要整顿问题、巩固成果，又要大力推广农业社，实现新的跳跃式发展。

一、推广发展合作社概况

（一）发展不分红的高级社与大社

1955 年，北京市推广发展农业合作社主要集中在上半年。合作社总数由 1954 年的 412 个发展到了 1955 年上半年的 718 个②（见《为办好北京郊区七百个农业生产合作社而奋斗——北京市郊区第一次办社会议文件（1955 年 2 月）》，以下简称为《办好七百个农业合作社》），年底最终数字为发展到了 701 个③全年总共增加了 289 个。

《办好七百个农业合作社》指出④："北京郊区 1955 年度发展农业生产合作社的工作已经胜利结束。现在，农业生产合作社已由 1954 年的 412 个增加为 718 个；入社农户由 1954 年的 9 860 户（占总农户 8%）增加为 55 520 户（占总农户 46%）；并有两个区基本

① 北京市地方志编纂委员会．北京志·农业卷·农村经济综合志［M］．北京：北京出版社，2008：90.

② 中共北京市委党史研究室，中共北京市委农村工作委员会，北京市档案馆．北京农业社会主义改造资料：下册［M］．北京：中国社会出版社，1991：37-63.

③ 中共北京市委党史研究室，中共北京市委农村工作委员会，北京市档案馆．北京农业社会主义改造资料：下册［M］．北京：中国社会出版社，1991：372.

④ 《办好七百个农业合作社》产生的背景，为了切实办好郊区的 700 个农业生产合作社，根据党中央关于巩固社的通知和市委指示，市委农村工作委员会在 1955 年 2 月 2—5 日召开了有郊区各区委书记、市、区各农村工作部门的负责干部、部分驻社工作组长和大社主任等 200 名干部参加的办社会议，讨论和总结了郊区几年来的办社经验。在会议讨论的成果的基础上，形成了这份文件。

合作化，70 个乡合作化，31 个乡基本合作化。”从这一基本情况我们看出，从 1954 年 5 月底至 1954 年 12 月底，北京市的合作社总数就发展到了 412 个，没有什么变化。而从 1954 年底至 1955 年 2 月，在不到两个月的时间里，合作社总数猛增到 718 个。这一发展速度是超常规的。

在此期间，为配合宣传《办好七百个农业合作社》会议文件精神，1955 年 2 月 22 日，《北京日报》发表的题为“为办好郊区七百个农业生产合作社而奋斗”的社论指出：“本市郊区去冬今春发展农业生产合作社的工作已经胜利结束，社的数目达到 700 个，入社农民达到 56 681 户，占郊区农户总数的 47%，比去年冬天大发展前增加了 5 倍。全郊区农村已经乡乡有社，有 128 个乡入社农户已占全乡农户总数的 60%以上。郊区的农业合作化运动，已经从重点试办转入广大农民群众自办的阶段。这是本市郊区农业社会主义改造事业的重大胜利。”《北京日报》的社论印证了扩大发展农业社数量的史实。

《北京农业社会主义改造资料》（上册）记载[①]：“经过 1954 年秋冬的准备，到 1955 年 2 月，郊区的扩社建社工作已基本结束。初步结果是，合作社总数由 1954 年的 412 个发展到 701 个，入社农户达到 5.5 万多户，占郊区总农户的 46%。菜区合作化的速度又领先于大田区和山区，菜区入社的农户已占其总农户的 68%，有些乡入社的农户占 80%左右。从规模上看，平均每个合作社为 77 户，比上年每个社平均规模（23 户）大两倍多，其中 200 户以上的社 0 个，100 户至 200 户的社 113 个、50 户至 100 户的社 179 个、其余的占一半以上为不到 50 户的小社。”数据记载的总量是 701 个，较《办好七百个农业合作社》会议文件少 17 个。我们认为会议文件的资料更可靠些。但这还不是主要的问题。从这一数据看出小社并没有增加多少。

1955 年发展的合作社的主要特征是发展的大社多，特别是出现了许多不分红的高级社。与中央 1955 年 10 月 11 日作出的《关于农业合作化问题的决议》，主要是发展不分红的初级社的要求看，北京市显然是走在了全国的发展形势的前面。

究竟发展了多少不分红的高级社？《北京志·农业卷·农村经济综合志》[②] 记载：“1954 年秋冬的扩社工作发展很快。到 12 月，郊区农业合作社总数由年初的 412 个发展到 701 个，入社农户达到 5.5 万多户，占郊区总农户的 47%。在 701 个农业生产合作社中，百户以上的大社有 176 个，其中 300 户以上的有 15 个；特别是出现了 300 多个土地不分红的高级农业社，由此引起了不小的震动。农民在土地改革中分到土地后不久，一下子又遇到取消土地分红这样大的变化，感到突然，特别是对中农和劳动力少的农户震动很大。一些消极现象已经出现，但有些干部还处在盲目乐观中。”《北京志》的数量是比较模糊的，记载为 300 多个。《北京农业社会主义改造资料》（上册）记载[③]比较准确：“在发展的热潮中，确实有少数乡、村干部‘怕落后’，不顾当地的实际条件，单凭一时的热情，一哄而起办起了百户以上的大社。还有不少地方的区、乡干部，由于看到前两

① 中共北京市委党史研究室，中共北京市委农村工作委员会，北京市档案馆．北京农业社会主义改造资料：上册［M］．北京：中国社会出版社，1991：16.

② 北京市地方志编纂委员会．北京志·农业卷·农村经济综合志［M］．北京：北京出版社，2008：89.

③ 中共北京市委党史研究室，中共北京市委农村工作委员会，北京市档案馆．北京农业社会主义改造资料：上册［M］．北京：中国社会出版社，1991：17.

年一些地方试办高级社成功，只注意了‘土地不分红’的好处的一面，既不了解群众（尤其是中农）的思想动向，又不进行耐心细致的思想工作，一味地强调办高级社的好处。一时间，这种土地不分红的高级社由1954年的114个发展到343个，几乎占当时郊区701个农业合作社的近半数。与此相关的一个问题，就是对牲畜、车辆和果树等生产资料入社折价偏低、偿还期过长，从而引起部分中农（尤其是富裕中农）的疑虑和不安。”这一记载数据精确，明确了有343个之多，占到701个社总量的48.9%。我们若以718个社的总量计算，也占到了47.7%。

（二）入社农户占全郊区农户半数以上

1955年，入社的农户已达全郊区农户的半数以上。《中共北京市委转报市委农村工作部关于北京郊区农业合作化运动情况简报第一号（1955年11月8日）》[①] 记载了这一情况。

《简报》指出："根据目前郊区各区的初步规划和发展情况，今冬明春全郊区将新建82个30户左右的新社，把52个老社合并为14个（并均有扩大）；农业社的数量将由现在的701个增加到747个。入社农户将由55 000多户（占总农户的46%），增加到83 000多户，占总农户的70%左右（市委原订计划为发展至60%左右）。100户以上的大社将由现在的160个增加到240个左右，其中300户以上的大社将由23个增加到40个左右（内有4户以上的机耕大社4个）。高级社，再新办4个，即由77个增加到81个。各区发展情况如下表。

1955年合作社入社农户统计表

区　别	计划发展（户）	现已发展（户）	计划完成后新、老社员合计	占总农户（%）
东郊区	8 095	6 315	16 678	70.0
南苑区	4 000	2 000	14 480	75.6
丰台区	3 200	2 480	11 610	80.3
海淀区	6 000	3 386	14 786	70.7
石景山区	900	502	2 711	75.3
京西矿区	6 613	2 500	22 827	58.7
总计	28 808	17 183	83 095	68.8

注：此表头为著者添加，原著没有。

今年，发展社的工作是在这样一些有利的条件下进行的。一、毛主席的指示明确了干部在合作化运动中的思想，鼓舞和坚定了干部办社、群众入社的信心与决心。澄清了许多干部在农业合作化运动问题上的某些混乱思想。二、90%的老社都增加了生产和收入，显示了集体生产的优越性，影响很大。三、今年发展社的工作主要是在已有的老社基础上扩大，一切章程办法都已成章。所以，发展社和处理社员生产资料入社的工作都

---

① 中共北京市委党史研究室，中共北京市委农村工作委员会，北京市档案馆．北京农业社会主义改造资料：下册［M］．北京：中国社会出版社，1991：189.

比往年顺利。据检查，一般还没有强迫农民入社。因此，新社员情绪很高，入社后积极参加生产，如东郊区观音堂社新社员金为善等二人在夜里一点钟就起来耕麦地，天不亮就耕了三亩半。在社员成分方面，各区一般都注意了首先吸收贫农和新老中农中的下中农入社，注意了不勉强富裕中农入社。如海淀区周家巷的老上中农刘柱子（青年）坚决要求他父亲刘顺入社，刘顺虽答应儿子入社，可是却偷偷地把自己的牛赶出去想卖了。后来因为卖不掉，才赶来入社。乡支部书记考虑到刘的思想有顾虑，还不是真正自愿入社，对他解释说：'你思想有顾虑，家中还未商量好，不要勉强入社，回家商量商量，再决定吧。'没有勉强吸收他入社。"

从《简报》看出，截至1955年11月8日，全市农业社的总数量是701个，入社的农户达到了5.5万户，占全市的46%。按社规模统计，百户以上的大社达到了160个，占总数的22.8%；其中300户以上的大社有23个，占总数的3.2%。《简报》描述了新社员入社的积极性，描述了不勉强中农入社的例子，描述了检查工作中，一般不强迫农民入社的情况。但是，在实际工作中，不勉强入社的问题并不简单。

据《北京志·农业卷·农村经济综合志》① 记载："1955年12月12日，市委召开农村工作会议，宣布发展社的任务已经完成。当前的中心是巩固社、办好社，保证增产。当年年终决算，701个合作社普遍增产增收。据对286个社调查，比1954年增加收入20%～30%，77个高级社增产增收更多些。农业社的增产增收，显示了合作社的优越性，鼓舞了新老社员办好合作社的决心。"从这一资料中看出，到了1955年12月，实际农业社的发展数量稳定在701个；而且从总体情况看，发展合作社的任务已经完成，调查了286个社，取得了增产增收的效果；高级社增产增收的效果更好。这说明发展合作社取得的成绩也是显著的。

二、主要问题

按照中央的部署，1955年全国主要是发展不分红的初级社。北京市却走在了全国的前面，发展了大社和不分红的高级社。有此产生了一些比较突出的问题。大社办得过多，缺少领导骨干；办社工作中产生的问题是一些地方过早地取消土地不分红，引起了部分中农和土地多劳力少的贫农不满；处理生产资料作价偏低、还款长、不付息；特别是还产生了要求退社的现象等。这些问题在1955年的工作报告中得到了深入细致的反映。

在扩大合作社的工作中的主要问题，《中共北京市委转报市委农委关于当前京郊农业生产合作社发展情况和存在问题的报告（1955年2月9日）》（以下简称《合作社发展问题报告》）② 记载："第一，运动展开后，部分干部只看到广大农民群众纷纷入社，没有充分考虑到当前的具体情况，特别是全体农民群众的觉悟程度和工作中的困难，错误地把少数乡干部、党员、团员和贫农积极分子的觉悟水平和要求当做全体农民的觉悟水平和要求，不顾当前的条件，不顾贫农和中农的关系，不重视、不照顾土地较多较好、人口

① 北京市地方志编纂委员会．北京志·农业卷·农村经济综合志［M］．北京：北京出版社，2006：91.

② 中共北京市委党史研究室，中共北京市委农村工作委员会，北京市档案馆．北京农业社会主义改造资料：下册［M］．北京：中国社会出版社，1991：23-27.

较多劳动力较少较弱或丧失劳动力的农民的切身困难和意见，就一下取消土地分红，过早过急地组织高级的农业生产合作社，因而引起了一部分中农和一部分土地较多劳动力较少的贫农的顾虑和不满。

在处理生产资料评价入社问题上，有些地方把应归还社员折价款的期限拖长至10年，并且规定只还本不付息，还有11个社采取了把生产资料全部折价作为股金入社的办法，虽然股金仍旧为社员个人所有，但只有退社时才能带走。这些办法实际上是侵犯了牲畜、农具多的农民即中农的利益，已引起这部分农民的不满，以致发生了耕畜市价过低，甚至宰杀牲畜、低价出卖生产资料的严重现象。

在京西矿区和海淀区的山区的一些农林牧生产合作社里，果树报酬一般偏低，有13个社竟然取消了果树分红，不给任何报酬，以致使有果树的社员吃亏，对社不满。部分有果树的农民怕吃亏而对果树不加爱护，不加修理培植，个别乡并发生了砍伐果树的严重现象。”

上述的这些做法不符合中央的要求，也与北京市委的要求不一致。这些做法实际上是损害了中农利益，使中农吃了亏，这样就不可能很好地依靠贫农巩固地团结中农。同时对于农业生产和农业生产合作社的发展都是不利的。

《合作社发展问题报告》记载：“第二，大社办得有些过多。1954年在全郊区共只试办了13个100户以上的社，我们郊区的农业生产合作社还刚刚建立不久，干部和群众都还缺乏经验，还没建立起比较系统的制度，可是现在100户以上的大社已发展到176个了。有些社条件很差，领导骨干很弱，干部和群众经验很少，原来又没有合作基础，也不量力地盲目地举办大社。这样的急躁冒进是容易使工作遭受挫折的。

第三，少数干部不能很好地耐心地对农民进行教育，他们为了完成任务，在宣传动员中。竟说‘不入社就是翻身忘本’，‘就是和地主富农有拉拢’，甚至说要‘调换土地’、‘收回国有土地’等来强迫农民入社；个别的随便许愿，以入社后一切困难都可以解决来引诱农民入社。部分社的建设工作粗糙简单，干部包办代替，忽视政治工作，生产资料入社评价、制订社章、选举社的领导干部也不发动社员反复讨论协商。因此，这些社虽建立起来，也是很不巩固的。”

工作中发展上述错误的主要原因，可以归于如下的几点：一是郊区的干部和积极分子们对于在目前办高级社和大社的繁重性认识不够明确；二是对党的合作化的政策方针理解得不够深入，向农民群众宣传得不够清楚；三是在工作中，对建社扩社的工作方法和步骤布置得不细致，从区、乡干部自身到基层骨干都有急躁冒进的情绪；四是参加办社的干部既缺乏经验和办法，又不能正确地了解和执行党的合作化政策。

1955年6月27日，时任中共北京市委农村工作部长赵凡，在北京市第一次党代会上作《关于郊区农业生产和农业社会主义改造问题的发言》（以下简称《农业社会主义改造问题发言》）①，进一步讲述了办社时的一些主要的问题。这些问题最突出的就是违反了自愿互利的原则。

① 中共北京市委党史研究室，中共北京市委农村工作委员会，北京市档案馆．北京农业社会主义改造资料：下册［M］．北京：中国社会出版社，1991：98-103.

《农业社会主义改造问题发言》记载："郊区的农业合作化运动也曾发生过许多严重的缺点和错误，在某些方面违犯了自愿互利原则，首先是对农民的社会主义觉悟估计过高，对工作中的困难认识不足，错误地把少数乡干部、党团员和积极分子的觉悟水平和要求当做广大农民的觉悟水平和要求，因而过早地提倡了办高级社和过多地办大社，使郊区的高级社由1954年的114个一度发展到343个（后核减为84个），100户以上的大社由1954年的13个发展到现在的164个。由于过早地取消土地分红，没有照顾土地较多较好、人口较多而劳动力少、弱或丧失劳动能力的农民的切身利益，因而曾引起部分农民的顾虑和不满。过多地办大社，也增加了办社工作中的困难。

其次，在合作化运动中，有些乡还发生过侵犯中农利益，或嫌贫爱富排斥贫农以及对富农的破坏活动警惕不够等错误，违背了党中央：'依靠贫农（包括原来是贫农的新中农），巩固地团结中农，发展互助合作，限制和逐步消灭富农剥削'的阶级政策。

再次，在合作化运动中，有些干部违背了党的群众路线的工作方法，发生强迫命令、包办代替和不依靠党支部办社的错误。这些错误和偏差，曾引起社内外部分农民的思想混乱，挫折了他们的生产积极性，甚至造成少数农民消极生产，出卖生产资料，躲避入社和部分社员退社的恶果。"

对于产生这些错误的原因，《农业社会主义改造问题发言》作了分析和总结："这些错误的产生主要是由于我们市委农委和农村工作部，特别是我个人，对党中央的政策和市委的指示研究、学习、领会不透，对党的合作化政策，方针向干部交代的不够清楚，对建社、扩社工作的计划、方法、步骤布置得不够细致，以及曾经发生过的急躁冒进情绪而造成的。当然，办社干部中'新手'多，缺乏经验、办法，不能正确地了解和执行党的合作化政策，在工作中不善于走群众路线，也是产生上述错误的原因之一。"从上述记载中可以看出，扩大农业社的工作的问题的确是比较严重的，不但违背了自愿互利的原则，没有尊重农民的选择，而且产生了相反的效果，挫伤了农民的积极性。北京市有关领导对于产生错误的原因分析客观中肯。

在《中共北京市委关于郊区农业合作化运动向中央的报告（1955年9月30日）》①（以下简称《合作化运动向中央的报告》）中，记载了严重侵犯中农和盲目办大社的错误等主要问题。

《合作化运动向中央的报告》记载："第一，在去冬今春的大发展中，曾经发生过严重侵犯中农的错误和主观地、盲目地追求高级形式和大社的偏向。今年2月前的情况是这样：①土地不分红的高级社，最多时曾发展到343个，约占当时郊区农业合作社总数的一半，其中有许多不是出于群众自愿的，甚至是完全由干部和少数积极分子用各种方式强制实行的。因此社内很不团结，社外议论纷纷。后来，根据社员群众的意见，将266个这样的高级社改为按劳力、土地比例分红的低级社，社员立即表现团结了。现在郊区还有高级社77个，其中绝大多数已办了一年以上，一般都在菜区或副业比重较大的地区，因为这些地区劳动力比较缺乏，同时这些社比种粮食所用土地面积的相对量要小得多，菜

① 中共北京市委党史研究室，中共北京市委农村工作委员会，北京市档案馆．北京农业社会主义改造资料：下册［M］．北京：中国社会出版社，1991：124-131.

地需要的投资也多，主要是靠精耕细作，劳动收入多，劳动力较少的户也能比入社前有较多的收入，土地分红与否对社员收入影响不大，社员都愿意办下去。我们认为在这种条件下，根据群众的自愿办一些高级形式的社以取得经验是可以的。但有些同志总想无条件地大量地办高级社，我们已明确指出：现阶段主要的是发展半社会主义性质的低级社，不宜大量发展完全社会主义性质的高级社，更不应违反群众自愿，勉强群众办高级社。②当时因大社（又有很多是新社）办得多，感到巩固很吃力，我们对于100户以上的178个大社中的18个社，根据条件适当划小（把一个分为两个或三个）。现在100户以上的大社还有160个，其中300户以上的还有23个。这些社现在已有较好的基础，领导较强，有骨干，今年都可以增产，群众愿意办，我们决心抓紧领导，继续办下去。③相当一部分社曾发生生产资料折价偏低，入股后偿还年限过长，又不付利息，既违反了互利，同时也违反了自愿政策；因而曾引起了杀牛砍果树等严重现象。经过整顿，偿还年限凡过去规定为三至八年的都改为三至五年，并付适当利息，多数农民说，这样公道。④京西矿区有17个社是不具备办社条件，勉强办起来的，经向群众讲清楚后，他们自愿地转成了互助组。另外，还有一些勉强拉进来的户，经过说明自愿互利政策，有些要求退社的，就好结好散地允许他们退出了社。郊区入社农户今春最高时曾达56 000多户，占郊区总农户47%，在整社过程中，有3 600多户，即大约占入社农户6%退了社，但在同时又有一些积极要求参加的农民入了社，出入相抵，只减少了1 000多户，由原来的47%下降为46%，即下降了1%，这就说明了这种整顿是健康的。”

在上述记载中清楚地看出，只有菜区、副业搞得好地区，或者不依靠土地而是依靠劳动力贡献收入的地区，才愿意办高级社。这一记载中既暴露了盲目办大社的问题，也反映了纠正办大社错误的办法和取得的效果。就是适合土地分红的地区还是搞初级社，甚至退回到互助组，农民马上就赞成，就没有波动和情绪。农民折价低的生产资料给予补偿并且还支付利息，缩短折旧期，这些都体现了自愿互利的原则。

《合作化运动向中央的报告》记载：“第二，我们在领导农业合作化运动中的另一个严重缺点，是没有很好地像主席在7月31日所指示的那样，根据土地改革后农民的新的经济地位和政治态度，来指导合作运动的发展。我们虽然反复强调贯彻执行党在农村中的阶级路线，但对于土改后农村阶级状况没有进行系统的调查研究，对于从老贫农中上升的一部分富裕中农即上中农的政治态度，特别是对合作化的态度，或老中农当中下中农的积极性，没有进行具体的分析，没有能完全按照不同的阶层和他们的觉悟程度来全面规划，分批发展。因而在实际工作中对依靠贫农的阶级政策，贯彻执行得不够，有些社发生过嫌贫爱富、不愿吸收贫农入社的倾向，并且一开始大发展就吸取了一大批新老上中农入社，有些社甚至让富裕中农当了权。根据3个比较有代表性的乡的调查，贫农、新中农的下中农和老中农的下中农入社的户数虽然已占社员总户数84%，但是入社的贫农只占该乡贫农户数的48.9%，而新中农的上中农入社的则占该阶层农户49.1%，即比贫农入社的比例还大，老中农的上中农入社的也占该阶层农户35.3%；新中农的下中农占该阶层农户57.2%，老中农的下中农占该阶层农户45.5%。显然是没有充分依靠贫农，并有排挤他们的倾向。又据7个社的调查，干部当中，现贫农只占30.3%，新中农的下中农和老中农的下中农，占39.1%，新中农和老中农中的上中农则占30.6%。从这些材料中可以看出，在某些社中，干部中上中农的比例是偏大的。”

从上述记载中可以清楚地看出，土改后到办初级社的几年中，农民的阶层分化已经开始：中农发展为老中农、新中农；新中农又发展为新上中农、新下中农；新的上、下中农的来源的一部分是贫农。这些不同成分的农民的入社的态度是不一样的。从组织动力学的原理分析和从党的政策来看，应该是贫农入社的积极性最高，这也是应该紧紧依靠的对象。但是实际上并没有完全依靠贫农。当时，把这一点作为了一个错误来看。现在，我们拉开历史的距离来看，这可能并不是一个错误。嫌贫爱富固然不对，合作社的依靠来源更广泛一些，也可以吸收新中农的下中农或者是上中农加入，也许是不无道理的。

三、解决推广合作社中的问题

针对土地不分红的高级农业社办得过多，引发中农和部分土地多劳力少的贫农的顾忌和不满的问题，针对处理生产资料作价入社有些地方作价偏低、归还折价款期限定得过长，而且只还本不付利息的问题，市委都采取了一系列的措施予以纠正。

《北京市农村合作经济经营管理志（1952—2002 年）》① 记载：“市委在当年 2 月至 6 月间，先后召开办社工作会议和农村工作扩大干部会议，对郊区办社工作进行检查和总结，并抽调市、区干部深入乡、村，帮助农业合作社进行整顿。2 月初，市委第一书记彭真在办社工作会议上讲话指出，郊区办社成绩很大，但要整顿、巩固。并针对工作中存在的问题提出：已经办的土地不分红的高级社，如果一部分社员不是真心同意，就改办初级社；已经办的大社，如果实在办着有困难，可以划成中小社；牲口、大农具入社作价要公道，已折价入社的除应摊的入社股金外，其余的应还本付息，不能让有牲口、大农具的农户吃亏。并且强调，要坚持自愿、互利原则，要依靠贫农、团结中农。经过几个月的检查整顿，纠正了办社工作中的上述问题：一、对 343 个高级社，经过征求群众意见，有 266 个改为了土地分红的初级社；二、176 个百户以上的大社中，有 16 个社根据群众意见划小为三五十户的中小社；三、对社员的牲畜、大农具入社作价问题，进行了检查和调整，对超过入社股金部分的生产资料作价款偿还年限，由三年至八年、不付利息，改为三年至五年、按银行贷款利率付息。此外，在整顿过程中，根据入社自愿，退社自由原则，有 3 600 多户农民退了社，同时又有一些农民入社，退社与入社相抵入社农户减少了 1 000 多户，入社农户由占农户总数的 47%，下降为 46%。”从这一记载中，我们清晰地看出，时任北京市委第一书记的彭真同志对北京市农业合作化中的“左”的一系列错误倾向，有着清醒的、深刻的认识。因此他能针对这些错误采取重大的措施，来纠正这些错误，使农业合作运动中少走了弯路，减少了损失。

（一）彭真对发展农业合作化运动的认识

彭真对北京市农业合作化发展的正确认识，在他的两篇重要文稿中阐述的非常清楚。

① 北京市农村合作经济经营管理志编纂委员会．北京市农村合作经济经营管理志（1952—2002 年）［M］．北京：中国农业出版社，2008：17-18.

第一篇是《关于北京郊区农业生产合作社中的土地分红与生产资料折价问题（节录）（1955年1月23日）》[①]（以下简称《土地分红与生产资料折价问题》），这是1955年1月彭真在中共北京市委第二次宣传工作会议上的讲话。他深入透彻地分析了合作化中的两个涉及农民切身利益的最关键问题——土地分红和生产资料折价问题。

彭真首先用一个例子，把土地分不分红的问题尖锐地提了出来。他在《土地分红与生产资料折价问题》中指出："有一个报告写得很生动，说有个地方土地入股不分红，没报酬，一个中农党员思想打不通，在他影响下，全社中农思想都打不通，结果讨论三个整晚上解决不了。这一件事说明什么问题？问题的解决办法在哪里？当然，同志们可以去查列宁的著作，找苏联的经验。但问题就在这里：一个中农党员，一个土地报酬问题，三个晚上解决不了。解决问题的办法也就在这里：应研究土地应不应分红，究竟是'二八'，还是'二五''七五'，最后算了算，他同意了。这里不是包括了解决办法吗？这里全部问题的关键是：有人赞成土地分红，他为什么赞成了，有人不赞成土地分红，他为什么不赞成？土地分红不分红，对谁有好处，对谁有坏处，谁得便宜，谁吃亏？怎样分红，人人都不吃亏？解决了这个社的问题，全国这样的问题都可以解决了。从这一个例子，可看出我们的政策是值得考虑的。中农里的一个党员，三个晚上对于土地分红问题作不了结论。一个中农党员的话影响这样大，怪得很！他是共产党员，你也是共产党员，而且是上面派下去的，虽不是钦差大臣，也比他高明些吧！怎么你说话就没人听？怎么他说话就有人跟着他跑，是有鬼，还是客观规律起作用？这个问题就包含了解决问题的办法，办法就在土地应该给报酬，土地不给报酬，在农民内部就有人占便宜，有人吃亏，是不合理的。这就是因为农民要土地，他不给农民土地。"

上述的讲话，是按照实事求是的规律说。中农党员对于土地不分红是有看法的，思想工作是做不通的。只有土地分红了，思想问题才能解决。这是客观实际。

彭真进一步指出，中国革命为什么能取得胜利，最重要的原因，是解决了农民的土地问题。他在《土地分红与生产资料折价问题》中指出："毛主席和陈独秀的区别，在于他有一个《湖南农民运动考察报告》，主张分给农民土地。大革命失败了。第二次国内革命战争时期，农民为什么和蒋介石打呢？因为我们给农民土地。出了那么多苏维埃和红军，我们从无到有，从小到大，依靠什么？是依靠农民。农民所以支持我们，是因为我们领导他们取得了土地。抗日战争时期，我们搞减租减息。解放战争时期，我们依靠农民的力量，依靠农民的支持，消灭了蒋军几百万，获得了解放战争的胜利。农民历尽千辛万苦，流血斗争，送郎上前线，送儿子上前线，家里剩下一点粮食也支援解放军，为什么？就是为了得到土地。"农民分得了土地，农民的利益得到了保障，我们才能得到政权，我们才能得到人民的拥护。

按照同一逻辑，我们要正确地处理好土地的问题。彭真在《土地分红与生产资料折价问题》进一步作了更为透彻的分析："现在你轻轻地一办农业生产合作社，就把土地弄没了，就取消土地报酬，他当然不干。那为什么殷维臣干呢？殷维臣这样的人是少数先

① 中共北京市委党史研究室，中共北京市委农村工作委员会，北京市档案馆．北京农业社会主义改造资料：下册［M］．北京：中国社会出版社，1991：7-12.

进分子。在座的人如有地也会说：'我要这点地干什么，献给国家吧！'但政策不能建筑在少数先锋队上面，要以绝大多数农民为基础。如用脑子好好考虑，农民用那么多力气得来的土地，一下给了农业生产合作社，又没有报酬，等于国有，他怎么会痛快！觉悟程度不同，这是一。这里有很大的利害关系。如到发生问题的地方去调查，就会发现有很大的利害关系。如有三户人家，都是五口人，每人四亩地，共二十亩地。姑且不讲地的好坏，如果地都一样，仅仅有一条不同，一家有两个劳动力，一家有一个劳动力，另一家一个劳动力也没有。结果土地不分红，土地都入社，没报酬。很显然，对这户有两个劳动力的好；有一个劳动力的那户算算：'比上不足，比下有余'，不如那户有两个劳动力的；那户没劳动力的，土地没报酬，他怎么会愿意；这件事不是很清楚吗？同样三户人家，同是五口人二十亩地，只是劳动力多少不同，土地不分红，三家利害关系完全不同；只代表那有两个劳动力的，并不代表那没有劳动力的，只有一个劳动力的那户是中间。你们看看是不是问题。这是个问题吧！同时劳动力的强弱还有不同，一家有两个劳动力，劳动力壮得像条牛，另一家一个劳动力，马马虎虎。强弱又是个问题。土地不分红，按劳分红，劳动力强的占便宜，劳动力弱的就吃亏。"这一分析真是丝丝入扣、鞭辟入里。农民支持中国革命取得的胜利果实岂能就这样被剥夺了吗？即便少数人觉悟到这个境界了，比如殷维臣合作社，但是，我们的政策能否建立在少数人的觉悟而没有广大群众支持的基础之上？答案是不能。所以，彭真举了三户人家的例子分析。假设土地一样的情况下，土地不分红的话，各家如果劳动力数量不同，按劳取酬，对劳动力少的就不公平，这家人就要吃亏，就要用自己投入的土地获取报酬。这是经济规律在起作用。

彭真认为，要按照马克思的唯物史观解决问题的话，就要尊重农民私有的利益的客观规律。彭真在《土地分红与生产资料折价问题》的讲话中指出："同志们！你想想，你去搞农业生产合作社，只是一个土地不分红，就把农民搞分裂了。这一问题，在一个村子里，完全可以调查清楚的。什么人赞成土地分红，什么人赞成土地不分红，什么人坚决反对土地不分红，什么人马马虎虎，这里有很具体的利益关系。在我们脑子里很轻描淡写，可是在分粮食的时候，那户有两个劳动力的分到十担，一个劳动力的分到六担，有的一担也分不到或只分到一担。十担与一担的区别。你们也许会问，才差几担粮食，就有那么大的利害关系吗？农民计较这些岂不是自私自利吗？你倒不自私！如果有一个月不发给你包干费，看你干不干！那么，什么情况下可以土地不分红呢？如果三户土地的数量一样，地一无好坏、二无远近，三每户都是一个劳动力，劳动力的强弱也差不多，只有在这样的情况下才行。同志们，哪有这样的事呢！即使现在一样，将来也会变化：一家死了人，劳动力就没有了；一家的弟弟从解放军里回来，劳动力又增加了。所以，即使今天行，明天也不行。殷维臣的社，地占的不多，主要是菜窖子，那种情况还可以马马虎虎。就这么一件事，农民为土地分红问题争论得那么厉害，我们的市委都没认真讨论过。应该想想，这办法究竟对不对？自然，土地要分红，要给报酬。只有在特殊情况下，个别的才可以不分红。有些人说，主要靠思想，靠说服教育，把农民的个人主义，自私自利思想打掉就行了。那不成了唯心论了！农民是个体经济，在这个经济基础上产生的思想当然是只管一家子的事。个体经济是私有制，私有制必然产生私有财产观念。你说：'我是共产党员，没有私有观念。'那是因为你是共产党员，你已经改变了。全国人都成了共产党员，党不是就可以消灭了！你发现农民有私有观念，这是很自然的。农民为什么不计较几亩地呢？他如果不计较，就要挨饿，他不计较，他的肠胃也要计较。农民就那么‘高尚’！那种‘高尚’是空的。这种想法，就是因为没有想到实际。农民不计较家庭利害，马克思主义不就破产了，还有什么唯物史观！”不搞土地分红，农民的分配成果就会不公。彭真假设了即使三户家庭的情况基本一致，土地一样、劳动力一样等，但是这是会发生变化的。不按土地分红的话，农民没有粮食吃，他的思想不计较，他的肚子可是要计较的。这是多么朴素的道理呀。什么是尊重农民？尊重农民就要换位思考。第一，先换位；第二，再思考。彭真做到了这一点。

尊重农民的选择，就要真正让农民能做到自愿互利。彭真在《土地分红与生产资料折价问题》中指出：“办农业生产合作社要自愿、互利，入社的人人都不吃亏，大家合计是劳六地四，还是劳七地三，大家合计差不多，每个人自私自利，但有个办法对他都合适，在私有基础上，就组成生产合作社。生产方式改变了，私有观念慢慢也改变了。农民的私有财产是客观，是实际，这跳不过去，共产党员、马克思主义也对抗不了。只有把他的私人利益与公共利益结合起来，慢慢经过一个过渡，社会主义生产发展了，把私有财产制度改变了，思想也就改变了。这是苏联多少年的经验。苏联有拖拉机，还不能一下子就解决这一个问题；我们还没有机器，就那样容易！苏联开始有拖拉机时，只用拖拉机耕地，耕完后，还得把地分成一块一块的，你一块，我一块，把垄子垄起来，这块是张三的，那块是李四的，自己锄草，自己收割，后来拖拉机可以用作锄草了，垄子不行了，才去掉了，但农民收割还是各收各的。等到收割机也有了，才一起收。假使还没有打谷机，还是分着打。有了打谷机，才发展到分粮食。苏联有机器还是一步一步做，我们没拖拉机，把农民私有观念改变，能那样容易！毛主席讲过很多，严重的问题是教育农民，是把农民一步一步地领入社会主义。”尊重农民的选择后，把农民的个人利益与公共利益结合起来，提高科技水平后，生产力发展了才能改造小农经济。这是一个正确的方向。彭真描述了这个过程和未来的发展进程。事实也充分证明了这一点。

关于生产资料折价问题，彭真也有一个深入的分析。他在《土地分红与生产资料折价问题》中指出：“还有一个例子，即牲口、大车入社不入社的问题。宣传部的材料上说，有一个党员，人家问他入社不入社，他说：‘入啊，入啊，我先把牲口拉回去吧，等到入时再拉回来。’他回去以后赶快就把牲口卖了。这是一个现实，这是一个问题。为什么？你在脑子里一想，说：‘这是农民自私自利！’那问题解决得了吗？有的农民把自己的牛的腿打折了，他和牛很亲。为什么会有这样的问题？为什么他把牲口的腿打折卖了呢？你说这是‘资产阶级思想’、‘个人主义’、‘自私自利’，就解决问题啦？算一算的话，第一是牲口，大车折价太少，这样，问题就来了。一个同志告诉我，郊区现在是活驴比死驴便宜，这是不是事实，我不知道。假使如此，什么原因？是不是因为宰驴有加工费就涨价了？不是吧！为什么？就是因为发展农业生产合作社时牲口折价低了，农民就不愿意。还有一条，农民牲口入了社，折了价，如是100万，大家摊了50万，还有50万还给你。多少年还？5年到10年才还，有利没有？没利。”彭真还是用鲜活的例子来说明问题，农民为什么卖牲口、杀牲畜？不是不珍惜，是合作社侵害了农民的利益。

产生上述现象的原因，是我们没有按照经济规律办事。他在《土地分红与生产资料折价问题》中指出："同志们，你要是农民，你要是有牲口，如此折价你干不？不合经济原则，有牲口的当然不会乐意，这根本不合经济原则，这就是人家为什么愿意卖牲口的原因。很显然，这样是没有牲口入社的占便宜，凡是有牲口的入社就倒了霉。不但牲口折价低，而且折的钱，只还你一半，那一半算投资，要10年才还完，还没利息，10年以后怎么回事他看不见，还不敢保险就靠得住，这就是他宁可把牛送到屠宰场都不入社，或入了社愁眉不展，吃不下饭去的原因。这要定为我们的政策，岂不天下大乱！这些问题不能只说是'资产阶级思想'、'自私自利'、'个人主义'这三句话就可以解释一切，不能。"不按经济规律办事，就会产生卸磨杀驴和"搭便车"的现象出现。我们不能实行这个政策。如何解决这个问题？

彭真在《土地分红与生产资料折价问题》中指出："这里有折价问题，摊派问题，钱几时还，有无利息，农民是否自愿，是否了解等一系列问题。用什么办法解决这些问题呢？就是原来折价低的，就折高一点；原来不给利息的，就给点利息，原来土地不分红的，就土地分红。

办法就从那里出来了，办法就是从问题里找出来的。在脑子里空想怎么行！平时既没有农民生活的体验，又没有农民实际斗争的经验，到时候不到农民中去摸索，怎样领导宣传工作呢？怎样领导农村的实际工作呢？农民是个体经济，这是实际。是个体经济，便有私有观念，这是实际。有了无产阶级领导，就可以组织农业生产合作社，这又是实际。

要一步一步，要自愿，要互利，在这个基础上，经过很耐心的工作。哪里是这样简单的几句话，帽子一扣就解决得了几万万农民的问题！蒋介石就是和农民有利害矛盾，被打倒了。我们是依靠工农的，你现在这样看不起群众，这样搞法，当然不行。这是从实际来看。如果从总的来看，问题更多。我们国家建设在什么基础上？工人和农民的联盟是我们国家的基础。在农村中，我们的基础就是依靠贫农、团结中农。我们郊区，中农土地比较多，牲口比较多，搞农业生产合作社土地不分红，借农业生产合作社把中农的财产挖一块肉补给贫农，这样中农能和贫农团结吗？这牵涉到贫农与中农联盟的问题，工农联盟的问题。当然，这里有党的路线、理论问题。"

解决问题的办法就是土地要分红，折价低了要折高，没有利息的要给利息。这个问题解决的好不好，涉及到工农联盟的问题，涉及到贫农和中农联盟的问题。不这样做的话，我们就会失去支持的基础。蒋介石就是没有这个基础被打倒了。彭真站在稳固无产阶级政权的基础上来看待这个问题。

彭真对北京市农业合作化发展的正确认识，在他的第二篇文稿《办好农业生产合作社》（1955年2月5日）①，充分体现了出来。这是他在北京市郊区办社干部会议上的讲话。

在这个讲话中，他全面总结了北京市农业合作社发展中的主要问题。这篇讲话至今已50多年了，今天看来依旧有指导意义，真理的光辉是能够经受住时间检验的。

---

① 中共北京市委党史研究室，中共北京市委农村工作委员会，北京市档案馆．北京农业社会主义改造资料：下册［M］．北京：中国社会出版社，1991：13-19.

北京市办了700多个合作社，办得怎么样？巩固不巩固？《办好农业生产合作社》作了细致的分析："去年郊区有400多个社，就是我们说的老社，秋后又发展了一些，现在总共700多个。这些社巩固不巩固？我说不巩固。已有的社，特别是大社，恐怕多半还没有在社员群众中锻炼、培养出政治上、业务上有能力的领导核心。那么，为什么这些社现在办得还可以呢？主要是依靠区委，依靠上级直接抓紧领导，依靠派去的工作组支持。要在郊区把农业合作化运动开展起来，开头派些过去有办社经验的工作组下去，由下去的干部领导、主持办社，先办出个样子来，这个阶段是不可避免的。但是，合作社要巩固，一定要在社员中锻炼、培养出一批政治上、管理上有能力的人作为领导核心。有了这样一个领导核心，工作组可以隔一两天或隔一两个星期，再隔两三个月，去看一看，帮助一下，逐步放手。这样的社才比较容易巩固。现在基本上还是派下去的干部在领导办社。这表示我们的合作社还不巩固，特别是大社不巩固，有一部分是很不巩固的，干部走了，它可能就巩固不下去。所以，要注意在农民中培养领导核心，在政治上、工作上帮助农民积极分子，把办社经验介绍给他们，帮他们总结经验，使他们自己能把社办好，那时才叫巩固。这是一个大任务。"这个分析是对当时的合作社发展状况的一个清醒的认识和判断。我们的合作社并不巩固。问题是这些社特别是大社都是区里领导下到基层办起来的。真正的社领导和骨干并没有在农民群众中产生。干部一走，社就有可能散伙。所以，巩固合作社，要有真正的农民骨干作为社领导，才能坚持发展下来。

农业社的土地要不要分红？《办好农业生产合作社》作了分析："高级社好不好？好。是真好，不是假好。过去这样宣传并没有错。但是，在今天郊区的情况下，土地不分红好不好，就要具体分析了，这要看是不是所有农民都愿意。

让我们先分析一下实际情况。郊区土地改革，只是没收了地主的土地，征收了富农出租的土地，对中农的土地没有动，不是把所有的土地拿来平分。这个政策是对的。因为实行这个政策，土改以后，中农的土地比贫农的土地多，多多少，各地情况不同。土地不分红，等于贫农和中农又平分一次土地，贫农就占了中农的光。即使都是贫农，土地一样多，劳动力有强有弱，技术有好有差，如果土地不分红，劳动力少的、弱的，没有劳动力的，就吃了亏。总之，土地不分红，中农吃亏，劳动力弱的吃亏，贫农和劳动力多的会占点便宜。两个朋友在一起，一个占便宜，一个吃亏，怎么能搞好团结？现在把土地不分红当做一个普遍的政策，不问当地实际情况如何一律推广是不行的。中央没有叫我们马上去发展那么多高级社，也是考虑到这个问题的。

经济利益是根本利益，土地不分红，怎能实行'贫农巩固地团结中农'呢？困难！如果我们的农业今天已经机械化、电气化了，劳动力强弱的差别比较小，或者我们的社员办社的积极性和集体化的觉悟更高了，情况当然不同。现在的状况还是依靠手工、体力劳动，生产技术水准还很低，劳动力强弱的差别比较大，特别是我们的农业生产合作社刚搞起来，农民的政治觉悟还不是那么高。在这种情况下，实行土地不分红能行得通吗？行不通。说我们对没有劳动力的孤儿寡妇家庭有照顾，这是事实，但能天天照顾吗？另外，劳动力情况变化很大，今天每户都有一个劳动力，明天有一户的劳动力忽然死了，又没劳动力了，怎么办？土地不分红，问题很复杂。因此，市委认为目前在郊区不要再推广土地不分红的社。至于哪一年推广，再说。

已经建立的高级社怎么办？我们可以定下这么一条：只要有一部分社员不是真正愿意，那就应该改。经过社员酝酿、讨论，对土地给以适当报酬，给多给少，你们去研究。当然，有的高级社办了几年，土地不分红，社员全都真正愿意，那就可以不改。为什么说只要有一部分社员不是真正愿意就应该改？道理并不复杂。只要我们说土地不分红的社好，社员就不好反对，一反对，就是‘自发势力’、‘资本主义’、‘私有观念’、‘落后’，谁敢碰！说‘不愿意可以退社’这句话说起来容易，实行起来困难。都是社员，退出来，怎么混下去？农民是我们的弟兄，不能用这样的办法。只要有一部分社员不是真正愿意，就退回去，土地分红，给以适当报酬，在这个问题上，必要时要走点回头路。总共两条：一条是现在暂时不再推广高级社，不要再建立新的高级社；另一条是已经办起来的，只要有一部分社员不是真正愿意，经过社员好好讨论，土地给报酬。

这件事，我在这里说起来很轻便，你们回去办就很不容易。如果一个社多数赞成土地不分红，只有少数不赞成，怎么办？按民主集中制，当然少数服从多数。但是，问题并不这么简单。贫农和中农是兄弟，贫农就是占70%，也没有权力剥夺那30%的中农的利益。入社是自愿的，要使劳动力强的和有土地但劳动力少的都不吃亏才行。只对一部分人有利，合作社永远也办不好。现在要下这个决心。过若干年以后，条件变了，农民觉悟提高了，会有那么一天，土地统统不分红，但现在普遍推广还不行。

过去搞了土地不分红，现在要改，是不是过去搞错了？是有错，不错为什么要改？我们共产党办事情，讲究实事求是，对就对，错就错，对的坚持，错了就改。我们是不可战胜的，就靠这个，不要像牛一样，硬顶角，越顶越糟糕，越顶越被动。要向农民说明白，党派我们来搞农业生产合作社，你们没有经验，我们也没有经验，高级社是进步的，但是我们走快了，当时考虑不周到。土地不分红，地多劳力少的人不愿意。大伙办合作社，有人吃了亏，有人占便宜，这不好。现在请你们研究，大家愿意分红就分，不愿意就不分。这样，一下转过来了，一身轻松。对农民积极分子要爱护，要向群众讲清楚，那些走快了的事情是我们提倡的，是我们的主意，不怪积极分子。不要使积极分子在群众中感到垂头丧气。”

在上述分析中，彭真肯定了办高级社大的方向是好的。但是土地分不分红要具体分析。他回顾了北京市土改时的政策和农民拥有土地的实际情况，那就是中农的土地比较多，比贫农多，而且保留了下来。如果土地不分红，实质上就是又平分了中农的土地；这样贫农就沾了中农的光。彭真透彻地分析了如何处理好贫农与中农经济利益的关系。他进一步分析土地分不分红在贫农之间，也有经济利益的问题，比如：土地一样多，劳动力有强有弱，技术有好有差，如果土地不分红，劳动力少的、弱的，没有劳动力的，就吃了亏。经济利益是根本利益，土地不分红，怎能实行“贫农巩固地团结中农呢?”对于已经办起来的高级社，如果农民真实的意愿还是要实行土地分红，我们就坚决地退回来。入高级社应该是自愿的，30%的中农不愿入高级社，我们就应该尊重这些中农的选择。这段讲话，中肯、务实、实事求是、掷地有声。

牲口、大农具归了社的，应该怎么办？《办好农业生产合作社》作了回答：“生产资料归了社，折价要公道。折了价，除他应该摊的一部分外，剩下的应该偿还，应该还本，还要给他利息。利息也要定得恰当。究竟按银行农贷利息，还是按信用存款利息？信用存款利息是一分二，银行农贷利息是七厘五。假使一个人卖了一头牲口，得 1 000 万，放在信用合作社，一年利息 120 万，按银行农贷利息放在农业生产合作社，一年才 75 万，一年就吃 45 万的亏，五年就差 200 多万，他愿意呀？当然不愿意，这个问题值得研究。利息究竟是七厘五好，还是多一点好，请大家研究。有人说，过去分地主的土地，挖地主的浮财，为什么现在怕中农吃了亏？同志们，这是个阶级观点问题。过去我们斗地主，是因为地主的全部财产都是从农民身上剥削去的。中农不同，贫农、中农全是劳动人民。这是我们劳动人民内部的事情。简单地从贫富来看，是不合乎马列主义的，要用阶级观点来看问题。中农没有剥削过贫农，因此贫农对中农不能采取任何剥夺财产的方式，不论是直接的还是变相的。他的一条大骡子或一头大健牛归了社，只还本，不给利息，或给的很少。他当然不会痛快。折价很低，活驴、活牛比死驴、死牛还便宜，一条活牛不如杀了卖皮、卖肉，他也不会痛快。这样搞法，就破坏了生产。党中央的方针是依靠贫农，巩固地团结中农，不是马马虎虎地团结中农，不是离心离德地团结中农。中农的土地比贫农多一点，入了社，土地不分红，他吃了一次亏，他的牲口、农具归了社，折价折得很低，10 年还本，不付利息，他又吃了一次亏。他为什么和你团结？这不光是老中农，还有新中农。土改前无地少地的贫农，土改时分了地，过了一年，有一半有了牲口、大车、水车，变成了中农或富裕中农。这次办社如果牲口、大农具折价折得很低，这一部分新中农也吃了亏。怎么，办社还依靠谁呢？怎么能办得好呢？不可能办好嘛。办事要公道，不然的话，对贫农的领导不利，对国家也不利。原则只有一条，就是要有区别。我们对剥削阶级是剥夺他的财产；对劳动者则不能用任何剥夺的方式来对待。”

这段话讲得好，就是我们如何理解好“依靠贫农，巩固地团结中农”的这条办好农业社的方针。中农和贫农土改后成为的新中农，他们的富裕是依靠劳动致富的，与地主的剥削是有本质的区别的，他们的利益要得到保护。土地不分红就是一次剥夺，牲口、大农具不能折价，这又是一次剥夺。我们办社，要依靠贫农，要团结中农，就不能考虑他们的利益。如果我不考虑中农的利益，我们的生产就要遭到破坏。保护农民群众的合法收益，这应是我们党的责任，彭真是按照负责的精神去做的。这才是对人民负责。

对已经办起来的大社，如何处理？《办好农业生产合作社》也作了回答：“现在，我们郊区的大社不少。同志们辛辛苦苦地建了这么多大社，一部分的确需要。但是，因为它是小农经济，是手工生产，必须充分地估计办大社的困难。大社好是好，但办好是很不容易的。办好几百户的大社要有一套科学的东西，不是一下子可以办好的。所以，不要急躁冒进。大家的热心是好的，积极性是好的，但不要走得太快，不要在条件不具备时急于建立很多大社。首先应该努力把已经建起来的老的大社办好，取得经验，然后再一步步推广。从实际情况看，应该多办中社。社小一点也是社会主义。

现有的大社办不下去怎么办？凡是问题很多，自己感到办不下去的，就不要勉强，经过社员好好讨论，适当地分成几个社。一个社几百个劳动力、半劳力，分工、派工就是一件很复杂的工作，还不要说评工计分等工作了。一个人管二三百人管不了，管五六十人就管得了，管三四十人就管得了。把一个个小社办好了，然后合起来，不就是大社呢？有了办五十户的社的经验，将来扩大到一百户，也就行了。会办一百户的社，干部、群众真正有了经验，将来办三百户的社，也就比较容易了。路要一步步地走，三步当成一步走就会摔跤。不能总是强行军，走得太快了，栽了跟头，起来再走，就更慢了。”

这段讲话，客观地分析了办好大社的难度和困难。办大社的方向没有错，但是，不能冒进，为了办大社而办大社。办大社是需要诸多的条件，是需要科学的管理办法。不办大社，办中社、小社也是社会主义。这实际上讲明了生产关系要适应生产力的发展。我们的生产关系超越生产力的发展，对生产力的发展也是一种阻碍和桎梏。办不下去的大社，就要办成小社，小社办好了，办成中社，再办大社。这需要循序渐进，彭真讲明白了这个道理，就是欲速则不达。

对于农民私有观念的认识问题，《办好农业生产合作社》指出：“我看到几个材料，说农民自私自利。这是不是事实？是。你把它怎么办？把脑袋砸了，到阎王那里去，还是私有。为什么农民有私有观念？因为他是个体经济、小私有者。哪个经济基础产生哪个观念，私有财产制产生私有观念。你不承认也不行。怎么办呢？要教育。但是，光教育还不行，经济基础不改变，左一遍教育，右一遍教育，还是不能完全解决问题。所以，一定要把改变经济基础和教育结合起来，才能解决问题。教育要有耐心，一步一步地提高农民的觉悟，不是一个早上、一个月、一个突击运动就可以解决的。同时，要在完全自愿互利的基础上把他们组织到农业生产合作社里来，要自愿，要两方面都有利。一方面有利，一方面有害，你有利，我有害，你利多，我利少，那不行。生产关系改变了，所有制改变了，人的思想也就会慢慢改变的。我们是共产主义，农民是私有观念，两者是矛盾的。怎样才能统一起来呢？就是要组织起来，搞农业生产合作社。办了社，产量提高了，收入增加了，日子越过越好，农民就会拥护农业生产合作社，一步一步走到社会主义。最后，农业生产合作社有了机器，实现了机械化、电气化，耕地、收割、打粮食都使用机器。那个时候，生产关系，经济基础完全改变了，农民成为社会主义集体劳动者，再结合教育，私有观念的问题也就可以逐渐解决了。这不是10年、20年的事，而是30年、40年的事，总之要有几十年的教育过程。无产阶级负有教育农民的任务，一步一步教育农民，从改变部分生产关系开始，最后完全改变生产关系，改变私有制，把农民变成社会主义集体劳动者。这是长期的工作，是我们党、工人阶级很严重的长期任务，绝不是短期能办到的。在这个问题上，我们的同志要有足够的耐心。搞快了，农民和你对立起来，以后你说好话，他也不听了。所以，克服私有观念是一个长期的教育过程，长期的斗争过程。这个斗争是人民内部的斗争，是思想斗争，是很复杂的工作，不要看得太容易了。要充分地估计到困难，用极大的力量克服困难，一步一步改变农民的私有观念，使他们变成社会主义者。”

对于农民的私有观念的改变是一个长期的过程，因为这是由生产关系决定的。有什么样的生产关系，就会有什么样的观念。改造农民的私有观念，要从改变生产关系入手。但是，以合作社的形式改变私有观念，要尊重自愿互利的原则。改造观念，这是一个长期的斗争的过程，这个斗争的性质是人民内部矛盾的斗争。这个道理现在看来都是浅显易懂的，但是我们能够真正地做到却是非常不容易的。在当时，彭真对农业社会主义改造的长期性有一个深刻的、高瞻远瞩的认识，这就是一般人做不到的。

北京市有彭真这样的既有高度的政治觉悟又有高度的政策水平的领导人，为农业发展作出决策，为问题把脉，就使北京市的农业社会主义改造少走了很多的弯路，避免了农业生产的大起大落。按照这个正确的思路，在1955年的推广农业社的阶段，纠正盲目发展大社、高级社，北京市作出了很多正确的决策。

（二）整顿和巩固合作社

北京市出现冒进地发展合作社不是偶然的，是全国都出现了这样的发展局面。因此，1955年1月10日，中共中央发出了《关于整顿和巩固农业生产合作社的通知》[①] 指出："这些新社由于其中有相当部分是无准备或准备很差的条件下建立的，因而在许多地方陆续有新建社垮台散伙和社员退社的现象发生。整顿和巩固这四十几万个社，已经成为十分迫切的任务。切不要以为党在农民中的信仰很高，现在所采取的半社会主义合作化的政策基本上取得农民拥护，就不会发生任何偏差。在合作化运动大发展时期，如果由于我们工作做得不好，发生了偏差，并因此而产生各种不利于生产的现象，即使是局部的、暂时的，也会遭致很大的损失，所以必须兢兢业业努力避免。"中央的指示和彭真的讲话，都促进了北京市整顿和巩固合作社的工作，并且贯穿在这一年里。

1. 制定整顿合作社办法

据《北京农业社会主义改造资料》所附的大事记记载[②]："2月2—5日，中共北京市委农村工作委员会召开了有郊区各区委书记，市、区各级农村工作部门的负责干部，部分驻社工作组长和大社主任200余名干部参加的办社会议。会议讨论和总结了郊区几年来的办社经验，提出加强、改进领导，切实做好农业生产合作社的整顿和巩固工作。为贯彻落实中共中央第四次互助合作会议确定的任务，提出五项具体措施：①发动群众制定1955年度农业社的增产计划，以鼓励社员的增产信心和生产积极性，指导社员按照计划进行生产；②建立健全劳动组织，稳步推行包工制和生产责任制；③在财务管理上，贯彻节约精神，克服铺张浪费和公共财物无人负责现象；④积极推广农业增产技术和经验，保证增产计划的实现；⑤加强农村党支部对互助合作组织的领导，加强对广大社员群众的政治思想教育。彭真到会并发表了重要讲话。中共中央农村工作部的杜润生、王谦也到会讲了话。赵凡在会上做了总结发言。会议最后通过了《办好七百个农业合作社》的会议文件。"

《办好七百个农业合作社》指出："第一，做好社的整顿、巩固工作，打好办社工作的基础。凡发展工作已经结束的社，应立即从以下两方面着手进行整顿和巩固：

（一）认真制定和修订社章，审定社的高低和大小。所有新建、扩建的农业生产合作社，必须通过制定或修订社章的工作，进一步贯彻自愿原则，检查各社的土地评产，劳力、土地分红比例，劳力果树分红比例，牲畜、羊群、农具折价、入股等是否合理，检查社员是否真正自愿。如有不合理不自愿的地方，必须予以改变，真正做到社员自愿。对社的大小，也应根据基础、骨干、自然环境等条件加以审查，对少数基础太差、骨干

---

① 中共北京市委党史研究室，中共北京市委农村工作委员会，北京市档案馆．北京农业社会主义改造资料：下册［M］．北京：中国社会出版社，1991：4-7.

② 中共北京市委党史研究室，中共北京市委农村工作委员会，北京市档案馆．北京农业社会主义改造资料：下册［M］．北京：中国社会出版社，1991：423.

太弱及京西矿区社员居住过于分散无把握办好的大社，应劝其分建为几个小社，以利于社的巩固。

（二）迅速建立与健全社的领导机构。农业生产合作社的最高权力机关是社员大会和社员代表大会。社内一切重大问题，如选举管理委员会，制定生产计划，审查、批准社内预决算，接收或开除社员等，都须经社员大会讨论、决定。一般中小社因社员少，集中容易，可根据需要每月召开一次社员大会；200～300户以上的大社，召开社员大会比较困难，可召开社员代表大会（按每5户至10户选举代表1人），代表大会每月召开一次，但社员大会每年至少应召开两次。

在社员大会或社员代表大会闭会期间，社的管理委员会是社的领导机关，是执行社员大会或社员代表大会的决议和处理社内日常业务的领导机关，它的健全坚强与否是办好社的重要关键。因此，建社之后，必须及时发动社员，选举群众最信任的'公道''能干'的社员担任社的领导干部，管理委员会应短小精悍，不要太庞大，委员人数应根据社的大小和生产内容的繁简来决定，一般小社以3～5人、中社5～7人、大社7～15人为宜，内设主任1人。副主任若干人。在选举委员时必须注意树立贫农的优势。

在管理委员会内应建立集体领导分工负责的制度。各社应根据生产需要和管理委员的能力，分工负责管理社内的生产、技术、财务、副业生产等工作；在农林牧社，牲畜、果树的管理亦应有专人负责。大社因生产内容复杂，事务较多，管理委员会下可成立生产、财务等小组。只有这样实行专职专责，才能克服干部忙闲不均和无人负责的现象，使社的管理工作有条不紊地进行，保证完成生产任务。

为了监督社管理委员会的工作，还须加强社监察委员会的领导和工作，充分发挥监察委员会的监督作用。"

从上述的整顿措施中，我们充分看出贯彻了彭真讲话的精神和内容。办社要自愿，大小高低要合适，土地要分红，农具、牲畜要折价入股，这些措施中，合作社的领导要选公道的领导人等制度性措施，体现了彭真要培养合作社骨干的用意。

针对合作社管理上发生的一系列的组织制度、人员安排等问题，《办好七百个农业合作社》作出了制度安排和设计："第二，切实做好农业生产合作社的经营管理工作。农业生产合作社能否增产，集体生产的优越性能否得到充分发挥，决定于经营管理工作的好坏。要做好农业生产合作社的经营管理工作，必须：

（一）建立与健全劳动组织和责任制。党中央在《关于发展农业生产合作社的决议》中指出：办好农业生产合作社必须做好社的经营管理工作，在管理工作中，首先要'合理地使用劳动力，按照社的大小、生产需要、劳动力的多少和发展的情况去决定组织劳动的形式'。1954年北京郊区的农业生产合作社大部分都根据这一指示，按照社的规模与生产需要，建立了劳动组织，因而改善了生产管理，提高了劳动效率，对巩固与提高农业生产合作社起了重大作用。但是也有少数社劳动组织得不好，在生产中不断发生窝工、浪费和无人负责等混乱现象。今年，农业生产合作社有很大发展，100户以上的大社已建立164个，因此建立与健全各社的劳动组织，就成为巩固与发展农业生产合作社的一个重要条件。

第一，农业生产合作社劳动组织的基本形式是生产队（组）。生产队是最重要的生产单位，它的工作好坏直接决定着生产的成败。生产队组织得正确合理，就能够充分发挥社员的劳动积极性，提高劳动效率，增加生产；组织得不好，就必然要发生窝工和浪费、劳动效率降低和生产无人负责的混乱现象，严重地影响生产。目前，郊区农业生产合作社的劳动组织大体可采用以下几种形式：

1. 临时性的生产小组，即在进行某项生产工作时，根据需要临时组成生产小组，任务完成后，即行解散或改组。这种形式适合于 10～20 户的小社。

2. 固定的生产队，即把全社的劳动力划分为若干生产队，分配给他们固定的耕作区和需用的耕畜、农具等，使他们独立进行生产。经验证明：这种固定生产队的形式便于推行计划管理和'包耕包产'的责任制度，也是克服社内生产无人负责现象的最有效的方法。

在大社或生产内容复杂的社，还应根据生产需要建立固定的专业生产队，如畜牧队、蔬菜队、果园队、建筑队、运输队等。

队的划分和大小，要根据社的劳动力的多少和强弱、生产内容的繁简、领导骨干的强弱、土地远近连片的情况和社员的居住分布情况等条件来决定，要做到既便于生产，又便于管理。一般 100～200 户的社，可由 40～50 个劳动力组成一个生产队。300～500 户以上的社，可由 70～80 个至 120～130 个劳动力组成一个生产大队，大队之下再设立由 20～30 个劳动力组成的生产小队。山区社一般地块小而分散，社员居住不集中，生产队可小一些。

一户有几个劳动力的，一般应编在一个队（组）内，以免开会、送饭时间不一。不能经常参加生产的社内管理干部或从事其他专业生产的社员，一般不宜编入队内，以免虚占名额，给生产队调拨劳动力造成困难。

编队时要注意劳动力强弱，技术高低和领导骨干的适当搭配。目前一般社对妇女劳动力都采取了和男劳动力混合编队的办法。但有些适合妇女操作的活茬，可临时组织妇女生产小组。

生产队（组）正副队长，必须由公道、能干、积极负责、有生产经验的社员来担任，否则，生产就搞不好。队长的主要职务是领导全队有计划地完成生产任务，合理安排活茬，调配使用劳动力，按时检查、总结队的工作，掌握队员思想情况并进行教育等工作。正副队长应明确分工。生产队内可设不脱产的记工员、技术员、保管员、文化娱乐员等，以协助队长进行工作。

第二，合理地划分工作区和配备生产资料。耕作区要根据生产队的居住情况来划分。耕作区的大小，应根据各队劳动力的多少、作物的类别、耕种的难易、土地远近、生产队（组）技术专长等条件来决定，要使各队的劳动力在通常情况下，能适应其生产任务，达到各队之间劳动力的均衡使用。一般中、小社，生产资料（如农具、车辆、牲畜等）可由社统一管理，根据各队的需要由社统一调拨。大社应根据需要把牲畜、大车等生产工具固定给各队饲养、保管、使用，但必要时亦可由社统一调配。"

从上述规定看出，这个管理办法集中了北京市当时的合作社的领导人和管理者的集体智慧，把从成立互助组到合作社以来产生的劳动管理的问题全部考虑到了以后，设计出了一个完整的劳动管理办法。合作社的基本生产单位是生产队（组），生产队的规模规模根据合作社的规模设置队的规模大小，在大社内还设不同形式的专业生产队。队的规模大小划分还要根据劳动力的多少、强弱、土地情况来设置，既利于生产又方便居住。更重要的是，利于推行“包耕包产”的责任制度。这套办法使合作社的最初无序状态，走到了有序管理阶段。尽管这还是一个纸面上的文字，但毕竟可以有章可循了。这是一个质的飞跃。特别是把生产责任制落实下来，为解决“评工记分”的难题寻找答案，这更是一个在实践上的创新和开拓。我们不能不钦佩北京市农口的生产者和管理者的智慧。

在建立了生产队的基础上，还要推行推行包工制。为了加强各队、组生产的责任心与计划性，提高劳动效率和生产积极性。根据各社的条件，分别推行临时的、季节性的包工制，并可选择有基础的社，试行常年的包工包产超额奖励制。推行包工制的前提是要制定生产计划。《办好七百个农业合作社》提出：“党中央在《关于发展农业生产合作社的决议》中指出：‘逐步地建立生产计划’（分为年度计划、季节计划和小段计划）是搞好农业生产合作社生产管理工作的重要环节之一。斯大林曾指出：‘集体农庄是巨大的经济，而巨大的经济没有计划是不能经营的。包含有几百个农户有时甚至几千个农户的巨大农庄，是一定要按计划指导才能经营的。它没有计划，就会破坏，就会瓦解。你们看，这就是集体农庄制度的另一个新条件，这个条件是与经营个体细小经济的条件根本不同的。’

三年来，郊区试办农业生产合作社的经验证明：只有通过计划，国家才能够根据需要来指导农业生产，使农业生产合作社在供、产、销等方面密切地与社会主义经济相结合，克服生产上的盲目性，逐步把农业生产纳入国家经济计划的轨道，以便更有力地支持国家和首都的经济建设。同时，农业生产合作社也只有通过订生产计划，才可能全面地、细致地计算和妥善地利用社内的人力、土地、物力、资金，挖掘生产潜力，充分发挥农业生产合作社集体生产的优越性，克服从分散的小生产刚刚过渡到集体的大生产所极易产生的混乱现象和生产盲目性，给社员们明确地指出增加生产、增加收入、支持国家建设的奋斗目标，使每个社员心中有底，知道合作社是怎样进行生产和分配的，从而增强他们提高生产的信心，鼓舞他们的生产情绪。

年度生产计划内容的繁简，应根据各社的基础、规模和生产内容的繁简来决定。一般生产内容比较简单的小社，生产计划可订得简单些。计划一般应包括：作物种植计划、产量指针和简单的收支预算。一般规模较大、生产内容复杂的大、中社，生产计划应该比较全面、细致，应该包括：作物种植计划、耕作计划（技术措施）、用工计划、财务计划（包括生产资料的供应、产品推销、资金运用、成本计划等）、副业生产计划和基本建设计划等。京西矿区的山区社，除农业生产计划外，还应该有林、牧业生产计划。

根据1954年的经验，年度生产计划的制定，在一般规模较小的社可由主任亲自领导，吸收生产队（组）长、技术员、会计和有生产经验的老农，遵照国家下达的计划指标，根据本社的具体情况，直接拟出计划草案，经社员充分讨论后，再提交社员大会修订通过。而在一般规模较大的社，因情况复杂不易掌握，少数人很难考虑得全面、周到，因此，只能由社的管委会提出一个初步的计划指标，交由各生产队（组）根据实际情况去拟订队的计划草案，然后由管委会汇总、审查，修正，再交社员大会进行充分讨论、修订、通过。年度生产计划的制定方法和步骤大体如下：

一、首先做好订计划的准备工作。在订计划之前，必须掌握和研究订计划所需要的数据，要实地查看、了解全社每块土地的面积、坐落、土质、水源、茬口和连片等情况，绘制简单的地图，编排连片后土地的号数名称；逐户登记男女劳动力的人数、技术能力和可能的出勤情况，以及耕畜的种类、数量、能力，查点现有的农具、肥料、种子、生产资金；了解社员的投资能力等，认真发掘生产潜力，以便充分发挥社内人力、地力、物力的效用。

二、确定作物的种植计划。根据土地的土质、茬口、坐落、水源等条件，把各种作物种植到最适宜的土地上去。需工多、技术复杂的作物，应尽量种得离村子近些，需工少、技术简单的大面积作物，可种得离村子远些，以减少管理上的不便和劳动力的浪费。对已连成片的土地，不能单纯根据茬口不一而强调因地种植，以致在一块地里种植很多种类的作物，而应根据土地总规划，局部服从整体的原则，尽量进行大块连片种植。但也要防止把一种作物全部交给一个生产队去种植，造成各队之间和季节之间的忙闲不均。

三、确定各种作物的耕作计划（技术措施）和产量指标。制定耕作计划时，应根据社的生产习惯和作物的特点，并尽可能采用科学技术，对各种作物的整地、选种、浸种、拌种、播种、施肥、浇水、间苗、锄草、防治病虫害、收获等具体操作规程，都要加以研究，并定出每项操作的时间和技术标准，然后根据耕作条件，用算细账、挖潜力的办法，确定切合实际的、经过全体社员的努力所能达到的产量指标。

四、种植计划和耕作计划初步拟定后，要正确地估算出农业生产所需要的人力、财力，根据剩余劳动力和经济能力，再拟定可能进行的副业生产计划或基本建设计划。

五、订出用工和财务成本计划。作物的种植，耕作和副业生产等计划初步确定后，应根据社内的人力、物力等实际条件，进行复核。如发现人力、资金不足时，应把上述计划加以修改；如发现某一时期不足而另一时期有多余时，可把上述计划适当调整，然后作出切合实际的平衡的用工计划和财务计划，使劳动力能均衡使用，资金能及时周转。编制用工计划时，不应只片面地估计到社员劳动效率的提高，按最高的出勤率计算，而应对社员可能因病、因事缺勤和因刮风、下雨等自然条件造成缺勤的情况，作出较为正确的估计，以免社员实际的出勤率与计划相差太远，使计划落空。编制财务计划时，要详细地订好各种生产资料的供应计划（需用的时间、数量、资金来源等）、产品推销计划（特别是菜区的社更为重要）和资金的周转使用计划，以免资金周转不灵或积压。用工计划和财务计划确定后，就能够计算出每一个劳动日的报酬和编制全年的收支预算。

六、为了使农业生产合作社的年度生产计划订得切合实际，并真正成为每个社员的奋斗目标，必须做好以下几项工作：

1. 加强制定计划的政治思想工作。要教育社员根据国家需要和社的具体条件，挖潜力，找窍门，出主意，想办法，积极参加制定社的年度生产计划，向社员讲清生产计划对大生产的指导作用，克服社员中不重视计划、不愿订计划、‘吃啥种啥’的小农经济观点，和‘去年什么价格高、今年就种什么’不顾国家计划而盲目追求高利的经验主义、资本主义观点，以及把生产计划指标订得过低的保守思想或订得过高的盲目冒进偏向。只有这样，才能保证生产计划的制定工作循着正确的道路进行。

2. 认真发动社员参加制定计划的工作，坚决反对少数干部包办代替。去年有少数社在订计划时没有认真发动社员讨论，只由少数干部包办代替，因此计划脱离实际，得不到社员的支持，以致流于形式。只有认真发动社员积极参加这一工作，集中群众的智慧和意见，才能使计划切合实际，并真正成为社员自己的奋斗目标，才能使计划有实现的可能。

3. 在制定年度生产计划的同时，应抓紧时机迅速做好春耕生产的准备工作。提倡节约，反对浪费，发动社员投资，是做好春耕生产准备、保证实现计划的首要工作。经验证明，结合领导社员订生产计划，是做好发动投资的最好的时机。因为通过订计划，社员都清楚了社的'家底'，更具体地了解了社内的生产收入和分配指标，就能坚定信心，增强主人翁的思想，消除对社的疑虑。因此，只要做好思想动员工作，保证社员的投资按期归还，并给予适当的利息，社员是会踊跃向社投资的。

年度计划只能指出一年的奋斗目标，对于各个季节中的具体活茬安排，不可能做出详细的规定，并且自然条件变化无常，年度计划与实际情况不可能完全符合，还需要在生产中予以改进和修正。因此，还必须根据年度生产计划，按照生产段落作出季节计划。季节计划的时限根据生产需要可长可短。一般大田区可按春耕、麦收、夏锄、夏播、秋收、秋耕等主要季节制定计划；蔬菜区因生产活动始终循环不断，可以按节气或按月制定季节计划，在特殊季节也可以延长或缩短。

有了季节计划以后，各生产队还必须订出三五天的耕作计划（或叫小段安排），把队内三五天内的整活、零活都计算一下，根据轻重缓急安排日期和劳动力，使生产工作有条不紊地进行。只有这样才能够保证年度计划的实现。"

从上述的计划可以看出，在合作社以往因没有计划而导致的窝工等一系列问题，这个生产计划都考虑到了，可以说细致到不能再细致了。这是一个很大的进步。毕竟有了可操控的详细计划，为实际执行提供了一个解决问题的依据。但是，现实是这个计划太理想化了和太理论化了。把这个计划的轮廓和大致的安排执行下去，就是一个了不起的事情。

我们回顾历史现在来看，《办好七百个农业合作社》的最大创新，是提出了包工包产、联产计酬的办法——按件记工制，指出："（三）大力推行按件计工制。按件计工制是一种先进的科学的计算'劳动日'的方法。它是以一个普通劳动力在一般条件下，一天中所做活茬的数量（做多少）和质量（做得好坏）作为一个工作定额，然后再把各种活茬的定额按轻重、技术高低和对生产的重要性分成几个等级，规定出不同的劳动报酬（工分）。经验证明：这种方法真正贯彻了多劳多得、同工同酬的社会主义分配原则，克服了评工计分中的'平均主义'偏向和浪费时间和精力、争分吵架闹不团结等现象，因而激发了社员的劳动积极性，提高了劳动效率。1954 年郊区 412 个农业生产合作社中有 218 个社陆续实行了这种办法，都获得了良好的效果。

一、按件计工的两种形式

1. 个人计件。凡适于个人单独操作的活茬，如耕地、锄地、平畦、摘棉花等，都采用个人计件。由社内规定出一个普通的劳动力一天内干某一种活茬的数量、质量和工分数，达到这个标准的，就按规定计算个人劳动应得的工分，超过的加分，不足的减分。有些社对放牧牛羊、饲养牲畜、从事温室鲜菜生产等技术活也采用了个人计件，办法是：

由社规定出专门做这些活的一个社员的全年的劳动定额，并按各个季节付出劳动的多少，分别规定其每日应得的劳动报酬。如京西矿区黄安坨农林牧生产合作社规定每一牧羊人的全年工作定额是照管 80 只羊，保证一年内每只母羊下一只半羊羔，每只山羊体重增至 50 斤，每只绵羊增至 70 斤（包括下的羊羔）；劳动报酬在春夏季（4—9 月）5 个月内每日计 10 分，秋冬季（10 月至次年 3 月）6 个月内每日计 6 分。

2. 集体计件。采用小组集体计件的活茬有三种。①必须数人合作才能完成的活茬，如耠地、栽白薯等，由社规定出这一部分活总的生产定额和劳动报酬，并按这一总的生产定额中每件工作的轻重，规定出不同的报酬；②数人分工合作可以提高劳动效率的活茬，如收获土豆本来可以个人单独操作，但因为数人合作，有的刨，有的拣，有的装筐，有的运输，这样劳动效率有显著提高，所以这种活茬可以采用小组计件；③不容易标定正确的生产定额的活茬，如一个生产小组有数人在一起打场，每个人很难固定干一种活，对于这类活茬，可以定出平均的生产定额，计算出总的劳动工分，包给一个生产小组去作，完工后再由小组评定每人应得的工分。此种办法又叫做‘小组包工，个人评分’。

二、实行按件计工的办法

实行按件计工制，首先要由社的管理委员会测定出合理的生产定额，即先规定出一个中上等劳动力一天内所完成工作的质和量，再把各种定额规定出工分，以便根据社员实际完成的工作的多少和好坏，来计算其应得的劳动工分，按工分取得报酬。

1. 测定生产定额，首先要规定出质量要求，使社员知道各种活茬的操作标准规格。一般活要根据群众习惯定出质量要求，如锄地不许留草，收割要干净等；有些活必须根据新的科学技术提出合理的质量要求，如耕地要规定深度，棉花定苗及花生、蔬菜点籽要规定株距、行距等；影响作物生长、产量关系重大的活茬，如西瓜压秧掐尖，韭菜踩畦、浇水等，作法要详细，规定要严格，有关加工制成商品的活茬，如捆菜、装筐等，应按照市场规格来规定质量。其次，要规定出各种活茬一天的工作量。一般社可由管委会邀请生产经验丰富、政治思想先进的社员，根据经验初步估定出各种活茬的定额，经过典型试验，实际测定和修订，再经社员大会或社员代表大会讨论通过，宣布执行。执行中如有定额不准确，可再修正。

定额规定得要合理。过高的定额不仅一般社员完不成，情绪低落，有时还会发生为赶任务而忽视质量的现象；过低的定额，则浪费劳动日，降低了劳动效率。经验证明：以中上等劳动力在一天中工作的数量和质量作为确定生产定额的根据比较合适，因为实行按件计工以后，社员必然要努力劳动，规定稍高的定额，强的劳动力仍然可以超过，一般社员也能达到。

测定生产定额的困难是：土质不同，地块有远近大小，垄有长短宽窄，草有多少，苗有稀稠，天有长短、风雨，以及其他生产条件的变化，因此测定定额时，对这类情况如不加以照顾，就会因‘活甜活苦’‘活轻活重’而发生社员拣地挑活的现象。如果每块地都标出不同的定额，一开始就把定额搞得很复杂，执行起来也有困难。解决这一问题的办法有以下几种：①根据土地耕作的难易、地块的远近大小、垄的宽窄，苗的稀密、草的多少，大体分为二三种类型，分别标定定额。②使用的牲畜及生产工具效能差别显著的，如牛与骡、旧式犁与十寸步犁，就要定出不同的定额。③雨季锄草，草长的快，定额不好确定，采取每日完工后，以试工员的实际工作量作为定额。④摘豆角、棉花可按成熟初期与大量成熟期分别标定定额。定额确定后，要根据实际情况灵活掌握，不能机械执行，一成不变。因为开始执行按件计工时，缺乏经验，各种活茬的定额不一定很正确，有时会因生产条件发生变化，而使定额偏高偏低。因此，在执行中遇到特殊情况还要随时修订定额，但修改定额必须经过社员充分讨论，不能随便改动。

2. 确定劳动报酬要公平合理。要使各种定额的报酬公平合理，必须把全年或一个季节所有的活茬分别排队，分成几个等级，按等级高低来确定报酬的多少。排列活茬等级的根据是：活茬轻重、技术高低及其对生产的重要性等。

大田生产比较简单，各种活茬主要是轻重不同，技术差别不大，根据京郊去年218个社的实际经验，一般活茬等级以划分四级为宜。石景山区田村社夏锄期间规定；棉花捋裤腿、抹白薯秧、耠地牵墒等轻活三级活；棉花移苗、栽苗及封白薯埯等一般力气活为二级活，用大锄耪地、挑粪等重活及耠地扶犁、撒籽等较重而又略带技术性的活为一级活；拨麦子算为特级活。蔬菜生产除与大田相同的各级劳动外，还有需要多年学习钻研的养秧、掌握温室水火等高级技术活，也有比大田更轻的捆菜、摘菜、打叶等活。因此，一般蔬菜社的活茬比大田社多分二级为宜。

大田生产，大体上以最高级活与最低级活的报酬相差一倍，每级活相差二三分为合适。蔬菜生产比大田复杂，活茬分级也多，最高级活与最低级活之间相差一倍半为宜。

在规定劳动报酬时，要注意使各种不同的工种报酬平衡，使社员对各种劳动都能发生兴趣。有些社实行按件计工的活，定额低、报酬高，社员都愿做‘件活’，不愿做没有定额的零活；有的社强调蔬菜生产各项活茬都有技术，没有技术的活也比一般大田活的工分规定的高，大田生产队的社员不满意，山区有些社把放羊的报酬定得过高，致使社员对农业活不感兴趣。解决这类问题的办法，是把各部门各种活茬按其轻重、技术及对生产的重要性实行统一的排队分级，按等级确定报酬，使各种活茬的报酬都能与其付出的劳动量相适应。未实行按件计工的活茬，分级以后，可以按天计算，如石景山区田村社对用水车浇水不定数量，但排入二级活中，规定每浇一天计8分。

三、推行按件计工制应注意的几个问题

1. 对于按件计工，应采取积极推广，稳步前进的方针。去年春季在几个大社中实行以后，很快就推广到中、小社。这一事实说明按件计工并非‘复杂困难得不能实行’。因此，凡是有条件的社都要积极采用；50户以上的社，地多活杂，劳动力多，只有采用这种办法，才能公平合理地计算报酬。但在开始实行时，因领导上缺乏经验或干部、社员怕困难思想上有顾虑，不能要求一下子就做得很科学很合理，而应由少到多，由简到繁，逐步前进。先选择容易按件计算的活茬试行，使社员体会到好处，干部积累了经验，再逐渐扩大按件计工的范围，提高按件计工的要求，使定额与发动报酬逐步接近正确合理。如果一开始就要求很全面很科学，超过社员的经验和接受能力，反而会增加推行按件计工制的阻力。

2. 乡党支部在实行按件计工中必须做好政治思想工作，逐步改造农民的自私心理，提高社员觉悟。在实行按件计工的过程中，经常会遇到各式各样的小农自私心理的阻挠；在开始时，劳力弱的或常常偷懒耍滑怕劳动的社员反对这种办法；在标定定额时，有些社员企图压低定额；在确定各种活茬报酬时，懒惰和劳力弱的社员企图压低繁重的技术性劳动的工分，缩小各种劳动报酬的级差，企图使不费劳力没有技术的轻劳动与繁重的需要技术的劳动得一样的工分，主张平均主义；在干活时，有些社员只求数量，不顾质量，有些社员只顾挣分拼命劳动，不顾身体，有的社员挑‘分’多的活干，不顾生产需要，不服从领导。所有这些，只有在解决实行按件计工的各种实际问题中，不断地向社员进行集体主义与按劳取酬的思想教育，提高社员的社会主义觉悟，才能逐步得到解决。

3. 建立严格的验收与奖惩制度，保证活茬质量。实行按件计工后，社员的劳动积极性提高了，但同时也必然会发生部分社员为多挣工分干活时贪多图快忽视质量的现象。要克服这种现象，除加强政治工作外，还必须建立严格的检查。验收和奖惩制度。一般社在实行按件计工制后，社的管委会应定期检查各队（组）的活茬质量，队长、组长负责检查本队本组的活茬质量，社员每日干完活后，由小组长验收后向队长交活。在检查中如发现活茬质量不符时，轻的劝告批评，重的返工，生产受到损失无法返工的可给以扣分处分。另外，发动社员之间的评比竞赛，组织群众性的督促检查，也是提高活茬质量的有效办法。

4. 实行超额奖励制，是加强社员责任心的有效办法。实行按件计工办法后，社员多干活就能多得工分，和自己的利益有直接关系，所以社员很注意干活数量，但对保证活茬质量和提高产量不够关心，因为提高了产量还是和一般社员一样的分配。解决这一问题的最好办法是实行按件计工包耕包产的超额奖励制，即对社员个人或生产队（组）因积极劳动，超额完成了生产计划，应从超额部分拿出适当比例，对他们加以奖励，这样就可以加强各生产队（组）和社员的生产责任心。今后，各社应根据条件，积极地逐步地推行这种办法，以保证活茬质量，提高产量，增加社员的收入。”

按件记工办法的可贵之处，就在于它是根据北京市自成立合作社以来，218 个社积累了按件记工的经验，制定的这个办法，有一定的基础。按件记工办法的关键步骤是要测定生产定额。这个定额难以测定的重要原因在于，农业生产是自然再生产的过程，如土质不同，地块远近大小、垄长短宽窄、草有多少，苗有稀稠，天的长短、风雨，气候的变化以及其他生产条件的变化都是变量，都不能测定一个准确的生产定额。这样就寻找了两种变通的办法：第一种，①根据土地和作物的变化分了二三种类型；②按照使用不同技术条件的农业生产工具划分定额的级别；③以试工员的实际工作量作为定额；④以作物果实的成熟期不同划分定额。第二种，将大田作物和菜园区分开来，蔬菜种植的技术要求高，划分得再细一些。这样就按照过去的生产经验，把全年的所有活茬排队，按照活茬的轻重、技术高低、对生产的重要性等因素确定报酬的多少。

在生产对象很难把握但是尽量要把握的前提下，相对可以把握的就是生产者这一个部分。这样，就以中上等劳动力在一天中工作的数量和质量作为确定生产定额的根据。同时，制定出了建立严格的验收与奖惩制度，保证活茬的质量。再有，就是实行超产奖励的制度。在建立起将结果和个人责任和利益联系到一起的制度方面，我们遇到了太多的难题和困难，特别是在评工计分这一重大的难题面前，在很难做到准确和公平的情况下，北京市农业部门的领导者和管理者们做出了艰苦的努力和探索。

2. 整顿合作社概况

《北京志·农业卷·农村经济综合志》[①] 记载："市委办社工作会议以后，市里和各区抽调500多名干部下乡，帮助贯彻会议精神，开展整社工作。农业社干部和社员听说土地分红不分红由社员讨论决定；牲口、大车入社折价不合理的要解决；大社办不好的，可以分开划小等会议精神后，皆大欢喜，整社工作进行得比较顺利。经过整顿，原来确定土地不分红的343个高级社中有266个改成了按土地、劳力比例分红的初级社，其余77个社，因为增加收入主要靠副业或蔬菜种植技术，而且实行土地不分红已经两三年，社员不愿意再改，仍保留为高级社。有18个百户以上的大社适当划小。"这一记载表明，农民们是非常拥护整顿合作社的土地分红、牲口折价和大社划小这三项重要的决定的。按土地、劳力比例分红的合作社占到了266个，所占比例达到了78%。而按劳力分红的合作社有77个，所占比例为22%。

《农业社会主义改造问题发言》[②] 记载："从今年1月以来，郊区对去冬新建和扩建的718个社，先后进行了2～3次检查、整顿和巩固工作，现整顿成为701个社。市委2月召开的办社会议和5月召开的郊区扩大干部会议上，都着重地讨论和布置了整顿巩固社和办好社的具体措施。根据各区今年4月的检查：郊区718个社中，第一类社有195个社，占总社数的27.2%，是领导骨干坚强而且团结、生产管理好、社员情绪高、经营管理已初步走上正轨的比较好的社。第二类社有397个社，占总社数的55.2%，是有领导骨干、生产准备较好，大部分社员思想稳定，正在改善经营管理，加强领导可以办好的社。第三类社有126个社，占总社数的17.6%（已将其中7个社因办社条件不具备，而转成了互助组。）是缺乏领导骨干，主要干部成分不纯或不团结，生产管理较差，部分社员思想动摇，经营管理上存在着比较严重的问题的社，这些社经大力整顿，绝大多数也能巩固。我们正在努力增加第一类社、提高第二类社、减少第三类社，对极少数实在办不好的社则有领导地改为互助组。"从1—4月的整改过程中，把合作社最终的整改结果划分为三类，整改措施是增加第一类，提高第二类，减少第三类。第三类占的比重是17.6%。

在下一步办好合作社的计划中，要采取的措施，《农业社会主义改造问题发言》[③] 记载："我们认为当前应从以下几方面办好京郊的农业生产合作社：

（一）集中一切力量搞好农业生产，力争达到社社增产。并努力争取超过一切单干户的单位面积产量。超过单位面积产量最高的单干户的产量。

（二）做好农业社劳动力的组织、使用和劳动报酬的计算工作，大力推行按件计工制。

（三）利用生产间歇，认真总结老社去年的生产和办社经验，并在社内开展一次民主运动，领导社员认真审查，讨论老社的工作。各社并要尽速清还拖欠社员的分红和应归

① 北京市地方志编纂委员会．北京志·农业卷·农村经济综合志［M］．北京：北京出版社，2008.

② 中共北京市委党史研究室，中共北京市委农村工作委员会，北京市档案馆．北京农业社会主义改造资料：下册［M］．北京：中国社会出版社，1991：98-103.

③ 中共北京市委党史研究室，中共北京市委农村工作委员会，北京市档案馆．北京农业社会主义改造资料：下册［M］．北京：中国社会出版社，1991：98-103.

还的投资，以取信于社员，充分发挥老社的模范作用。

（四）认真检查和整顿各社的财务、会计和财产保管工作，建立与健全简单而又严格的财务管理和监察的制度，清查和处理一切贪污分子，切实贯彻勤俭办社的精神，克服一切浪费现象。

（五）大力改进与健全牲畜的饲养、管理、使役的责任制度，克服部分社牲畜无人负责和社员不加爱护的状况，切实制止因打、累和饲养不善致使牲口死、伤、瘦弱的严重现象，并积极开展牲口的配种和繁殖工作。

（六）健全社管理机构和监察机构，认真审查社的干部，清洗一切混入社内的破坏分子；建立社干部管理制度，以便有计划地进行培养，提拔和调配社干部。

（七）在郊区继续贯彻‘书记动手，全党办社’的精神，不断巩固和提高办社队伍的政策水平和业务水平，克服包办代替的工作作风，切实依靠支部办社，培养支部的办社能力，加强农村党支部对社的领导和对社员的思想教育工作，不断提高社员的社会主义觉悟和劳动积极性。

（八）最重要的是要继续深入贯彻‘自愿互利’政策和党在农村‘依靠贫农，团结中农，限制和逐步消灭富农剥削’的阶级政策，并加强社的保卫工作，防止与镇压一切地主、富农、反革命分子的破坏活动。以争取胜利的办好现有的700多个社，使首都郊区农业社会主义改造事业顺利前进。”

从上述的八项措施中可以看出，这些都是《办好七百个合作社》措施的具体执行和落实。其中，把做好农业社劳动力的组织、使用和劳动报酬的计算工作，大力推行按件计工制，作为最重要的措施提了出来。

《合作化运动向中央的报告》[①] 记载：“四、关于合作社的整顿问题。即使对那些办得好的社，仍须不断地注意整顿，像主席指示的那样，一年整顿二次、三次，特别是对占社数14%的，比单干户不增产或减产的社，更必须抓紧整顿。在今年秋后进一步整顿社的重点应放在：第一，进一步贯彻执行自愿互利政策。由于今年国家已经决定贷给贫农合作基金，应适当解决那种有些社员交足了股份金，而另外有些社员则未交足或根本不交股份金的不合理现象，至于生产垫本，则多数人是可以交起的，有些人可能交而不交是不对的，应加纠正。第二，改善劳动组织和劳动报酬的办法，尽量避免小窝工，改变某些违反按劳付酬原则的现象；第三，制定合理的生产规划和基本建设计划，努力发挥现有生产工具、生产设备的潜力，鼓励社员积肥、打草，节省社的投资。现在，许多社不精打细算，不注意充分利用旧有的生产资料，不注意鼓励社员积肥，而企图一下子都换成新的工具、强壮的牲畜、或单纯使用商品肥料而忽视自积肥料，这种作法，把可能办得到的事放松或放弃，结果增加社的投资，增加社的负债，增加了产品成本，影响社员的收入，对于农业合作社的发展和巩固极为不利，必须纠正。第四，检查整顿财务会计工作，尽量做到增产的社中一般社员都能适当地增加收入。目前时期，公积金一般以不超过合作社每年农业和副业总收入（总产量扣除了生产费用）的5%为宜，不要不顾条

① 中共北京市委党史研究室，中共北京市委农村工作委员会，北京市档案馆．北京农业社会主义改造资料：下册［M］．北京：中国社会出版社，1991：124-131.

件地盲目提高公积金的比例，致脱离社员群众并打击农民参加合作社的积极性。”这一记载反映出了上半年的合作社的整顿工作后，继续加强整顿的工作思路。不但是老社要整，占14%比重的不如单干户的社也要整。要继续抓劳动报酬、生产规划、基建计划。要继续整顿财务工作。这些都是合作社发展中的故有问题。

郭晓燕也研究了京郊农业互助合作运动的冒进偏向与纠偏的这段历史，她指出①：“北京市对农业生产合作社的整顿从当年3月开始。市委农委从市、区各部门抽调约500名干部组成若干工作组，分头深入各乡各社。在整顿中把条件不成熟的一大批高级社改为初级社，使高级社由343个减少到77个；把不具备条件的百户以上的大社改为三五十户的中、小社，百户以上的大社由176个减为164个；入社生产资料折价偏低的作了调整，偿还期限由3～8年缩短为3～5年，并把原定的不付利息改定为按国家银行向合作社贷款的利率向社员付息；提出暂不提倡树木、羊群、蜂群入社，已入社的果树必须给以合理报酬。有不愿把果树入股的，应允许退出自行经营。根据以上原则，把京西矿区11个合作社原来规定的果树入社不分红，改为按果树（定产）和劳动工分比例分红。还把17个条件差的农业社退转为互助组。本着‘入社自愿，退社自由’的原则，3 600多户农民（主要是中农和富裕中农）退了社，同时又有1 000多户农民加入农业社，入社农户占农户总数的比重为46%，比整顿前下降了1个百分点，社数增减相抵为701个。在整顿过程中，市委还针对一些地方发生的打击、歧视退社户和损害退社户经济利益的现象，作出批示加以纠正。”

《北京市重要文献选编》记载②：“加强合作社的经营管理与整顿工作配合进行。市、区各有关部门先后于1955年一二月份抽调大批力量训练办社骨干，并提出加强农业社内部经营管理的一系列措施：建立和健全劳动组织和责任制；各社制定切实可行的生产计划；大力推行按件计工制；加强财务管理，对引起社员不满的账目不清、手续混乱、贪污浪费、账目不公开等问题加以改进。但是，由于制定生产计划和按件计工制内容非常庞杂，推行中遇到阻力，社干部和社员存在着‘复杂困难得不能实行’的畏难情绪。”这一记载说明，加强合作社的管理工作非常重要，这是整顿和巩固合作社的重要组成部分。加强管理工作中，也反映出了按件记工在理论上的可行性，在实际操作中的不可行性的尖锐矛盾。

郭晓燕认为，即便1955年上半年的合作社整顿以后，还是有一些问题在整顿中暴露了出来，她指出③：“1955年6月召开的中共北京市第一次党代表大会上，市委第二书记刘仁在工作报告中提出郊区农村工作基本方针：‘努力办好现有农业生产合作社，提高农业生产’。1955年上半年对合作社的整顿起到了积极作用，但是这一阶段北京市的整顿也暴露出一些问题：

第一，北京市的指导思想体现了毛泽东‘必须改变在合作化问题上的消极情绪’的要求，在实际工作中对纠正急躁冒进重要性、艰巨性的认识存在一定差距。整顿工作展

① 郭晓燕：京郊农业互助合作运动的冒进偏向与纠偏努力［J］．北京党史，2008（5）：17-20.

② 北京市档案馆．北京市重要文献选编（1955）［M］．北京：中国档案出版社，2002：143-165.

③ 郭晓燕．京郊农业互助合作运动的冒进偏向与纠偏努力［J］．北京党史，2008（5）：17-20.

开之前的1955年2月，市委主要领导认为互助合作工作中的问题‘已经大体上解决’；直到同年6月意识到还遗留了很多问题，须继续检查、纠正。中央农村工作部部长邓子恢1955年5月6日分析北京市的情况时认为，北京市农民入社户数多了一点，但还可以管得了、没有出大乱子，同时提醒‘干部中的冒进情绪是带普遍性的’，强调这种冒进情绪如果不讲清楚、不克服，‘对工作只有损害，会造成我们将来的困难’。

第二，在合作化的过程中，土改后已经成为农村中主要阶层的中农，特别是富裕中农被视为思想落后阶层，把对‘落后’农民开展批判的方式总结为开展政治思想工作的经验。这种做法实际上超越了农民的认识水平，在一定程度上损害了农村中主要阶层发展生产的积极性。

第三，农业生产合作社管理出现的种种难题，反映了农业生产劳动全程操作的特点。农业劳动涉及从作种植到秋后收获的全过程，需要劳动者对劳动全过程负责，无法等同于工业发展初期的工场手工业，将劳动分解为相对独立的一个个工序，通过简单协作提高劳动生产率。毛泽东倡导农业互助合作是以简单协作促进农业生产率为理论基础的，但经实践检验时遇到未曾预料到的矛盾。在对农业互助合作的组织管理尚未找到有效办法的情况下，不宜贸然推进农业的生产合作，否则会损害劳动者的生产积极性，造成后患。这一点不幸被后来的历史所证明。”

郭晓燕认为的三点问题的第一个问题，我们认为是值得进一步商榷的。对合作化的冒进问题，其危害，彭真的讲话说的非常深刻，认识也非常到位，对北京市的纠偏和整顿工作起了重要的推进作用，并且出台了《办好七百个合作社》的管理办法。市委领导在认识上不存在偏差的问题。第二点问题的看法是有一定的道理的。就是我们对富裕中农的认识，有一点的确存在着偏差，没有认识到富裕中农是发展农业生产力的重要的积极的因素，就这一点，我们的文件中都还没有作出过明确的表述。但是，对富裕中农在合作化中总体中的认识还是到位的，认为应该尊重他们的选择。第三点问题的认识还是客观的，我们确实缺乏对农业劳动有效的组织管理方法。这个缺陷对农业合作化的发展是有阻碍作用的。

3. 整顿合作社个案研究

《中共北京市南苑区委关于检查整顿农业生产合作社的报告（摘要）（1955年3月29日）》①（以下简称《南苑区整顿合作社报告》），记载了南苑区整顿合作社的情况。

《南苑区整顿合作社报告》记载：“一、去冬今春发展农业生产合作社的工作获得很大成绩，入社农民已达11 650户，占44个建社乡农户总数的68%。运动基本上是健康的。但也存在着严重的缺点。

（一）不顾条件，盲目追求高级社，使全区的土地不分红的高级社由去年的22个增加到52个（有39个在大田区），引起中农和部分劳动力减少或弱的贫农不满，影响了贫、中农的团结。

（二）大社办的多了一些，全区百户以上的大社42个，有些大社基础很差，骨干不

① 中共北京市委党史研究室，中共北京市委农村工作委员会，北京市档案馆．北京农业社会主义改造资料：下册［M］．北京：中国社会出版社，1991：76-79.

强，办好有困难。

（三）建社时由于思想发动工作不细致、不深入和少数干部的强迫命令、许愿、利诱等造成‘随大流’入社的多。估计有50%的社员是‘随大流’入社的，有10%入社是被迫的、勉强的。入社后社员思想混乱，影响社的巩固。

产生上述缺点的主要原因是：区委对党的合作化方针、政策领会不足。由于过分强调了郊区的特点，认为郊区经济作物多，生产发展快，国有土地多，郊区农民私有观念不太深，接受新事物快等，因而产生了急躁冒进情绪，对社的性质高低、规模大小，放松了控制。”上述史料真实地记载了南苑区合作社在扩大发展阶段存在的诸多问题，盲目追求高级社土地不分红造成的一些坏的影响。产生这些问题的一个重要的原因是对农民的私有观念没有一个深刻的认识。

整顿合作社的做法和收到的效果，《南苑区整顿合作社报告》记载：“二、为了纠正上述缺点，根据市委及农委的指示，我们停止了发展，全力转向整顿、巩固工作。

（一）进一步贯彻了党的阶级政策，对土地不分红的高级社，凡部分社员有意见者，即说服、教育干部予以改变：在选择社干部中注意培养了贫农骨干，树立贫农优势。

（二）对条件差无把握办好的大社，动员说服群众，根据情况适当地分小。

（三）深入贯彻了自愿原则，对入社勉强情绪不稳定的社员，进行教育，提高觉悟尽量争取，对入社实在勉强不能争取者，则劝其退社，做到好成好散不伤感情。

整顿社的结果，劝退和要求退社的社员有965户；有6个100户以上大社分为17个中、小社；有33个土地不分红的高级社改为土地分红。原来决定社员牲口、农具折价完全入股的两个社也都改为平均入股。群众对这些改变反映很好：‘过去有意见不愿提，怕胳膊扭不过大腿反显得自己落后’，‘现在从心眼里满意’稳定了社员的情绪，巩固了贫中农的团结，保证了运动的健康发展。”

从史料记载可以看出，南苑区认真贯彻了北京市整顿合作社的一系列指示精神。土地不分红改为分红，大社改小社。农民群众对这些整顿措施非常满意。

（三）做好退社户工作

在整顿和巩固农业社的同时，真正本着自愿互利的原则，对勉强入社或者不愿入社的农户，做了退社工作。《中共北京市委批发市委农村工作部关于切实做好退社户工作的意见（1955年5月10日）》[①]（以下简称《做好退社户意见》）记载了这一过程。市委在《做好退社户意见》文件前写了批语：“市委同意市委农村工作部关于切实做好退社户工作的意见，望郊区各区委研究执行。所附丰台区委对处理退社户入社财产的几点意见，大体上也是可行的；但各区各社情况复杂，在处理这个问题时应区别各种具体情况，不可硬搬。各区委必须切实教育农村工作干部对社员和退社户进行耐心的教育，坚持政治上不加歧视，经济上不予损害和中贫农互利的原则。在工作中必须进行切实具体的检查，遇有新的问题，应随时报告市委农村工作部。对于目前已经发生的打击、歧视退社户和

① 中共北京市委党史研究室，中共北京市委农村工作委员会，北京市档案馆．北京农业社会主义改造资料：下册［M］．北京：中国社会出版社，1991：91-95.

某些损害退社户经济利益的现象，应切实纠正。不妥之处，请中央批示。”这个批语所定的原则非常好，对待退社的农户“政治上不加歧视，经济上不予损害和中贫农互利”。这才真正反映出了对待农户入社问题，实行的是自愿互利的原则。

北京市退社户的基本情况，《做好退社户意见》记载：“北京郊区农业生产合作社经过检查、整顿，纠正了某些不顾具体条件贪高图大的偏向，对农民讲清了‘自愿互利’的原则之后，截至目前为止，已有 3 600 多户勉强入社的农民退了社，占原入社农户的6%，计：东郊区 99 户，南苑区 1 098 户，丰台区 354 户，海淀区 625 户，石景山区 221 户，京西矿区 1 232 户。对合作社的检查和整顿，是在郊区各区委直接领导之下进行的，某些勉强入社的社员退了社，对今后社的巩固和进一步安定社内外农民的生产情绪都是有利的，它不会损害农业互助合作运动的健康发展，但是退社户遍及各乡，为数不少，且多数退社户的土地已由社统一耕种，牲畜、农具及其他生产资料已经折价入社或有了损坏、整修，情况十分复杂，如果处理不当，对社内外农民影响都很大，对合作化运动的健康发展就会发生不利的影响。因此，我们必须十分重视这一问题，切实遵照中央指示，按照自愿互利原则，认真做好退社户的工作。”退社户遍及全市各乡，有 3 600 多户，南苑区、京西矿区都超过了 1 000 户以上。退社以后的土地、牲畜和农具如何再妥善地处理好是一个很重要的问题。

如何处理退社问题，基本原则是什么，《做好退社户意见》记载：“在对待退社户的问题上，必须坚持政治上不加歧视、经济上不予损害的原则。凡是有退社户的乡、社，均应毫无例外地由党支部和社的管委会召开退社户的座谈会，诚恳、耐心地向他们交代政策，讲明入社、退社的利害，使他们说出‘心里话’，打破隔阂，搞好团结，以免他们退社后对社不满，在处理退社户的经济问题时，必须公平合理，充分协商，做到互不吃亏，双方满意，以便‘好来好去’，争取和等待他们以后再到社内来。”在政治上不歧视，经济上不损害，这一原则认真贯彻的前提下，退社的农户就不会有后顾之忧。尤其是在经济问题上，做到公平合理、充分协商、互不吃亏、双方满意，就能做好退社工作。

但是，实际在退社工作中，还是存在一些问题的，《做好退社户意见》记载：“在处理退社户的问题上，郊区多数区、乡一般是按照上述原则办事的，并使退社户和社外农民进一步了解了党的合作化政策，安定了农民的生产情绪。但是，由于有些干部对于‘自愿互利’‘巩固中贫农团结’‘团结广大社外农民群众’等原则还认识不够，有些干部的工作方法又很生硬，因而有的地方发生了对退社户采取歧视、讥讽、打击的现象，甚至强制调换退社户的土地，社内在退社户土地上种的麦子一点也不分给退社户，或以不开证明信件的办法限制退社户进行运输副业和购买生产资料等，使他们在经济上吃了亏，在政治上被孤立，以致造成有些退社户对社不满和与社对立，并引起社外一部分农民的情绪波动，影响到党的互助合作政策正确的贯彻。另外，还有些社对退社户‘扣得紧一些’，甚至有人主张叫退社户‘光屁股’出社。因此，在处理退社户的工作中，必须做好干部和社员的政治思想教育工作，深入地、反复地贯彻自愿互利原则，以保证处理退社户的工作正确地进行。此外，由于退社户多数是中农，在退社户较多的社里，必然会产生生产资料和资金不足的困难。国家对这些社可给予适当的贷款。”上述记载真实地反映了歧视退社户的种种现象。甚至还要退社户“光屁股”出社，采取了全部剥夺的政策。

这就对退社户造成了极大的伤害。由于退社的多数都是中农，这就会给退社户较多的社造成了影响，国家给予这类社贷款支持是对的。

《做好退社户意见》附上了《丰台区对处理退社户财产的几点意见（1955 年 4 月 20 日）》（以下简称《丰台处理退社意见》），丰台区的做法是正确的，得到了市委的肯定。

《丰台处理退社意见》记载如下："最近，在整顿、巩固农业生产合作社的工作中，经过重新贯彻自愿原则，有些原来勉强入社的社员申请退了社（全区共 354 户）。但有些社在处理退社户的问题上，错误地采取了歧视和打击的态度，使退社户的经济利益受到损失，影响了社的威信。为了正确地处理这个问题，提出以下几点意见，供各社参考：

一、退社户入社的牲口、大车、农具等生产资料，原物仍在者由原主带走；原物已出卖、遗失或严重损坏者，由社按原作价赔偿，如果大车、农具等已由社修补，原主应付给社修理费；社已用坏者，社应付原主修理费。

退社户入社的现金投资如数退还。

退社户入社的籽种、肥料，社已使用了的照原作价付款；如原物仍在，亦可带走原物。

二、退社户应该带走原来入社的土地，如原地经社加工者，原主应酌付加工费。

三、退社户入社的土地上由社统一种的麦子，原则上由退社户收获，但退社户须偿付社里所用籽种、肥料、人工等费用。

四、牲口集中由社使用后所吃了的饲料，原则上由社开支，退社户不应负担，牲口集中后搞运输等的收入亦由社处理。

五、退社户所得的劳动工分，必须及时给予合理的报酬。

六、蔬菜作物的处理：

1. 退社户入社土地上原有的蔬菜折价入社者，随土地退还原主，如果社已经施肥、加工，原主应付给社肥料和人工费。

2. 社的退社户入社土地上新种的蔬菜，随土地归退社户收获，但须付给社籽种、肥料、人工等费用。

3. 退社户入社地上原有的蔬菜折价入社后已由社收获出卖者，由社付给原主折价费，如果原来折价不合理以至低于出售价格过多者，可酌予补偿。

七、社在退社户入社土地上夹的风障由原主继续使用，不能拔下，以免影响生产。但退社户应付给社赔偿费。赔偿办法可采用下列一种：

1. 风障随地走，由退社户还社苇子或作价赔偿，并付给社里夹风障所用的人工费。

2. 等用完苇子拔下后再归社，退社户给社折旧费和人工费。

八、退社户入社的土地已由社耕过者，退社户得按当时市价给社耕地费。"

我们从丰台区的处理意见中，看见了互利原则得到了很好的贯彻执行。处理退社户是一件重要、复杂的工作，关系着中农与贫农的团结，关系到社的巩固和发展，解决不好，将会使党在政治上遭受重大损失。处理退社户，必须本着团结、友好的精神，采用耐心协商的方法，达到双方互不吃亏。对退社户讥笑、歧视、打击以及任何使退社户经济上吃亏的做法，都是错误的。

（四）做好包工包产工作

1955年春，市委农村工作部和东郊、南苑、丰台、海淀、京西矿区等区委，为了进一步提高农业生产合作社的管理水平和更加合理地分配社员的收入，分别选择了7个有一年以上历史，基础好、骨干强、经营管理已经走上正轨的老社，试行了包工包产、超产奖励制。这7个社中，四季青、远大、西山、白盆窑4个社是蔬菜社，红星集体农庄和来广营是大田社，黄安坨是农林牧社。

《中共北京市委农村工作部关于北京市郊区七个农业生产合作社试行包工包产、超产奖励制的经验（1955年12月）》（以下简称《包工包产、超产奖励制的经验》）[①] 总结了包工包产的过程：一年来，7个社试行的结果，证明包工包产、超产奖励制是把责任制与分配密切结合起来的一种比较科学的、先进的管理方法。由于这一制度预先就把社内各生产队的生产用工和各种作物的产量做出了规定，并按照各生产队的生产好坏来实行奖励和赔偿，合理地分配收入，因此，它就成为社员争取增加生产和增加收入的物质动力。社员们说："超产的得奖，减产的受罚，公平合理，有多大劲得使多大劲。"

《包工包产、超产奖励制的经验》总结了这一管理办法的三大好处："首先是大大地加强了社员对生产的责任感。七个社试行了包工包产、超产奖励制以后，普遍出现了社员主动关心生产、彼此互相检查活茬质量的新风气。社员们提出'争取超产，先把活干好'的口号，只顾'奔分'、不顾生产和活茬质量的现象已经大为减少。社干部们说：过去是社员'听喝'，现在是哪种活该做，社员事前就给提醒了。许多社员为了争取超产，获得奖励，不仅自己保证活茬质量，而且主动地去检查别人的活茬质量。如东郊区来广营社社员燕朝英夏天耪地时，因为只图快，忽视了质量，同组的八个社员就一致批评他说：'你这样干可不行，赔了产算谁的?'要求他保证活茬质量。

其次，刺激了社员改进技术、挖掘生产潜力的创造性和积极性。许多社员为了争取超产和获得奖励，改变了过去'干活吃饭、吃饭干活'，不过问生产好坏的现象，积极地想办法，找窍门，增加生产。如海淀区远大社第一生产队的社员们就集体创造了利用阳畦间的空地栽种矮畦高秆黄瓜，获得比一般阳畦增产两倍的经验。丰台区白盆窑社的社员为了超过定产产量，把祖辈相传种小萝卜的宽畦埂改为窄畦埂，减少了非生产用地，增加了播种面积，增加了生产。

第三，加强了生产管理的计划性。由于实行包工包产、超产奖励制，各社预先对社内生产、财务工作都做出了比较全面、细致的通盘安排，明确地划分了管理委员会与各生产队的责任范围，所以七个社大多数生产队都能够有秩序地进行生产，不误农时，克服了劳动力调拨和活茬安排中的混乱现象。各社的管理委员会对生产队的生产资料供应和产品推销工作一般都做到了及时，不误生产。许多社的领导干部也能够摆脱日常事务，深入各队进行督促、检查。七个社的主任一致反映：'实行包工包产真是心明眼亮，事事按计划，人人有专责，虽然社比去年大，反而好领导了。'"

---

① 中共北京市委党史研究室，中共北京市委农村工作委员会，北京市档案馆．北京农业社会主义改造资料：下册［M］．北京：中国社会出版社，1991：198-206.

实行包工包产、超产奖励制的办法，加强了社员们对集体劳动的责任感，动力就是在包工包产的基础上，实行超产奖励的办法。包工包产的效果非常明显，七个社普遍增产。根据远大、黄安坨等五个社的统计，平均比上年增产32%。社员收入也有了相应的增加。

包工包产还有一个最奏效的结果，是最大限度地做好了生产组织工作。《包工包产、超产奖励制的经验》指出："根据七个社的经验，实行包工包产、超产奖励制以后，生产队不仅是基本生产单位，而且是奖励和赔偿的计算单位。这就要求每个生产队必须能够独立进行生产，能够全年均衡地使用劳动力，并保证队内每个劳动力有足够的或与其他队大体相等的活干，既不需要其他生产队过多地支持，也不过多地支持其他生产队，以便于计算各队的劳动和生产，正确地执行奖励和赔偿。所以，在编组生产队时，必须把领导骨干、强弱劳动力、技术力量均衡搭配，以免强弱不一，影响生产。在给各生产队分配耕作区时，不仅要照顾土地集中连片、土质好坏和土地多少，而且要考虑到每个耕作区全年种植的省工与费工作物的均衡搭配，以免畸轻畸重、忙闲不均，影响生产和社员的收入。同时，还要分配给各队大体相等的生产工具。1955年，七个社都是根据上述原则编组生产队、划分耕作区、搭配作物和生产工具的。"从中我们看出了这样一个道理，因为生产队既是生产单位更是奖惩单位，为了得到奖励避免惩罚，就必须做好生产队的组织工作。在组建生产队时，要考虑队的规模、技术力量、劳动力的强弱、土地的因素（土质、多少、集中连片情况）、作物的种植与全年的搭配情况等等。总之，生产与经营的方方面面都要考虑，只有这样才能得到奖多罚少的结果。包工包产、超产奖励制度的设计制度，倒逼了从互助组到初级社以来，要解决在生产方面特别是产量与报酬之间等各重要环节上形成的一系列突出问题和矛盾。我们用现在的语言来描述，如果不实行这项改革措施，就不能解决这些老大难的问题。反面的例子是不编好生产队，划好耕作区，不合理搭配作物和生产工具，就搞不好生产和分配。例如，海淀区西山社第一生产队因为菜田过多，忙不过来，把80亩谷子荒了；而第四生产队又因为菜田过少，经常有七八个社员没活干，不仅影响了社的生产和社员的收入，而且给奖励和赔偿带来了困难。

因此，在总结包工包产的好处之外，更重要的是要总结取得这些好处的原因是什么？或者说经验是什么？这些经验可以概括为以下几点。

第一，就是要"合理定工"。《包工包产、超产奖励制的经验》指出："定工是社员们最关心的问题之一。七个社的定工方法，都是先规定社内各种作物的种植、技术操作方法和每一项操作（活茬）的工作定额和报酬标准，计算出各种作物每亩的需工数，然后计算出各生产队全部作物的用工数，再附加一定数量的零杂工和机动工，即作为各生产队的包工数。并规定除遇到较大的自然条件的变化可以增加或减少生产队的包工数以外，一般是'长工不退，短工不补'，包工数固定不变。

根据七个社的经验，合理定工的关键在于正确地规定工作定额。工作定额偏低就会造成定工偏高，定额偏高又会形成定工偏低。如海淀区四季青社，因为工作定额偏低，每亩只需七八个工的西红柿就定了100个工。其他各社也都存在着工作定额偏低、定工偏高的现象。这就造成社内需工的虚假数字，影响劳动力的合理使用和合理地计算社员的劳动报酬。

由于农业生产的复杂性和季节性，各种工作定额很难一成不变。所以在定工以后，除掉因较大的自然条件的变化所引起的费工与省工应该由管理委员会统一增加或减少各生产队的包工数以外，各生产队还应该根据队内各种活茬的轻重缓急和季节忙闲，在定工范围内适当地'抽肥补瘦'，以调节活甜活苦和修正一些出入不大的工作定额。海淀区四季青、远大等社，由于采取了这种办法，各生产队都能够及时地纠正不太准确的工作定额和调节活茬忙闲工分，刺激了社员的劳动积极性。但是也有的社掌握得不好，给生产管理和奖励、赔偿计算带来了一些困难。如东郊区来广营社，原来规定割高粱的工作定额是二亩地记八分，但是管理委员会没有根据地里积水多、高粱多半倒伏的新情况合理地修订工作定额，结果一个整劳动力一天只能割半亩地，挣二三分，影响了社员的劳动积极性。丰台区白盆窑社，把所有修改工作定额的工作都集中在管理委员会掌握，结果不仅因为合作社大、生产队多、条件复杂，不能做到及时、合理，而且由于管理委员会过多地修改各队的工作定额，增加工数又没有详细登记，终于不得不取消各生产队的定工数字。"

包工包产首要的条件就是做好包工工作。在探索包工制度的实践中，北京市从基层的生产队、到区中层管理者、直至北京市的农口领导，都在探讨落实生产责任制的问题。早在 1954 年的《办好七百个农业合作社》文件中，就初步提出了包工制的办法，试行常年的包工包产超额奖励。七社实行的"合理定工"办法，是 1954 年包工制的继续和深化。在这个深化的过程中，难点还是用工定额的确定问题。农业生产是自然再生产和社会再生产相交织的过程，在这个生产过程中，土地发挥了独特的作用，不可替代、不能移动、收益具有级差性；劳动对象是动植物具有周期性和季节性和生产期长的特点。这些农业生产的特点，正如李谷成、李崇光指出①："上述特殊性质，使得农业存在监督和计量的先天性困难，容易产生信息不对称、失真及委托——代理问题。根据一般产权理论，如果对劳动努力程度计量不完全，激励程度就会降低，如果'剩余获取权'得不到清晰界定，劳动者往往以消极怠工作为响应，'用脚投票'。因此，农业生产的特殊性质对其经营组织形式提出了更高的要求。"我们用历史的观点看问题，在当时农业初级生产合作社的组织形式是我们不能逾越的形式。在当时的历史条件下，我们只有经历了这种形式的痛苦，才能找出现在的家庭经营的模式。所以，我们只有在农业监督与计量成本不能太高的前提下，寻找出路和平衡点。因此，包工包产是最佳的出路和选择。尽管这种选择也有定工偏高偏低、活苦活甜等一些问题，但毕竟在当时这是最佳的选择。各生产队采取了"抽肥补瘦"的方式，解决活甜活苦的问题，以修正出入不大的用工定额。

第二，就是合理定产、全面包产。《包工包产、超产奖励制的经验》指出："社员们最关心的另一个问题是定产。因为产量直接关系到奖励和赔偿，所以必须把它定得合理。根据七个社的经验，定产产量应该是稍高于常年产量的计划产量，使社员经过努力可以达到和超过的产量。定产必须根据每一块土地的土质、肥瘦、茬口，参照常年产量和当年的增产措施（包括施肥、耕作方法、作物品种等），经过社员充分讨论再确定。否则，

---

① 李谷成，李崇光．十字路口的农户家庭经营：何去何从［J］．经济学家，2012（1）：55-63.

是很难评得合理的。如海淀区远大社，前半年由于没有考虑土质和茬口的不同，把每种作物都定成了一个产量，结果超产过多。但是，从七个社的实践来看，合理评定产量的主要障碍不是技术问题，而是社员的思想问题，各社社员普遍存在着‘争奖励、怕赔产’的思想而极力压低产量。如南苑区红星集体农庄的包产产量一律是按计划产量的90%计算的，结果各队超产很多。因此，在评定产量的时候，必须彻底批判这种保守和自私自利的思想，扫除社员思想上的障碍，才能使评定的产量真正合理。

七个社中，除白盆窑一个社是部分主要作物实行包产以外，其他六个社都是全部主要作物实行包产的。从实践来看，部分作物实行包产给生产管理上带来了许多不便。首先是许多社员差不多每天既干包产的活，也干不包产的活，计工员每天要分别计算包产和不包产两种工分，很难分地清楚。其次是容易造成社员重视包产作物、忽视不包产作物，不能全面地改进生产管理，增加生产。所以，包工包产、超产奖励制应当包括一个社的全部作物，而不能只选择少数几种作物。”

产量直接关系到奖励和赔偿，必须合理定产。定产的方法：①稍高于常年的计划产量，实际我们理解是常年的平均实际产量，经过努力可以达到。②要考虑土壤肥力（土质、肥瘦、茬口，参照常年产量测出土壤肥力）。③投入因素（施肥、耕作方法、作物品种）等增产的措施因素。这里的最大问题，就是在定产时生产者要压低产量，在博弈时取得最大的收益。这里有技术方面的问题，还有约定俗成的思想态度的问题，就是定产要适度。定产太低，有道德方面的谴责和约束。

第三，议定合理的奖惩办法。奖惩办法不仅要起到激发社员积极劳动的作用，而且还要体现出合理分配社员收入的原则。七个社的总结出了一套奖惩办法。《包工包产、超产奖励制的经验》指出：

“（一）明确奖惩标准。1955年七个社都规定：各生产队因精耕细作或改进耕作技术而超过定产产量的得奖，因经营管理不善而减产在5%或10%以上的受罚，因自然条件好而普遍获得意外丰收时，定产产量要适当地按比例提高，遇到不可抗拒的自然灾害而普遍减产时，定产产量要适当地按比例降低，超过改变后定产产量的得奖，达不到改变后定产产量的受罚；由于管理委员会供应生产资料不及时或技术指导错误而减产时，生产队不负赔偿责任。这些规定都是合理的，也是社员易于接受的。

（二）奖惩应该按劳动日计算。七个社原来都规定以实物来进行奖励、惩罚。如东郊区来广营社规定：每项作物超过原来定产产量10%以内的，把超产部分的40%奖给生产队，其余部分归社，超过10%至20%的，把超产部分的50%奖给生产队，其余归社，超过20%以上的，把超产部分的60%奖给生产队，其余归社。与此相反，无故减产在5%以内的，生产队不负赔偿责任；减产在5%以上的，生产队一律赔偿减产部分的25%。这种奖惩实物办法的缺点：是在同样超产的情况下，种植经济价值较高的作物和种植经济价值较低的作物所得的奖励不一致，因此，它是不合理的。后来，各社都改为比较合理的按劳动日计算奖惩的办法，即一种作物超产百分之几，就奖给该项作物计划支出劳动日总数的百分之几，一种作物减产百分之几，也从该项作物的计划支出劳动日总数中扣除相等的劳动日，但最多不能超过25%。

（三）应该按劳动日分配奖励、按劳动力惩罚。七个社都规定：生产队获得超产奖励时，按每个社员所得的劳动日来分配，生产队减产受罚时，则按劳动力分摊，男整劳动力摊整份，男半劳动力和女劳动力摊半份。为了照顾社员和孤寡老弱户的生活，社员减产受罚最多不超过其全年所得劳动日总数的10%，孤寡老弱可以不受罚。这一办法在目前还是适宜的。

（四）应该明确规定干部和不参加田间生产人员的奖惩办法。原来各社对于这个问题都是不明确的。有的社笼统地规定全社普遍增产时，给社干部以适当奖励。有的社只规定社主任按全社得奖最多的若干人的平均数奖励。这些办法都不够明确，也不尽合理。秋收以后，丰台区白盆窑社对于不参加田间生产的正副主任的奖惩问题，提出了一个比较好的办法，即按全社平均每个劳动日实际得奖或处罚的劳动工分数加倍计算。假如；全社全年、七个生产队应得的总劳动日数是15万个，有些生产队因超产得到2万个劳动工分，有的生产队因减产扣减了5 000个劳动工分，从社员所得奖励的劳动工分中减去社员赔偿的劳动工分，社里实际奖励给社员的劳动工分是15 000个。按全社15万个劳动日计算，平均每个劳动日可得到一个工分的奖励。如果社主任全年的基本劳动日是300个，即可得到60个劳动工分的奖励。这一办法的好处是能够鼓励社干部积极工作。关于会计员，饲养员等不参加田间生产的人员，应该根据本身工作订出奖励条件，单独进行奖励或处罚，不应该和生产队混在一起。

（五）蔬菜作物应该按产量和价格计算奖励、惩罚。有些蔬菜作物，如黄瓜、土豆、洋白菜、青椒等，特别是温室和阳畦中的蔬菜作物，因为技术有高低，成熟有早晚，卖价也相差很大。早成熟早上市的蔬菜一般是产量低、卖价高、收入多；晚成熟晚上市的蔬菜一般是产量高、卖价低、收入少。因此，单纯按产量或价格计算奖励、惩罚都是不合理的，必须既照顾产量又照顾价格。海淀区远大社和四季青社规定，按每项作物的全社平均单价乘上各队该项作物的每亩定产产量作为应产值，然后再以各队该项作物的平均单价乘上各队该项作物的实产值，实产值超过应产值即为超产，低于应产值即为减产。这一办法是比较合理的。”

在上述奖惩规定中，非常值得肯定的是有以下几点：①充分考虑了自然条件变化对定产的影响。②奖惩按照劳动日计算，避免了不同作物经济价值的不同带来的不可比较的缺陷。③超产的奖励按照劳动日分配的好处是，做到了把奖励的价值统一起来；减产的惩罚按劳动力的好处是，把减产的损失由劳动成员共同分担。④明确了对待队干部的奖惩办法，就是鼓励队干部多参加田间劳动。⑤充分考虑了不同经济作物的不同经济价值，所以既要按照产量又要按照价格考虑产值的超产部分。

第四，制定出并执行奖惩办法后，还要注意的几个问题，也都考虑并作为条文列了出来。《包工包产、超产奖励制的经验》指出：

“（一）加强思想领导，克服社员中的保守、本位思想和干部中的松心思想。开始制定包工包产、超产奖励方案的时候，有些社员为了得奖，想尽一切办法压低产量、高估用工。在实行包工包产、超产奖励制以后，几乎各社都不断发生生产队抢肥料、抢农具、不服从管理委员会调动、不支持其他生产队或不接受其他生产队的支持等现象；个别社的领导干部也认为工和生产都已经包给生产队，自己可以松口气了，于是采取了‘大放手’的态度，不去主动地、深入地检查工作和帮助生产队解决困难，甚至生产队有些什么问题也不太清楚。所有这些不健康的思想都会直接或间接地影响社的生产。因此，合作社在实行包工包产、超产奖励制以后，必须不断地加强思想工作，克服社员中的自私保守，本位主义思想和干部中的松心思想。

（二）做好生产纪录和统计工作。随着包工包产，超产奖励制的实行，给社里带来了许多细致的纪录和统计工作。这些纪录、统计工作的主要内容是：各生产队的实际用工数字、生产资料供应数字，各项包产作物的实收产量，某些蔬菜作物的出售价格、受灾作物的情况、执行耕作方法的情况等。由于这些纪录、统计工作是直接关系到奖励、惩罚的，如果做得不好，就会影响包工包产、超产奖励制的推行。今年七个社中，有的就因为产量计算不清、用工无数或有些蔬菜没有单独计划价格，给年终分配和奖励、惩罚工作造成许多困难。因此，今后必须做好这方面的工作。

（三）及时做好奖惩方案。实行包工包产、超产奖励制的社，在秋收分配试算时就应该及时做出奖励方案，并交社员进行讨论，以便通过事实教育社员充分认识这一先进管理制度的好处，和清除社员中害怕'说了不算'的思想顾虑，不能因为有问题而不去积极解决，长期拖延，不向社员宣布奖励结果。今年七个社在这方面做的都是不及时的，因而增加了部分社员怕'说了不算'的思想顾虑，今后必须及时做好这项工作。"

包工包产、超产奖励执行过程中会有一些突出的问题暴露出来。①压低产量、高估用工。这是一个社员与生产队在这种劳动制度安排下必然出现的博弈现象。这种经济问题，用思想教育的方法收效甚微，在当时没有更好办法的情况下，也只能采用此种策略。②包工包产、超产奖励执行下去的前提是要做好生产记录和统计工作，这项工作繁琐、细致、复杂、持久，没有高度的责任心和持久的耐心，无论如何是做不好，也做不长久的。③奖惩方案要得到及时贯彻执行，否则就会失信于民。这个制度执行不好，所以群众有意见，认为是说了不算。现在分析看，从客观上说，就是这个制度还是太复杂，在操作中有很多具体的问题不易解决，就造成了打折扣的现象出现，甚至是奖励方案执行得不好的局面出现。但不管怎么说，面对吃"大锅饭"的弊端，北京市的各级领导，早在初级社的阶段，就出台了一个包工包产、超产奖励的办法。这的确是难能可贵的。尽管在执行中出现了各种问题，但确实是收到了好的成效。

（五）做好秋收分配工作

在扩大合作社的这一年，由于产生了土地不分红等一系列问题，再加上 1954 年的合作社在分配上产生的问题，所以，1955 年的秋收分配工作就非常重要，市委农村工作部专门向市委提交了 1955 年的分配决算报告。

《北京农业社会主义改造资料》记载了 1954 年决算分配产生的诸多问题[①]：

"1. 各社分配决算普遍过晚。1954 年各社的分配决算时间比往年普遍推迟，尤以菜区社为甚，有的社直到 1955 年 5 月才最后决算，因而影响了新账的建立和发动社员向社投资。各社决算过晚的原因，有的是干部不够重视，认为早两天晚两天没关系，反正大

① 中共北京市委党史研究室，中共北京市委农村工作委员会，北京市档案馆．北京农业社会主义改造资料：下册［M］．北京：中国社会出版社，1991：136-138.

部分东西已经‘借支’下去了；有的是账目严重混乱，无法及时清结，拖延了决算日期；有的是经济问题未得到合理解决，无法决算。影响决算的经济问题主要是新、老社员在公共财产的积累和入社生产资料折价上有矛盾，有些老社员主张多报财产数量，多计价，少折旧，或以公积金顶替折旧费；而有些新社员则主张老社财产应少计价，多折旧。

2. 部分社决算时，社员分的空账多，拿到的现钱少，如丰台区东管头第二社，年终决算时，社员只分到4 000多元现款但却分了20 000多元的空账；白盆窑社决算时，因分给社员的空账竟多达50 000余元，曾一度引起部分社员极端不满，以至发生一部分社员曾歇工不干活，少数社员曾一度要求退社。产生这一问题的原因：一是有些社资金运用缺乏计划，不根据公积金的多少盲目扩大公共财产，占用了老社员应分红的钱；二是有的社借支制度不严，超支过多影响决算分配；三是有些社扩大后，未认真发动新社员向社投资，过多地占用了老社员应分红款。

3. 有些社公共积累过少。根据东郊、南苑、丰台、海淀、石景山等5个区67个增产社的统计，公积金、公益金平均只占各社总收入的3.9%。丰台区大井社1954年比1953年增产6%，但公积金、公益金仅占总收1.2%。

4. 从分配决算中发现有些社盲目投资、不计成本、开支过大，影响社员收入的增加。根据92个增产社的统计，生产开支平均占各社总收入的百分比是：蔬菜社41%；稻田社33%；农林牧社21.7%；大田社32.9%。其中超过40%的有15个社。开支最大的是丰台区小屯中心社，该社1954年比1953年增产3.9%，但其开支却占总收入66.5%。

5. 一般社的年终分配决算，没有按照社章规定提交社员大会认真审查和讨论，让社员充分发表自己的意见，致使部分社员产生不满情绪，严重的社已经成为影响社的巩固的重要因素。特别是有些社在年终决算时，根本未与社员商量，不经老社员同意就擅自扣留老社员应分配的实物和现金作为社内生产资金，更引起老社员的极端不满，对新社员的影响也很大。另外，对到期应还的国家贷款和社员投资拖延不还的现象，在部分社内也是比较严重的。”

上述记载说明这些问题都是很突出的问题，严重影响了农业社的稳定和发展。①决算拖延，甚至拖到了第二年的5月。社员辛苦干了一年，就等着分红这笔收入，却迟迟不能兑现，这问题该有多严重呀。②决算本来就晚，到了该拿钱的时候，却是空账，不能拿到现金，占用了社员的分红款项。这问题就更严重了。③公共积累过少，使得农业社今后的发展缺少了后劲，资金严重不足。④决算后，产生了开支过大、不计成本且占总收入比重过高的严重问题，这就形成了增产不增收的不利局面。⑤年终决算时不与社员商议，擅自扣留社员应分配的实物和现金作法，将动摇农业社存在的根基。这也是社员们要求退社的原因。

农业社年终决算，直接关系到社员最终的收入分配的大事情。针对1954年的诸多问题，市委农工部直接领导了1955年的年终决算工作，在9月就制定了《中共北京市委农村工作部关于京郊农业生产合作社一九五五年秋收分配方案（1955年9月）》[1]，并指出：

---

① 中共北京市委党史研究室，中共北京市委农村工作委员会，北京市档案馆．北京农业社会主义改造资料：下册［M］．北京：中国社会出版社，1991：131-136.

“1955年郊区农业生产合作社的秋收已经开始。绝大多数社的庄稼生长的都很好，丰收在望，广大社员群众与社外农民都在盼望和注视着今年社的分配决算。因此，及时做好这一工作，对巩固和发展社是至关重要的。这一方案是根据去年郊区各社进行秋收分配决算的经验制定的。各区、各社进行分配决算时可结合具体情况参照执行”（以下简称《1955年决算分配方案》）。

针对秋收分配前应做的准备工作，《1955年决算分配方案》记载：

“（一）清理账目、核对工分。各区在秋收分配前，应督促其负责社的财务工作的专职干部，协助各社会计认真地彻底地把社内所有的财产、账目与社员的劳动工分清理一次。在账目方面务必做到账款相符、手续完备、不错不乱，在劳动工分方面务必逐户核对、消灭差错；对社内各项财产也应认真地进行清查、核对。

（二）训练干部、交代政策。各区在秋收分配前，应召集各社主任、会计及工作组干部进行一次关于做好社的秋收分配的政策、业务训练。务使所有区、乡社干部都清楚地了解做好秋收分配工作的重要意义和有关秋收分配的政策、方法及工作中应注意的问题。

（三）制订分配方案，提交社员讨论。各社在秋收分配前（菜区社可在秋菜成熟前），应认真地进行查田、估产，估算出各社全年的收入、开支、用的劳动力，根据社章规定的分配原则，制定出社的秋收分配草案。草案制定后，必须交给社员反复讨论，充分听取社员的意见，并根据社员提出来的正确意见进行修订，然后呈报区委审核批准，即作为社的秋收分配方案，认真贯彻执行。在分配方法上，粮食作物仍应采取随打随分、好坏搭配、分等作价的办法，棉花、油料、蔬菜作物应在出卖后分配现金。此外，各社在秋收分配中还应做好必要的统计工作。

（四）作好秋收分配决算的宣传工作。各社应结合秋收分配工作，以合作社增加生产、增加社员收入及公平合理地分配社员劳动果实的生动事例，向社内外广大农民群众进行一次深入的政治思想教育，以提高社员及社外农民的社会主义觉悟。各社在年终决算确定后，都应召开社员大会（吸收社外农民参加）总结全年的工作，向社员报告生产成绩、收入、开支、分配情况，及一年来社的工作和生产中的优缺点，并通过典型事例进行表扬、批评、评选社的模范等，同时还应向社员不断地进行增产节约的教育，防止秋收分配后发生大吃大喝的浪费现象。

为了取得经验，以便正确地指导各社认真作好分配决算工作，各区都应选择一两个社作典型示范。”

上述分配前的准备工作，考虑得细致周到。①清理账目，核对工分，是对全社的收入的核算，及社员的劳动的认定。这是最基本的要求，也是决算前的最基础的工作。②训练干部、交代政策，是要求社领导等管理人员懂决算分配政策及分配方法的重要步骤。③制定社员讨论后的分配方案，是体现民主管理的最重要的途径，只有经过社员讨论的方案，才能让大家满意，才能避免不公平的现象。④做好决算前的宣传工作，是让大家明白政策，提高觉悟的最佳的宣传材料。既起到了增加社员收入并公平合理的分配的目的，又起到了对合作社的经营状况作了梳理、检查问题的作用。

扣留下年度的生产资金，这关系到合作社的可持续发展问题，《1955年决算分配方案》记载：“去年，郊区多数社对社内所需的生产资金：种子、肥料、草料及必要的现金等，都采取了按劳动力或地劳比例分摊一定数目的生产股金（即生产垫本）由社长期使用的办法。这种办法，既可以避免临时投资，年年投入，年年清结、偿还的麻烦，又可以克服因社员投资不及时而影响生产的缺点，今年应该普遍推广。各社生产股金的数额，一般应以全社每年所需用的生产垫本的多少和绝大多数缴纳得起为标准，不宜过高或过低。已实行缴纳生产股金办法的社，今年分配决算时应根据上述办法，确定生产股金的标准，核定生产股金的数额，对生产股金过高或过低的都应加以纠正。凡已经规定社员缴纳生产股金的社，对有些在入社时未缴足股金数额的贫苦社员，一般均应在今年秋收分配时扣足交社；如有少数贫苦社员确实无力缴足应摊股金时，应由贫农合作基金贷款解决。

如果需用已有生产资金不足，来年生产根据需要时，可从当年总收入中扣留一定数额，扣留的这部分生产资金不记在社员名下，社员退社时不能带走。新社员入社也不缴纳这部分。如果再不足应用时，可发动社员自由投资或由国家银行、信用社贷款解决。但必须防止脱离当前社的生产发展水平，盲目扩大生产和投资，以免影响社员实际收入的逐年增加。

为了简化各社的会计账目、手续和克服账目上的虚假数字，社内当年集体积造的肥料，一般不应折价作为当年生产收入去分配，应当留作来年生产之用，社员参加集体积肥所得的劳动日即在当年分红。

新社员入社应按照社章规定缴纳入社股份基金和生产股金。种子、肥料可和牲畜、大农具同样折价抵作入社股份基金和生产股金；如新社员的生产资料折价超过应缴纳股金数额时，其超过部分应照例由社分期还本付息。”

上述记载表明，扣留生产资金的做法非常必要，这是维持简单再生产的基本条件。①生产资金都有什么项目？扣多少为宜？决算分配方案，根据以往的经验给出了答案。生产资金应该包括种子、肥料、草料和必要的现金；采取了按劳动力或地劳比例分摊一定数目的生产股金（即生产垫本）由社长期使用。②生产股金的数额，一般应以全社每年所需用的生产垫本的多少和绝大多数缴纳得起为标准。这就是最恰当的比例，不过高也不过低。生产资金不足，追加的方法合情合理。③积造的肥料不折价，这就避免了虚假账目的问题，积肥的劳动日参加当年的分红。④新社员入社的股份基金和生产股金，也制定了合理抵扣的方法。总之，解决合理的生产资金问题，就为合作社的可持续的、顺利的生产创造了条件。

关于公积金、公益金的积累问题，《1955年决算分配方案》记载：“农业生产合作社公积金的积累与扣留公共财产的折旧费，都是为了保证社的社会主义财产和生产资金的逐年积累，为了社的生产逐年稳固的发展。因此为了简化各社的会计账目和手续，今后各社一律不再扣折旧费，只留公积金，但在计算和决定公积金的数额时，应计算出当年公共财产的折旧费数额。各社的公积金积累比率，必须在保证社内社会主义财产和社员收入逐步增加的原则下去确定，一般可占纯收入的5%到10%。必须防止公积金积累过多或过少的偏向。

公益金的积累在初办社时一般可占纯收入的1%左右；土地不分红的社可适当多积累一些，但一般不得超过纯收入的3%。

农业与手工业结合的社，手工业收入部分的公积金、公益金的积累应参照手工业社的积累比率积累之。”

公积金和公益金的多少，都作出了明确的规定及比例。过多过少都是不行的，这应该在社员收入增加的原则下决定。这就兼顾了个人利益与集体利益、当前利益与长远利益的关系。这个规定是合理的。

归还债务及社员投资问题和社员补缴入社股份积金的办法，《1955 年决算分配方案》记载：“各社在分配时，必须按照规定，如期如数归还国家银行贷款和社员入社生产资料折价超出摊派股份基金、生产资金部分及社员的自由投资等。对于本年度银行生产贷款及社员自由投资应归还的部分，应从合作社的生产费用项中归还，属于设备性的贷款应从公积金与社员补缴的入社股份基金内归还。

社员欠交的入社股份基金，应根据每户可能补缴的实际能力，定出补缴计划，按计划从其当年收入中扣除全部或一部。对于确实贫困无力一次缴纳的社员，可由贫农合作基金中贷款补缴：如仍不能一次缴足者，可由其下年收入中扣除，并应按国家发放贫农合作社基金的四厘利息向社员付息。”

上述规定表明，对于国家银行贷款和社员入社生产资料折价超出摊派股份基金、生产资金部分及社员的自由投资，要做到如数归还。社员欠缴的入社股份基金，如何扣除，也作出了明文规定。这就做到了产权明晰，入社社员人人平等，贫困社员无力缴纳的，也要从相关的收入中补齐。

对于社内跨年度生产用工及基本建设用工的处理问题，《1955 年决算分配方案》记载：“各社及新社员入社前耕种的麦地、蔬菜阳畦等跨年度生产的用工应按以下办法处理：

（一）种麦、阳畦、盖菜苗、温室（黄瓜、扁豆）、秋耕地打阳畦及后半季冷韭的用工，都是为下年的生产作准备，其工分应另记账目。在来年收获后分红。

（二）囤韭、囤蒜黄、盖韭、阳畦囤菜等本年有收益的用工，可在本年度分红。

（三）长期性的、有一定限度的基本建设用工如修建社的公有房屋、牲畜棚舍、羊圈、培植果木树等，一般应在当年分红。”

上述记载表明，对于入社前及跨年度生产的用工，在来年收获中分红，本年度有收益的可在本年度分红，基建用工当年分红。这些精细的劳动及报酬的规定，表明了不让社员吃亏，要充分体现出按劳分配、多劳多得的原则。

对于社内的粮食分配、牛群等牲畜的分配问题，《1955 年决算分配方案》记载：“为了减少农业生产合作社内人为的缺粮户，各社出产的粮食，应按照‘粮食三定到户’的产量，以社为单位，进行计划分配。如发现定产不合理的可适当调整。有余粮的社，在按国家规定和留下来年社内所需的种子、饲料后，首先要向国家缴纳应缴的农业税和卖给国家的余粮，然后再按每户社员的粮食需要量进行计划分配。对有些社员分得的粮食不足其应分得的数额时，其不足部分可用现金补足；在粮食自给自足的社，社内生产的粮食在留下社内所需的种子、饲料和按计划分配给社员后，公粮可以缴现金；在菜区和经济作物区缺粮的社，社内生产的粮食也应按计划分配，各户不足的口粮数，由统销粮中解决，公粮也可缴现金。

关于粮食供应年度的划分，口粮、饲料的供应标准和原粮折净粮的折算率，一律按国家粮食部门的规定办理。

社内牛群、羊群及猪的分配问题。年终结算时，对社内公有的牛群、羊群及猪等财产应估产估价，其增价部分应作为社的当年收入，由社统一分配。”

上述记载表明，国家对于粮食生产的“统购统销”政策已经贯彻到初级社的最重要的秋收分配方案中。有余粮的社，一般是缴够国家的公粮、留够集体的种子粮、饲料粮后，再分配给社员。粮食自给自足的社，没有余粮缴公，就用现金抵缴。菜区，口粮可吃统销粮，但是该缴的公粮，还是要用现金抵缴。这反映了我们国家粮食紧缺的现实状况。尽管要农民缴公粮，但还是要合理定产，不能盘剥，这也是体现出照顾到农民实际情况的一面。对于牲畜的分配，公有增值的部分纳入了分配的范围，这也体现了对农民利益的尊重。

总之，《1955年决算分配方案》的制定与执行，是解决合作社侵害农民经济权益等主要问题的一个重要的途径。北京市的领导想到了这个问题，单独把决算分配方案作为一项重要的工作排进日程，这就是重视农业工作的重要体现。

1955年是北京市初级农业生产合作社发展的最后一年，进入到了推广发展阶段，也是最不平凡的一年。发展了很多不成熟的大社、特别是土地不分红的大社，挫伤了农民群众的生产积极性，导致了农民纷纷要求退社的局面。好在以彭真同志为班长的北京市委领导班子，对当时的形势有清醒的认识，面对不利的局面，作出了整顿和巩固初级生产合作社的决定并采取了一系列的措施，包括采取退社、包工包产和秋收分配等办法，使得初级社得到了巩固。据《北京志·农业卷·农村经济综合志》① 记载：“1955年12月12日，市委召开农村工作会议，宣布发展社的任务已经完成。当前的中心是巩固社、办好社，保证增产。当年年终决算，701个合作社普遍增产增收。据对286个社调查，比1954年增加收入20%～30%。农业社的增产增收，显示了合作社的优越性，鼓舞了新老社员办好合作社的决心。”

---

① 北京市地方志编纂委员会．北京志·农业卷·农村经济综合志［M］．北京：北京出版社，2008：91.

第五章　高级农业生产合作社

高级社是相对初级社而言，全称是高级农业生产合作社。1978 年版《现代汉语词典》的高级社的定义[①]："我国农业生产合作化过程中建立的社会主义性质的集体经济组织。1956 年由初级社发展而成，规模较初级社大。特点是土地、耕畜、大型农具等生产资料归集体所有，取消了土地报酬，实行按劳分配原则。1958 年进一步发展为农村人民公社。全称高级农业生产合作社。"

1957 年 7 月 31 日，毛泽东作出的《关于农业合作化问题》报告；1955 年 10 月 11 日，中共七届六中全会通过《关于农业合作化问题的决议》，都提出了"发展完全社会主义性质的高级社"的构想和目标。毛泽东一直在为高级社的发展作着铺垫和准备。

高级社是农业合作化运动中的一个重要阶段。高级社的农民必须把私有土地、耕畜及大型农具等主要生产资料转变为合作社集体所有，合作社全面实行"按劳分配"。就现有的文献来看，学界认为高级社经历了试办、大力发展和整顿巩固阶段，时间从 1955 年下半年开始至 1958 年，再转到了人民公社的阶段。

第一节　高级农业生产合作社发展概况

北京市的农业互助合作化运动是在曲折发展中稳步推进的。自 1950 年春土改伊始，就坚持了"自愿互利"的原则，贯彻了"积极领导，稳步发展"的方针。从互助组发展到初级社，一直就在解决侵犯农民利益特别是中农的利益的各种问题。从全局看，合作化的发展进程是平稳的。这一有利局面的形成，是以彭真为班长的市委领导一班人正确地、实事求是地总览和把握了合作化发展的进程，平稳有序地开展了这一运动。但是，全国大的形势要求北京市加快合作化的进程。

北京市发展高级社分两个区域。第一个区域是在北京郊区开展的。郊区的辖区范围包括东郊（现在的朝阳区）、海淀、丰台、南苑、石景山和京西矿区 6 个区。祝遵瓒指出[②]："当时的 312 个乡、1 706 个自然村中，还有 24 个乡（占 8%）、318 个自然村（占 19%）尚未成立合作社，已建的 701 个合作社，其中有 289 个也仅有一年的历史。"1955 年的 701 个合作社中，有 289 个是新建的。这与我们第四章的数据是一致的。当时的入社农户占全郊区农户的 46%。从 1955 年 8 月至 12 月底，北京市就完成了所有农户加入初级社的工作。从 1955 年 12 月到 1956 年 1 月，就完成了向高级社的转化工作。第二个区域是北京市远郊县，即昌平、通县、大兴、房山、良乡、顺义、怀柔、平谷、密云、延庆 10 个县。这 10 个县从 1956—1958 年相继划归北京市，在 1956 年全部完成了向高级社

---

① 高巍．高级社［J］．档案天地，2008（9）：17-21.

② 祝遵瓒．京郊全面实现高级合作化［J］．北京党史研究，1992（6）：41-45.

的转变（注：1956 年 2 月，将河北省昌平县划转分北京市昌平区，昌平区划为北京市近郊区，统计资料亦在近郊区的统计范围内）。

《中国农业全书·北京卷》记载[①]：“1956 年，全郊区累计建立高级农业生产合作社 1 351个（其中，近郊区 427 个），入社农户 62.8 万户（其中，近郊区 19.9 万户）。占农户总数 99.2%（其中，近郊区 99.6%）。”这一组资料，与《北京志·农业卷·农村经济综合志》《北京市农村合作经济经营管理志》两部书稿中，关于近郊区和远郊区县分别统计后加总的资料一致。

一、不断修正合作化发展速度指标

按照北京市的部署，正如《北京志·农业卷·农村经济综合志》指出[②]：“1955 年 8 月 4 日中共北京市委召开市委全会，传达学习毛泽东《关于农业合作化问题》的报告；11 月 4 日召开市委全会扩大会议，传达贯彻中共中央《关于农业合作化问题的决议》。这两次会议都对郊区农业合作社的发展提出了规划。8 月会议的规划是，在 1955 年 46%农户入社的基础上，1956 年春发展到 60%，1957 年春发展到 80%左右；在 11 月的会议上，又将 1956 年春发展入社农户 60%修改为 70%。”

《北京农业社会主义改造》一书，更详尽地描述了市委 11 月初会议的发展计划内容，其记载如下[③]：“准备到 1956 年春入社农户达到总农户的 60%左右，到 1957 年春入社农户达到总农户的 70%～80%。可是在全国形势的影响下，时隔不久，又把计划修改为：到 1956 年春入社农户发展到 90%，到 1956 年主要是扩大社的规模，计划合并扩大力 300 个合作社（平均每个社为 400 户），其中计划办千户以上的大社 30 个，到 1959 年，实现一乡一社，即在郊区办 156 个社，平均每个社 800 户左右，并且全部转为高级社，完成郊区农村的社会主义改造任务。”就是按照这个已经提高了进度的指针计划，完成郊区的社会主义改造任务，全部转为高级社，还需要 4 年的时间完成。

上述的北京市委这两次会议，即第一次会议是中共北京市委一届一次会议，集中讨论了农业合作化的问题；第二次会议即是一届二次全体会议，就修改了合作化的发展指标。北京市为了适应全国的快速发展形势，按照 1955 年 10 月 4 日至 11 日召开的《中共七届六中全会（扩大）会议》通过的《关于农业合作化问题的决议》的精神，在规定作出的合作化的进度、指针的要求下，进一步调高了发展的指标。但是，还是理性地提出了用 4 年时间完成农业合作化的进程。我们认为，彭真在这里起了非常重要的作用。

在全面加速农业合作化的进程中，彭真对形势还是有非常清醒的认识的，他在市委一届二次会议上（11 月 4 日）讲话时指出[④]：“去年冬季京郊农村的合作化高潮，不是发展快了，而是高级社、大社办多了，从今年 2 月到秋收为止，是集中力量巩固。先发展，发展后搞巩固，波浪式前进，这是对的。现在高级社、大社过多的问题扭过来了。”在农

---

① 北京市农村经济研究中心．中国农业全书·北京卷［M］．北京：中国农业出版社，1999：213.

② 北京市地方志编纂委员会．北京志·农业卷·农村经济综合志［M］．北京：北京出版社，2008：90-91.

③ 中共北京市委党史研究室，中共北京市委农村工作委员会，北京市档案馆．北京农业社会主义改造资料：上册［M］．北京：中国社会出版社，1991：25.

④ 北京市地方志编纂委员会．北京志·农业卷·农村经济综合志［M］．北京：北京出版社，2008：90-91.

业合作化的发展问题上，他是主张稳步推进的，要走“发展—巩固”波浪式前进的步伐的。因为，北京市初级社在向高级社发展过程中（为了实事求是地描述和分析历史过程，也为了分析问题方便，我们实际上还把这一个过程划分并定义在初级社的阶段，称之为初级社的“推广阶段”。学界及多数理论成果，包括史、志把这个阶段定义为高级社阶段，我们认为是不妥当的），有许多问题需要农民逐步提高认识后才能加以克服。

彭真讲了 6 条意见[①]：“第一，要组织贫农和下中农的阶级队伍。第二，上中农入社要真正自愿。第三，地主、富农，除指定的典型试验乡以外，一般合作社统统不要吸收，关在门外。第四，办多少社为好？不要束缚各区的手脚。问题是要有骨干，贫农下中农积极分子真正组成队伍，上中农入社是真正的自愿。第五，办高级社、大社要具备条件。一要群众自愿，二要内部互利。第六，试办 10 个左右完全合作化的乡。”彭真的讲话坚持了我们党的实事求是的原则。现在看来，这一讲话不但是真知灼见，而且对克服高速度发展的弊端也是有益的。复杂的大环境对小环境的质量也是一种压迫。这种压迫是一种考验，是一种挑战与筛选，是一种锻炼与提高。它是使小环境质量更高、更坚实。彭真在权力所及的范围内控制合作化发展的方向、进程，这是北京市的农业和农民的幸运。

《中国共产党北京历史》（第二卷）记载[②]：“11 月中旬，市委扩大会议认为郊区已经出现了农业合作化运动的新高潮，全市党组织必须按照中共中央决议和毛泽东主席指示的方针和步骤，积极领导这个运动，以保证农业合作化运动的发展。北京市发展农业合作化的计划调整为，到 1956 年春，入社农户比例发展到 90%”。在短短不到一个月的时间内，北京市再次调高了合作化的发展指标。

二、加快向高级社转变步伐

北京市在调高了合作化进程的指标的同时，也加快了初级农业社的发展步伐。《中国共产党北京历史》（第二卷）记载[③]：“从 1955 年 11 月 20 日始，市委抽调 350 名干部到郊区各地，协助区、乡干部，进行宣传发展合作社工作。宣传时集中描绘合作社的美好远景，单纯地把动员农民入社作为任务完成，忽略如何加强合作社管理和提高办社效益的教育。加上‘一五’计划捷报频传和对资本主义工商业改造交叉进行、互相影响，各区、乡互相攀比，唯恐落后，一再修改原定计划，各级领导频频检讨‘思想落后于形势’”。

《北京农业社会主义改造》记载[④]：“一时间，农村锣鼓喧天，农民奔走相告毛主席《关于农业合作化的指示》。各区各乡批评干部中的所谓右倾保守思想，批评像小脚女人一样地对待‘新生事物’，一再修改原订的发展社的计划，干部们频频检讨‘思想落后于形势’。丰台区和石景山区于 12 月 7 日首先告捷，全区 95%的贫农和中农已经入社，又过两天（9 日），海淀区 97%的贫农和中农入了社，到 13 日，近郊 5 个区 90%的农户，

① 北京市地方志编纂委员会．北京志·农业卷·农村经济综合志［M］．北京：北京出版社，2008：90-91.

② 中共北京市委党史研究室．中国共产党北京历史：第二卷［M］．北京：北京出版社，2011：147.

③ 中共北京市委党史研究室．中国共产党北京历史：第二卷［M］．北京：北京出版社，2011：147.

④ 中共北京市委党史研究室，中共北京市委农村工作委员会，北京市档案馆．北京农业社会主义改造资料：上册［M］．北京：中国社会出版社，1991：25.

京西矿区86.2%的农户入了社，实现了半社会主义的合作化。”全国大的形势影响，市委干部下放推动，这一系列的举措都加快了农业合作化的步伐，发展了大量的初级农业社。

1955年12月24日，《中共北京市委关于地主、富农入社的几个政策问题向中央的请示》指出[①]：“目前北京郊区农村已经实现半社会主义的合作化，入社农户已占农户总数91%。除了地主、富农分子以外，贫农、中农几乎已经全部入社。现在地主、富农动荡不安，特别是富农因为雇工剥削受到限制，已有自动交地、交生产资料的。我们认为这种情况拖久了对生产是不利的。因此，我们决定郊区每个区都选择一个或几个合作社基础巩固、领导强、上中农几乎已经全部入社的乡，分批接收地主、富农入社，待取得典型经验后，再系统地解决地主、富农的入社问题，预计在1956年秋收以前就可以准许地主、富农分子分批入社。”从这一请示中我们看出，在1955年8月市委会议上，只有46%的农户入社，到了近年底的关口，入社的农户就达到了91%。在不到4个月的时间里，就完成了不断修改调高的计划，需要1956年春完成的合作化的任务。虽然入社入的还是初级社，但已经为高级社的转变奠定了组织上和制度上的基础，尽管这个基础还并牢靠。而且，地主、富农阶级，这最后的人群（碉堡），也在考虑加入到合作化的组织中来了。

1956年年初，北京市迈开了由初级社向高级社转变的步伐。《北京志·农业卷·农村经济综合志》记载[②]：“1956年1月3日，市委召开区委书记会，继续座谈地主富农入社问题，布置转高级社工作。当天，《人民日报》公布全国入社农户已占农户总数的60%，全国已有2 900个高级社，而北京只有77个。1月4日，市委又召开区委书记会议，部署转高级社工作，要求‘争取春节前全部搞完’。各区从1月9日起，普遍做转高级社的工作。1月10日，市委向中央报送了《关于执行农业合作化和农业生产十七条意见的报告》，报告认为京郊农业合作社转高级社的条件已经成熟。1月11日，近郊5个区就完成了转高级社的任务，京西矿区也随后完成，至此郊区初级社全部转为高级社，实现了‘完全社会主义性质’的农业合作化。1月12日，《人民日报》发表消息：‘北京郊区近郊5个区的初级社全部转高级社了’。”《北京农业社会主义改造》最后的统计表部分，记载了截止到1956年8月，北京市郊区农业生产合作社历年发展情况的统计资料[③]（表5-1）。

表5-1　北京市郊区农业生产合作社历年发展情况统计表

区别	社数					其中：高级社数					入社户数				
	1952	1953	1954	1955	1956	1952	1953	1954	1955	1956	1952	1953	1954	1955	1956
总计	10	63	412	701	427	2	16	114	77	427	103	1 004	9 860	54 450	198 634
东郊区	—	6	37	80	22	—	—	—	—	22	—	94	1064	8 623	30 541
南苑区	2	14	84	79	37	—	1	22	13	37	22	286	2 119	10 529	20 487

① 中共北京市委党史研究室，中共北京市委农村工作委员会，北京市档案馆．北京农业社会主义改造资料：下册［M］．北京：中国社会出版社，1991：197.

② 北京市地方志编纂委员会．北京志·农业卷·农村经济综合志［M］．北京：北京出版社，2008：93.

③ 中共北京市委党史研究室，中共北京市委农村工作委员会，北京市档案馆．北京农业社会主义改造资料：下册［M］．北京：中国社会出版社，1991：372.

（续）

区别	社数					其中：高级社数					入社户数				
	1952	1953	1954	1955	1956	1952	1953	1954	1955	1956	1952	1953	1954	1955	1956
丰台区	2	15	59	88	12	2	10	49	23	12	16	238	1613	8 410	17 004
海淀区	2	8	63	115	54	—	1	6	17	54	17	95	1 283	8 789	23 516
石景山区	2	5	16	16	10	—	—	2	—	10	38	110	506	1 885	6 318
京西矿区	2	15	153	325	170	—	4	35	24	170	10	181	3 275	16 214	38 975
昌平区	—	—	—	—	122	—	—	—	—	122	—	—	—	—	61 795

注：①昌平区由 1956 年 2 月划归北京市。②1956 年入社土地除耕地外，还有其他农业用地 69 299 亩。

从表 5-1 看出，截至 1956 年 8 月，北京市高级社总共发展到了 427 个。入社总农户达到了 19.8 万户。《北京志·农业卷·农村经济综合志》记载[①]："1 月 15 日，北京市在天安门广场举行 20 多万人的群众大会，庆祝首都社会主义改造的全面胜利。党和国家领导人毛泽东、刘少奇、周恩来、朱德等出席大会，接受农业、手工业和资本主义工商业各界代表祝贺。市农业劳模李宗和代表农民登上天安门城楼向党中央、毛主席报喜。这次大会标志着北京郊区农业社会主义改造的完成。此后，全国各地相继庆祝社会主义改造胜利完成。"

三、高级社迅速发展原因探析

在不到一个月的时间里，北京市就实现了由初级社向高级社的转变。在 1955 年的下半年里，有近 40%～50%的初级社刚成立不到半年，甚至只有一两个月的时间，我们就将初级社转为了高级社，这一速度是惊人的。

为什么能在如此短的时间里，北京市就完成了由初级社向高级社的转变？1956 年 1 月 11 日，《中共北京市委关于执行毛主席关于农业合作化和农业生产问题的十七项任务的指示的计划的报告（节录）》（以下简称《农业合作化报告》），分析了其中的原因。《农业合作化报告》指出[②]："目前京郊农业合作社转变为高级社的条件已经成熟，大多数农民已经愿意转为高级社，第一，中农、贫农几乎已经全部入社。第二，现有低级社社员的牲畜农具绝大多数已经折价入社，土地分红一般为三成。根据典型调查，社员的土地分红所得在缴纳了农业累进税以后，约有 60%的户没有剩余甚至不够交税，其余虽有剩余但一般为数不多，而且土地不分红以后劳动收入还可以增加。第三，从 1952 年开始就试办高级社，4 年来已经取得了一些经验，原有的 77 个高级社在农民中也起了示范作用。第四，现有低级社的规模比较大，全郊区平均每社社员 150 户，便于发展多种经营，整劳动力和半劳动力都能够得到充分利用，对于缺乏劳动力的老弱孤寡或劳力少人口多的社员，有条件加以照顾。因此，近郊各区现在已经实现完全社会主义性质的农业合作化，京西矿区春耕以前亦可基本完成。"

---

① 北京市地方志编纂委员会．北京志·农业卷·农村经济综合志［M］．北京：北京出版社，2008：93.

② 中共北京市委党史研究室，中共北京市委农村工作委员会，北京市档案馆．北京农业社会主义改造资料：下册［M］．北京：中国社会出版社，1991：253-254.

我们以《农业合作化报告》上报中央的理由为线索，分析和阐述北京市迅速转为高级社的几个原因。我们认为有的原因还是比较客观的。

（一）有一定的群众和物质基础

第一，中农、贫农全部入了初级社，就为高级社的成立，打下了一定的群众基础。第二，初级社的牲畜、农具折价入了初级社，就为解决侵占农民权益等比较大的突出问题，创造了很好的条件，也为转为高级社打下了一定的基础。

（二）土地问题在一定程度上得到了解决

高级社的本质特征之一是土地归集体所有，土地分红的分配形式转为按劳分配。所以，土地的入股分红是阻碍转为高级社的最大的焦点问题。但是在北京市，入股分红的土地只占了初级社的三成，有七成的土地是不分红的。这就解决了最重要的土地分红问题。《农业合作化报告》分析，在分成的三成土地中，有60%的农户从土地分红的收入中抵扣农业累进税后剩余并不多，甚至还不够缴税的。所以，土地分红的因素并不重要。从入社的有利因素看，或者从收入分析讲，这是一条理由。但是，从产权制度分析看，就有些勉强。土地问题就值得商榷。

几千年来，中国农民最大的愿望是拥有自己的土地。孙中山建国立业推翻封建王朝的最大承诺之一，就是使“耕者有其田”。中国共产党领导亿万农民建立新中国的法宝之一，就是实行了土地革命，让农民拥有了自己的土地。土地问题是中国农民和中国农业发展的根本问题，这个问题不解决好，其他问题都无从谈起。“有恒产者有恒心”这是一条朴素的真理。北京市农业从土改开始，到互助组、初级社，要解决的很多问题都是源于土地问题。彭真的两次关于办好农业合作社的重要谈话，中心议题之一谈的就是土地问题，要土地分红。这从本质上说，就是尊重农民所拥有的土地权益。农民的土地要确权，要有保障。而现在看《农业合作化报告》谈土地问题，就有点儿轻描淡写，或者说避重就轻了。这是受客观环境限制的影响，也是受认识水平的限制。

（三）办高级社早，有一定经验

北京市有办高级社的经验，这一原因说得很准确。从表5-1的数据中看出，自1952—1955年的4年时间里，北京市分别发展的高级社为2个、16个、114个和77个。北京市办高级农业生产合作社是按照个别试点、大面积重点试办和普遍办的设想安排进行的。

第一，早在1952年，北京市试办了第一批初级农业生产合作社时，就试办了土地不分红的合作社。这为高级社的发展积累了宝贵的经验。北京市委《殷维臣生产合作社总结》《北京市人民政府农林局关于建立土地不分红的农业生产合作社的意见（1952年11月22日）》中，就记载了土地不分红的合作社的好处，解决抢工的矛盾，提高了生产效率。最本质的原因是，在大城市郊区的蔬菜产业中，决定收入提高的生产要素，最主要的是劳动力和劳动生产率的提高。换一个说法，在大城市的郊区蔬菜产业中，更适于不分红的农业生产合作社这种经营体制。

第二，1953年创办了63个合作社，其中有16个高级社。在第四章中，《合作社发展情况报告》对这一情况有详细描述。从1952—1953年的两年，北京市的高级社在试办阶段，一个区试办1～2个，最多的3个。这为高级社的发展探索了路径。

第三，1954年北京市共有合作社412个，其中高级社114个。这一年全国有高级社201个，北京郊区占56%。

第四，1955年北京市郊区共有合作社701个，其中高级社77个。这一年，我们称之为推广发展初级农业合作社的阶段。在这个阶段，对于发展了半数以上的不分红的高级社与大社进行整顿、整改，从上一年的114个缩减为77个。对产生了诸多问题的高级社，彭真等北京市委一班人有清醒的认识，采取了诸多措施加以克服和解决这些问题，特别是创造了包工包产的解决办法。这些都为1956年全市快速发展高级社奠定了一定的基础，也为而后快速发展的高级社产生的诸多的相似问题，提供了有益的解决思路和借鉴经验。

（四）初级社规模大有利于发展高级社

《农业合作化报告》中说的第四条理由，北京市郊区的初级社规模达到了每社150户，这有利于发展高级社。这一观点无疑是正确的。只有达到了更高的生产水平，才能形成一定的、较大的生产规模。但是，这一数据是值得进一步商榷的。

从表5-1的资料推算出，从1952—1955年的资料看，北京市的初级社的规模一般不大。1952年每社为10户，1953年每社为16户，1954年每社为24户，1955年每社为78户。这样小的规模，显然是不利于向高级社转变。这期间，一直都在做小社并大社的工作，出现的问题也在加以克服。即便这样，与向中央上报的资料也有很大的差距，没有达到每社150户的标准。资料中的问题，实际上是现实问题的真实反映和写照。

对于从初级社到高级社这种突变，彭真是有着困惑和不理解的。《北京志·农业卷·农村经济综合志》记载①：“1956年1月20日，彭真在中央召开的关于知识分子问题的会议上讲话，当讲到北京市的农业社会主义改造时说：‘在这次社会主义高潮中，最突出的问题和现象，是领导赶不上形势。在开始的时候，市委对高涨的群众运动形势估计不足，因而所订的农业社会主义改造规划，3个月改了6次’，‘群众伟大的创造性和全国运动发展速度，使我们天天都有感到掉队、落后的危险’。”彭真说的“掉队”“落后”实际上隐含着一种担心和疑虑。这种担心和疑虑不是多余的。在1955年的推广合作社阶段，彭真就针对侵害农民利益等诸多问题作了深入分析和尖锐的批评，得出了人为的、拔高式的经济体制向高一层跃进后所带来的问题后患无穷的结论。当时，在这种暴风骤雨般的向高级社转变状况，必然会产生很多后患，彭真的担心不是杞人忧天。这种局面的形成，也必将为今后高级社的整顿埋下了伏笔。

四、远郊县发展高级社概况

1956年和1958年，河北省通县专区和张家口专区所属一些县区分别划归北京市，组成北京市远郊县，即昌平、通县、大兴、房山、良乡、顺义、怀柔、平谷、密云、延庆

① 北京市地方志编纂委员会．北京志·农业卷·农村经济综合志［M］．北京：北京出版社，2008：93.

10个县。这10个县，从1952年，开始组织互助合作组，到1955年，有互助合作组织25 603个，33.5万农户参加，其中互助组19 775个，参加农户18.3万户，高级农业生产合作社7个，初级农业生产合作社5 821个，共15.2万户参加。1956年，有农业生产合作社924个，43万农户参加，全部为高级农业生产合作社。

第二节　毛泽东指导北京郊区发展高级社

毛泽东同志对我国的农业合作化运动倾注了极大的关心，亲自调研，具体指导。他对北京郊区的农业合作化运动同样也给予了极大的关注和指导。1955年9—12月在他亲自主持编辑的《中国农村的社会主义高潮》一书中，收入了北京市近郊的一个集体农庄和6个农业生产合作社的8篇材料，对其中7篇加了编者“按语”。这7篇材料中，有两篇是为发展高级社写的按语。

一、一个从初级形式过渡到高级形式的合作社

（一）毛泽东的按语

《一个从初级形式过渡到高级形式的合作社》[①]（即指当时的海淀区东冉村远大农业合作社，后来合并为四季青农业生产合作社，现属四季青乡。1955年10月28日《北京日报》登载了这篇文章）。毛泽东对这篇文章所加的按语是：“对于条件已经成熟的合作社，就应当考虑使它们从初级形式转到高级形式上去，以便使生产力和生产获得进一步的发展。因为初级形式的合作社保存了半私有制，到了一定的时候，这种半私有制就束缚了生产力的发展，人们就要求改变这种制度，使合作社成为生产资料完全公有制的集体经营的经济团体。生产力一经进一步解放，生产就会有更大的发展。转变的时间，有些地方可能快些，有些地方可能要慢一些。大约办了三年左右的初级社，就基本上具有这种条件了。各省各市各自治区的党组织对此应有研究和布置，在一九五六和一九五七两年内，应当在群众同意的条件下办一些试点性质的高级社。现在办的合作社一般是小型社，向高级社转变的时候，应当取得群众同意，把许多小型社合并起来成为大型社。如果能够在这两年使得每个地区都有一个至几个这样的合作社，并且在群众中显示它们比较初级社具有更大的优越性，那就可以使以后几年的并社升社工作，获得有利的条件。这个工作，要同发展生产的全面规划配合起来，当着人们看见了大型社和高级社比较小型社和初级社更为有利的时候，当着人们看见长期规划给他们带来比较现在高得多的物质和文化的生活水平的时候，他们就会同意并社和升高级社。城市郊区的升级要快一些。北京这个合作社的经验，可以作其他具有同类情况的合作社的参考。”

毛泽东对于办高级社有着极大的热情，甚至要将初级社直接过渡到高级社。他的出发点是要解放和发展生产力。他从生产力角度考虑，初级社是小社，人少地少资金少，不能进行大规模的经营，不能使用机器。这种小社束缚了生产力的发展，不能停留太久，

① 中共北京市委党史研究室，中共北京市委农村工作委员会，北京市档案馆．北京农业社会主义改造资料：下册［M］．北京：中国社会出版社，1991：212-218.

应当逐步合并升级，过渡到高级社。他从生产关系角度考虑，小规模的、半私有制的农村集体经济组织（即初级社）虽比互助组前进了一大步，但仍在相当程度上束缚生产力的发展，只有大规模的、生产资料完全公有化的农村集体经济组织才能大大解放和发展生产力。在毛泽东看来，要发展农村生产力，就必须加快农村的生产关系的变革，必须加快初级社向高级社的过渡。在推动生产力发展和改革生产关系两个方面，他更愿意以生产关系的改变带动生产力的变革。

毛泽东亲自撰写的按语，反映了他的合作化的思想精髓。他以充满激情的笔调鼓励北京郊区高级社发展，给京郊农业合作化运动以极高的评价，有力地推动了京郊高级社发展的进程。

（二）成立远大初级合作社

《一个从初级形式过渡到高级形式的合作社》[①]，介绍了北京市海淀区东冉村乡远大初级农业生产合作社，过渡到高级社的发展过程。文章记载："北京市郊区东冉村乡远大农业生产合作社，是一个以生产蔬菜为主的合作社。1953 年冬季建社的时候，在分配收益上，采取了以劳动力为主、土地和劳动力按查田定的产量三七比例分红、固定地租额、超产部分归劳动力的办法；对于牲畜大车等生产资料，则采取了'折价入社，对于超过其应交股金部分，分年偿还'的办法；1954 年，由于发展了生产，扩大了蔬菜种植的面积，社员比单干的时候普遍地增加了收入。经过社员的酝酿和讨论，在全体社员一致同意下，取消了土地分红，实行了完全按劳取酬的办法。这样，远大社就改变成了高级社。改为高级社以后，一年以来，社员的劳动积极性更高，生产和收入普遍增加，社员们都很满意，合作社也更加巩固了。"①远大社，最初土地是参与分红的；三七比例分红、固定地租额、超产部分归劳动力。这就决定了远大社是初级社的性质。②牲畜、大车等大型生产资料，采取折价入社，对于超过其应交股金部分，分年偿还。

远大社从建立到巩固和发展，《一个从初级形式过渡到高级形式的合作社》记载如下："办社第一年，社的生产和社员的收入都有提高。1953 年冬季，远大社初建立时候，共有 30 户农民入社。建社以前，这些农户耕作粗放，种菜不多，劳动力不能合理使用。一个劳动力一年只能干到一百五六十天活，大多数妇女都不参加劳动。建社以后，由于社员的劳动积极性和劳动生产率都大大地提高，加上集体经营，又大大地节省了劳动力（例如，30 户农民，在单干的时候，卖菜要 30 个人上市，建社以后，只要一两个人上市就行了），一年就能节省 1 450 个工。当时，如果不设法扩大生产，很多社员就会闲起来没有活干，合作社也就很难进一步地巩固和发展。当时，北京市对蔬菜的需要量日益增加，政府也号召郊区农民大量增加蔬菜生产。乡的党支部和社主任申多看到这个问题以后，就提交管理委员会和社员去讨论。经过讨论，决定：根据社员的负担能力增加生产投资，扩大蔬菜种植面积，精耕细作，充分地利用剩余劳动力，以便提高生产，增加收

---

① 中共北京市委党史研究室，中共北京市委农村工作委员会，北京市档案馆．北京农业社会主义改造资料：下册［M］．北京：中国社会出版社，1991：206-209.

入。提出了增产办法以后，社员的投资积极性很高，30户社员共投资13 300元。只中农王永升、申庆等三户，就投资2 880元，占投资总数的21.7%。在增加了生产投资以后，这一年内，合作社扩大了24个阳畦，20亩细菜地，并且把14亩旱地改为水浇地，加上精耕细作，就解决了社员剩余劳动力的问题，并且增加了合作社的收入。仅仅由于扩大阳畦、增加菜地和改旱地为水地等三项措施，就使合作社增加收入6 920元，平均每户增加210元左右。在这种情况下，1954年，远大社员虽然有80多亩洼地受了涝灾，没有收成，但是蔬菜获得了丰收，几种主要蔬菜，如黄瓜、茄子、大白菜等，平均比单干的时候增产13.3%。其中，茄子每亩产6 744斤，比单干的时候增产92.7%；黄瓜每亩产7 369斤，比单干的时候增产79.7%。由于蔬菜增产，除了完成了缴纳国家农业税的任务，供应了城市大量的蔬菜以外，社员们的收入，不但没有因为受灾减少，而且还有了显著的增加。一个中常男劳动力一年收入500元左右，强的男劳动力收入600多元。一个中常女劳动力收入300元左右，强的女劳动力收入400元左右。十户贫农，除了一户，因为一个劳动力外出，减少了收入以外，一般的都收入七八百元，平均比单干的时候增加收入114.2%。20户中农，除了一户富裕中农，因为不再雇短工，收入和上年相平以外，其余中农，每户收入1 000元左右，比单干的时候平均增加收入76%。”

①单干改为合作社后，规模经济的优越性马上体现了出来。原来30户人家生产蔬菜，单干就要有30个卖菜人，成立合作社后，两个卖菜人解决了问题，节省了劳动力。②节省出来的劳动力，马上投入适销对路的蔬菜生产。而且增加生产性投入的是中农，有很强的示范效应。③贫农、中农，男劳力、女劳力，都增加了收入。而且是在受灾减产的情况下，增加了收入。并且增收的幅度都很大，产生了倍增效应。④初级社的优越性充分地显现了出来。

（三）过渡到高级合作社

从初级社过渡到高级社，《一个从初级形式过渡到高级形式的合作社》记载如下：“由于1954年的生产显著提高、社员收入增加、社内公共财产继续增多，使社员们深刻地体会到，集体劳动和集体所有制的好处，大大地提高了社员们的社会主义觉悟。合作社的优越性也开始为社外农民所认识。他们看见一个劳动日分红2元6角多钱，一个中常劳动力一年收入500～600元，也就积极起来，牵着牲口，赶着大车，加入合作社。远大社在1954年冬季，和该乡另外两个小社合并，扩大到185户。

远大社从初级社过渡到高级社的过程是这样的：1954年秋季，中共北京市海淀区委，召开了发展合作社的训练班，该乡党支部书记赵德才和社主任申多，都去受了训。他们回来以后，向社员进一步地进行了社会主义的教育，介绍了丰台区黄土岗乡等高级社的经验，说明了初级社和高级社的性质和过渡的条件，充分地进行了办高级社的思想准备工作。当时，由于1954年的增产，社员收入的显著增加，有些劳动力多、土地少的社员和有些觉悟较高的社员，在分配收益上，对于土地分红有了意见。有的向管理委员会提出：‘菜地工大本大，生产的好坏，决定于劳动力和生产垫本的大小。不像谷子、玉米，种上了，锄几遍就有收成。办社第一年，各户收入都增加了，土地再吃租，还照旧按三成的比例分红劳动力就不合算了。’党支部和社的管理委员会研究了社员的意见，认为蔬菜生产用工多，垫本大，发展生产，增加收入，主要地依靠劳动力和资金。扩大生产以后，社员一年四季有活干，不但劳动力多的和强的社员能增加收入，劳动力少的和弱的社员也能增加收入；社里轻活比种大田的社多，缺乏劳动力的孤寡老弱户也有活干，也能保证增加收入，个别丧失劳动力的社员也能从公益金中得到救济补助，保证生活。因此，该社在经济上已经具备了过渡到高级社的条件。同时，社员们经过几年的互助合作运动的教育，看见了社内公共财产在不断增加，一致认识了增加收入要依靠集体劳动和公共财产的逐步积累，土地分红不分红作用不大。因此，在思想上也具备了过渡到高级社的条件。党支部和管理委员会分析了这些条件，经过区委同意以后，认为可以考虑取消土地分红，实行完全按劳取酬的分配办法，并且把这个办法提到社员中间去讨论。在讨论中间，土地少、劳动力多、劳动力强的社员积极拥护这个办法，大部分土地和劳动力相差不多的社员，也赞成这个办法；几户土地较多的中农社员也表示赞成，即使个别人有点意见，在仔细比较了劳动力和土地分红同完全按劳分红的办法以后，也同意了。例如，土地较多的老中农申庆，在算了细账以后说：‘咱们社里一个劳动日两元多钱，去年劳动力分红，就比我单干时候多收入 450 元。土地不分红，虽然收入减少 20～30 元，但是我只要多干几天活，就够上土地分的红了。再说土地不分红，实行按劳分红，大伙干活劲头大，这就更能保证增加生产，增加收入。只要能够多增加生产，比啥都强，土地分红不分红没有啥。’老上中农王成清说：‘单干的时候，买粪、卖菜都困难。劳动力不够使用，顾了地里干活，顾不了上市卖菜，收入不比入社强。雇人干活，还落个剥削的名声。土地分红不分红，我也没有啥意见。’劳动力较弱的社员，因为有轻活可干，收入也能够增加，所以也表示赞成。例如，原来怕入了社干不了重活、生活会有困难的老头王春福，看见 1954 年一般妇女劳动力都收入 300～400 元，他说：‘我那几亩地，分红也分不到啥，只要社里多派我干些轻活，一年也能挣到 1 000 多工分，可以收入 200～300 元，什么问题都解决了。土地不分红，劳动力分的还会增加，反正一个样。’在贫农拥护、中农满意、孤寡老弱也赞成的情况下，党支部和管理委员会便根据全体社员的意见，决定从 1955 年开始，取消土地分红，实行社会主义的完全按劳分配的办法。这样，远大社便从半社会主义性质的初级社过渡到了社会主义性质的高级社。”

由初级社过渡到高级社是要具备很多条件的。远大社在发展集体经济中很快就具备了这些条件。①从经济上分析，社里的收入主要依靠蔬菜业。而蔬菜业的生产要素，主要搞人工投入和生产性资金的投入，土地因素居于这两位要素之后。所以不按土地分红，从经济学分析看，这是最重要的条件。②从社员构成看，贫农拥护土地不分红；中农在分析单干和在合作社干的投入产出对比后，也认识到土地不分红对收入没有影响；劳动力较弱的社员也认为土地不分红对自己的收入影响不大。贫农拥护、中农满意、孤寡老弱也赞成，社员们绝大多数赞成土地不分红。这是他们做了经济分析后得出的判断。③土地分不分红，是社员们民主讨论后，自己做出的不分红的决定。这里经过了民主讨论的程序。④社领导在区里经过了社会主义教育的培训，有高级社的案例供参考。经过这几个条件的考验和筛选，社员们选择了走高级社的道路。

（四）巩固高级合作社

转成高级社后，是如何巩固这个体制的，《一个从初级形式过渡到高级形式的合作社》记载如下："转成高级社，社员们的劳动积极性提高了。转成高级社以后，管理委员会就发动社员讨论，如何增加生产和增加社员收入的问题。社员们都积极寻找增加生产的办法。在讨论中，有些社员提出：社里洼地年年没有收成，改成稻地，收入就保证了。有些社员认为：社扩大了，劳动力更多了，就更需要精耕细作，更多发展阳畦和蔬菜的生产，增加对于城市的蔬菜供应，同时也可以增加合作社的收入。社的管理委员会根据社员们的意见，决定利用春闲期间，用 1 600 多个工，把年年受涝的 51 亩洼地改成稻地。又在社员积极投资和国家的援助下，扩大菜田到 400 亩（原有 225 亩）、阳畦到 400 个（原有 225 个）、粗菜到 200 亩（原有 185 亩），仅这四项就比往年多收入近 3 万元，平均每户增加收入 160 多元。这样，就为 1955 年增加社员收入打下了物质基础。土地不分红，社员对土地的依赖心理逐渐淡薄，加上社内 1955 年又实行了'包工包产，超产奖励'的办法，社员们的劳动积极性更加提高了，社员们热爱劳动已经成为一种风气，多劳动，多收入，成为极其光荣的事情。全社 110 个妇女，经常下地干活的就有 108 个，比 1954 年的出勤率提高 20%。1954 年不经常下地的妇女张玉和，1955 年也能挣到 220 个劳动日。孙秀全有两个小孩，1954 年不下地，1955 年抽空干活，也能挣到 130 个劳动日。有的妇女社员说：'下地劳动，身体好，又挣工分。'男社员韩云龙，1954 年因为土地能分点红，常常歇工，1955 年也不歇工了，干活的劲头也大起来了，全年能挣 220 个劳动日，比 1954 年多挣 60 个劳动日。1955 年虽然社里扩大了阳畦和蔬菜的生产，对于土地进行精耕细作，但是由于社员的积极劳动，社内的劳动力仍有剩余。因此，1955 年 8 月间，该社又花了 800 多个劳动日，新开 30 亩洼地，准备 1956 年改为稻田。同时，还组织社员剩余的劳动力给市园林局拔草、浇树、搞运输等副业生产，收入 5 590 多元。社主任申多说：'地还是那些地，人还是那些人，扩大了这样多菜地、阳畦，活还是不够干，还得想法搞副业。按劳取酬的办法真正好。照这样干下去，不但可以供应首都更多的新鲜便宜的蔬菜，支援国家的社会主义建设，而且社员的收入也准会增加，社的巩固和发展也就更没有问题了'。"

①转为高级社后，增加生产和社员收入是最重要的事情。这是巩固高级社的最有效的办法。②社里采取了几个措施。一是改造低产田，将洼地改为稻田。二是扩大蔬菜面积。三是实行"包工包产，超产奖励"的按劳取酬记工办法。四是扩大副业生产。③这些措施调动了社员的生产积极性。女劳力 110 个，出勤下地干活的 108 个。指着土地分红的社员也积极参加劳动不再歇工了。这样就形成了良性循环。大家积极出工，活不够干的，就寻找新的活源。这样社的巩固和发展就走上了良性循环的道路。

（五）分配收入增加，社员满意

高级社的巩固和发展，选择了正确的道路，取得了丰硕的成果。《一个从初级形式过渡到高级形式的合作社》记载如下："分配试算，社员满意。1955 年 10 月初，社里进行了年终分配试算。全社前半年蔬菜生产超过生产计划 16%，下半年蔬菜也进行了估工估产，估计 1955 年将比上年增产 29%。根据试算，全社农业收入 228 147 元，副业收入 5 592元，两项总共收入 233 739 元。全社共用劳动日预计有 60 977 个。除去公粮、生产费、公积金、公益金以外，按劳动日分红，平均每个劳动日可以收入 2 元 1 角 5 分，每户大约可以收入 707 元。一般社员，特别是新社员，不论劳动力强弱都可以增加收入。一个中常男劳动力可以收入 500 元左右，强的劳动力可以收入 600 多元。一个中常女劳动力也可以收入 300 元左右，强的女劳动力可以收入 400 多元。原来的 10 户贫农老社员中，除了一户因病收入减少以外，其余 9 户，平均比单干的时候增加 122.3%。原来的 20 户中农老社员中，除了一户富裕中农收入和上年相平以外，其余 19 户，平均比单干的时候增加 60.8%。新社员的收入，一般都比单干的时候增加 50%以上。10 户新入社的孤寡老弱，在单干的时候连公粮也难交上，1955 年每户一般都能收入 300～400 元。60 岁的寡妇邵黄氏，在单干的时候，4 亩旱地每年收入 30 多元。1955 年入了社，参加捆菜拔草等轻活，挣到 153 个劳动日，收入 328 元。王春福老两口，在单干的时候每年吃穿都困难。1955 年挣了 300 个劳动日，收入 635 元，邵黄氏说：'单干的时候，我重活干不了，必须要雇人，轻活又太少，不够干，怎么能不缺吃少穿。入了社，轻活多，一年四季有活干，收入也多了，吃穿也没有困难了，生活还有富余哩。社会主义幸福的大门，真是共产党、毛主席为咱们人穷开的。'

现在该社正和该乡四季青社合并，社员已经增加到 500 户了。目前正在建立劳动组织，制订 1955 年冬季和 1956 年的生产计划，准备进一步发展蔬菜生产，增加社员的收入，供应首都的需要。"

任何的说教都是苍白无力的，只有铁的事实才能打动人心。远大社 1955 年的决算分红出来后，中农老社员的收入增加了，新社员的收入增加了，孤苦老弱的收入增加了。社员在吃穿没有困难，生活还有富余的情况下，是真诚地赞成走高级社的发展道路的。

二、白盆窑农业生产合作社是怎样办成高级社的

（一）毛泽东的按语

毛泽东按[①]："这是两个由互助组直接进入高级形式、没有经过初级形式的合作社。有些条件适合的地方可以这样做。白盆窑的情况，使人看了高兴。其中有些经验，初级社也可以吸取。"

本来按照正常的发展逻辑，应该是"互助组—初级社—高级社"。但是，为了推动高级社的发展，毛泽东认为只要条件适合，也可以直接从互助组发展为高级社。毛泽东将京郊白盆窑的这种典型经验充分肯定了下来。这反映出毛泽东要以调整生产关系的方式，促进生产力发展的强烈愿望。

马忠莲指出[②]："在合作化过程中处理生产力和生产关系的矛盾问题上，毛泽东反复强调，生产关系要适应生产力的状况，要通过调整生产关系来发展生产力，发展农业。

① 中共北京市委党史研究室，中共北京市委农村工作委员会，北京市档案馆．北京农业社会主义改造资料：下册［M］．北京：中国社会出版社，1991：219-224.

② 马忠莲．毛泽东农业合作化思想探析［J］．宁夏党校学报，2004（2）：15-19.

他大胆地创建农村新的政治经济组织，在 1951 年鼓励成立互助组。但互助组仍然保持了生产资料私有制形式，与社会主义要求的生产资料公有制不相称。要改变这种小农经济，需要极大地发展合作社。”在如何向公有制过渡的形式上，尽管一般是经过互助组再发展到合作社，毛泽东指出[①]：“但是直接搞社，也可以允许试一试。走直路，走得好，可以较快地搞起来，为什么不可以？可以的。”毛泽东的这一按语，推动了京郊乃至全国很多互助组直接转为高级社。

（二）互助组直接建立高级社

白盆窑乡互助组直接建立高级社的过程，《白盆窑农业生产合作社是怎样办成高级社的》记载如下[②]：“白盆窑乡是北京郊区一个以生产蔬菜为主的农村。全乡共有农户 451，水、旱地 4 872 亩。1950 年土地改革完成以后，全乡的蔬菜生产有了很大的发展，农民的生活也有了改善。可是，随着生产的发展，资本主义在该乡也发展了。1951 年，全乡有 106 户农民雇了 86 个长工，15 户土地改革时期的贫雇农也雇了工，还有 6 户中农上升为新富农，就这样，又开始了阶级的分化。

为了使农民抛弃少数人剥削发财、多数人贫困挨饿的资本主义道路，走上共同富裕的社会主义道路，该乡党的支部，从 1952 年开始，按照党的政策，积极地领导农民发展了互助合作运动，整顿和发展互助组。同年冬天，党支部决定，在直接领导的 3 个互助组的基础上，建立 2 个完全按劳分配、土地不分红的农业生产合作社。一个 18 户，由党支部书记李宗和领导，一个 14 户，由党员郭凤泰领导。建社第一年（1953 年），两个社平均增产四成多，社员收入增加一倍多。单干农民亲眼看到合作社增产多，收入大，纷纷要求入社。1954 年春天，两个社又和新并入该乡的汾庄熊振武社（13 户）合并，社员户数增加到 260 户，扩大了五倍。这一年，合作社虽然遭受了严重的涝灾，可是蔬菜仍比 1953 年增产了二成多。于是在同年冬天，又有 100 多户农民入社，社员户数增加到 370 户，占全乡总农户的 82%。白盆窑已经成为北京郊区基本上合作化了的一个乡。从目前秋菜生长的情况来看，1955 年丰收可以肯定。根据估算，全社的作物至少要比 1954 年增产四成。估计今冬明春该乡入社农户将达到 90%左右。”

①白盆窑乡的农业生产合作社是北京市的先进典型，第四章《白盆窑乡互助合作运动经验》介绍了其抓生产等“死分活评”的先进经验，非常鲜活和生动。实际上白盆窑还有一个重要的经验，是把互助组直接转为不分红的高级社。这一过程，如《白盆窑农业生产合作社是怎样办成高级社的》所述，也作了一个描述详尽。②1952 年，乡里建了三个互助组；1953 年，就把互助组转为两个不分红的高级社；1954 年，两个高级社又与另一个社合并为一个社；入社的农户达到 370 户，82%以上的农户加入了合作社。③高级社的建立不到两年，遇到了严重的涝灾，蔬菜产量仍然增长，社员的收入仍然大幅度增加。这是为什么？

---

① 毛泽东．毛泽东文集（第 6 卷）[M]．北京：人民出版社，1993.

② 中共北京市委党史研究室，中共北京市委农村工作委员会，北京市档案馆．北京农业社会主义改造资料：下册 [M]．北京：中国社会出版社，1991：219-224.

社员们为什么赞成办土地不分红的高级社?《白盆窑农业生产合作社是怎样办成高级社的》描述如下:“1952年冬季开始建社的时候,党的乡支部,领导社员们,用了将近半个月的时间,研究分配办法。经过三番五次的讨论,算了细账,最后一致同意办土地不分红、完全按劳取酬和牲畜、大农具全部折价入社的高级社。

在开始讨论的时候,支部提出两种分配办法,一是土地劳动力按三七比例分红,一是完全按劳取酬、土地不分红。在讨论中,土地少、劳动力多的社员就说:‘土地要分红,还不如去扛长活哩。种菜主要靠劳动力,土地并不能生金长玉。俗话说:‘一亩园、十亩田’,种菜比种庄稼收入大,但是需用的工多,生产垫本也多,哪一样都比大庄稼多十余倍。再说,咱们菜区活茬紧,劳动力缺,忙的时候,哪家不缺工?雇不了长工,也得叫短工。没有劳动力和垫本,土地再多也不多收庄稼。’地多、劳动力不够用的社员郭兴旺说:‘我家七口人,四个劳动力种18亩水地、14亩旱田还顾不过来,水地种成了旱田。再加上缺垫本,没技术,种点菜也是白菜不长心,菠菜高两寸。地里收的不够吃,年年得刨树疙瘩卖。’但是只要劳动力充足,地少也有办法。例如农民张永庭,五口人,一个半劳动力,只种三亩菜地。地虽然少,因为劳动力够用,垫本充足,每亩地一年收入3 300多元,全家生活也较富裕。党员郭凤泰,还用自己亲身经过的生动事实,说明了种菜和种大庄稼不一样,不但费工多,而且用工急,稍一误工,就要减产,甚至赔本。他说:‘咱们常说节气不饶人,有的菜一误工就要少收,再不好就得赔本。拿栽白菜来说吧,谁都知道过了处暑的前后三天,怎么也长不好。要是劳动力不够用,谁也栽不应时。再拿我家今年(1952年)种的土豆说吧,因为缺工,垫本少,种得晚,夏天又误了一水,少锄了一遍,五亩地才收了700斤,刚够籽种。’社员所举出的生动事实,都说明种菜收入多,不在土地多少,而在有没有足够的劳动力和投资。可是菜区偏偏十分缺乏劳动力。白盆窑乡的农民,在单干的时候,浇水,卖菜,做杂活,处处都浪费着劳动力。一个壮劳动力,算起来只能种三亩地多地。可是该乡一般贫农,一个劳动力就平均耕种三亩八分多地,中农一个劳动力平均耕种五亩六分地。一般中农雇不了长工,也要经常雇短工。连有些贫农忙的时候也有叫短工的。因为菜区劳动力缺,雇工的多,雇工工资也较高。一个长工从雨水到大雪干十个月的活,工资一般可收到三百五六十元。短工就更贵了,一般一天一元五,忙的时候两元多,还得管饭吃。该乡农民有一句话:‘地要种不好,不如去卖短。’劳动力缺,工资高,就使得农民认清了土地、劳动力和资金在生产中的作用。经过讨论、算账,很多社员都说:劳动力才是‘摇钱树’,光靠土地不行。

又因为该乡在土地改革以后,各户耕种的土地数量也都相差不多(贫农一人合一亩六,中农一人合一亩八),土地分红不分红,影响收入不大。同时,社员们也考虑到,即使土地分红,无论如何也不会超过旧社会‘好地一石粮’的地租。因此,最后社员们一致决定土地不分红,采用完全按劳取酬的办法。”

①社员们不办土地分红的初级社,办按劳取酬的高级社,算的是经济账,不是觉悟账,不是政治账。②白盆窑地处北京近郊区,农业产业结构主要是蔬菜。蔬菜是“一亩园、十亩田”,投入的主要生产要素是劳动力和物质费用,而土地因素只是排在这两个生产要素之后。③两种分配方案,一是土地劳动力按三七比例分红,二是完全按劳取酬、土地不分红。土地少劳动力多的社员自然想要按劳分红。而土地多、劳力少的社员,即

便单干，没有精力种蔬菜，就靠种粮食还是不挣钱。经过对比，大家认识到，劳动力才是生产要素中最重要的“摇钱树”。④贫农和中农各自拥有的土地数量差距不大，中农拥有的土地不比贫农多很多，按照土地分红并不能增收很多。因此，大家认可了按劳分配，自然就由互助组转为了不分红的高级社。应该说在大城市郊区，以种植蔬菜为主业的农户，办不分红的高级社，是客观条件使然。这方面有很强的特殊性，就是不具有普遍性的意义。

（三）高级社得以巩固的原因分析

白盆窑高级社没有经历初级社的发展阶段，能够等到巩固和发展吗？实际情况是，采取了按劳取酬、多劳多得、公平合理的分配方式，促使高级社得到了巩固和发展。《白盆窑农业生产合作社是怎样办成高级社的》记载如下：“现在，白盆窑农业生产合作社已经进行了建社以后第三年的年终分配试算。社员们，不论中农还是贫农，不论地多的还是地少的，都说：‘土地不分红，凭劳动吃饭，公平合理，治了懒汉。’社员们为什么这样说呢？就是因为土地不分红，保证了一般中、贫农的收入比单干的时候都能增加，而且增加的很多。拿 1953 年来说，李宗和社，比建社以前增产 40%多，社员收入平均增加了一倍半。只有单干的时候雇工的两户富裕中农，减少了收入。郭凤泰社，社员收入平均比单干的时候增加了两倍，没有一户减少收入。拿 1955 年来说，根据该社年终分配试算的结果来看，由于全社各种作物比 1954 年增产四成，又扩大了蔬菜种植面积 460 亩，社员每户平均收入 570 元。新入社的 96 户社员中，有 92 户比单干的时候增加了收入，只有四户减少了收入，其中有两户是单干的时候雇长工有剥削的中农，一户是因为减少了一个‘半劳动力’的贫农，一户是半商半农户。

该社增加生产和增加社员收入的重要原因之一，是社员劳动积极性的提高。促使社员劳动积极性提高的重要原因，是实行了完全按劳取酬的办法。社员们常说：‘土地不分红，治了懒汉虫。’意思是土地不分红，土地靠不上了，要想增加收入，改善生活，只有好好地劳动。事实正是如此。一些过去的懒汉或者很少劳动的人，入社以后，因为土地不分红，也积极劳动了。例如全乡有名的懒汉谢永海，过去长年浪荡着，愿干就干，愿歇就歇，够吃就算了。入社以后，靠土地不行了，结果一年也做了 160 多个劳动日。50 多岁的老社会郭兆富，单干的时候，什么活也不干，就靠别人养活。入社以后，什么活都争着干起来了。一般社员，单干的时候，一年掐头去尾顶多干 180 天活，可是入社以后，许多社员都超过了 200 天。1953 年，李宗和社平均每人干了 256 天活，郭凤泰社每人干了 270 天活。因为社员劳动积极，出工多，所以这两个社虽然在 1953 年将 50 多亩旱田改为菜地，劳动力并没有感到不足。这 32 户社员，在单干的时候，每年都要雇十来个长工。现在，一个工也不用雇了。”

①完全“按劳取酬、多劳多得”的分配机制，是一个公平合理的分配形式，是一个奖勤罚懒的工作机制。无论中农、贫农，都执行这个分配办法。多劳才能多得。执行这一机制，调动了劳动者的生产积极性。②执行这一机制的结果是贫农、中农参加高级社的劳动后，收入都比单干时增加很多。③社员收入增加的原因是，都积极参加劳动的情况下，增加了菜田面积，增产自然就得到了增收的圆满结果。④一个公平合理的分配机

制，为巩固高级社发挥了重要的作用。

（四）中农和孤寡老弱积极入社的原因分析

地少劳动力多的贫农愿意参加到不分红的高级社来，这是理所当然的事情。可中农和孤寡老弱也积极入社，《白盆窑农业生产合作社是怎样办成高级社的》记载如下：“曾经有人担心：土地不分红，会不会影响中农入社呢？会不会侵犯中农的利益呢？从白盆窑乡合作社的实践来看，是不会的。因为合作社既然能够保证他们增加收入，他们为什么不入社呢？怎么会侵犯他们的利益呢？根据1953年该社合并、扩大以前两个小社的统计，18户老中农社员当中，除了一户因为单干的时候雇工多，有剥削，入社以后减少了收入以外，其余17户，都增加了收入。1955年，全社新入社的56户中农社员中，也只有两户因为单干的时候雇工多，入社以后减少了收入，其余54户都比单干的时候增加了收入。中农社员并没有因为土地不分红感觉到对于自己不利。现在，全乡261户新、老中农已经有214户入了社，占中农户数82%，如果按下中农和上中农来加以划分，已经有87%的下中农和70%的上中农入了社。预计再经过今冬明春在合作化运动中进行深入的政治思想教育，还会有20多户中农入社。到那个时候，全乡就有90%以上的农户入社了。

还有人说：土地不分红，一般中农有劳动力，积极劳动便可以增加收入，但是孤寡老弱怎么办呢？白盆窑乡合作社的事实说明，孤寡老弱入社以后，他们的收入和生活也用不着担心。白盆窑乡一共有孤寡老弱17户（共有26口人），其中12户是贫农，5户是下中农。现在，已经有7户贫农、3户下中农共有19口人入了社。这10户里面，只有2户（3口人）是不能经常参加劳动的，其余8户都能经常参加轻劳动。因为菜区轻活多，社里经常派他们去作‘看水、改口子’、洗菜、整菜等轻活，也不少‘挣分’。例如，70多岁的老社员熊万钟，只有一条腿，每天坐着‘合粪稀’，轰牲口，一年就挣了150多个劳动日，收入250多元。根据该社1955年的分配试算的结果，8户能经常参加劳动的孤寡老弱，平均每户做了170个劳动日，每户可收入290元左右，都比入社以前增加了，生活没有困难；2户（3口人）不能经常参加劳动的，也都做了80个劳动日，每户可分130多元，如果再从合作社公益金里稍微补助一点，生活也就可以得到保证了。因此，有的社员对于孤寡老弱户开玩笑说：‘露露面，给你三分半。再不够，公益金上凑。’意思是只要能干活，就给点轻活干，如果实在干不了，就养起来。当然，这些户也不是‘白手’入社的，他们除了把85亩地交给社以外，还带来400多元投资，这对社也是有好处的。社干部们说：‘社外还没有入社的7户孤寡老弱，如果他们愿意的话，社里也准备包下来，使他们在合作社这个大家庭里好好地度过他们的晚年。’”

①土地不分红，没有侵害中农的利益。中农愿意入社，是因为收入比入社前单干时增加了很多。1953年和1955年的分配数据都在证明，老中农和新入社的中农，除个别户外，收入都比以前单干时多。②孤寡老弱户入社后，干轻活，多数收入都有增加；即便收入少的，社里的公益金还能补贴生活。入社后，这些孤寡老弱户感觉到了自己的生活有了依靠。所以，他们更愿意入社。

白盆窑社的实践说明，增产增收对于巩固和发展高级社的重要性，比说什么道理都管用。而采用公平合理的分配方式，是保证增产增收的前提条件。白盆窑合作社有着巨大的区位优势发展蔬菜产业，这也是它能从互助组直接发展到高级社的重要原因。最后，白盆窑实行按劳取酬，采取了一整套“死分活评”的劳动管理的办法。这也是它能够获得成功的重要原因。

第三节　扩乡并社和整顿高级社

1956年，将初级社转为高级社后的一个重要工作，就是开展了扩乡并社和整顿高级社的工作。

一、扩乡并社工作

祝遵瓒指出[①]：“京郊农村在1956年1月间全面实现高级合作化以后，当年2月即报请国务院批准，将原属河北省的昌平县划归北京市管辖。这时郊区共有424个乡、1336个合作社。由于当时从上到下、一般认为‘合作社规模越大越能发挥其优越性’，所以紧接着开始扩乡并社。到2月底，把原来的424个乡合并成为130个乡，把原来的1336个社合并成为429个社，乡和社的规模都扩大了两倍以上。按当时京郊总农户计算，平均每个合作社有65户，相当于1955年初郊区农业合作社规模（平均每社77户）的6倍左右。在这29个合作社中，有千户以上的大社46个，其中最大的是昌平区（县改区）阳坊乡农业合作社，其规模竟达到3 800多户，并实行由高级社统一管理、统一核算、统一分配。”这段文字叙述了京郊扩乡并社的一个简要的结果。

按照《北京志・农业卷・农村经济综合志》和《北京市农村合作经济经营管理志(1952—2002年)》的记载，1956年北京市成立的高级社是427个，而不是429个，这个资料与祝遵瓒的说法是不一致的，差了两个。几个文献都反映出高级社是427个，我们还是采信427个高级社的数据。1956年，京郊19.8万户，总计427个合作社，平均每个社是463户；1955年，入社农户是5.45万户，有701个农业社，平均每社是77.6户。这样算，每社的规模扩大了近6倍。这个数据是准确的，与祝遵瓒的叙述一致。从北京市郊区农业生产合作社的规模统计表[②]，可以看出高级社的规模状况（表5-2）。

表5-2　北京市郊区农业生产合作社的规模统计表

区别	合计	30户以下	31～50户	51～100户	101～200户	201～300户	301～500户	501～1 000户	1 001～1 500户	1 501～2 000户	2 001～2 500户	2 501以上户	每社平均户数
总计	427	14	17	51	87	52	80	79	17	17	6	7	465
东郊区	22	—	—	—	—	—	1	8	1	9	1	2	1 388
南苑区	37	—	—	1	2	4	14	11	4	—	1	—	554

① 祝遵瓒．京郊全面实现高级合作化［J］．北京党史研究，1992（6）：41-45.

② 中共北京市委党史研究室，中共北京市委农村工作委员会，北京市档案馆．北京农业社会主义改造资料：下册［M］．北京：中国社会出版社，1991：374.

（续）

区别	合计	30户以下	31～50户	51～100户	101～200户	201～300户	301～500户	501～1 000户	1 001～1 500户	1 501～2 000户	2 001～2 500户	2 501以上户	每社平均户数
丰台区	12	—	—	—	—	—	2	1	4	2	2	1	1 360
海淀区	54	—	—	5	7	9	22	7	3	—	1	—	435
石景山区	10	—	—	—	—	2	3	3	1	1	—	—	632
京西矿区	170	8	12	35	54	24	22	11	1	3	—	—	229
昌平区	122	6	5	10	24	13	16	38	3	2	1	4	507

表5-2展现的1956年高级社的规模结构中，100～200户的有87个、201～300户的有52个、301～500户的有80个、501～1 000户的有79个。在这4个区间段中，分布了最多的农户。而在1 000户以上的农业社，户数越多，社就越少。

熊崇根、张国庆在《北京市丰台区农村互助合作的历程》中指出①：“1956年3月，丰台区进行了合乡并社工作。将原来42个乡合并成11个乡；将92个农业社合并为12个社。在初级社转为高级社时，社员的土地转为合作社公有，取消了土地报酬。至此，全区12个社均办成了高级农业生产合作社。”这个描述过程中的数据，与表5-2的数据相吻合，也进一步证明了在向高级社的转变过程，同时也是在做扩乡并社的工作。

在《中共北京市委农村工作部关于北京郊区农业生产合作社规模大小问题的调查报告（1956年6月1日）》（以下简称《合作社规模调查报告》）② 中，记载了对红星集体农庄、和平社和四季青等3个大社的扩并调查研究情况。

对于3个合作社的扩并情况，《合作社规模调查报告》记载如下：“为了进一步研究农业生产合作社规模的大小问题，最近，我们重点地调查和研究了红星集体农庄、和平社和四季青等3个大社的规模，情况如下：

一、这3个社的发展经过和现状：这3个社都是1952年冬天建立的。1953年，红星集体农庄（大田社）有63户庄员，和平社（原来广营社）有8户社员，四季青社（原李墨林社）有10户社员；1954年，红星集体农庄发展到586户，和平社发展到130户，四季青社发展到56户；1955年，红星集体农庄发展到850户，和平社发展到452户，四季青社发展到182户。1956年，红星集体农庄与附近的7个社合并，扩大到2 399户，45 000多亩土地，社的范围东西长20里，南北长10多里；和平社与附近的7个社合并，扩大到2 604户，30 700多亩土地，社的范围东西长12里，南北长4里；四季青社与附近的2个社合并，扩大到930户，5 068亩土地，社的范围南北长3里，东西长5里。几年来，3个社的生产都有了很大的发展，社员的收入也都比入社前有显著增加，特别是经过几年来办社工作的锻炼，各社都培养出来一些政治上比较坚强，业务上比较熟悉的领导骨干，3个社都有50%以上的社员是入社二三年的老社员，思想觉悟比较高。同时在并

① 熊崇根，张国庆．北京市丰台区农村互助合作的历程［J］．北京党史，2007（6）：24-27.

② 中共北京市委党史研究室，中共北京市委农村工作委员会，北京市档案馆．北京农业社会主义改造资料：下册［M］．北京：中国社会出版社，1991：277-281.

社合乡之后，区里都派了科长级的党员干部去担任乡总支书记，加强了乡级领导。因此，各社在并社之后、春耕之前，虽然在管理方面都出现了一些混乱现象，但是，在春耕生产开始以后，各社的经营管理都已走上正轨，克服了混乱现象，基本上做到有条不紊。目前，虽然还有些社干部感到社大、人多、地区辽阔，不像领导三五百户社那样省力，掌握情况、处理问题还有些不甚及时，但是，都认为：'摸过半年来就有谱了，那年发展社还不是开头乱！'所有的社干部也都有信心把社办好，保证增加生产、增加社员的收入。社干部们的这种办好社的信心，一方面是出于他们建设社会主义的热情，而更重要的一方面是他们已经感觉到和已经看到办大社比办小社有更多的优越条件，可以保证增加生产和增加社员的收入。"从这中间可以看到：①这 3 个社，除地处海淀区的四季青社有近千户人家外，其他两个社都超过了 2 000 户人。考虑到四季青当时实际处在城市中，近千户的人实际的规模很大。这样分析看，这 3 个社不是一般意义的大社，而是超大规模社。我们按照表 5-2 的统计资料看，当时 1 000 户的社全市只有 17 家；2 000～2 500 户至 2 500 户的社，全市也只有 6 家，2 500 户以上的社，全市是 7 家。这说明，这 3 个社是大社中的大社。②这 3 个社是合作社中优秀的典型和突出代表。四季青社是高级社中的模范，红星社是全市向苏联学习后办的第一集体农庄，和平社是东郊区的突出典型。总之，这 3 个社有办大社的经验，并且是循序渐进发展起来的。所以，这 3 个社社领导力量强、老社员多（占社员的半数以上）、思想觉悟高。③市里派干部到这 3 个社当乡书记，直接指导并社和高级社的建设工作，这是一个独特的优势。在如此好的条件下，并社的优势就可以显现出来了。

扩乡并社的优越性都有哪些？《合作社规模调查报告》记载如下："这 3 个大社与过去未合并前的 9 个小社比较，显示出来的几个优越条件：根据目前的了解，这 3 个大社不只是可以办下去和可以办好，而且生产都搞得好。

（一）更能合理地使用土地、利于机耕。首先是过去每个小社都有些插花地，离社很远，不便于耕种。但是，因为每块土地的质量不一、茬口不同，各社都不愿意调换，只得忍受着跑远路的困难去耕种。并大社以后，插花地彻底解决了，每个生产队都是就近划分了耕作区，不需要跑路了。但是，更重要的是更便于因地种植了。如红星集体农庄，过去因为规模所限，每年都得在一块肥力不足、排水不良的土地上种植棉花，影响棉花产量的提高。扩庄以后，大部分棉花都可以种植在新入庄的东部沙壤土和黏壤土上，实现了棉粮轮作，可以提高棉花产量。过去，社小地少、地头短，机耕效率不能充分发挥，有些浪费。如红星集体农庄，在扩庄以后，由于土地区段的平均长度由过去的 300 米左右增加到 500～700 米左右，拖拉机的空转时间就由 13%降低到 7%～9%，纯工作时间由 70%提高到 80%，可以节省大量汽油。

（二）有力量进行必要的兴修水利、改良土壤等基本建设，保证增加生产。红星集体农庄在春耕之前，用了 4 000 多个工，新开挖了 4 条排水渠，全长 19.65 公里，使26 000 亩土地解除了涝灾的威胁，并且用 25 000 个工打了 40 眼自流井，把 1 720 亩低洼地改成了稻田。和平社用 12 000 多个工挖了 11 条排水沟，全长 69 里，彻底解除了 14 000 亩地的涝灾威胁，可以保证增产 90 万斤粮食，并且新栽了 80 多亩费工很多，收入很大的酒花。四季青社在扩大以后，一气就新开了 700 多亩菜田，占全乡原有菜田面积的 29.4%。

这些大的基本建设，如果不是并了大社，都是不可能做到的。这不只是因为受小社的人力的限制，而且也受各社的利害矛盾的限制。如和平社的排水沟，如果不是并了大社就无法挖通。因为该社的涝洼地主要集中在原安家坟和来广营社。原安家坟社要挖沟排水就需要经过原来广营社的一些好地，由于各社利害不一致，几年来一直争吵，也未挖成，并了社，这个问题很顺利地解决了。

（三）合理地调整了技术力量，便于开展多部门生产。如四季青社是由原来东冉村乡的3个小社合并成的。过去这3个小社虽然都生产蔬菜，但是因为技术力量不均衡，在经营内容上都有些畸形发展，造成劳动力不能均衡使用。例如原来的远大社主要是发展阳畦，金庄社主要是三大季，而四季青社又主要是温室，各社想要全面发展又苦于没技术。并成大社以后，各社人才汇集一社，可以合理搭配、统一使用了，使得社内蔬菜生产能够全面发展，劳动力也能均衡使用了。另外，这3个大社在扩社以后，除了经营农业生产以外，都开展了多部门生产，3个社都大力开展了奶牛、养猪、果树生产，和平社和四季青社还经营了粉房和豆腐房。这些生产在小社是难以同时发展的。

（四）节省了干部，加强了领导。根据3个社的统计，并大社以后，管理干部的名额由原来（按大社前身的小社计算）的122人，减少为83人，而原来的19个社只有3 307户，平均每27户社员就有1名管理干部，并大社之后，3个社就有5 772户社员，平均每70户社员才有1名管理干部。社员户数增加了，管理干部的名额减少了，是否会削弱了领导力量呢？从这2个社的实际情况看，不是削弱，而是加强了。例如和平社，它前身的8个小社中的领导骨干是很不均衡的，原王合村的2个社就没有较强的领导骨干，经常出现窝工浪费的现象，许多社外农民都不愿意入这两个社。但是，并大社以后，由于统一调配了干部，这个问题就解决了。四季青社前身的3个小社中，有2个社（远大和四季青）骨干多而强，但是原金庄社就没有强的骨干，所以金庄社的生产不好、社员收入也比其他两个社少很多。并大社之后，领导骨干的强弱问题就均衡了，消灭了薄弱环节。”

并大社的优越性在上述的调查报告中，充分地显现了出来。①改变了小生产、小农经济的许多不适于生产力发展制约性因素，使得生产要素资源获得了最佳组合。突出的生产要素是土地资源得到了重组。土地连片集中，减少了插花地，并且因地种植；土地重整，使得耕作区更合理；土地集中后便于机械化操作，提高了耕作效率。②实现了小生产向大生产转变后，提高了农业规模经营水平。首先就是兴修农业水利设施。有收没收在于水，水是农业的命脉。只有办大社后，才能集中劳动力，兴修水利，打井修渠，减少旱涝灾害。没有大社，小社是无力办这些兴师动众的大事情的。只有办大社，才能在兴修水利设施中，协调各方的利益。③只有办大社，才能解决小生产中的单一性生产问题，开展多部门生产，或者多种生产经营。多种生产经营，就带来了劳动力资源、技术力量、生产要素（土地）的合理利用和综合调配。这样，就出现了农业和其他各业同时经营的良好局面。④办大社，还加强了领导。麻雀虽小，五脏俱全；大社小社，都需要各种领导，这样叠床架屋，效率低下。办大社，实现了领导层次的扁平化，集中了骨干和水平高的领导。总之，从总结出的几条重要的经验看，办大社的优势还是很明显的。

但是，办大社也有办大社的问题。《合作社规模调查报告》记载如下：“根据这3个社的情况来看，虽然大社比小社好，但是办大社也比办小社困难要多一些，首先是多数社干部的文化水平低、科学知识差、管理经验也不足，对于领导大社就不能不感到吃力，其次是大社的地区辽阔、人口众多、思想问题复杂、事务工作繁多，在掌握情况、检查工作和布置工作都带来一些困难和不便。”上述的问题，突出反映出：①办大社在管理上对干部提出了更高的要求。这要求干部在文化水平、科技知识和管理能力上都要跟上大规模生产组织的客观要求。但是，实际上当时的干部素质还达不到这一标准。②办大社出现的新情况是地区辽阔、人口众多、思想问题复杂、事务工作繁多。③面对大社新的特点，管理上的突出问题：如何掌握这些新发生的情况？如何检查这么多头绪的工作？怎样解决出现的众多问题？这些都是办大社后要探索的问题。

针对办大社的问题，市委农工部对今后办大社提出了具体的要求。《合作社规模调查报告》记载如下：“办大社必须要具备市委在郊区7年远景规划中所提出来的条件，就是要社内党的基础好、领导骨干强、群众觉悟高、生产好、区级领导跟得上、社员和干部都有发展大一点的要求。只要具备了这些条件，我们就应当积极地有计划地办一乡一社的大社。”这众多的条件中，最重要的一条是社员和干部都要有发展大社的愿望，我们才能办大社。回顾这个总结，我们看当时的实际情况，我们办了很多大社，并没有尊重社员的意愿。

二、高级社的整顿与管理

我们国家原来预计要10年左右才能完成的农业社会主义改造的事业，现在不到5年就基本完成了。这是中国农业发展史上的奇迹，也是世界农业发展史上的一个奇迹。在这样短的时间内，压缩了别的国家需要几十年甚至要上百年才要走过的历史，肯定要产生一些问题。这些问题是在所难免的。

（一）高级社的整顿工作

北京郊区的合作化状况与全国的形势是一样的。多数高级社，是在初级社建立不久，在很短时间内转化升级的，由于要求急、转化快、工作粗和形式单一，也存在不少问题。诸如：组织规模过大、公有化程度过高、平均主义和干部工作作风问题，也存在北京郊区的部分合作社中。

根据《北京志·农业卷·农村经济综合志》[①] 和《北京市农村合作经济经营管理志(1952—2002年)》[②] 记载，按照中央关于整顿农业生产合作社的一系列指示，北京市抽调干部组成工作组，深入乡、社对农业生产合作社进行了多次检查和整顿，特别是在农村中开展了社会主义教育。这期间，整社解决的主要问题是：

(1) 生产资料入社的作价、补价问题。针对有些农业社在升级、并社过程中，对社员入社的生产资料没能贯彻互利原则，有的存在侵犯中农利益现象，对社员入社的牲畜、大车、大农具等生产资料，解决作价、补价、明确偿还期限和还本付息问题。

---

① 北京市地方志编纂委员会．北京志·农业卷·农村经济综合志［M］．北京：北京出版社，2008：92-94.

② 北京市农村合作经济经营管理志编纂委员会．北京市农村合作经济经营管理志（1952—2002年）［M］．北京：中国农业出版社，2008：20-23.

(2) 建立健全组织管理制度。结合贯彻执行全国人民代表大会通过的《高级农业生产合作社示范章程》进行各项制度建设。针对有些农业社升级或合并后，组织机构不健全，社队分工不明确，或对生产队统得过死等问题，按照统一经营、分级管理原则，明确社队分工，赋予生产队组织劳动、管理生产的相应权限。

(3) 建立生产责任制。对生产队推行“包工、包产、包财务、超产奖励”“三包一奖”制度，对社员要求按劳动的数量和质量计酬，并逐步实行劳动定额，纠正劳动管理责任不明、劳动报酬平均主义等不合理现象。

(4) 贯彻勤俭办社方针，加强财务管理。说明农业社健全财务会计制度，要求财务开支要根据生产需要，分清缓急，精打细算，量力而行，减少非生产性开支，反对铺张浪费。

(5) 贯彻为首都服务方针，全面安排各业生产。要求农业社在增产粮食的同时，切实安排好蔬菜、畜禽等副食品生产，开展多种经营，坚持为首都服务的方向。这期间，除下乡工作组帮助农业社安排生产计划、研究增产措施外，市里还邀请有关科技工作者，帮助红星集体农场、黄安坨农林牧生产合作社等 29 个合作社，根据《全国农业发展纲要(草案)》，制定了远景发展规划。

(6) 贯彻民主办社方针，调整干部队伍，整顿干部作风。针对升级并社过程中，农业社干部变动较大，有的社干部过多，有的干部安排不妥当，有的干部不称职，也有的干部作风简单粗暴等问题，帮助农业社改选、调整干部队伍，对干部进行民主办社、有事同群众商量、接受群众监督等方面的教育，整顿干部作风。同时，建立健全社员大会或社员代表大会制度和民主理财等项制度。

(7) 对不同岗位的农业社干部分期分批地进行了培训，市和郊区各区共培训农业社主任、生产队长、技术员、会计员、保管员等 9 500 多人，平均每个农业社接受培训的干部有 20 多人。

1956 年，是京郊农村实现农业合作化年，也是整顿建设农业合作社年。市委连续召开市、区、乡干部大会，统一认识，交流经验。市委在整顿高级社的同时，开展生产运动，密切结合生产，坚持从实际出发，从各级领导干部头脑降温入手，认真查找合作社建设中的问题，抓住最迫切的问题，研究解决的方法。到 1956 年年底，合作社建设的主要问题已基本摸清，各项制度初步建立，管理混乱的现象基本制止。1957 年，农业合作社的各项制度建设进一步完善，农副业生产有了较大发展，农产品产量和收入大幅度增加。

1957 年，在京郊开展了农村社会主义教育运动。教育的中心题目：合作社优越性、粮食和农产品统购统销、工农关系、肃反和遵守法制。根据中央指示，市委成立了农村整风整社办公室，抽调市、区 2 000 多名干部下乡，帮助郊区农村开展了社会主义教育。在这次社会主义教育中，通过大鸣、大放、大辩论，批判了富裕中农中攻击农业社的言论和闹借支、闹退社的行为；打击了地、富、反、坏的破坏活动；批评纠正了有的社队干部不顾国家利益，不完成统购派购任务，高价出售农产品的现象；在干部、群众中进行了走共同富裕道路的社会主义教育；整顿了农业合作社和基层党、团组织。这一期间，结合社会主义教育，进一步解决了郊区农业合作社存在的以下问题：①按照统一经营、分级管理和有利生产、有利团结的原则，进一步解决农业社与生产队的职责分工问题，健全社、队管理制度。②推行“三包一奖”制度，改进社员评工计酬办法，解决男女同工同酬问题，建立健全集体和个人的责任制，克服劳动责任不明、报酬不合理现象。③贯彻勤俭办社方针，健全财务管理制度，按照兼顾国家、集体、社员三者利益原则，做好农业社的分配工作，在生产发展的基础上使90%以上的社员增加收入。④贯彻民主办社方针，健全社员大会或社员代表大会制度，定期向社员报告工作，组织社员讨论农业社的生产、劳动、财务、分配计划，听取群众意见，接受群众监督。⑤服从国家计划指导，完成国家统购派购任务，坚持为首都服务方针，因地制宜地制订各业生产计划和增产措施。⑥正确处理集体生产和社员家庭副业的关系，在保障集体经济占绝对优势的前提下，按照高级农业生产合作社示范章程的规定，给社员留够自留地，允许社员家庭饲养一定数量的家畜家禽，指导社员因户制宜地发展家庭副业。⑦根据大辩论中社员提出的意见，整顿干部作风，开展批评自我批评，改正缺点错误，解决干部参加劳动问题，密切干群关系。对问题严重的干部，查清事实，分清责任，区别情况，进行处理。⑧按照加强党的领导和老中青三结合原则，调整干部队伍，选拔优秀党员和骨干参加基层党组织和农业社领导班子，加强基层组织建设。

1956年和1957年在整社和社会主义教育中的两年时间里，市委始终强调整社及社教运动要与生产相结合。市委、市政府和市农村工作部门多次召开粮食、蔬菜、养猪、多种经营等专业会议，加强国营农场、农业技术推广站、畜牧兽医站、农业拖拉机站管理，培训社主任、生产队长、技术员和财会管理人员，并大力开展了打井、引水、发展水浇地、改造盐碱地等农田水利建设，使郊区农业生产条件有了明显改善。对合作社的整顿和社会主义教育，虽然起到一定作用，但由于体制变动要求过急、变动太快，仍遗留许多问题。

（二）高级社的内部管理工作

《北京市农村合作经济经营管理志（1952—2002年）》记载[①]，在1956—1957年间，按照中央的一系列指示精神，北京市的高级社加强了内部管理工作。这一工作经历了一个由简到繁，由粗到细、由乱到治的发展过程。

1. 管理机构

高级农业生产合作社的最高管理机关是社员大会或社员代表大会。郊区的高级社，按照社章的规定和民主办社方针，建立了社员大会或社员代表大会制度，选举了管理委员会和监察委员会。农业社的管理委员会设主任、副主任、委员，并设会计、出纳、保管等人员，负责管理农业社的社务；监察委员会设主任、委员，负责监督农业社的社务。合作社管委会每年至少召开两次社员大会或社员代表大会，讨论决定合作社的重要事项，向社员或社员代表报告工作，听取意见，接受监督。

---

① 北京市农村合作经济经营管理志编纂委员会．北京市农村合作经济经营管理志（1952—2002年）［M］．北京：中国农业出版社，2008：22-23.

2. 生产资料和股份基金管理

参加高级社的农民的土地转为集体所有，土地不再分红，同时按照社章规定给社员划出自留地，由其家庭经营；耕畜、大车、大型农具等生产资料转为集体所有，但要按照正常价格确定价款，由农业社分期偿还，偿还期限一般为三年，最长不超过五年，没有还清的价款是否付给利息，由农业社和本主协商解决。农业社为筹集生产费用和收买社员的生产资料，农民入社时要按劳动力分摊股份基金，社员交纳股份基金时可以用入社的生产资料价款抵交；如生产资料价款不够，不足部分由社员分期交纳；如生产资料价款有余，多余部分由农业社分期偿还。

3. 生产经营管理

郊区农业社的生产具有两方面的功能，即为首都服务功能和农民自养功能，生产经营是在国家计划指导下，安排各业生产、推广科学技术和完成统购派购任务。因此，在增产粮食的同时，强调发展蔬菜、畜禽和瓜果等副食品生产，保障首都人民对菜、肉、蛋、奶、瓜、果的需求。在发展农业生产的同时，根据首都建设和人民生活的需要，结合郊区资源条件和历史传统，发展工副业生产，但不准经营商业。郊区绝大多数农业社，特别是近郊区和山区的农业社，生产是以农为主、多种经营的。

根据中央部署，1953 年和 1954 年，北京市实行了“自报公议”核定粮食统购任务的办法。对余粮户的余粮，不全部收购；余粮不足百斤的农户，则不要求出售。贯彻这一原则，国家统一收购农户部分余粮，农村缺粮户和城市居民用粮，则由国家统一销售，这样国家统一掌握粮食市场，取缔了粮食自由贸易，保证了国计民生的需要。根据当年典型调查和一般情况估算，1953 年年底郊区农村的情况是，余粮户约为农业户的 25%，共约有余粮 1 300 万斤（余粮户平均每人约有余粮 100 斤左右），占总产量的 6.8%。郊区种植经济作物和蔬菜的农户较多，缺粮户约占农业户 50%左右。为了做好这项工作，市委从市有关部门抽调一批干部以及区、乡干部共 9 000 多人进行培训，然后组成工作组深入农村宣传，并在乡成立评议委员会，在统购数字公布后自报公议、民主评定，经区批准后执行。还注意市各有关部门做好对农民的物资供应工作，并开展农村储蓄工作，发展信用合作组织。这一工作顺利进行，农民纷纷卖出余粮，丰台区辛庄一个早上就完成了 1.7 万斤的收购任务，副乡长韩春清把谷子筛得很干净，清早就送到了合作社，比原来自报的还多了 50 斤。1953 年年底，北京的 6 个郊区自报公议交售余粮共计 825 万千克，加上公粮和统购统销开始前收购的部分，1953 年连征带购 3 706.5 万千克，占当年粮食产量的近 30%。

1955—1957 年，北京市实行了“定产、定购、定销”的办法。定产，就是按良田的单位面积、常年产量以户计算，根据农田土地质量和自然条件，结合其经营条件评定。定购，就是国家向余粮户统购其余粮数量的 80%～90%，定购任务一定三年不变。定销，就是把国家向农民统销的粮食数量核定下来，对象是农村各种类型的缺粮户。此项工作先是在朝阳区洼边乡进行试点，然后铺开。1956 年 2 月，统计全郊区有农户 12.96 万户，其中余粮户为 2.5 万户，自足户为 1.28 万户，缺粮户为 9.18 万户。农村人口 54 万人，其中非农业人口 1.3 万人，平均每人口粮（原粮）364.1 斤。郊区粮田面积（包括各国营农场）95.14 万亩，定产总产量 2.07 亿斤，亩产 214.5 斤。当年征购实际入库粮食 2 693

万斤，市场收购粮食 1 978 万斤，占原计划征购粮的 93.4%，对余粮户的定销粮食为 8 839万斤，其中非农业人口用粮 895 万斤，以及留在各区准备供应农户的猪饲料粮 976 万斤。郊区缺粮户主要在菜区，菜农的口粮和饲料粮由国家供应，标准高于大田区。通过这次粮食“三定”工作的实行，在郊区农村建立和完善了粮食购销制度和周转粮制度。

蔬菜产销合同的制定。1953 年，郊区耕地面积 130 万亩，其中蔬菜种植面积 15.8 万亩。国营农场以发展果菜、畜牧为主。为便于掌握菜价、保护市民和菜农的利益，1954 年春，北京市供销合作社蔬菜经营部与国营彰化农场（后改为西郊农场）签订蔬菜定价包销合同。签订合同前，整理核算了彰化农场历年各种蔬菜的生产成本，予以合理利润，为市场收购价。并根据蔬菜上市季节的早晚，规定出季节差价。市菜蔬公司按合同规定的价格定价包销彰化农场的全部蔬菜，还规定了蔬菜上市规格、质量等要求。但在蔬菜旺季上市时，产销双方矛盾尖锐，未能及时解决，而仅勉强维持了一年，就终止了这种形式的蔬菜产销结合合同。

就全市来说，蔬菜产品流通，经历了自由流通到统购包销的历程。新中国成立初，郊区农民根据自己的意愿，从事蔬菜生产和经营。据 1952 年统计，83.1%的蔬菜交易为私人菜行所掌握。为适应计划经济的需要，1952 年市供销合作总社先后在天桥、广安门、阜成门、东直门建立了 4 个国营菜站。1953 年成立北京市蔬菜经理部，1955 年改建为菜蔬公司。1954 年，北京市供销合作总社与郊区的 4 个国营农场和 154 个农业生产合作社、3 个互助组签订了蔬菜产销结合合同。合同形式有两种：一种是“随市价包销”即根据当日市场价格分级评价，由供销社收购。这类合同有 145 份；另一种为“定价包销”，即无论市场菜价高低，均按双方议定价格包销（定价按蔬菜成本加 30%）。这些单位生产的 2 250万千克蔬菜（占当年蔬菜总产量的 1/7），全部由北京市供销合作总社包销。

1956 年，随着郊区全面实现农业合作化，郊区蔬菜生产纳入国家计划。年初，市农林水利局下达全市蔬菜生产的全年计划指标，分为春播、夏播、秋播三大类别，根据全市需求，排开播种，均衡供应。郊区各国营农场和菜区的农业生产合作社与市菜蔬公司及所属菜站订立了蔬菜收购包销合同，严格规定了上市品种、时间和上市量。合同内蔬菜由菜蔬公司统购包销，合同外的允许农业生产合作社自销。1957 年 5 月起，又限制了农业生产合作社自销。市政府把蔬菜列为第二类物资，进一步把蔬菜纳入“统购包销”体制。郊区 157 个生产蔬菜的农业生产合作社与市蔬菜公司签订了蔬菜产销结合合同，合同总量达 5.2 亿千克，占当年蔬菜总产量的 85%。取消了蔬菜自由市场，全部由国营菜蔬公司经营，从原来的多渠道流道变成由国营商业一个渠道进行。

蔬菜的统购包销经历的“产销结合合同”“收购包销”“计划生产”“统购包销”这几个阶段，其作用不同。“产销结合合同”“收购包销”阶段，国营商业掌握半数以上的蔬菜上市量，并允许农业生产合作社自销部分蔬菜产品。这种多渠道建立的市场实质上是国营商业领导下的农民贸易市场，是两种社会主义所有制互助结合、取长补短、共同发挥优势的市场。通过产销结合合同，国营商业掌握大批货源，对于稳定市场、平抑菜价都起了很好的作用。同时，由国营商业合理组织机关、团体、学校等集体伙食单位，直接挂钩，就地供应，保持蔬菜新鲜、价格合理，减小中间环节损耗，也起了很好的作用。

但到后来，“计划生产”“统购包销”阶段不仅严重束缚了蔬菜生产者的积极性，还限制了新技术的推广、应用，经营渠道单一，限制过死，国营商业的能力又不足，必然会出现问题。1956 年 6—7 月，蔬菜生产旺季，大量新鲜蔬菜一齐涌向市场，供过于求，造成部分蔬菜，特别是西红柿积压、变质、腐烂，引起了中央和各省市关注，但这种“统购统销”体制却未改变，延续了很长时间。

4. 劳动组织和劳动报酬管理

郊区农业社根据生产经营范围、分工分业需要和社员劳动技能的不同，分编田间生产队和副业队（组）。田间生产队、副业队（组）作为农业社劳动组织的基本单位，固定相应的成员、土地、耕畜、大型农具或副业工具，由队长负责；有些田间生产队，根据生产的需要，还划分了固定的或临时的作业组；社员按照生产队、作业组的安排，从事生产劳动。为调动社员劳动积极性，合理评定劳动报酬，农业社逐步建立了各级的生产责任制，一般是农业社对生产队实行包工、包产、包开支、超产奖励、亏产扣工的“三包一奖”制度；有些生产队对作业组还实行了包工到组责任制。对社员则按劳动的数量和质量评工记分，也有的实行农户小段包工责任制，劳动管理做得好的地方并逐步制订了劳动定额，实行定额管理。但是，在劳动管理搞得不好的地方，也存在“死分死记”“卯子工”等现象。

5. 财务和收入分配管理

在市、区农村工作部门和经营管理部门帮助下，郊区农业社在培训财务人员、建立财会队伍的基础上，逐步健全财务管理和分配制度。按照独立核算、自负盈亏体制和民主办社、勤俭办社方针，农业社的财务收支计划，需经社员讨论，听取意见，接受监督，并定期公布账目。在收益分配上，一般是夏收后预分、年终决算分配，分配方案需经群众讨论、上级审核。农业社一年的收入，在留够下年生产费用、缴纳国家税金、留出公积金和公益金后，其余现金和实物，按社员劳动工分多少进行分配。为做到社员收入逐年增加，遇到灾年公积金可以少留或不留，丰收年份公积金应酌量多留。

农业社的内部管理，既关系到农业社的巩固和发展，又涉及国家、集体、个人三者的利益，包含了体制、机制、利益关系等多方面的内容，是十分复杂、细致的工作，郊区农业社的内部管理一直处于不断调整、改进的状态之中。

三、个案研究：石景山区衙门口村的退社风波

在农业合作化高潮涌动时，高级社发展得过快，侵害了部分中农和富裕中农的利益，再加上没有民主办社等问题出现，1957 年，全国部分地区出现了退社现象。这也是《社教指示》出台的背景。北京的发展形势跟全国是一样的，只不过 1956 年就出现了退社的现象。《石景山区衙门口村一场拉马退社的风波》[①]（以下简称《退社风波》），记述了这个现象。

① 中共北京市委党史研究室，中共北京市委农村工作委员会，北京市档案馆．北京农业社会主义改造资料：下册［M］．北京：中国社会出版社，1991：358-361.

（一）退社背景情况

关于退社的背景情况，《退社风波》记载如下："在1956年初的合作化'高潮'中，京郊农村仅用一个多月的时间，不仅把99%以上的农户动员入社，全部实现了合作化的任务，而且把初级社全部转成高级社。在这一'高潮'中，由于时间仓促、操之过急，致使有些地方为了争时间、赶任务，急于在上级规定的时间里完成合作化的任务，出现了不同程度的强迫命令问题。在'高潮'中，一些农民（尤其是富裕农民）一时迫于声势，勉强报名入社，把牲口、大车也赶进社里，可是当他们冷静下来，特别是到了秋后算账时，觉得'吃亏太大'了。于是便闹起了退社的风波。"京郊的富裕中农是在强迫命令的声势中被迫要求入社的，秋后算账时，觉得吃亏了，所以就要求退社。而且在党的一系列文件中，明示了社员有退社的自由规定和条款，社员当然要按照条文办事了。

关于退社的原因及造成的影响，《退社风波》记载如下："石景山区衙门口村发生的一场退社风波，是当年曾经轰动全区，波及全郊区的一场较大的风波。在这场风波中，这个村一度有50来户闹退社，其中有7户强行从社里拉马赶车，有的户还把马车赶到天津去搞运输。一时间闹得乱乱哄哄，乌烟瘴气。这场风波虽然过去30多年了，可是为了正确地认识过去、思考未来。总结经验教训以免今后少犯错误还是非常必要的。

衙门口村，当年为什么会出现这样一场大的风波？其根本原因就是这个村尚不具备实现'全部'合作化的条件，而是人为地勉强行事，侵犯了富裕中农以至一部分中农的利益，以致激化了人民内部矛盾。"退社风波波及全郊区，影响是很大的。退社户数多达50多户，数量是很大的。原因就是没有达到办社条件，而让社员强行入社，侵害了富裕中农和中农的利益，激化了矛盾。这篇文稿，是90年代中共北京市委党史研究室，追溯历史而写下来的，更具有理性和反思的特点。

退社的深层次原因，《退社风波》记载如下："衙门口村位于京西通往北京市区的交通要道，是一个有600～700户的大村。大多数农户在历史上除了务农以外，富裕户还饲养骆驼和骡马，兼营运输，贩运煤炭、白灰、或做生意；穷困户挖青灰、打干土。土改以后，农民虽然分得了土地，但是由于互助合作起步较晚，大多数农户仍操旧业，所以贫苦农民生产、生活仍然困难，农业生产发展缓慢。一些富裕农户因为有牲口、大车和运输业的优势，日子越过越富，他们在农闲时搞运输，一天能挣20～30元，农忙时地种不过来就雇几个短工。1954年春，少数农民响应党的号召，试办了三个农业生产合作社，即上街的胜利农业生产合作社、西街的金星农业生产合作社和南街的建国农业生产合作社。这三个社，都是实行土地、劳力按比例分红的初级社。这三个社由于都是由贫、下中农组成，又起步较晚，生产条件很差。在试办的第一年，除了胜利社土质较好，人心较齐，秋后打的粮食够吃够用，每户还分到几十元现金外，其他两个社仍很困难。尤其是那个由八户贫农组成的建国社，80多亩耕地，除了少许农具外，连一马一车都没有，靠向信用社贷款才买了两头牲口。秋后打的粮食还不够社员的口粮，更无力偿还贷款了。另一方面。那些'人强马壮'的富裕中农，则是农忙种地、种完地出去跑运输，一天能挣几十元。相比之下，他们当然不愿加入合作社了。1955年春，个别中农虽然也有入社的，但是经常受到富裕户的讽刺、打击。西街中农武洪永入社后，他哥哥武洪涛极不赞成，经常在人们面前炫耀自己，‘教育’他弟弟走‘回头’。他每天回村时，总是在车辕上挂一块肉，对他弟弟武洪永示威：‘看！我单干天天吃肉，你行吗?’西街有一些富裕户——称号‘八大家族’者，有的一家养着四头骆驼、两辆大车；除搞贩运每天收入几十元外，还耕种几十亩地。类似这样的富裕中农户，一直到1958年‘大跃进’年代才最后入社。”

①衙门口村由于特殊的地理环境和自然经济条件，形成了以副业、运输业为主业的个体经济结构，有很大的经济优势。而经营传统农业处在劣势地位，形成了贫富差距非常大的对照。②贫农、下中农成立的农业生产合作社（经营传统农业）的优越性就不能显现出来，因为经济底子薄、发展后劲不足，也没有优势产业。而富裕中农以个体经营副业和运输业，有传统的经济优势，就较农业社有更大的吸引力和优越性。③劣势的农业社和强势的个体经济在衙门口地区就形成了一对天然的矛盾。冲突和斗争就会爆发。

（二）退社经过

退社的经过，《退社风波》记载如下：“按照党的政策，应当是首先把合作社办好，然后以合作经济的优越性去吸引社外农民自愿地加入合作社。尤其是对于中农和富裕中农更不允许侵犯他们的利益。在京郊农村，大多数合作社，都是由于其生产的发展和集体经济的壮大而逐步吸引中农入社的。可是在衙门口村，却没有等到这一步，就在1955年秋后，迎来了农业合作化的‘高潮’。那时区里派来了工作组，经过一段宣传，村里报名入社的农户仍然为数不多。年底，工作组召开群众大会，由组长宣讲入社意义，大意是：‘谁赞成合作化道路，赞成社会主义道路，跟共产党走，谁就马上加入合作社。’并限定当天晚上就把牲口、大车集中到社里。在这种紧张的气氛和政治压力下，全村农民把200多辆大车和几百头牲口，一夜之间都赶进社里，算是实现‘农业合作化’了。还有几户富裕中农，就是顶住不入。

一些在‘高潮’中随大流入社的中农和富裕中农，心里始终结个‘疙瘩’。他们把牲口、大车入社，失去了‘车轱辘一转，大米白面’的优势，还要天天随大帮下地干活，失去了单干时自由自在的‘小自由’。平时劳动时心里就憋气，到秋后一算账更觉得‘吃了大亏’。于是便三三两两地凑在一起，酝酿着退社。他们是根据社章上规定：‘入社自愿，退社自由’提出要退社的，还要求退回原来的土地和牲口、大车。社干部不同意，坚持‘土地入社已经连片，要退只能退给由社里指定的地块；牲口、大车已经折价归了集体，只能退钱，不能退物’。退社户说：‘牲口、大车虽说折价，可是分文未给，东西还是我们的。’这样争来争去，各执一词，个别户就抢先下手了。西街社员武洪波和武洪涛两兄弟率先行动，他们俩来到大车队和牲口棚，大吵大闹，高声吵嚷：‘这是我家的产业，我要退出！’他们把大车、牲口赶走以后，为了躲避社、队干部和工作组的追究，一直跑到天津，躲到亲戚家里，雇工经营。在他们的影响下，有些户也到社里强行拉马赶车，仅西街就有20多户退社，全村共有50来户退社，约占当时总户数的8%左右。一时间闹得乱乱哄哄，人心不安。”

①富裕中农入社的经过非常明白，他们是在当时高压的政治形势下，被迫加入高级社的。区里工作组的督导，不入社就不是走社会主义道路。在这种状态下入社，他们的

思想并没有入社，从心里不拥护加入合作社。②入社的劳动，也不是情愿的，没有了个体经营的自由心理。③秋后算账，他们的收入更不如单干时效益高。肯定就有被剥夺的感觉。④他们了解党的高级社的一系列政策，知道“退社自由”的条文和规定。就采取了坚决退社的行动。土地是不动产，暂且拿不回自家的炕头上去，可大车和大牲口是四条腿拴着的流动资产，一定牵回自家去。⑤社里没有按照党的文件规定对待退社群众的合理要求，形成了人心不稳的混乱局面。

（三）处理结果

处理退社风波的结局，《退社风波》记载如下：“为了及时刹住这场退社风，巩固刚刚办起不到一年的高级社，工作组和社、队干部一方面有针对性的对社员加强宣传教育，并解决他们当中的实际困难，一方面通过有关部门去天津追回武氏兄弟赶走的车马，并通过区人民法院以其‘抗拒社会主义改造、破坏农业合作化’罪判处有期徒刑八年。其他几户经过教育，又将车马拉回社里。这场历时一个多月的风波，才得到平息。退社风波虽平息下去了，但遗留了一些问题长期未能很好解决；现在看来，对武氏兄弟处罚过重，且有混淆两类矛盾之嫌。”

①区里工作组、社队干部采取解决社员的实际困难的办法是正确的。②以“抗拒社会主义改造、破坏农业合作化”罪判处退社的农民有期徒刑 8 年，这是不应该的。这虽然起到了杀一儆百的效果，但是，混淆了两类不同性质的矛盾。③这里的深刻教训正如《退社风波》总结的，按照党的政策，应当是首先把合作社办好，然后以合作经济的优越性去吸引社外农民自愿地加入合作社。尤其是对于中农和富裕中农更不允许侵犯他们的利益。而我们却采取强迫、剥夺的方式，压迫富裕中农入社，将带来无穷的后患。诺贝尔经济学奖获得者、英国经济学家哈耶克在《通往奴役之路》（中国社会科学出版社，1997 年版）中，表达了这样一个观点，他认为追求计划经济，其无意识后果必然是极权主义。集体主义类型的经济计划必定要与法治背道而驰，它（集权国家）把它对一切道德问题的观点都强加于其成员，而不管这种观点是道德的或非常不道德的。哈耶克的自由经济的许多观点存在着悖论，但他对计划经济弊端的批评甚至是批判，其合理的部分我们还是应该采纳的。

对于我国农业社会主义改造的历史，《关于建国以来党的若干历史问题的决议》指出[①]：“我国个体农民，特别是在土地改革中新获得土地而缺少其他生产资料的贫农下中农，为了避免重新借高利贷甚至典让和出卖土地，产生两极分化，为了发展生产，兴修水利，抗御自然灾害，采用农业机械和其他新技术，确有走互助合作道路的要求。随着工业化的发展，一方面对农产品的需要日益增大，一方面对农业技术改造的支援日益增强，这也是促进个体农业向合作化方向发展的一个动力。

对个体农业，我们遵循自愿互利、典型示范和国家帮助的原则，创造了从临时互助组和常年互助组，发展到半社会主义性质的初级农业生产合作社，再发展到社会主义性

① 中共中央．关于建国以来党的若干历史问题的决议［EB/OL］．1981-06-27. http：//news. xinhuanet. com/ziliao/2002-03/04/content _ 2543544 _ 7. htm.

质的高级农业生产合作社的过渡形式。

这项工作中也有缺点和偏差。在一九五五年夏季以后，农业合作化以及对手工业和个体商业的改造要求过急，工作过粗，改变过快，形式也过于简单划一，以致在长期间遗留了一些问题。但整个来说，在一个几亿人口的大国中比较顺利地实现了如此复杂、困难和深刻的社会变革，促进了工农业和整个国民经济的发展，这的确是伟大的历史性胜利。”

决议对我国农业社会主义改造过程和结果的评价是科学的，符合实际的。回过头来看历史，在社会主义农业改造阶段，尽管我们犯了很多错误侵害了一部分农民主要是富裕中农的利益；但是，从总体看，农村基本完成了生产资料私有制的社会主义改造，把生产资料私有制基本改造成社会主义的公有制，解决了我国农村因土地私有制造成的农民贫富分化问题，农民从此走上了社会主义道路。农业社会主义改造运动推进了中国由新民主主义社会向社会主义社会的转变。

在社会主义农业改造阶段，我们国家的农业建立了集体经济，促进了农业生产力的发展。特别是北京郊区的农业在高级社的发展阶段，在整顿农业合作社的过程中，大力加强合作社的经营管理。市、区各有关部门训练办社骨干，按照中央的一系列部署，提出加强管理农业社的一系列措施：建立健全劳动组织和责任制；制订切实可行的生产计划，大力推行按件计工制；加强财务管理，对账目不清、手续混乱、贪污浪费、账目不公开等问题加以处理，为人民公社的建立奠定了基础。

第六章　人民公社

《汉语同韵大词典》关于“人民公社”的概念是[①]：“20世纪50年代末至80年代初中国农村中的集体经济组织。它是由高级农业生产合作社联合而成的。”《现代汉语词典》关于“人民公社”的定义是[②]：“人民公社是1958—1982年我国农村中的集体所有制经济组织，在高级农业生产合作社的基础上建立，实行各尽所能、按劳分配的原则。一般一乡建立一社、政社合一……”。中共中央文件对人民公社有一个完整的表述。1962年9月，中国共产党第八届中央委员会第十次全体会议通过的《农村人民公社工作条例（修正草案）》指出[③]：“农村人民公社是政社合一的组织，是我国社会主义社会在农村中的基层单位，又是我国社会主义政权在农村中的基层单位。”从学术界的讨论上看，上述概念并不完整和严谨。1958年的“大跃进”时期，我国很多城市还成立了城市人民公社。因此，严谨地表述应该分“人民公社”“农村人民公社”“城市人民公社”。只是城市人民公社存在的历史并不长久，而农村人民公社自1958—1982年间，有24年的历史。大家一般把农村人民公社称为“人民公社”。本书讨论的范畴即指农村人民公社，按照约定俗成称为“人民公社”。

人民公社的历史，应该自1958年8月29日，中共中央政治局扩大会议通过的《中共中央关于在农村建立人民公社问题的决议》[④]（以下简称《建立人民公社决议》），至1982年11月26日，五届全国人大五次会议在北京举行。大会审议并通过彭真所作的宪法修改草案报告；通过新修改的《中华人民共和国宪法》第六项作了以下新的规定[⑤]：“改变农村人民公社的政社合一的体制，设立乡政权。”新《宪法》指出：为了加强农村基层政权建设，按照政社分开的原则，规定设立乡政权，保留人民公社作为集体经济组织，在乡政权之下，建立村级组织，实行村民委员会制度，原有人民公社的那一部分政权职能分出去后，公社、大队、生产队的企业和其他一切财产的所有权不变。

按照上述两个文件的间隔时间计算，人民公社在我国的存在历史是24年多一点。对于这段历史研究，《中国共产党历史》第二卷（1949—1978）上册[⑥]，称之为“人民公社

---

① 汉语同韵大词典［EB/OL］. http：//epub. cnki. net/kns/brief/default _ result. aspx.

② 现代汉语词典［M］. 上海：商务印书馆，2006.

③ 中国共产党. 农村人民公社工作条例（修正草案）［EB/OL］. 1962-09-27. http：//wenku. baidu. com/view/ee17106daf1ffc4ffe47ac30. html.

④ 中共中央关于在农村建立人民公社问题的决议［EB/OL］. 1958-08-29. http：//wenku. baidu. com/view/48d2695d3b3567ec102d8a9f. html.

⑤ 人民网. 中国共产党80年大事记·1982年［EB/OL］. http：//www. people. com. cn/GB/shizheng/252/5580/5581/20010612/487205. html.

⑥ 中共中央党史研究室. 中国共产党历史第二卷（1949—1978）：上册［M］. 北京：中共党史出版社，2011.

化运动”。《北京市农村合作经济经营管理志（1952—2002年）》[①]，称之为“人民公社化”。我们的研究就简称为“人民公社”，因为这样也不会引起歧义。

关于人民公社的制度变迁和历史演进时期，学术界有多种说法。本书总论中，在研究综述中，介绍了两种划分方法：一个是三个历史时期，一个是五个历史时期。还有辛逸的两个历史时期的划分方法[②]：以“三级所有、队为基础”公社新体制的确立为界，把公社史分为“大公社”和“人民公社”两个历史时期。还有焦金波的将人民公社分为四个历史时期的划分方法[③]：人民公社的建立时期，人民公社的调整时期，人民公社的稳定时期，人民公社的解体时期。这些划分方法，都有各自的前提和道理。我们的划分按照四个历史时期划分，人民公社的建立时期，人民公社体制和政策的调整时期，“四清”和“文化大革命”中的时期，人民公社的后期。

第一节　建立人民公社

一、建立人民公社

北京郊区的形势也和全国一样，1957推动社会主义教育运动后，开展了大规模的农田水利基本建设和推广先进的农业生产技术活动。

1958年北京的“大跃进”从水利建设开始。修建十三陵水库和怀柔水库是这一时期取得的巨大成果。早在1954年夏季，周恩来总理就提出了十三陵水库的规划设想，他说：北京名胜古迹甚多，风景优美，但有山无水是美中不足，尤其是十三陵这个名胜古迹是外宾必由之路，有山无水是一遗憾，若能修个水库，有个大的水面，就更加美了。根据这一指示，北京市对十三陵水库做了勘查规划，选定了坝扯，确定了水文测站，列入了北京市城市建设规划之中。1958年1月，十三陵水库工程开工。水库总库容8200万立方米，是“大跃进”中北京修建的第一座水库，也是发扬共产主义劳动热情兴修的第一座水库工程。十三陵水库位于昌平区境内温榆河支流东沙河上。水库主体工程有大坝一座（长627米、最大坝高29米）、输水道和溢洪道。北京市市政工程建设院和水电部北京勘测设计院承担全部工程设计。参加水库劳动的有郊区广大农民、大批机关、学校、部队的干部、学生和战士，最多共约40万人次，施工高峰期的5月份，在工地劳动的就有10万多人。5月25日，毛泽东、刘少奇、周恩来、朱德等国家领导人以及参加中共八大二次会议的全体中央委员到工地参加劳动。劳动后毛泽东题写“十三陵水库”，此后这五个大字用汉白玉石块镶嵌在大坝的坝坡上。全部工程共完成土石方总量296万立方米，总用工870万个工日，总投资1 686万元。水库于6月30日建成。其后，又兴建起以水库为下池的、装机容量80万千瓦的蓄能电站。十三陵水库集供水、灌溉、发电、旅游于一身，为十三陵地区增加了色彩。

---

① 北京市农村合作经济经营管理志编纂委员会．北京市农村合作经济经营管理志（1952—2002年）［M］．北京：中国农业出版社，2008.

② 辛逸．关于农村人民公社的分期［J］．山东师大学报（社会科学版），2000（1）．

③ 焦金波．从制度变迁的特征看人民公社的历史分期［J］．咸阳师范学院学报，2004（5）．

1958 年 3 月，怀柔水库动工修建。怀柔水库位于怀柔县城西南、潮白河支流怀河山峡出口处，主体建筑物有主坝一座（坝长 1 038 米、最大坝高 21 米、坝顶宽 5 米）、副坝三座（总长 440 米），溢洪道、输水洞、进水闸各一处。水库初建时总库容 9 800 万立方米，后经两次扩建，总库容增加到 1.2 亿立方米。水库工程由水电部北京勘测设计院和北京市市政工程建设院共同设计。怀柔水库修建指挥部，先是由通县地委书记徐瑞林担任，后改为地委第二书记、专员王宪担任。参加施工的民工最多达 6.3 万人，民工自带口粮、工具，水库指挥部只给民工每天每人补助生活费 0.4 元。建库大军奋战 130 天，于 7 月 19 日全部完成工程任务，总工程量 200 万立方米，总用工 600 万工日，总投资 480 万元。周恩来总理于 6 月 26 日到水库工地视察，题写"怀柔水库"四个大字。

同年 6 月，中共中央、国务院批准了水电部、河北省和北京市有关部门联合提出的修建密云水库的建议。6 月 26 日，周恩来总理亲自到潮河、白河视察水库坝址。9 月，这座华北地区最大的水库正式动工。它由潮河、白河两个水库合成，水面面积达 180 多平方公里，约等于 100 个昆明湖，最大库容 43.75 亿立方米。水库由水利专家张光斗教授带领清华大学水利系师生和水利电力部水利水电勘测设计院的技术人员设计。水电部副部长钱正英、河北省副省长阮泊生、中共北京市委农工部部长赵凡组成领导小组，赵凡、王宪、刘鹏三人任修建水库的总指挥，纪常伦担任总工程师。来自河北省和北京市 28 个县区的 20 多万农民参加了密云水库的修建，他们自带工棚、粮食、自备大车、铣镐，表现了高尚的品德和风格。库区占地 16.3 万亩，迁移出 59 个村庄、1.1 万户、5.3 万人。绝大多数农户顾全大局迁移出村。1960 年 9 月密云水库竣工，实现了一年拦洪、两年建成的要求。建设速度快、工程质量好。密云水库控制潮河、白河总流域面积的 88%，约 1.6 万平方公里。水库的建成，不仅使长期危害人民的潮河、白河就范，更重要的是为首都的生产和人民生活提供了可靠的水源。

在修建密云水库的同时，市委于 1959 年 10 月提出"一库带十库"的口号，修建了一批中型水库。通过民办公助的方式，郊区农民先后修建了十多座蓄水量在 1 000 万立方米到几千万立方米的中型水库，有平谷县海子水库、怀柔县北台上水库、昌平县桃峪口水库、王家园水库、顺义县沙峪口水库、房山县崇青水库等。

1960 年开始修建京密引水工程。第一期工程从 1960 年 1 月初开工到 1961 年 4 月初，建成由密云水库龚庄子调节池至昌平县西崔村长达 53 公里的工程。第二期工程，除修通西崔村到昆明湖 46.56 公里长的新渠道外，还包括一期改善工程和增加的昆明湖至玉渊潭段计划外工程，长 56 公里，并建有大小建筑物 299 座。到 1966 年 4 月初，全长 110 公里的京密引水工程全部建成，每天有 40～60 立方米/秒的清流碧水沿着百公里长渠流入京城千家万户。

20 世纪五六十年代的水利建设，包括各区县开展的农田水利建设，不仅对农业，而且对首都的建设发展都发挥了极其重要的作用。

郊区农业"大跃进"始自 1958 年 2 月。1958 年 2 月 23—26 日，北京市召开 1957 年度农业劳动模范大会和市区乡社四级干部会议。北京市农林水利局副局长杨益民作了《北京郊区 1958 年农业"大跃进"奋斗纲要》的报告，提出 1958 年蔬菜 39 万亩，产量达 19.8 亿斤；粮食 178 万亩。亩产由 1957 年的 220 斤提高到 402 斤，提前四年上《纲要》；

养猪 85.6 万头，实现农村人口一人一猪；奶牛增到 9 300 头，养羊 15.5 万只，大牲畜达到 9.6 万头；造林 74.8 万亩，植树 105 万株。会上有 51 人发言，27 人报喜。各乡社纷纷挑战、主战，比干劲、比跃进。会议结束前，彭真到会讲话，号召开展比先进、比多快好省的群众运动。市委农工部部长赵凡作了大会总结，对保守思想做了批判，指出保守思想是农业“大跃进”道路上的拦路虎、绊脚石。这一大会在京郊农村拉开了农业“大跃进”的序幕。

当时，全国许多地方“放卫星”，公布粮食高产典型。北京的粮食产量都名列最后，受到中央一些领导人的批评。时任国务院副总理的谭震林亲自到北京指导郊区农业“大跃进”。1958 年 7 月 4 日，他在郊区区委书记会上提出：“小麦亩产要达千斤以上、玉米五千斤以上、谷子三千斤以上、高粱四千斤以上，小麦千斤以上，也没有什么奥妙，有水、有肥、深翻 1.5 尺、密植每亩三十一二斤良种，再加上专业化，有主管小麦的书记，千斤就可以达到了”。他还要求自造滚珠、改革农具，实现轴承化。7 月 28 日他还在市委召开的市农口领导座谈会上要求：北京不管种什么都要全国第一。当市农林水利局副局长刘钢介绍说双桥农场有亩产一两千斤的谷子时，谭震林说“人家的谷子都两万斤、三万斤，你才一两千斤。你们要‘留学’”。进入 8 月，《人民日报》发表社论，宣传“人有多大胆、地有多大产”的提法。市委于 8 月 17 日在天坛公园召开 1.5 万人参加的农业“大跃进”誓师大会，彭真在会上提出：破除迷信，实现农业“大跃进”，种好实验田。在会上有的区提出“没有低产作物、只有低产思想”的口号，有的区提出麦地要深翻一尺到二尺，每亩施肥 15 万斤以上，每亩下种 45 斤以上直到 200 斤的措施指标。会上，互比决心，调子一个赛过一个，不甘示弱。这些脱离实际的指标和措施，是不可能达到的。会后，彭真请刘仁转告郊区各区县，会上提出的高指标不算数，要实事求是。但在当时的气氛下，已经制止不了“浮夸风”的盛行。一个积肥、深翻土地、大搞小麦晚玉米两茬密植的群众运动在郊区农村兴起。“瞎指挥风”的出现，使郊区人力、物力受到极大损失。

1958 年 7 月以后，在郊区掀起了农具改革、大炼钢铁和大办工业的热潮。根据谭震林的意见，市委要求郊区大车、犁、磨、水车等一切运转工具在一个月内都安上滚珠轴承，实现半机械化。各社队发动群众做滚珠，将铁条切成小段或用模具压圆了就成了滚珠，有些村还架起了小烘炉，自己锻造轴承，但做出来的都不能用。石磨装上轴承推起来轻，但磨不出面来；大车装上轴承，加上重载就将轴承压坏了，走不了。由于缺乏科学指导，农具改革是失败的。在中央做出大办钢铁的决议指导下，北京城乡也投入了这场运动。郊区到处收集废铁，甚至将锅砸了炼铁。门头沟区斋堂公社“找”到了铁矿。几天就砌起了 13 座炼铁炉，炼出来的都是不成型的铁疙瘩。乡乡社社建高炉炼铁，劳民伤财，得不偿失。在农具改革和大炼钢铁的同时，也开展了大办工业的群众运动。各社队因陋就简地办起了小工厂，大兴县庞各庄公社从原来的 11 个厂，几个月就办起了 440 个厂，但因生产、技术、供销等条件不具备，纷纷倒闭。也有一些企业保留了下来，为乡镇企业发展开辟了道路。

1958 年风调雨顺，郊区农业丰产。但丰产不丰收，很多地区抽调劳力炼钢、参加水利建设或专注于深翻土地，农业第一线劳力不足，收割的庄稼非常粗糙，许多粮食、棉花、花生、白薯、白菜丢失在地里。已经收割的庄稼，也未及时脱粒，贮藏保管工业也做得不好，不少粮食发生霉烂现象。深翻土地时有的把生土翻了上来；密植时有的密度过大，反而造成了减产。周口店区长沟公社在复耕的 1.1 万多亩白薯地中捡回白薯块 56.5 万斤，琉璃河公社祖村生产队在 408 亩白薯地里捡回 6.9 万斤。白薯入窖后大批"烂窖"。

我们说人民公社是"大跃进"的赠礼。郊区农村的"大跃进"和人民公社化是紧密联系在一起的。大规模的农田水利建设和农业机械化的规划要求把土地、劳动力、资金等在更大范围内统一使用，突破原来农业生产合作社的界限。为适应大型水利设施建设和农业机械化的需要，要求突破原有的农业生产合作社的界限，把土地、劳动力、资金、农业机械等在更大的范围内集中调配，统一规划，统一使用。这从客观上也有小社并大社的需要。

根据中共中央 1958 年 4 月 8 日发出的《关于把小型的农业生产合作社适当地合并为大社的意见》，自 5 月起先后开展了并社工作。东郊、南郊、西郊、北郊南口等 9 个国营农场周围的农业社扩大到农场中来。

但是，北京郊区的人民公社化运动轨迹，与全国的形势还是不一样的，更多的是以自发地发展为主的。赵有福、田根生在《京郊农村人民公社化运动初探》一文中研究了这一现象并指出[①]："全国很多地方的'大跃进'、大放高产卫星的现象，不是有领导有计划产生的；而农村人民公社化，确是有组织、有领导进行的。而北京市郊区的情况却与此进程恰恰相反。农业生产'大跃进'，是在市、区县各级党政组织领导下开展的，在全国兴修水利到农业生产放卫星的高潮中，北京农村步步落后，没有放出一个高产卫星。而在京郊农村人民公社化问题上却相反，市委还没来得及对中央建立公社的决议作出部署、制定计划时，就一哄而起完成了农村人民公社化。这种奇怪的过程，是同京郊农村干部群众，对在'大跃进'中当了'落后'而不服气的情绪分不开的。"

一个重要的事实证据是，对于开展人民公社化运动，北京市没有印发一份有记载的正式文件。从 1958 年 9 月，中央发出《关于在农村建立人民公社问题的决议》开始，至 1960 年年底，按照中共中央发出《关于农村人民公社当前政策问题的紧急指示》（简称《十二条》）开展"反五风整顿三类队"（即浮夸风、共产风、瞎指挥风、行政命令风和特殊化风）之前这三年，中共北京市委对农村人民公社的发展建设问题，没有发出过正式文件。中共北京市委只是遵照党的组织原则，传达了党中央的一系列指示精神。赵有福、田根生指出[②]："在这三年中，市委对中央、毛泽东有关农村人民公社问题的讲话和文件都传达了，市委常委会议、市委扩大会议和市委农村五级干部会议，以及市委召开的对群众传达毛泽东关于农村人民公社指示讲话的广播会议，精神也都传达了，会议也有结论，但是没有形成市委正式文件下发。上报中央的文件，也只是几次会议简报。这是一种极为特殊的情况，因而在这个问题上，把身为中共中央政治局委员并协助邓小平主持中央书记处工作、又兼任中共北京市委第一书记的彭真和市委的指导思想及真实过程写

---

① 赵有福，田根生．京郊农村人民公社化运动初探［J］．北京党史，2006（2）：14-18.

② 赵有福，田根生．京郊农村人民公社化运动初探［J］．北京党史，2006（2）：14-18.

清楚，难度很大。”

我们在上面的章节中，对彭真的发展农业合作化运动的认识和整顿及巩固农业生产合作社的思想作了深入的分析。实际上，他对这种超越生产力水平而搞生产关系的大变革是有自己的看法的。他是主张循序渐进地搞合作化的。他的核心思想是要实事求是，尊重农民的利益和农民的自主选择。但是，他是党性非常强的人，他要按照党中央的部署，贯彻党的关于人民公社化运动的指示。

北京郊区兴起了办人民公社的热潮是从1958年8月下旬开始的。对于建立人民公社的过程，赵有福、田根生有一个描述，他们指出①：“1958年7月以后，报刊上发表了一系列有关建立人民公社的报道，8月上旬，《人民日报》报道了毛主席到河北、河南和山东视察办人民公社的消息。在宣布中央派人到徐水县搞人民公社向共产主义迈进的试点后，北京市包括市委第二书记刘仁等各级干部特别是大批农村干部到徐水参观，参观后反应不一，很多人带回种种疑问。报刊登出毛主席说‘人民公社好’后，戴了‘大跃进’落后帽子的京郊农村干部，包括一些有过大社难办实践经验的领导干部，在建立人民公社问题上，再也沉不住气了，便开始自动效仿。

8月26日，市委召开郊区区委第一书记会议，各区认为建立人民公社的条件已经成熟，绝大多数群众迫切要求建立人民公社。根据各区初步规划，将郊区现有1 680个农业社（平均每社276户）合并转为69个人民公社，平均每社6 700户、耕地8.7万亩。会上各区决心很大，都表示要积极行动，秋收前普遍建成人民公社。先把公社架子搭起来，至于生产管理、分配形式待以后研究。这时市委办公厅的《党内参考资料》上，已转登了《安徽省提出农业社向共产主义公社过渡的六项措施》《嵖岈山卫星公社试行简章》。

截至8月29日，即中共中央通过建立人民公社决议时，郊区有4个区县建立了17个人民公社，其中顺义全区建立了8个，丰台全区建立了5个，完成了公社化。大兴区建立了3个，昌平区建立了1个。其余10个区县已按规划搭好了公社的架子，干部、群众正在进行讨论。

8月28日，丰台区岳各庄、小井、小屯、三路居和卢沟桥5个乡宣布合并，成立东方红人民公社。成立大会上，向群众宣布几点做法，让群众讨论。一是社员投资一律不再偿还。二是社员的房屋一律归公社所有。目前仍由社员住，但出租房屋的租金归公社。三是所有林木一律归公社所有。四是实行工资制。这次会议到会群众不仅多而且来得快，讨论时，贫下中农发言表示积极拥护。中农有些沉默，也有的散会后公开表示不满。村中议论纷纷。市委听到这个情况后，向在北戴河开会的彭真了汇报，彭真立即批示：建立人民公社后，对社员房屋、投资、自养的猪、鸡、鸭等一律不动。市委要求各区县委立即普遍传达到全体社员，传达后组织社员讨论。讨论中，广大群众特别是中农、富裕中农普遍拥护，说：这个办法好。东方红公社有的干部说：‘公社头一个报告后群众生产积极性都降低了，干活没劲，会上不爱发言。这回心里痛快了，一块石头落地了。’但有的贫农有意见说：‘我不同意这些办法，党委说完了又爬回来了。这还叫我们讨论什么？爱怎么办就怎么办吧。’

① 赵有福，田根生．京郊农村人民公社化运动初探［J］．北京党史，2006（2）：14-18.

8 月 29 日，中央政治局扩大会议通过《中共中央关于建立农村人民公社问题的决议》后，参加中央会议的彭真、刘仁还未回京，市委对如何建立农村人民公社还没有讨论，郊区各县区在各公社已搭起架子的基础上，开始了统一秋收种麦，大部分宣布了所谓‘包吃饭、包穿衣、包医疗、包学生上学……’等七包、八包的供给制。有的还把中央决议说的‘看来共产主义在我国的实现，已经不是什么遥远将来的事情了’，宣传为‘北京郊区现在就实行共产主义了。’当时有些同志觉得徐水县搞共产主义试点，北京郊区经济比徐水县发达，郊区当然就应早实现了。

9 月 10 日，郊区全面完成了‘人民公社化’，共建立 77 个人民公社，有 1 626 个生产大队，9 156 个生产队，基本核算单位 2 389 个。顺义县又成立了县联合社。9 月 11 日，《北京日报》发表《欢呼郊区实现人民公社化》的社论。绝大部分人民公社试行供给制和工资制相结合的制度。实际是以‘吃饭不要钱’为主的‘七包’、‘八包’（即包吃饭、穿衣、教育、生育、医疗、婚、丧、养老）的制度。”

我们原原本本地、大段地引述了赵有福、田根生的描述过程，有一个重要的原因，作者是北京市人民公社建立的亲历者和参与者，他们的描述更为直观、准确地还原了这个过程。我们从中真切地感受到了贫农和中农对建立人民公社的不同立场。我们也感受到了对共产主义的大锅饭，北京郊区的农民还是有抵触情绪的，也感受到了彭真等市委领导在尽力抵制极“左”的思潮和作法对正常的农业活动和农民生活的冲击。

8 月 29 日，中共中央政治局北戴河会议作出了《关于在农村建立人民公社的决议》。随后，市委在昌平县沙河和石景山区进行试点。其试点的内容是，由农业社集体所有改为人民公社集体所有，由农业社包工包产、按劳分配改为公社统一分配，并实行粮食生活供给制，提出了吃饭不要钱，并对生孩子、小孩上学、医疗、穿衣、理发、洗澡、死人火化等实行“八包”供给制。这些做法，各区县农业社竞相效仿。红星公社实行“十八包”，包的面更大。为了实现“一大二公”，原农业社的集体财产如社员的自留地、房基地、自养牲畜、自营林木，统归公社所有。为了办食堂、托儿所、幼儿园、缝纫组，平调了社员的房子、粮食、砖瓦、木料、缝纫机。为了实现全民皆兵，大搞军事化、战斗化，在农业生产中也组织大兵团作战。这种“不顾客观条件，争相推动农业集体生产组织向所谓更高级形式过渡的一场普遍的群众性运动”，实际上是一种大刮“共产风”的过程，不仅造成了对农民的剥夺，而且群众的积极性受到挫折，资源遭到损坏，空想、蛮干、“一言堂”、说假话成风，使农村生产力受到灾难性的损失。

1958 年 11 月 1 日《北京日报》报道，粮食 467.6 万亩（耕地面积），平均亩产 547.5 斤，较上年增产 138.2%，总产 25.9 亿斤，蔬菜 62 万亩，较上年增加近一倍，总产达 43 亿斤，增一倍多。后据统计部门核实，粮食 597.7 万亩，亩产 283 斤，总产 15.68 亿斤，蔬菜 49 万亩，总产 20.4 亿斤。

熊崇根、张国庆描述了丰台区建立人民公社的情况，他们指出①：“各地掀起了大办人民公社的热潮。8 月 24—25 日丰台区委召开常委扩大会议，讨论大办人民公社的问题。在统一思想后，全区迅速行动起来，将 18 个乡的 56 个高级农业社和 13 个街道办事处合

① 熊崇根，张国庆．北京市丰台区农村互助合作的历程［J］．北京党史，2007（6）：24-27.

并为5个人民公社。8月28—30日，区领导分5片先后召开社员大会宣布人民公社成立，前后只用7天时间，全区就公社化了。各公社范围内的供销社、信用社、公安派出所、卫生所也成为公社的一部分。附近的一些国营厂矿企业也来谈入社问题。使人民公社成为工、农、商、学、兵为一体的社会基本单位，成为政社合一的基层政权机构。”从这一史实中看出，丰台区的建社速度仅用了7天。而且体制也是在探索中，城市管理的单位也加入到了公社体制中。这也是北京市农村人民公社的一种类型。

对于北京市人民公社化的过程，有一个更为准确的记载，来自中共北京党史。《中国共产党北京历史（第二卷）》记载：[①]“1958年6月9日，市委召开郊区区委书记会议，贯彻中共中央关于把小型的农业合作社适当地合并为大社的意见，研究部署了北京市郊区小社并大社工作。会后，顺义区积极行动，开始酝酿小社并大社。到月底，全区19个乡、414个农业生产合作社合并为城关、李桥、李遂、张镇、杨镇、木林、牛栏山、张喜庄等8个大社，分别命名为红星、火箭、先锋、东风、七一、东方红、红旗、卫星等合作农场。7月，在中央肯定人民公社称呼后，又以所在地冠名人民公社。8月，大兴区建立魏善庄人民公社；昌平区沙河、回龙观、百善、松兰堡、北七家、平西府等6个乡合并建立了红旗人民公社；丰台区在原有23个乡的基础上，合并建立了石景山、长辛店、卢沟桥东方红、黄土岗上游、南苑红旗等5个人民公社；海淀区在原有19个农业社的基础上，合并建立了四季青、万寿山、玉渊潭、东升、海淀、清河等6个人民公社。9月，朝阳区在原有17个乡3个国营农场基础上，合并建立了朝阳、和平、幸福、红光4个人民公社；门头沟在原有99个农业社的基础上，合并建立了门头沟、大台、斋堂3个人民公社；通州区在原有13个乡33个农业社的基础上，合并建立了宋庄、西集、马头、永乐店、牛堡屯、张家湾、马驹桥和通州镇8个人民公社；昌平区在建立红旗人民公社的基础上，又建立了东风、十三陵、卫星、先锋、前进5个人民公社；大兴区将原魏善庄乡30个农业社合并改建为魏善庄农场，又在原有20个乡347个农业社6个国营农场的基础上，合并建立采育、庞各庄、黄村、红星、榆垡、安定6个人民公社；房山区在原有330个农业社的基础上，合并建立城关、良乡、琉璃河、长沟、马安、霞云岭、花果山、百花山8个人民公社。怀柔县建有东风、八一、红旗、红光、钢铁5个人民公社；平谷县建有城关、韩庄、马坊、峪口、大华山5个人民公社，密云县建有8个人民公社；延庆县有灯塔、八达岭、四海、东风、千家店5个人民公社。截至9月20日，全市郊区基本实现人民公社化，由原来2 357个农业合作社合并建立77个人民公社。

据统计，实行公社化以后，北京郊区人民公社的户数约812 283户，人口3 864 400人，平均每个人民公社10 550户、5万人口、10万亩耕地。人民公社的规模大小不一，其中5 000户以下的11个，5 000～10 000户的26个，10 000～20 000户的34个，20 000户以上6个。户数最多的是丰台区南苑红旗人民公社（26 569户），户数最少的是密云县全丰人民公社（1 055户）。”从上述资料看出，北京市的郊区规模扩大后，建立人民公社的速度也是惊人的。在短短几个月的时间内，就完成了从高级社到人民公社体制的过渡。

① 中共北京市委党史研究室．中国共产党北京历史：第二卷［M］．北京：北京出版社，2011：221-222.

《北京市农村合作经济经营管理志（1952—2002年）》记载[①]："当年8月中旬，北京市在石景山地区和昌平沙河乡试办了人民公社，其他区县也先后建立了人民公社，到9月10日实现了人民公社化。全郊区的2 357个农业社合并为73个人民公社，下设1 626个生产大队，9 156个生产队。"《北京志·农业卷·农村经济综合志》记载[②]："到9月10日，北京郊区已基本上实现了人民公社化，原来的2 647个农业合作社合并组成77个人民公社，平均每个社10 550户，5万多人口，6 600多公顷耕地，规模最大的红星人民公社26 562户，最小的也有1 300多户。"这两份史料与中共北京史的资料略有不同，北京志的人民公社数量为77个，赵有福、田根生的记述也是77个，与中共北京史的数量是一致的，而合作经济管理志是73个，少4个。这里有些出入。

二、人民公社的基本特征

北京市的人民公社化运动虽说是与全国走的过程不太一样，但体制特征与全国人民公社的体制特征是一样的，有如下几个特点。

第一，具有"一大二公"的特性。"大"就是规模大。人民公社所辖村庄达五六十个，几万亩土地，上万户家庭，三四万人口。组织规模大的具体数字，表现为郊区的73个人民公社，平均每社10 550户，5万多人口，6 600多公顷耕地。规模最大的红星人民公社26 562户，最小公社也有1 300多户。所谓"公"就是生产资料公有化程度高。它将原来几十甚至上百个经济条件不同，收入水平殊异的合作社合并到一起，其土地、耕畜、农具等生产资料以及其他公共财产全部归公社，由公社统一核算和分配。这样做的结果，不仅管理困难，也把原来的富社和穷社拉平了。公有化程度高还体现在，人民公社不仅把并入的各农业合作社的集体资产统归公社所有，而且把属地内农村供销社、信用社也并入了公社，不少地方还减少或取消了社员的自留地，有的地方并将社员自留果树、自养畜禽也收归集体所有。

第二，人民公社实行政社合一的体制。公社既是农民集体所有制的经济组织，又是国家政权的基层单位，混淆了两者的不同性质，使得集体经济的所有权和经营权得不到保障。公社既要负责全社的农、林、牧、副、渔生产，也要管理工、农、商、学、兵（民兵）等各方面的工作。人民公社划分为若干生产大队，生产大队又划分为若干生产队，实行三级管理。公社统管全社的生产安排、劳力调配、物资调拨、产品分配和经济核算，生产大队负责生产管理和部分经济核算，生产队则只是一个具体组织生产的基本单位。

第三，人民公社实行供给制（人民公社的供给制主要有粮食供给、伙食供给制和生活基本资料供给制。实行最普遍的是吃饭不要钱的粮食供给制和伙食供给制，这是社员收入的主要部分）和工资制相结合的分配制度。这种供给制实际就是在分配上实行平均主义。郊区人民公社实行之初，取消了高级社的按劳分配制度，实行"共产主义供给

① 北京市农村合作经济经营管理志编纂委员会．北京市农村合作经济经营管理志（1952—2002年）［M］．北京：中国农业出版社，2008：25.

② 北京市地方志编纂委员会．北京志·农业卷·农村经济综合志［M］．北京：北京出版社，2006：95.

制”，但维持1～2个月后难以为继，改为采取粮食供给制和工资制相结合的分配制度。随后又提出了吃饭、穿衣、教育、医疗、生育、婚丧、养老等“八包”“十包”。由于受生产、收入水平的制约，结果供给部分占了可分配总额的绝大部分，导致了社员在分配上的平均主义。公社建立了公共食堂，实行吃饭不要钱，同时，还兴办了幸福院、托儿所、公费医疗机构等公共福利。

第四，人民公社还大力推行“组织军事化、行动战斗化和生活集体化”的劳动组织方式和生活方式。①组织军事化[①]。人民公社化后一个月内，北京市就形成了群众性的全民武装运动，截至1958年9月，全市建立了155个民兵师，此外还有344个团、410个营、476个连，民兵总数达216万。区县设民兵司令部，区县党政负责人分别任司令员和政委；一般一个公社设一个民兵师，下按团、营、连、排、班成立各级军事组织。机关、企业、厂矿、学校按党组织系统成立相应的民兵组织。②行动战斗化。采用大兵团作战和大协作方式从事工农业生产。各地农村均开展以深翻土地为中心的种麦、秋收突击行动，每当一个地方开展深翻土地，往往召集几百、上千劳动力日夜吃住在田间地头，搞大兵团作战。劳动组织军事化和行动战斗化，导致劳动力没有固定的作业地段和作业项目，打破了农业社内各业的生产责任制，造成生产管理混乱和一些干部的强迫命令。③生活集体化。取消生产资料私有制，分配上实行供给制。个别地方还搞所谓“共产主义新农村”试点，如通州的双皋头村，整修村内街道，安装电灯电话，修建俱乐部，托儿所、招待所、理发馆、图书馆、医院、幸福院和商店。对劳动力按照营、连、排、班实行军事化管理，劳武结合。男、女分开居住，老人、儿童住宿实行集体化管理，取消家庭的作用。该村曾一度作为典型吸引了全国各地的参观者。以公共食堂为主的生活集体化，给社员带来许多不便，严重影响了正常生活，也造成了人力、物力的浪费和一些人的多吃多占。

1959年11月的统计资料显示[②]：郊区公社化一年来，兴办了公共食堂等集体福利事业。据统计，共办食堂10 876个，入食堂的农户占总农户的83.5%；托儿组织21 636处，收托幼儿占幼儿总数的52%；敬老院270处，入院老人5 069人；缝纫厂、组1 500多个；医疗机构1 800多处。

在人民公社化运动中，郊区人民公社大体可分为5种类型：①由原农业社合并转为公社。这类占绝大多数。②以原农业社为基础吸收附近的市镇、街道居民组成的。这类公社主要分布在近郊区，非农户比重较大，如丰台、海淀两个区的11个人民公社中，有10个公社都是非农户多于农户。对于已入公社的非农户，组织他们参加生产，由公社统一领导。暂时单独核算、单独分配，逐步统一经营、统一分配。③由国营农场与周围农业社合并建立的人民公社，共有9个。这类公社中原全民所有制的固定资产总值都超过了集体所有制的固定资产总值。如昌平区的红旗人民公社中，国营企业固定资产总值为540万元，6个农业社的固定资产总值只有230万元。这类公社实行全民所有制，统一经营，统

① 中共北京市委党史研究室．北京市重要文献选编［M］．北京：中国档案出版社，2003：808.

② 北京市农村合作经济经营管理志编纂委员会．北京市农村合作经济经营管理志（1952—2002年）［M］．北京：中国农业出版社，2008：467.

一核算。④由大工厂与周围的农业社组成的人民公社，全市只有两个，一个是由石景山钢铁厂、石景山发电厂与周围的6个农业社和一个镇组成的石景山人民公社；另一个是清河制呢厂、北京毛纺厂和海淀区清河农业社组成的清河人民公社。⑤由大学与周围的农业社联合组成的两个人民公社，即中国人民大学、北京农业大学和周围农业社建立的四季青人民公社和万寿山人民公社。

三、人民公社的主要问题

伴随着人民公社化的实现出现了不少问题。一是“五风”盛行。即：“共产风”、浮夸风、生产瞎指挥风、强迫命令风、干部特殊化风等“五风”在北京盛行起来。“五风”的核心是“共产风”，表现形式是没收社员自留地，随意侵占社员财物，不同单位合并时贫富拉平，公社可以随意抽调各大队、生产队的劳动力、牲畜和其他生产资料，可以随意平调队办厂矿企业，生产大队可以随意平调各公共食堂的结余粮食等。其实质就是我们在理论上指出的其错误——“一平二调”：在所有权问题上混淆全民与集体、集体与集体、公有与私有的界限，实行贫富拉平归大堆，无偿调拨、使用合作社和农户的大量财产。二是公社内部不再坚持按劳取酬原则。不仅办起公共食堂吃“大锅饭”，吃饭不要钱，有的公社还提出包吃饭、穿衣、教育、生育、医疗、婚、丧、养老等“八包”或“十包”。三是否定商品生产。取消集市贸易，禁止小商小贩，限制社员搞家庭副业。四是生产管理不善。由于实行公社所有制，规模过大，普遍出现管理不善的问题，劳动大拨轰，不讲责任制，生产效率下降，甚至瞎指挥，虚报浮夸，造成种种损失。五是干群关系紧张。少数干部在任务重、时间紧、要求急的情况下，往往用简单粗暴、强迫命令的方式推动工作，影响了干群关系。

对于“五风”盛行和产生的各种问题，北京市农口的干部和群众，表现出了质疑和不满。赵有福、田根生指出①：“在农村人民公社化过程中，由于‘共产风、浮夸风、瞎指挥风、行政命令风、干部特殊化风’所产生的种种后果，引起了广大社员群众的强烈不满，在市委召开的区委书记会上，顺义区委书记汇报了社员的不满。市委办公厅办的《党内参考资料》刊登了这条消息。中央于1958年12月31日以中央文件形式批转各省、直辖市、自治区党委，批语是：‘北京市郊区人民公社社员有十五不满，这是带有普遍性的现象，特转发各地，望在整社工作中加以注意’。

十五不满的内容是：

一、对大协作不满，什么工作都要大协作。协作抽走劳动力，打乱了他们的生产计划。

二、对有些干部不参加劳动生产不满。

三、对公社向社员要东西（如砖、瓦、木料等）太多不满。

四、对常常苦战几昼夜不满。

五、对食堂粮食定量不加限制不满（实行吃饭不要钱以后，有的人以前每月吃27斤，现在吃80斤）。

---

① 赵有福，田根生．京郊农村人民公社化运动初探［J］．北京党史，2006（2）：14-18.

六、对干部作风生硬、不民主不满。

七、对少数干部贪污腐化不满。

八、对劳动力流入城市，影响农业生产不满。

九、对丰产田指标过高不满。

十、对今年水利建设任务太重，影响农业增产的其他措施不能实现不满。

十一、对不搞副业生产不满。

十二、对城里有些单位到农村用高价购买物品不满。

十三、对今年谷子种得少，牲口草不够用不满。

十四、对猪集中饲养，死亡率高不满。

十五、对没有时间积肥不满。"

我们从这些不满中可以看出，党中央1958年印发的一系列文件中，对高级社产生的问题大都作了详尽的分析并采取了很多的对策。人民公社化后，高级社产生的问题不但没有得到解决，还有愈演愈烈之势。北京市委为什么对建立人民公社没有印发支持性的文件，赵有福、田根生指出①："从上述情况可以看到，中共北京市委对在郊区建立农村人民公社问题难于发正式文件的原因，也可以说市委当时对郊区建立农村人民公社的基本思路没有完全形成。主要是：

1. 市委领导对京郊农村人民公社一哄而起后实行供给制、七包、八包还在观察中。正如市委第二书记刘仁在常委会上所说：今年粮食产量是多少，还没有摸清。同时，从理论上对社会主义社会和共产主义社会还没有弄清。

2. 市委的考虑很明确：社员在社内辛辛苦苦劳动一年，如果改成供给制，工分不算数了，劳动力多的吃亏，富村吃亏。改为供给制，群众的真实情绪究竟如何？搞了公社后，生产管理体制及分配制度究竟怎么办？还没有头绪。既不能离开中央已有的决议，又不能照抄外地文件，况且在大变动后京郊的实际也没有摸清。

3. 更为重要的，这些问题也是全国性问题，毛泽东还在继续调查研究，北京市要等中央总结全国经验的决策。"

我们认为，这一分析和推理是正确的。北京市在建立人民公社之时，针对京郊的实际情况出发，没有盲目作出发展人民公社的各种决策，而是在全国大的形势推动下，尽可能把各种弊端减少到最低程度，为今后的进一步调整赢得了时间和减少了损失。这是非常难能可贵的。

第二节　巩固人民公社

围绕和贯彻中央一系列的调整人民公社体制的政策，从1958—1962年，北京市组织市和区县干部，深入农村进行调查研究，贯彻中央指示，开展整风整社，为调整郊区人民公社体制和政策做了大量艰巨的工作。这些举措为巩固人民公社打下了一个好的基础。我们把人民公社体制和政策的调整时期简称为巩固人民公社时期。

---

① 赵有福，田根生．京郊农村人民公社化运动初探［J］．北京党史，2006（2）：14-18.

一、1959 年的整社工作

《北京市农村合作经济经营管理志（1952—2002 年）》记载[①]：北京市根据中央的指示，为调整公社管理体制做了大量工作。1958 年 12 月中旬，市委要求解决公社化中出现的平均主义等问题。郊区的 73 个人民公社在 1958 年的年终决算分配时，就没有全部实行公社统一核算、统一分配，而是有三种情况，即：由公社统一核算、统一分配的，有 39 个公社（占 53%）；由公社统一核算收支、统一提取公共积累和社员供给部分，其余由生产大队进行分配的，有 24 个公社（占 33%）；另有 10 个公社（占 14%）是向公社上缴公共积累后，仍由大队进行分配的。这一举措，对于打破平均主义的分配形式起了重要的作用。

1959 年的上半年，北京市开展了整风整社的工作。这期间，北京市召开各种会议贯彻中央指示，在整风整社过程中，对干部和群众进行区分社会主义与共产主义、集体所有制与全民所有制和发展商品生产、为首都服务的教育。理论和认识问题的逐步澄清，为克服人民公社初期时的思想混乱、纠正“五风”错误、贯彻按劳分配原则、调整体制和政策，奠定了思想基础。

1959 年 2 月，中共中央《关于人民公社管理体制的若干规定（草案）》下发，为贯彻这一规定精神，同年 2 月，北京市委做出《关于人民公社的管理体制和若干政策问题的规定》，指出：“人民公社应当实行统一领导、分级管理的制度，其主要内容是，统一领导、队为基础；分级管理、权力下放；三级核算、各计盈亏；物资、劳动，等价交换；分配计划，由社决定；适当积累、合理调剂；按劳分配、承认差别。处理的具体意见是：①贯彻等价交换原则，调用劳动力、物资；②公社以前的债务，由相当原高级社的生产大队或生产队负责清理，公社化以后的债务由公社负责清理；③公社借用社员的桌椅、板凳、刀、锅、碗、筷等家具，应打借条或作价分期归还；④社员私有的猪、羊、鸡、鸭等归集体喂养的，也作价分期归还。要允许社员私人喂养。”

1959 年 3 月 8—17 日，市委召开五级干部大会，4 月 11 日和 19 日，又召开有线电话广播大会，彭真、刘仁两次向郊区人民公社干部、社员作整社的动员报告。第二次郑州会议提出的“统一领导，队为基础（指生产大队，相当原来的高级社）；分级管理，权力下放；三级核算（即公社、生产大队、生产队），各计盈亏；分配计划，由社决定；适当积累，合理调剂；物资劳动，等价交换；按劳分配，承认差别”。14 句方针的传达贯彻，受到干部群众的欢迎。这对纠正“共产风”，稳定农民情绪起了很大作用。市委的五级干部会议，要集中解决以下五个方面的问题。

一是根据统一领导、分级管理的原则，将原来由 2 486 个高级社合并建成的 76 个人民公社，确定为 2 275 个基本核算单位，即基本上以原高级社为基本核算单位。在此基础上实行了三包和定额管理，其中 90%的生产队与基本核算单位签订了三包合同。绝大多数生产队从 1959 年 4 月开始实行评工计分。这一调整，克服了公社化初期一度统得过死

① 北京市农村合作经济经营管理志编纂委员会．北京市农村合作经济经营管理志（1952—2002 年）［M］．北京：中国农业出版社，2008：29.

的情况，在一定程度上处理了公社内大集体与小集体、小集体之间、集体与个人之间的关系，调动了干部和群众生产积极性。

二是清算了公社化以来的经济账目，有 2 211 个基本核算单位重算了 1958 年度的分配账，变公社统一分配为基本核算单位单独分配；清理了公社从基本核算单位上调的生产资料、产品、现金和公社统一交纳的公积金、统一偿还的贷款。其中应退粮食 1 088 万斤、已退 758 万斤，应退现金 831 万元、已退 484 万元。清理了基本核算单位之间的劳力协作、生产资料调拨。清理了社员的实物投资。清理了公社与国家之间的债务关系。国家补偿公社炼钢、炼铁款 236 万元。

三是开始贯彻执行了生产方面的大集体下的小自由。到 7 月初已有 1 999 个基本核算单位（占 88.8%）分完自留地，共 286 296 亩。允许社员养猪、养鸡的指示下达后，社员养猪养鸡数量逐月上升。

四是调整了工资与供给的比例。据 12 个县区统计，有 1 110 个基本核算单位实行工资与供给相结合的分配制度，供给部分多数占 30%～40%，有 773 个基本核算单位实行了按劳分配。

五是整顿了干部作风。群众批评过的干部，经过诚恳地检讨，得到了社员的谅解，重新受到了信任。群众反映“干部不吹胡子瞪眼了，态度好了，也劳动了”。

市委农村工作部关于郊区整风整社情况报告记载[①]：“一、郊区人民公社调整为 76 个，共有基本核算单位 2 275 个，在此基础上实行了‘三包’和定额管理；二、清理了公社化以来的经济账目；三、贯彻了生产上的大集体下的小自由，88%的基本核算单位社员有了自留地，社员养鸡、养猪的数量上升；四、调整了分配上社员的工资与供给的比例；五、整顿了干部作风；六、初步整顿了农村公共食堂。”

市委关于郊区整风整社向中共中央的报告记载[②]：在整风整社运动中，解决了三级核算、以原高级社为基本核算单位的问题，并对 1959 年收入分配、包工包产以及选举社队干部等问题提出了整改办法。

1959 年的上半年的整社工作，基本实现了公社权力下放、以生产大队为基本核算单位。同时，生产大队对生产队实行了“三包一奖”，生产队对社员实行了划分作业组、评工记分等管理制度。市委文件和具体处理措施对于当时解决“平均主义”“共产风”引发的问题起了积极的作用。

二、1960 年整社工作出现波折

1959 年 8 月在庐山召开的中共八届八中全会，又提出开展反右倾斗争，打断了纠正“左”倾错误的进程，使错误延续了更长时间，严重挫伤了农民的积极性。

1959 年开始的反右倾斗争使得“一大二公”急于过渡的思想又重新左右着郊区农村

① 北京市农村合作经济经营管理志编纂委员会．北京市农村合作经济经营管理志（1952—2002 年）[M]．北京：中国农业出版社，2008：467.

② 北京市农村合作经济经营管理志编纂委员会．北京市农村合作经济经营管理志（1952—2002 年）[M]．北京：中国农业出版社，2008：467.

经济发展。郊区农村在贯彻较为正确地政策的道路上重新遇到了阻碍，农村经济又受到了破坏。

市委决定在郊区试办10个全民所有制公社，试图以“一大二公”的办法推进郊区副食品基地建设。这10个全民所有制的公社有：由东郊农场和朝阳公社、和平公社组成的和平人民公社；由双桥农场和双桥公社组成的双桥人民公社；由十三陵农场和十三陵公社组成的长陵、黑山寨等两个管理区组成的十三陵人民公社；由北郊农场和小汤山公社以及沙河、北七家等两个管理区组成的沙河人民公社；由长辛店农场和良乡公社组成的良乡人民公社；由西郊农场和永丰公社组成的永丰人民公社；由四季青公社和香山农场组成的四季青人民公社；石景山中苏友好人民公社；红星人民公社；延庆人民公社。后来，又增加了一个星火人民公社（由农展馆农场与星火公社、中德友好公社组成）。由于轻易变动所有制，视农村社员为全民所有制职工，实行供给制加工资制，拉平了农村社、队之间的经济收入，束缚了各方面发展经济的积极性，也挫伤了社员的劳动积极性。

这11个人民公社规模过大，不易管理，当年12月25日市委就又宣布需要继续研究。为了迅速扩大公社所有制成分，为完成向公社基本所有制过渡创造条件，还提出了“要积极发展社营经济”，大办公社工业、大搞水利建设，又无偿地调用了大队、生产队的物资和劳力。还提出养猪要以公养为主、私养为辅的方针，社员户养猪以一户不超过两头为原则，社员户养的2.6万头母猪又重新作价收归公养，个人只许育肥猪。1960年郊区建集体猪场3 433个。但养猪仍继续下降，年底全市养猪存栏比上年降低12%。以社员利用自留地从事资本主义活动为名，又收回了社员自留地。继续“大跃进”，抽调农村主要劳力搞水利建设和社办工业，以至农业生产劳力仍然很少。1960年春，市委第二书记刘仁亲自到农村蹲点，也发现农村劳力少，活茬儿干不过来，地里的草很多，社员很有意见。反右倾斗争，使郊区农村经济又重新面临着严重的困难。以致农业连年减产，城乡人民食品供应紧张，发生了三年经济困难。

1960年5月中旬，市委发出《北京市郊区人民公社1959年度决算分配工作情况及1960年度夏收分配的意见》[①]，对1960年的分配工作，《意见》提出“社员收入要有所增加”，“确定供给与工资比例时，要做到除了供给外，使社员平时有必要的零钱用，年终有钱分。小麦的分配，指标分到户，实物分到食堂。对于未入食堂的社员，可将他们的粮食送到他们自己手中。”这表明，一大二的“共产风”的错误还没有完全纠正过来。

1960年年底统计[②]，郊区有人民公社68个，辖449个大队，3 733个生产队，1 090个基本核算单位。

三、1961年的调查研究工作

自1959年以来，面对着农业连续遭到自然灾害，农产品大幅度减产，国民经济陷入

① 北京市农村合作经济经营管理志编纂委员会．北京市农村合作经济经营管理志（1952—2002年）［M］．北京：中国农业出版社，2008：468.

② 北京市农村合作经济经营管理志编纂委员会．北京市农村合作经济经营管理志（1952—2002年）［M］．北京：中国农业出版社，2008：468.

低谷的严峻局面，1961 年 1 月，中共八届九中全会召开。全会分析了经济困难的形势，批准了国务院提出的对国民经济实行“调整，巩固，充实，提高”八字方针。毛泽东号召全党大兴调查研究之风，要求 1961 年成为实事求是年、调查研究年。

3 月 23 日，中央发出了关于认真进行调查工作问题给各中央局，各省、市、区党委的一封信，并附有《反对本本主义》一文（原为 1930 年 5 月毛泽东写的《关于调查工作》，公开发表时改题为《反对本本主义》）。信中提出：中央要求从现在起，县级以上党委的领导人员，首先是第一书记，要把深入基层进行有系统的典型调查当做领导工作的首要任务。

陈煦、苏峰指出①：“中共北京市委积极响应中央号召，北京市的调查研究自此正式拉开帷幕。1961 年 3 月底，包括中央办公厅、华北局、中宣部、中央统战部、公安部、邮电部、铁道部、中央农村工作部等 20 多个中央单位负责同志到北京市进行调查，其中约 1/3 去往京郊农村。分别深入京郊顺义、怀柔两县进行农村调查；北京市委于 3 月 27 日至 4 月 5 日召开扩大会议，讨论中央制定的《农村人民公社工作条例（草案）》，中共北京市委第二书记刘仁布置调查研究工作。在市委的具体帮助下，各区县委和参加农村整社的市局、大专院校的领导干部围绕农村人民公社展开了调查研究。先是郊区各县召开五级干部会议，县委第一书记组织工作组到公社搞系统调查研究。3 月到 4 月，市委又组织了 8 个调查组，对社队规模、食堂、供给制和三包一奖等问题进行调查。之后，市委汇总各个调查组的典型调查报告，于 1961 年 5 月和 1962 年 1 月，共向中央、华北局报送 9 个专题调查报告，共附送 32 个典型调查材料。”

《中国共产党北京历史（第二卷）》② 记载，1961 年 5 月 15—18 日，市委向中央、华北局呈送的专题报告有：《关于改变供给制办法的意见》《关于实行“三包一奖”、评工记分的意见》《关于耕畜农具等所有制问题的意见》《关于发展农村手工业和恢复供销社的意见》《关于超产粮的征购和余粮分配的意见》《关于农村食堂问题的意见》。市委通过大规模的调查研究活动，掌握了京郊农村的真实情况，基本摸清了底数，并为中央调整农村政策提供了很多宝贵的第一手材料和建设性意见。

（一）邓小平带领中央工作组的调查研究

1961 年京郊调查是全党大兴调查研究之风的重要组成部分，特别是时任中共中央总书记邓小平与彭真应毛泽东的要求（调查人民公社的平均主义问题），到京郊顺义和怀柔县开展调查工作，不但推动了北京市纠“左”工作的开展，而且为中央《人民公社六十条》的修订，提供了坚实的调查依据。

在《邓小平关怀京郊农村》这篇文稿中③，记述了邓小平、彭真和刘仁等北京市领导在京郊顺义县等地作调查研究的过程。1961 年 4 月中旬至 5 月中旬，邓小平同彭真一起，

① 陈煦，苏峰．1961 年京郊调查对纠正“大跃进”“左”倾错误的贡献［J］．北京社会科学，2006（2）：86-91.

② 中共北京市委党史研究室．中国共产党北京历史：第二卷［M］．北京：北京出版社，2011：251.

③ 中共北京市委党史研究室，中共北京市委农村工作委员会．京郊五十年［M］．北京：北京出版社，1999：32-42.

带领五个调查组到顺义县、怀柔县进行农村调查。邓小平以顺义县为主，彭真以怀柔县为主，中间两人及时交流情况。

在这次调查研究前，邓小平强调说：所谓实事求是，就是要承认千差万别，大同小异。大同是方针政策，小异是重要问题。大同要调查，小异也要调查。过去大同不调查吃了大亏，小异不调查同样也吃了亏。中央机关应抽出一些干部到各条战线、各个方面调查研究。坐而言要少，起而行要多。

五个调查组成员及调查地点如下：顺义县北小营调查组（中共中央办公厅卓琳、中共北京市委宣传部副部长张大中、中共北京市委统战部长廖沫沙）、顺义县上辇调查组（中共中央办公厅曹幼民、中共北京市委农工部副部长常浦）、怀柔县一渡河调查组（北京市副市长赵鹏飞）、怀柔县驸马庄调查组（市委常委、宣传部长李琪）、怀柔县梭草村调查组（中共中央办公厅郝中士、市委常委、北京日报社长范瑾）。中共北京市委第二书记刘仁带领的市委调查组，在丰台区大红门大队调查。各县（区）委书记、副书记在其工作地调查。

如上所述，形成了以邓小平、彭真亲自领导的五个调查组、市委调查组及县（区）委调查组协同的大规模调查活动。

进村调查前，邓小平请彭真召集五个调查组成员和先前进村调查的县（区）委书记一起开会。先听取县（区）委书记们的调查汇报。彭真有针对性地进行动员部署，重点讲了这次调查研究的指导思想和目的要求。

彭真说：现在调查，就是为了解放生产力，最根本的是解放劳动力。人的积极性是最根本的问题。决定社队规模的原则，就是能否调动人的积极性。过去有些胡思乱想，即不切实际。没有社员的积极性，什么也干不了。

彭真在分析调查农民的基本特点时说：农民是我们的朋友，我们知道他们的优点，也知道他们的缺点。第一他们是劳动者，是革命的。第二他们又是私有者，有保守性，又是自私自利的。对他们要政治挂帅和物质利益相结合，执行多劳多得，从政治上和经济上两个方面调动他们的积极性。

彭真说：要下决心按经济规律办事，说话使群众相信，说到哪，办到哪。为什么现在我们讲话群众有点不相信，问题就在没有很好调查研究，没有摸底就下决心，有些问题不是根据群众自愿。要下几年工夫，先把情况摸准，把政策搞对，把干部作风搞好。掌握政权十几年了，我们和农民的关系搞得如此样子，是我们的问题。要下决心调查研究、摸典范。

彭真讲到调查研究发挥农民积极性的要求时说：农民积极性，就小自由方面来讲，早就调动起来了，但是集体经济的积极性充分调动起来没有？没有。这就发生了问题，要么是集体经济不如个体经济，要么是方针政策问题，而执行中的具体工作也还有很多问题，这就要艰苦的调查研究，改进工作。

彭真说：要提出一个口号，要使农民像经营自留地那种劲头来搞集体经济。现在不是要打击农民搞自留地的劲头，而是从集体经济方面把农民的积极性调动起来。彭真最后从生产关系的几个方面诸如公社、大队、生产队的所有制关系、分配关系、劳动过程中人与人之间的关系、交换流通关系等方面提出了具体的调查内容，并提出首先调查社队规模过大，特别是基本核算单位、包产单位过大，社员看不见、抓不住、管不了的问题。

彭真讲话动员后，调查组立即分别进村。邓小平、彭真也同时分别到了顺义县和怀柔县。邓小平4月7日到顺义县后用三天时间，听取了县领导汇报全县自然经济情况、农业合作社发展过程、当前存在的问题；还在调查中交叉听取了县委对克服两个平均主义、解决集体食堂和供给制问题的意见。组织社队干部座谈和下户访问。先后组织北小营、牛栏山、前桑园等公社、大队、生产队干部座谈会；听取和调查了张喜庄、北郎中、高丽营、木林、东河沿等十几个社队的情况；还到调查组所在的顺义县北小营、上辇村听取调查组的汇报和下户访问，还召开了县商业局、手工业社的局、社干部座谈农村商业和手工业问题，实地察看调查了城关公社的拖拉机站、牛栏山公社白庙村的公共食堂、张庄的扬水站和芦正卷村农业生产和群众生活问题，赶了阴历三月三的牛镇的大集庙会，考察了县城的农贸市场、社队工业、家庭手工业、副业情况和问题，还访问了许多农户。

5月4日，邓小平同彭真一起到调查组所在的怀柔县梭草村听取调查组汇报和同队干部座谈。5月5日，同彭真一起听取五个调查组汇报，共同研究了当时群众要求急待解决的问题的意见。

调查基本核算单位问题。4月，正是春耕将开始之时，如何赶在春耕大忙之前，调整好社队规模，把基本核算单位、队内承包办法和社员劳动分配办法确定下来，是干部、群众非常关心的问题。邓小平在顺义调查中指出：解决这些问题，首先要求不误农时，要赶在春耕大忙前，用最简便有效办法，先把基本核算单位定下来，生产队三包一奖、社员劳动分配办法定下来。解决基本核算单位时，要从有利于发展生产，方便群众生活出发。规模大小要由群众讨论决定。把这个问题赶快放到群众中讨论。要根据群众意愿办事，坚持实事求是，走群众路线。

调查三包一奖问题。邓小平说：现在有些包产单位过大，应该适当缩小，包产单位缩小一些，各包产单位相互熟悉，容易落实包产指标，也便于搞生产竞赛。包产指标要力求合理，要有百分之十的余地，有产可超，这样他就有奔头了。社员之间评记分要实行定额包工，多劳多得。确定口粮标准时，各承包单位标准不能一样，人与人之间也不一样。奖勤罚懒，不仅在劳动报酬上有差别，口粮上也有差别。而且口粮的差别还要相当明显。这样做，承包者就放心，干劲也就足了。

调查余粮分配问题。在余粮的分配办法上，邓小平很赞成上辇大队的办法。就是余粮卖给国家，剩余的60%的再作100%，其中50%按工分分配，20%作大队机动粮，10%作小队机动粮，10%按人头分，10%奖励劳动好的。邓小平说：上辇的余粮分配方法很好，很有道理，国家、集体、个人几个方面都照顾到了。为国家作了贡献，群众心中也有了底，生产积极性也就高了。县委要搞几个这样的好典型，总结经验推广下去。

在基本核算单位问题上，彭真说：怀柔县西三村大队，共54户，是基本核算单位。下边分三个包产组，年年生产搞得好，社员说：基本核算单位小，社员看得见、摸得着、信得过，才能劲头大。

市委和顺义县委，按着邓小平、彭真指示的精神，迅速传达到各公社、大队，在春耕大忙前，很快调整好基本核算单位和包产单位，确定了包产指标和分配办法，调动了社员积极性。

调查中解决了农民迫切要求解决的供给制和食堂问题。在调查中，比较难弄清和难解决的是供给制和集体食堂问题。因为中央指示一再讲供给制、集体食堂是“共产主义因素”“必须坚持办好”。过去有些人因为说供给制、食堂不好，受了批判、处分。所以，对此不敢讲真话。邓小平对顺义县实行三七分配（即纯收入三成用于供给制、七成用于按劳分配）很关心。在座谈会上几次谈：三七开好处是整个社会保险，如果人均收入高的好办一点，人均收入低的怎么办？目前，不够条件的村是否可以有的二八开，有的一九开，有的实行只对五保户、困难户照顾补贴？总之要实事求是，让群众选择。但是，在社队仍没有人提出改变三七开。有的座谈会上，讨论贯彻按劳分配，调动积极性时，大家都研究如何千方百计提高工分值。可是一算供给账，工分值就提高不了，大家对改变供给制谈话就谨慎了。

调查前，有一个村自发讨论决定取消吃饭供给制，只管五保户，调查组也汇报上来了。但第二天，又变为供给部分和按工分分配部分实行二八开。

邓小平、彭真在同调查组谈话时，提出：要制止瞎指挥，要破除迷信，打破顾虑，冷静的看一看，为什么行不通又一定要捆着自己的脑袋？要坚持真理，随时修正错误。要从经济上把农民积极性调动起来。劳动工分不值钱，干一天不如鸡下个蛋，人家还有什么积极性？总之两条，一条使劳动者高度发挥其积极性，一条要补助五保户、困难户生活困难。怎么办都可以研究，要下决心试验一下。

之后，各调查组和县（区）委书记们的调查有所进展，有的村提出用纯收入的二成先保五保户、困难户补助，其余八成按工分分配。有的村提出就对五保户、困难户生活补贴，其余都按劳分配。

5 月 3 日，彭真找到刘仁、李琪商定供给制和食堂问题，为第二天到顺义县同邓小平一起座谈做准备。彭真根据十几天调查的情况首先讲了自己的看法。他用商议的口气说：一是在供给制上，只补助五保户、困难户，其余完全按劳动分配行不行？他提议刘仁搞一个五保户、困难户占总户比例调查，摸清楚实行供给制占便宜的有多少人？改为只保五保户、困难户后分配上会有什么变化。二是食堂愿吃就吃，愿散就散行不行？食堂还可以搞灵活些，搞小卖部对外营业，社员可以只吃一顿还可以打回家吃。每县搞两个典型，摸清留多少，退出多少。刘仁、李琪都同意彭真的意见，马上回村摸底。

5 月 4 日，邓小平、彭真在顺义县听取五个调查组及市委调查组和县（区）委书记的调查汇报。

刘仁按照彭真的意见，连夜突击算账，汇报了大红门大队关于供给制的算账结果。刘仁说，1960 年大红门大队供给制支出 19 万元，占总分配金额的 35%。按享受供给金额与劳动工分应得比较，占便宜的户共 151 户，其中可分七类。应该享受的 6 户，（五保户、困难户各 3 户），不够五保户、困难户的老弱孤寡 12 户，劳力少、人口多的 30 户，劳力弱的户 20 户，不出勤或出勤主少的懒汉户 55 户，富农 4 户，地主 15 户。地主富农所以占便宜，主要是子女在外工作和上学的人多，在队劳动的人少。

刘仁说：如果把供给制改为只补助五保户、困难户，劳动分配将发生很大变化。全大队五保户 3 户，每户只需要 200 元，困难户 3 户每年 300 元，两者合计 1 500 元，只占现有供给制支出的 3.6%。把原供给制支出 19 万元减去 1 500 元后，用于按劳动工分分配，劳动日值（10 分），可以从现在的 8 角，提高到 1.33 元。社员说，这样改了，可以大大提高劳动积极性，促进生产，劳动日值会提高。

刘仁还汇报说：干部社员分析了现行供给制有四大毛病、三个好处。四大毛病是：①工分值降低，影响劳动积极性；②出懒汉，有的人少出工、不出工；③出学生，等于集体供养学生，假期也不干活，学完都跑出去找事干了，农业用不上；④增加干部工作困难。三个好处是：①铁饭碗，人人有饭吃；②能培养第二代，不会因吃不上饭退学；③劳动力老了不怕没人管，可以进敬老院。

刘仁汇报完后，在座的干部议论说把供给制分析透了。邓小平听完后当时就表示：三七开供给制不搞了。补助五保户、困难户。基本制度是按劳分配，三包一奖、评工记分，彻底改掉死分死记。只要按劳分配，方法可以多种多样。彭真接着说：就这样定了，回去就抓紧认真落实。

邓小平、彭真 1961 年 5 月 10 日给毛泽东信中说：关于供给制问题，现在实行的三七开供给制，带有平均主义性质，害处很多。废除这种供给制只对五保户和困难户补贴部分实行供给制，这样不仅可以更好的解决五保户和和困难户补贴部分实行供给制，而且可以大大提高劳动分值，更好的贯彻按劳分配的原则，调动社员的积极性。

邓小平在同干部社员座谈和下户访问时，非常重视调查人们对集体食堂的态度，几次同干部们明确地讲：吃食堂是社会主义，不吃食堂也是社会主义，吃食堂光荣，不吃食堂也光荣，吃食堂要真正自愿。但是，干部们谈起来还是只讲吃食堂的好处，对食堂的意见没人敞开说。

邓小平在 5 月 5 日听各调查组的汇报时，感觉到对集体食堂问题还没完全弄清。有多少人愿意吃食堂，有多少人不愿意吃食堂，没有弄清。关键是如何贯彻吃食堂自愿原则问题没有弄清。贯彻不好自愿原则，也弄不清多少人愿意、不愿意。因此，邓小平明确的提出：要向干部社员讲清楚，吃食堂不吃食堂都是拥护社会主义；吃不吃食堂都光荣，两种都光荣；吃不吃食堂都自愿，两个自愿；吃不吃食堂都好，两个都好；吃不吃食堂两个都给予方便，两个都方便。讲清楚了，让群众自愿，要吃食堂就吃，要回家吃就回家吃。采取这种方针有利于生产，有利于生活。先按上述方针办，看看哪些人要办，哪些人要散。各调查组都搞试验。彭真特别嘱咐刘仁按上述方针大胆试验。

刘仁回大红门大队后，让公社党委书记在一个生产队开社员大会，公开具体宣传邓小平指出的：吃不吃食堂都是拥护社会主义，都光荣，都自愿，都好，都给方便，并宣布从明天开始吃食堂者就到食堂，不吃食堂就回家吃。结果第二天，有少一半户退出集体食堂。当个别打听继续吃食堂的人：为什么还吃食堂？则答：党员干部都吃，都没有退食堂，所以不急着退。刘仁又叫公社书记开党员干部大会，继续宣传吃不吃食堂都好、都自愿，包括党员，不要求党员在吃食堂上带头。会后，党员干部都不吃食堂了，结果食堂散了，群众对食堂的态度摸清了。别的生产队听说后，没有开社员会，也自己不吃食堂了。干部群众高兴的说：邓小平这个讲法，才是真正贯彻吃食堂的自愿原则。

邓小平、彭真赞成刘仁到报告，在5月10日给毛泽东致信谈到食堂问题[①]："关于食堂问题，这个问题比较复杂，不能像供给制一样一刀两断"，"下决心走群众路线，完全根据群众自愿"。信中提出在北京近郊区和远郊区各县执行"十二条"、《人民公社六十条》后，生产大队和生产队的规模都已调整，农民的生产积极性也有很大提高。但是，要进一步调动农民积极性，有许多措施还需要改进，有些政策也需要加以端正。13日，毛泽东将此信转发各中央局、各省、市、区党委参考。

中共中央第三次修改《人民公社六十条》时，关于食堂问题的修改"办不办食堂，完全由社员讨论决定"，"对于不参加食堂的社员，不能有任何歧视"。就参考了邓小平和北京市委的调查报告，而作了重新修改。

市委贯彻《人民公社六十条》关于食堂问题的精神时，以市委名义，给农村社员寄了一封信，让生产队逐字逐句向社员宣读。结果集体食堂全部散光，群众皆大欢喜，也调动了社员生产积极性。

邓小平到密云县进行荒山绿化调查，提出荒山四级所有，划一块给社员户栽果树和用材林，永远归户所有。邓小平于1961年5月10日，由彭真、刘仁陪同，到密云县进行加快山区荒山绿化问题座谈调查。同县委书记、县长漫谈密云县的山区面积、雾灵山及水库周围荒山情况，核桃和栗子树生长、结果的规律，现在的产量、收购政策以及水库库容和水产情况等。

邓小平提出一个问题：怎么快速地把荒山的树木发展起来？大家讲了些看法后，邓小平对密云县委书记说：你们这个县，就是靠山吃山。荒山是一大笔财富。所以，山区普遍讨论山。（邓小平又面对刘仁）其他县有山的地方也讨论，看怎么绿化得快？荒山划一块给社员，搞县、大队、生产队、社员户四级所有，你们看行不行？彭真接着说：给社员划自留山，谁栽树，归谁所有。栽核桃、栗子都行，要多少年就多少年。邓小平又说：划给社员的，永归私人所有，永远不变。县委书记和县长听了感到很新鲜，都很赞成，都说：这样搞，社员都会赞成，准能积极起来。

邓小平接着又询问：现在果树管理的政策怎么样？县委书记答：现在都是由核算单位集体经营管理，大片木材林归国有。小平又问：都是吗？答：除房前屋后零星者除外。邓小平又问：水库里现在这些山怎么管？答：已经栽上树的，由专业队管。邓小平反复强调：就要栽树，搞自留山。大队、小队分点山，个人也分点山，他就积极了。社员个人不仅房前屋后栽树，也分点山栽树。荒山上要搞规划，规划好核桃搞多少，栗子搞多少，放在哪里？谁去搞？还要搞点用材林。现在社员有了自留地，也要搞自留山。社员每口人达到四五棵、十几棵核桃、栗子树就好了。

谈到社员个人自留山的树木、果树管理问题。彭真说：社员个人的山栽了树，可以成立互助组，搞个人所有，共同互助管理。荒山搞果树、用材林，要两条腿走路。栽什么树，如何管，都要有一套政策。邓小平接着归结为：搞规划，搞检查，分级管理。这时邓小平看到远处有人烧山，准备开荒，又说：要注意水土保持，开荒得有个政策，栽树要管理，不要烧山。

---

① 毛泽东．建国以来毛泽东文稿：第9册［M］．北京：中央文献出版社，1996：492.

座谈中两次谈谈核桃、栗子的收购政策问题。邓小平说：不要都收购上来，彭真接着说：应该留一点。邓小平又说：各户分点山，栽几棵核桃、栗子树，收益归自己。小队的核桃、栗子树，收购百分之几十，留多少，要作个调查研究，做出规定。

（二）　中共华北局在房山县的调查

辛逸在《人民公社六十条的修订与人民公社的制度变迁》这篇文稿中[①]，论证了《人民公社六十条》第三次修订时，改生产大队核算为生产队核算制度，引用了中共华北局在房山县的调查报告来说明生产队核算的合理性。这一论述，从一个侧面说明了北京市的调查研究工作，是对全国工作的一个推动。

《北京市农村合作经济经营管理志（1952—2002年）》记载[②]："1961年10月7日，中共中央下发《关于农村基本核算单位问题的指示》后，10月下旬至12月下旬，中共中央华北局和市委、房山县委组成联合调查组，深入房山县吉羊大队，对这个大队核算单位问题进行了调查。"并写出了《关于吉羊大队基本核算单位问题的调查报告》（以下简称《吉羊报告》）。

《吉羊报告》[③] 指出："大队统一核算，生产队没有分配权，产生了生产与分配不统一的矛盾。各生产队采取了一些不正当的办法跟大队斗心眼……主要办法有：①（生产队向大队）包产时，多包低产作物，实际上种高产作物；包费工多的作物，种用工少的作物；包经济作物改种粮食作物。②评产时，以多报少，夸大灾情。③在大片耕地上，扩大'十边地'，损大公、肥小公。④偷大队的生产资料。"该大队二队的杨振方说："大队统一核算，队与队老埋怨我给你背，你给我背，谁都觉得受屈"。

调查结果，根据社队干部和社员群众的意见，这个大队由大队核算改为了由大队下属的7个生产队各自核算。

关于公社有制的调查，《中国共产党北京历史（第二卷）》[④] 记载：市委根据党中央的指示，从1961年10月下旬开始，在全市选择26个生产大队进行试点，发动群众反复讨论，根据具体情况，解决生产由生产队组织，收益由生产大队统一分配所带来的生产队之间的平均主义问题。到1962年 ，全郊区有95%的生产大队改为生产队为基本核算单位，进一步调动了农民参加集体生产的积极性。

我们看到，1961年的调查研究工作，还有一个突出特点，就是边调查边纠错。邓小平带队的中央调查组是这样做的，中共华北局调查组也是这样做的。

（三）彭真的调查研究

方善利、白玉山在《彭真在怀柔搞农村调查》一文中[⑤]，记述了彭真的调研工作。彭

① 辛逸．农业六十条的修订与人民公社的制度变迁［J］．中共党史研究，2012（7）：39-52.

② 北京市农村合作经济经营管理志编纂委员会．北京市农村合作经济经营管理志（1952—2002年）［M］．北京：中国农业出版社，2008：25.

③ 中共华北局，北京市委，房山县委．关于吉羊大队基本核算单位问题的调查报告［R］．1961-12-21. 北京市档案馆藏，档案号：001-005-00398.

④ 中共北京市委党史研究室．中国共产党北京历史：第二卷［M］．北京：北京出版社，2011：254.

⑤ 方善利，白玉山．彭真在怀柔搞农村调查［J］．北京党史，2002（5）：46-47.

真于1961年4月17日、20日、24日、28日，总计4次到怀柔搞调查。4月20日第二次来怀柔是听取怀柔三个调查点（北房、梭草、咐马庄三个大队）的调查汇报，并去西三村大队考察核算单位放在大队还是生产队的问题。24日第三次到了一渡河大队、28日第四次到了梭草大队，并召开了有一渡河、西三村、西茶坞、马家坟、长园等大队干部参加的座谈会。

在这次调研中，彭真提出要解决两个问题。一是贯彻按劳分配，克服平均主义。分配上的根本问题是要把“三包一奖”、评工记分、供给制度等问题解决好，多劳不多得，搞平均主义，吃饭不要钱，社员的积极性就无法调动起来。针对单纯强调政治挂帅的模糊思想，彭真讲，多劳多得搞不好，群众就没有积极性，政治挂帅是和物质利益相结合的，是为贯彻实行按劳分配服务的，是为经济基础服务的。平均主义是反动的，不是马列主义。在解决了社队规模以后，最迫切的问题是解决按劳分配，克服平均主义。他再次强调了西三村大队只有54户，下边分三个作业组，实行作业组承包，超产有奖，范围小便于管理的好经验。二是客观全面地调查解决农村食堂和供给制问题。彭真指出：供给制和农村食堂要下决心试验一下，要敢于坚持真理，修正错误，供给制供给多少，食堂规模如何方便群众，怎样从经济上把农民的积极性调动起来，还要深入地、客观地去调查。在调查研究后，彭真谈了两点看法，其一，在供给制问题上，改所有社员的供给制为只补助五保户、困难户，其余按劳分配。其二，食堂愿意吃就吃，愿意散就散。吃食堂叫社会主义，不吃食堂也是社会主义，京郊农民走出了困境。彭真在怀柔的调查反映了他的两个重要思想：一个是调查研究，一个是群众路线。这两个思想是党的思想建设和组织建设理论中最主要的两个内容。

1961年7月8日，彭真在中共北京市委工作会议上讲话指出[①]：“调查研究的目的，是为了认识事物发展的客观规律，特别是认识社会主义经济建设的规律，使我们的路线、方针、政策和措施符合客观规律。因此，不能脑子里先有个框框，把调查研究变成找一些例子来证明自己的成见是对的，而是要选择具有普遍意义的典型，深入地、系统地、实事求是地调查研究，最后才产生结论，作出客观、全面、符合事物本质的结论。调查研究还需要了解群众的要求、觉悟程度和决心，即主观力量。

群众路线，大家都很熟悉，就是一切为了人民群众和依靠人民群众。要党、要政权、要干部做什么？就是为人民服务。

从群众中来、到群众中去，集中起来、坚持下去，这是我们各项工作的根本路线。决不要恩赐包办。我们当然不是尾巴主义，群众的意见不管对不对，群众说怎么办就怎么办。他们对的就要听，不对的就要分析纠正，即要领导。要领导人民群众，就要向人民群众学习。毛主席在党的七大报告中说，既不要脱离群众，也不要站在群众之上，站在群众之外。专政是对敌人的，不能因为自己有了政权，就对群众、对自己的母亲也强迫命令。如果群众对某个问题搞不通，你只能跟他商量，摆事实，讲道理，不能强迫命令强迫命令作风是国民党作风，是反动的，不是我们的作风。这两年，特别是在农村，除共产风外，强迫命令是最严重的问题。这主要是干部思想上有毛病，与我们领导上的

① 彭真．彭真文选［M］．北京：人民出版社，1991：318-320.

高指标也有关系。”

彭真在这篇讲话中，着重强调了调查研究的目的，是认识社会主义经济建设的规律，使我们的路线、方针、政策符合这个客观规律。而调查研究的方法论是走群众路线。就是一切为了人民群众，一切依靠人民群众；要从群众中来，再到群众中去。调查研究和走群众路线是一个事物的两个方面，是手心和手背的关系，密不可分。在我们的经济遇到了最困难的时候，中共北京市委就是遵循了这两个最重要的原则，一切从实际出发、实事求是，大搞调查研究，走群众路线，我们的人民公社的体制和政策才作出了符合人民群众利益需求的调整。

刘建萍总结了1961年调查研究工作的重大意义①：“调查对北京市各级领导改变工作作风，纠正强迫命令、瞎指挥的工作作风，恢复实事求是思想路线发挥了重要作用；调查部分解决了北京农村人民公社体制和政策中的诸多弊端，为恢复北京农业生产作出了贡献；调查为中央制定和修改《农村人民公社工作条例》提供了积极参考；调查检验了北京市各级领导的执政水平和纠错能力。”除了这些意义外还有一个重要意义，就是这次调查调动了京郊农民群众的生产积极性，恢复和提高了农村生产力，巩固了人民公社，为人民公社的长期发展，打下了一个良好的基础。

四、巩固人民公社的重要措施

在对农村进行了深入调查，掌握了大量的第一手材料，了解了农民群众的疾苦和迫切需要解决的问题后，北京市委市政府着手进行了（实际在调查中也在进行）人民公社的体制和政策调整工作。

（一）调整人民公社管理体制

《北京市农村合作经济经营管理志（1952—2002年）》记载②：“1962年2月，中共中央《关于改变人民公社基本核算单位问题的指示》下达后，市委多次召开区县委书记会议，研究部署改变人民公社的基本核算单位问题。随后，郊区各区县普遍进行了改变人民公社基本核算单位的工作，同时对社队规模也做了相应调整。到1962年4月底，郊区基本完成了这项工作。当时有95%的大队改为了以生产队为基本核算单位，并随着核算单位的下放，相应明确了生产队对土地、林木、牲畜、农具等生产资料的所有权；有5%的大队，因为生产搞得好，收入水平高，合作化以来建设的农业基础设施多，群众同意仍以大队核算的，仍保留以大队为基本核算单位。到1962年底统计，郊区有人民公社285个，生产大队3 704个，生产队14 818个，基本核算单位13 316个。”

《中国共产党北京历史（第二卷）》③ 记载：“截至1961年7月，京郊人民公社由68个调整为277个，大致将一个公社调整为4个，相当于1956年高级农业生产合作社的规

① 刘建萍．1961年京郊农村社会调查实践的重大意义［J］．北京党史，2006（1）：4-7.

② 北京市农村合作经济经营管理志编纂委员会．北京市农村合作经济经营管理志（1952—2002年）［M］．北京：中国农业出版社，2008：29.

③ 中共北京市委党史研究室．中国共产党北京历史：第二卷［M］．北京：北京出版社，2011：254.

模；生产大队 1 150 个调整为 3 313 个；生产队由 5 495 个调整为 11 355 个，平均每个生产队 40 余户，相当于初级社的规模。至 1961 年 12 月，人民公社调整为 278 个，生产大队调整为 3 363 个。1962 年 4 月，生产大队再次调整为 3 590 个。生产队的规模也再次划小，调整为 14 129 个。”

综合上面两部史书的数据，我们可以看出，人民公社调整后的数量是也不断调整和增加的，从 277 个增加到 278 个，再到 1962 年年底的 285 个。生产大队调整后的数量从 3 313 个，增加到 3 363 个、3 590 个，再到 1962 年年底的 3 704 个。生产队调整后的数量 11 355 个，增加到 14 129 个，再增加到 1962 年年底的 14 818 个。公社、生产大队和生产队的调整的数量都是不断在增加，规模也是不断在缩小。

人民公社三级所有、以生产队为基本核算单位体制的确立，使生产队既有生产管理权，又有分配决策权，从而较好地解决了自高级社以来即存在的高级社内各生产队之间的平均主义；生产和分配统一后，生产队有了相应的经营自主权，有利于因地制宜地发展生产，也有利于改进经营管理。由于生产队规模较小，社员对自己的劳动成果以及个人与集体的利益关系，看得比较直接，比较清楚，有利于调动社员的积极性，也适于当时农村基层干部的管理能力。这些无疑是对公社化以来“左”的错误的重要纠正，在当时起了非常重要的作用。

总之，人民公社实行以生产队为基础核算单位，克服了公社内部生产队与生产队之间，社员与社员之间的平均主义。从此，以生产队为基础的人民公社体制，在京郊农村基本稳定下来，并且延续了二十几年，这为保证京郊农业的持续发展奠定了制度性基础。

但是，人民公社仍是政社合一的组织，公社、大队、生产队三级之间仍存在行政隶属关系，在所有制上仍有由生产队向大队、大队向公社逐级过渡的思想。而且，还规定生产队以下不应再有包产单位，尤其禁止包产到户，所以，在集体经济中存在的社员与社员之间的平均主义，并没有得到根本性解决。

（二）改变分配制度，执行按劳分配原则

为克服平均主义，坚持按劳分配，针对“大跃进”和人民公社化初期开展的“大协作”、组织“大兵团作战”，导致劳动组织和劳动管理混乱的问题，根据中央的指示和部署，北京市在公社化后的整风整社中，把改变分配制度和加强社队的经营管理列为重要内容，做了大量工作。

1958 年 12 月，市委在整顿人民公社的计划中，即提出了加强劳动管理，健全劳动组织和劳动秩序；做好年终分配工作，正确处理积累和分配的关系。随后，又提出了推行“三包一奖”，加强评工记分，认真贯彻按劳分配原则。

1961 年 5 月 17 日，市委向中共中央、华北局专题上报了《关于实行“三包一奖”和评工记分的意见》的报告。报告提出，贯彻按劳分配、多劳多得原则，重要的环节是实行“三包一奖”和评工记分；实行“三包一奖”要根据社队的不同情况，可以多种多样，不强求一律；实行评工记分，要加强劳动定额管理，反对“卯子工”和死分死记；在较大的生产队，要划分作业组，固定责任地段和劳动力。报告强调，实行“三包一奖”和评工记分，要尊重群众的创造，为群众赞成和欢迎的做法，都可以实行。

停止人民公社实行的“三七开”的供给制度，改为“三包一奖”、定额管理、评工计分的办法，年终以工分多少决定分配数量，实行评工记分、按劳分配制度，进一步调动了农民群众的生产积极性。

1962 年 7 月，针对基本核算单位下放到生产队以后，新会计增多，一部分生产队一时建不起会计账目等情况，市委提出要切实加强生产队的财务工作，严格财务会计制度，定期公布账目，实行民主监督，贯彻勤俭办社方针。为此，市和区县主管部门，利用农闲时间，对社队财会人员进行了培训，并恢复了合作化时期的农村会计辅导网，帮助生产队建立财务制度和会计账目，通过解决实际问题，进行业务指导。

（三）纠正“一平二调”，进行经济退赔

针对组织大协作、“大兵团作战”中曾无偿调用大队、生产队的生产资料和劳动力，在举办集体食堂、托儿所、敬老院等事业时，曾调用社员私有的房屋、家具、炊具等问题，1961 年 6 月 19 日，中共中央专门作出了《关于坚决纠正平调错误、彻底退赔的决定》，要求“凡是违背等价交换、按劳分配原则，抽调或占用生产大队、生产队和社员个人的生产资料、生活资料、劳动力和其他财物的，都必须彻底清算和退赔。过去没有清算的或者处理不彻底的，必须重新算账，保证做到彻底退赔。”并且要求：通过退赔教育干部认识“在任何时候都不能剥夺农民”，“教会干部懂得等价交换和按劳付酬的社会主义原则”。

根据中央指示，北京市从 1959—1962 年，为解决郊区农村经济退赔问题，做了大量的艰巨的工作。1959 年 2 月，市委《关于人民公社体制和若干政策问题的规定》，即对贯彻等价交换原则、公社化以前的债务处理等问题，作出了规定，明确提出：公社化以前集体的债务，由原高级社或原生产队清偿；公社调用大队、生产队的物资、劳动力要贯彻等价交换原则；借用社员的家具、炊具，应打借条，分期偿还。1961 年 1 月，中共中央《关于农村整风整社若干政策问题的讨论纪要》下发后，市委部署郊区各区县开展了清理账目、进行退赔的工作，大部分区县退赔的财物已经过半。同年 6 月，中共中央《关于坚决纠正平调错误、彻底退赔的规定》下达后，市委要求郊区各区县和市有关部门进一步清理经济退赔的遗留问题，强调凡抽调、占用大队、生产队和社员个人的生产资料、生活资料、劳动力和其他财物的，必须清算和退赔，并对干部进行等价交换、按劳付酬教育。据 1962 年 4 月底统计，市、区县有关部门和社、队对郊区农村平调的总额为 6 093.4万元（不包括实物），当时已退赔 5 506 万元，占 90.4%，连同归还公社化以来社队拖欠社员的劳动报酬、肥料款等，共退赔现金 5 714.1 万元，其中社队集体退赔的占 41%，市和区县有关部门退赔的占 21%，市财政拨款补助的占 38%。除退赔现金外，还退赔集体、社员的房屋 24 万多间，大车 420 辆，耕畜 2 800 多头，家畜家禽 1.6 万多只，树木 12.9 万多棵，家具、炊具 47.7 万多件，以及一批砖、瓦、木材等建筑材料。至 1962 年 6 月，郊区农村经济退赔工作基本结束。

通过退赔缓和了党和农民群众之间的紧张关系，也教育了郊区的干部，使他们认识到不能侵害群众利益的重要性。

（四）取消供给制，解散公共食堂

针对供给制和公共食堂存在的种种问题，市委根据中央指示，通过调查研究，组织郊区各区县做了大量工作。1959 年 7 月中旬，市委在五级干部会议上提出，在社员劳动报酬中，工资部分要占 60%～70%，供给部分占 30%～40%，同时要求整顿和办好公共食堂。

1961 年 5 月，市委经过深入调查，先后向中共中央、华北局上报了供给制和公共食堂问题的报告。对供给制，市委的报告提出，受生产收入水平的制约，郊区农村除去供给部分以后，所剩可分配的工资部分很少，即使在收入较高的近郊菜田区一个工分分值也只有一角钱左右，远郊区县的工分值只有五分钱左右，低的只有一分钱，还有的地方除去伙食供给以后，已经没钱可分。而且，供给制造成了劳动力多、人口少与劳动力少、人口多社员之间的平均主义，导致一些社员存有"干不干，都吃饭"的思想，既影响集体劳动出勤率和劳动生产率，还造成队干部派工困难，甚至影响干群关系。

针对上述问题，市委的报告提出，在安排好五保户、困难户生活的前提下，取消供给制。对公共食堂，市委的报告指出，郊区农村的公共食堂，许多是没有经过社员充分酝酿在几天之内一哄而起的，除了单身汉和困难户，绝大多数社员并不是自愿而是随大流参加食堂的。而且，公共食堂一般要占用村里 10%左右的劳动力，既没有解放劳动力，还造成了粮食的浪费。同时，由于社员吃食堂，农户不起伙，家里没了泔水，社员户养猪大大减少。干部和群众对公共食堂虽然不满意，但因为食堂被说成是社会主义阵地，有意见也不敢提。市委的报告提出，办不办食堂应交社员讨论，按群众意愿办事。此后，市委专门给郊区农村社员写了一封公开信，说明办不办、吃不吃食堂都要自愿。郊区农村陆续解散了公共食堂。

（五）调整农村经济政策，允许社员经营家庭副业

人民公社化初期，把社员自留地、家庭副业作为"私有制残余"，加以取消或限制，导致社员户饲养家畜家禽、生产农副土特产品减少，不仅减少了社员收入，也影响了城市供应。

1959 年 5 月和 6 月，中共中央连续发出了《关于分配社员自留地以利发展猪鸡鹅鸭问题的指示》《关于社员私养家畜、家禽、自留地等四个问题的指示》和《关于自留地问题的补充指示》。上述文件指出①：社员经营家庭副业，这种大集体、小私有在一个长时期内是必要的，有利于生产的发展，有利于人民生活的安排，并不是什么"发展资本主义"。并相应规定：恢复社员自留地制度，自留地归社员长期使用；发展猪鸡鹅鸭畜禽生产，实行公养、私养并重；鼓励社员利用"四旁"闲散零星土地种植农作物；社员房前屋后的零星树木仍归社员私有，鼓励社员在房前屋后闲地种植果树，谁种谁有。同时明确：自留地、"四旁"收获的农产品不征税、不派征购任务，完全由社员自由支配；社员

① 北京市农村合作经济经营管理志编纂委员会．北京市农村合作经济经营管理志（1952—2002 年）［M］．北京：中国农业出版社，2008：32.

饲养的家畜家禽和交售肥料的价款收入，全部归社员所得。

根据中央指示，市委组织郊区各级干部，为划分社员自留地、恢复家庭副业做了大量工作。至 1959 年 7 月，绝大部分核算单位划分或补充了社员自留地，一些山区社队给社员划分了自留山，社员户饲养的家畜家禽也逐月增长。为鼓励和指导社员经营家庭副业，1961 年 5 月 17 日，市委向中共中央、华北局上报了《关于发展农村手工业和恢复供销社的意见》的报告①。报告提出，根据郊区农村的特点和首都的需求，应该恢复农村手工业。并具体提出，凡能够家庭经营的手工业，应发动社员利用集体生产剩余时间和假日，由社员家庭经营。报告还提出，为组织、指导农村手工业和社员家庭副业，应该尽快恢复农村供销社。同年 7 月 29 日，市委第二书记刘仁在郊区区县委书记会议上，进一步提出要抓好集市贸易，以便社员出售家庭副业生产的农产品。1962 年 7 月，市委提出的办好生产队要做好的十项工作中，其中之一是要正确处理集体经济与个体经济的关系，指出社员家庭副业是社会主义经济的必要补充，在巩固发展集体经济的基础上，鼓励社员种好自留地、饲养家畜家禽和开展其他家庭副业。随着中央政策和市委部署的贯彻实施，郊区农村社员家庭副业和集贸市场，得到了恢复和发展。

《京郊农业合作化大事简介》（1949—1966 年）记载②，北京市实行了“公养私养并举，以私养为主”的方针，大力发展养猪业，使养猪生产得到恢复和发展。

1961 年 1 月，市委提出了“公养私养并举，以私养为主”的养猪方针。在贯彻私养方面，制定和执行了留肉奖粮政策。对公养明确提出了以繁殖为主，坚决养好公、母猪，全面加强了保种措施，全市共保留种猪 9 万头。

尽管采取了鼓励养猪的政策，但当年养猪仍呈下降趋势，年末养猪存栏 606 048 头，比 1960 年减少 17%，收购生猪 93 432 头，比 1960 年减少 132%，都降到了历史的最低点。

为促进养猪业的发展，1962 年 10 月，北京市农林局、粮食局、副食品商业局党组《关于养猪生产改进猪只收购问题的报告》中提出：“关于母猪奖励饲料，集体和户养一样，每出售一头仔猪奖粮 25 斤，关于交售肥猪购留比例，户养的‘购六留四’，集体的‘购七留三’，关于饲料标准，成年母猪留料 180 斤至 240 斤，公猪 240 斤至 360 斤，肥猪 120 斤至 150 斤，适当调整肥猪收购的地区差价，解决集体养猪赔钱问题；对肥猪仍实行派购办法，除奖励粮食外，还奖给一定比例的工业券。以私养为主的养猪方针确立和奖励养猪的政策和措施的执行，调动了农民养猪的积极性，使养猪生产得到逐步恢复和发展。

1962 年末养猪存栏 775 323 头，比 1961 年增加 28%，收购生猪 227 298 头，比 1961 年增加 143%。1963 年养猪生产继续发展，年末养猪存栏 1 054 066 头，比 1962 年增加 36%。其中户养 72.26 万头，占养猪总数 68%，公养 32.2 万头，占养猪总数的 32%。郊

① 北京市农村合作经济经营管理志编纂委员会．北京市农村合作经济经营管理志（1952—2002 年）[M]．北京：中国农业出版社，2008：32.

② 中共北京市委农工委党史资料征集委员会．京郊农业合作化大事简介（1949—1966 年）[G]．京准字 94—045，1995：224-225.

区 14 726 个生产队，有生产队猪场 10 135 个，生产大队猪场 425 个，公社猪场 75 个。有 79 个公社达到每户养猪 2.5 头，有 62 个大队实现了一人一猪。”

1965 年年初制定的《北京郊区畜牧水产战线工作纲要》提出，1965 年要实现收购 100 万头商品猪的任务。《纲要》提出要像抓粮棉油一样抓养猪，县（区）要建立畜牧领导小组，主管书记或县长任组长。经过几年的调整，以养猪为主的畜牧业有了全面恢复和发展，1965 年年末养猪存栏 1 453 980 头，比 1961 年增加 140%，收购生猪 93.4 万头，比 1961 年增加 9 倍，接近收购 100 万头的指标。其他畜禽，收购肉牛 3 135 头（1965 年以前没有），收购肉羊 10.5 万只，比 1961 年增加 144%；收购北京鸭 104.4 万只，比 1961 年增加 110%；收购鲜蛋 1 443 万斤，比 1961 年增加 461%。

（六）加强生产队建设，改进集体经济管理

《京郊农业合作化大事简介》（1949—1966 年）记载[①]，郊区农村人民公社调整了“三级所有、队为基础”，基本核算单位落实在生产队的生产管理体制后，北京市委为加强生产队的建设，于 1962 年 7 月印发了《关于加强生产队工作争取今年郊区农业丰收、进一步巩固集体经济的几项措施》。

市委提出办好生产队的五个主要标志是：①生产好，产量高，开支小，收入多；②政策贯彻执行的好；③社员群众生产积极性高；④队的领导核心强；⑤干部作风好，劳动好，联系群众。

为使生产队达到这一目标，市委提出十项措施：①抓紧当前一个多月的关键时机，切实帮助生产队把当前生产搞好，争取大秋有个好收成。②正确处理个体经济与集体经济的关系。在巩固和搞好集体经济的前提下，鼓励社员适当开展家庭副业生产。允许并鼓励社员在《人民公社六十条》政策范围以内种好自留地、十边地、养猪养鸡和其他家庭副业生产。③加强树立生产队的领导核心和训练工作，使全体干部成为懂政策、有能力、联系群众、工作称职的好干部。④充分发挥劳动潜力，广泛开辟生产门路，全面发展农林牧副渔生产，努力增加粮、棉、油、菜、猪等农副产品。⑤改进劳动分配方法，因队制宜地确定人劳分配比例，奖勤惩懒，做到既能调动最大多数有劳动能力的人的积极性，又能照顾到半劳力、辅助劳力和非劳力的吃粮水平不能太低，让他们过得去；同时，还能有效迫使投机商贩务农弃商，老老实实地参加农业劳动。⑥大队、生产队干部必须负责做好工作，坚决参加劳动。公社以上领导机关要转变作风，严格控制会议、表报。下乡干部一般不要占白天找队干部谈工作，使队干部有时间参加劳动。⑦加强生产队的财务会计工作。要坚持勤俭办社方针，教育干部精打细算，节约开支，严格财务制度，定期公布账目，发动群众监督财务工作，杜绝贪污浪费。⑧进一步复查基本核算单位下放中遗留的政策问题，认真加以解决。⑨抓紧当前生产关键时机，整顿落后队。⑩加强党的政治思想领导，做好支部工作。

同时，在加强社队经营管理工作中，还联系实际对干部和群众进行了勤俭办社、民

① 中共北京市委农工委党史资料征集委员会．京郊农业合作化大事简介（1949—1966 年）[G]．京准字 94—045，1995：224-225.

主办社和正确处理国家、集体、个人三者关系的教育。

在对人民公社体制和政策进行调整的同时，这期间还整顿了干部作风和基层组织，并对错误批判、处分的干部、党员和群众进行了甄别和平反。根据中央的指示，市委和郊区区县委在整风整社中，通过纠正“五风”整顿了干部作风和基层干部队伍。1961 年下半年，又对“大跃进”、公社化和反右倾中被错误批判、处分的干部、党员和群众，进行了甄别、平反工作。

（七）大规模轮训农村社、队干部

《京郊农业合作化大事简介》（1949—1966 年）记载[①]：为加强基层组织建设，市委和郊区县委还分期分批地大规模轮训农村社、队干部。从 1961 年 8 月至 1963 年 3 月，按照市委决定在市委党校大规模的轮训了京郊农村公社和大队干部。目的就是从理论上讲清党的调整农村政策及依据，提高干部对政策执行的自觉性。

市委党校中级班开设公社领导干部班，从 1961 年 8 月至 1963 年 2 月，共轮训 8 期，每期 1 个月至 40 天。每期基本上每个公社一人，各区县由副书记或常委来 1 人带队，8 期共轮训 2 100 多人。学习的内容主要是什么是社会主义，社会主义的所有制，按劳分配和等价交换；社会主义时期的工农关系；按党章办事，做一个好党员；党的群众路线；党的民主集中制；加强党内团结，正确进行党内斗争，农村党的基层组织工作。后来又增加了实事求是的内容。

生产大队干部的轮训，从 1961 年 10 月开始。起初是市委认为通县、顺义、大兴三个平原大县生产潜力大、基层干部需要培训加强，因此决定县、公社、大队三级成套分三批到市委党校轮训。三个县都抽调县委书记驻市委党校主管本县轮训任务。每个大队同时来四五人由公社负责人带队。每期一个半月，每期 2 000 人左右。市委党校全力以赴，每期编 20 个左右党支部，党支部书记、副书记大部分由市委党校骨干教员和组教处人员担任，各公社的书记、主任担任副书记，共同具体领导学习。讲课内容是：什么是社会主义；我国社会主义的所有制；社会主义的等价交换原则；社会主义的按劳分配原则，关于国民经济以农业为主、以工业为主导的根本方针；党的群众路线；农村党的基层组织工作；共产主义的人生观和世界观。通县、大兴、顺义三县 1 333 个大队的大队干部和县、社带队干部 6 288 人参加了培训。经过总结，效果很好。市委又决定继续轮训其余各县大队干部，又轮训了四期，参加轮训的房山 550 人，昌平 510 人，密云、怀柔、平谷、延庆和朝阳都在 500 人左右，丰台、海淀两区 100 多人。合计 3 500 多人。

市委对大规模轮训农村干部非常重视，市委第二书记刘仁先后三次到大队干部班去讲课。时任市委常委、农村工作部长赵凡和市委宣传部副部长张大中经常去讲课和听取讨论情况的汇报。这几年的培训工作，对于提高干部队伍的政策水平起到了很大的促进作用。

随着国民经济“调整、巩固、充实、提高”方针的贯彻，农村人民公社体制和政策

① 中共北京市委农工委党史资料征集委员会．京郊农业合作化大事简介（1949—1966 年）［G］．京准字 94—045，1995：218-220.

的调整，特别是《人民公社六十条》的实施，公社各级的权限和行为得到了相应制约和规范，为农村稳定和生产发展创造了条件。

调整时期，中共北京市委、市人委重视恢复和发展农村生产力，郊区各项工作围绕恢复和提高农业生产进行，注意抓好各项具体工作。如保护耕畜这一当时农村的重要生产力，组织工业和商业部门增加化肥、农药等生产资料的生产和供应，加紧在国营农场和人民公社建设副食品生产基地等，使郊区农业生产得到了较快的恢复和发展。

《北京市农村合作经济经营管理志（1952—2002年）》记载①：从1962年起，北京郊区农村形势好转，农业生产迅速回升。据市有关部门统计，1962年郊区粮食总产7.92亿千克，较上年增长30.3%；蔬菜总产16亿千克，较上年增长24%。郊区农村经济总收入4.43亿元，较上年增长15.6%；社员人均分配77元，较上年增长16.7%。

《北京志·农业卷·农村经济综合志》记载②：1965年同1957年相比，郊区粮食总产量增长52%，达到11.9亿千克，平均亩产210千克，突破了《全国农业发展纲要》规定的黄河以北地区亩产200千克的指标。蔬菜、生猪、干鲜果品、牛奶等产量均得到较大提高，农业生产条件也有了较大改善，1965年与1957年相比，有效灌溉面积由3.9万公顷发展到24.5万公顷，机耕面积由占耕地面积的8.3%发展到46.9%。

在人民公社的体制中还有着诸多不完善的地方，京郊农民就用自己的智慧探索着克服这些弊端的途径、办法。以自己的聪明和才智，尽最大可能地发挥集体经济的优势。复杂的大环境对小环境的品质也是一种压迫。这种压迫是一种考验，是一种挑战与筛选，是一种锻炼与提高。这些先进的典型（社、队），经受住了考验，提高了自己，为北京市人民公社的巩固和发展，作出了自己的贡献。这些经验，不会被遗忘，也不会过时，对今天我们农民专业合作社的发展，都有着很大的指导作用的。

《北京市农村合作经济经营管理志（1952—2002年）》记载③："1962年年终，郊区有人民公社285个；基本核算单位13 274个，其中以生产队为基本核算单位的12 626个，以大队为基本核算单位的648个"。"三级所有，队为基础"的管理体制，保证了适度的农业生产规模，一头考虑了集体经济，一头考虑了社员群众。这一体制，对于巩固人民公社集体经济制度发挥了重要的作用。正是在这一体制的支撑下，涌现出十几个先进的典型来。这些先进典型利用自身的优势，创造了自己的独特经验和办法，巩固了集体经济，富裕了社员群众。

第三节 "四清"和"文化大革命"中的人民公社

一、"四清"运动的由来

1962年8月中共中央召开工作会议，9月召开了八届十中全会，毛泽东在会上作了关

① 北京市农村合作经济经营管理志编纂委员会．北京市农村合作经济经营管理志（1952—2002年）[M]．北京：中国农业出版社，2008：34.

② 北京市地方志编纂委员会．北京志·农业卷·农村经济综合志[M]．北京：北京出版社，2008：98.

③ 北京市农村合作经济经营管理志编纂委员会．北京市农村合作经济经营管理志（1952—2002年）[M]．北京：中国农业出版社，2008：469.

于阶级、形势、矛盾和党内团结问题的讲话，提出“阶级斗争要年年讲，月月讲，天天讲”。八届十中全会后，从1963—1966年春，中央决定在全国在农村和部分城市基层单位开展社会主义教育运动。从1963—1964年，农村的社教又称为“四清”（“小四清”），即清账目、清仓库、清财务、清工分。城市社教又称为“新五反”，即反贪污、反投机倒把、反铺张浪费、反分散主义、反官僚主义。1965年以后，城乡社会主义教育运动一律称为“四清”运动（又称“大四清”），即清政治、清经济、清思想、清组织。

1963年5月，毛泽东主持制定了《关于目前农村工作中若干问题的决定（草案）》（简称《前十条》）。9月，根据试点中提出的问题，刘少奇主持制定了《关于农村社会主义教育运动中一些具体政策的规定（草案）》（简称《后十条》）。1965年年初，中共中央制定了《农村社会主义教育运动中目前提出的一些问题》（简称《二十三条》），把“四清”的内容由原来的“清账目、清工分、清物资、清财务”重新规定为“清政治、清经济、清组织、清思想”，强调这次运动的性质是“社会主义和资本主义的矛盾”，提出运动的重点是整“党内那些走资本主义道路的当权派”，指导思想上“左”的错误进一步发展了。在社教运动中，毛泽东发展了阶级斗争扩大化的理论。把无产阶级和资产阶级的斗争、社会主义道路和资本主义道路的斗争，规定为党在建国以来的“基本理论和实践”，强调要以“阶级斗争为纲”去发现问题和解决问题。认为阶级斗争和资本主义复辟的危险已达到十分严重的程度，在基层有三分之一的领导权不在我们手里。提出了运动的重点是整党内“走资本主义道路的当权派”等极“左”观点。这为后来发动“文化大革命”提供了思想理论依据。

二、北京郊区的“四清”运动

《北京市农村合作经济经营管理志（1952—2002年）》记载[①]：北京郊区农村“四清”从1963年6月开始，到1966年5月停止，历时3年。“四清”对纠正农村干部多吃多占、促进干部参加集体生产劳动、改进社队经营管理，起到了一定积极作用。但是，由于指导运动的“左”倾思想不断发展，运动中把许多人民内部矛盾视为阶级斗争或阶级斗争在党内的反映，致使不少基层干部受到不应有的批判或打击。

（一）“四清”初期人民公社状况

《京郊农业合作化大事简介》（1949—1966年）记载[②]：1963年夏，郊区各县（区）在传达讨论中共中央杭州会议精神，学习中央农村工作会议决定之后，会同公社党委在三级干部会上，对大队、生产队作了调查摸底，并进行了分类排队。这次排队主要的根据：①领导核心是否纯洁、坚强；②是否树立了贫下中农的领导优势；③集体经济是否巩固；④土改是否彻底，阶级敌人是否接受改造，还是猖狂活动；⑤党的各项政策能否

① 北京市农村合作经济经营管理志编纂委员会．北京市农村合作经济经营管理志（1952—2002年）［M］．北京：中国农业出版社，2008：34-35.

② 中共北京市委农工委党史资料征集委员会．京郊农业合作化大事简介（1949—1966年）［G］．京准字94—045，1995：242-243.

认真贯彻执行。

对大队、生产队分类排队的标准。一类大队的标准：领导核心坚强，党的组织和干部队伍纯洁；树立了贫下中农领导优势；土改彻底，阶级敌人不敢轻举妄动；能认真贯彻执行党的各项政策；集体生产搞得好，集体经济巩固。二类队的标准：政治、工作、生产情况不如一类队，但基本上不存在三类队的问题，划为二类队。三类队的标准：党的组织和干部队伍不纯，土改不彻底，阶级敌人活动猖狂，集体生产一贯不好，资本主义自发倾向严重，阶级敌人活动猖狂，集体经济不巩固。

根据上述标准，排队的结果是：①大队：郊区共有 3 706 个大队，一类队有 1 318 个，占大队总数 35.6%；二类队有 1 882 个，占大队总数的 50.8%；三类队有 506 个，占大队总数的 13.6%。②生产队：郊区共有 14 876 个生产队，一类队 5 417 个，占生产队总数的 36.4%；二类队 7 369 个，占生产队总数的 49.5%；三类队 2 090 个，占生产队总数的 14.1%。

在对生产队排队时，各县（区）还排出了一部分困难队。困难队的标准，主要有生产条件差，经济基础薄弱，社员生活水平较低。据 12 个县（区）的统计，共有困难队 2 033个占这些县（区）生产队总数（14 192 个）的 14.3%。

对 285 个公社的分析，属于一类（好）的，有 119 个，占公社总数的 41.8%；属于二类（一般）的，有 133 个公社，占公社总数的 46.6%；属于三类（差）的有 33 个，占公社总数的 11.6%。

从调查的情况看，一二类社、一二类队还是占了大多数。尽管这是以政治因素为主要的参考因素，但还是考虑了集体生产、集体经济的因素。从中看出，京郊农业合作化的状况总体是好的，从 1961 年经济调整以后的一系列农村政策落实得还是比较好的，是有显著的成效的。

（二）"四清"运动过程

《北京志·农业卷·农村经济综合志》记载[①]：北京郊区农村"四清"运动是根据中央指示进行的。1963 年夏天开始在 4 个公社试点。《北京市农村合作经济经营管理志（1952—2002 年）》记载[②]：1963 年 11 月，郊区农村第一批"四清"开始，包括 48 个公社及其所属的大队、生产队。1964 年 2 月，郊区农村第二批"四清"开始，包括 81 个公社及其所属大队、生产队。这是较大范围的"四清"工作。

郊区农村"四清"，在试点和第一、二批初期，工作队进村既依靠群众也依靠基层党组织，发动群众与教育干部相结合；通过召开公社、大队、生产队三级干部会议，学习文件，提高认识，教育干部"洗手洗澡"，使有问题的干部交代问题，放下包袱；对群众意见大的干部，在社员大会上进行检查，取得群众谅解；对问题严重的干部，结合清账、清库、清物、清工进行专案处理；从始至终强调"四清"与生产相结合，要求不违农时

① 北京市地方志编纂委员会．北京志·农业卷·农村经济综合志［M］．北京：北京出版社，2008：98-99.

② 北京市农村合作经济经营管理志编纂委员会．北京市农村合作经济经营管理志（1952—2002 年）［M］．北京：中国农业出版社，2008：35-36.

地抓好生产；并在运动中考察、调整和充实基层领导班子。

1964 年 5—6 月间，中共中央在北京召开工作会议，毛泽东、刘少奇估计，有三分之一左右的基层单位领导权不在我们手里，而在敌人和他们的同盟者手里。

1964 年 10 月，根据中共中央、华北局关于集中力量到一个县进行社会主义教育运动的指示，市委将在北京市 13 个县区进行“四清”的绝大部分干部，集中到通县“打歼灭战”，其中包括通县全县和毗邻的朝阳区 6 个公社、顺义县 6 个公社，共 45 个公社、75 万人口，集中工作队员达 2 万人，中央一些部级单位领导带领工作队参加北京郊区的“四清”运动。《北京市农村合作经济经营管理志（1952—2002 年）》记载[①]：为加强领导，市委成立了通县社会主义教育总团党委，进驻各公社的工作队成立了分团党委。通县地区“四清”会战，工作队于 1964 年 10 月进村，1965 年 8 月结束，历时 10 个月。

随着“左”的倾向的发展，到通县地区“四清”会战时，工作队进村后出现了两种情况：一种是在组织干部、群众学习文件的基础上，进行访贫问苦，扎根串连，发现积极分子，组织贫下中农队伍，进而开展清政治、清经济、清组织、清思想。另一种是，在组织干部、群众学习文件的同时，工作队即对群众反映的问题表态，“打击‘四不清’干部的威风”，对干部采取不信任的态度。因此，在贯彻《二十三条》前，有些工作队甩开基层党组织，出现对干部打击面过宽的问题，有的工作队还曾发生体罚、打人现象。贯彻《二十三条》后，上述问题逐渐纠正。

通县地区“四清”会战结束后，1965 年 8 月以后，郊区其他区县的农村“四清”全面开始。为加强领导，市委成立了农村社会主义教育领导小组，郊区各区县成立了社会主义教育工作团。1965 年 5 月“文化大革命”开始，市委社会主义教育领导小组停止工作，郊区农村“四清”停止。

郊区农村“四清”，对纠正干部多吃多占、强迫命令作风和促进干部参加集体生产劳动，起了一定的作用，也查处了一些贪污盗窃等非法行为。同时，对改进社、队经营管理，特别是财务管理，起了一定作用。但是，由于对农村阶级斗争和两条道路斗争估计过于严重，对基层干部采取不信任态度，曾发生打击面过宽的问题。在经营管理上，有的村、队由于干部“靠边站”，打乱了作业组，劳动管理差，曾出现“早晨打钟集合，上工临时派活”以及“大拨轰”“卯子工”等现象。

（三）彭真正确处理“四清”运动问题

如何正确面对“四清”运动中的问题，彭真在通县四级干部会上的讲话，是一个最好的例子。《京郊农业合作化大事简介》（1949—1966 年）记载[②]：1965 年 1 月 25 日，召开通州社会主义教育运动地区 11 万多人参加的广播大会，宣传贯彻《二十三条》后，于 1 月 28—31 日开了 4 天县、公社、生产大队和生产队的四级干部会，部分工作队干部也

---

① 北京市农村合作经济经营管理志编纂委员会．北京市农村合作经济经营管理志（1952—2002 年）[M]．北京：中国农业出版社，2008：35-36.

② 中共北京市委农工委党史资料征集委员会．京郊农业合作化大事简介（1949—1966 年）[G]．京准字 94—045，1995：273-275.

参加了会议。会议期间市委第一书记彭真作了重要讲话，共讲了8个问题。第一，究竟目前的阶级斗争形势严重不严重？第二，运动的性质是什么？第三，运动怎么搞，依靠什么力量搞？第四，工作队。第五，县、社、队干部现在应该怎么办？第六，有错就改，一切有错误的人都必须改，第七，群众犯了错误怎么办？第八，生产。

关于对郊区农村干部情况的分析，彭真指出：说我们郊区绝大多数干部是好的，是要走社会主义的，有没有根据呢？有根据。前几年困难的时候，我们郊区的绝大多数干部没有闹单干，绝大多数的社队没有搞单干。至于一个时期，多搞点小片开荒，那是有的。如果不是多数县、社、队干部坚持社会主义道路，为什么那个时候单干风在郊区没有闹那么厉害呢？从生产建设这方面看，我们郊区，从1961年到去年（注：1964年），每年增产2亿斤粮食，增产百分之十几。此外，蔬菜、水果、猪、各种山货等等，这几年都大增产。这些成绩，证明我们县、社、队的绝大多数干部是好的，也证明他们绝大多数是为人民服务的，工作是有成绩的。当然，这不是说没有毛病了，有毛病，特别是有些人毛病还很严重，但这是极少数，群众绝大多数和干部绝大多数都是好的，或者有毛病，也是可以教育改造好的。这个估计很重要。为什么讲这个问题呢？没有这个估计，在运动中就会迷失方向，就会自己把自己搞糊涂了，特别是把一些小是小非、生活细节和大是大非混在一起，而且多少年的事情都追起来，那不就搞得糊涂了？

分析郊区有一部分干部犯错误的原因时，彭真说：郊区有一部分干部有严重“四不清”问题，这些和市委、县委领导有关系。我们是有责任的。自从1953年搞了“三反”“五反”以后，农村搞了几次整风整社以后，多年没有系统地进行社会主义教育了。有些干部马列主义水平不高，学习也不够，多吃多占，慢慢就搞起贪污盗窃来了。我们有责任，向大家承认这个错误。我是市委第一书记，我首先向同志们做检讨，我也代表市委向同志们做检讨。有些干部犯错误，我们有一部分责任。但是，各有各的账。我们并没有教你搞贪污盗窃啊！彭真对郊区干部提出要求说：我说县、社、队所有原来没有“四不清”问题的，好的或比较好的干部，积极起来，有“四不清”问题的，要赶快好好自己洗手洗澡，也帮助别人洗手洗澡。互相帮助、鼓励，改正错误，走社会主义道路。有错误的改正错误，不要互相包庇。所有的干部，要同社员，要同贫下中农、工作队站在一起，把“四不清”问题搞清楚。

关于当前生产问题，彭真说：生产极为重要，人总要吃穿用，首先每个人要吃饭嘛，生产搞不好怎么行？生产搞不好，别的工作都搞好也不行，生产搞不好，还有什么大好形势？我们要生产和社会主义教育两不误。点上主要搞社会主义教育运动，面上主要任务是搞生产。但是，点上边要注意社会主义教育运动与生产两不误。“四清”运动搞得好，会促进生产。现在春耕快来了，同志们务必抓紧生产运动。所有的社队干部、工作队要抓紧领导生产运动，贫下中农要注意抓紧生产运动，中农也要注意抓紧生产运动。不管什么人，如果借这个机会，不管用什么方式，破坏生产，影响生产，使生产搞不好，是要追究责任的。破坏生产就是破坏我们整个事业。非追究责任不可。过去这几年，你们这几个县的生产搞得都不错，每年都有比较大幅度的增长。今年搞社会主义教育运动，生产应该搞得更好。即便有点自然灾害，也要努力战胜它，要争取今年生产比去年好。

彭真对干部问题的分析，是符合实事求是这一党的基本原则的。那就是我们的大多数干部是好的。如果干部队伍有问题，我们的生产不会连续几年获得丰收；如果干部有问题，我们在最困难的时候，就会搞单干。我们今天看来，单干也不是一种错误。但至少用当时的标准衡量，在最困难的时候，北京郊区还在坚持走集体经济的道路，这说明农村干部经受住了困难时期的考验。我们在《北京市农村人民公社先进典型》经验中，也分析了典型经验。这些经验有很强的代表性，有生存的土壤和条件，不是孤立的。这些事实都说明，北京市农村基层的干部绝大多数是好的。彭真的正确判断，对指导“四清”运动有着重要的意义。这可以保护大多数干部不受迫害。

彭真对于处理好运动和生产的关系也作了很好的分析。运动是点，生产是面。要搞好面上的生产，就是点上的运动也要搞好生产。搞好生产是搞好其他一切工作的前提。

《中国共产党北京历史（第二卷）》[①] 记载：1965 年 3 月 3 日，彭真在邓小平主持的中共中央书记处会议上联系通县“四清”运动的情况，发言说：工作队到一个村，要先调研，弄清问题。现在比较多的是一去就说哪里烂掉了，似乎哪里缺点越多，工作队成绩越大。搞完了，他就走了。现在这样很危险。我们党搞了这么一个大事业，“四清”要挖资本主义根子，但是要肯定我们党基本是好的。彭真的发言得到邓小平的赞同。

彭真的讲话，纠正了“四清”运动中“左”的问题，解放了大批干部，使“四清”运动得以稳步发展。1965 年 6 月，通县地区“四清”运动结束，工作团撤离。

历时三年多的“四清”运动，对于纠正干部多吃多占、强迫命令、官僚主义作风，解决集体经济经营管理中存在的一些问题，起了一定的作用；对于打击贪污盗窃和刹住封建迷信活动，也起了一定作用。但是，运动中把大量人民内部问题，当做敌我斗争，混淆了两类不同性质的矛盾，伤害了不少干部和一些群众，并使“左”的错误倾向再次发展起来，产生了消极的后果。

从 1963—1966 年期间，贯彻了国民经济调整方针和《人民公社六十条》，郊区在生产领域开展了农业技术改革、“农业学大寨”和“比学赶帮超”群众运动。随着农田水利、农业技术和农业机械等生产条件的改善，这一时期郊区农业总体上还是增产的。

《北京市农村合作经济经营管理志（1952—2002 年）》记载[②]：1965 年与 1963 年比较，粮食总产增长 39%，交售商品猪增长 1.3 倍，干鲜果总产增长 16%，1965 年并实现了 100 万亩水浇地小麦亩产 300 斤的历史性突破。但是，由于播种面积减少等原因，蔬菜、油料总产分别减少 9%和 2%。

这些都说明，人民公社的体制巩固后，生产稳步增长。就是在“四清”时期，由于彭真等市委领导的努力，抓运动并没有影响生产。农村经济管理体制和基层干部队伍都还是稳定的。在那样一个非常时期，北京市的农业生产、经营环境相对稳定，这是非常不容易的。

我们再对新中国成立 17 年来，北京郊区农业发展作一个梳理，就感到从 1949—1966

---

① 中共北京市委党史研究室．中国共产党北京历史：第二卷［M］．北京：北京出版社，1963：322.

② 北京市农村合作经济经营管理志编纂委员会．北京市农村合作经济经营管理志（1952—2002 年）［M］．北京：中国农业出版社，2008：36.

年，北京市的农业发生了巨大的变化。《京郊农业合作化大事简介》（1949—1966 年）记载[①]：“①1949 年的农村人口 237.9 万人，增加到 1966 年的 336.7 万人，增长了 41.5%；耕地由 796.5 万亩，减少到 667.4 万亩，减少了 16.2%。②耕地中的水浇地面积（包括菜田、稻田），由 1949 年的 27.8 万亩扩大到 1966 年的 377.4 万亩，扩大了 13.5 倍，初步改变了‘靠天吃饭’的局面，保证了种植业的不断发展。③蔬菜种植面积由 11.4 万亩发展到 48.6 万亩，增长 4.2 倍，蔬菜年总产量由 2.1 亿斤增长到 23.1 亿斤，增长 10 倍，按城市人口平均，由每人每天供应 1 两菜增加到 8 两菜。④粮食亩产量，1949 年只 127.4 斤，总产量 8.3 亿斤（因涝减产），增长到 1966 年的 387.6 斤和 22.1 亿斤，分别增长 3 倍和 2.6 倍，农村人口的粮食平均占有量由 350 斤上升到 656 斤。⑤经济作物也有不同程度的扩大和增长，棉花亩产量由 19.2 斤增长到 46.0 斤，油料亩产由 94.4 斤增长到 150.6 斤。⑥养殖业增长显著，1949 年全年累计养猪 56.1 万头，1966 年增长到 243.1 万头，增加 4.3 倍，为城市提供的肥猪，由每年的 12.1 万头，增加到 93.5 万头，增长 7.7 倍。奶牛，解放初只 2 000 头，到 1966 年发展到 1.6 万头，增加 8 倍，年产奶量达 9 016 万斤。⑦农牧业的发展和农村经济的发展，促进了农民收入的增加，1949 年，全郊区的农副业总收入 1.4 亿元，人均收入 58 元，到 1966 年，农副业总收入 4.9 亿元，人均收入 146 元。”

上述的数据表明，新中国成立 17 年来的农业发展说明了一个非常重要的事实，人民公社的体制使得京郊的农业生产水平有了很大的发展，表现在以下几点：一是耕地面积下降了，农业人口增加了，但是，粮食平均亩产、总产量、人均占有量却大幅度提高了。二是农业生产条件大幅度改变，水浇地的面积占总耕地面积的 50%以上，扭转了靠天吃饭的局面。三是蔬菜、经济作物、养殖业和畜牧业也有了很大的发展，改变了农业单一生产结构的局面，初步形成了为首都服务的大农业生产格局。四是农林牧副业全面发展的结果是带来了农民收入的增长。“文化大革命”前夕，京郊农业形成了农业增产、农民增收的良好发展局面，应该说，这是京郊农业发展的比较好的历史时期。

三、“文化大革命”中的人民公社

1966 年 5 月 16 日，中共中央印发《中国共产党中央委员会通知》（简称“五・一六”通知），“文化大革命”自此日开始。1966—1976 年的“文化大革命”，是一场由领导者错误发动、被反革命集团利用，给党、国家和人民带来严重灾难的内乱。

在“文化大革命”中，北京市首当其冲，中共北京市委被诬陷执行修正主义路线而改组，领导干部被“打倒”或是“靠边站”，导致各级组织瘫痪，党政工作、社会经济工作受到严重冲击。同全市一样，郊区农村在动乱中也遭到了严重干扰和破坏。

（一）破坏“三级所有，队为基础”的管理体制

“文化大革命”对京郊农业最大的冲击是，破坏了“三级所有、队为基础”的这一行

① 中共北京市委农工委党史资料征集委员会．京郊农业合作化大事简介（1949—1966 年）［G］．京准字 94—045，1995：301-302.

之有效的管理体制。《北京志·农业卷·农村经济综合志》记载[①]："北京郊区农村在批判所谓'三自一包'中，突出批判'旧市委'在郊区推行的所谓修正主义路线，批判所谓'物质刺激'、'三给三吃'（给贷款、给物资、给义务劳动）。1968年《全国学大寨劳动管理经验现场会纪要》公布，把山西省昔阳县大寨大队以'自报公议工分'为特点的劳动管理办法，概括为'突出政治，为公劳动，各尽所能，按劳取酬'，认为这一管理办法为管理社会主义集体经济指明了方向，防止了旧的剥削阶级复辟，于是又批判'工分挂帅'、'物质刺激'和'修正主义'。同时鼓吹'穷过渡'，冲击了《人民公社六十条》规定的'三级所有，队为基础'的基本制度。"

这种把人民公社的劳动管理制度，特别是生产责任制，说成是对群众的"管、卡、压"；把评工记分说成"工分挂帅"；把合法的物质利益，诬为"物质刺激"。进而推行"突出政治"的大寨式劳动管理办法，并把大寨的所谓"一心为公劳动，自报公议工分"，说成是不让无产阶级江山变色的经验。

在京郊农村普遍开展"斗私批修"，狠斗"私"字一闪念。而"突出政治"的大寨式"自报公议工分"制，造成人们思想的混乱，导致劳动"大拨轰"，分配"大锅饭"，严重破坏了按劳分配原则，使生产和经济发展遭受重大损失。

《北京志·农业卷·农村经济综合志》记载[②]："1968年冬至1969年春，郊区农村有255个大队合并了生产队，实行了大队核算，结果是富队和穷队拉平，造成了新的'平调'。"

《北京市农业合作化大事简介》（1966—1978年）[③] 记载："1968年8月29日，北京市贫下中农代表会议召开：庆祝人民公社成立十周年，提出：要进一步发挥人民公社'一大二公'的优越性，有些地方又刮起共产风。北京市革命委员会领导指示各县选择转生产大队为基本核算单位对象，并陆续办理过渡，至1970年9月有402个大队转为以大队为基本核算单位，连原有的648个，合计为1 050个，占大队总数26%。按占大队比例仍居全国第二。"

以上两个参考资料都说明，自1968年始至1970年，北京市开始了向大队核算的过渡。这是自上而下的行动，而且这个过渡的比例还不低，在全国排到了第二位。

（二）收社员自留地、限制家庭副业和集贸市场

1967年11月，《人民日报》《红旗》杂志和《解放军报》编辑部发表了《中国农村两条道路斗争》一文，对刘少奇进行错误的批判，并把农村集市贸易、自留地、自负盈亏和包产到户责任制（所谓"三自一包"），说成是妄图瓦解社会主义集体经济，搞资本主义复辟，在全国农村掀起"革命大批判"。

---

① 北京市地方志编纂委员会．北京志·农业卷·农村经济综合志［M］．北京：北京出版社，2008：95.

② 北京市地方志编纂委员会．北京志·农业卷·农村经济综合志［M］．北京：北京出版社，2008：100.

③ 中共北京市委农工委党史资料征集委员会．北京市农业合作化大事简介（1966—1978年）［G］．京准字94—045，1995：224-225.

《北京市农村合作经济经营管理志（1952—2002年）》记载[①]：在“大批判”中，把社员自留地、家庭副业和集市贸易说成是“复辟资本主义的温床”，要“割资本主义尾巴”。出现了收社员自留地、限制家庭副业、取缔集市贸易的情况。据市革命委员会农林组1969年11月的一份报告的记载，当时把社员自留地收回由集体统一经营的生产队，海淀区占97%，通县占52%，密云县占30%。为防止社员“不务正业”，对家庭副业曾有不少限制，搞得极端的生产队，曾提出社员下地不准带草筐，用以防止劳动休息时，社员打草回家喂猪。大多数集贸市场被关闭，造成了农副产品和农民收入的减少，也堵塞了流通渠道，给城乡人民生活带来诸多不便。

片面强调“以粮为纲”。把社队搞工副业说成是“脱轨转向”“不务正业”。提出“劳力归田，车马归队”。把劳动力全部集中在有限的农田上，不仅影响了农村经济发展，也有悖郊区农村为首都服务的方针。

这些极“左”的做法，导致郊区生产连年下降，1969年与1965年比较，粮食总产减少2.7%，油料总产减少19.5%，蔬菜总产减少8.9%，牛奶总产减少13.2%，交售商品猪下降11.5%，社队企业收入减少更多。

这些极“左”的错误做法，导致郊区农村社员的收入停滞不前，增长甚微。1965年社员人均收入77元，1976年人均收入也只有96元，12年平均每年增长1.2元。收入停滞又导致了社员相当普遍的超支、借粮，甚至有的大队、生产队公共积累被超支、借用一空。

（三）纠正极“左”错误的尝试

错误的东西，违背了客观事物的发展规律，总是要碰壁的。人为地拔高生产关系，搞平均主义分配，严重打击了社员的生产积极性，导致了农村经济的滑坡。没有几年，面对农业生产再次出现萎缩的局面，中央主动采取了纠错的措施。

《北京市农村合作经济经营管理志（1952—2002年）》记载[②]：1970年8月下旬至10月初，国务院召开了北方地区农业会议，当年12月中共中央批准下发了《国务院关于北方地区农业会议的报告》。针对“文化大革命”对农村政策的破坏和农业减产的情况，报告明确指出《人民公社六十条》规定的人民公社现阶段的基本政策，仍然适用，必须继续贯彻执行。指出：人民公社“三级所有、队为基础”的制度，一般不要变动；不允许无偿调用生产队的劳力和生产资料，切不可重犯“一平二调”的错误；在服从国家计划的前提下，要允许生产队因地制宜种植的灵活性；在保证集体经济占绝对优势的条件下，社员可以经营少量的自留地和家庭副业；要坚持按劳分配原则，反对平均主义，既要反对“分光吃尽”，也不要一下子积累过多，影响社员当年收入。这次会议还专门讨论了《第四个五年计划农业发展规划的设想》，在提出扭转“南粮北调”局面的同时，强调农

① 北京市农村合作经济经营管理志编纂委员会．北京市农村合作经济经营管理志（1952—2002年）［M］．北京：中国农业出版社，2008：36-37.

② 北京市农村合作经济经营管理志编纂委员会．北京市农村合作经济经营管理志（1952—2002年）［M］．北京：中国农业出版社，2008：37.

业要“以粮为纲，全面发展”，既要突出粮食，又要发展多种经营，全面安排农、林、牧、副、渔五业，防止单打一。

北方地区农业会议的精神传达以后，北京郊区农村经济形势有所好转，一些农村经济政策得到了恢复。《北京市农业合作化大事简介》（1966—1978年）[①] 记载：“1971年12月26日，中共中央发出《关于农村人民公社分配问题的指示》，指出：‘当前要注意克服平均主义，应该按照社员的劳动质量和数量，付给合理报酬’，‘学习大寨的管理办法，必须从实际情况出发，同群众商量，不可生搬硬套’。这一指示是‘文化大革命’时期，对极‘左’错误政策的一个纠正；是农村政策的重大调整，就是要继续贯彻《人民公社六十条》的政策。随后，1972年的报刊上开始宣传提倡恢复评工记分，按工分分配。”

《中国共产党北京历史（第二卷）》[②] 记载：“中共北京市委于同年12月（注：1971年）转发市委农林组《关于农村人民公社所有制几个问题的意见》和市委财贸组、农林组《关于农村人民公社财务分配问题的几点意见》《关于农村粮油征购分配工作的意见》，重申党在农村的一些现行政策。

到了1972年7月中旬，北京市在落实党的农村经济政策方面抓了四项工作：一是落实‘三级所有，队为基础’的 所有制政策，对实行以大队核算的队作具体分析，根据实际情况加以调整；二是落实有关社员家庭副业的政策，纠正批判、限制社员家庭副业的错误做法；三是落实分配政策，改进计酬办法；四是落实对经济作物区社员的口粮供应加以照顾的政策。”

这些纠“左”的政策和措施的推行，推动了市农林部门专门成立了主管机构调查，推广劳动管理的经验。给农村经济的恢复带来了希望。《北京市农业合作化大事简介》（1966—1978年）[③] 记载：“从1972年4月起，市农村工作部门，开始抓贯彻按劳分配，改进劳动计酬工作。4月21日《北京日报》报道了召开农业座谈会，并发表了评论，评论指出：要进一步落实各尽所能按劳分配等各项经济政策，克服一些地方在劳动计酬上的绝对平均主义错误倾向。各县、区按照中央指示和市座谈会精神，由点到面贯彻落实。针对有些干部存在的怕犯错误和实行‘卯子工’图省事的思想，组织农村干部学习文件，领会精神，摆平均主义表现，分析危害，制定改进劳动计酬方法。

顺义大孙各庄宗家店大队摆出的平均主义表现是：①印子工死分死记，春天一定工保一年，上工点名保一天。不管干不干，干多干少。②记工分，干轻活重活一个样，干多干少一个样，质量好坏一个样，体力强弱一个样。③农忙时一天干10个小时和农闲时干4个小时一样。④加夜班一律是义务工，不记工分。⑤分实物按人头，一人一份。分析平均主义危害是：①挫伤了劳动者的积极性，出工一大帮，干活懒洋洋。②误了农时，荒了田，减了产。③形成有些人处处依赖集体，借支、超支严重。

在贯彻过程中，市农村工作部门印发了很多典型经验，主要有通县麦庄公社丁庄大

① 中共北京市委农工委党史资料征集委员会．北京市农业合作化大事简介（1966—1978年）［G］．京准字94—045，1995：74-75.

② 中共北京市委党史研究室．中国共产党北京历史：第二卷［M］．北京：北京出版社，1963：412.

③ 中共北京市委农工委党史资料征集委员会．北京市农业合作化大事简介（1966—1978年）［G］．京准字94—045，1995：224-225.

队劳动管理经验，平谷县马昌营公社薄各庄改进劳动计酬经验，顺义牛栏山公社去碑营社员评工记分的经验，丰台区小瓦窑定额管理的经验，怀柔县西台上村男女同工同酬的经验，房山县坨里妇女评工计酬的经验，门头沟区南村落实按劳分配的经验，顺义县马坡公社西丰乐大队社员养猪积肥记工分的经验等。有的地方，在批判‘工分挂帅’时，为调动社员积极性，还偷偷搞小包工，定额管理，后来听说贯彻按劳分配，就更大胆搞起来了。”

我们从这些鲜活的例子中可以看出，《人民公社六十条》按劳分配的政策是深入人心的。只是在“文化大革命”的非常时期，好的政策被中断执行了。农民们以消极怠工的这种独特的方式，表达着自己的不满。一旦条件允许，他们创造出各种办法，来执行“按劳分配”的办法。甚至在批判“工分挂帅”的时候，还在悄悄地搞小包工和定额管理。从中看出，按照客观规律办事，这是阻挡不了的真理。

我们还可以看到执行按劳分配的政策，北京市、县、公社、大队四级领导形成了一种良性互动的局面。

《北京市农业合作化大事简介》(1966—1978 年)[①] 记载：“1972 年 2 月，昌平县革命委员会发布了《关于改进和加强劳动管理的试行办法》，同时郊区有些社队相继实行了‘包工到户、责任到人’‘按活茬包工’‘按件记工’等按劳分配的办法，调动了社员积极性。

1973 年 4 月，昌平县在全县党支部书记大会上，推广了百善公社狮子营大队‘包工到户，责任到人’的做法。之后，又作为经验向市革委会农林组汇报。”这实际上就是“包产到户”的另一种称谓。这是京郊农村在分配制度上作的最大胆的尝试。

《中国共产党北京历史（第二卷）》[②] 记载：“在海淀、丰台、朝阳、昌平、房山等五个区县，有 48 个生产队，占郊区 13 000 个生产队的 3.7‰，先后搞了‘包产到组’；昌平县百善公社 有 13 个生产队‘按劳力插牌定垄干活’，搞了实际意义的‘包产到户’。1973 年 4 月，昌平县推广百善公社狮子营大队搞的‘包产到户，责任到人’，之后又作为经验向市革委会农林组作了汇报。”

我们从上述文献记载中可以看见，市、县领导及公社、大队的四级组织的干部，对执行按劳分配的政策持良性互动的态度，就是互相支持。政策贯彻得快、执行得快；而且进一步搞了包产到户，全市有 3.7‰的生产队实行这种生产管理的形式。这在当时，是需要非常的勇气和气魄才能作出这样的选择来。不但作出了这样的选择，还要将这些好的经验及时向上反映，市领导再及时推广这些好的经验。

纵观“文化大革命”10 年的历史，郊区的干部和农民群众也不是没有一点作为。《北京志·农业卷·农村经济综合志》记载[③]：“郊区广大干部和农民群众在‘农业学大寨’运动中，开展了大规模的农田基本建设，兴修水利，平整土地，排涝治碱，使水浇地面

① 中共北京市委农工委党史资料征集委员会．北京市农业合作化大事简介（1966—1978 年）[G]．京准字 94—045，1995：74-75.

② 中共北京市委党史研究室．中国共产党北京历史：第二卷 [M]．北京：北京出版社，1963：412.

③ 北京市地方志编纂委员会．北京志·农业卷·农村经济综合志 [M]．北京：北京出版社，2008：95.

积由 1966 年的 21.3 万公顷增加到 1976 年的 27.5 万公顷，同时增加农业机械设备和农业投入，改革耕作栽培制度，提高复种指数，为农业增产创造了条件。1976 年与 1965 年相比，郊区粮食总产量增长 43%，蔬菜总产量增长 29%，畜、禽、蛋、奶产量也有增长。”

农业生产条件的改善，农副产品产量提高的一个重要原因还是坚持了《人民公社六十条》的生产经营管理体制的结果。

第四节　人民公社的后期

1977—1982 年，是人民公社的后期发展阶段，实际上这也是人民公社进入了解体时期。1978 年 12 月，中共中央召开了十一届三中全会，开始全面地认真地纠正“文化大革命”中及其以前的“左”倾错误。全会重新确立了党的实事求是思想路线，决定停止使用“阶级斗争为纲”的口号，作出了全党工作重点转移到社会主义现代化建设上来、实行改革开放的战略决策。

北京市的改革首先是从郊区农村开始的，郊区农村经济体制改革是从推行联产承包责任制开始的。这一时期，是人民公社的后期。这一时期，虽然人民公社在 1982 年退出了历史舞台，但是，联产承包责任制是在这一时期实行的。这为今后的农民专业合作社的发展奠定了重要的基础。这一时期是一个转折和重要的过渡时期。农村集体经济体制改革进入了一个最为活跃的时期。

一、实行联产承包责任制

1978 年 12 月 18—22 日，中共十一届三中全会在北京举行，会议同意将《中共中央关于加快农业发展若干问题的决定（草案）》和《农村人民公社工作条例（试行草案）》下发试行。

随后，中共北京市委组织传达、学习了这次全会的精神。当年，昌平、大兴两县 70%的生产队实行了“包产到作业组、联系产量、计算报酬、超产奖励”的责任制试验。其他区、县大部分社队实行了“四定一奖”（定地块、定劳力、定产量、定工分、超产奖励）到组的生产责任制。

1979 年 9 月《中共中央关于加快农业发展若干问题的决定》指出，社队“可以按定额计工分，可以按时记工分加评议，也可以在生产队统一核算和分配的前提下，包工到作业组，联系产量计算劳动报酬，实行超产奖励”。

1980 年 9 月中共中央印发的《关于进一步加强和完善农业生产责任制的几个问题》进一步指出，专业承包联产计酬责任制，“较之其他包产形式有许多优点”，并提出在“边远山区和贫困落后地区”可以实行包产到户。

1979 年 4 月 8 日，市委召开农村工作会议，提出北京的农业要坚持为大城市服务的方针，郊区应成为首都现代化建设的副食品生产基地。在这次会上，市委针对北京农业发展的实际，明确在切实保证生产队的统一核算和分配、有利于巩固集体经济的基础上，允许生产队实行“包干到作业组，联产计酬，超产奖励”的生产管理办法。这标志着北京市农村改革以联产承包责任制拉开了帷幕。

（一）实行联产计酬

《北京志·农业卷·农村经济综合志》[①] 记载了自 1978 年底至 1981 年间，北京市郊区农村改革的主要内容，是实行联产计酬。

一些集体经济实力较强、专业分工已经形成的地方，很快就按照生产需要组织专业生产组织，如粮田专业队（组）、菜田专业队（组）、林果专业队（组）、畜牧专业队（组）、副业队、建筑队等，实行专业承包责任制，超产有奖。但仍然按基本核算单位统一核算，对各专业队分配实行必要的补贴和调剂。

1979 年 9 月，《中共中央关于加快农业发展若干问题的决定》指出，社队“可以按定额计工分，可以按时记工分加评议，也可以在生产队统一核算和分配的前提下，包工到作业组，联系产量计算劳动报酬，实行超产奖励”。

1979 年 12 月 20 日，中共北京市委、北京市人民政府召开各县、区和市农口各局负责人会议，提出当前郊区中心任务是普遍落实不同形式的生产责任制。

1980 年 1 月，市委召开常委会，在总结前两年经验基础上，决定在郊区进一步推广以专业承包、联产计酬为主的多种形式的生产责任制。9 月，中共中央下发的《关于进一步加强和完善农业生产责任制的几个问题》进一步指出，专业承包联产计酬责任制，“较之其他包产形式有许多优点”，并提出在“边远山区和贫困落后地区”可以实行包产到户。

1979—1981 年，郊区农村先是总结昌平、大兴两县 1978 年试验联产计酬的经验，并围绕建立健全农业生产责任制，农口领导组织撰写 5 篇评论，以特约评论员名义在《北京日报》连续发表，要求区县一把手亲自抓责任制，一年大抓四次（年初抓建立，三夏、三秋抓检查巩固，年终抓兑现）。开始主要是实行统一经营下的联产到组，“四定一奖”（定地块、定产量、定人员、定工分，超产奖励）；1980 年出现了联产到劳；1981 年增加了定开支的内容，变为“五定一奖”，还有的实行了以产量计工，以纯收入计工；山区出现了包产到户。

在联产承包责任制实行的初期，由于长期将集体经济视为农村经济追求目标的干部和群众的思想造成冲击，对于全国有的地区开始试行的包产到户、包干到户，北京市一部分农村干部群众一段时期怀着抵触的态度，认为包产、包干到户是资本主义。1980 年 5 月，邓小平同中央负责同志谈话，针对那些对包产到户、包干到户持怀疑态度，认为会影响集体经济的思想进行了批评，指出“我们总的方向是发展集体经济。实行包产到户的地方，经济的主体现在也还是生产队。这些地方将来会怎样呢？可以肯定，只要生产发展了，农村的社会分工和商品经济发展了，低水平的集体化就会发展到高水平的集体化，集体经济不巩固的也会巩固起来。关键是发展生产力，要在这方面为集体化的进一步发展创造条件”。根据邓小平谈话精神，1980 年 9 月，中共中央召开各省、市、自治区党委第一书记会议，形成了《关于进一步加强和完善农业生产责任制的几个问题》的座谈会纪要。9 月 27 日，中央下发了这个纪要。文件认为：“在那些边远山区和贫困落后地

① 北京市地方志编纂委员会．北京志·农业卷·农村经济综合志［M］．北京：北京出版社，2008：102.

区，群众有意愿的，可以实行包产到户、包干到户的责任制；在一般地区，已经实行包产到户的，如果群众不要求改变，就应该允许继续实行”。这个文件还特别强调：“就全国而论，在社会主义工业、社会主义商业和集体农业占绝对优势的情况下，在生产队领导下实行的包产到户是依存于社会主义经济，而不会脱离社会主义轨道的，没有什么复辟资本主义的危险，因而并不可怕。”随着这个文件的贯彻执行，包产到户和包干到户这种家庭联产承包责任制冲破阻力，迅速发展，成为郊区农村改革的主流。

到 1981 年年底统计，北京郊区种植业中，12 119 个基本核算单位中有 11 753 个建立了生产责任制，占 97%。其中，专业承包、联产计酬的 8 626 个队，占 73.4%；小段包工、定额计酬的 3 127 个队，占 26.6%；实行评工记分、干部带着干的 366 个队，占 3%。承包单位多数到组（占 74.8%），部分到劳（占 23.6%），少数到户（占 1.6%）。联产计酬办法中，多数是搞的“四定”或“五定”，其中：联产计奖罚的占 61%，以产量、产值计工的占 33.7%，以纯收入计工的占 5%。林果业、猪鸡渔场、羊群、大牲畜、农机、排灌和社队企业等专业，也不同程度地建立了责任制。其中：用材林专业队占 42.7%；果园占 61.3%；猪场 7 629 个，占 73%（其中到组的占 64.4%，到劳的 25.9%，到户的占 9.7%）；鸡场占 69.6%；羊群占 73%；大牲畜群占 44.5%；社队企业占 80%；渔场、捕捞队占 49%；农机单机核算占 47.7%；机井占 71.4%。这些不同形式的责任制，赋予了劳动者较大的自主权，使劳动效果与成果分配密切联系起来，因而调动了农民生产积极性，使集体和个人两个积极性都得到了较好的发挥，因此受到了广大农民的热烈欢迎。门头沟区 1938 年入党的 70 多岁老社员魏国兴说：“今年初，一听说要搞联产到劳，我的脑子就炸了。说苏联修了，我们这不是也修了吗？越想越不是滋味。后来，看到社员们这股干劲，小麦长势这么好，人心这么稳，村子里这么活跃，我想通了，看明白了。这个办法确实把人们干活的劲头鼓起来了，把懒人也给治了。如果从五六年高级社就这样搞下来，该多好啊！”

联产承包责任制的实行，解放了农村劳动力，促使其向各业转移，经济结构开始变化，1981 年同 1978 年相比，农业各业在农业总产值的比重，粮食由 29.2%下降为 20.9%，蔬菜、副食品由 23.9%下降为 19.9%，社队企业则由 42.7%上升为 56.1%。

（二）实行包干分配

20 世纪 80 年代的“包”与 60 年代的“包”是有着本质的不同的。80 年代“包”的主要内容：在包产到组、到劳、到户的地方，依然保持着集体统一经营、统一分配，生产队在经济上仍处于主体地位。

包干到户（也叫“大包干”）的主要含义，正如中共中央 1982 年 1 月批转的《全国农村工作会议纪要》指出的，实行包干到户以后，“经营方式起了变化，基本上变为分户经营、自负盈亏；但是，它是建立在土地公有制基础上的，农户和集体保持着承包关系，由集体统一管理并使用土地、大型农机具和水利设施，接受国家计划的指导，有一定的公共提留，统一安排烈军属、五保户、困难户的生活，有的还在统一规划下进行农业基本建设。所以它不同于合作化以前的私有的个体经济，而是社会主义农业经济的组成部分”。这一包干到户，是在经受了集体经济的发展、洗礼和熏陶下而产生的，就有了更新的特点。1982年包干到户在全国大面积推开，这种责任制具有“责任明确，方法简便，利益直接”的特点，受到了广大农民的欢迎。

市委、市政府领导分别联系各郊区县，检查政策落实情况。在市委的督促和广大农民群众拥护下，1983年，以包产到户为主要形式的农业生产责任制在京郊大地上迅速展开。

《北京志·农业卷·农村经济综合志》记载[①]：“从此，以家庭承包经营为主的包干分配责任制在郊区逐步推开，既满足了农民自主经营、利益直接的要求，又坚持统分结合、分类指导，保护了已经形成的先进生产力和专业分工。种植业实行包干分配责任制的队，1982年底已达到69%，1983年、1984年和1985年又分别提高到71.7%、86.7%、96.9%。1985年大田种植业实行包干分配的生产队，大体分为三种类型：经营单一、集体经济较弱的队，实行包干到户，占生产队总数的67.3%；集体经济发展中等地区，一般实行按人分口粮田、务农劳力承包责任田，占17.7%；集体经济发达、专业分工较细的社队，实行‘统一经营、专业包干’，占15%。大田种植业以外的其他农副各业是：菜田，大部分承包到专业组，部分承包到劳、到户；果园，一般由专业队、专业组或专业户承包；鸡场、渔场，大多是承包到组，也有的包给专业户。包干分配责任制的普遍推行，调动了农民的积极性，使集体经济获得了新的生机和活力。1985年与1982年相比，集体经济总收入增长1倍多，人均集体分配569元，增长1倍。”

任何解释都是多余的。家庭联产承包责任制为农业生产力的发展增添了巨大的活力。制度改革带来了生产力的飞跃发展，为现代农民专业合作社的发展又推进了一大步。

二、健全统分结合的双层经营体制

1983年后，北京农村健全、完善统分结合、双层经营体制，构建新型合作经济组织，提倡“国家、集体、个人一起上，上下、左右、内外广泛联”，有力地调动了农民及各方面的积极性，解放了生产力。

在实行联产承包责任制过程中，一些地方在纠正“统”的过死的问题时，又出现了只讲“分”，忽视统一经营层面的倾向。同时，由于责任制发展迅速，不少干部、党员思想弯子转不过来，工作难以适应，出现了干部“不敢管、不愿管、不会管”的现象，使承包户在生产上遇到一些困难。

有的地方出现了种子混杂，科技退步，水利失修的现象；有的地方集体财务管理松弛，提留、垫支款收不上来，超借支大量增加，集体积累比例下降；还有的地方由于集体统一经营没有发展，“想服务，没实力”。此外，在实行联产承包责任制初期，由于缺乏经验，承包合同签订不完善，也发生了不少合同纠纷。

为了解决这些问题，市委从1983年开始连续抓了完善统分结合、双层经营的工作。①通过组织学习、开展大讨论等形式，对干部、党员和群众进行教育，纠正把家庭承包当成分田单干的错误观念，认清乡村合作经济组织应在双层经营中发挥经营、管理、服务三位一体的作用。②在种植业上，一般都坚持了“五统一”，即统一种植区划、统一机

① 北京市地方志编纂委员会．北京志·农业卷·农村经济综合志［M］．北京：北京出版社，2008：102.

械作业、统一良种、统一排灌、统一植保，并且相应地完善了承包合同，明确双方的权利、义务。同时逐步建立健全以集体为主的服务体系，市、县、乡、村4个层次，农、林、牧、渔各业都建立了形式多样、内容不同的服务组织。③从1985年秋后开始，进行了集体财务的清查和整顿，健全财务管理制度。④发展集体经营项目，特别是大办乡村集体企业，壮大集体经济实力。这些措施使郊区农村统分结合、双层经营的体制不断完善，形成了集体和个人两个积极性同时发挥、互相促进的新局面。

《北京志·农业卷·农村经济综合志》记载[①]："1987年集体固定资产原值比1982年增长93%，集体经济总收入（含家庭承包部分）占农村经济总收入的84.1%。1985年种植业实行土地包干责任制的12 206个队，占总队数的96.6%；实行保留工分、联产计酬的350个队，占2.8%；还有37个队实行定额管理，占0.3%。"经过联产承包责任制的改革，北京农村集体经济高度集中的旧体制变成了统分结合、双层经营的新体制。

农业联产承包责任制的实行和统分结合、双层经营体制的建立，使农民获得了农业经营的自主权，极大地调动了农民的生产积极性，实行联产承包的1979—1988年10年间，郊区农业和农村经济发生了深刻的变化。

郊区农村经济发展上了几个大的台阶。《北京志·农业卷·农村经济综合志》记载[②]："①农业连续获得丰收。1987年郊区粮食总产达到22.7亿公斤，亩产达到487公斤，分别比1978年增长22%和38.5%，商品菜、蛋、肉、奶、果五种农产品1987年分别比1978年增长了46.5%、700%、30%、190%和28.6%。②农村经济出现了快速增长。1985年郊区农村经济总收入达到88.4亿元，比1978年的18.8亿元增长3.7倍，1988年农村经济总收入达到178.6亿元，改革十年农村经济总收入翻三番。③促进了乡镇企业的迅速崛起。1988年郊区乡镇集体企业发展到18 582个，总收入达到118.9亿元，比1978年增长9倍，占农村经济总收入的66%，从业人数达到90.3万人。④推动了农业结构的调整、集体经济实力和农民生活水平的提高，服务首都、富裕农民的功能得到显著增强。"

这些经济数据说明，北京郊区实行联产承包责任制的改革，实行统分结合双层经营体制，促进了农村经济迅速发展，生产领域日益拓宽。这些都为人民公社旧体制退出历史舞台作了准备。

三、人民公社解体

家庭联产承包责任制度的突破，使得人民公社政社合一赖以存在的经济基础消失了，对旧有人民公社制度的改革成为必然。1983年中共中央1号文件《当前农村经济政策的若干问题》提出："政社合一的体制要有准备、有步骤地改为政社分设"，"在政社分设后，基层政权组织，依照宪法建立"。中共中央1984年1号文件《关于一九八四年农村工作的通知》指出："原公社一级已经形成经济实体的，应充分发挥其经济组织的作用"，但它与原大队、生产队"是平等互利或协调指导的关系，不再是行政隶属的逐级过渡的关系"。

① 北京市地方志编纂委员会．北京志·农业卷·农村经济综合志［M］．北京：北京出版社，2008：104-105.

② 北京市地方志编纂委员会．北京志·农业卷·农村经济综合志［M］．北京：北京出版社，2008：105.

1982年11月26日，五届全国人大五次会议在北京举行。大会审议并通过彭真所作的宪法修改草案报告。通过新修改的《中华人民共和国宪法》第六项作了以下新的规定[①]："改变农村人民公社的政社合一的体制，设立乡政权。"新《宪法》指出：为了加强农村基层政权建设，按照政社分开的原则，规定设立乡政权，保留人民公社作为集体经济组织，在乡政权之下，建立村级组织，实行村民委员会制度，原有人民公社的那一部分政权职能分出去后，公社、大队、生产队的企业和其他一切财产的所有权不变。

1983年10月12日，中共中央、国务院发出《关于实行政社分开，建立乡政府的通知》（以下简称《通知》）指出[②]：当前农村改变政社合一体制的首要任务是把政社分开，建立乡政府；同时按乡建立乡党委，并根据生产的需要和群众的意愿逐步建立经济组织。《通知》规定乡的规模一般以原有公社的管辖范围为基础，要求各地有领导、有步骤地搞好农村政社分开的改革，争取在1984年底以前大体上完成建立乡政府的工作，改变党不管党、政不管政和政企不分的状况。

党中央文件和国家宪法都作出了撤销人民公社的决议和规定。北京市按照党中央和国家的部署，也作出了相应的安排。

实行联产承包责任制以后，北京郊区1981年开始在丰台区黄土岗公社和昌平县沙河公社进行政社分设改革的试点。试点工作为政社分开积累了经验。

北京郊区政社分设的改革在1983年普遍进行。《北京市农村合作经济经营管理志（1952—2002年）》记载[③]："1983年郊区农村展开了政社分设改革，到年底已有241个人民公社实行政社分设，建立了274个乡政府，有2 575个村建立了村民委员会。1984年11月，郊区人民公社政社分设体制改革全面完成。原263个公社，建立了350个乡政府、4个区公所、新建1个镇，在村级建立了4 423个村民委员会；原公社级经济组织，大部分组建为农工商联合公司。"

《北京志·农业卷·农村经济综合志》记载[④]："京郊人民公社集体经济，公社、大队、生产队三级都是经济实体，1982年农村集体经济固定资产总值18.8亿元，其中，公社占39%，大队、生产队分别占36%和25%。

在实行政社分设、建立乡政府的同时，原来269个公社级集体经济都作为合作经济组织保留下来，其中226个公社改称农工商联合总公司，43个公社当时仍沿用人民公社管委会名称。"

建立乡政府的数量，两个地方志略有出入。管理志是263个公社撤社建乡，综合志是269个公社撤社建乡。但有一点是肯定的，在职责划分上，乡政府都不再直接管理经济。由于各地经济发展水平不同，以及干部素质差异等多种原因，一些地方对政社职责划分

① 人民网．中国共产党80年大事记·1982年［EB/OL］．http：//www.people.com.cn/GB/shizheng/252/5580/5581/20010612/487205.html.

② 人民网．中国共产党80年大事记·1983年［EB/OL］．http：//www.people.com.cn/GB/shizheng/252/5580/5581/20010612/487211.html.

③ 北京市农村合作经济经营管理志编纂委员会．北京市农村合作经济经营管理志（1952—2002年）［M］．北京：中国农业出版社，2008：479.

④ 北京市地方志编纂委员会．北京志·农业卷·农村经济综合志［M］．北京：北京出版社，2008：102.

作了调整，有的把农业管理工作和机构划归乡政府，乡合作经济组织只负责经营管理乡村集体企业。

政社分设以后，凡是已经形成明显分工分业的乡镇，都相应建立了专业生产和服务组织，一般设有农业服务公司、多种经营服务公司、工业公司、经营管理站等，对村合作经济和个体经济进行多方面的服务和指导。

海淀区四季青、东升、玉渊潭、海淀等乡由于商品经济发达，城市占地多等原因，在20世纪80年代初打破大队和生产队界限，在全乡范围内实行统一经营和专业化生产，按照菜、果、粮、畜牧、运输、工业、商业等行业组织专业公司，大的专业公司中又分成小的专业单位，在产前、产中、产后的专业单位之间紧密协作，相互服务，形成了比较完善的专业生产体系，扩大了经营规模，促进了经济的发展。

在政社分设后，村级也相应地进行了改革，即按行政村范围建立村民委员会，同时把生产大队改成单纯的合作经济组织，这项工作从1982年开始试点，1984年年底结束。

《北京志·农业卷·农村经济综合志》记载①："4 171个村合作经济组织中，有80%当时仍沿用大队管委会名称，10%改为农工商联合公司，2%改为经济合作社，还有8%改用了其他名称。"大部分村采取村民委员会和村合作经济组织分立的办法，少数规模小、经营单一的村，实行村合作社与村委会一套班子两块牌子。

由于联产承包责任制的变革和乡、村两级集体经济的发展，生产队作为基本核算单位的地位发生了变化。不少地方在包干到户以后，生产队不再是经济主体，为精简干部，有些地方将生产队的管理和服务职能上移到村合作组织，生产队逐渐解体；还有些地方由于分工分业的发展，打破了生产队的界限，在村合作经济组织范围内组织专业化生产，建立了各种专业生产组织，而将生产队建制取消。

《北京志·农业卷·农村经济综合志》记载②："1982年全郊区共有生产队12 816个，1987年统计，作为合作组织独立存在的生产队减为6 967个，1990年进一步减少为3 926个。"

北京市郊区在改革开放的5年期间，建立了联产承包责任制和统分结合的双层经营管理体制，撤社建乡，初步建立了适应社会主义市场经济的农村新经济体制框架；调动了广大农民的生产积极性；为农民专业合作社的发展奠定了基础。

---

① 北京市地方志编纂委员会．北京志·农业卷·农村经济综合志［M］．北京：北京出版社，2008：109.

② 北京市地方志编纂委员会．北京志·农业卷·农村经济综合志［M］．北京：北京出版社，2008：109.

下 篇

农民专业合作社发展研究

第七章　合作社的兴起

改革开放是一场伟大的革命。这场大革命改变了新中国的发展前途、方向和命运。如果说这场改革以党的十一届三中全会为标志的话，也可以说就是以十一届四中全会通过的《中共中央关于加快农业发展的决定（草案）》（以下简称《决定》）为起点的。《决定》拉开了中国农村改革的序幕。从此，新型的农民专业合作社在我国蓬勃地发展起来了。它的兴起既符合国际合作运动发展的一般规律，又有着中国的特色和背景。

第一节　合作社兴起背景

从国际合作运动发展的一般规律看，合作社的产生要有市场经济出现，要有残酷的竞争，要有弱势群体出现，要产生激烈的社会矛盾。正像张晓山所说[①]："合作社是一种特殊形态的经济组织，它是市场经济体制下，广大社会弱势群体为改善自身的市场竞争条件、降低交易成本、实现规模经济而自发产生的。农民加入合作社是要解决在独立生产经营中个人无力解决、或解决不好、或个人解决不合算的问题，是要利用和使用合作社所提供的服务。"这是合作社的本质特征，它规定了合作社的产生一定要有产生的必然性、产生的条件和背景。

一、改革背景

北京市的农民专业合作社的产生背景跟全国的发展形势是一样的。农村经济体制改革，特别是所有制结构的调整与改革，使农村经济出现了多种经济成分和多种经营形式，加速了市场化发展的进程。

（一）改革所有制结构

郊区农村改革前，经济体制和所有制结构基本是按照行政区域建立的集体经济，形式单一，管理集中；对农民的个体经济乃至家庭副业则有多重限制，如不允许农民办自营工商业，甚至对家庭养鸡、养牛、养兔等还曾有过数量规定。

农村所有制结构改革后，农村经济出现了农民个体经济、私营经济和集体经济多元经济并存的局面。1983 年 1 月 2 日，中共中央印发《关于当前农村经济政策的若干问题》的文件，全面推行家庭联产承包责任制。北京市全面落实这一文件精神，一方面抓社队企业的经济责任制；一方面抓荒山荒地草场和水面的开发承包制，制定了户或联户承包责任山一定 20 年不变、蔬菜生产联产承包到劳、到户。

---

① 张晓山，苑鹏．合作经济理论与中国农民合作社的实践［M］．北京：首都经济贸易大学出版社，2009：130.

1986 年，进一步完善了种植业的双层经营制[1]，同时在平原和经济富裕地区，集中了责任田；推行土地适度规模经营。在 671 个村调整了粮田承包责任制形式，其中 437 个村调整为按人口分口粮田和务农劳力承包责任田的“双田制”，对已转移务工的家庭，无力经营农田保留口粮田；234 个村调整为专业承包。

1991 年 1 月，全国农业工作会议提出，以家庭联产承包为主的责任制是党在农村的基本政策，应在稳定的前提下，通过发展多种形式、多层次的服务，并逐步形成社会化服务体系的途径来加以完善。1991 年 12 月，中共十三届八中全会通过印发的《中共中央关于进一步加强农业和农村工作的决定》提出：以家庭联产承包为主的责任制、统分结合的双层经营体制作为我国乡村集体经济组织的一项基本制度长期稳定下来，并不断充实完善。

为落实中央加强家庭联产承包责任制的精神，并结合北京市集体经济发展比较好的实际情况，1991 年 1 月 22 日，北京市委市政府印发了《关于加强乡村合作社建设，巩固发展集体经济的决定》（以下简称《乡村合作社建设的决定》）指出[2]：“北京郊区乡、村合作经济组织，经过实行政社分设和联产承包责任制的改革，扩大了自主权，增强了内部活力，促进了商品经济发展，巩固和加强了集体经济在农村经济中的主体地位。但是，乡（含镇，下同）、村合作经济的组织还不健全，双层经营体制还不完善，一部分乡、村集体经济实力比较薄弱。为了继续深化改革，健全乡、村合作经济组织，发展壮大集体经济，加快农村现代化建设步伐，特作如下决定。”这一表述说明了制定《乡村合作社建设的决定》的意义；同时提出了“统一对乡、村合作经济组织性质、地位的认识；规范名称，健全机构；明确乡、村合作社的职能和主要任务；实行统分结合、双层经营，搞好各业责任制；加强财务管理，壮大集体经济实力；认真实行民主办社；社员、干部的权利与义务等。”

《乡村合作社建设的决定》的意义不可低估。十一届三中全会以后，农村联产承包责任制的实行，使集体经济体制得到了深刻的改造，同时也带动了所有制结构的调整与改革。北京市委不但赋予了这个集体组织形式的合作社新的内容，而且为新型合作社的发展创造了条件。北京市的新型合作社的发展，有着很强的集体经济的色彩在里面。

1994 年 3 月，全市农口股份合作制工作会议召开[3]。会议总结了 1993 年 1 137 家股份合作制单位的经验，提出鼓励企业领导层和各种骨干人员多入股，同时按照贡献大小划给贡献股，但是强调集体要控股。当年年底，股份合作制和股份制试点企业规模扩大到 2 500 家，乡镇企业的生产规模和经营管理水平有了明显地扩大和提高。

2000 年，中央农村工作会议提出，新阶段农村经济发展的中心任务是大力推进农业和农村经济结构战略性调整。按照中央部署，北京市提出要在提高农村经济的组织化程度上有所突破。要培育一批具有竞争实力的龙头企业，积极鼓励和引导农户和企业创办多种形式、多种所有制的加工流通服务型企业，支持和鼓励农民发展新型合作经济组织，

① 中共北京市委党史研究室．中国新时期农村的变革——北京卷［M］．北京：中共党史出版社，1998：16.

② 北京市地方志编纂委员会．北京志·农业卷·农村经济综合志［M］．北京：北京出版社，2008：572-579.

③ 中共北京市委党史研究室．中国新时期农村的变革——北京卷［M］．北京：中共党史出版社，1998：35.

建立和完善社会化服务体系，加强农产品的市场建设特别是农产品质量标准体系建设和农产品市场信息网络建设。

2001年，按照中央《关于做好农户承包地使用权流转工作的通知》要求，京郊进一步稳定土地承包关系，在完善延长土地承包期30年不变的基础上，全面调查了农户承包地使用权流转情况，并对农村土地承包合同实行规范化管理。到当年年底，全市签订农业承包合同60多万份，其中规范合同达到94.7%，新签合同签证率达到100%①

2002年，京郊农村推动社区集体经济产权制度改革，提出城乡结合部、卫星城周边和小城镇地区要适应城市化的要求，在认真清产核资的基础上，推进集体经济的体制创新，按照"撤村不撤灶、转居不转工、土地变资产、社员当股东"的思路建立新的管理体制和运行机制。

2003年市委农工委和市农委印发了《中共北京市委、北京市人民政府关于深化农村集体经济改革，加强农村集体资产管理的通知》（京发〔2003〕13号）②。2003年，丰台、海淀、石景山3个区颁发了关于进行社区股份合作制改革的政策性文件，有24个村（队）将村经济合作社产权制度由社员共有变为社员按份共用，还有2个乡和10个村开始改革。截至2003年12月底，全市有90多个乡村完成或推进产权制度改革。

2003年，在《中华人民共和国农村土地承包法》正式实施前，北京市有关部门起草了关于制订《北京市实施〈中华人民共和国农村土地承包法〉办法》的建议。同时，为促进郊区土地流转还起草了《关于积极推进农村土地使用权流转的意见》，提出鼓励农村土地使用权流转、保护农民的土地收益权等规定。针对家庭承包合同、家庭承包以外的承包（租赁）合同的调整以及新的农业承包合同的制定等问题，制定了《在农村税费改革中调整农业承包合同办法》。

2004年，为落实《国务院办公厅关于妥善解决当前农村土地承包纠纷的紧急通知》，北京市全面开展了农户土地承包经营确权和流转工作，采取确权确地、确权确利、确权入股等多种方式落实农户的土地承包经营权。大兴、密云、延庆等地以确权确地为主，朝阳、顺义、门头沟、房山、昌平、平谷、怀柔等地以确权确利为主，丰台、海淀等地以确权入股为主。

2007年，北京市进一步健全农户土地承包经营权流转机制。制定了集体土地征地留用安置办法，扩大集体建设用地流转试点范围。制定了乡镇管理体制综合改革指导意见，选择若干乡镇进行试点，加快集体经济产权制度改革。

2008年，北京市完善了土地确权后续工作。搭建农地流转信息平台，健全农户土地承包经营权流转市场；建立土地承包经营登记制度，完善土地流转合同、登记、备案等制度；实行征地多元化补偿安置，加强征地补偿费使用管理；依法管理农村集体建设用地和农民宅基地。

如上所述，改革开放后农民在土地承包以后有了劳动、择业的自主权和生产资料的购置权，个体经济迅速发展起来。郊区在实行统分结合、双层经营的社区合作经济基础

① 北京农村年鉴编委会．北京农村年鉴［M］．北京：中国农业出版社，2002：327-332.

② 北京市人民政府公报［R］．2003（14）：7-10.

上，又出现了各种农民联合体、专业合作组织和私营经济。同时，建在郊区的国有农业企业通过改革体制、调整结构，也有了新的发展。伴随对外开放、招商引资和“国家集体个人一起上，上下左右内外联”的发展，郊区农村迅速发展了合资、外资经济。这就形成了以集体所有制为主的多种经济成分、多种经营形式并存的新的经济发展格局。

（二）经济成分多元化①

京郊农村所有制改革的结果必然是形成了经济成分多元化和经营形式多样化的局面。一是个体经济、私营经济得到了充分发展。改革开放后，个体经济和私营经济得到迅速发展。1995 年郊区农民人均家庭经营纯收入为 1 080.1 元，比 1978 年的家庭副业收入 33 元增长了 32 倍，占当年农民人均纯收入的比重，由 14.8%提高到 32.5%。农民除了经营承包土地和家庭副业以外，一些善于经营和有技术专长的农民，还率先在工业、运输业、建筑业、商业、服务业投资兴办了个体、私营企业，直接参与市场竞争。1995 年，农村个体工商户达到 17.6 万户，从业人员 23.9 万人。其中从事工业的 1.9 万户，从业人员 4.1 万人；从事运输业的 2.4 万户，从业人员 2.6 万人；从事建筑业的 1.2 万户，从业人员 1.8 万人；从事商饮服务业的 12.1 万户，从业人员 15.4 万人。农村个体、私营经济已经成为农村经济发展重要组成部分。

二是专业合作经济不断扩展。郊区在改革发展社区集体经济的同时，加强了专业合作经济的发展和指导，使之成为市场经济形势下的新的经济增长点。据统计，到 1995 年，郊区有各种形式的专业合作经济组织 394 家，这些组织为农民提供生产、销售、资金、技术、信息等方面的服务，深受农民的欢迎。果树协会、蔬菜协会、养鸡协会、养羊协会、养兔协会、板栗协会等一批专业协会或研究会，对引导农民发展商品生产，提供产前、产后服务发挥了重要作用。如平谷县大华山乡的大桃生产，在 20 世纪 80 年代末就有一些村成立了大桃研究会，并在后北宫村建立了大桃批发市场。进入 90 年代以后，生产规模、销售范围越来越大，成为远近闻名的大桃产销中心。这些专业合作经济组织，实行自愿组合、利益共享、风险共担，提高了农民进入市场和参与竞争的能力。

三是股份合作经济有了突破。为了解决集体经济产权模糊不清、农民利益不够直接、影响生产经营积极性的问题，20 世纪 80 年代末至 90 年代初，郊区进行了社区集体经济股份合作制和乡镇企业股份合作制的改革试验，取得了重要成果。初步建立了产权明晰、利益直接、机制灵活的新机制，较好地发挥了合作经济劳力、资金联合合作的优势，形成了新的生产力和规模经济，调动了农民的生产经营积极性，保护了集体资产。在乡镇企业重组转制中，股份制和股份合作制也是企业盘活存量资产、优化资源配置的一条新路。据统计，到 1995 年年底，全市乡村已有股份合作企业 3 060 家，企业总资产为 46.24 亿元，实有资本（股金）27.8 亿元。其中集体股占 57%，职工个人股占 14%，社会个人股占 17%，社会法人股占 12%。股份合作企业几乎遍及农村经济各个行业。其中粮田规模经营农场、畜牧水产养殖场、果园、山区经济沟开发、农机站等第一产业 638 家，占 21%；工业、建筑业等第二产业企业 1 282 家，占 42%；商业、饮食、服务、旅游、科

① 北京市地方志编纂委员会．北京志·农业卷·农村经济综合志［M］．北京：北京出版社，2008：113-116.

技、咨询等第三产业的企业 1 140 家，占 37%。

四是出现了多种形式的经济联合体。改革开放促进了生产要素的合理流动，突破了长期以来形成的城乡分割、部门分割的格局，推动了各种经济联合体的发展。1985 年郊区已有 1 767 个联营单位，投资总额 15.6 亿元，其中引进资金 9 亿元。1995 年，多种形式的经济联合体发展到 2 532 个，联合的形式有合资经营、引进技术、专业协作、购销联合及科研生产联合体等。联合的对象分布广泛，有与中央企业和科研单位的联合，有与市属单位的联合，也有郊区县之间的联合，区县内部的联合，以及与外省市之间的联合。1995 年，郊区联合企业从业人员达 1.2 万人，实现总收入 9.8 亿元。联合经济的发展，特别是科研生产联合体的发展，不仅引进了资金、技术和管理经验，而且引进了一批科技、管理人才。

五是外资经济露出了萌芽。改革开放后北京郊区利用资源优势和良好的投资环境，积极吸引外资，外向型经济得到迅速发展。①“三资”企业迅速增加。到 1995 年年底累计批准“三资”企业 4 356 家，协议总投资 101.9 亿美元，利用外资 58.3 亿美元，单个企业投资超过 500 万美元的有 319 家，超过 1 000 万美元的有 205 家。②产品出口快速增长。1995 年郊区出口供货额达到 50.3 亿元，有 131 家乡镇企业的出口供货额超过 1 000 万元，其中有 18 家超过 5 000 万元。③技术引进成绩显著。工业引进了一大批先进设备；种植业引进了上百种蔬菜、水果、粮食新品种和种植技术；养殖业引进了猪、牛、禽、鱼等一批新品种和饲养技术。④对外经济合作的领域不断拓宽。除在农业领域兴办了中以农场、中日友好观光果园等合资企业外，利用外资的范围已扩大到旅游业、房地产业、基础设施等领域，外商投资企业逐年增多。随着对外开放的发展，郊区在引进外资的同时，还走出国门，在海外兴办企业 21 家。通过发展外向型经济，有效地提高了乡村企业的素质和市场竞争能力，对农村经济的发展起到了积极的推动作用。

六是国有经济得到充实提高。1949 年，在接收国民党政府机构和官僚资本的土地、财产的基础上，即在郊区建立了国营农场。20 世纪 50 年代，为解决首都副食品供应问题，发挥示范作用，在郊区进一步发展了国营农、林、牧场。20 世纪 70 年代，为解决首都“吃奶难”“吃蛋难”“吃鱼难”等问题，引进品种、技术和设备，发展了国有农场、林场、畜禽场和水产养殖场。改革开放以后，适应全市产业结构调整形势，国有农业企业又大力发展了加工业和第三产业。到 1995 年，仅市属涉农的局和总公司，建在郊区的国有农业企业就有农场、良种场 17 个，林场、苗圃 13 个，畜禽场 24 个，水产养殖场 7 个，并拥有一批工商服务企业。在全市农村经济中，国有农业企业虽然所占比重不大，但对保障首都副食品供应做出了重大贡献。同时在品种、技术、设施引进和对外开放、人才培训、改进经营管理等方面，对郊区农村都发挥了重要的示范、支持作用。随着农业产业化的发展，许多农、林、牧、渔场成为龙头企业，通过推进公司带农户、产加销一体化，带动了农村经济发展和农民致富。

经营主体多元化和经营形式的多样化构成了市场经济体系。这个体系的完善和不断发展，为农民合作社的产生营造了发展的经济环境。在市场经济体系下，大量的、独立的小生产者作为家庭联产承包责任制的农户成为了市场的主体。

作为市场经营主体的农户的小生产与现代市场经济体系下要求的大生产必然产生了

矛盾。这个矛盾的激化，就为合作社制度的出现，提供了选择和解决矛盾的出路。所以说，大量的小生产者的出现，为农民合作社的产生打下了深厚的经济基础。北京郊区的特殊性与全国不同，就在于一方面有大量的小生产的农户存在，另一方面又有较强的集体经济的合作组织存在，其农民专业合作社的发展就必然有自己的特色和发展规律。

二、经济因素

农民合作社在市场经济中可以发挥独特的作用，就在于经济因素在起着很重要的作用。在农业生产资料的供给环节和农产品的销售环节上，合作社使得规模经济效益发挥了独特的作用。

（一）降低交易成本

正如张晓山指出[①]："合作社提供了一种制度手段，使分散的个人能联合起来组成自助的团体，如农民合作社使分散的农户在保持独立的财产主体和经营主体的前提下，通过农产品集体销售或农业投入品集体购买等交易环节上的联合，降低单位农产品的销售成本或单位农用投入品及服务的购买成本，实现产前和产后的规模经济。"在一家一户的小生产的格局下，难以形成规模经济，是合作社的制度安排形成了规模经济。在农业的生产环节上，降低生产费用的作用是合作社通过提供技术支持和信息服务，来沟通生产和市场的需求的，这就减少了生产上的盲目性，间接或直接降低了生产费用。

（二）增加农产品价值

合作社的制度安排可以将分散农户和他们生产的初级产品带入第二、三产业，分享在这些产业中的增值利润。当然，被动加入合作社的农户，或者说生产型的合作社中的农户，他们在与大公司的合作中处在弱势的地位，在盈利式合作中还不能完全做主。他们需要建立自己的销售式的合作社，形成生产销售一体化的合作社，才能更多的拿到流通领域的销售利润。京郊的很多合作社就是走的生产销售一体化的路子，正如张晓山指出[②]："作为初级产品生产者的农民通过合作社这种企业组织形式，可进入第二、三产业，获取或分享初级产品进入加工销售领域后的增值利润。"

（三）规避市场风险

在传统的农产品销售中，农民作为农产品的生产主体，处在非主导地位上，农产品销售存在着发散型"蛛网波动"的现象。许多农产品陷入了从"涨价—扩大规模—跌价—市场紧俏—又涨价"，这一恶性暴涨暴跌的循环怪圈过程。即农产品的价格与产量变动相互影响，引起规律性的循环变动。1930 年美国的舒尔茨、荷兰的 J. 丁伯根和意大利的里奇各自独立提出，由于价格和产量的连续变动用图形表示犹如蛛网，1934 年英国的卡尔多将这种理论命名为蛛网理论。在传统的农产品销售过程中，产生蛛网现象恶果的

---

① 张晓山，苑鹏．合作经济理论与中国农民合作社的实践［M］．北京：首都经济贸易大学出版社，2009：135.

② 张晓山，苑鹏．合作经济理论与中国农民合作社的实践［M］．北京：首都经济贸易大学出版社，2009：135.

原因有以下几点。在产前环节，单独的农户对市场信息的获取渠道单一，而且滞后失真，生产无序竞争。在产中环节，生产无技术指导。在产后环节，加工无技术标准。在流通环节，存在多级批发商。在销售环节，不了解需求方的信息要求。而产生这一现象的根本原因是农民处于非主导地位上。

这就需要农民专业合作社的制度性安排，来打破农产品销售上的买方垄断，农民由非主导地位上升到主导地位；这就需要农民专业合作社出面，来打破农业生产资料的供给上的卖方垄断，增强农民的谈判地位。这实际上就是要让农民规避市场风险。正如门炜、任大鹏指出[①]："农民专业合作社是解决农户小规模生产局限与市场竞争压力的有效途径。"合作社既是市场经济的产物又是规避市场风险的利器。

三、社会因素

农民合作社得以产生并且可以发展起来，是有着积极的社会因素在其中发展着重要的作用的。就是合作社的多数成员农民，是弱者的联合，它在消除贫富差别方面发挥着积极的不可替代的作用。

（一）合作社是弱者的联合

合作社的成员多数是农民，他们有合作的愿望。这是合作社得以产生的前提条件。Rausseau 指出[②]："信任是一种甘愿暴露弱者的心理状态，这种状态基于的是信任者对被信任者的意图和行为的积极期望，即期望被信任者的意图和行为都不会损害信任者的利益。"多数农民期望合作社能给自己带来实际利益，他们有良好的期待和预期收益，才使合作社的产生成为可能。当他们意识到自己的小生产不能适应大市场，只有通过合作才能解决自己生产的农产品在生产和销售中的问题时，就产生了联合起来的愿望。这种联合首先是弱者之间的抱团取暖的联合。这种联合是建立在一定的信任基础上的联合。合作社在是一个经济组织的前提下，其社会基础还是一个弱者的联合的经济组织，它是一个有着社会功能的特殊的经济组织。它的社会功能体现在不仅是经济联合上，联合还要借助农村社区资源、亲族等亲缘地缘乡村文化的诸多因素发展起来。

（二）合作社具有公益性

合作社是特殊的经济组织就在于它有公益性。这个组织要为自己的成员做好服务工作。正如 1994 年联合国秘书长提交联合国大会的报告指出[③]："合作社企业提供了一种组织手段，从而使相当数量的人口得以将创造生产性就业、征服贫困和实现社会一体化的任务把握在自己手中。"这一解说充分地说出了合作社的社会公益性质，就是它在消除贫富差别方面在发挥着巨大的作用。

---

① 门炜，任大鹏．外部资源对农民专业合作社发展的介入影响分析［J］．农业经济问题，2011（11）：29-34.

② 黄珺．中国农民合作经济组织形成机理与治理机制研究［M］．长沙：湖南大学出版社，2011：147.

③ 张晓山，苑鹏．合作经济理论与中国农民合作社的实践［M］．北京：首都经济贸易大学出版社，2009：131.

合作社的公益性体现在“三性”上。按照张晓山的说法这“三性”是[①]：一是服务性，为社员的生产服务，销售农产品，不完全以盈利为目的。二是持久性，合作社的发展必须具有可持续发展的能力，这才为生存打下了基础。三是替代性。合作社是特殊的社会经济组织，替代性就在于它是一个减压阀和稳定器，它把弱小的农民联合起来增强了自己的谈判地位和影响力。我们认为这三性是非常重要的，尽管与张晓山的解释上有区别，但是，却殊途同归，合作社之所以富有生命力，能够发展下去得到广大农民的认可，就是它所具有的公益属性。

四 、政策因素

党中央国务院对发展农民合作社一贯是积极支持的。但是，有一个逐渐深化的过程。这种支持和帮助，正如徐旭初指出[②]：“作为一种社会经济组织，合作社从一开始就是一个‘防卫性’应激机制，深受其赖以建立的外部组织环境（ 特别是市场环境和政策环境）和内部成员结构的制约和影响 。”这就是说合作社在发展过程中，是深受政策环境的影响的，即国家积极的引导政策对合作社的发展起了很大的推动作用。这些政策体现在自 20 世纪 80 年代至今的中共中央、国务院印发的 1 号文件和其他文件中。

（1）1983 年。中央 1 号文件指出[③]：“适应商品生产的需要，发展多种多样的合作经济。近年来随着多种经营的开展和联产承包制的建立，出现了大批专业户（重点户），包括承包专业户和自营专业户。它们一开始就以商品生产者的面貌出现，讲求经济效益，充分利用零散的资金和劳力，发挥了农村各种能手的作用，促进了生产的专业分工和多样化的经济联合。经济联合是商品生产发展的必然要求，也是建设社会主义现代化农业的必由之路。当前，各项生产的产前产后的社会化服务，诸如供销、加工、贮藏、运输、技术、信息、信贷等各方面的服务，已逐渐成为广大农业生产者的迫切需要。适应这种客观需要，合作经济也将向这些领域伸展，并不断丰富自己的形式和内容。”这份文件的意义重大，就在于第一次提出了合作经济的概念；提出了经济联合是发展商品生产的必然要求；合作经济要向产前、产中和产后的各个领域发展。这是我们实行家庭联产承包责任制后，关于今后要走新的意义上的合作化道路的一个极赋有前瞻意识的合作经济的文件。

（2）1984 年。中央 1 号文件指出[④]：“为了完善统一经营和分散经营相结合的体制，一般应设置以土地公有为基础的地区性合作经济组织。这种组织，可以叫农业合作社、经济联合社或群众选定的其他名称；可以以村（大队或联队）为范围设置，也可以以生产队为单位设置；可以同村民委员会分立，也可以一套班子两块牌子。以村为范围设置的，原生产队的资产不得平调，债权、债务要妥善处理。此外，农民还可不受地区限制，

① 张晓山，苑鹏．合作经济理论与中国农民合作社的实践［M］．北京：首都经济贸易大学出版社，2009：136.

② 徐旭初．合作社文化：概念、图景与思考［J］．农业经济问题，2009（11）.

③ 中共中央．当前农村经济政策的若干问题［EB/OL］．1982-12-31. http：//money. 163. com/10/0126/18/5TVO7PQU002544P9. html.

④ 中共中央．关于一九八四年农村工作的通知［EB/OL］．1984-01-01. http：//news. xinhuanet. com/ziliao/2005-02/07/content _ 2558385. htm.

自愿参加或组成不同形式、不同规模的各种专业合作经济组织，这些组织对地区性合作经济组织和其他专业合作经济组织，是平等互利或协调指导的关系，不再是行政隶属和逐级过渡的关系。”在统一经营和分散经营相结合的基础上，农民合作经济组织有两种形式：一种是在原生产大队、生产队和村基础上形成的农民合作经济组织；一种是农民自愿组织的不受地区限制的各种专业合作经济组织，这种组织不是行政隶属的关系，是农民自愿参加和组成的。在 1983—1984 年间，就出现了农民自愿组成的合作经济组织，这种经济合作组织是农民专业合作社的雏形，它一出现就得到了中央的鼓励和认可。

（3）1985 年。中央 1 号文件指出①：“按照自愿互利原则和商品经济要求，积极发展和完善农村合作制。各种合作经济组织都应当拟订简明的章程，合作经济组织是群众自愿组成的，规章制度也要由群众民主制订；认为怎么办好就怎么订，愿意实行多久就实行多久。只要不违背国家的政策、法令，任何人都不得干涉。”这份文件的意义就在于着重强调了合作经济组织必须是农民群众自愿组成的，各种强迫性的组织都不算数。

（4）1986 年。中央 1 号文件指出②：“近几年出现了一批按产品或行业建立的服务组织，应当认真总结经验，逐步完善。各地可选择若干商品集中产区，特别是出口商品生产基地，鲜活产品的集中产区，家庭工业集中的地区，按照农民的要求，提供良种、技术、加工、贮运、销售等系列化服务。通过服务逐步发展专业性的合作组织。”当时，各地出现了按产品或按行业成立的各种服务性组织，如何按照农民的需求，在生产、加工和销售等领域建立合作经济组织，中央提出了要求。这时的合作经济组织，还是为农民服务的性质，按照农民的需求来建立起来的。

自 1987—2003 年期间，中共中央国务院虽然没有发布关于农村工作的中央 1 号文件，但是，印发有关农村农业重大问题的文件却没有停止过，其中涉及到农民专业合作社发展过程的文件如下。

（5）1990 年。中央 59 号文件指出③：“要积极帮助合作经济组织把农民急需的服务项目搞起来，并随着集体经济实力的增长逐步扩展服务内容，发挥其内联广大农户、外联国家经济技术部门和社会上各种服务组织的纽带作用。要督促国家经济技术部门，围绕技术、资金、物资、信息以及经营管理、产品销售等内容强化服务功能。要有组织地引导其他各种服务性的经济实体，以不同形式分别联系若干合作经济组织或若干农户，向农民提供专项服务或系列化服务。”中央对合作经济组织的判断认为，这个组织是社会化服务体系的载体。而且，在这份文件中，中央对合作经济组织的认识又有了进一步的认识，就是其要紧密地联系农民群众，为农民提供专业化的服务。

① 中共中央，国务院．关于进一步活跃农村经济的十项政策［EB/OL］．1985-01-01. http：//money. 163. com/10/0126/18/5TVO22IO002544P9. html.

② 中共中央，国务院．关于一九八六年农村工作的部署［EB/OL］．1986-01-01. http：//money. 163. com/10/0126/18/5TVNURLM002544P9. html.

③ 中共中央，国务院．关于一九九一年农业和农村工作的通知［EB/OL］．1990-12-01. http：//www. chinalawedu. com/news/1200/22016/22030/22435/22438/2006/3/sh25462221019360024752-0. htm.

（6）1993 年。中央 11 号文件指出[①]："建立健全农业社会化服务体系。建立比较完备的农业社会化服务体系，是保障我国农业生产稳步增长的必备条件。要逐步形成社区集体经济组织、国家经济技术部门、各种民办专业技术协会（研究会）等组织相结合的服务网络。"

各级供销社都要继续深化改革，真正成为农民的合作经济组织。成立全国供销合作总社，加强供销合作社系统改革的指导，探索向综合性农业服务组织发展的新路子。鉴于供销社是农民的合作组织，今后有关供销社的体制改革要同时接受农口的指导和协调。

农村各类民办的专业技术协会（研究会），是农业社会化服务体系的一支新生力量。各级政府要加强指导和扶持，使其在服务过程中，逐步形成技术经济实体，走自我发展、自我服务的道路。"

在这份文件中，中央对作为农业社会化的服务体系又有了进一步的认识。在农业社会化的服务网络中，除了社区集体经济组织和国家的经济技术部门外，还充分肯定了各种民办专业技术协会（研究会）这一类的经济组织。称这类组织是农业社会化服务体系的一支新生力量，要走自我发展、自我服务的道路。同时，对供销社也有一个新的定位，认为其是农民的合作经济组织。这样农民合作经济组织的概念出现在了中央正式文件中。

（7）1998 年。中央 2 号文件指出[②]："发展多种形式的联合与合作。农民自主建立的各种专业合作社、专业协会以及其他形式的合作与联合组织，多数是以农民的劳动联合和资本联合为主的集体经济，有利于引导农民进入市场，完善农业社会化服务体系，要积极鼓励和大力支持。"

这份文件中第一次充分肯定了农民自主建立的专业合作社。梳理上述文件和当时的农村经济发展形势可以看出，多种形式的联合首先是从技术合作开始的。然后开始了生产领域的生产资料的购买，销售领域的农产品的售卖，这些合作延伸到了生产要素和生产资金的合作。合作社的牵头人除了集体经济组织、农机、农技、水利、畜牧养殖和供销部门外，又出现了农业产业化的龙头企业，特别是在农民自身中涌现了技术带头人、能人和专业大户。这样农民专业合作社的萌芽就产生了。最为可贵的是，中央及时总结了这些新的情况，加以鼓励和支持。

（8）2003 年。中央 3 号文件指出[③]："积极发展农产品行业协会和农民专业合作组织，建立健全农业社会化服务体系。农产品行业协会和各种专业合作组织，是联结农户、企业和市场的纽带，对于提高农民的组织化程度，转变政府职能，增强农业竞争力，具有重要作用。农产品行业协会是独立的社团法人，实行自主决策，民主管理。协会成员可以是加工企业，可以是流通企业，也可以包括农民的专业合作组织。加快制定有关法律法规，引导农民在自愿的基础上，按照民办、民管、民受益的原则，发展各种新型的农

① 中共中央，国务院．关于当前农业和农村经济发展的若干政策措施［EB/OL］．1993-11-05. http：//gaige. rednet. cn/c/2008/06/22/1534855. htm.

② 中共中央，国务院．关于 1998 年农业和农村工作的意见［EB/OL］．1998-01-24 ．http：//www. xjxnw. gov. cn/zx/snzc/hnzc/09/911602. shtml.

③ 中共中央，国务院．关于做好农业和农村工作的意见［EB/OL］．2003-01-16. http：//www. xjxnw. gov. cn/zx/snzc/xjwjhb/2003n/09/902259. shtml.

民专业合作组织。”这一表述突出了专业合作组织的重要作用；也再次强调了国家要推进成立农民专业合作组织的立法工作。对农民专业合作组织的发展方向也作了指引。

从2004—2014年，连续11年中央恢复印发中央1号文件，强调了“三农”问题的重要性。这些文件从不同侧面涉及到了农民专业合作社的建设问题。

（9）2004年。中央一号文件指出[①]：“培育农产品营销主体。鼓励发展各类农产品专业合作组织、购销大户和农民经纪人。积极推进有关农民专业合作组织的立法工作。从2004年起，中央和地方要安排专门资金，支持农民专业合作组织开展信息、技术、培训、质量标准与认证、市场营销等服务。有关金融机构支持农民专业合作组织建设标准化生产基地、兴办仓储设施和加工企业、购置农产品运销设备，财政可适当给予贴息。”这份文件再一次把建立农民专业合作组织的立法工作写进了文件中，表明中央已经加快了有序推动合作社的发展工作。文件特别布置了发展销售类的农民合作组织的各项工作，从信息、技术、市场营销服务和金融服务等方面加以支持。这说明中央已经充分地认识到了发展以农民为销售主体来销售农副产品的重要性。让农民进入流通领域，是使农民增加收入的重要途径。

（10）2005年。中央1号文件指出[②]：“积极探索龙头企业和专业合作组织为农户承贷承还、提供贷款担保等有效办法。支持农民专业合作组织发展，对专业合作组织及其所办加工、流通实体适当减免有关税费。”在这份文件中，第一次提到了支持农民自己的专业合作组织的发展，并且要对加工、流通实体的合作组织减免税费。对另一类的合作组织、龙头企业鼓励其与农户建立紧密的联系。

（11）2006年。中央1号文件指出[③]：“积极引导和支持农民发展各类专业合作经济组织，加快立法进程，加大扶持力度，建立有利于农民合作经济组织发展的信贷、财税和登记等制度。”面对全国各类农民合作社的发展形势，党中央作出了继续支持发展的政策，并加快了立法的进程。

我们梳理《中华人民共和国农民专业合作社法》颁发前的政策框架，感到党中央在促进农民合作组织发展这一个政策目标是明确的，坚定不移的，只是有着明显的起步阶段的特征，概括起来有以下几个特点：①政策目标是为了提高农业生产力，发展商品经济，促进现代农业的发展；让农民实现增产增收。②政策出发点是按照自愿互利的原则，按照民办、民管、民受益的原则，发展各种新型的农民合作组织。③政策初步勾勒了合作社的主体除了农民群众外，发达地区还有集体经济组织，还有龙头企业、各种农业专业协会、专业联合会，表明从发展合作社的初期成员单位就具有多元化的特征。这表明了发展农村经济，要促使多种所有制经济共同发展的特征。

上述政策文件表明，农民专业合作社的确是一个新生事物，组织建立是一个逐步发

① 中共中央，国务院．关于促进农民增加收入若干政策的意见［EB/OL］．2003-12-31. http：//money. 163. com/10/0126/18/5TVNNN3V002544P9. html.

② 中共中央，国务院．关于进一步加强农村工作提高农业综合生产能力若干政策的意见［EB/OL］．2004-12-31. http：//www. tsrb. com. cn/news/2010ZYYHWJZT/2010/24/1024102840HJBHF7099A3E05JGKHI1. html.

③ 中共中央，国务院．关于推进社会主义新农村建设的若干意见［EB/OL］．2005-12-31. http：//www. ce. cn/xwzx/gnsz/szyw/201201/30/t20120130_23027711. shtml.

展的过程。在这个发展过程中，合作经济的组织体系建设和构架是一个不断完善的过程。没有党的政策支持和保障，很难想象合作社会健康持续得到发展。所以，农民专业合作社的政策支持体系是一个非常关键的因素。

第二节　改革集体经济组织

北京市农民专业合作社的发展，是从改革集体经济组织入手的。前提是首先实行了政社分设的经济改革制度。

一、政社分设

北京市实行政社分设，建立乡村合作社是全国大的形势的要求。1983 年中共中央 1 号文件指出[①]："政社合一的体制要有准备、有步骤地改为政社分设"，"在政社分设后，基层政权组织，依照宪法建立"。1984 年中共中央 1 号文件指出[②]："原公社一级已经形成经济实体的，应充分发挥其经济组织的作用"，但它与原大队、生产队"是平等互利或协调指导的关系，不再是行政隶属的逐级过渡的关系"。

建立乡村合作社也有自身的客观需求，可以概括为两点：一是北京市实行政社分设是在集体经济有比较雄厚的物质和技术基础上进行的。1983 年，京郊农村共有 265 个公社，共办起乡镇企业 8 891 个，年总收入 25 亿多元，年总利润 5 亿多元。同时，集体有大中型拖拉机 9 855 台，手扶拖拉机 22 652 台，联合收割机 798 台，载重汽车 5 822 辆，排灌机械 64 448 台，固定资产达到 20 多亿元。[③] 因此，只有充分利用和保护这些基础设备和设施，才能有助于农村经济的发展。二是乡级政府机构和乡经济合作社的职能定位不同。乡政府从行政执法上领导农村集体和个体、私营等经济组织，而乡村合作社作为农民合作集体经济组织，可以凭借其企业法人身份，对外对内开展经营活动，从而便于统一安排全乡多余的劳动力，组织安排专业化经营。

政社分设的过程。实行联产承包责任制以后，北京郊区 1981 年开始在丰台区黄土岗公社和昌平县沙河公社进行政社分设改革的试点。按照中央的部署，从 1983—1984 年北京郊区进行并完成了政社分设的改革。京郊人民公社集体经济从公社、大队到生产队三级都是经济实体。《北京志》记载[④]：1982 年农村集体经济固定资产总值 18.8 亿元，其中，公社占 39%，大队、生产队分别占 36%和 25%。在实行政社分设、建立乡政府的同时，原来 269 个公社级集体经济都作为合作经济组织保留下来，其中 226 个公社改称农工商联合总公司，43 个公社当时仍沿用人民公社管委会名称。在职责划分上，乡政府都不

① 中共中央．当前农村经济政策的若干问题［EB/OL］．1982-12-31. http：//money.163.com/10/0126/18/5TVO7PQU002544P9.html.

② 中共中央．关于一九八四年农村工作的通知［EB/OL］．1984-01-01. http：//news.xinhuanet.com/ziliao/2005-02/07/content_2558385.htm.

③ 中国新时期农村的变革——北京卷之农业包产到户至适度规模经营的理论与实践［M］．北京：中央党史出版社，1998：75.

④ 北京市地方志编纂委员会．北京志·农业卷·农村经济综合志［M］．北京：北京出版社，2008：108-109.

再直接管理经济。由于各地经济发展水平不同，以及干部素质差异等多种原因，一些地方对政社职责划分作了调整，有的把农业管理工作和机构划归乡政府，乡合作经济组织只负责经营管理乡村集体企业。

到 1985 年，北京市已建立乡镇政府 362 个，同时，在 270 个乡建立了乡（镇）农工商总公司。[①] 政社分设以后，凡是已经形成明显分工分业的乡镇，都相应建立了专业生产和服务组织，一般设有农业服务公司、多种经营服务公司、工业公司、经营管理站等，对村合作经济和个体经济进行多方面的服务和指导。海淀区四季青、东升、玉渊潭、海淀等乡由于商品经济发达，城市占地多等原因，在 20 世纪 80 年代初打破大队和生产队界限，在全乡范围内实行统一经营和专业化生产，按照菜、果、粮、畜牧、运输、工业、商业等行业组织专业公司，大的专业公司中又分成小的专业单位，在产前、产中、产后的专业单位之间紧密协作，相互服务，形成了比较完善的专业生产体系，扩大了经营规模，促进了经济的发展。

在政社分设后，村级也相应地进行了改革，即按行政村范围建立村民委员会，同时把生产大队改成单纯的合作经济组织，这项工作从 1982 年开始试点，到 1984 年年底结束。4 171 个村合作经济组织中，有 80%当时仍沿用大队管委会名称，10%改为农工商联合公司，2%改为经济合作社，还有 8%改用了其他名称。大部分村采取村民委员会和村合作经济组织分立的办法，少数规模小、经营单一的村，实行村合作社与村委会一套班子两块牌子。

由于联产承包责任制的变革和乡、村两级集体经济的发展，生产队作为基本核算单位的地位发生了变化。不少地方在包干到户以后，生产队不再是经济主体，为精简干部，有些地方将生产队的管理和服务职能上移到村合作组织，生产队逐渐解体。还有些地方由于分工分业的发展，打破了生产队的界限，在村合作经济组织范围内组织专业化生产，建立了各种专业生产组织，而将生产队建制取消。1982 年全郊区共有生产队 12 816 个，1987 年统计，作为合作组织独立存在的生产队减为 6 967 个，1990 年进一步减少为 3 926 个。这些统计数据充分说明了北京郊区农民专业合作社的兴起是从集体经济合作组织的改革开始的。

二、完善集体经济组织

政社分设后，虽然改变了政企不分的局面，保留了乡村集体经济组织，在市场经济发展的初期，发挥了集体经济优越性的作用。但是，在市场经济体系建设的过程中，如何进一步建设好合作经济组织还处在探索阶段，一些集体及经济组织建设不好的地区，把集体资产分给个人，就出现了“有集体无名称，有组织无经营”的局面。还有的地区甚至取消了集体经济组织。有的地区双层经营体制不完善，由于原有的承包合同不完善，加之农村干部群众没有执行合同的经验，出现许多合同纠纷案件。到 1987 年，联产承包合同纠纷不断增多，还出现了顺义县长林店和半壁店两大合同风波，导致联产承包、统

① 中国新时期农村的变革——北京卷之农业包产到户至适度规模经营的理论与实践［M］．北京：中央党史出版社，1998：74.

分结合、双层经营的合同管理遭遇困境。有的地区模糊了公有财产的所有者，过分强调承包经营者的利益，“以包代管”，造成了集体资产流失；有的地区没有实行民主办社的原则，个别集体经济组织盲目决策，导致了各种问题产生。

针对上述各种问题，1988年，北京市在对乡村合作社建设问题进行全面调查基础上，起草了《健全乡村经济合作组织的暂行规定》。从1989年开始，着力抓了村和乡两级合作经济的组织建设和制度建设，印发了一系列文件。①

（1）1989年。1989年10月，中共北京市委农工委、市政府农办印发《关于健全乡村合作社组织，发展集体经济若干问题的暂行规定》（以下简称《暂行规定》）。

（2）1991年。1991年1月，市委、市政府印发《关于加强乡村合作社建设，巩固发展集体经济的决定》（以下简称《决定》），主要内容包括：①统一对乡村合作经济组织的性质、地位的认识；②规范合作社名称，健全机构；③乡村合作社的职能和主要任务；④实行统分结合、双层经营，搞好各业责任制；⑤加强财务管理；⑥认真实行民主办社；⑦社员、干部的权利义务；⑧党和政府对合作社的领导、扶持和管理。《决定》是全市第一个规范乡村合作社建设的文件，对规范乡村合作社建设工作具有重要的指导作用。

京郊各区县按照《暂行规定》和《决定》，开展了完善合作经济组织的工作：学习讨论市委、市政府的《决定》，认识到发展集体经济必须完善合作组织，实行双层经营；总结集体经济改革的经验教训，统一认识，消除误解；统一村合作组织的名称（一般叫村经济合作社），讨论拟定本村经济合作社的章程；选举社员代表，建立社员代表大会制度，听取工作报告，公布财务账目，通过社章，选举村合作社管理委员会和社长；提出经济发展规划，制定完善承包和加强管理的具体制度和办法。

到1991年年底，全郊区95%以上的村完成了健全合作社组织的各项任务，初步规范了村合作社的运行机制。之后，市、区县、乡镇抓住每年召开两次社员代表大会例会这个环节，由社管委会报告工作，公布账目，听取社员代表的批评建议，并由上面派干部下去检查指导。经过多年坚持，有效地推进了民主办社和财务公开。这些举措对巩固村合作社、发展集体经济发挥了重要作用。

按照市委、市政府《决定》要求，海淀区等一些乡（镇）级的合作经济组织同样规范了合作经济组织的名称：一般称“合作经济联合社”，简称“乡联社”。健全组织，民主办社。

为规范经济合作社与农户之间的关系，加强农村合作经济的管理工作，在1989—1994年的5年期间，北京市人民代表大会常务委员会审议颁布了5项农村合作经济管理的地方性法规，指导郊区农村合作经济的建设和发展工作。

（3）1989年。1989年10月19日市九届人大常委会第十四次会议审议通过了《北京市农业联产承包合同条例》。《条例》使农业联产承包合同管理进入了法制管理的轨道。市、县（区）、乡（镇）配备农业承包合同管理专职干部531人，形成了市、县、乡合同管理网络，依法对承包合同进行规范。同时，各区县统一印制了土地、林业、畜牧、企业等承包合同文本，30%的承包合同由乡（镇）经管站进行了鉴证，合同纠纷明显减少，履约率大大提高，促进了联产承包责任制的稳定和完善。

① 北京市地方志编纂委员会．北京志·农业卷·农村经济综合志［M］．北京：北京出版社，2008：109-111.

（4）1993年。1993年5月7日，市十届人大常委会第二次会议审议通过了《北京市农村集体资产管理条例》，对农村集体资产的所有权、经营权、管理制度、法律责任作了具体规定，明确了监督管理部门，为改善和加强集体资产管理提供了法律规范。《管理条例》发布后，各级经营管理部门做了大量落实工作，加强了农村集体资产的管理。

（5）1994年。1994年1月14日，市十届人大常委会第八次会议审议通过了《北京市乡村集体企业承包经营条例》，为规范乡村集体企业承包活动，解决"以包代管"、负盈不负亏、损害企业所有者或经营者利益等问题，提供了法律依据，在实践中发挥了重要作用。

（6）1994年。1994年5月1日，市十届人大常委会第十次会议审议通过了《北京市农民负担管理条例》，对涉及农民负担的项目和行为进行了规范，明确了市、区县农民负担的管理部门。此后，减轻农民负担的工作力度进一步加大，组织了农民负担执法大检查，对涉及农民负担的文件和项目进行了全面清理和审核，使农村中乱摊派、乱收费、乱集资现象初步得到遏制，农民不合理负担明显减少。

（7）1994年。1994年9月9日市十届人大常委会第十二次会议，审议通过了《北京市农村集体所有荒山荒滩租赁条例》，明确了集体所有荒山荒滩租赁的范围和对象，规定荒山荒滩租赁必须坚持公开、公正、公平和自愿原则，并根据荒山荒滩开发周期较长、见效时间较长的特点，规定租赁期限可延长到70年。据统计，到1995年，郊区农村租赁荒山面积为4.75万公顷。其中，由本村社员承租的面积占78%，由社会单位和个人承租的占12.6%。签订租赁合同14 334份，其中承租期在20年以上的占91%。

三、探索改革集体经济产权制度

随着市场经济的建立，农村城市化进程的加快和多元化投资主体的不断形成，集体经济产权不明、运行不灵、监督不力、利益分配不合理的问题在一些地方日益突出，表现在以下几点：民主决策与民主管理流于形式，集体资产流失严重；集体经济萎缩，基层组织的凝聚力下降；在城市化进程较快的城乡结合部地区，农民要求分集体家底，上访不断，严重影响了社会稳定。

这些现象产生的根本原因是集体经济产权不清、所有者不明、农民没有真正成为集体经济的主人等问题没有得到解决。只有健全集体资产所有者主体，明晰集体资产所有权，变集体共同共有为社员按份共有，才能真正地发展集体经济。针对这些问题，北京市出台了一系列文件，采取了很多的措施。

（1）1996年12月17日，市委农工委、市农办印发《关于村经济合作社社员代表大会的若干规定（试行）》通知，要求壮大集体经济，进一步加强村经济合作社制度建设，推动农村经济社会全面进步。

（2）1997年1月3日，市委农工委、市政府农办印发《关于村经济合作社社员代表大会的若干规定》，强调社员代表大会制定的相关规定。

（3）1997年11月11日，市委、市政府印发《关于进一步深化农村经济体制改革落实农村经济政策若干问题的意见》（京发〔1997〕14号）指出："深化集体经济改革，发展农村合作经济。要积极探索集体经济的多种实现形式，一切反映社会化生产规律的经营方式和组织形式都可以大胆利用。对目前郊区大量出现的多种多样的股份合作经济、合伙企业、各种形式的联合体等，都要积极支持、引导和大力发展，不断总结经验，使之逐步完善。劳动者的劳动联合和劳动者的资本联合为主的集体经济，尤其要提倡和鼓励。”这份文件意义深远，对规范村合作经济组织和新型合作经济组织发展都起到政策指引的作用。

（4）1998年11月，中共北京市委印发《关于贯彻党的十五届三中全会精神，进一步加强农业和农村工作的意见》指出：“深化社区集体经济组织改革，发展农村新型合作经济。按照明晰产权的原则，深化集体经经济的内部改革，发展多种形式的合作经济。”

（5）1999年12月27日，市政府办公厅《关于印发北京市撤制村队集体资产处置办法的通知》（京政办发〔1999〕92号）指出：“集体资产数额较大的撤制村、队，要积极创造条件进行改制，发展规范的股份合作经济。可以将集体净资产划分为集体股和个人股。集体股所占比例由该村、队集体经济组织成员大会或者代表大会讨论决定，但不应低于30%；其他净资产量化到个人。撤制村、队集体经济组织成员获得的股权，享有收益权，可以继承，转让，但不得退股。各级政府要积极帮助和支持撤制村、队进行股份合作制改造，发展股份合作经济。”

（6）2002年，中共北京市委、市政府印发《关于深化农村集体经济改革，加强农村集体资产管理的通知》提出：“撤村不撤灶、转居不转工、土地变资产、社员当股东”的改革思路，当年“实行社区股份合作制改革的村达到20个”的任务。当年年底①，全市有24个村队将村经济合作社产权制度由社员共有变为社员按份共用，有2个乡和10个村启动了改革进程。

（7）2003年6月25日，中共北京市委、市政府印发的《关于进一步深化乡村集体经济体制改革，加强集体资产管理的通知》指出：“进一步深化乡村集体经济产权制度改革，增强集体经济组织活力。乡村集体经济组织要通过改革，实现制度创新，真正成为产权明晰、农民入股、主体多元、充满生机和活力的市场主体。本市乡村集体经济体制改革的基本方向要把‘资产变股权、农民当股东’。乡村集体经济组织的存量资产通过民主程序，在留出一定数量的社会保障资金后，可以量化给本集体经济组织成员，作为其在本集体经济组织中占有的股份，并按照股份份额获取收益、承担风险。整建制撤村转居的乡村集体经济组织，存量资产要优先用于农民转居后的社会保障，剩余部分可以根据本集体经济组织成员的意愿，在留出适量集体股后量化到个人。此项改革可以在乡村集体经济组织资产较多、实力较强、发展前景较好、农民有强烈要求以及具备其他条件的乡村先行试点，在取得经验的基础上逐步推进。”

（8）2003年7月15日，北京市农村工作委员会发出《关于印发北京市乡村集体经济组织登记办法的通知》（京政农发〔2003〕6号），对全市范围内乡镇集体经济组织、村集体经济组织、农民专业合作经济组织、乡村集体经济组织下属的独立核算的事业单位法人登记问题做出明确规定。北京市农村集体经济组织在进行产权制度改革以后，由区县人民政府发给集体经济组织法人（其他法人）登记证书。持该法人证书分别到区县技术

① 北京农村年鉴编委会．北京农村年鉴2003［M］．北京：中国农业出版社，2003：308-313.

监督局、国家税务机关和银行领取企业法人代码证书、进行税务登记、银行开立账户。文件规定，具备条件的新型集体经济组织应当同时到国家工商行政管理部门办理企业法人登记。

(9) 2004 年 8 月 31 日，中共北京市委农村工作委员会、北京市农村工作委员会印发《关于积极推进乡村集体经济产权制度改革的意见》(京农发〔2004〕28 号)。对北京市农村集体经济组织产权制度的基本方向、原则、程序、产权界定、资产处置、股份量化等问题做出了规定。文件规定："乡村集体经济产权制度改革的基本方向是'资产变股权、农民当股东'，建立起与市场经济接轨的产权清晰、权责明确、政企分开、管理科学的新型集体经济组织。乡村集体经济产权制度改革要坚持解放和发展社会生产力，壮大集体经济实力的原则；坚持保护集体经济组织及其成员合法财产权，维护农村社会稳定的原则；坚持尊重集体经济组织成员的民主权利，公开、公平、公正的原则；坚持实事求是、因地制宜的原则。"

(10) 2005 年 3 月 14 日，市工商行政管理局、市农村工作委员会联合印发《关于农村集体经济组织改建登记有关问题的通知》(京工商发〔2005〕48 号)。文件针对取消《北京市农村股份合作制企业暂行条例》第 19 条有关"改建设立农村股份合作企业批准"后，新型集体经济组织企业法人登记问题做出明确规定。依据该文件规定，新型农村集体经济组织可以到国家工商行政管理部门登记为集体所有制企业。

(11) 2008 年 12 月 30 日，中共北京市委印发的《关于率先形成城乡经济社会发展一体化新格局的意见》指出："按照'资产变股权、农民当股东'的思路，全面推进农村集体经济产权制度改革，盘活存量资产，转变经营方式，激发集体经济内在动力，建立与市场经济接轨的产权清晰、权责明确、政企分开、管理科学的新型经济组织。"

(12) 2010 年 1 月 7 日、10 月 8 日，中共北京市委农委、市农村工作委印发《关于进一步加快推进农村集体经济产权制度改革工作的意见》(京农函 2 号)，《关于进一步加强新型集体经济组织管理、指导和服务的意见》(京农函〔2010〕11 号)。两个文件要求进一步加强新型集体经济组织登记管理工作，切实加强整建制农转非乡村的集体经济组织管理，不断加强新型集体经济组织内部制度建设，加强对新型集体经济组织的审计监督，加强对新型集体经济组织的培训工作，加强组织领导和服务。

按照市委、市政府的统一部署，1993—1995 年在丰台区完成了农村集体经济产权制度改革的试点工作。从 2003—2007 年，分别在门头沟区、朝阳区和房山区完成了产权制度改革的扩大试点工作。在长期试点、示范的基础上，从 2008 年开始北京市郊区农村集体经济产权制度改革进入全面推广阶段。

从 1996—2010 年，全市 193 个乡镇集体经济组织、3 987 个村集体经济组织中，已经有 2 475 个乡村集体经济组织完成了产权制度改革，占集体经济组织总数的 59%。

农村集体经济产权制度改革取得的成效，有如下几点：一是维护了农民权益。推进农村集体经济产权制度改革，变撤村撤社为撤村不撤社，资产变股权，农民当股东。农民群众真正拥有了国家宪法赋予的集体经济民主选举权、集体经济经营管理决策权和监督权，真正成为集体资产管理主体和集体经济受益主体。集体土地征占、集体资产处置、集体资产收益分配、集体资产经营方式的改变等涉及农民群众切身利益的重大问题，不再由上级政府包办代替，也不再由少数干部说了算，必须依照新型集体经济组织的章程履行民主决策程序。

二是强化了集体资产管理。由于共同共有产权制度带来的产权不清、责任不明、保护无力等体制性障碍，造成村务公开民主管理形同虚设，清产核资产财务审计前清后乱前审后犯，集体资产流失。通过推进集体经济产权制度改革，集体经济产权制度变共同共有为按份共有以后，民主管理民主监督成为社员群众自觉的行动。在实行农村产权制度改革以后，新型集体经济组织普遍建立健全了法人治理结构，强化了内部监督约束机制，加强了对集体资产的管理。

三是发展了农村生产力。通过进行产权制度改革，打消了农民群众不愿进行生产性投资建设的顾虑，极大地调动了农民群众投资建设的积极性。为了发展经济，各个新型集体经济组织都千方百计筹集发展资金，根据本地实际抓住机遇大力发展地区经济。

北京郊区集体经济的改革和发展，为新型的农民专业合作社的发展打下了良好的基础，也使得北京郊区农民专业合作社的发展有着鲜明的集体经济支持和牵引的色彩。

第三节　合作社的兴起

北京郊区农民专业合作社为什么兴起？除了上面分析的改革背景、经济社会因素和政府支持等重要的因素外，从自身的内部因素讲，就是农民自身内部有发展动力机制。从经济学上讲，这个内部的动力机制就是合作化可以实现规模化生产与经营，降低生产流通成本，这是合作社发展的基本的经济动力。

张晓山认为[①]：“中国的农业产业化经营的基点则应是培育和发展农业劳动者自己的合作组织，只有这样，初级产品生产者的经济利益才能得到真正的保障，农民组织起自己的农产品加工和销售以及农业生产资料购买合作社，通过二次分配，按照社员与合作社之间的交易额将购买、加工与销售的利润返还给社员。”这其中的含义，就是合作从本质上说，是自利性行为和互利性行为的统一。一家一户的小农经济，只有通过合作的形式，把各自的力量汇集起来，形成规模生产，或者通过规模化的服务，降低生产、加工和销售环节的成本，才能满足大市场对大宗农产品的需求。这就是提高农民的组织化程度，完成小农向现代农业的转变。这就是农民自己意识到了要组织起来发展农民专业合作社。这就是动力之源。早在20世纪90年代，张晓山就对中国农民专业合作社的发展动因作了分析，并对合作社的发展前景给予了积极的、乐观的预测。这一预测经过了实践的检验是准确的，在京郊农民专业合作社的发展实践中得到了印证。

一、农民自发兴建合作社[②]

北京市延庆县旧县镇大柏老村奶牛养殖业是从1975年开始的，生产的鲜奶交到县里

① 张晓山．合作社的基本原则及有关的几个问题［J］．农村合作经济经营管理，1998（2）：7-9.

② 北京延柏大柏老聚八方奶牛专业合作社［EB/OL］．http：//www.cfc.agri.gov.cn/cfc/html/89/2009/20090520151930647148349/20090520151930647148349_.html.

奶粉加工厂。改革开放后，伊利、蒙牛、光明、三元等奶业大公司进入北京郊区。这时，就出现了很多个体收奶站，为大的奶品公司供奶。

个体奶站联合起来对奶价一压再压，奶农的利益受到了侵害。2004 年 3 月，大柏老村退休老书记唐成厚为了保护奶农的利益，带领了诸多奶农集资成立了延柏大柏老聚八方奶牛合作社，把原来的大户经营主体变为合作社经营主体。

合作社运作机制 。实行一人一票制表决权，年终盈余按照交易额与投资入股 6∶4 比例分配；合作社提取的公积金量化到每个成员的账户。合作社设理事会（5 名成员）和执行监事，由成员代表大会民主选举。定期召开理事会和成员代表大会，涉及到合作社重大事情都要召开成员代表大会进行讨论方可决定。

合作社建立了按交易额盈余返还与股金分红相结合的利益分配机制，密切了利益连结，体现了合作社的基本原则。在管理上合作社建立财务制度、出入库制度、鲜奶收购标准、奶台、奶厅卫生制度、职工守则、岗位责任制度、安全生产制度、安全行车制度等七项制度。规范经营、民主管理、合理的激励机制促进了合作社可持续发展。

合作社的合作服务内容有三项。一是统一供应饲料，降低养牛成本。没有合作的状况，养牛户各自到市场上购买饲料，价格高，费用大，质量得不到保障，饲料浪费大，利用效益低，养牛成本高。有了合作社后，社里统一为社员供应饲料，电话预订、运送到户，如果资金紧张，还可以赊销一个月，质量有保证。统一订购饲料价格每吨便宜 20 元，降低了养牛成本。二是统一技术培训。合作社聘请中国农大专家、教授和专业技术人员来合作社讲课，入户指导养牛技术，培训奶农 300 人次，社员的技能普遍得到提高。三是统一卫生标准，严把鲜奶质量关。合作社质量监管员定期到奶站、奶台和奶厅指导卫生技术，从各个操作环节做好清洗消毒工作，保证牛奶的质量达标、细菌不超标，质量合格率达到 99%以上。合作社聘用的职工实行岗位责任百分考核制，采取基本工资加奖励工资的办法，提高了管理方面的效益。

奶牛合作社取得了经济效益和社会效益。①促进了奶牛业快速发展，形成了当地的主导产业。②提高了奶农社员参与市场竞争能力。社员在掌握科技、分工协作、组织管理、市场营销、对外交往以及民主决策等方面得到了锻炼，提高了市场谈判地位。③ 增加了社员收入，包括降低费用和直接增加收入。合作社通过统一购买饲料，每户每年可以节省饲料费 400 元；通过统一运输鲜奶，每户年节省运费 1 200 元；通过统一鲜奶收购标准，入社成员比非入社成员每吨鲜奶可增加 30 元的经济效益，每户每年可增加 1 800 元。以 2007 年的数据为例，合作社召开了盈余返还兑现大会，120 户社员共分配盈余 59 585元，其中按投资股分配 29 792 元，按交易量返还分配 29 793 元。

合作社取得了生态效益。最难能可贵的是合作社通过奶牛养殖业建立了循环经济系统。合作社在牛粪上做文章，投资 110 万元建立了 10 公顷牛粪养殖蚯蚓示范基地，每年可处理牛粪 1.6 万吨，每亩获纯利 5 300 元。形成了“奶牛—牛粪—蚯蚓—蚯蚓粪—有机肥—有机蔬菜”的生态产业链。这一生态工程，不但有效地解决了畜禽粪便污染问题，还增加了养殖收入，创建了新的生态农业模式，走出了一条可持续发展的农业循环经济之路。

延柏大柏老聚八方奶牛专业合作社给我们的有益启示有三点。①小农户的自发合作是一种内生的动力机制。他们在外来竞争主体的参与下，认识到只有合作起来，才能保护自己的经济利益。这是一种自愿的合作。②他们建立了一个公平的、民主的运行制度，保障了合作社可以有效地运行。在他们建立的制度中，财务制度透明，奖励激励制度清晰，分配制度严明。这一制度真正让大家行使了民主权利。③合作收到了成效。降低了生产成本，提高了牛奶品质，增加了社员的收入，延长了产业链条。来自于农民自身的动力机制，有效地建立了一种良性循环的生产和生态系统。

二、政府支持建立合作社①

北京市海淀区上庄镇西马坊村水稻种植专业合作社，是在《农民专业合作社法》施行后，在上庄镇政府支持帮助下，于2007年成立的，现有150户社员，53公顷稻田，生产北京有名的京西贡米“淀玉”牌京西稻。2009年“淀玉”京西稻被评为中国绿色食品。

水稻合作社成立前，村里的农户都是各自种植京西稻，稻米产量、品质各异，技术水平不同，抵御市场和自然风险的能力弱，农户有联合互助、协同生产、统一经营的愿望。《农民专业合作社法》的施行是个契机，镇政府促成了水稻合作社的成立。

依照《农民专业合作社法》，水稻合作社制定了“三会一课”制度、财务管理制度、会计核算制度、岗位责任制、开支审批制度和按股权、劳动成果、产品交易量返还盈余分配制度等。这些制度的建立，为合作社公开、公平、公正地管理各项业务奠定了基础。

合作社在生产服务方面做的主要工作。一是统一管理、统一经营，提高了生产效益。例如，2008年，没有入社农户种植水稻亩产400千克，合作社社员水稻亩产达到490千克，显示出规模化生产单位面积提高的优势。二是统一收割、统一加工、统一销售，提高了经济效益。不仅在生产环节、流通环节降低了生产和流通成本，而且提高了产品的品质，提高了大米的销售价格。单价有所提高。社员的亩均综合收入提高了600元。

合作社为什么能取得比较好的经济效益，主要是在生产和管理上做到了以下几点。①培训技术，科学种植。社里邀请高校研究所的技术专家、农业科技站的技术人员田间授课、实地指导，普及先进的种植技术，在生产技术环节上提高水稻的产量和质量。②规范稻米生产流程，提高产品质量。合作社利用政府支持的国家级京西稻标准化基地的建设平台，坚持标准化生产体系的建设，统一农资、统一良种、统一技术、统一收割（收购加工）、统一商标（包装规格、协调组织销售）的“五统一”管理措施，提高了水稻的产品品质。③实行安全生产。专业技术人员全程跟踪指导生产，包括利用提纯复壮技术建立良种繁育种子田；统一施用有机堆肥，限制使用农药品种及用量，引用无污染的水库水灌溉；收割后的水稻都由冰灯米业有限公司（合作伙伴）统一加工；实行了绿色无污染生产和加工。④培育优良品种，提高产品品质。在专家的指导下，完成了新品种的比较试验工作。在越富、津稻305、津稻209、文育302和津川1号等品种中比较试验，筛选出津稻305和越富作为专业合作社水稻种植的两个主要生产品种。生产做到优中选优。

---

① 北京海淀区委宣传部．海淀京西稻今年将直接配送上门［EB/OL］．2013-09-16. http：//www. sina. com. cn.

合作社在产品的品牌化发展上做了重要的工作。一是利用电视、平面和网络媒体推介“淀玉”牌京西贡米，提高产品的知名度。二是举办水稻收割节、京西翠湖湿地冬季休闲民俗文化艺术节，在电视、网络媒体上宣传“淀玉”牌京西贡米，拓展产品的知名度和市场。

合作社利用“淀玉”牌京西贡米延长产业链条，促进产业融合。一是利用当地的蒲草和柳条为原材料，编织米篓，作为“淀玉”牌京西贡米的外包装。这一举措，利用了当地的原料，又吸引了大量的当地妇女劳动力创收就业。二是合作社利用农闲空地种植柳条既美化了环境，又节约了成本。三是建设农田自然景观，营造田园风情。充分利用示范区周边近千亩林地环境资源，拓宽平整田间作业道路，美化绿化主干道，并增加田间道路标识，增添乡村田间生活情趣，为闹市中的人们营造田园乡村体验环境，创建京西贡米科普文化休闲园。合作社先后开展了插秧节、收割节、土地认养、品尝新米粥的体验活动，进行农事科普体验，挖掘京西贡米的文化内涵，推动农产品向旅游产品转化，既提高了农产品的附加值，又开发了第三产业，拉长了产业链条。水稻合作社的建立和发展，收到了效果，增加了农民的收入。京西贡米现在平均亩产达 500 千克，最高亩产达 560 千克。2010 年年底，种植水稻 46.67 公顷，全部种植水稻收益 272.5 万元，亩收益平均达到 3 893 元，提高了农民生活水平。

西马坊村水稻种植专业合作社给我们的启示有几点。①这种合作社虽说是政府帮扶型发展起来的，但是从本质上农民有合作的愿望和动机。②农民合作社是组织农民进入市场的非常有效的载体和途径。③合作社的发展促进了水稻产业链条的延伸，促进了第一产业和第三产业的融合。这种发展动力也是内在的需求。办好合作社，有内在的发展动力是最重要的。

三、公司带动农户发展合作社①

北京市大兴区安定镇汤营村的圣泽林梨专业合作社（前身为北京圣泽林生态果业有限公司），现有社员 320 人，遍布全区 5 个镇的 22 个自然村。梨树种植面积 266.67 公顷，年产量 1 800 吨。主要品种有：黄金梨、园黄梨、丰水梨、甘水梨等日韩系列精品梨；以及早红考密斯梨、巴梨、康佛伦斯、凯斯凯德等欧美西洋梨系列精品梨。

由于公司在市场开拓方面取得了长足进展，自己所生产的产品已无法满足市场扩容的需要，需要扩大自己的种植基地，为此公司采取了“公司＋农户”的运作方式，通过与农户建立订单农业的合同关系，收购产品供应市场。农户从十几户逐步扩大为 140 余户，年销售量由 10 万千克扩大为 40 万千克。公司业务得到了发展，农民的收入得到了提高，但存在的问题也十分突出：主要是供货市场不稳定，农户侧重在价格方面的争执讨价，而不注重自己的产品质量标准，造成产品质量参差不齐且难以控制，与农户合作维系的时间不够持久和长远，也不利于品牌和市场的培育。鉴于“公司＋农户”运作模式存在的问题，2005 年年底，公司与部分种植户进行了沟通，建议运用合作社的运行机制，将分散的农民组织起来，合作经营，共同发展。经过充分协商讨论，于 2006 年 1 月 5 日

① 北京圣泽林梨专业合作社［EB/OL］. http：//dx.221.gov.cn/web/nw/hzzz/477110.htm.

正式成立了合作社。

合作社运作模式 。新成立的合作社采用“合作社＋示范基地＋社员”的运作模式。公司以团体成员身份加入合作社，生产基地发挥示范、试验，新技术、新标准普及推广的作用，采用订单方式收购社员产品。合作社成员的90%以上为农民社员，实行社员代表大会制度，社员代表29人。设理事7人，正副理事长各1人，执行监事1人。每年召开1～2次社员代表大会，重大事项表决实行一人一票制。团体社员及投资型社员最多可享受20%的附加表决权。

合作社设置两种股，一是身份股，加入合作社的农户须限额认购100元股金。此股不参与合作社的盈余分红，社员退出合作社时，此股无条件退还。二是发展股，面向社员筹集，自愿认购股份，主要用于购买新合作社资产，此股参与合作社的盈余分红，社员退出合作社，其发展股可以转让给本社其他社员，也可在保证合作社的正常运行、保护大多数社员利益的前提下，通过协商并经理事会批准以适当方式退还。合作社限定单户社员认购股金额度最高不能超过合作社总资产的20%。分配方式为：弥补亏损、提取公积金后的当年盈余，首先不低于60%按成员与合作社的交易量（额）返还，不高于40%按股金分配（只限于交纳发展股社员）。

本着提高效率、节约开支的原则，规范后的合作社设置办公室、财务部、生产销售部三个部门，按照实际工作需要招聘职员。办公室负责日常办公、宣传、培训、公关、企业策划；财务部负责财务核算、统计分析、资产及股金管理、对外投资；生产销售部负责生产资料供应、生产管理、产品营销。

合作社管理决策制度 。在涉及到社员切身利益方面，始终坚持“先民主、后集中、再决策”。2006年秋季收购梨时，合作社召集了理事和部分社员代表，讨论最低收购价问题，部分理事提出，收购价格应当维持在2005年水平，然后再进行二次返利。而来自基层的社员代表提出，应当在2005年价格的基础上上浮10%作为最低收购价，然后再视经营情况进行二次返利，这样可以体现合作社的生命力和成长性。经过充分讨论后，全体理事一致决定采取后者的意见，虽然此项决定将增加合作社成本近20万元，但从增加合作社的凝聚力，提高社员办好合作社的信心方面来讲是值得的。

2007年秋季收购梨时，面临着激烈的市场竞争，合作社又召开了理事会和社员代表会议，讨论决定2007年梨收购最低保护价问题，多数理事和社员代表表示：今年梨收购不确定最低保护价，这种做法既可以避免市场有针对性的竞争对手的挑战，检验合作社的向心力，又可以考验和筛选合作社社员的队伍。但部分理事和社员代表认为，不确定最低保护价收购，很可能导致部分社员的产品流失，而完不成合作社全年销售计划，经过激烈讨论，最后达成一致意见，为了检验合作社，考察全体社员，避开竞争对手，决定不确定最低保护价。在作出决定的时候，合作社理事会确实也在担心这个决定是否正确以及社员是否会把他们的梨交给合作社。但到收购的季节，理事会的担心随即消除了，踊跃交售梨的车辆排成了长队，合作社完成梨收购比2006年增加了20%，果品商品率比上年提高5%。

完善利益连接，带动社员增收。合作社的宗旨是以服务社员为最高责任，如何使社员增收致富，是检验合作社生命力的关键所在。在与社员的利益连接上，合作社采取订单的形式，以高于市场价格20%收购其产品，年终有盈余还进行二次返还。2008年盈余返还30余万元，2009年盈余返还达42.6万元，2010年盈余返还15万余元。合作社成立以来，统一收购销售社员梨果3 000余吨，价格每千克平均比市场高出0.6～0.8元，直接促进社员增收180余万元。

通过多年的建设，合作社现已建成较为完善的生产、加工、储藏、物流配送的产业链，成为大兴区梨产业龙头之一。合作社生产的产品，多次在政府及有关单位组织的比赛展示活动中获得好评。在服务社员的功能建设方面，民主管理、利益分配等方面日臻完善，显示了合作社“民办、民管、民受益”宗旨的生命活力。

圣泽林梨专业合作社是公司带动型农民专业合作社运行的典型。秉承“让社员的产品满足商家、满足消费者；而不是商家满足合作社、满足社员”的经营理念，合作社借助公司已有的市场渠道，先后在北京的10家华堂超市建立了直销柜台，专门销售合作社社员的产品，并按照《农民专业合作社法》的规定要求，根据社员提交产品的数量和品质进行盈余返还，体现优质优价，公司则赚取销售佣金。

几年来，合作社始终坚持“产品质量是合作社的生命线”的经营战略，以“质量为先”打造产品品牌效应，为提升大兴区梨的市场知名度，培养农民社员以市场为导向的现代生产意识，以及带动大兴区农民专业合作社的规范化发展发挥了典型示范作用，并在“农超对接”中实现了合作社与商家的双赢。

公司带动型合作社很多人认为是“翻牌公司”，不是真正的合作社，是在政府为了完成政绩、公司为了拿到合作社的优惠政策才成立的合作社。这种说法有一定的道理，现实中也有很多这种情况。但是，只要像圣泽林合作社的情况做到了公司在产权和经营上分得清楚，建立了明确的、合理的股权结构；在分配上制度上按合作社法的原则去做。这种合作社就是真正的合作社，而不是翻牌公司。正如缪建平指出①：“规范运作，发展壮大。这一类合作社多数有一定经济实力、又有较强经营能力的能人，只要规范化工作做好，把公司能人、合作社骨干和多数成员积极性调动起来，就可以引导合作社逐步发展壮大。”这种以公司带动农户发展的合作社也是北京市农民专业合作社发展的重要形式之一。

四、集体经济转化为合作社

密云县新城子镇花园村位于山区，村域面积10平方公里，耕地52公顷，现有农民234户、658人，旅游资源丰富。该村2007年成功启动村级集体经济产权制度改革，于2009年4月完成。成立了花园旅游股份经济合作社，并在实践中摸索出了“资源＋资本”这一新型的农民合作社的形式。

第一，建立股份经济合作社。花园村西临古北口、司马台长城、云岫谷、雾灵湖，北依明长城，南望雾灵山，东与河北省兴隆、滦平、承德交界，自然风光优美，旅游资源丰富。

为充分发挥旅游资源的经济效用，让资源变成“财源”，经过多方调查论证，全村村

① 缪建平．“翻牌合作社”需要加强引导［J］．中国合作经济，2009（6）：17-19.

民形成了共识，统筹开发利用集体资源，大力发展旅游业。村里量化并设立旅游资源为“资源股”，平均分配给每一名股东；吸收社员现金作为“现金股”，筹措了发展初始资金，采用“资源+资本”的新模式来启动产权制度改革，建立了花园旅游股份经济合作社。具体的操作方法如下。①筹措“现金股”。花园村党支部和村经济合作社先后召开党员会议和社员代表会议，对组建旅游股份经济合作社达成一致意见。村干部广泛宣传动员，发动社员现金入股。全村有 160 户入了现金股，占农户总数的 68.4%，每股 2 000 元，共筹集现金 32 万元。②筹措“资源股”。将山场资源量化入股，接转农民承包土地。把 649.87 公顷有林山场作为资源股量化给全村 658 名集体经济组织成员，每人一股。资源股每 5 年根据集体经济组织成员变动情况重新量化一次。对于农民承包土地，花园村采取农户自愿流转的方式，即农民将土地流转给花园旅游股份经济合作社，由合作社统一经营管理，农民按年度获得流转收益。现全村已有近三分之一的农民承包土地流转给村经济合作社统一经营管理。③确定股份比例，建立新型股份经济合作社。鉴于全村山场和林木等自然资源的价值无法准确评估，为最大限度地保障农民的利益，平衡入现金股社员和未入现金股社员的分配利益问题，股份经济合作社章程规定现金股所占比例为 49%，资源股为 51%。2009 年花园旅游股份经济合作社正式成立。合作社采用公司制管理体制，严格执行“股东大会、董事会、监事会”三会制度，企业化运作。

第二，开发旅游资源壮大合作社。建立新型合作社后，花园村开发了“东极仙谷”风景区，于 2009 年 4 月正式开门迎客。截至 2009 年年底，获得门票收入 5 万余元。县镇两级相关部门为该景区建设投入资金 400 多万元，先后建立景区停车场 1 处、旅游道路多条、亭子木屋景观 20 余处等。

自“东极仙谷”风景区开业以来，吸引了大量游客，村民们抓住商机，大力发展民俗旅游产业。现拥有 6 个度假村、40 个民俗户，日接待能力 1 500 多人。较大的民俗户一年的民俗旅游净收入有 20 万元左右。民俗旅游业的发展也带动了土特产品的热销，在旅游旺季往往供不应求。2009 年全村旅游综合收入约达 450 万元。

采用“资源+资本”的股份合作社，将集体资源量化成了股份，平均分配给了每一个股东。村民们更加明确地意识到了自己是集体资源的主人，并逐渐认识到集体资源才是他们致富的源泉。改制后，通过股东代表大会行使自身权利对资源进行管理、使用和开发，让这些资源给村民带来最大的利益，从而有效地保护了集体资源，保障了农民权益。

第三，从集体经济转为新型的农民合作社，所具有的共同特点。例如“资源+资本”型的合作社，就走出了一条既壮大集体经济又富裕农民的道路。还有许多集体经济转化为合作社的案例，都有如下的特点：一是坚持产权明晰化（或相对明晰化）；二是实行“资金联合”与“劳动合作”相结合的组织形式；三是通过建立比较规范的治理结构，新型的农民合作社逐步实现管理民主化，农民权益能够得到保障。

从集体经济转为新型的农民合作社，主要表现在“资金联合”与“劳动合作”相结合的组织形式。它既摒弃“无差别共有”，克服了组织成员利益和经济组织发展联系不紧密的弊端，又避免只强调“资合”，防止了大多数农民变为被雇佣者和失去主人的地位。北京市乡村社区集体经济是按照地缘关系建立起来的，这就决定了农民成员只要在其组织所在地登记农业户口，就享有该组织的一份土地资源产权。所以，目前乡村社区的新型农民合作社多采用股份合作制。之所以在合作社前面加“股份”二字，就是在“人合”的同时强调“资合”，这样更有利于保护农民的权益。当然，不同地区经济发展水平不同，组织形式可以不一样。例如，在有的乡村，一个大企业就把整个乡村经济推向较高水平，农民的社会保障、就业问题都无忧。在这种情况下，采用公司制有利于组织内部激励和约束机制的建立，将更能促进乡村社会经济的发展。在经济不发达、以农业为主的农村，以“土地使用权”作为股份，建立合作社，就有利于整合土地资源，“能人带动众人”。

五、合作社兴起综述

北京郊区农民合作社的兴起有各种鲜活的事例，总结概括起来可以归结为上述的四种类型。我们认为京郊集体经济基础比较好的地区，一般来说从集体经济转化为农民专业合作社的多属于这一类型。这一类型的农民专业合作社多分布在城近郊区集体经济发达的地区。而其他三种类型的合作社京郊各区都有，我们只是从研究的角度进行分类。实际情况是各种类型相互交融的很多，比如公司带动农户发展也得到了政府的支持帮助；集体经济转化为农民专业合作社的也有公司的参与。我们这种划分更多的还是为了解释合作社兴起的动因，探究合作社兴起的动力机制。

农民专业合作社不会自动地产生，需要能人带动，需要公司带动，需要政府支持（京郊的合作社发展政府支持的因素更多更大）。特别是集体经济组织和公司的带动是非常普遍和重要的。这种方法和模式在新旧体制的转换过程中，将各种资源结合起来，联合了方方面面的优势，在经济发达和欠发达地区都很适用。

我们研究概括合作社兴起的动因或者说是合作社兴起的动力机制的理论，从国外的实例看到了这样一个事实，就是在市场经济发育、发展过程中产生了一系列的社会矛盾，甚至产生了资产阶级和工人阶级的尖锐的阶级矛盾和斗争，西方资本主义国家用发展生产合作社、消费合作社和信用合作社的方式，来协调社会矛盾。他们没有采用非合作的“零和博弈”的方式，不是以一方的收益必然意味着另一方的损失方式，更不是以你死我活的阶级斗争的方式，来化解矛盾。

我们的农民专业合作社的发展，也在协调市场经济的诸多矛盾中发挥了重要的协调作用。这就是世界合作社运动蓬勃开展的动力源泉。

农民专业合作社的建立，是“罗虚代尔原则”的运用，是合作社民主制度建立和运行的有效保障，这是农民真心需求合作社发展的内在动力。

1844 年，在英国北部的罗虚代尔镇，曾受过欧文合作思想影响的 28 名法兰绒纺织工人，在查尔斯·豪沃斯的组织下，创立了名为“罗虚代尔公平先锋社”（The Rochdale Equitable Pioneers Society）的消费合作社，向工人社员们出售面粉、黄油、茶叶、蜡烛等日用品消费合作组织。

白瑜洁在介绍英国的农业合作社时指出[①]：“‘罗虚代尔’的先驱们并没有仅仅停留在

① 白瑜洁．英国的农业合作社［J］．中国合作经济评论，2011（2）：80-96.

开办小商店上，他们的目标是要建立一种‘具有共同利益的自立家庭的群体’，为社员的利益‘安排生产、分配、教育和管理’。他们从消费合作社起步，发展到生产经营和批发业务，开办了自己的工厂，加工制造社员需要的各种物品，有力地抵制了商人的盘剥，并为实现供求平衡、生产与消费的协调一致作了有益的尝试。他们也并没有独自享有自己的成功经验，而是广泛传播自己的原则和方法。”

“罗虚代尔公平先锋社”创立的原则被研究合作运动的学者誉为“罗虚代尔原则”，姚铭尧翻译的版本有以下几点[①]：“①自愿集股筹资，只分少量股息不分红利；②社员平等，民主管理，不问股金多寡，一人一票选举；③入社不受政治、宗教信仰影响；④以市场平价作现金交易买卖，保证准斤足尺；⑤按购金额比例分享利润；⑥盈余中提取2.5%作为社员教育费用。”

“罗虚代尔原则”被世界合作运动传承下来的一个重要原因，它既适应了当时资本主义市场经济规律的要求、原则的相关规定，又管理规范、运作简单、切实可行，得到了广大社员的拥护和支持。合作社在资本主义的社会制度中争取到了生存的权利；同时，对合作社运动的发展起到了很好的示范作用。这种合作由被动合作渐进到主动合作，这也是我们国家农民专业合作社得以发展的重要原因。

张晓山认为“罗虚代尔”成功的原因是[②]：“人们追求并为之奋斗的都与其经济利益相关，先锋社的成功固然在于它能满足社员的个人利益，而它把社员的个人利益与民主原则结合起来，在公平与效益之间求得微妙的平衡，则更是一个创举。”张晓山的评价一箭中的。合作社在外部追求市场经济的效用，在内部追求公平、民主和正义。这使得合作社制度建设的环境得到改善，使得农民对合作社有了切实地需求，这才是合作社得以发展的根本动力。

① 姚铭尧．罗虚代尔原则［J］．中国中小企业，1998（3）：41.

② 张晓山．西方合作运动浅析［J］．农村经济与社会，1988（3）：6-13.

第八章　合作社的发展过程

北京市农民专业合作社的发展是从20世纪80年代中期开始的。大体经历了萌芽阶段、试点阶段、起步阶段、推广阶段、规范发展五个阶段。特别是在推广阶段后期，为了支持、引导农民专业合作社的发展，2006年10月31日十届全国人大常委会第二十四次会议通过了《中华人民共和国农民专业合作社法》。这部法律对于农民专业合作社的法律地位，以及农民专业合作社的设立、民主管理、财务制度等内容，作出了适合当前我国农民专业合作社发展阶段的相应规范，明确了国家扶持农民专业合作社的主要政策措施，标志着农民专业合作社的发展进入了规范化发展的阶段。我们以《农民企业合作社法》颁布后的合作社发展阶段称为规范化发展阶段，就是因为合作社的发展受到了国家法规的支持和保护，进入有法可依的发展时期，所以称之为规范发展阶段。

北京市郊区大力发展农民专业合作社，解决了在家庭承包经营基础上提高农业组织化的问题，对维护农民在市场中的主体地位，解决单家独户交易地位不平等、信息渠道不对称、生产操作不规范、产品无规格、销售零星不成批量、市场空间狭小等问题起到的效果明显，作用突出，对于扶持弱势农民群体发展经济，提高收入意义重大。在统筹城乡发展、推动北京都市型现代农业发展进程中，也展现出特有的优势，受到了农民群众的欢迎和拥护。

截至2013年12月底，全市在工商部门登记注册的农民专业合作社达到5 774个，登记注册成员24.9万人①。实践证明，农民专业合作社是广大农民联合与合作的重要载体，已成为推进郊区农业经济体制机制创新、转变农业发展方式的突出亮点，在发展都市型现代农业、促进农民增收、建设社会主义新农村等方面发挥了重要作用。

第一节　萌芽阶段（1979—1994年）

一、国家政策

党的十一届三中全会以后，随着农业联产承包责任制的普遍实行，农村集体经组织的职能由直接组织生产演变成主要是管理集体资产（如土地）和向农户提供生产、生活服务；随着多种经济成分并存政策的实施，农民家庭成为独立的经济主体，农民家庭依托自有资产，发展各种新的经济联合组织。在这种背景下，北京郊区产生了各种形式的农民专业协会等专业合作经济组织，包括生产经营合作、生产服务合作、联合组织及专业协会、技术研究会等。

农民专业合作经济组织的发展得到党中央、国务院的充分肯定。在萌芽阶段，国家还有具体的支持政策。

① 北京市农村经济研究中心．北京市农民专业合作社统计汇总表［R］．2013.

1989 年 11 月 27 日，国务院《关于依靠科技进步振兴农业，加强农业科技成果推广工作的决定》中指出："各地要进一步加强农业科技推广服务体系建设，在巩固和发展县（含县）以下农业技术推广机构的同时，积极支持以农民为主体，农民技术员、科技人员为骨干的各种专业科技协会和技术研究会，逐步形成国家农业技术推广机构与群众性的农村科普组织及农民专业技术服务组织相结合的农业技术推广网络，以疏通科技流向千家万户和各生产环节的渠道"。

1991 年 11 月，国务院《关于加强农业社会化服务体系建设的通知》提出①："近年来，许多地方特别是在经济不发达的地区，大量地涌现出由农民自办、联办的服务组织，以及各种专业技术协会、研究会等民办服务组织，在发展农业社会化服务中起着不可忽视的补充作用。各级政府对农民自办、联办服务组织要积极支持，保护他们的合法权益，同时要加强管理，引导他们健康发展。金融、科技、商业等部门，对户办、联户办、其他民办的服务实体，要在资金、技术、生产资料供应等方面给予支持。"

1993 年中共中央 11 号文件强调②："农村各类农民专业技术协会（研究会），是社会化服务的一支新生力量，各级政府要加强指导和扶持。"

中共中央十三届八中全会通过的《关于进一步加强农业和农村工作的决定》要求③："要重视推动民间各种专业技术协会、研究会和民间科技服务机构的发展，充分发挥他们在推广适用技术和开辟新产业中的作用。"这些政策都为农民专业合作社的发展起到了很大的推动作用。

二、发展状况

《北京市农村合作经济经营管理志（1952—2002 年）》记载④：到 1993 年年底，全市共有生产经营合作、联合组织 5 258 个，生产服务合作、联合组织1 053个，专业协会 281 个，区县级农业方面协会 22 个。在 5 258 个生产经营合作、联合组织中，涉及农业的 1 194个，其中种植业 1 104 个，工业领域 1 001 个，建筑业 225 个，运输业 1 497 个，商业、饮食服务业 1 179 个，其他 162 个。在 1 053 个生产服务合作、联合组织中，涉及耕作服务的 390 个，灌溉服务的 208 个，植保服务的 156 个，畜禽防疫的 96 个，购销服务的 167 个，其他服务的 36 个。在 281 个专业协会中，涉及种植业类的有 110 个，占 39.1%，其中瓜菜类 175 个，水果类 35 个，农机类 10 个；涉及养殖业类 132 个，占 47%，其中养畜类 57 个、养禽类 24 个、养蜂 7 个、养鱼、虾等 35 个、食用菌类 8 个，加工业类 19 个；其他 20 个，占 13.9%。这些农民经济合作组织是专业合作社萌芽发展阶段真实写照。尽管组织机构还不多，也不够壮大，但却在生产领域和流通领域中展露出头角。

---

① 中共中央文献研究室．十三大以来重要文献选编（下）［M］．北京：人民出版社，1991：1739-1747.

② 中共中央，国务院．关于当前农业和农村经济发展的若干政策措施［EB/OL］．1993-11-05. http://gaige. rednet. cn/c/2008/06/22/1534855. htm.

③ 中共中央文献研究室．十三大以来重要文献选编（下）［M］．北京：人民出版社，1991：1758-1785.

④ 北京市农村合作经济经营管理志编纂委员会．北京市农村合作经济经营管理志（1952—2002 年）［M］．北京：中国农业出版社，2008：97-98.

三、管理部门

1994 年以前，北京市对农民专业合作经济组织是多头管理。农业管理部门、科委、民政部门分别对农民专业协会、农村专业技术协会（包括研究会）、专业农协（社团法人）进行管理，各个部门分别对其进行统计，由于统计口径不一致，无法相互进行比较。

农业管理部门对农民专业协会的管理，是随着社区合作经济组织满足不了农户参与经济活动的需要，无法有效组织农民顺利进入市场的情况下，郊区农村出现了以农民为主体的各类农民专业协会，成为社区合作经济组织的有益补充，受到政府的认可和广大农民群众的拥护后，农口有关部门逐步将农协纳入了管理范围。

农村专业技术协会（包括研究会）一般在科技部门登记注册，并一直受各级科技部门的管理。农村专业技术协会按其产生的方式，分为民间自发产生的和原有经济组织牵头、农民自愿加入的两类。民间自发产生的，是由一个或几个专业户、科技示范户发起和牵头，联合若干专业户组成，影响和带动周围的农户，形成专业化生产，逐渐发展成专业村、专业乡。

原有经济组织牵头组成的，又可以分为两种：一是以社区合作经济组织的经济实体为龙头，吸引农户自愿加入，建立起产加销一体化的组织；二是以政府职能部门的经济实体（国营商业、供销社、以农产品为原料的国营加工企业、国营农场、农业部门的各种经济实体等）为龙头，吸引农户自愿加入组成的。

从行政层次上分区县级、乡镇级和村级；从产品类型上分为养殖业、瓜果业、蔬菜业、种植业等。无论如何划分，各种类型的农村专业技术协会都与农业技术推广系统、科技部门有极密切的联系，其中大多数还是在农技推广部门、各级科委的具体帮助下组织起来或促成的，各项业务的开展均有农业技术部门、科技部门的参与或指导。

市各级民政部门对专业协会的管理，主要是按国务院颁布的《社会团体登记管理条例》的规定，即“在中华人民共和国境内的协会、学会、联合会、研究会、基金会、联谊会、促进会、商会等社会团体，均应依照本条例的规定申请登记。社会团体经核准登记后，方可进行活动。法律、行政法规另有规定的除外”。主管社会团体登记的机关是市各级民政部门，农民专业协会申请设立社团法人资格后，接受其管理。

在萌芽阶段，由于农民专业合作组织是在不同的政府组织渠道下建立发展起来的，所以就形成了“多龙治水、多头管理”的局面。但是，这丝毫不影响农民专业合作组织促进农民进入市场的功能的发挥。

第二节　试点阶段（1994—1998 年）

一、密云试点建设

1994 年，农业部、中国科协下发了《关于加强对农民专业协会指导和扶持工作的通知》〔（1994）农（经）字第 1 号〕。文件要求充分认识农民专业协会在深化农村改革和发展市场经济中的地位和作用，按照发展社会主义市场经济的客观需要，正确引导专业农协稳步发展，并在全国确立了一批农民专业协会试点和试点区县。

北京郊区密云县被农业部、中国科协确定为试点县之一，同时北京郊区结合文件精神，各区县相继建立了一批市级、区县级农民专业协会试点，农民专业协会蓬勃发展起来。

1994 年 7 月 13—15 日，农业部中国农业支持服务项目联合办公室、农村合作经济指导司、合作经济经营管理总站在北京市怀柔县联合召开了农协试点县工作会议，对农协试点工作进行了研究和部署。会议认为，农民专业协会是适应农村改革和社会主义市场经济需要而发育和发展起来的新生事物，是农民的又一伟大创举。发展农民专业协会，有利于科学技术尽快转化为现实生产力，有利于提高农民的组织化程度，引导农民自觉地进入市场，有利于提高农民收入，保护农民的合法权益。同时，对广大农民减少因自然风险和市场风险所造成的损失所起的作用将越来越充分地得到显现。会议要求试点县进行农协基本情况调查，总结不同模式农协的组织形式、管理经验、运作特点和示范效果，培训农协的管理人员，总结各地做法及经验等。

密云县根据这次工作会议精神①，结合本县实际情况，于 1994 年 7 月成立了以主管农业副县长为组长，由经管站、农办、畜牧局、科委组成的农民协会领导小组，着手抓全县农民协会的组织发展工作。8 月，召开了全县各乡镇政府主管领导的专业会议，要求按照“民办、民管、民受益”的原则，各乡镇要加强领导，加大宣传，积极组织发展农民协会，把发展农民协会与发展生产、提高经济效益、增加农民收入有机结合起来，务求实效。经过摸底调查，到 1993 年年底，密云县各种不同类型的畜牧技术服务协会涉及 17 个乡镇 58 个村，成立了养猪、养鸡等协会组织，发展会员 225 个，其中村内 150 个，乡内 75 个，这些协会大部分是由乡镇政府及有关业务部门组织发展起来的。在领导小组的指导下，经过试点，按照“民办、民管、民受益”的原则，重新修订了养羊、养猪协会章程，加强技术培训，全年共培训协会管理人员、协会会员及专业人员 1 600 多人次，同时整顿协会组织，使农民协会组织走向正轨。

经过试点示范，密云县专业协会得到了较快发展。到 1994 年年底，全县畜牧协会发展到 65 个，会员 1 000 多个。养猪协会把全县 45 个规模猪场组织起来，建立了两个屠宰加工厂，实现了产销一体化。1994 年，生产商品猪 66 255 头，创收入 4 470 万元，比 1993 年提高 12%。小尾寒羊协会实行引种、贷款、饲养管理、种羊销售等综合服务，年底发展会员 700 多人，种羊存栏 5 000 只，创收入 100 万元，会员人均收入 1 400 多元。

密云县农民专业协会的发展是在国家政策的调动下，在政府的积极干预下发展起来的。协会首先是以畜牧业为发展起点，在生产、屠宰和销售等生产和流通环节方面实现了产销一体化。农民合作是从技术难度较高的畜牧业入手的，针对性更强，需求性更迫切。

二、全市推广发展

1995 年，在密云县试点工作取得了初步的发展经验后，京郊各级农村合作经济经营

① 北京市农村合作经济经营管理志编纂委员会．北京市农村合作经济经营管理志（1952—2002 年）［M］．北京：中国农业出版社，2008：98-99.

管理部门加强了指导和服务，在全市开始了推广发展合作经济组织工作。

一是对全市农民专业合作经济组织进行摸底调查，摸清现状并研究对策。二是抓培训，主要培训农民专业合作组织管理及技术人员，仅密云县全年共培训 2 000 多人次。三是加强内部管理制度的建设，主要是帮助农民专业合作经济组织制定章程，建立内部机构，如理事会、监事会及成员代表大会等。四是总结交流经验，据北京市农村合作经济经营管理站对全市农民专业合作经济组织进行统计①，1996 年年底，共有专业协会 552 个，入会的会员达 13 516 人，协会年末拥有固定资产总额 1 178 万元，平均每个专业协会拥有固定资产 21 340 元。按产业划分，其中种植业的专业协会 286 个，占 51.8%；养殖业协会 61 个，占 11.1%；加工运输协会 123 个，占 22.3%；其他协会 82 个，占 14.8%。按会员所在区域划分，其中乡内的专业协会 181 个，跨乡协会 3 个。从服务内容看，提供技术信息服务的有 105 个，提供资金服务的有 4 个，提供供销服务的有 6 个。有服务实体的协会有 19 个。

例如：大城子乡是密云县果品生产基地之一，由于受交通不便、信息不灵、果品质量不高等诸多因素的制约，销售不畅，造成丰产不丰收。1997 年 5 月成立了农民果品协会。协会有会员 243 人，下设劳务技术服务队、运销包装分会、信息服务中心等五个部门。以为社会和果品生产经营者提供全方位系列化服务为宗旨，积极开展科技咨询，引进新技术和名优品种，举办栽培管理和病虫害防治技术培训，开展典型示范和技术交流；开展市场需求调查，沟通产销信息，拓宽销售渠道；帮助会员解决生产物资和贷款业务；提供科学管理方面服务。协会成立一年多来，乡政府给运销大户准备 20 万元贴息贷款，投入 6 万元购置计算机等现代化办公设备。1998 年春天通过协会销售储藏的红肖梨等果品达 500 万千克，占全乡果品总产量的 80%，平均每千克价格比上年提高近 2 倍，果农增加了收入。

大城子乡是比较好的案例。在试点阶段，很多因素造成了农民专业合作组织发展得并不理想。主要是专业合作组织内部管理制度不健全，加上各级政府没有出台相应的扶持政策，一些农民协会相继解散、破产。据统计②，到 1998 年年底，全市农民专业协会减少到 190 个。其中，种植业 54 个，养殖业 56 个，加工运输业 68 个，其他 12 个。在试点阶段，北京市发展农民专业合作经济组织积累了宝贵的经验。政府支持的力度大一点，合作组织发展的速度就快一些。

第三节　起步阶段（1999—2000 年）

一、政策扶持

（1）市农委 6 号文。1999 年 1 月 21 日，市农委和市财政局联合下发了《关于扶持

---

① 北京市农村合作经济经营管理志编纂委员会．北京市农村合作经济经营管理志（1952—2002 年）［M］．北京：中国农业出版社，2008：99-101.

② 北京市农村合作经济经营管理志编纂委员会．北京市农村合作经济经营管理志（1952—2002 年）［M］．北京：中国农业出版社，2008：100.

和鼓励发展农民专业合作经济组织的意见》（以下简称《意见》）（京政农发〔1999〕006号）。制定了对农民专业合作经济组织的扶持标准和办法。①对出资型农民专业合作社，凡是入社农户在20户以上，农户增收水平高于本地区10%以上，给予一定的资金奖励。②对契约型合作组织，凡是带动农户200户以上，农户增收水平高于本地区10%以上，与农户签订购销合同、实行保护价收购的农产品加工企业和贸易组织，给予一定的资金奖励。③对会员制型合作组织，凡是为农户提供生产资料、技术服务、新品种推广、产品销售，带动农户在100户以上，农户增收水平高于本地区10%以上，给予一定的资金奖励。④对一些规模较大，跨区域联合，带动农户作用特别强，农民增收效果显著的合作组织，可作为全市农民专业合作经济组织的典型，给予重点表彰和奖励。

《意见》要求各区县政府部门对农民专业合作经济组织的发展要积极引导和扶持，对农民专业合作经济组织在工商注册、税收登记等有关手续方面要提供方便。在水电、土地等基础设施方面，应给予倾斜和扶持。

（2）市农委3号文。2000年2月21日，市农委和市财政局联合下发《关于扶持和鼓励发展农民专业合作经济组织的意见》（京政农发〔2000〕3号）。规定了农民专业合作社应具备的条件；规范了出资型合作、契约型合作、会员制型合作三种合作组织形式，制定了对专业合作组织的扶持标准和办法，对扶持农民专业合作社资金的管理提出具体要求，并要求各区县政府部门对农民专业合作社的发展要积极引导和扶持。

2000年市农委3号文是1999年6号文件的继承和深化。在这一文件中，第一次提出了农民专业合作社的概念，并将其规范为出资型合作、契约型合作和会员制型合作社三种类型。并对这三种类型的合作社制定了具体的支持标准。这份文件是一个标志，表明市政府支持农民合作社发展用文件的形式表述了出来。

二、发展概况

1999年6月，市委农工委、市农委召开了“全市农村合作经济组织和社会化服务体系经验交流会”。政府要支持和推动、促进农民专业合作经济组织快速发展。这次经验交流会后到1999年年底，全市共有农民专业合作经济组织446个，入会的会员达35 178人，专业合作组织年末拥有固定资产总额12 730万元，平均每个专业合作组织拥有固定资产285 426元。按产业划分，其中种植业178个，占39.9%；养殖业189个，占42.4%；加工运输业48个，占10.8%；其他专业合作组织31个，占6.9%。按区域划分，乡镇区域内的367个，跨乡镇的13个，跨区县的3个。从服务内容看，提供技术及信息服务的有54个，提供资金服务的有10个，提供供销服务的有12个。有服务实体的有42个。[①]

与1998年相比，农民专业合作经济组织的数量、会员数、资产总额等都有的提高。农民专业合作经济组织的发展，促进了农业结构的调整，提高了农民进入市场的组织化程度，增加了农民收入，推进了农业产业化经营。

---

① 北京市农村合作经济经营管理志编纂委员会．北京市农村合作经济经营管理志（1952—2002年）［M］．北京：中国农业出版社，2008：100.

例如：顺义区李桥镇沿河瓜菜产销协会于 1998 年 5 月 19 日成立，是一个出资型的农民专业合作经济组织。共有会员 105 户，经营菜田 35 公顷，拥有固定资产 247 万元，其中出资户 99 户，出资额 34.2 万元。协会投资 56.2 万元，建了 3 150 平方米的蔬菜加工车间和 360 平方米的半地下蔬菜保鲜库，购置了草苫编织机和蔬菜包装机。一年内，销售瓜菜 150 多万千克，成交额 600 多万元，增加了菜农收入。

2000 年 8 月 10 日，市委农工委、市农委在昌平区召开了农民专业合作经济组织经验交流会。大兴县庞各庄镇、房山区长阳奶牛协会、怀柔县西洋参公司、顺义区张镇肉鸡协会等 5 个单位介绍了经验。

这次会后，各区县开始制定相应的政策，鼓励农民专业经济组织的发展。到 2000 年年底，郊区农民专业合作经济组织已发展到 1 790 个，其中本年新发展 583 个，占总数的 32.6%。在农民专业合作经济组织中，在工商、民政或科协等有关部门注册登记、取得合法资格的有 779 个，占 43.5%。农民专业合作经济组织共投资 40.5 亿元，其中农户投资 22.1 亿元，占总投资的 54.6%。合作组织累计销售收入达到 61.6 亿元，并带动了社外 20.7 万户农民共同致富。① 大多数农民专业合作经济组织制定了章程，建立了比较规范的管理机构和制度。

2000 年，农民专业合作经济组织发展有以下几个特点：一是产业相对集中。林业、蔬菜、畜牧三个行业占全部合作组织的 78.2%，带动农户 14.2 万户，占总户数的 62.6%。二是畜牧合作组织发展较快。在新发展的 583 个合作组织中，有 326 个畜牧合作组织，占新发展总数的 55.9%。三是“龙头企业＋合作组织＋农户”的生产、加工、销售方式被广泛采用。尤其在牛奶、肉鸡、养鸭生产方面，形成了责任明确、风险共担、利益共享的产销一条龙链条。例如：大兴县成立奶牛协会（合作社）11 个，上接“三元”“光明”企业集团，下连农户，入社农户 500 多户，饲养奶牛 7 000 多头。四是区域特色突出。促进了区域农业结构调整。平谷县有 24 个大桃产销合作组织，带动了平谷县大部分大桃生产和销售。通州区的 5 个中药产销合作组织，带动农户 500 多户，种植各种药材 600 多公顷。朝阳区的 4 个獭兔合作组织，吸引 100 多个农户，饲养销售獭兔 18.9 万只。

郊区农民专业合作经济组织的发展，提高了农民的组织化程度，推动了农村经济结构的调整。房山区长阳奶牛合作社是由 30 余户奶牛养殖大户于 1998 年 4 月自愿组织成立的。合作社为养殖专业户提供全方位的服务，架起了养殖户通向市场的桥梁：一是积极开拓市场，疏通销售渠道。合作社与北京三元食品公司签订了鲜奶交售合同，建立了长期的供奶关系，与社员户签订“鲜奶收购协议”，保证养殖户销售鲜奶畅通无阻。二是减少饲料购买环节，提供优质低价饲料。合作社从信誉高的饲料厂统一批量进货，按进价卖给社员，并采取月底付款的方式，减少了社员的人力、运输费用，降低了成本，也保证了鲜奶的质量。全年为社员节约开支 5.6 万元。三是加强防疫服务。合作社专门培养了兽医，聘请专职配种员和有多年实践经验的兽医为顾问，定期为社员户的奶牛进行结核、布病检疫及防疫，并统一购进防疫药品及设施。四是开展技术培训，提高社员的科技素

① 北京市农村合作经济经营管理志编纂委员会．北京市农村合作经济经营管理志（1952—2002 年）[M]．北京：中国农业出版社，2008：100.

质。五是增加设备投入，提高机械化水平。合作社统一购置挤奶车及配件，社员共同出资入股购置奶罐运输车和自冷罐，解决了鲜奶储运问题。合作社的服务，带动了养殖户的发展，增加了社员的收入，到2000年年底，入社农户发展到268户，鲜奶销售量由1998年的109万千克提高到292万千克，销售收入由214万元提高到569万元，户均收入由2.4万元提高到3.6万元，同比分别增长167.9%、165.9%和50%。合作社服务范围覆盖到房山区12个乡镇及丰台、大兴、海淀、门头沟等地。

第四节　推广阶段（2001—2006年）

2001年，全市农民专业合作经济组织的发展已经由起步阶段进入了推广发展阶段。在这一阶段农民专业合作社在各区县普遍推广开来，市政府的支持政策更加密集出台。

一、支持政策

（1）2001年。2月23日，市政府办公厅转发市农委《关于发展本市农民专业合作经济组织意见的通知》（京政办发〔2001〕13号）文件，对郊区农民专业合作社提出指导性意见，明确了发展专业合作组织的指导思想、基本原则以及税费减免等政策。

（2）2002年。市农委、市财政局下发了《关于推进农村经济结构调整，加快农民致富步伐若干政策意见》（京政农发〔2002〕3号），加大对农民专业合作社的扶持。文件要求全市通过示范重点抓农民专业合作社的规范化建设，树立典型。

2002年6月5日，市农业产业化办公室、市经管站下发了《关于印发〈北京市农民专业合作组织示范章程〉（试行）的通知》，强调促进农民专业合作社健康发展。

2002年，市农委、市财政局下发了《关于推进农村经济结构调整，加快农民致富步伐若干政策意见》（京政农发〔2002〕3号），加大对农民专业合作经济组织的扶持。

市政府办公厅转发了市农委《关于发展本市农民专业合作经济组织意见》（京政办发〔2001〕13号）。

（3）2003年。市农委下发《关于印发〈北京市乡村集体经济组织登记办法〉的通知》（京政农发〔2003〕61号），明确了符合条件的专业合作组织在区县政府进行注册登记。

市农委下发《关于开展北京市专业合作组织规范化建设试点工作的指导意见》，从建立健全组织机构、运行机制、内部管理制度等17个方面对农民专业合作社和区县、市级农产品行业协会试点单位进行规范。在各项政策的推动下，农民专业合作社得到健康发展。

（4）2004年。11月4日，市农委印发了《北京市农村工作委员会关于开展北京市农民专业合作经济组织规范化建设试点工作指导意见》（京政农发〔2004〕64号）。要求进一步指导市级示范点完善合作组织章程，协助示范点按照示范建设任务目标进行各项建设，促进其不断完善其组织章程，规范运行机制，建立健全各项内部管理制度和服务措施，以推动农民专业合作经济组织健康、有序地发展。文件提出："农民专业合作经济组织规范化建设是一项政策性、业务性很强的工作，各级主管部门要给予高度重视，切实加强组织领导。一是要明确主管领导，配备业务骨干，落实工作责任制。主管领导和业务人员要切实深入到基层，直接操作，扎扎实实地进行指导和规范，确保规范化建设取得实效；二是要做好宣传工作。积极向基层干部群众宣传加强规范化建设的重要意义，帮助他们学习有关新型农民专业合作经济组织的理论知识，切实提高他们的思想认识，得到他们的自觉配合；三是要加强培训。市农业产业化办公室和市经管站负责组织区县农委、经管站主管领导、业务骨干和农民专业合作经济组织示范单位主要负责人进行培训。各区县也要结合自身实际，组织业务干部和示范单位管理人员开展各种形式的培训工作”。

（5）2006 年。市委、市政府出台了《关于加快发展农民专业合作组织，提高农民组织化程度的意见》（京发〔2006〕3 号）文件，指出要把加快发展农民专业合作组织作为建设现代农业、发展农村经济、增加农民收入的重大举措，作为推进城乡统筹、构建和谐社会、建设社会主义新农村的重要工作平台，进一步增强紧迫感和责任感，采取有力措施，积极推进，加快发展。提出了支持登记办照、实施税收支持、加大资金投入、产业政策支持、改善金融服务、提供人才支持等方面的政策措施。

2006 年 10 月 31 日，十届全国人大常委会第二十四次会议通过了《中华人民共和国农民专业合作社法》。于 2007 年 7 月 1 日起施行。对于农民专业合作社的法律地位，以及农民专业合作社的设立、民主管理、财务制度等内容，做出了规范，明确了国家扶持农民专业合作社的主要政策措施。提出了农民专业合作社应当遵循五项原则，一是成员以农民为主体；二是以服务成员为宗旨，谋求全体成员的共同利益；三是入社自愿、退社自由；四是成员地位平等地，实行民主管理；五是盈余主要按照成员与农民专业合作社的交易量（额）比例返还，并规定返还比例不得低于可分配盈余的百分之六十。《农民专业合作社法》的出台，是我国农民合作社事业发展历史上具有里程碑意义的大事，标志着我国农民专业合作社从此进入了有法可依的阶段。

为落实《农民专业合作社法》，推进都市型现代农业发展和社会主义新农村建设，北京市建立了由农委牵头、部门联动、政策集成的工作推进机制。市农委、市发改委、市科委、市财政、市民政局、市农村商业银行六部门联合出台了《关于促进农民专业合作组织发展的扶持政策》（京政农发〔2006〕55 号），提出了八项扶持政策。①农民专业合作组织可以作为项目实施单位，独立申报、承担农业和农村经济的建设项目，同等条件下予以优先安排。②对农民专业合作组织带动基地所在区域的基础设施建设项目、固定投资项目优先安排，并适当提高投入比例。③对农民专业合作组织注册的农产品商标，获得北京市著名商标称号的奖励 10 万元，获得中国驰名商标称号的奖励 50 万元；对农民专业合作组织开展农产品质量认证，获得绿色食品认证的，认证费用补助 50%；获得有机食品认证的，认证费用补助 100%。④市级支农资金每年对农民专业合作组织开展市场营销、推介活动予以一定的补助。重点用于鼓励合作组织开展市场对接活动、品牌宣传、开设专卖店、开辟专营区、参加农产品营销推介活动。⑤农民专业合作组织可以作为农业科技项目的实施单位，独立申报、承担农业科技应用项目；农民专业合作组织与科研院所、高校及农技部门建立技术依托或产学研合作关系，开展的科研项目优先安排；农民专业合作组织为成员提供专业技能、生产技术、市场营销等服务所开展的相关培训，参照市级农民培训标准，纳入全市农民素质培训政策予以扶持；农民专业合作组织所需的科技需求列入市级农业科技招标项目予以解决。⑥积极支持建立市级农民专业合作组织发展基金会，以多种形式支持农民专业合作组织发展。⑦农民专业合作组织可以通过自有资产抵押或成员联保的形式办理贷款，享受北京农村商业银行“协会＋农户”贷款的支持；农民专业合作组织同时享受有关政府部门相关配套贴息政策的支持；“银农合作”担保资金优先为农民专业合作组织提供金融服务。⑧鼓励农民专业合作组织参加政策性农业保险，对农民专业合作组织作为政策性农业保险制度的实施单位，予以一定的费用补贴。这八项措施，为贯彻落实《农民专业合作社法》提供了切实有效的办法。这项政策的意义就在于在推广阶段的后期，农民合作社的发展开始进入了规范发展的阶段。

在推广阶段，特别是在农民专业合作社法的推动下，北京市出台了一系列政策支持发展。概括起来最主要的特点就是坚持发展与规范发展相结合，既放手发展又促进规范；先发展再规范，以规范促发展。这些政策有几个要点：①重点帮扶，树立典型。②培训指导，促进规范。③因地制宜，以各种形式组合、多种方式组建农民专业合作社，适应广大农民对专业合作社的不同要求。

二、推广过程

1. 2001 年

4 月初至 6 月底，市经管站对郊区农民专业合作社发展情况开展了一次全面摸底调查，纳入农民专业合作社规范管理的有 1 657 家，入社农户 366 625 户，入社企业 1 173 家。其中契约型专业合作社 351 个，占 21.2%；出资型专业合作社 425 个，占 25.6%；会员型专业合作社 796 个，占 48%；其他形式的 85 个，占 5.2%。农民专业合作社发展呈现出以下特点：一是合作领域从生产向加工、销售延伸，与上年相比，加工、销售领域的农民专业合作社比例逐步增加；二是组织规模扩大，加入农民专业合作社农户数占全市农户总数的 30%。平均每个农民专业合作社拥有农户 221 个，比上年的 102 户增加了一倍多。

2001 年 5 月 20 日，市委农工委、市农委在顺义大孙各庄镇召开了农民专业合作社建设现场会，8 月 16 日，市农委在怀柔召开了全市“发展奶牛合作社，实施奶业产业化的工作会议”。会上，怀柔梭草奶牛合作社、大兴庞各庄奶牛合作社、顺义史家营奶牛合作社、密云北庄奶牛合作社、北京三元食品有限责任公司介绍了经验，参观了怀柔梭草奶牛合作社。会议强调通过建立以农民为主体的合作组织，提高组织化程度，加快奶业产业化步伐。

2. 2002 年

10 月 11 日，市委农工委、市农委在顺义召开了全市农民专业合作社经验交流会，市属各有关委、办、局，各区县主管农业的区县长、农委主任、经管站和部分农民专业合作社负责人共 150 余人参加了会议。要求做好四项工作：一是认真总结和推广农民专业合作社的成功经验；二是积极开展农民专业合作社的规范化示范工作；三是加强培训工作；四是深入调查研究，做好引导和服务工作。

在一系列政策的鼓励、扶持下，郊区农民专业合作社得到进一步的发展。到 2002 年年底，全市各类农民专业合作组织达 1 613 个，其中：种植业 698 个，养殖业 787 个，其他的 28 个，入社农户 33.4 万户，固定资产总额 57.3 万元。农民专业合作社的发展呈现出新特点：一是农民专业合作社逐步走向规范，有章程的合作社有 998 个，占 61.8%，内部设有成员（代表）大会的 928 个，占 57.5%，民主程度较上年有新的提高，相当一部分农民专业合作社设立了理事会、监事会。二是合作领域进一步拓宽，合作深度进一步加大，以从事农产品加工、销售、服务为主的有 918 个，占总数的 56.9%。三是确立了农民在农民专业合作社中的主体地位，农民自己组建的专业合作社有 798 个，占总数的近一半。四是产业类型多样，以农业产业化紧密结合，以种植业为主的专业合作社有 698 个，占 43.3%，涉及粮食、蔬菜、果品、花卉、牧草、苗木及其他特种种植，以养殖业为主的农民专业合作社 787 个，占 48.8%，涉及生猪、肉牛、鸡、奶等品种，其中以肉鸡、奶领域的合作社为主。五是面对入世挑战，一批行业协会应运而生，市级行业协会有果品协会、出口菜协会、谷物协会、奶业协会等。

2002 年 10 月 23—26 日，市农委在香山农干院举办了为期四天的“北京市农民专业合作社培训班”，各区县农委、经管站主管农民专业合作社工作的负责人、示范单位负责人及所在乡镇的乡镇长、经管站长等共 140 余人参加。培训班后，以组织参加培训的部分人员分别赴浙江、海南进行了学习考察。

3. 2003 年

北京市在推进农民专业合作经济组织发展工作中，紧紧围绕农业结构调整和农业产业化经营，继续把抓好试点和加强规范化管理作为工作重点，坚持全方位、多层次、高质量地培育各种形式的农民专业合作经济组织。到 2003 年年底，全市农民专业合作社达到 1473 个，其中本年新成立 89 个。农民专业合作社中，契约型专业合作组织 266 个，占 18.1%；出资型专业合作组织 357 个，占 24.2%；会员型专业合作组织 675 个，占 45.8%；其他形式的 175 个，占 11.9%。合作领域进一步拓宽，以生产为主的 533 个，占 36.2%；加工为主的 76 个，占 5.2%；以销售为主的 459 个，占 31.2%；以服务为主的 326 个，占 22.1%。

2003 年，农民专业合作社资产规模逐步扩大，实力增强，销售收入和盈余增加，合作社的经济效益得到提高，入社农户收益增加，进一步调动了农民加入合作社的积极性，以农民入资为主，企业单位和集体经济组织入资为辅的格局，农民作为投资主体和龙头企业带动的局面逐步形成。到 2003 年年底，全市农民专业合作经济组织入资总额达 22 亿元，其中，社员入资 11.9 亿元，占 54.1%；集体经济组织入资 2.5 亿元，占 11.3%；政府支持资金 1.8 亿元，占 8.2%；企业单位入资 4.2 亿元，占 19.1%；其他入资 1.6 亿元，占 7.3%。农民专业合作经济组织拥有资产总额 33.8 亿元，净资产总额 25.5 亿元。全年销售收入 62.6 亿元，销售利润 15.7 亿元，销售利润率为 25.1%。加入农民专业合作社的农户 42.6 万户，户均增收 3 686 元，其中，带动社外农户 14.4 万户，户均增收 1 788元。税后利润分配总额为 9.3 亿元，其中按交易量返还的 7.9 亿元，占分配总额的 84.9%；按股分红 0.5 亿元，占分配总额的 5.4%；留积累 0.9 亿元，占分配总额的 9.7%。农民专业合作社税后利润绝大部分返还给了入社的农户，以按交易量返还为主。

2003 年农民专业合作社发展特点：一是试点工作取得新进展。全市确定了 34 个市级和 5 个农业部专业合作组织示范单位，其中顺义区新特新葡萄产供销合作社和房山区长阳奶牛合作社被评选为全国先进农民专业合作社。二是规范化程度进一步提高，组织机构进一步健全。农民专业合作社在工商部门登记的 340 个，占 23.1%；在民政部门登记的 187 个，占 12.7%；在科协部门登记的 89 个，占 6%；未登记的 857 个，占 58.2%。农民专业合作社设立理事会的 620 个，占 42.1%；设立监事会的 336 个，占 22.8%；设立成员（代表）大会的 822 个，占 55.8%。合作社中，有章程的农民专业合作社 946 个，占 64.2%，有协议（合同）的专业合作社 620 个，占 42.1%；农民专业合作社内部已建账的专业合作组织 503 个，占 34.1%；已建立财务制度的专业合作组织 452 个，占 30.7%；已建立利润分配制度的专业合作组织 275 个，占 18.7%；重大事项由成员（代表）大会表决的专业合作组织 638 个，占 43.3%。三是合作社规模呈扩大趋势。农民专业合作经济组织在市场经济的作用下加强了相互间的兼并与联合，从追求数量向提高质量方向发展。从总量上看，2003 年农民专业合作经济社 1 473 个，比上年减少 139 个，但从规模上看，入社农户 42.6 万户，比上年增加 13.3 万户，平均每个合作组织拥有社员 289 户，比上年增加 95 户。四是专业合作经济组织自身经营效益进一步提高。2003 年全市专业合作经济组织实现税后净利润 92 628.8 万元，比上年增加 10 940.8 万元。其中向农户返还 61 230 万元，比上年增加 1 207 万元，利润返还率 66.1%，平均每户返还利润 1437 元；公共积累 9 012 万元，比上年增加 3 838 万元。五是政府扶持力度加大。2003 年各级政府用于扶持农民专业合作社资金 18 132 万元，比上年增加 1 544 万元，重点用于农民专业合作社基础设施建设、开发新技术，以及对成员进行培训、购买生产资料给予补贴等。六是农民专业合作社以本乡镇区域为主。农民专业合作社建立在本村内的 674 个，占 45.8%；建立在乡内的 579 个，占 39.3%；跨县乡的 20 个，占 14.9%。

4. 2004 年

全市农民专业合作经济组织以规范化建设为重点，按照“重点突破，整体推进”的工作思路，通过积极引导，扩大试点，加大扶持，进一步提高农民专业合作经济组织发展水平，农民专业合作经济组织进入稳步推广的新阶段。

为加快推进郊区农民专业合作经济组织发展，在基层组织自愿申报、区县推荐基础上，经市农业产业化办公室和市经管站审核确定了 55 个农民专业合作经济组织规范化建设试点单位。为做好试点工作，2004 年 11 月 18 日，市农委在北京农业职业学院召开了“2004 年北京市农民专业合作经济组织经验交流会”并举办了培训班。市农委、市财政局、民政局、税务局、工商局等单位有关领导，以及各郊区县农委、经管站主管领导和部分市、区县农产品行业协会、基层农民专业合作组织负责人参加了会议。

会上，大兴区庞各庄西甜瓜产销合作社、平谷区胜泉康汇农产品合作社、密云县白莲畜禽养殖合作社、市谷物协会做了典型发言。会议就农民专业合作经济组织基本理论、健全产业组织体系、促进农村经济发展、规范化建设、“三农”问题和财政政策进行了专题讲座。

2004 年，在农业部农民专业合作经济组织示范项目申报工作中，北京市大兴区庞各庄西甜瓜产销合作社、延庆县大柏老奶牛合作社、怀柔王化多源奶牛合作社被确定为全国项目示范单位。

2004 年，门头沟区潭柘寺镇北京仙潭珍禽养殖合作社（门头沟区）、大兴区庞各庄西甜瓜产销合作社（大兴区）、北京顺义区绿奥蔬菜合作社（顺义区）、密云县番字牌柴蛋鸡生产合作社（密云县）、延庆县大柏老聚八方奶牛合作社（延庆县）、房山区红小豆产销协会（房山区）、通州区张家湾葡萄协会（通州区）、怀柔区肉鸡协会（怀柔区）、平谷区大桃标准化种植协会（平谷区）和北京市果树协会10家先进农民专业合作经济组织获得2004年度京郊农业现代化先进单位—先进农民专业合作经济组织荣誉称号。

2004年，市财政和市农委安排600万元专项资金，重点支持了55个专业合作组织和农产品行业协会的基础设施建设、开发新技术、教育培训、规范管理等项目。

到2004年年底，全市农民专业合作组织达到1 273个[①]，其中，登记注册的844个。农民专业合作社按行业划分：种植业593个，畜牧业502个，渔业44个，服务业12个，其他122个。按服务内容划分：产加销一体化服务的797个，仓储服务为主8个，运销服务为主150个，加工服务为主38个，技术信息服务为主184个，其他96个。合作社成员总数为78.7万个。

2004年，全市农民专业合作社资产总额32.1亿元[②]，负债总额6.6亿元，所有者权益25.5亿元。成员出资额4.1亿元。总销售收入28.6亿元，总支出24.3亿元，盈余4.3亿元。盈余分配中，提取公积金0.6亿元，向成员分配盈余2.5亿元。

5. 2005年

市委、市政府高度重视农民专业合作组织的建设，把发展农民专业合作组织作为提高农业组织化、发展都市型现代农业的重要手段，多次召开会议研究部署此项工作，明确了农民专业合作社的工作思路："以农民增收为中心，以都市型现代农业为方向，依托各地优势资源、主导产业和特色产品，遵循合作经济发展规律，规范提高现有农民专业合作组织，积极发展新型农民专业合作组织，增强带动力，提高覆盖面，逐步形成纵向相通、横向相连的农民专业合作组织网络，实现农村经营体制的组织创新和制度创新"。

按照"点面结合、突出重点"的方针，对发展规模较大、带动能力强、农民增收作用明显、运行机制较好的农民专业合作组织、农产品行业协会作为典型，带动农民专业合作社的发展。北京市选择了顺义绿奥蔬菜合作社、通州观赏鱼养殖协会等20家合作组织作为示范典型，给予重点扶持。同时，积极申报农业部项目，北京市被农业部确定为12个全国农民专业合作组织省级示范建设试点之一，房山区神州绿普果菜产销合作社等5家农民专业合作社被确定为全国项目示范单位。

2005年，北京市农民专业合作组织应用信息化、现代化管理手段的越来越多。大兴区有31个农民专业合作组织配备了计算机管理设备，庞各庄肉羊协会、西瓜产销联合会、西甜瓜产销联合体分别开发了"中华羊网""中国西瓜网""乐平西瓜网"。房山区建立了房山农民合作组织网站，向全区农民专业合作组织尤其是专业合作经济组织以及广大农民提供政策、信息、科技服务，帮助合作组织宣传产品，拓展销售渠道，促进了农民合作经济组织的发展壮大。

农民专业合作经济组织利用郊区资源和地域优势，发展特色产业。如大兴西瓜、平

① 北京市农村经济研究中心．北京市农民专业合作社统计汇总表［R］．2004.

② 北京市农村经济研究中心．北京市农村经济收益分配统计资料—北京市农民专业合作组织情况统计表［R］．2004.

谷大桃、门头沟京白梨、通州观赏鱼、怀柔西洋参、房山食用菌等。同时，农民专业合作组织通过实施品牌战略，打造出了一批优势农产品品牌，增强了市场竞争力。如大兴的“乐平”牌西甜瓜，顺义的“绿奥”牌蔬菜，平谷的胜泉康汇农产品合作社，其注册的“胜泉牌”系列农产品已经进入城区 12 家商场超市和 15 个社区。2005 年，全市已有 190 个专业合作组织注册了产品商标，有 341 个专业合作组织实行产品统一包装销售。

2005 年，全市专业合作组织中建立党支部的有 107 个，建有党小组的 228 个。延庆县前庙村葡萄产销协会由村老党员张进元同志发起成立，有会员 142 个，2005 年协会收入 240 万元，成为“北京市葡萄专业村”“北京市科普示范基地”。

2005 年，市财政和市农委安排 70 万元专项资金，通过“双十”计划，对 10 个基层专业合作组织和 10 个市级、区县级农产品行业协会给予项目扶持；通过“百社上网工程”，为 100 多个基层专业合作经济组织各配备一套电脑和传真打印机，培训 1～2 名电脑操作人员。

2005 年，市农委在香山农业职业学院举办了农民专业合作组织培训班。区县农委、经管站主管业务干部和部分市、区（县）农产品行业协会、基层农民专业合作组织的负责人参加了培训。参观了顺义区绿奥蔬菜合作社和怀柔区王化多源奶牛合作社。

到 2005 年年底，全市农民专业合作组织达到 1 215 个（登记注册的 944 个）①，按行业划分：种植业 569 个，畜牧业 431 个，渔业 41 个，服务业 15 个，其他 159 个。按服务内容划分：产加销一体化服务的 682 个，仓储服务为主 6 个，运销服务为主 279 个，加工服务为主 45 个，技术信息服务为主 203 个。合作社成员总数为 27 万名。

2005 年，全市农民专业合作社资产总额 27.8 亿元②，负债总额 13.2 亿元，所有者权益 14.6 亿元。成员出资额 2.6 亿元。总销售收入 49.4 亿元，总支出 35.7 亿元，盈余 13.7 亿元。盈余分配中，提取公积金 0.95 亿元，向成员分配盈余 1 亿元。

2005 年，6 月中旬，市农委举办了“北京市农村新型合作经济组织培训班”，区县农（工）委、经管站农民专业合作组织的管理人员参加了培训。8 月下旬又举办了农民专业合作组织负责人培训班。对发展合作社理论、操作规程等进行了培训，并组织了参观考察。

6. 2006 年

为及时传达学习《中华人民共和国农民专业合作社法》精神，11 月 16 日，市农委在密云召开了全市农民专业合作组织工作现场会，市相关委办局负责人、郊区县干部、合作组织负责人参加。大会传达了《农民专业合作社法》的基本精神，总结推广了密云县发展农民专业合作组织的经验做法，提高了各级党委、政府对发展农民专业合作组织重要性的认识，明确了今后工作重点。

为全面、准确反映本市农民专业合作组织发展现状，摸清农民专业合作组织的基本情况，2006 年市农委、市经管站对全市农民专业合作组织情况进行了一次全面摸底调查，

① 北京市农村经济研究中心．北京市农民专业合作社统计汇总表［R］.2005.

② 北京市农村经济研究中心．北京市农村经济收益分配统计资料－北京市农民专业合作组织情况统计表［R］.2005.

主要内容包括：专业合作组织个数、成员总数、扶持情况、产业情况、经营服务情况、资产负债状况、收益分配情况等，建立了北京市农民专业合作组织数据库。聘请中国农业大学的专家教授及部分学生，重点对 10 个远郊区县、100 家农民专业合作组织进行一次调查，进行重点解剖，总结经验。

市农委确定了 40 个发展规模较大、带动能力较强、农民增收作用明显、运行机制较好的农民专业合作组织，由市财政支农资金安排了 1 000 万元，给予重点扶持。

2006 年，全市成立了一支由农业部、中国社科院、中国农大等有关农民专业合作组织的专家及部分区县实践经验较强的专家指导组，负责对 10 个远郊区县农民专业合作组织辅导员培训和示范典型指导工作。为每个区县培养 3 名专职辅导员队伍，全市共 36 名，对本区县农民专业合作社进行直接指导服务。

2006 年，在密云县开展农民专业合作组织（板栗和柴蛋鸡）联合社的试点工作。通过组建联合社，解决规模小、农产品竞争力弱等困难，解决农民专业合作组织市场营销难的困境，实现跨区域发展。

2006 年年底，市农委、市商委、工商局等部门举办了“百社进百店”活动，面对首都的中高端市场，为农民专业合作组织与批发市场、超市、社区、大专院校等市场主体搭建平台。农民专业合作社与市场对接，塑造了一批适应市场经济要求的经营主体，扩大了合作社品牌产品知名度，促进了产品销售，提高经济效益，增加农民收入。

各区县围绕规范发展农民专业合作社，出台了若干政策、措施。如密云县制定了《农民专业合作社登记办法》《农民专业合作社建设标准》《农民专业合作经济组织管理实施办法》等一系列规范文件。平谷区从指导规范发展、政策扶持等方面拿出了切实可行的办法。

到 2006 年年底①，全市农民专业合作社达到 1 308 个（登记注册的 1 103 个），农民专业合作组织按行业划分：种植业 368 个，林业 309 个，畜牧业 402 个，渔业 39 个，服务业 92 个，其他 98 个。按服务内容划分：产加销一体化服务的 895 个，仓储服务为主 6 个，运销服务为主 75 个，加工服务为主 56 个，技术信息服务为主 276 个。农民专业合作社成员总数为 26.8 万名。

2006 年②，全市农民专业合作社资产总额 28.5 亿元，负债总额 8.4 亿元，所有者权益 20.1 亿元。成员出资额 8.6 亿元。总销售收入 34.1 亿元，总支出 28.8 亿元，盈余 5.3 亿元。盈余分配中，提取公积金 1.1 亿元，向成员分配盈余 1.6 亿元。

在扩大发展阶段，京郊农村以多种形式发展农民专业合作社。充分考虑了地区之间的生产力发展、经济水平的差异，以及各地区社会环境的差异，不搞一刀切、一种模式。尊重农民的选择，因地制宜，从实际出发，多种形式探索。这符合京郊农民组织化程度不高的特点。

① 北京市农村经济研究中心．北京市农民专业合作社统计汇总表［R］. 2006.

② 北京市农村经济研究中心．北京市农村经济收益分配统计资料—北京市农民专业合作组织情况统计表［R］. 2006.

第五节　规范发展阶段（2007—2010 年）

在合作社发展的初级阶段，还存在着不规范的现象，还只是一种过渡模式。这种过渡模式还不能逾越。我们的目标是发展真正的规范化的农民专业合作社。这是世界 100 多年来合作运动发展至今的典型形式和成功经验总结。这种规范化的合作社：以为社员服务、保护农民的利益为宗旨；是农民真正自愿联合的组织；实行民主管理；不以盈利为目的，把所获得的利润，按社员与合作社交易额返还给社员。这种规范化的合作社是我们的努力方向，也是我们为什么要规范地发展合作社的动因。

一、规范发展政策

（1）2007 年。北京市颁布了《农民专业合作社登记管理条例》，自 2007 年 7 月 1 日起施行。规定了“农民专业合作社经登记机关依法登记，领取农民专业合作社法人营业执照，取得法人资格。未经依法登记，不得以农民专业合作社名义从事经营活动”。

7 月 9 日，市农委印发《北京市农村工作委员会〈关于印发北京市农民专业合作社示范章程〉（试行）的函》（京政农函〔2007〕45 号）。

（2）2009 年。11 月 20 日由北京市第十三届人民代表大会常务委员会第十四次会议审议通过了《北京市实施〈农民专业合作社法〉办法》，2010 年 3 月 1 日起施行。《实施办法》在农民专业合作社登记范围、设立登记中农民成员身份的界定、规范农民专业合作社内部管理制度、政府部门和有关组织的指导、扶持和服务职责、扶持和优惠政策（包括财政扶持资金、项目建设、金融保险服务、用地政策、奖励制度）等方面都做出了明确规定。《实施办法》的出台，对规范合作社的发展起到了极大的促进作用。

2010 年 1 月 20 日，市农委、市发改委、市科委、市商委、市财政局、市工商局等七部门联合印发《北京市农民专业合作社示范社建设行动计划》（京政农函〔2010〕5 号），提出了建立市级专业合作社的发展计划。这一计划的实施，提高了京郊农民专业合作社规范化发展的程度。

二、规范发展过程

1. 2007 年

2007 年，北京市认真贯彻落实《中华人民共和国农民专业合作社法》加强宣传和规范，加大推进扶持力度。

1 月下旬。市农委组织召开了由各区县主管领导、辅导员和专业合作组织负责人等共 120 多人参加的宣传贯彻《农民专业合作社法》动员大会，对宣传贯彻《农民专业合作社法》工作进行了全面部署，并邀请农业部经管司作了《农民专业合作社法》专题讲座，在全市掀起了学习、宣传、贯彻《农民专业合作社法》的高潮。

3 月。市经管部门与《北京农村经济》刊物合作编辑了一期《农民专业合作组织专刊》，收录了有关领导讲话、政策法律文件、典型经验介绍以及农民专业合作社基本知识解释等 28 篇共 3 万余字，并刊印 9 000 册，发放到农村基层组织供干部群众学习参考。

4—5 月。市经管部门通过《京郊日报》举办了《农民专业合作社法》知识竞赛活动，得到了郊区农村广大干部群众的热情支持和积极响应，全市 3.3 万农村干部群众参加了答题。

6 月。市农委举办了“宣传贯彻《农民专业合作社法》培训班”。参加培训的有 13 个区县的农民专业合作组织辅导员和部分农民专业合作组织负责人共 160 余人。讲授了《农民专业合作社法》《农民专业合作社登记管理条例》农民专业合作社操作规程及典型案例分析，讨论了《农民专业合作社示范章程》进行了讲座和交流，并向全市 36 名农民专业合作组织辅导员颁发了证书。各区县也普遍组织乡镇辅导员、村干部和专业合作组织负责人进行了法律知识培训。

市农委、市经管部门实施了“百家农民专业合作组织示范工程”。重点抓了通州、延庆两个区县的规范化建设工作，完善了两个区县专业合作的组织体系、制度体系、服务体系和管理体系“四个体系建设”。按照《农民专业合作社法》的要求，对怀柔区多多奶牛专业合作社、大兴区乐平西甜瓜产销专业合作社和圣泽林梨产销专业合作社三个大户带动型的专业合作社进行了规范改造，包括资产重组、建章立制、理顺机制、召开揭牌大会等。

市农委、市经管站制定了《北京市农民专业合作组织辅导员及专家指导组实施办法》。专家指导组成立以来，深入区县和基层组织调研、指导、培训 30 余次，编写了《农民专业合作社工作手册》《设立农民专业合作社八步流程工作法》两本实用教材，在密云县和平谷区试用。

2007 年，北京市安排 2 500 万元财政专项资金，对 50 个发展规模较大、带动能力较强、农民增收作用明显、运行机制较好的农民专业合作组织，在基础设施、市场营销、质量认证、教育培训等环节上给予重点扶持，树立了一批示范典型，在全市起到了良好的示范带动作用。

为解决农民专业合作社及成员面临的生产经营资金不足和贷款难的问题，市经管部门探索在农民专业合作社内部开展资金互助服务，指导通州区于家务乡果村蔬菜专业合作社和密云县西田各庄镇黄坨子村蔬菜专业合作社建立了资金互助会。

《农民专业合作社法》只调整农民专业合作组织中的农民专业合作社，只有从事经营活动的实体型农民合作经济组织才是农民专业合作社，那些只为成员提供技术、信息等服务，不从事营利性经营活动的农民专业技术协会、农产品行业协会等不属于农民专业合作社，不是《农民专业合作社法》的调整对象。

《农民专业合作社法》颁布后，一些专业协会也自发地规范改造成专业合作社。延庆县有 10 个农民专业协会依法实行了“会改社”。通州区通过实施农民专业合作社“三改一建”工程，对镇（乡）、村级专业协会、小规模企业带动型合作组织和未规范的合作社，按照《农民专业合作社法》进行改造和重新组建。2007 年全市共完成了 36 家专业合作社改建试点。

2007 年，密云县板栗联合社在板栗生产销售中发挥了主导作用，联合社下辖 41 个基层板栗合作社，联合社对基层合作社实行统一技术管理、统一采摘时间、统一组织销售，使密云板栗平均每 500 克比周边区县贵 6 毛钱。通过联合作社销售板栗 4 000 吨，占全县总产量的80%，收购价每500克普遍比小商贩高2毛钱，每户果农平均增收800元。

到2007年年底，全市农民专业合作社达到1 203个[①]，其中，已按《农民专业合作社登记管理条例》登记的756个。农民专业合作社按行业划分：种植业529个，林业174个，畜牧业387个，渔业19个，服务业52个，其他42个。按服务内容划分：产加销一体化服务的981个，购买服务为主5个，运销服务为主33个，加工服务为主11个，技术信息服务为主90个，农机服务为主的12个，其他71个。农民专业合作社成员总数为10.4万名。

2007年，全市农民专业合作社资产总额19亿元[②]，负债总额4.8亿元，所有者权益14.2亿元，其中成员出资额8.3亿元。总销售收入19.9亿元，总支出17.1亿元，盈余2.8亿元。盈余分配中，提取公积金0.3亿元，向成员分配盈余1.5亿元。各级财政扶持资金总额2 560万元。

2. 2008年

2008年，按照市农村工作会议精神，以贯彻实施《农民专业合作社法》，推进农民专业合作组织规范发展为重心，进一步完善措施，加强指导，加大扶持，推动农民专业合作组织健康发展。

市农委、市经管部门出台了《农民专业合作组织专家指导组工作制度》，进一步明确了专家的具体职责和工作任务。各区县也进一步加强了专业合作组织制度建设，如：房山区经管站制定下发了《农民专业合作社规范建设指南》《房山区关于加强农民专业合作社财务管理工作的指导意见》和《房山区农民专业合作社管理制度（示范文本）》；密云县经管站制定下发了《密云县农民专业合作社规范文本》和《密云县农民专业合作社管理制度》；平谷区经管站制定了《设立农民专业合作社八步流程工作法》；通州区制定下发了《通州区农民专业合作社规范管理细则（试行）》。

6月，市农委、市经管站编辑印刷了《北京市农民专业合作社实用手册》，收录了农民专业合作社法律法规和相关政策，整理了各区县建设农民专业合作社好的经验做法，总结了部分农民专业合作社典型案例。共印5 000册，发放到全市农民专业合作社管理人员和基层组织以供学习和参考。

10月下旬，市农委、市经管站在密云县举办了全市农民专业合作社培训班。参加培训的有13个区（县）农民专业合作组织辅导员以及100个列入2008年市级农民专业合作社示范项目单位的负责人。

按照农业部办公厅《关于做好农民专业合作组织统计监测分析工作的通知》要求，市经管站下发了《关于做好农民专业合作组织统计监测分析工作的通知》，监测的主要内容包括组织类型、成员总数、带动非成员农户数、组织机构构成情况、获得财政扶持及社会捐赠情况、产业结构情况、生产规模情况、经营服务情况、资产负债情况、收益分配情况等。

---

① 北京市农村经济研究中心．北京市农民专业合作社统计汇总表［R］．2007.

② 北京市农村经济研究中心．北京市农村经济收益分配统计资料—北京市农民专业合作组织情况统计表［R］．2007.

市工商局专门制定了《落实市政府农民专业合作社实事项目的工作方案》印发区县分局，全市工商登记机关认真贯彻落实《农民专业合作社法》和《农民专业合作社登记管理条例》，创造良好的准入环境。①做好宣传、培训工作。②做好服务工作。在登记注册大厅开辟"农民专业合作登记绿色通道"，制定了《农民专业合作社一次性告知单》，为农民专业合作社登记注册提供便利条件；在全市153个工商所统一设置了"农民专业合作社登记服务窗口"和"农民专业合作社自助登记服务"台，推出了"就近预审、咨询指导、网上申报、快速服务"等措施。③做好协调工作。针对合作社在登记中存在的问题，与市农委共同制定了《关于加强农民专业合作社登记工作有关问题的通知》，明确了农民专业合作社入社成员的范围，合理确定农民专业合作社登记的业务范围，扩展了农民专业合作社成员出资方式，切实解决出资难问题。房山工商分局开展了以土地承包经营权的收益权作价出资成立农民专业合作社的试点工作，得到了广大农民的认可和欢迎。

2008年，农民专业合作组织发展的主要特点：一是在工商管理部门登记的农民专业合作社增多。2008年在工商管理部门登记的农民专业合作社占91.9%。二是专业联合社扩大。2008年，专业联合社有6个，占0.2%。密云、延庆、大兴等区县成立了板栗、柴蛋鸡、奶牛等专业联合社。三是专业合作社的合作领域不断拓宽。从种植、养殖领域扩展到农机、用水、运输、仓储、科技服务、民俗旅游、资金互助等各个行业，其深度也从单纯的生产环节的合作，向加工、流通环节延伸，综合服务能力不断增强。四是品牌意识增强。全市有158个专业合作社建立了自己的网站或网页；有233个专业合作社注册了自己的产品商标；有394个专业合作组织通过了农产品质量认证，其中141个通过了有机食品认证。大兴的"乐平"牌西甜瓜、"圣泽林"牌梨、顺义的"绿奥"牌蔬菜、怀柔的"蓝天白鸽"系列农产品等在市场上都有很高的知名度。农民专业合作社还通过开设农民田间学校、举办农业实用技术培训班等方式，常年对成员进行合作社理念和农业技能培训，每年培训农民成员30万人次以上，2008年达到39.3万人次。

2008年，市财政安排3 500万元专项资金，对100个市级和3个农业部示范典型进行扶持和奖励。

到2008年年底，全市农民专业合作社2 082个①，其中在工商登记注册的农民专业合作社达到2 080个。按行业划分：种植业1 052个，林业242个，畜牧业645个，渔业34个，服务业53个，其他56个。按服务内容划分：产加销一体化服务的1 648个，购买服务为主32个，仓储服务为主7个，运销服务为主47个，加工服务为主6个，其他342个。合作社成员总数为15.8万个。

全市农民专业合作社资产总额24.6亿元②，负债总额6.2亿元，所有者权益18.4亿元，其中成员出资额16.4亿元。总销售收入29.1亿元，总支出25.2亿元，盈余3.9亿

① 北京市农村经济研究中心．北京市农民专业合作社统计汇总表［R］．2008.

② 北京市农村经济研究中心．北京市农村经济收益分配统计资料—北京市农民专业合作组织情况统计表［R］．2009.

元。盈余分配中，提取公积金 0.3 亿元，向成员分配盈余 2.8 亿元。各级财政专项扶持资金总额 0.8 亿元。

3. 2009 年

2009 年，北京市在农民专业合作社规范化建设中注重抓好三个机制：一是民主管理机制。着重建立完善民主管理的各项制度，严格按照章程办事，最大限度地保障成员的民主权益。二是利益联结机制。积极鼓励、引导农民专业合作社通过订单收购、股份经营、盈余返还等方式，建立稳定的购销关系和利益分配机制。指导合作社按照标准化生产的要求，开展农产品质量认准，保证农产品的质量，使成员获得更大的收益。三是自律机制。加强自律是农民专业合作社健康发展的重要基础和保障，制定和完善相应的管理制度，引导和帮助农民专业合作社建立自律机制，优化人员结构，引入竞争机制，聚集高素质人才，从多方面提高农民专业合作社的工作水平和服务质量。

2009 年，北京市不断创新合作社市场营销方式，引导农民专业合作社通过与批发市场洽谈合作、“农超对接”、开办直销店、产品进社区、网上联销等方式开展市场对接，提高市场竞争力。例如，大兴区积极组织北京市农产品中央批发市场、新发地批发市场的 40 余位经销商与区内有规模、有特色的 24 家农民专业合作社直接洽谈合作，与批发市场达成了在信息、基地建设、品牌宣传、销售平台建设、农业技术交流等七方面的合作意向。大兴的瓜果专业合作社已经打入了北京家乐福、美廉美、沃尔玛、华堂、世纪联华、欧尚、京客隆等多家超市。密云县农民专业合作社服务中心牵头成立了密云县农民专业合作社产品销售中心。选择 10 家农副产品销售企业为密云县农民专业合作社产品定点销售单位，授予牌匾，形成了全县统一的销售网点。同时，选择 10 家合作社为北京果美食品有限公司的生产基地，形成了“龙头企业＋专业合作社＋农户”的产业化经营模式。实现了农民专业合作社与市场的直接对接，打造“密云农业”品牌。密云市场营销平台共为 140 余家专业合作社销售了 100 余类农产品，销售额达到 5 200 余万元。怀柔、平谷、昌平等区县的一些专业合作社，在本地和市区开设了多家直销店，促进了合作社产品直接走进社区。房山区依托“房山农合网”建立了“网上联合社”，为全区 50 家合作社建立了网店，推介展出蔬菜、食用菌、果品、特色养殖等 280 多项产品。为了更好地帮助农民专业合作社将鲜活农产品直接进入大型连锁超市销售，北京市组织了一批农民专业合作社参加了农业部经管司举办的“全国农民专业合作社生鲜农产品与连锁超市对接洽谈会”，其中密云县奥金达蜂产品专业合作社、诚凯成柴鸡养殖专业合作社、延庆县绿富隆蔬菜产销专业合作社、怀柔区蓝天白鸽专业合作社和大兴区圣泽林梨专业合作社与北京市几个大型超市签订了供货协议。

2009 年 10 月下旬，市农委、市经管站对农民专业合作社辅导员、统计监测员以及农民专业合作社示范社负责人进行了培训。

2009 年，为提高农民专业合作社营销运输能力，加强农民专业合作社与市场对接，有效解决农民专业合作社运输难的问题，切实增加农民收入，市农委、市财政局组织实施了“现代农业装备对接农民专业合作社工程”，通过政府招标采购、市财政按购车全款给予 50％补助的方式，帮助 300 个市级和 24 个农业部专业合作社示范社购置符合绿标标准的 3～5 吨封闭货车、冷藏车和 5～8 吨奶罐车共 556 辆。

到 2009 年年底，全市工商登记注册的农民专业合作社达到 3 518 个[①]，按行业划分：种植业 1 866 个，林业 121 个，畜牧业 1 165 个，渔业 60 个，服务业 95 个，其他 211 个。按服务内容划分：产加销一体化服务的 2 763 个，购买服务为主 41 个，仓储服务为主 5 个，运销服务为主 51 个，加工服务为主 26 个，技术信息服务为主 168 个，其他 464 个。合作社成员总数为 17.4 万个。

2009 年，全市农民专业合作社资产总额 34.6 亿元[②]，负债总额 5.1 亿元，所有者权益 29.5 亿元。成员出资额 21.6 亿元。总销售收入 31.3 亿元，总支出 29.3 亿元，盈余 2 亿元。盈余分配中，提取公积金 0.4 亿元，向成员分配盈余 1 亿元。各级财政扶持资金总额 8.2 亿元。

4. 2010 年

2010 年，北京市继续推进合作社的规范化管理工作，多数区县制定了统一的合作社规范管理制度，密云县制定了每年定期开展两次合作社民主日制度，召开成员大会，面向成员公开财务、社务、档案等；房山区开展了财务规范化示范社建设行动，第一批规范了 9 家财务示范社；怀柔区与档案局联合制定了《农民专业合作社档案规范管理办法》，完成 10 多家示范社的档案规范；昌平区依托农经信息平台，开展了农民专业合作社在线审计试点，进一步强化了对合作社规范建设的监督指导。

2010 年按照“科学、可看、可比”的原则，评出 50 家市级示范社和 49 家示范社建设单位，171 家区县级示范社。对市级示范社和示范社建设单位统一给予授牌表彰，各项政策扶持重点向示范社倾斜。

市财政局会同市农委和市公安交通管理局等部门组织实施了“现代农业装备对接农民专业合作社工程”，为合作社配备了 601 辆货物运输车。市人力社保局会同市经管部门，启动了大学生“村官”进合作社试点，参照“村官”相关政策和管理办法，2010 年为 145 个农民专业合作社配备了专职“合作社理事长助理”。市农林科学院、市供销总社、农行北京市分行与市经管部门签订了《共同促进农民专业合作社发展合作协议》，在推广应用先进科学技术，建立农资供应体系、扩大销售渠道、提供资金信贷等方面为合作社提供了良好服务。市发改委在加强基础设施建设、改善合作社生产条件，市科委在提供科技项目支持，市商务委在推进“农超对接”等方面也做了大量的工作。

密云县、延庆县、平谷区专门成立了合作社指导服务中心，其他大部分区县经管部门都设立了农民专业合作社业务科室，配备了专职干部，全面加强对合作社的扶持、辅导和帮助。

2010 年，各区县紧密围绕本地区的主导产业和特色产业，培育出了一大批产业基础牢固、产品特色突出、带动能力较强的合作社。如：昌平区围绕本地区的“一花三果”主导产业，重点培育苹果、板栗和草莓专业合作社；大兴区围绕西甜瓜产业带，重点培

① 北京市农村经济研究中心．北京市农民专业合作社统计汇总表［R］．2009.

② 北京市农村经济研究中心．北京市农村经济收益分配统计资料—北京市农民专业合作组织情况统计表［R］．2009.

育西甜瓜专业合作社；门头沟区围绕山区特点，重点培育蜜蜂养殖及山茶种植专业合作社。

2010 年全市融合三次产业的合作社达到 826 家，占全市合作社总数的 18.8%，其中从事农产品加工、储藏、销售的达到 108 家。通过产业融合，延长了产业链条，提高了经济效益。如：密云县的奥金达蜂产品专业合作社，2007 年投资 320 万元建起了自己的蜂产品加工生产线，产品涉及 4 大类 18 个品种，年加工能力达到 2 000 吨，申请注册了“花彤”牌商标；2008 年合作社投资 40 万元建成养蜂科普观光园，年接待游客 2 万人次。怀柔区结合当地乡村旅游，组织山区农民建立了一批手工业和民俗旅游专业合作社。

2010 年，全市有 202 个合作社注册了自己的产品商标；有 383 个合作社通过了各类农产品质量认证。

郊区已有一批合作社通过相互联合、共建销售平台、共同开展农产品加工等多种方式走向联合。如：密云建立了板栗、柴鸡蛋等合作社联合组织；延庆县成立了蔬菜和综合农产品联合社；昌平区由 12 家合作社建立了产品销售联盟；房山区建立了网上联合社；通州区成立了合作社联合会。全市农民专业合作社内部资金互助试点工作已扩展到 4 个区县，累计达到了 35 家。

平谷区合作社服务中心组织农民合作社在北京城区开办了 40 家社区农产品直销店，带动了全区农副产品销售。房山区经管站通过网上联合式形式，为全区 120 家农民专业合作社开设了网店，年销售收入达 2 280 万元，合作社平均增收 19 万元，平均户增收 2 814 元。通州区农民专业合作社联合会在通州繁华地段开办了合作社超市，为全区农民专业合作社名特优农产品提供了展销平台。延庆县通过“时鲜快递”方式，积极发展有机农产品宅配业务，实现了农产品从田间到餐桌的对接，更好地服务了首都市民。

到 2010 年 12 月底，全市农民专业合作社 4 382 个①，其中在工商登记注册的 4 353 个。按行业划分：种植业 2 356 个，林业 145 个，畜牧业 1 364 个，渔业 82 个，服务业 150 个，其他 285 个。按服务内容划分：产加销一体化服务的 3 512 个，购买服务为主 44 个，仓储服务为主 20 个，运销服务为主 54 个，加工服务为主 33 个，技术信息服务为主 295 个，其他 424 个。合作社成员总数为 20.5 万个。

2010 年，全市农民专业合作社资产总额 40.4 亿元②，负债总额 5.6 亿元，所有者权益 34.8 亿元。成员出资额 26.9 亿元。总销售收入 40.9 亿元，总支出 39.6 亿元，盈余 1.3 亿元。盈余分配中，提取公积金 0.7 亿元，向成员分配盈余 1.2 亿元。各级财政扶持资金 0.8 亿元。

回顾 2007—2010 年，在农民专业合作社的规范发展阶段，北京市在四个体系建设上做了大量的工作。一是组织体系建设，包括法律、政策及经济实体的组建；二是制度体

① 北京市农村经济研究中心．北京市农民专业合作社统计汇总表［R］．2010.

② 北京市农村经济研究中心．北京市农村经济收益分配统计资料一北京市农民专业合作组织情况统计表［R］. 2010.

系建设，包括规范化、合作组织内部的运行机制和制度的建设；三是管理体系建设，建立在政府层面上的组织指导、管理服务的制度和措施；四是市场体系建设，包括针对专业合作社的市场资源开发和配置，以及信息化建设。在这四个体系建设中，政府的农委、发改委、科委、商委、财政和市工商局多部门协调配合，制定管理办法，统筹协调相关工作，这为加快合作社规范化发展的步伐发挥了重要的作用。

第九章　合作社发展状况

北京市按照农业部的部署，自 2004 年始对农民专业合作社的建设发展情况展开了统计监测工作。对这些数据的整理分析，有助于我们更好地认识合作社、研究合作社。这些数据均来自 2004—2013 年北京市农民专业合作社情况统计表、统计过录表、统计汇总表。

第一节　基本情况

一、成员状况

截至 2013 年，北京市农民专业合作组织为 5 774 个，其中专业合作社为 5 698 个，专业协会 71 个，专业联合社 1 个，专业联合会 4 个。5 698 个专业合作社中，有 5 666 个已按照《农民专业合作社登记管理条例》登记，占专业合作社的 99.44%，基本实现了全部登记。全国级别的农民专业合作社示范社 13 个，省市级 94 个，区县 245 个。

从人数上来看，专业合作社成员 256 332 人，其中已按《登记条例》登记的专业合作社成员数 248 752 人，专业协会和未按《登记条例》登记的专业合作社成员数 7 580 人。另外，专业联合组织还包括 272 个成员。

2013 年农民专业合作社共带动非成员农户 248 613 户，其中，已按《登记条例》登记的专业合作社带动非成员农户 208 741 户；专业协会和未按《登记条例》登记的专业合作社带动非成员农户 39 872 户。农民专业合作社带动的非成员农户数占所有农户数的比例为 11.55%。

从农民专业合作社成员的分布范围来看，成员在同一村内的合作社有 3 398 个，占 58.9%；乡内有 1 708 个，占 29.6%；区县内 554 个，占 9.6%；省市内 42 个，占 0.7%；跨省市有 72 个，占 1.2%（图 9-1）。

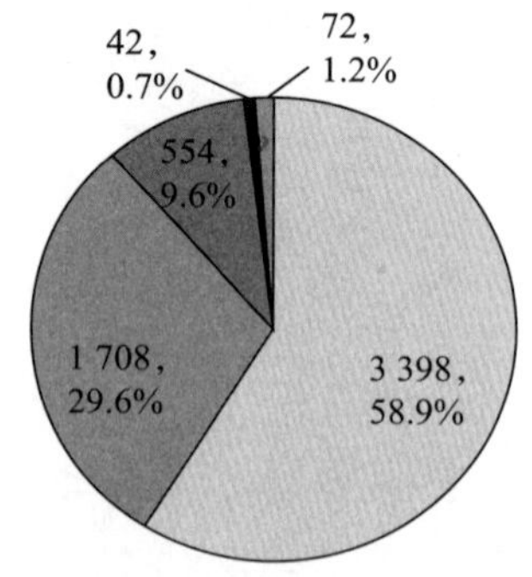

图 9-1　2013 年北京市农民专业合作社成员的分布情况（个）

二、获得财政扶持情况

农民专业合作社的发展得到了财政的大力支持。2013 年获财政扶持资金的专业合作社数为 442 个，占专业合作社总数的 7.7%。其中，农业部扶持 8 个，财政部扶持 5 个，其他中央部门扶持 1 个；市扶持 51 个，区县扶持 362 个，其他地方部门扶持 43 个。

从扶持额度上来看，2013 年专业合作社共得到财政扶持资金 18 338.2 万元，其中，中央财政扶持资金 1 031 万元，市级财政扶持资金 3 685.7 万元，区县财政扶持资金总额 12 049.5 万元，其他 1 572 万元。专业合作社共得到财政扶持资金为其总收入的 1.7%，为当年合作社的全部盈余贡献了 21.4%。盈余所占份额不低，说明财政扶植的重要性，也说明了合作社的盈利能力还有待进一步提高。

三、产业结构情况

在统计的 5 769 家专业合作社中①，一半以上为种植业，有 3 306 个，占 57.3%，这是农民专业合作社的主体；其次为服务业 317 个，占 5.5%；林业和渔业分别有 173 个和 118 个，分别占 3.0%和 2.0%，详细情况见图 9-2、图 9-3。

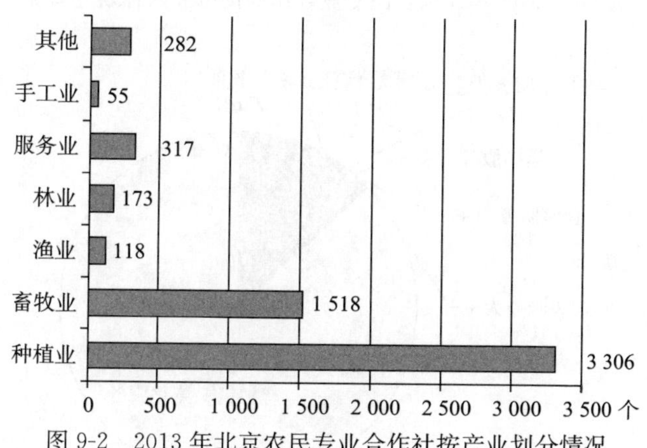

图 9-2　2013 年北京农民专业合作社按产业划分情况

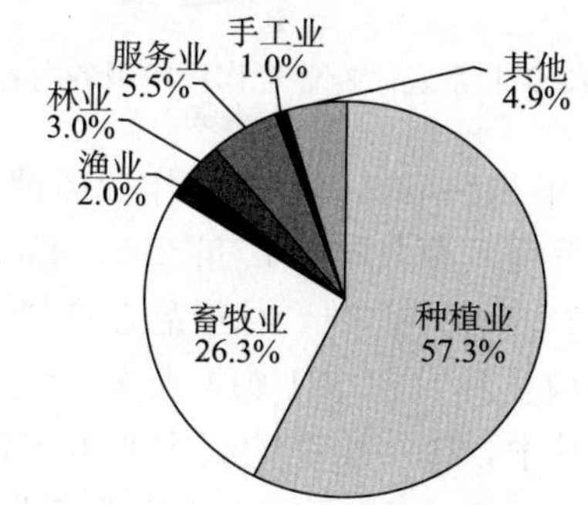

图 9-3　2013 年北京农民合作社产业结构情况

① 原数据如此，与农业合作社总数 5 774 个稍有出入，不包含专业联合社和专业联合会。

从服务内容看。在统计的 5 769 家专业合作社中，产加销一体化服务的合作社是主流，为 5 027 个，占 87.1%；技术、信息服务为主的合作社 210 个，占 3.6%；运销服务为主的合作社共 66 个，占 1.1%；其他服务类组织较少，详细情况见图 9-4、图 9-5。

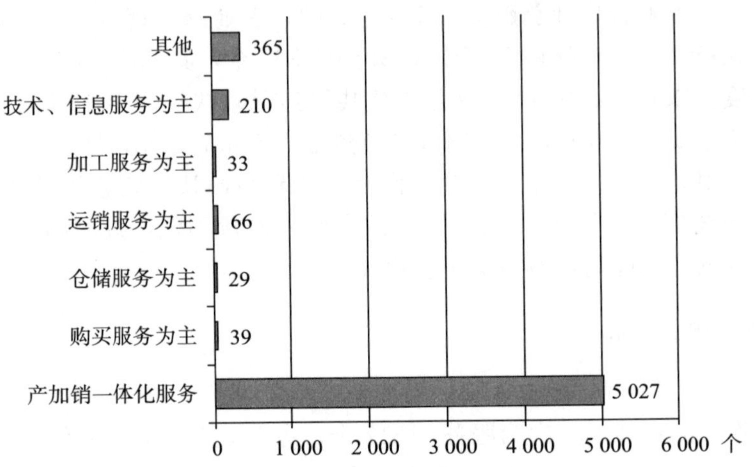

图 9-4　2013 年北京农民专业合作社按服务内容划分情况

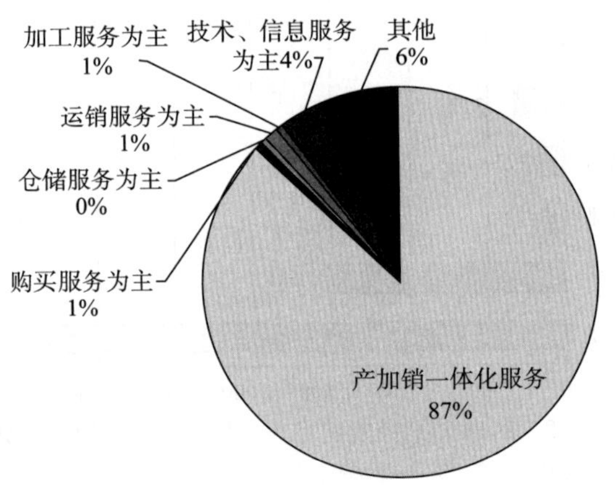

图 9-5　2013 年北京农民专业合作社按服务内容划分情况

基本生产经营情况。2013 年北京市农民专业合作社播种农作物总面积 11.24 万公顷，农作物产品总产量 214.597 8 万吨，畜禽产品产量 205.145 万头（只），水产养殖总面积 0.127 万公顷，水产品总产量 15.806 6 万吨，林产品总产量 3.308 1 万吨。

专业农民专业合作社培训成员和农民 381 014 人次，统一组织销售农产品 364.041 9 万吨，总值 744 960.5 万元。其中，统一组织购买农业生产投入品 289.236 2 万吨，总值 257 662.7 万元；服务业总收入 28 016.57 万元；手工业产品总值 2 689.85 万元；其他业产品总值 178 万元。

2013 年北京市专业农民专业合作社资产总额 66.14 亿元，其中固定资产净值 26.94 亿元，负债总额 11.57 亿元，所有者权益 54.57 亿元，资产负债率为 17.5%。

从收益方面看。2013 年所有的农民专业合作社总收入 108.44 亿元，总支出 99.89 亿元，盈余 8.56 亿元，净资产收益率为 15.7%；盈余返还总额 4.64 亿元。

从成员个人的收入来看，成员通过本组织生产经营获得的户均纯收入为 0.67 万元，参加合作社的成员户均纯收入为 1.25 万元，参加合作社的纯收入占总收入的 53.6%。而对专业协会和未按《登记条例》登记的专业合作社成员来说，他们通过本组织生产经营获得的户均纯收入为 0.44 万元，而其户均纯收入仅为 0.4 万元。

第二节　历年发展状况

近年来，随着国家对农业的大力投入，及对农民专业合作社的大力扶持，合作社蓬勃发展。农民专业合作社从数量、规模、参加人数、生产等各个方面都得到了长足的发展。

一、发展规模

1. 组织总数

农村合作社规模不断壮大，快速增长。2004 年合作社 855 个，之后每年快速增长。其中 2005 年增长为 1 215 个，比上一年增长了 42.1%，2006 年专业合作社数的增幅有所下降，为 7.7%。2006 年 10 月 31 日颁布（2007 年 7 月 1 日起施行）的《中华人民共和国农民专业合作社法》（以下简称《农民专业合作社法》）极大地促进了合作社的发展，在此之后合作社呈现井喷式发展，年增长率屡创新高，其中增幅最高的为 2009 年，为 58.9%，合作社数目达到 3 601 个。之后农村合作社保持平稳的发展，增速逐渐回稳，保持在 9%左右，至 2013 年合作社达到 5 774 个。从整体发展过程来看，2013 年合作社数较 2004 年增长了 5.75 倍，年均增幅为 23.64%。详细情况见图 9-6 所示。

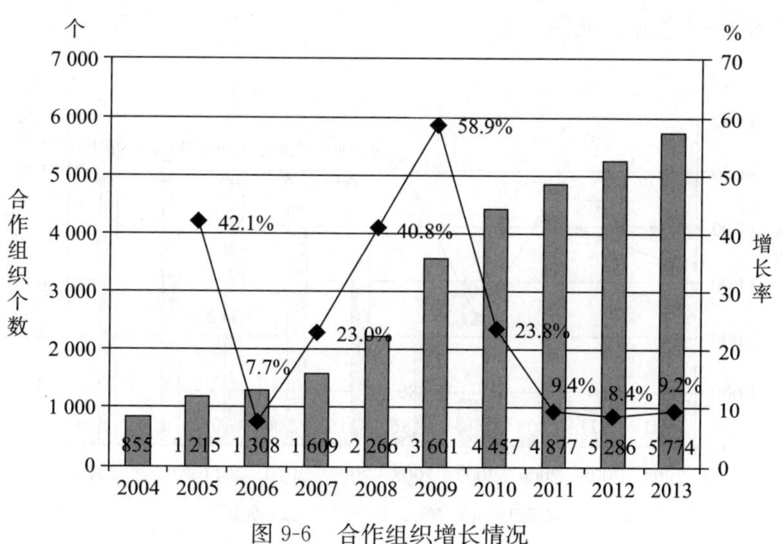

图 9-6　合作组织增长情况

（1）从专业合作社的数量看。其受《农民专业合作社法》的影响更为明显。2006 年，北京共有专业合作社481个，至2007年已经发展为1 203个，增幅高达150.1%，2008—2010年专业合作社依然保持了较高的增长速度，增长率分别为73.1%、69.0%和24.5%，2011年以后进入一个较稳定的增长轨道内，增速保持在9%左右。从整个发展过程上来看，2013年专业合作社数较2006年增长了10.85倍，年均增幅高达42.35%。详细情况见图9-7所示。

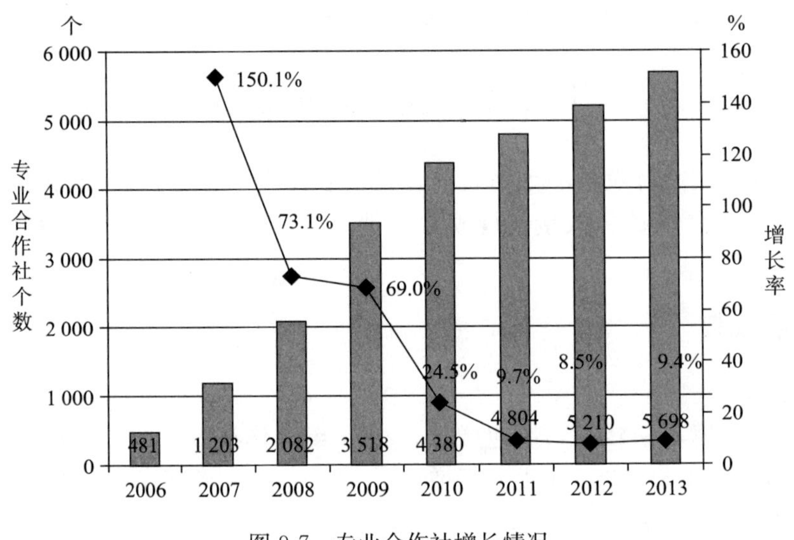

图9-7 专业合作社增长情况

(2) 从登记的情况看。登记的专业合作社逐年增长，登记率由2004年的68.3%逐年增高，至2006年增长至84.3%。由于《农民专业合作社法》的颁布实施，2007年专业合作社呈井喷状态，登记的比例较低，仅为47.0%，2008年恢复增长，为91.8%，至2013年逐年增长至98.1%，几乎全部登记。这说明随着《农民专业合作社法》的颁布实施，对合作社的管理不断完善，见图9-8。

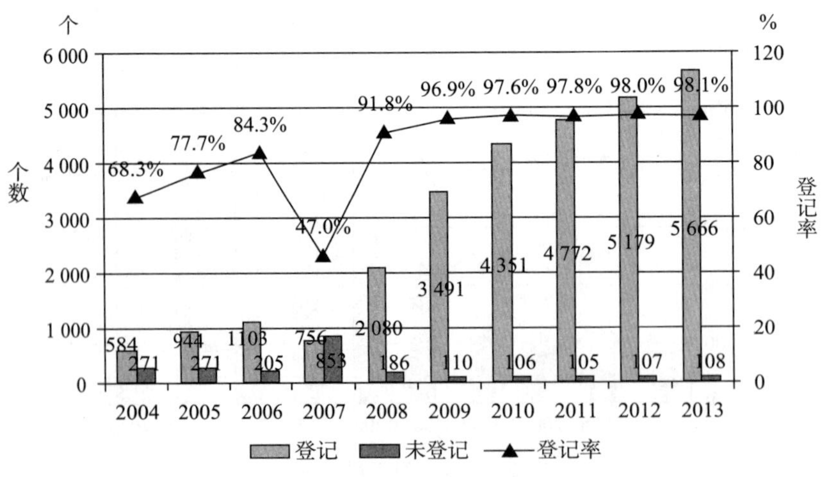

图9-8 专业合作社中登记与未登记的个数

2. 成员总数

农村合作社的成员数[①]有较大的波动，以 2007 年为界分为明显的两个阶段。2004 年专业合作社成员数为 19.0 万户，2005 年快速增长 42.2%，达到 27.0 万户，至 2006 年达到顶峰 27.9 万户。2007 年，随着《农民专业合作社法》的颁布实施，对入社程序有了严格要求，并进行规范化登记，合作社成员数出现了大幅减少，当年仅为 17.9 万户，2008 年进一步减少至最低水平 13.5 万户。之后，成员数出现恢复性增长，2009 年大幅增长 29.5%，2010 年又增长 21.9%，使成员总数迈过 20 万户大关，达 21.3 万户，之后增速有所回落，2013 年小幅增长至 25.6 万户，见图 9-9。

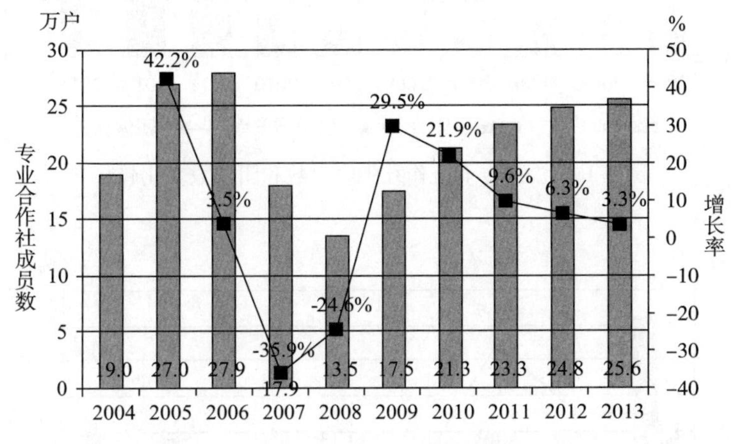

图 9-9　专业合作社成员数变化趋势

（1）从成员的分布构成看。农户是合作社的主体，2004 年参加合作社的农户共有 17.4 万户，而同期的团体仅为 1.6 万户，前者是后者的 11 倍。这个差距在 2005 年表现的更突出，2005 年合作社共有农户 26.7 万户，比上年增长了 53.2%，而团体数则降为 0.3 万户，前者的数量是后者的 83.8 倍。随着《农民专业合作社法》的颁布，农民入社和团体入社逐渐规范，农户和团队成员数都开始稳定增长，但团体成员的增长率要大于农户的增长率，它们的差距开始缩小，至 2013 年基本稳定在 4 倍左右。2010 年之后，两类成员的增速逐渐趋向一致，反映了农民专业合作社发展进入一个稳定的时期，见图 9-10。

（2）带动非成员农户。农民专业合作社的发展也带动了社外农户的生产。从绝对规模上来看，带动社外农户的数量与加入合作社的农户数量变化基本一致，2006 年专业合作社共带动 41.1 万社外农户，之后有所减少，至 2009 年最低，为 16.2 万户，之后开始稳定增长，2013 年增长为 24.9 万户。从相对规模来看，2006 年和 2007 年平均每户入社农户带动 1.54 户社外家户，2008 年大幅增加为 2.07 户，之后逐渐稳定在 1.2 户左右，见图 9-11。

① 成员数为农户成员和团体成员之和。

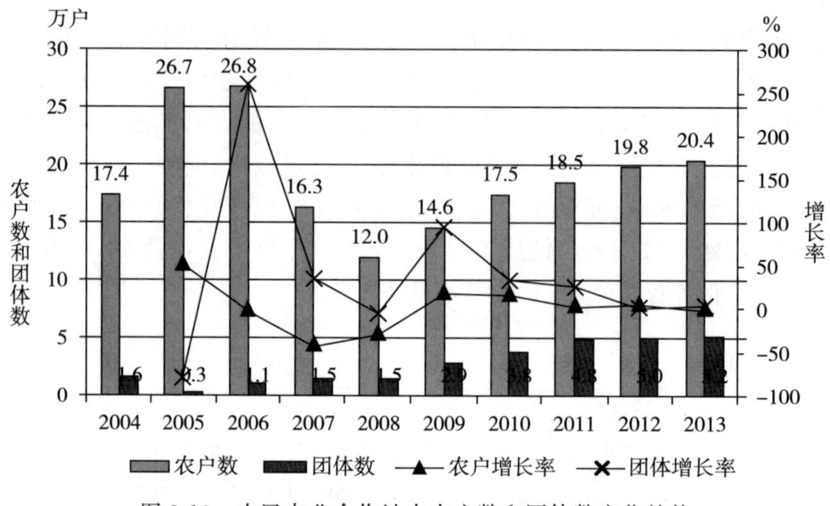

图 9-10　农民专业合作社中农户数和团体数变化趋势

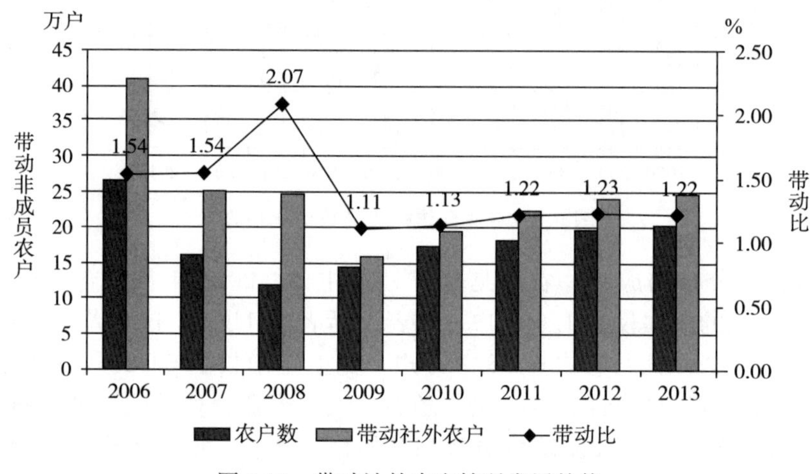

图 9-11　带动社外农户情况发展趋势

二、组织结构

1. 组织机构区域构成变化情况

从地域上来看，合作社主要在村域内成立，其次为乡镇区域内，跨乡镇、区县、省市的较少。合作社在各类区域内都得到了快速的发展，2004 年村域内的合作社共有 404 个，至 2013 年已经发展到 3 398 个，9 年间共增长了 7.4 倍，年均增长 24.8%；2004 年乡镇区域内的合作社有 343 个，至 2013 年增长到 1 708 个，增长了 4 倍，年均增长 16.6%；2004 年跨乡镇、区县、省市的合作社有 106 家，至 2013 年发展到 668 个，增长 5.3 倍，年均增长 20.4%。但从相对趋势来看，各类合作社的发展明显呈现出两个阶段。2004—2006 年村域内的合作社所占比重有所下降，由 2004 年的 47.5% 下降到 2006 年的 41.4%，2009 年之后这个比重又出现回升，上升到 57%以上；而乡镇范围内的合作社在2005年之后占比开始下降，之后保持稳定，在30%左右；省市范围内的合作社在2006年出现了翻倍的增长，2009年之后恢复到原来11%的水平，见图9-12、图9-13。

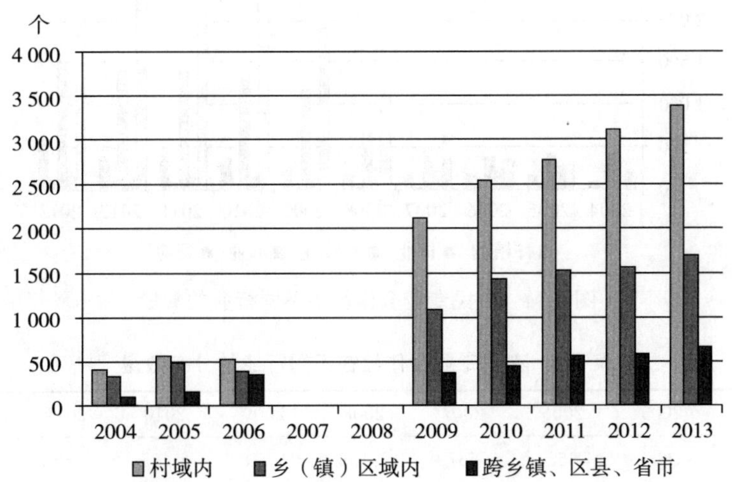

图9-12　组织机构区域构成变化发展情况

注：2007年和2008年的记录表中无相关信息，故此两年数据缺失。

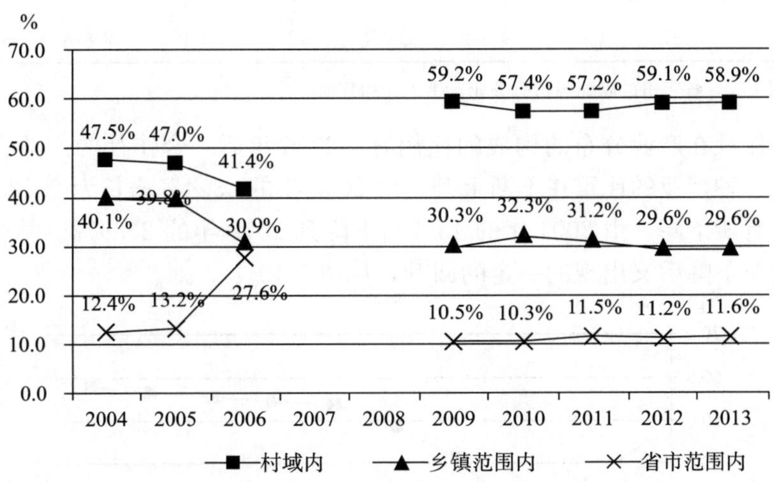

图9-13　不同区域合作社占比发展情况

注：2007年和2008年的记录表中无相关信息，故此两年数据缺失。

2. 组织机构产业分布情况

（1）从产业分布看，2004—2013年种植业、畜牧业、渔业和副业的专业合作社都得到了较快的发展；但林业的合作社在2006年达到峰值后有所回落，2013年为173个，见图9-14和表9-1。

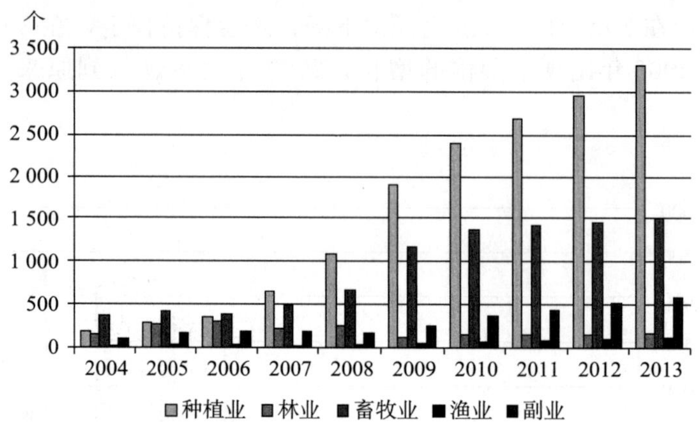

图 9-14 农民专业合作社中不同行业的数量

表 9-1 农民专业合作社在不同行业的分布数量

年份	2004	2005	2006	2007	2008	2009	2010	2011	2012	2013
种植业	200	298	368	667	1 108	1 918	2 405	2 683	2 956	3 306
林业	157	271	309	229	265	130	154	157	158	173
畜牧业	374	431	402	500	685	1 185	1 384	1 436	1 480	1 518
渔业	21	41	39	26	37	62	82	97	102	118
副业	103	174	190	187	171	301	427	500	587	654
合计	855	1 215	1 308	1 609	2 266	3 596	4 452	4 873	5 283	5 769

注：为使数据可比，各年份的副业包括服务业、手工业和其他。

（2）从合作社在产业分布的构成的比例看。2006 年后，合作社的产业分布构成的比例发生了变化，种植业的比重在不断上升，由 2004 年的 23.4%增长为 2013 年的 57.9%；而畜牧业一直有所下降，由 2004 年的 43.7%下降到 2013 年的 26.6%。林业有较大幅度的下降，而副业下降后又出现的一定的回升，见图 9-15。

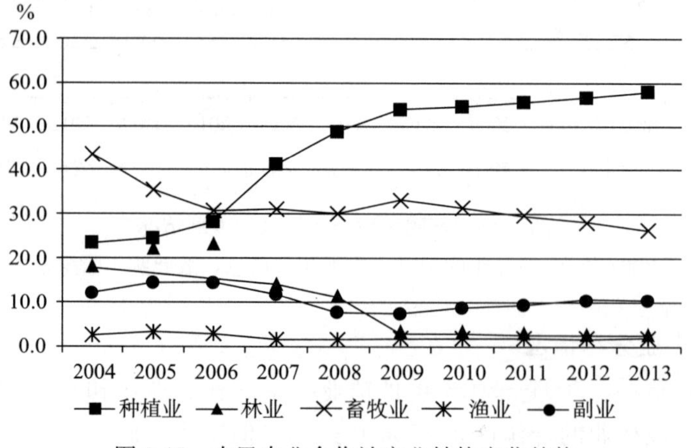

图 9-15 农民专业合作社产业结构变化趋势

（3）从服务内容来看合作社的分布构成。产加销一体化服务的合作社占了绝大多数，2008 年共有 2 785 个产加销一体化服务的合作社，至 2013 年已增加到 5 027 个，年均增长 23.8%；它在合作社中的比例也在平稳上升，由 2008 年的 76.4%升高到 2013 年的 87.1%。而技术、信息服务为主的合作社的数量则有所下降，由 2008 年的 233 个减至 2013 年的 210 个。这说明，合作社注重产业链的延伸，增加产品附加价值的意识不断增强。产加销一体化本身就具备信息服务的功能，所以，其与信息服务类的合作社就形成了此涨彼消的作用。

（4）从增长速度看。仓储服务业为主的合作社增长势头最快，2008 年为 7 个，2013 年已增长为 29 个，年均增长 32.9%，见图 9-16、图 9-17。

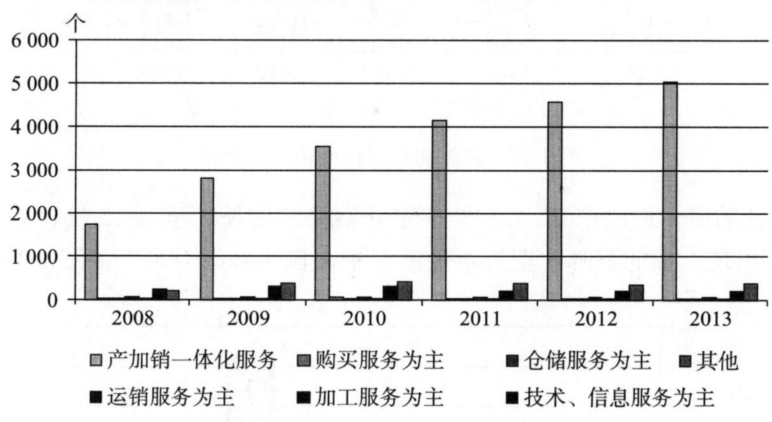

图 9-16　农民专业合作社中不同服务类型的数量

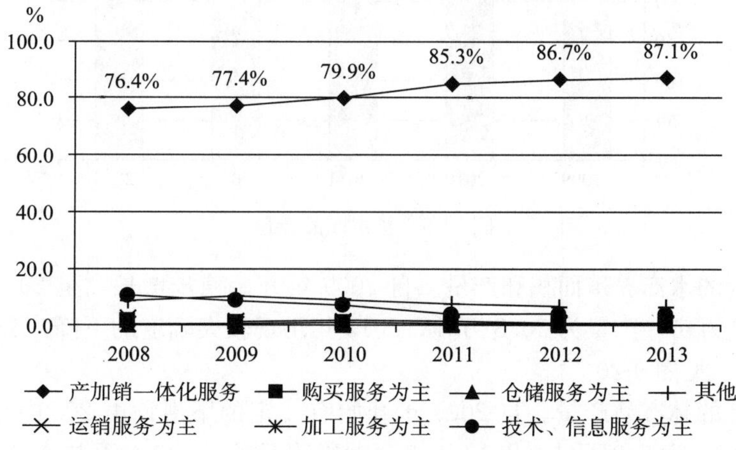

图 9-17　农民专业合作社中不同服务类型所占比例的变化趋势

三、生产、服务业情况

1. 生产规模

农民合作社的农产品种植面积和产量呈现出一定的波动状态。2009 年农作物总面积为 111 万亩，至 2011 年达到最高的 185 万亩后，2012 年又有所回落，2013 年小幅升至

169 万亩。但是，由于受灾害等各种因素的影响，农作物产品总产量却下降明显，由 2009 年的 1 892 万吨下降到 2013 年的 214 万吨，下降幅度非常剧烈，见图 9-18。

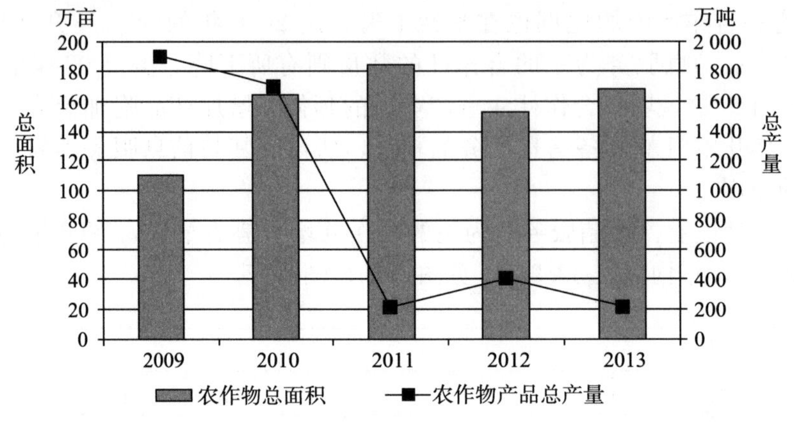

图 9-18　农作物总播种面积和总产量

农民合作社的畜禽产品产量。自 2009 年开始稳定增长，至 2012 年达到最高，为 366 万吨，2013 年出现大幅的下降，至近年最低水平，仅为 205 万吨，见图 9-19。

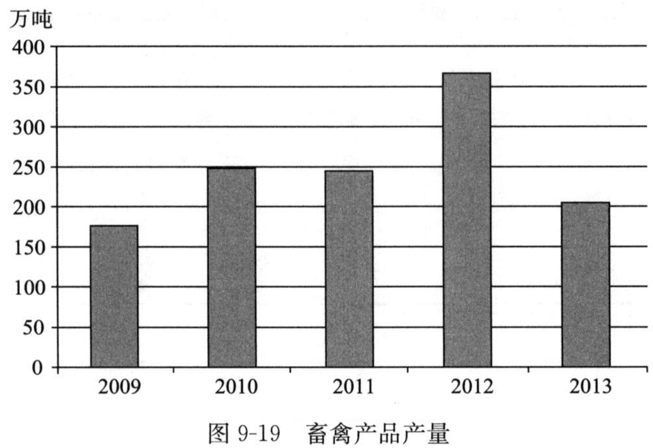

图 9-19　畜禽产品产量

农民合作社的水产养殖面积和产量。自 2009 年开始稳步增长，至 2012 年达到最高，养殖面积为 4.2 万亩，产量为 20.8 万吨，2013 年出现较大幅度的下降，分别降至 1.9 万亩和 15.8 万吨，见图 9-20。

农村合作社的林产品产量。自 2009 年开始有一定的下滑，由 2009 年的 3.9 万吨至 2012 年达到最高，为 6.0 万吨，2013 年出现大幅的下降，为 3.3 万吨，见图 9-21。

2. 经营服务情况

农民专业合作社培训成员和农民数量在经历了先升后降又逐步回升企稳的过程。2004 年专业合作社共培训成员和农民 18.2 万人次，以后逐年增加，至 2007 年增加至 49.7 万人次。随后有所减少，2009 年达到谷底 29.5 万人次。2010 年之后又开始逐年增长，至 2012 年增长至 40.6 万人次，2013 年稍有回落，为 38.1 万人次。

从户均次数看。也表现出先增加后回落企稳的态势。户均次数在 2004 年的最低点

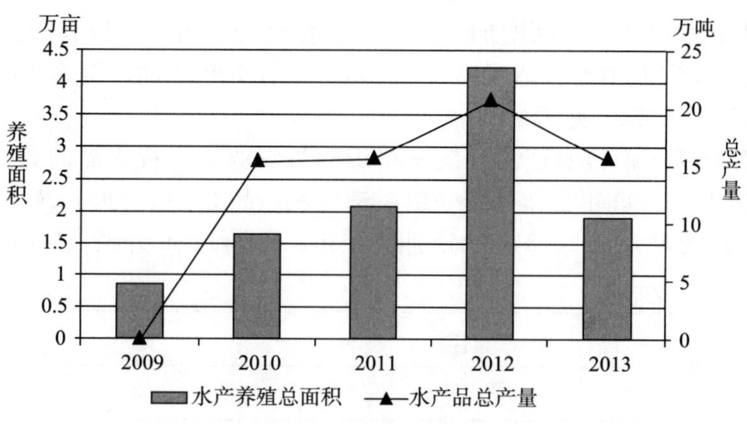

图 9-20　水产养殖面积和产量

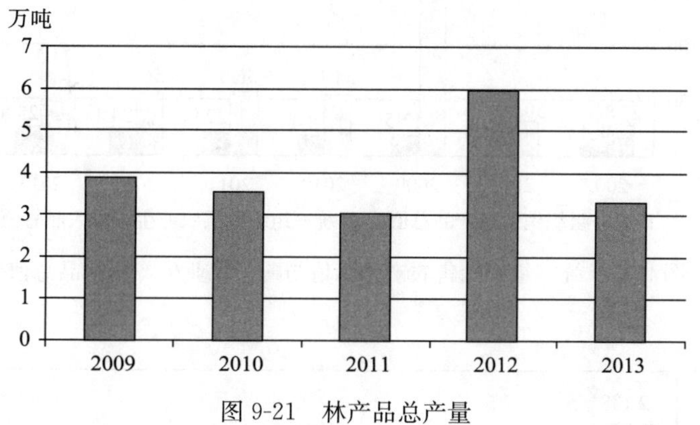

图 9-21　林产品总产量

1.05 次后逐年增加，至 2008 年达到最高的 3.27 次，随后开始回落，保持在 2 次左右，见图 9-22。

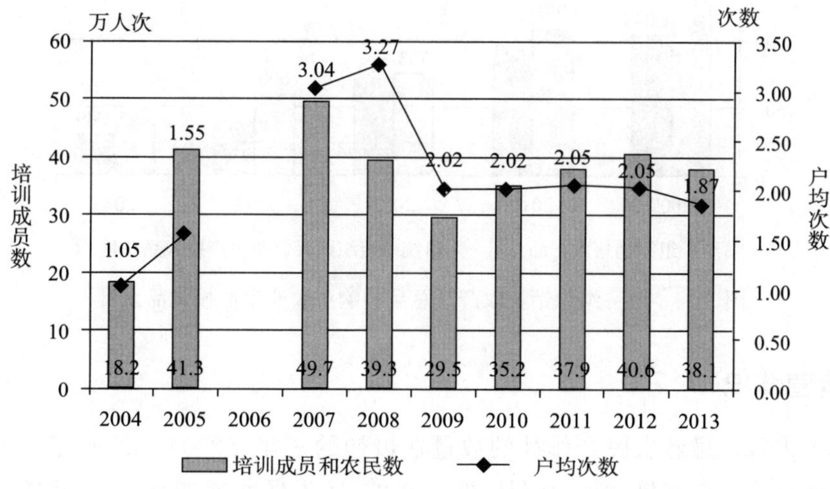

图 9-22　农民专业合作社历年培训成员和农民数量

注：因 2006 年无相关统计数据，故缺失。

合作社提供的服务也在不断增加。2007 年合作社统一组织销售农产品总值 27.78 亿元，统一组织购买农业生产投入品 8.05 亿元，此后不断增加，至 2013 年分别增加至 74.50 亿元和 27.77 亿元，见图 9-23。

但是，合作社统一销售农产品和统一组织购买农业生产投入品的数量在逐年下降。自有统计数据以来，2009 年合作社统一组织销售农产品 2 138 万吨，统一组织购买农业生产投入品 1 043 万吨，至 2013 年已分别降至 364 万吨和 289 万吨，见图 9-24。

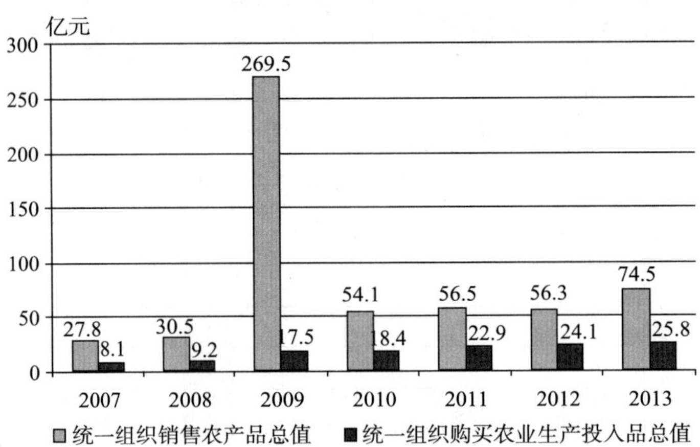

图 9-23　统一组织销售农产品总值与购买农业生产投入品总值

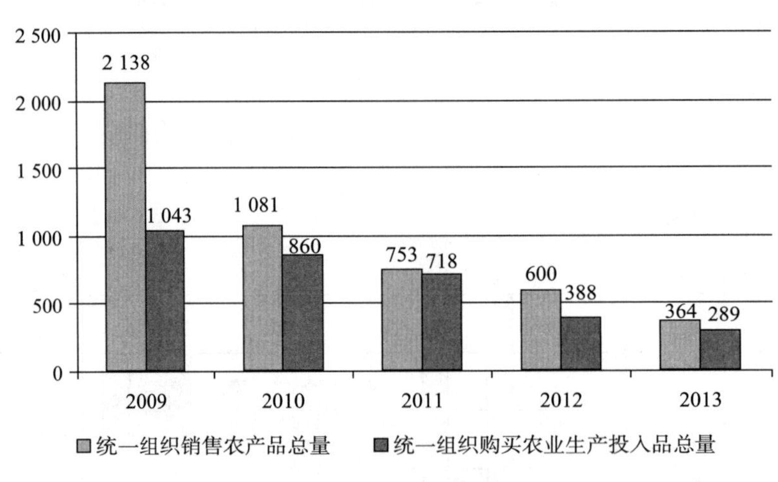

图 9-24　统一组织销售农产品总量与购买农业生产投入品总量

四、运营情况

从总体上来看，虽然农民合作社的数量在最初的三年（2004—2006 年）中呈现增长趋势，但资产总额并未明显增加，仅从 2004 年的 27.1 亿元增加到 2006 年的 28.5 亿元。这反映到社均资产总额上来，就呈现出明显的下降趋势，其中 2004 年社均资产总额为 317.5 万元，至 2006 年已降至 217.7 万元。

2007年之后，随着《农民专业合作社法》的颁布实施，农民合作社的资产总额开始稳步增长，2007年为19.0亿元，2013年增长为63.1亿元，增长了3.5倍，年均增速达23.1%。从社均资产总额来看，自2007年的118.2万元小幅降至90.7万元后，稳步回升至2013年的114.5万元的水平，见图9-25。

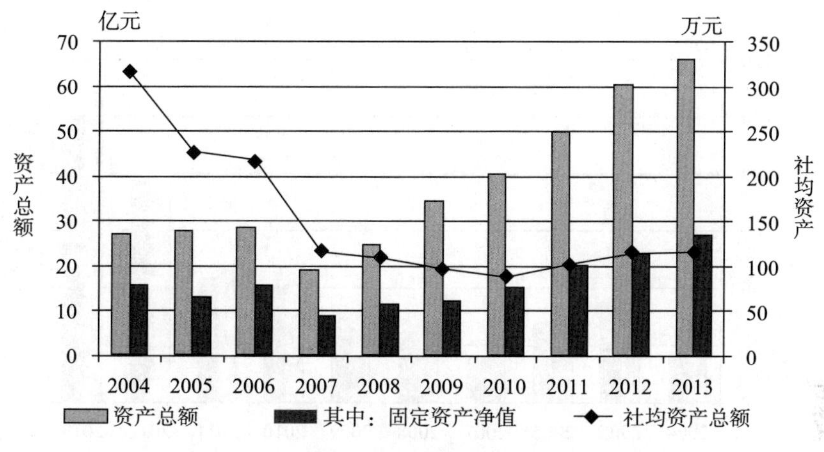

图9-25　资产总额变化趋势

从农民合作社的资产质量看。其资产负债率在2004年为20.8%，2005年激增至47.4%，随后逐年下降，其中降幅最大的为2009年（由上一年度的25.3%降至15.2%，降幅高达10.1个百分点），以后基本维持在15%左右的水平，其中2013年有小幅的上升，为17.5%，见图9-26。

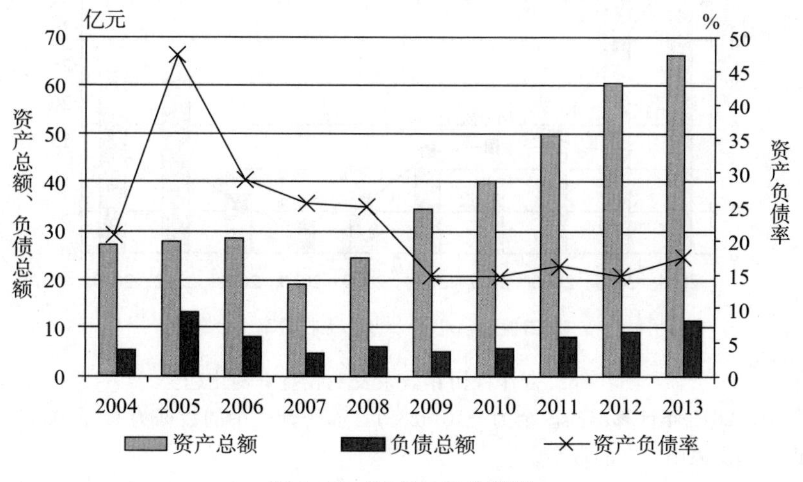

图9-26　资产与负债情况

从农民合作社的收入情况看。其总收入和总支出与合作社成员数的变化趋势类似，均为先升后降，在2007年达到低谷后开始稳步上升。其中2007年农民合作社总收入为19.9亿元，总支出为17.1亿元，盈余2.8亿元，至2013年总收入增长为108.4亿元，总支出为 99.9 亿元，盈余 8.6 亿元。其中盈余的变化幅度较大，由 2005 年最高的 13.7 亿元，降至 2010 年最低的 1.4 亿元，之后又大幅上升，2013 年盈余为 8.6 亿元。与之相对应，合作社的毛收益率（盈余除以总收入）也由 2004 年的高点 39.0%一路下滑至 2010 年的谷底 3.3%，2012 年和 2013 年有所回升，分别为 11.8%和 7.9%，见图 9-27、图 9-28。

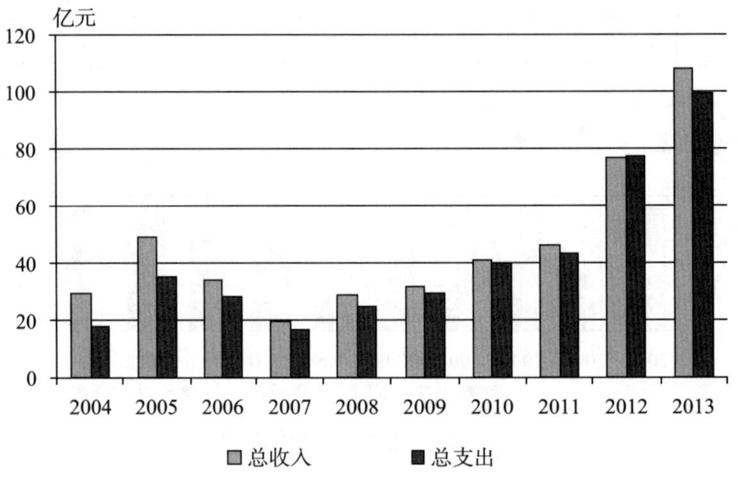

图 9-27　收入、支出与收益情况

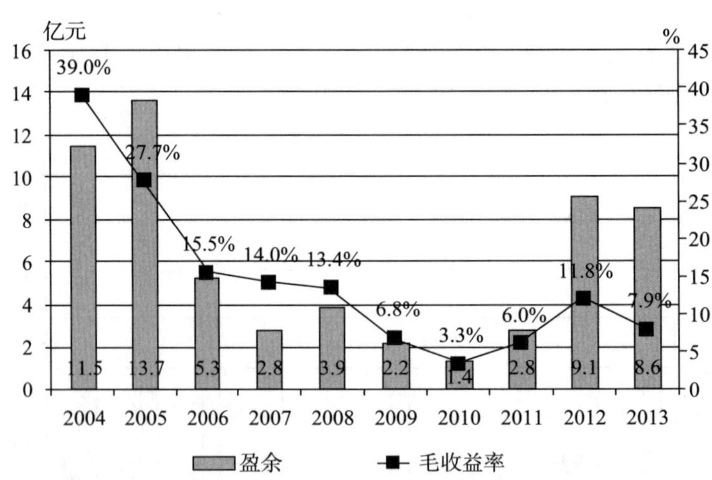

图 9-28　合作社历年盈余及毛收益率变化趋势

注：其中，2012 年计算出的盈余为－10 326.1，而统计表中的数据为 90 950.92，前者可能为统计错误，本文采用后者的数字。

从合作社的成员看。登记成员通过本组织生产经营获得的纯收入在 2004 年大幅增长后保持稳定，其中 2009 年为 0.37 万元，之后基本稳定在 0.6 万元左右。从登记成员通过合作社的纯收入占户均纯收入的比值来看，基本保持在 50%左右，合作社成为入社农户收入的重要组织部分，见图 9-29。

非登记成员通过合作社生产经营获得的收入稍低，2009 年仅为 0.32 万元，2013 年增长为 0.44 万元，见图 9-30。

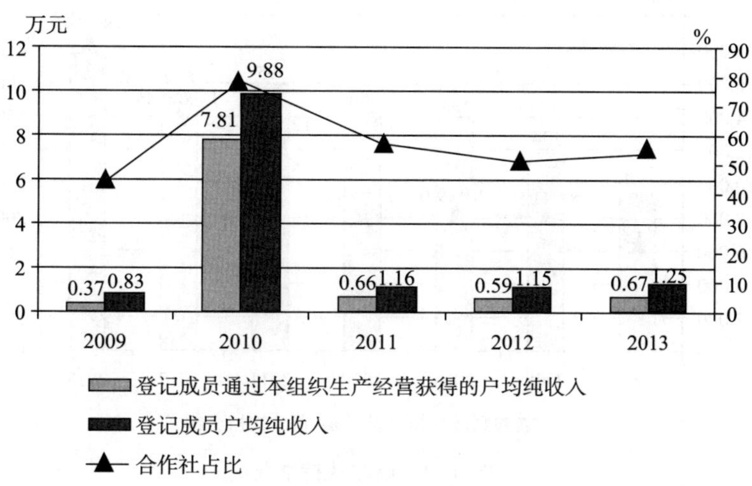

图 9-29　合作社成员收入情况

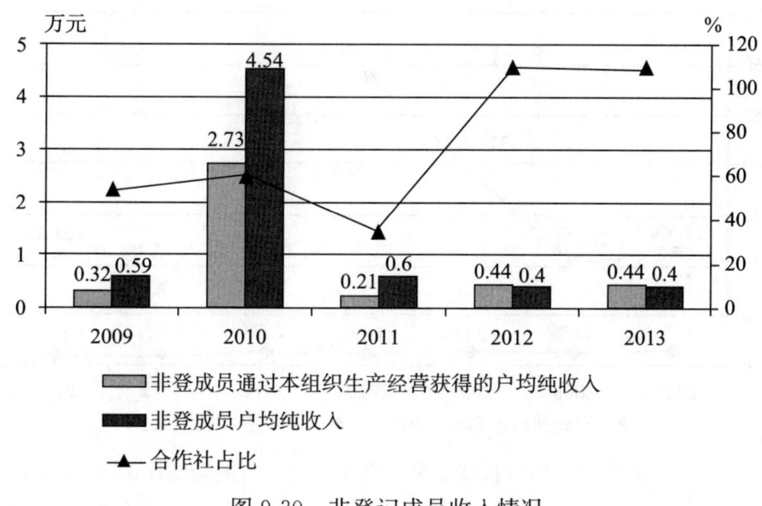

图 9-30　非登记成员收入情况

五、获得财政扶持情况

农民合作社一直得到了政府财政的大力扶持。2007 年得到财政扶持的合作社有 234 个，共得到扶持金额 6 333 万元。2010 年之前，这一速度基本保持了平稳，之后，财政扶持的力度开始增加，至 2013 年财政扶持了 442 个合作社，扶持金额为 1.8 亿元，见图 9-31。

从财政扶持的力度看。财政扶持占合作社的总收入的比重在缓慢下降，由 2007 年的 3.2%降至 2013 年的 1.7%。但财政扶持对合作社的盈余有重要的影响，基本保持在 20%以上。其中 2010 年甚至超过了一半，达到 57.9%，这说明了政府方面的推动对合作社的发展起着重要的作用，见图 9-32。

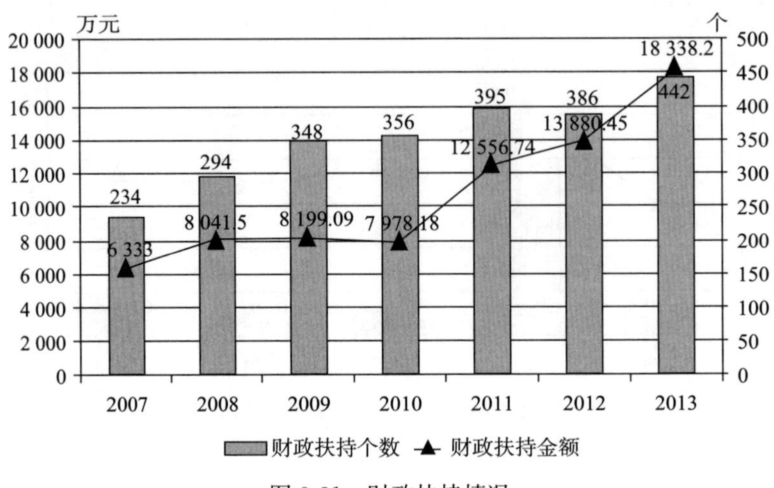

图 9-31　财政扶持情况

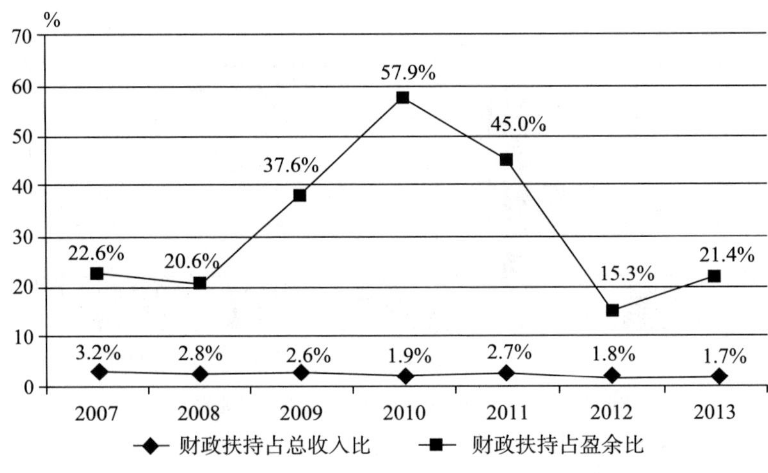

图 9-32　财政扶持总额占合作社收入与盈余的比例

第三节　合作社平均发展水平

一、社均规模与带动农户数

从合作社自身来看，社均人数在不断下降，其中 2004 年为 221.8 人，2007 年大幅降至 111.2 人，2008 年又大幅降为 59.5 人，之后基本保持稳定，至 2013 年小幅降为 44.4 人。

从社均带动的农户数来看，有统计数据的 2006 年最高，为 314 户，以后逐年下降，至 2009 年后基本保持稳定，2013 年小幅降为 43.1 户。2011 年之后，社均规模人数与社均带动农户数基本持平，见图 9-33。

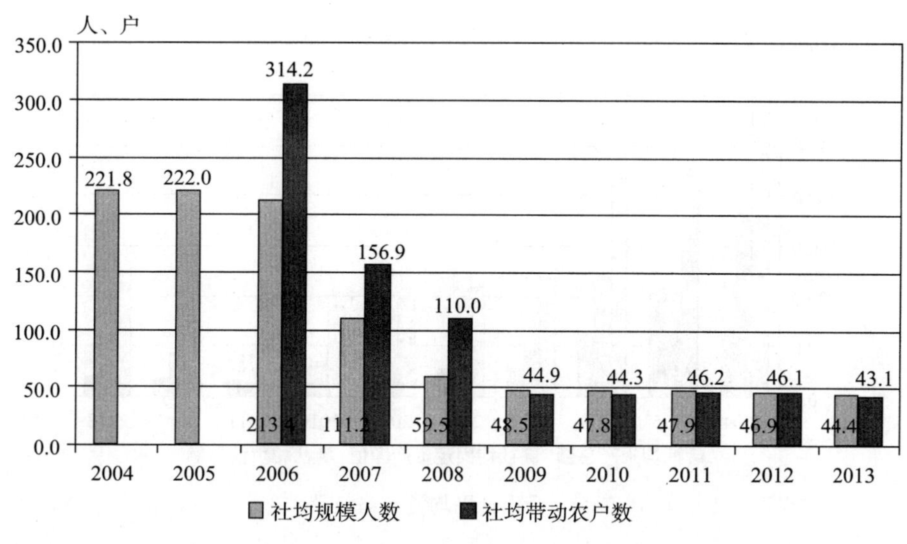

图 9-33　合作社平均规模和带动农户数

二、社均服务与收益

2004 年以来，合作社的社均统一组织销售的农产品总值和总量呈现下降趋势。2004 年合作社的社均统一组织销售的农产品总量为 0.89 万吨，之后逐年下降，至 2013 年下降为 0.06 万吨。从总值来看，2004 年合作社社均统一组织销售的农产品 172.6 万元，之后逐年下降，至 2012 年下降为 106.5 万元，2013 年有所回升，为 129.0 万元，见图 9-34。

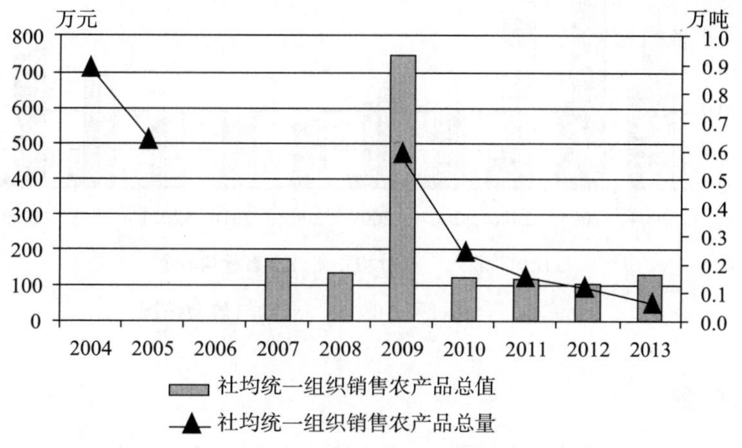

图 9-34　合作社平均销售农产品总值与总量

注：部分数据缺失，图中指标为空。

合作社的社均资产总额和负债总额总体上均呈下降趋势，于 2010 年达到谷底，分别为 90.7 万元和 13.2 万元，之后有小幅回升，2013 年回升至 114.5 万元和 20.0 万元，见图 9-35。

合作社的社均收入、支出和盈余均呈先降后升的态势。2004 年合作社的社均收入和支出分别为 345.3 万元和 210.6 万元，在经过短暂的上升后开始连续下降，至 2009 年达

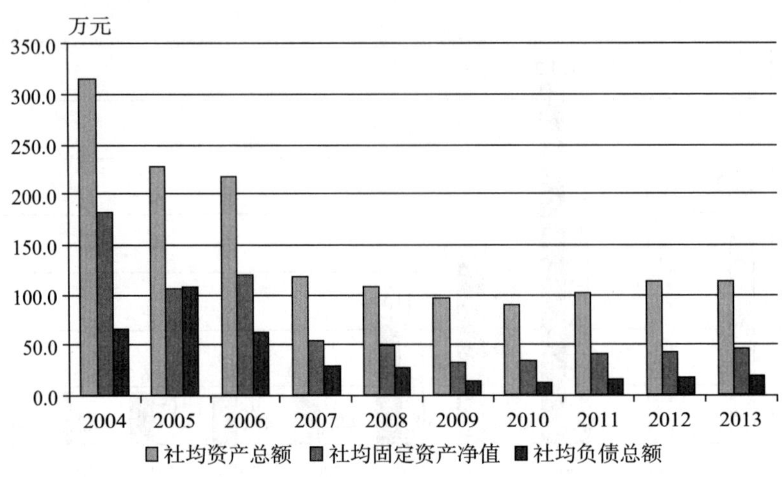

图 9-35　合作社平均资产与负债水平

到谷底，分别为 88.8 万元和 82.7 万元，之后有小幅回升，2013 年回升至 187.8 万元和 173.0 万元。合作社的社均盈余的变化趋势更为明显，2004 年之后一直在下降，至 2010 年降至最低的 3.1 万元，之后有所回升，2013 年为 14.8 万元，见图 9-36。

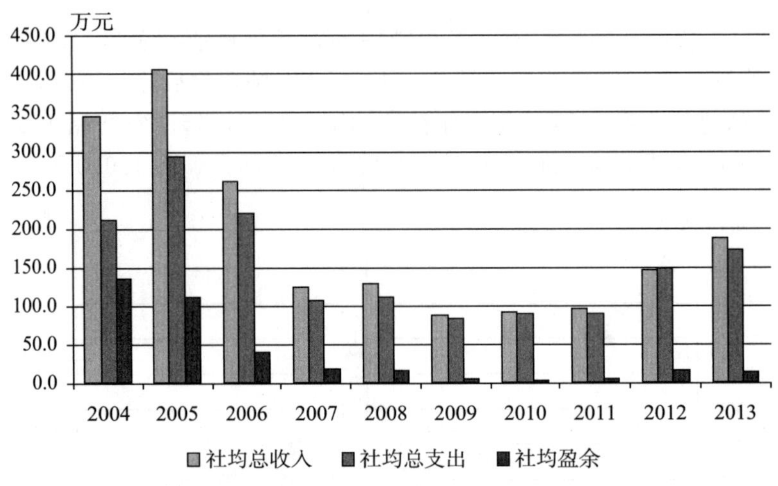

图 9-36　合作社平均收入、支出与盈余情况

三、社均产量

各类合作社的社均产品产量①总体上呈现下降趋势。对农业类合作社来说，2009 年社均播种农作物 581 亩，此后有小幅上升，至 2011 年达到最高，为 690 亩，之后有下降，2013 年降为 510 亩。而社均农作物的产量下降较为明显，见图 9-37。

畜牧业合作社、渔业合作社和林业合作社的社均产品均在 2012 年达到最高值后，有所下降，见图 9-38、图 9-39 和图 9-40。

① 分别用该类的产量或面积除以该类合作社的数量得出该类别农产品的平均值。

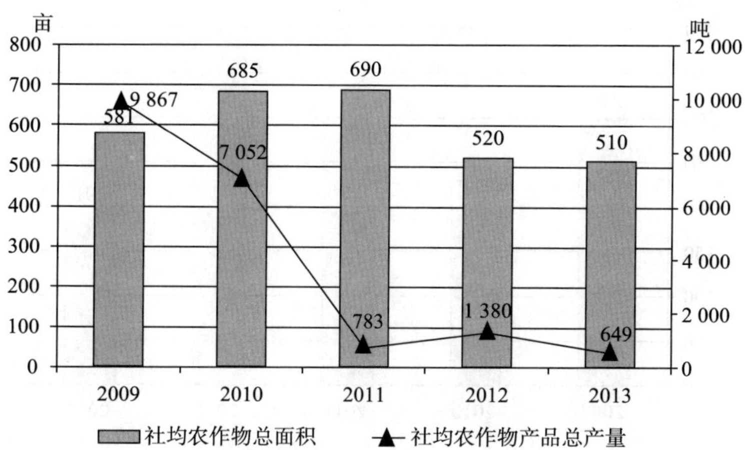

图 9-37　农业类合作社平均农作物面积与产量

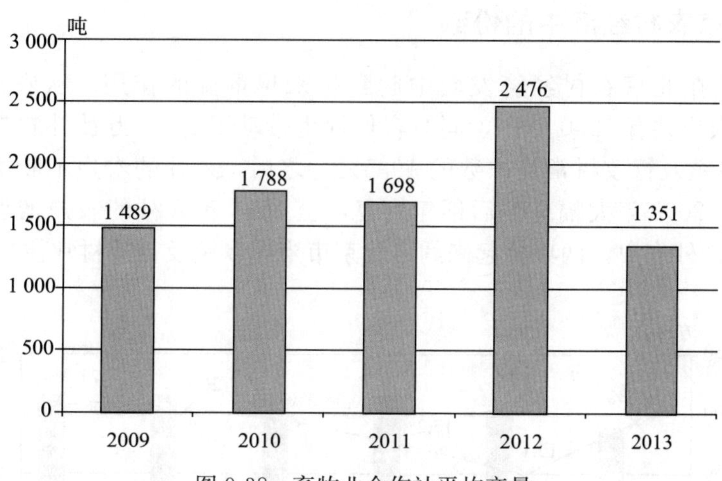

图 9-38　畜牧业合作社平均产量

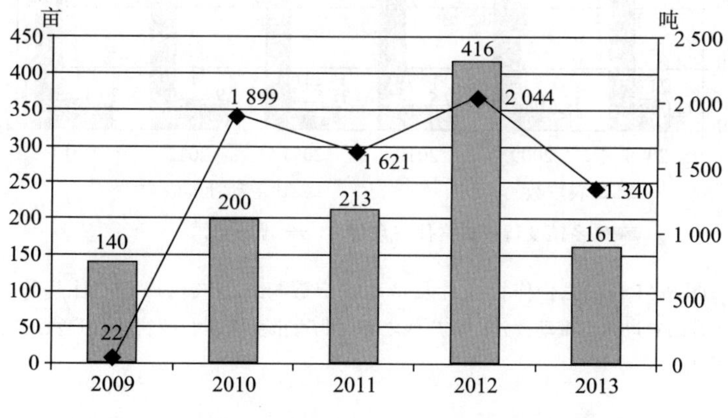

图 9-39　渔业合作社平均水产养殖面积及产量

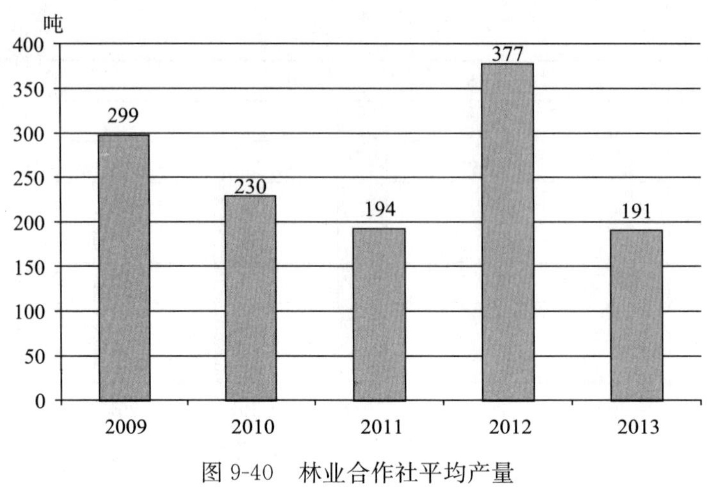

图 9-40　林业合作社平均产量

四、在北京农村经济中的份额

农民合作社在北京农村经济发展中起到越来越重要的作用。从农户数量上来看，2008 年入社的农户共有 12.0 万户，同时合作社也带动了 24.9 万社外农户，两项合起来占北京市当年乡镇及行政村常住户数的 19.5%。之后，入社的农户不断增加，合作社带动的社外农户在 2009 年大幅减少后逐年恢复，至 2013 年入社的农户增加至 20.4 万户，带动了 24.9 万社外农户，两项合起来约占北京市当年乡镇及行政村常住户数的 21.0%，① 见图 9-41 所示。

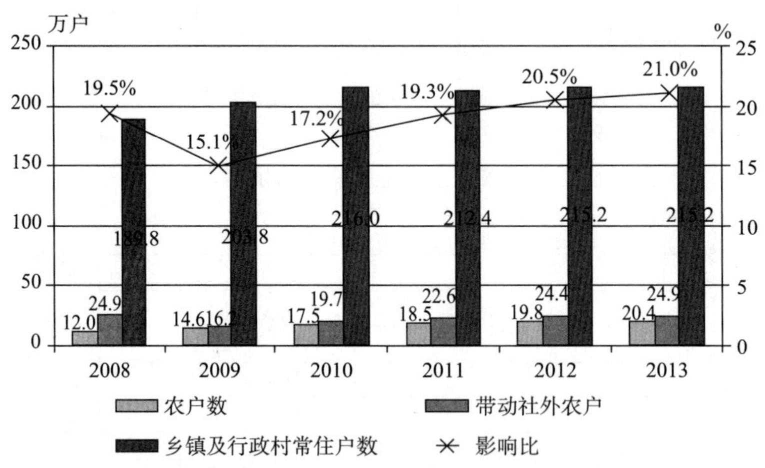

图 9-41　农民合作社入社及带动农户数与北京农村户数对比趋势

注：影响比为入社的农户数与带动社外的农户数之和占北京市乡镇及行政村常住户数的比例，它表示合作社对北京农户的影响程度。

从农作物播种面积看。合作社占北京全市的 1/3 以上。2009 年北京市共播种农作物

① 2013 年北京市乡镇及行政村常住户数估计为 215.2 万户，影响比也据此计算。

480.2万亩，当年农村合作社农作物播种面积为111.4万亩，合作社播种面积占北京市播种面积的23.2%。随着北京全市的农作物播种面积减少和合作社播种面积的增加，合作社所占的比重不断增加，其中2011年最高，为40.8%，随后有所下降，但仍保持在1/3以上的水平，见图9-42。

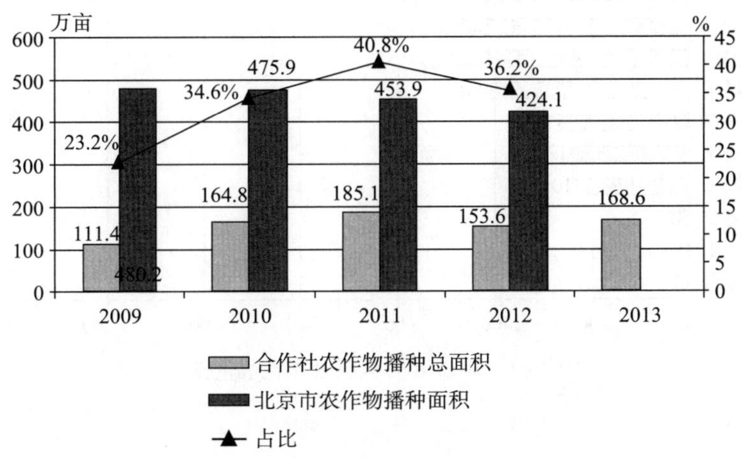

图9-42　农民专业合作社的农作物总面积占北京市播种面积的比例

从合作社的产品价值看。合作社统一组织销售农产品的总值占北京市农林牧渔总产值的比重在不断上升，由2007年的10.2%逐渐上升到2013年的17.7%，见图9-43。

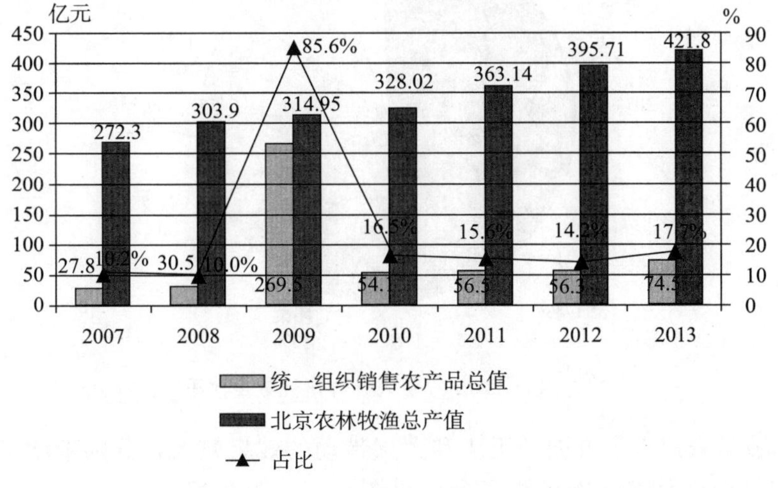

图9-43　农民专业合作社农业销售产值占北京农业产值的比例

第四节　区县合作社发展状况

一、发展规模

2013年，北京农民专业合作社中，密云的数量最多，共有1 149个，占20%，其次是平谷和怀柔，分别有986个和749个，占17%和13%。其他区县的数量和占比，见图

9-44、图 9-45。

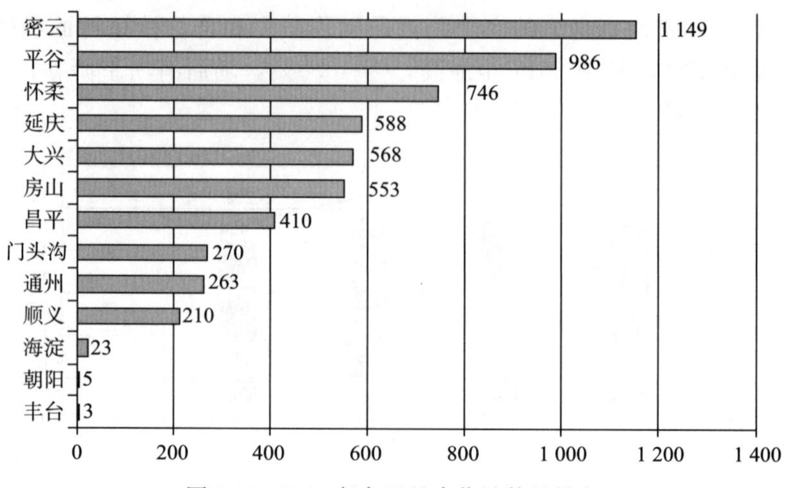

图 9-44　2013 年各区县合作社数量排名

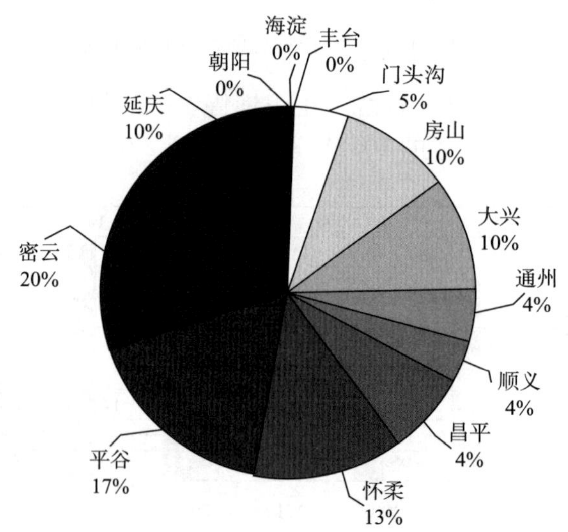

图 9-45　2013 年各区县合作社数量比重

在带动非成员农户人数方面。延庆和大兴带动的效果最大，分别带动了 65 251 人和 54 948 人，占带动总人数的 26%和 22%，见图 9-46、图 9-47。

从社均带动看。朝阳区带动最大，平均每个合作社带动 263 人，其次是顺义和海淀，分别带动 142 人和 126 人，见图 9-48。

二、组织结构

按产业划分。2013 年，平谷区的种植业类合作社最多，为 748 个，其次为密云县的 576 个，第三阶梯的则为怀柔 379 个、大兴 356 个、房山 289 个和延庆 288 个，见图 9-49、图 9-50。

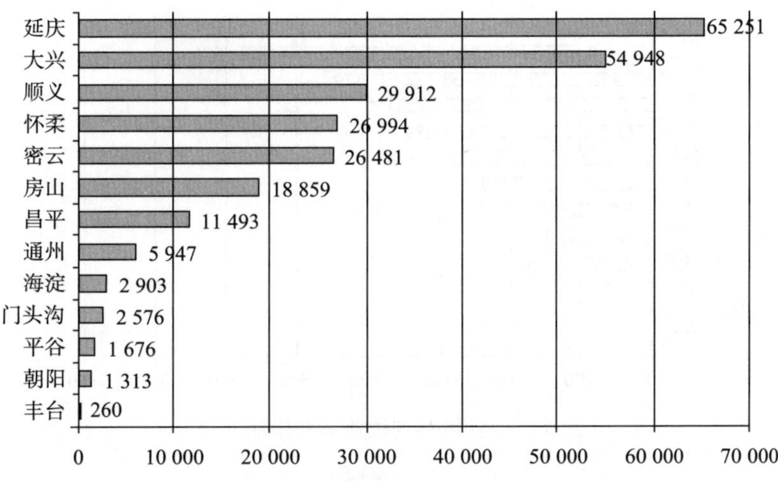

图 9-46　各区县合作社带动非成员农户人数

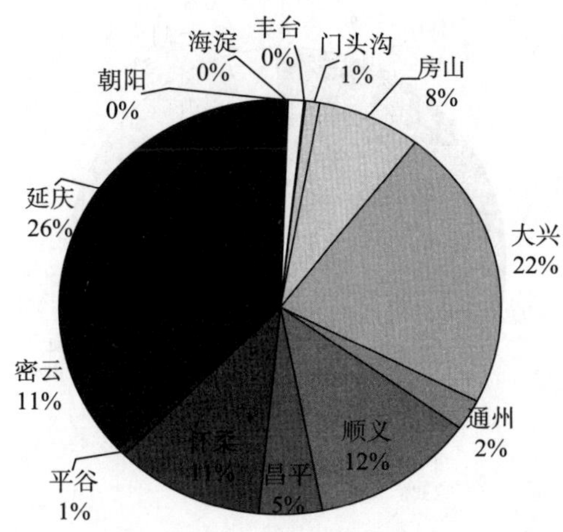

图 9-47　各区县合作社带动非成员农户数比重

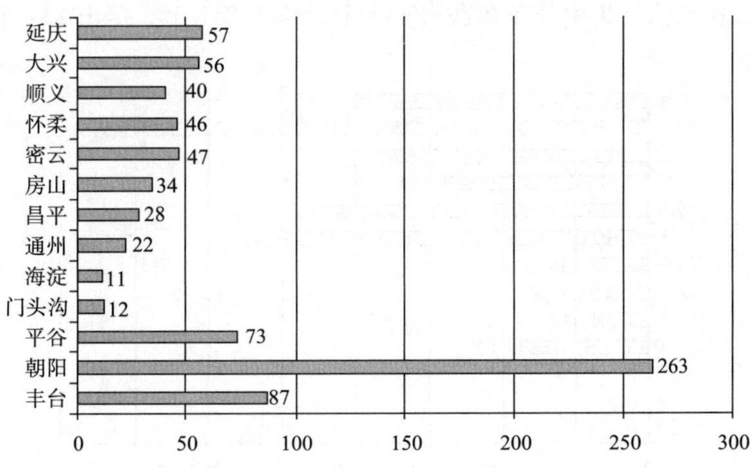

图 9-48　各区县合作社平均带动非成员农户人数

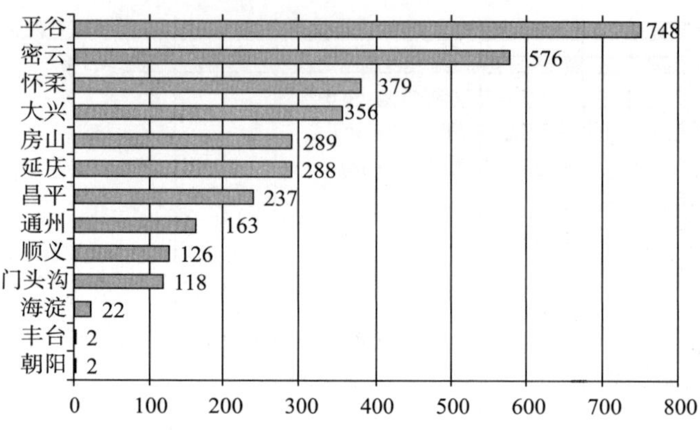

图 9-49　各区县种植业类合作社分布

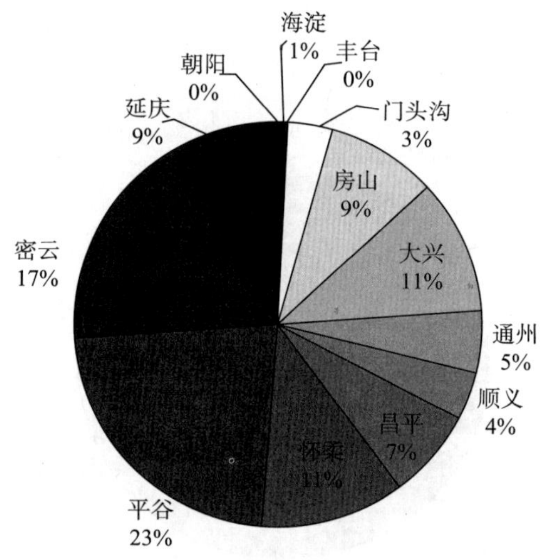

图 9-50　各区县种植业类合作社比重

畜牧业类合作社依然集中分布在密云 343 个、延庆 247 个、房山 214 个，见图 9-51、图 9-52。

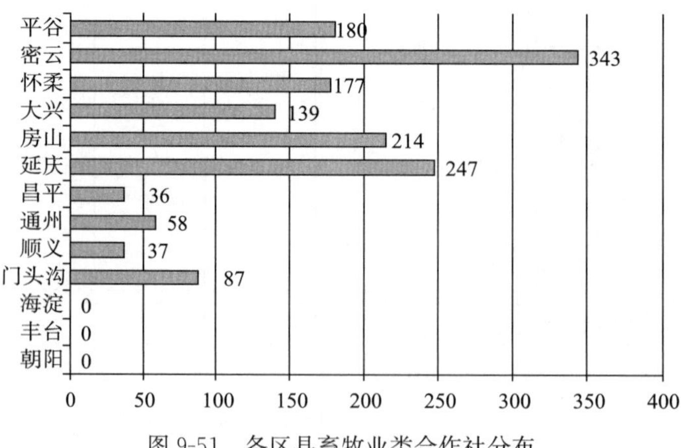

图 9-51　各区县畜牧业类合作社分布

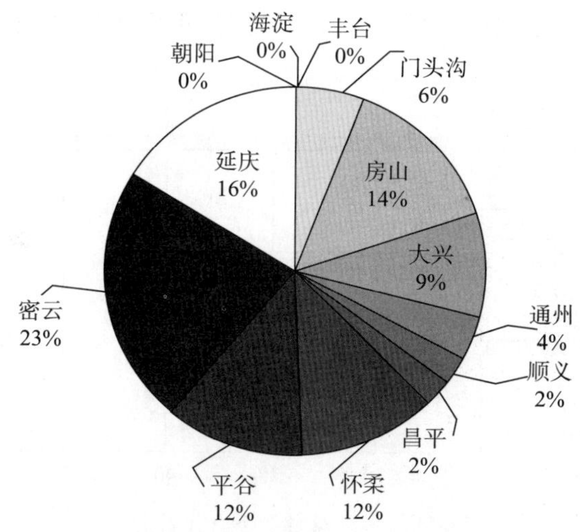

图 9-52　各区县畜牧业类合作社比重

渔业类合作社总体数量较少，主要分布在密云 38 个、平谷 21 个和怀柔 20 个，见图 9-53、图 9-54。

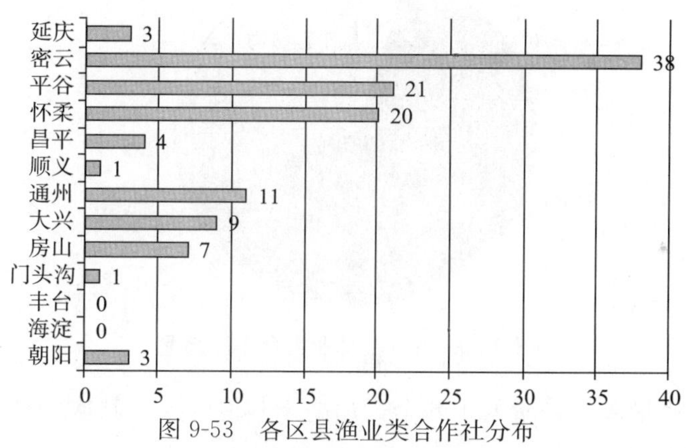

图 9-53　各区县渔业类合作社分布

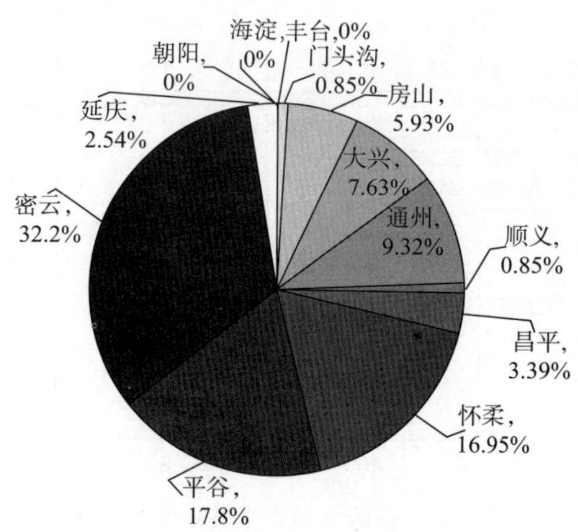

图 9-54　各区县渔业类合作社比重

林业类合作社主要分布在怀柔 51 个、昌平 44 个和门头沟 31 个，见图 9-55、图 9-56。

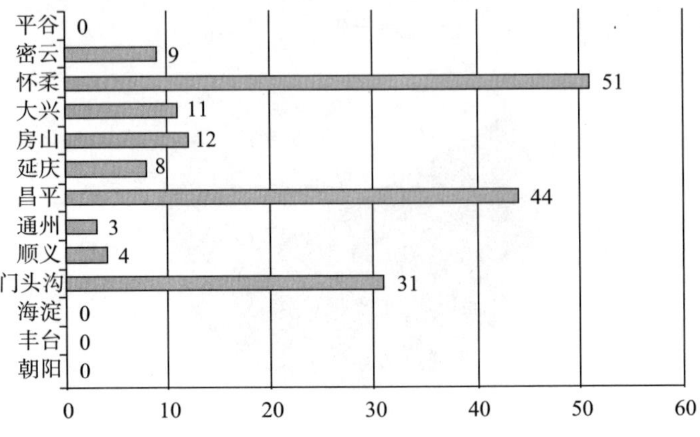

图 9-55 各区县林业类合作社分布

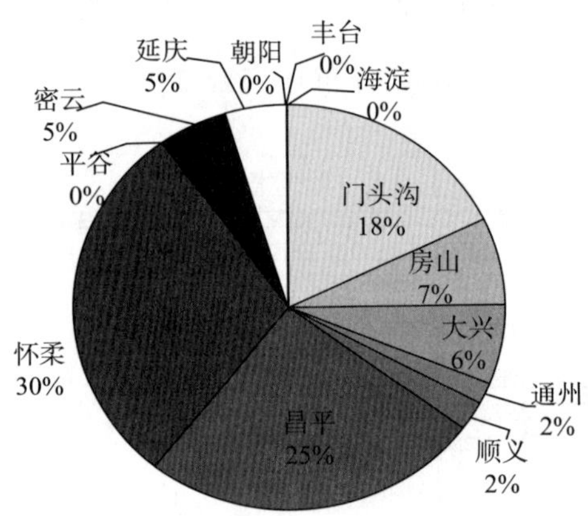

图 9-56 各区县林业类合作社比重

服务业类合作社最多的是密云 108 个，远高于其他区县，其次为怀柔 56 个和大兴 38 个，见图 9-57、图 9-58。

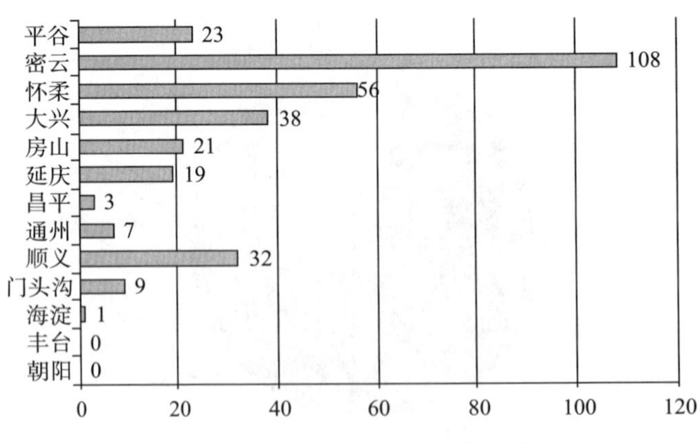

图 9-57 各区县服务业类合作社分布

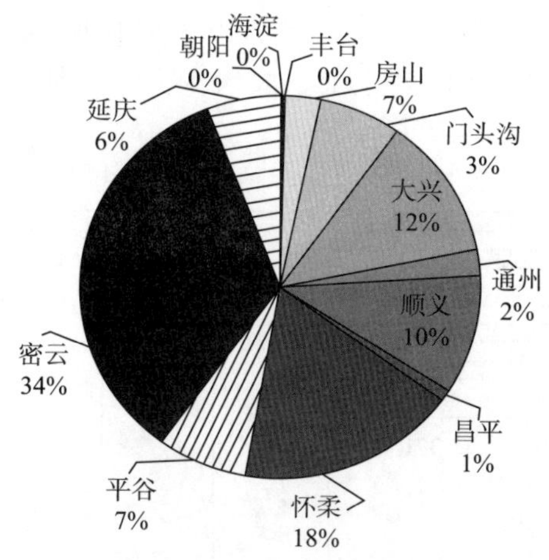

图 9-58　各区县服务业类合作社比重

手工业类合作社总体数量较少，主要分布在怀柔 18 个和通州 10 个，见图 9-59、图9-60。

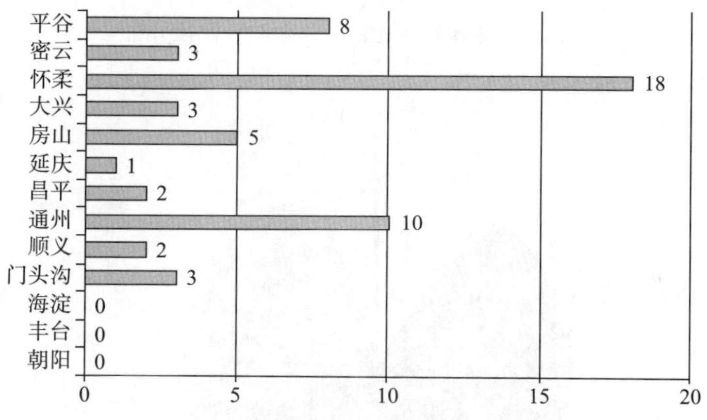

图 9-59　各区县手工业类合作社分布

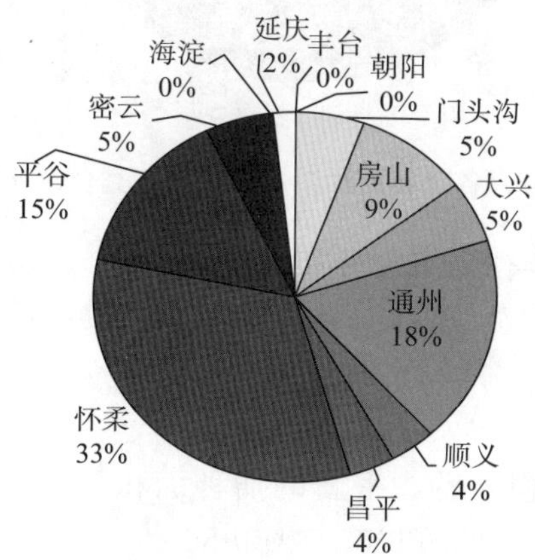

图 9-60　各区县手工业类合作社比重

按服务内容划分。从服务内容来看，产加销一体化服务的合作社主要分布在密云1 149个和平谷965个，其次为房山510个、大兴477个、延庆464个和昌平371个，见图9-61、图9-62。

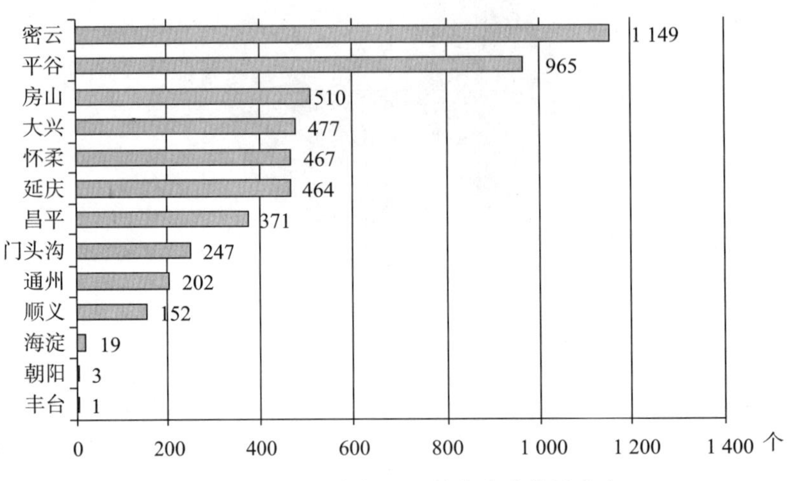

图9-61　各区县产加销一体化类合作社分布

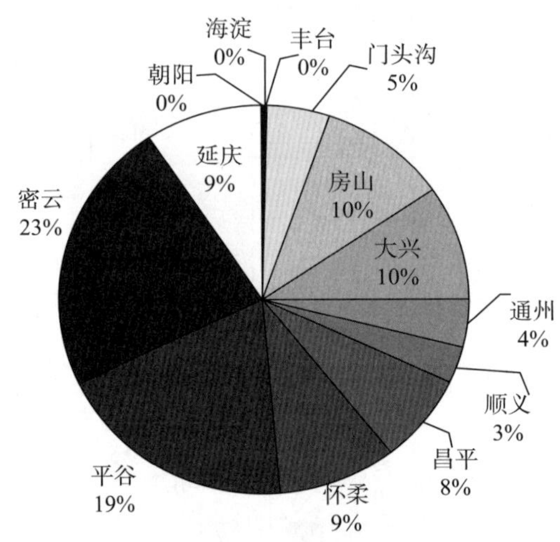

图9-62　各区县产加销一体化服务类合作社比重

技术信息服务为主的合作社则主要分布在顺义47个、房山33个、门头沟31个。以其他服务内容为主的合作社数量较少，不再赘述，见图9-63、图9-64。

三、生产规模

从合作社农作物播种面积来看，密云的播种面积最大，为68.7万亩，其次为延庆30.5万亩和顺义19.3万亩等，见图9-65、图9-66。

从农作物产品的产量看。大兴产量最高，为130.6万吨，其次为顺义的43.9万吨，而播种面积最大的密云农作物产量仅为9.4万吨，见图9-67、图9-68。

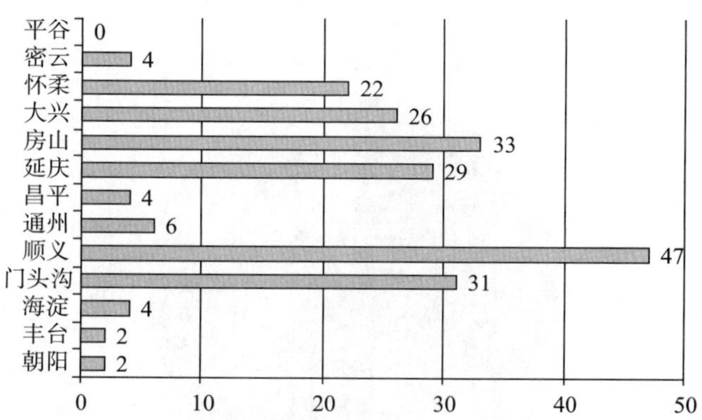

图 9-63　各区县技术信息服务为主的合作社数量分布

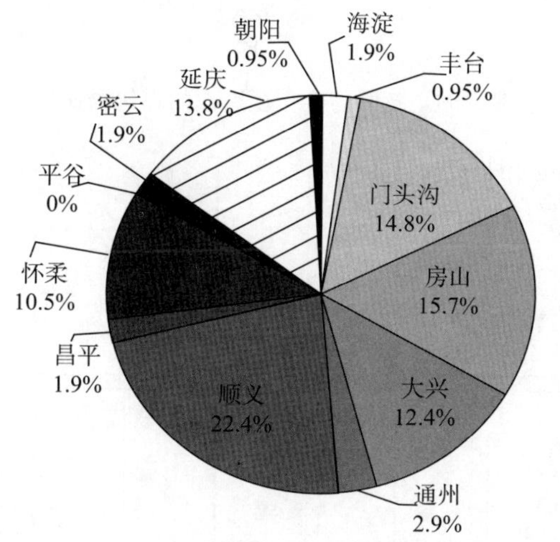

图 9-64　各区县技术信息服务为主的合作社比重

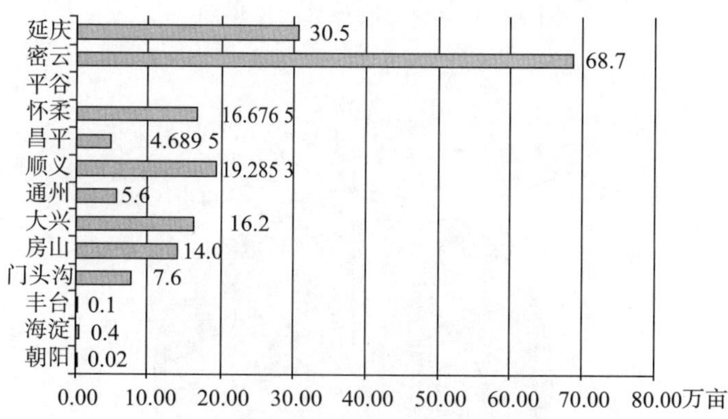

图 9-65　各区县合作社播种的农作物总面积

注：由于平谷的生产规模和收入等数据缺失，图示中为空，下同。

从合作社生产的畜禽产品看。2013 年大兴的畜禽产品产量最大，为 112.4 万吨，其次为延庆 57.3 万吨，见图 9-69、图 9-70。

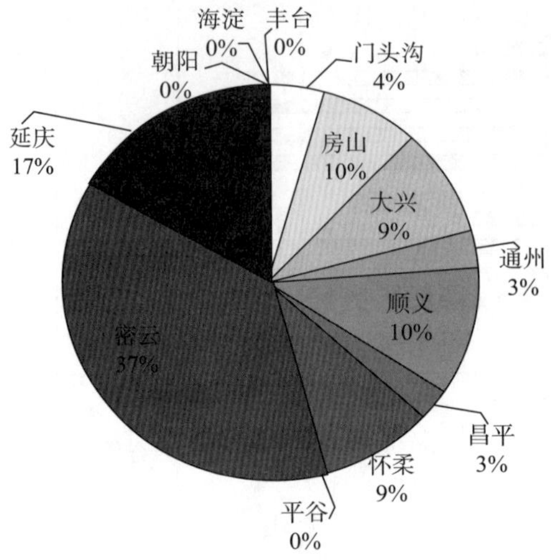

图 9-66 各区县合作社播种的农作物比重

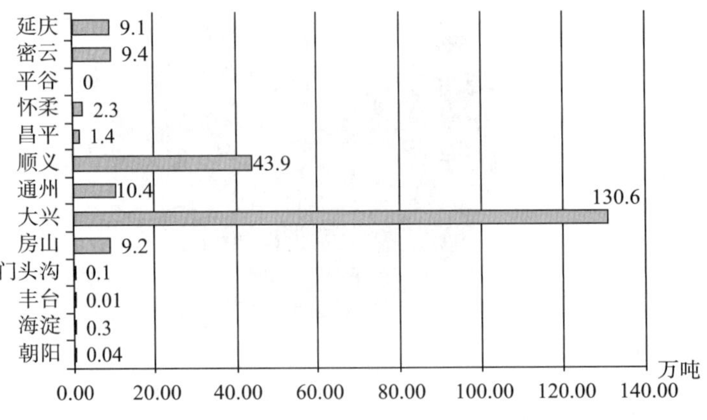

图 9-67 各区县合作社农作物产量

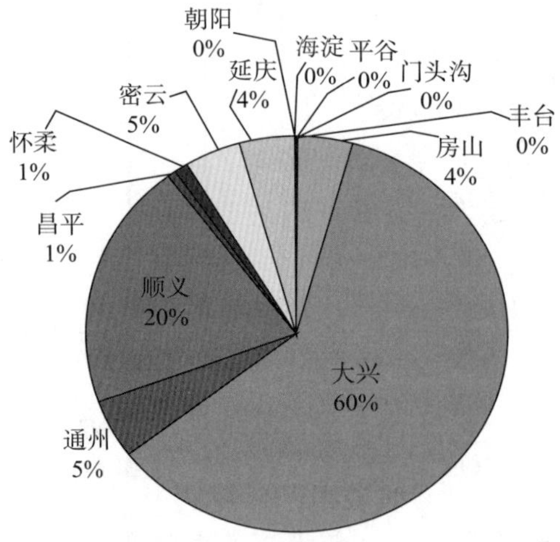

图 9-68 各区县合作社农作物产量比重

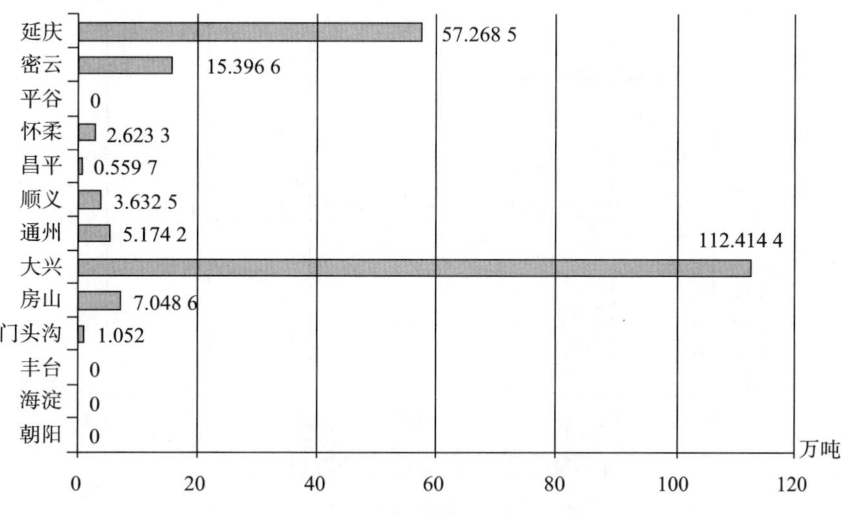

图 9-69　各区县合作社畜禽产品产量

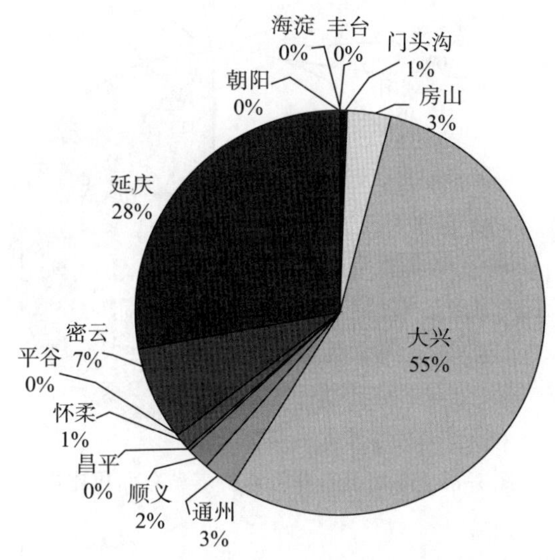

图 9-70　各区县合作社畜禽产品产量比重

通州的合作社水产养殖面积最大，为 1.0 万亩，其次为密云，为 0.5 万亩，见图 9-71、图 9-72。

合作社中的水产品主要产自怀柔，2013 年水产品的产量为 15.1 万吨，占了合作社总产量 96%，见图 9-73。

林产品主要集中在怀柔，2013 年怀柔的林产品为 2.5 万吨，占北京全部合作社的 76%，其次为大兴，林产品产量为 0.5 万吨，占 15%，见图 9-74。

四、收入情况

2013 年，大兴的合作社总收入最高，为 39.80 亿元，占北京合作社总收入的 36.7%；排在第二位的是怀柔，总收入为 25.21 亿元，占北京合作社总收入的 23.2%；第三位的

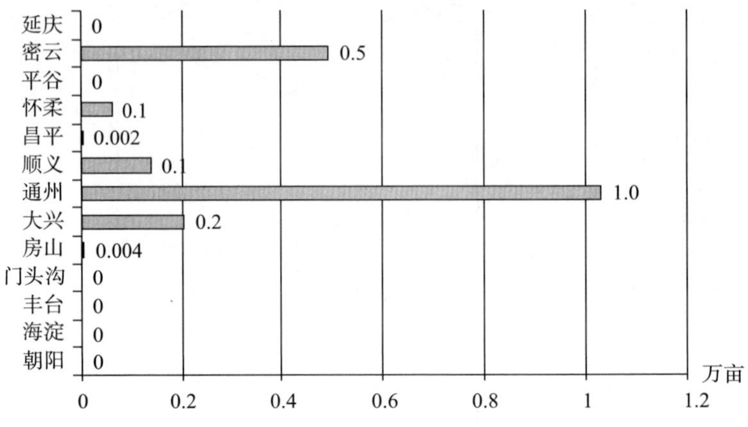

图 9-71　各区县合作社水产养殖总面积

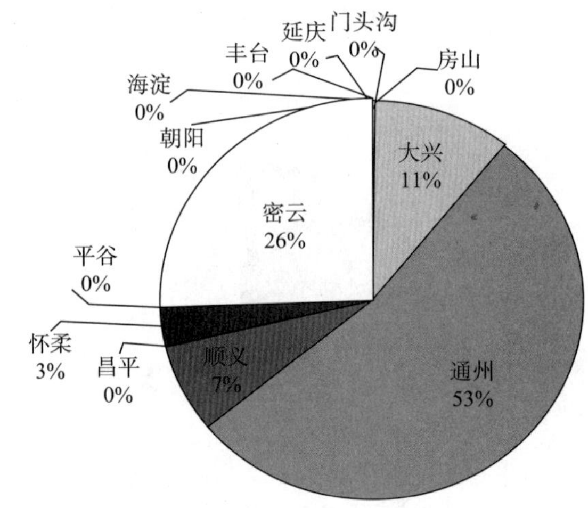

图 9-72　各区县合作社水产养殖总面积比重

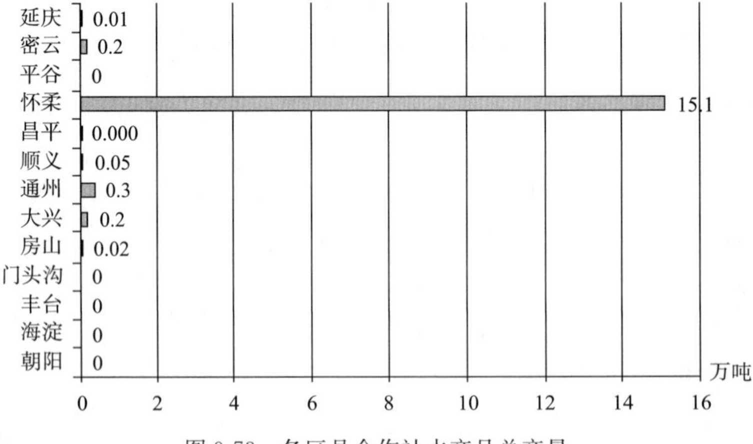

图 9-73　各区县合作社水产品总产量

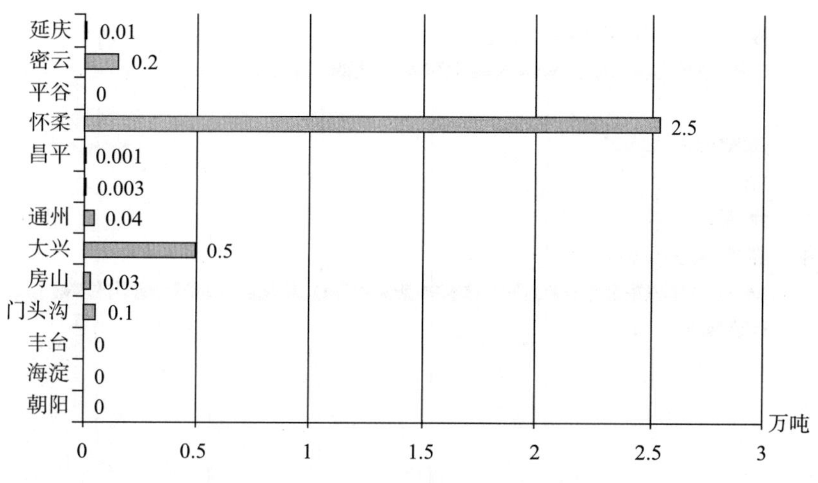

图 9-74　各区县合作社林产品总产量

是密云和顺义，总收入所占的比例均在10%以上。

总支出情况与总收入情况类似，它们的差额反映在合作社的盈余。大兴的合作社盈余最高，为3.21亿元；其次为密云和延庆，分别为2.45亿元和0.98亿元。总收入排在第二位的怀柔的盈余并不高，仅为0.41亿元。详见图9-75、图9-76。

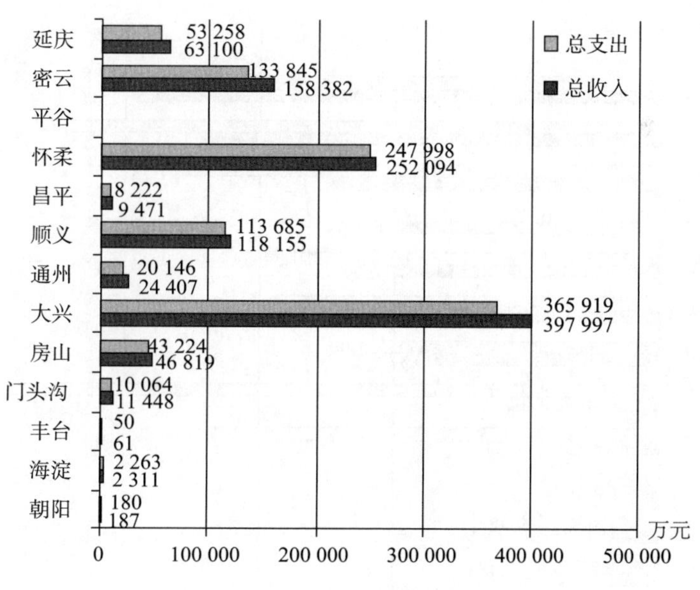

图 9-75　各区县合作社总收入与总支出

从入社成员的户均收入看。海淀区的合作社的农户通过合作社获得的收入最高，为1.88万元；其次为大兴和顺义，分别为1.71万元和1.25万元。通过合作社获得收入最低的区县为昌平、怀柔和门头沟，户均分别为0.18万元、0.21万元和0.24万元。

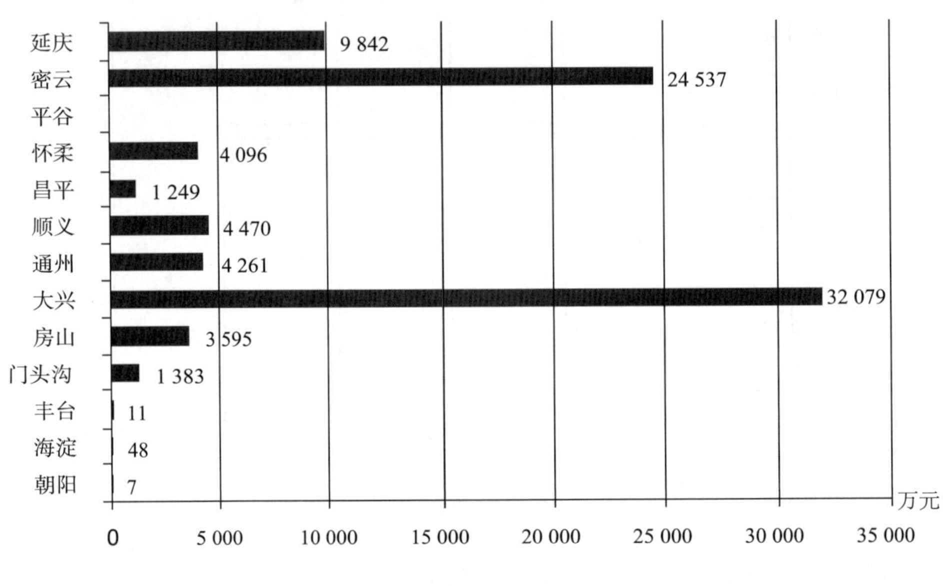

图 9-76　各区县合作社盈余

从户均纯收入来看，密云的合作社成员的纯收入最高，为 2.3 万元；其次为大兴和海淀，分别为 2.2 万元和 1.88 万元，见图 9-77。

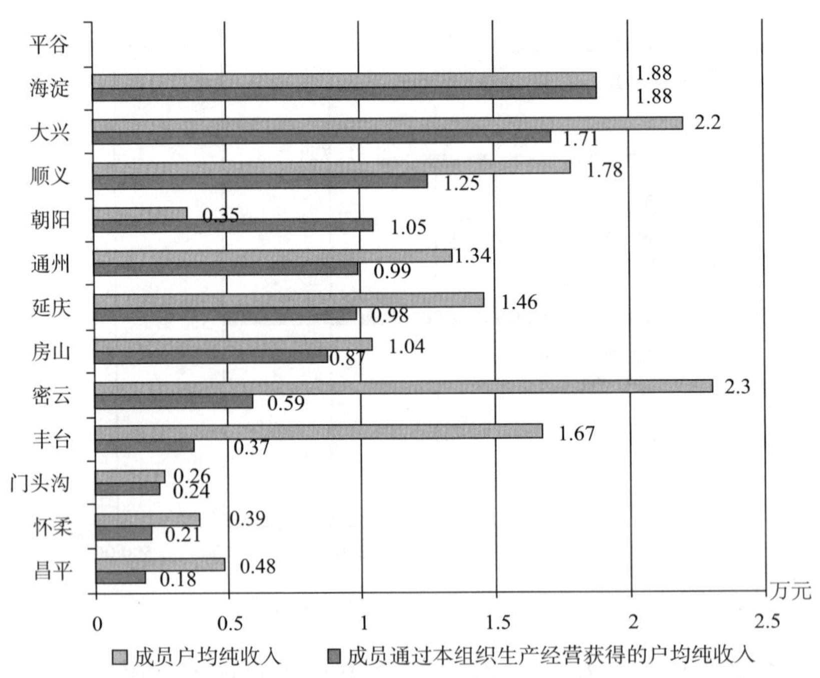

图 9-77　各区县合作社成员组织内的户均纯收入与总户均纯收入对比

各区县合作社成员通过合作社获得的纯收入与其总纯收入差异较大。最高的为朝阳，合作社成员通过合作社获得的平均纯收入是其平均总纯收入的 3 倍；其次是海淀为 1 倍。

在郊区县中，门头沟的合作社成员通过合作社获得的平均纯收入占平均总纯收入的比例最高，为 92.3%，见图 9-78。

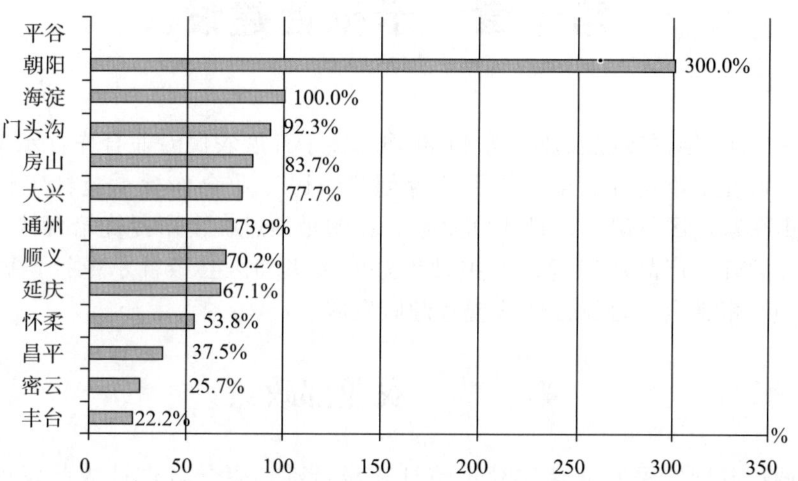

图 9-78　各区县合作社成员组织内的户均纯收入占总户均纯收入的比例

第十章　示范社建设

从2010—2012年，按照农业部等11部委《关于开展农民专业合作社示范社建设行动计划》的要求，北京市连续三年开展了培育创建农民专业合作社示范社工作，共评选出市级示范社150家，区县级示范社400余家。目的是通过在全市择优培育扶持一批经营规模大、服务能力强、产品质量优、民主管理好的市级和区县级社示范社，做大做强一批合作社，引领和带动全市合作社依法规范健康发展。

第一节　农业部政策

农业部通过开展农民专业合作社示范社建设行动，引导合作社规范发展。通过实施农民专业合作组织示范项目建设，进一步支撑合作社示范社建设，促进合作社实现“民主管理好、经营规模大、服务能力强、产品质量优、社会反响好”的目的。

一、印发《关于开展农民专业合作社示范社建设行动的意见》

2009年8月31日，农业部、发改委等11部委印发了《关于开展农民专业合作社示范社建设行动的意见》（农经发〔2009〕10号）（以下简称《示范社建设意见》）有如下的重点内容[①]。第一，示范社建设的目标：“通过开展农民专业合作社示范社建设行动，努力使农民专业合作社制度建设更加健全、内部管理更加规范、市场竞争能力明显提高、带动农户能力明显增强，60%以上的农民专业合作社实现标准化生产、品牌化经营、规范化管理，成员收入比当地未入社农户高10%以上。示范社标准化生产率达到100%，主要生产资料统一购买率达到80%以上，产品统一销售率达到80%以上，商标注册率达到90%以上，参与‘农超对接’的达到50%以上，成员收入比非示范社成员收入高出20%以上。”

第二，示范社建设的重点内容：“一是民主管理。①实行民主选举、民主管理、民主决策、民主监督，结合实际建立健全成员（代表）大会、理事会、监事会等‘三会’制度，充分保障全体成员对合作社内部各项事务的知情权、决策权、参与权和监督权，努力实现自我组建、自我管理、自我服务、自我受益的宗旨。②建立健全会计账簿、财务管理制度和盈余分配制度，为全体成员建立完整的个人账户，确保成员出资、公积金份额、与合作社交易情况、盈余分配等产权资料记录准确无误。引导农民专业合作社建立良好的内部积累和风险保障机制，保持资产状况良好，最大程度地增加成员收入。二是标准化建设。按照‘有标采标、无标制标’的原则，率先实行标准化生产，严格遵守《农产品质量安全法》和《食品安全法》的规定，建立健全生产记录制度，统一质量安全

① 农业部．关于开展农民专业合作社示范社建设行动的意见［EB/OL］．http：//www.cfc.agri.gov.cn.

标准和生产技术规程，统一农业投入品采购供应，统一产品和基地认证认定。三是品牌建设和信用管理制度。拥有自主注册商标，开展无公害产品、绿色食品、有机食品生产基地和地理标志产品等相关认证。建立健全规范的信用管理制度，树立诚信意识、风险意识和品牌意识，实施品牌化经营战略。”

第三，示范社建设的保障措施。“一是落实政策。与《农民专业合作社法》配套的《农民专业合作社登记管理条例》《农民专业合作社财务会计制度（试行）》《农民专业合作社示范章程》以及农民专业合作社税收等政策。二是加大扶持力度。建立健全农民专业合作社建设的支持保障体系，加大财政扶持力度。支持发展主导产业，开发有地方特色的名特优农产品，加强原产地保护。农业机械购置补贴、农业标准化、生猪和奶牛标准化规模养殖小区、农村实用人才和阳光工程培训等各类农业财政专项和基本建设项目，优先委托有条件的农民专业合作社实施。三是培训教育。干部培训采取学历教育、远程教育、短期进修、参观考察等多种形式。开展面向以理事长为主的经营管理人才，以会计为主的理财能手，以专业技术人员为主的种养能人，以经管干部为主的县乡基层业务辅导员的培训。四是业务指导。建立健全辅导员队伍体系，制定业务指导操作规程，建立业务指导员工作考核激励机制。五是舆论宣传。对示范社建设成功事例及示范社带头人先进事迹的总结和经验交流，充分发挥其示范带动作用。”

《示范社建设意见》对示范合作社的建设目标，主要内容和保障措施作出了一系列详尽的规定，为各地开展这项工作提供了具体的指导政策。

二、印发《农民专业合作社示范社创建标准》

2010 年 6 月 11 日，农业部经管司印发《农民专业合作社示范社创建标准（试行）》（以下简称《示范社创建标准》）① 指出：“各省（区、市）农业部门要高度重视农民专业合作社示范社建设，参照本标准，采取多种方式，因地制宜地开展示范社建设行动，尽快培育一批符合标准的示范社。”

《示范社创建标准》的主要内容包括民主管理好、经营规模大、服务能力强、产品质量优、社会反响好。这 5 项内容中可量化的指标如下。

（1）成员（代表）大会选举和表决实行一人一票制，或一人一票制加附加表决权的办法，其中附加表决权总票数不超过本社成员基本表决权总票数的 20%，切实做到民主管理。

（2）可分配盈余按成员与本社的交易量（额）比例返还，返还总额不低于可分配盈余的 60%。

（3）农机专业合作社拥有农机具装备 20 台套以上，年提供作业服务面积达到 0.1 万公顷以上。

（4）入社成员数量高于本省同行业农民专业合作社成员平均水平，其中，种养业专业合作社成员数量达到 150 人以上。农民占成员总数的 80%以上，企业、事业单位和社会团体成员不超过成员总数的 5%。

---

① 农业部经管司．农民专业合作社示范社创建标准（试行）［EB/OL］．http：//www.cfc.agri.gov.cn.

（5）成员主要生产资料（初入社自带固定资产除外）统一购买率、主要产品（服务）统一销售（提供）率超过 80%，标准化生产率达到 100%。

（6）主要为成员服务，与非成员交易的比例低于合作社交易总量的 50%。

《示范社创建标准》的制定为创建工作提供了切实可行的方案。这个标准是主客观标准的统一，在关键的环节有重要的数量指标作为评价依据，减少了评价的随意性。

三、印发《关于进一步加强农民专业合作社财务管理工作的意见》

2011 年 5 月 20 日，农业部经管司印发了《关于进一步加强农民专业合作社财务管理工作的意见 》（农办经〔2011〕16 号）（以下简称《财务管理工作的意见》）[①] 指出："合作社示范社的重要标志是财产关系和分配关系明确，对成员服务的责任切实得到落实。这就要求合作社必须做好财务管理工作，组织好各项资金活动，处理好各种财务关系，准确记录和反映生产运营状况和财务运行情况，准确计算和分析成员权益变动和年终盈余分配，为内部管理更加规范、质量提升更加明显奠定坚实基础。"

就如何做好财务工作，《财务管理工作的意见》指出："一是健全财务管理制度。落实《农民专业合作社财务会计制度（试行）》（财会〔2007〕15 号），切实建立健全合作社财务管理的各项制度，做到有章理事，依规办事。制度建设要兼顾政策性、实用性和操作性，认真做好合作社财务收入管理、财务开支审批、财务预决算、资金管理岗位责任和财务公开等方面的制度建设，确保合作社的资金安全；认真做好合作社资产保管、资产台账登记、资产评估和资产经营等方面的制度建设，确保合作社的资产安全；认真做好合作社货币资金、采购、销售和投融资等业务的内部控制制度建设，确保合作社会计信息的准确和经营效率的高效；认真做好合作社财产清查制度建设，定期对合作社的财产进行全面清查，及时发现和纠正财务管理过程中出现的漏洞。二是夯实财务管理基础。合作社要根据财会制度的规定和会计工作的需要，设置总账、明细账、日记账等各类账簿，连续、系统、全面、完整地反映和登记各项经济业务，杜绝'流水账'等现象的存在。三是规范盈余分配制度。在确定盈余分配比例时，要保证按交易量（额）比例向成员返还的盈余总额不得低于可分配盈余的 60%。四是完善会计报表编制和报送制度。要按照财会制度的规定，准确、及时、完整地编制资产负债表、盈余及盈余分配表、成员权益变动表、科目余额表、收支明细表等会计报表和财务状况说明书等，详实地反映合作社当期财务状况和经营成果。"

示范合作社的最重要的标准就是建立规范的财务制度。这是合作社规范化建设的核心内容，对保证合作社健康发展至关重要。只有这样，才能解决合作社存在的不记账或只记"流水账"、不编制会计报表、不设置成员账户等问题。农业部印发的《财务管理工作的意见》，既是创建示范社的依据，又是成为示范社的考核标准。

四、支持建设示范社的政策

为了合作社的规范性发展特别是示范社的发展，农业部会同其他部委、或者分别制

---

① 农业部经管司．关于进一步加强农民专业合作社财务管理工作的意见［EB/OL］．http：//www.cfc.agri.gov.cn.

定了相关的支持性政策。

（一）税收政策

2008 年 6 月 24 日，财政部国家税务总局《关于农民专业合作社有关税收政策的通知》（财税〔2008〕81 号）[①] 指出："①销售本社成员生产的农业产品，视同农业生产者销售自产农业产品免征增值税。②增值税一般纳税人从农民专业合作社购进的免税农业产品，可按 13%的扣除率计算抵扣增值税进项税额。③向本社成员销售的农膜、种子、种苗、化肥、农药、农机，免征增值税。④与本社成员签订的农业产品和农业生产资料购销合同，免征印花税。"这几项环节的减免税收，减轻了合作社的赋税。

（二）金融政策

2009 年 2 月 5 日，中国银监会印发了《关于做好农民专业合作社金融服务工作的意见》（银监发〔2009〕13 号）指出[②]："①对于获得县级以上'农民专业合作社示范社'称号或受到地方政府奖励以及投保农业保险的农民专业合作社，可适当提高相应的信用资质评级档次。②加大对农民专业合作社的信贷支持力度，对符合相关条件的合作社，鼓励把对合作社法人授信与对合作社成员单体授信结合起来，建立农业贷款绿色通道，采取'宜户则户、宜社则社'的办法，提供信贷优惠和服务便利。③创新适合合作社需要的金融产品，创新各类符合法律规定和实际需要的农（副）产品订单、保单、仓单等权利以及农用生产设备、机械、林权、水域滩涂使用权等财产抵（质）押贷款品种。鼓励发展自助可循环流动资金贷款品种，做到一次申请，统一授信，周转使用。④改进金融服务方式，对合作社及成员提出的贷款申请，要确保在最短时间内完成贷款受理、调查和审查工作，确保符合条件的贷款需求在最短时间内得到满足。⑤鼓励有条件的合作社发展信用合作，开展组建农村资金互助社的试点工作，依法合规审慎开展经营活动，真正办成社员自愿入股、民主管理、以服务社员为宗旨、谋求社员最大利益的合作性金融组织。"这一文件对构建农村合作金融机构与农民专业合作社的互动合作机制，支持农民专业合作社加快发展，起到了很大的促进作用。

（三）财政资金政策

2013 年 7 月 23 日，财政部《关于印发〈中央财政农民专业合作组织发展资金管理办法〉的通知》（财农〔2013〕156 号）指出[③]："①合作组织发展资金是指中央财政预算安排，用于支持各省、自治区、直辖市、计划单列市（以下简称各地）加快农民专业合作组织发展，提高农民组织化程度的专项资金。包括农民专业合作社、股份合作社、农民用水合作组织、专业技术协会等。②资金可采取直接补助、以奖代补、先建后补、贷款贴息等多种补助方式。"文件中的合作组织发展资金是指中央财政预算安排，用于支持各

① 财政部，国家税务总局．关于农民专业合作社有关税收政策的通知［EB/OL］．http：//www.cfc.agri.gov.cn.

② 中国银监会．关于做好农民专业合作社金融服务工作的意见［EB/OL］．

③ 财政部．中央财政农民专业合作组织发展资金管理办法［EB/OL］．http：//www.cfc.agri.gov.cn.

省、自治区、直辖市、计划单列市（以下简称各地）加快农民专业合作组织发展，提高农民组织化程度的专项资金。农民专业合作组织包括农民专业合作社、股份合作社、农民用水合作组织、专业技术协会等。文件还就扶持条件和范围作出了具体的规定。这一政策给予了合作社宝贵的资金支持。

（四）部级联席会议制度

2013 年 7 月 24 日，国务院《关于同意建立全国农民合作社发展部际联席会议制度的批复》（国函〔2013〕84 号）指出[①]：“同意建立由农业部牵头的全国农民合作社发展部际联席会议制度。”这个部级联席会议的成员包括：农业部、发展改革委、财政部、水利部、税务总局、工商总局、林业局、银监会、供销合作总社 9 个部门和单位组成。会议的重要议题之一就是制定国家农民合作社示范社评定监测管理办法；还有就是协调落实国家对农民合作社发展的扶持政策。这个会议制度有效地协调了政府的部际关系，比较高效地协调了需要多个政府部门需要一起解决的问题。

第二节　示范社建设

按照农业部部署，北京市以“重点突破，整体推进”为指导思想，以典型示范为切入点，以规范化建设为核心，推进合作社向规范化方向发展、提高农民进入市场的组织化程度，特别是在带动农民增收方面发挥重要作用。

一、出台支持政策

（一）印发《示范社建设行动计划》

2010 年 1 月 20 日，北京市农委、市发改委、市科委、市商务委、市财政局、市工商局和市银监局七部门联合下发的《关于印发北京市农民专业合作社示范社建设行动计划的函》（京政农函〔2010〕5 号）（简称《示范社建设行动计划》）指出[②]：“从 2010 年到 2012 年，开展‘北京市农民专业合作社示范社建设行动计划’，在全市择优培育扶持一批经营规模大、服务能力强、产品质量优、民主管理好的市级农民专业合作社示范社。主要目标：市级农民专业合作社示范社标准化生产率达到 100%，主要生产资料统一购买率达到 80%以上，产品统一销售率达到 80%以上，商标注册率达到 100%，生产生鲜农产品的农民专业合作社参与‘农超对接’的比例达到 50%以上，成员收入比当地未入社的同类农产品农户高出 20%以上。”这一计划列出了基本目标和完成任务的时间。

《示范社建设行动计划》对于示范社的基本条件、建设标准、扶持措施、管理评定和保障措施都作出了具体的规定，从 12 个方面扶持政策向示范社倾斜，即：纳入市新农村

① 国务院．关于同意建立全国农民合作社发展部际联席会议制度的批复［EB/OL］．http：//www.cfc.agri.gov.cn.

② 北京市农村工作委员会，北京市发展和改革委员会，北京市科学技术委员会，等．关于印发北京市农民专业合作社示范社建设行动计划的函［EB/OL］．http：//www.bjnw.gov.cn/zfxxgk/fgwj/zcxwj/201002/t20100208_242911.html.

建设奖励范围、农业基础设施建设项目重点倾斜、农业生产项目优先实施、农业科技项目重点支持、支持各类科技部门与合作社对接合作、培训支持、金融支持、合作社内部资金互助支持、农业保险支持、农业生产装备支持、产品营销支持、品牌认证支持。各区县在2010—2012的三年时间里按照市里部署开展了建社工作。

（二）金融政策

2011年10月21日，市农委、市财政局和市金融工作局印发的《关于金融支持农民专业合作社发展的意见》（京政农函〔2011〕70号）指出[①]：“一、支持农民专业合作社外部融资。市级财政将对被评定为北京市农民专业合作社示范社及示范社建设单位贷款担保给予一定担保费率补贴，同时给予一定比例的贷款贴息奖励。二、支持农民专业合作社进行内部信用合作。对于规范开展内部信用合作，且取得明显成效的市级示范社和示范社建设单位，每年将选取不超过5个优秀合作社，市级财政给予一次性资金奖励（总体奖励资金额度不超过50万元）。奖励资金全部用于扩大内部信用合作规模。”70号文件从外部融资、内部资金互助、贷款贴息、合作社财务管理队伍建设等方面制定了具体扶持措施。

二、部门联动配合

市有关委办局相互配合，联合采取行动支持建设示范社。市农委与发改委、财政、科委、工商等部门建立了农民专业合作社发展联席会议制度，解决合作社建设中的突出问题。联合行动有以下几点：①建立了财政扶持示范社专项基金。市级财政每年安排3 500万元专项支农资金，重点在示范基地、仓储、运输建设，以及品牌、包装、新技术推广、规范管理、教育培训等方面扶持示范社建设。②建立了市级示范社项目库。以市财政、市农委、市发改委、市科委、市商业委、市金融局六大系统为主体，每年为示范社安排大量农业发展项目，初步估算规模达20多亿元。③启动了大学生“村官”进合作社试点。2011年，市农委、市农经办同市人力社保局合作，参照“村官”相关政策和管理办法，三年共为市和区县两级示范社配备了258名专兼职“合作社理事长助理”。④组织实施了“现代农业装备对接农民专业合作社工程”。2010年市财政局会同市农委和市公安交通管理局等部门，为示范社配备了601辆货物运输车。⑤市金融局为20家产销先进市级示范社安排了1 000万元奖励资金。北京农业银行与市农经办共同研究开发了专门针对示范社的“合作社联保贷”金融产品，即由三家示范社通过联保方式即可获得流动资金贷款，其中市级示范社最高一笔可贷800万元，区县级示范社最高一笔可贷500万元。

三、加强指导培训

建设示范社，重要的步骤之一是要对合作社进行培训和指导，概括起来做了如下的工作。

（1）市农委聘请了农业部、中国社科院和中国农大的专家，组成专家指导组，对区

① 市农委，市财政局，市金融工作局．关于金融支持农民专业合作社发展的意见［EB/OL］．http：//www.bjnw.gov.cn/zfxxgk/fgwj/zcxwj/201111/t20111102_287799.html.

县进行一对一的指导。同时，从各区县农委、经管站选拔培训业务骨干，建立了辅导员队伍。这些辅导员深入基层对每一个申报示范社的合作社，从明晰产权、章程制度、财务账目、成员账户、盈余分配、服务措施、办公场所、质量安全、市场营销、品牌建设等方面进行具体指导。

密云县、延庆县、平谷区专门成立了合作社指导服务中心，其他大部分区县经管部门都设立了农民专业合作社业务科室，配备了专职干部，全面加强对合作社的扶持、辅导和帮助。

（2）充分利用各种新闻媒体对示范社进行广泛宣传。市里对10余家成绩突出的市级示范社进行了总结，组织编印了5 000册《北京农民专业合作社示范社案例》下发到全市合作社学习，并在农民日报、北京日报、北京电视台和区县电视台进行了系列宣传报道。

（3）开发建设了“北京农民专业合作社网站（也叫京郊网上联合社）”，为100余家市级示范社建立了“网店”，宣传展示示范品牌和产品。

（4）市和区县每年组织两级示范社社理事长、管理人员和财务会计进行2～3次规模培训。特别是重点培养示范社理事长的五种意识和三种能力。即：合作意识、服务意识、经营意识、创新意识、敬业意识和组织能力、管理能力、公关能力。

四、严评确保质量

按照要求，示范社评选工作，严格遵循区县申报、专家评审、实地复核、部门联审、网上公示和授牌表彰的程序，确保评选出的示范社运行规范、制度健全、资产清晰、带动作用强，达到“可学、可看、可比”的要求。为了使示范社评选更具可操作性，归纳和制定了13条评选标准。即：产业基础牢、经营能力强、质量安全优、品牌效益高、服务设施全、带动农户多、产权关系清、积累机制好、规范程度高、社会效果好、外观形象美、领导水平高、成员评价好。

自2010—2012年连续三年开展培育创建北京市农民专业合作社示范社工作，在各区县申报推荐的基础上，由专家组评审和市相关部门联合审定，共评审出150个市级农民专业合作社，其中10家还被评为全国农民专业合作社示范社。三年中，共评出300余家区县级示范社。

五、收获成果显著

三年的培育和创建示范社行动，对于提升全市合作社建设水平，促进合作社健康发展和做大做强，特别是在建设京郊都市型现代农业、促进农民增收中，发挥了重要作用，取得了显著成效。

一是促进了合作社依法规范发展。示范社坚持依法办社，不断完善治理结构，具有健全的“三会”制度，严格执行民主决策程序。示范社坚持依章办事，有健全的各类管理制度，盈余分配符合法律规定，建立了良好的内部积累和风险保障机制。示范社走在了全市合作社规范化建设的前列，为合作社进一步发展树立了榜样，起到良好的带动和示范作用。以培育和创建示范社行动为契机，多数区县制定了统一的合作社规范管理制度，取得明显成效，涌现出一大批产权结构清晰、分配制度规范、管理制度健全、实行民主管理的合作社。密云县制定了每年定期开展两次合作社民主日制度，召开成员大会，面向成员公开财务、社务、档案等；房山区专门开展了财务规范化示范社建设行动；怀柔区与档案局联合制定了合作社进行档案规范管理办法，规范了示范社的档案；昌平区为示范社建立了电子档案，实行了会计电算化，依托农经信息平台，开展合作社在线审计试点，进一步强化了对合作社规范建设的监督指导。

二是促进了合作社的联合和产业融合。随着示范社建设行动的深入开展，在示范社的带动下，北京市合作社相互联合的趋势不断增强。密云、平谷、延庆、通州、昌平、顺义、门头沟等区县相继成立了一批专业联合社，目前已达有 12 家。其形式有建立在区县一级的综合性合作社联合会、联合社，也有建立在以产业为依托的专业性联合社。这些合作社联合组织在整合资源、扩大营销规模、促进合作社做大做强等方面发挥了重要作用。通过不同行业合作社的联合抱团，进一步实现了一、二、三产相互融合，延长了产业链条，提高了合作社的经济效益。例如，门头沟区由阿芳嫂黄芩种植专业合作社、大山鑫港核桃种植专业合作社、天河水肉鸡养殖专业合作社三家市级示范社牵头，联合镇域内 11 家不同产业的合作社共同发起成立了“北京清水腾达民俗旅游联合社”。联合社依托清水镇自然资源丰富，生态环境良好，历史文化悠久，适宜发展休闲农业和乡村旅游产业的优势，积极配合镇域农业产业升级规划，将对 11 家各具特色的专业合作社进行资源整合，整体包装，计划五年时间，合力打造 11 个以观光旅游为特色的农业园区。这些园区与清水镇的“两山一涧”等旅游资源互相依托，逐步形成一、二、三产融合发展的新模式，成为京西旅游一道亮丽的风景线，为北京市民提供丰富多彩的农耕文化和休闲度假场所。

三是做大做强一批合作社，促进了农民增收。通过整合各种优势资源以及对示范社实施重点扶持，示范社在组织规模、经营管理水平、服务能力和延伸产业链条等方面得到很大提升，促进了成员增收。据统计分析，截至 2012 年年底，全市共培育创建市级示范社 150 家，占全市合作社总数的 2.3%。示范社成员总数 17 641 个，社均 118 个；带动社外农户 25 695 个，社均 171 个；资产总额 4.9 亿元，社均 326.7 万元；经营收入 9.4 亿元，社均 626.7 万元。比非示范社分别高 1.5 倍、3.4 倍、1.8 倍和 3.2 倍。示范社在建立健全“三会”制度，规范财务管理、生产基地建设、标准化生产、统一各项服务等方面规范程度高，引领作用显着，大多数示范社达到了“可学、可看、可比”的示范标准。

第三节 示范社案例

一、北京营坊昆利果品专业合作社

1. 成立合作社

2007 年 9 月，由田昆利等 103 户发起成立了“北京昌平区营坊昆利果品专业合作社”，至 2010 年社员发展到 411 户，分布在 5 个镇、10 个自然村，社员经营果园总面积 2 380亩。合作社资产总额 200 多万元，年收入 600 多万元。

2007 年 3 月，为适应北京郊区观光、采摘农业的发展形势，营坊村将 500 亩集体果园分包给了 300 户村民经营。时任南邵蟒山苹果种植园队长的田昆利也完成了自己的使命，重新寻找职业。当时各家各户缺技术，村里有 100 多户挽留田昆利，建议他成立个技术服务公司。与此同时，昌平区正宣传《农民专业合作社法》，参加培训过程中，田昆利与大伙商议，觉得办技术服务公司虽然是个好办法，但是公司和农户是两张皮，将来竞争激烈，矛盾多，如果办个合作社更能体现大家的心愿，在合作社里果树专业户之间利益相同，人心齐好办事，大伙一致赞同了他的想法。

2007 年 9 月，在昌平区经管站帮助下，田昆利与 103 户（人）发起召开了成立大会。通过了《章程》，选举了理事会，由田昆利当社长，另设 3 个理事，1 名监事，1 名会计，1 名出纳。成立大会上社员自愿入股，少则 500 元，多则上万元，共筹集股金 28 万元。田昆利在村中没有承包地，向合作社投资 10 万元入了社。合作社到工商局领取了营业执照。

2. 在发展中完善章程

合作社成立之初从其他农户那里承租了 120 亩果园，雇工统一种植果园。合作社把主要精力放在经营果园上。当时 103 户社员对合作社提出了意见，认为合作社重经营，轻服务。合作社理事会也意识到，雇工经营常常出现出工不出力、责任心不强、难管理等弊端。2008 年年底，合作社除留下 50 亩地作为示范果园外，把其余 70 亩地退还给了农户，把精力集中在为社员户服务上。当年合作社社员发展到了 245 户，社员经营的果园总面积从 500 亩扩大到 1 000 亩。

合作社的服务有效地简化了农户的劳动，提高了生产水平，要求入社的人不断增加。2009 年合作社社员达到 344 户，果园总面积达到 1 680 亩。2010 年，合作社社员达到 411 户，果园总面积 2 380 亩。

随着人员的增多，合作社的服务业务和管理工作超出了原有的设想。三年来，合作社先后三次修改完善《章程》。第一次是 2009 年 1 月，召开年终分红大会时，社员大会批准了 142 个新社员入社，同意新增 6 万元股金，并重新到工商局进行了变更登记。第二次 2010 年 1 月，在合作社成员大会上，除了年终决算分红、批准新社员、审查新增股金，社员大会还同意修改章程，按照果园分布区域设立社员代表，在 7 个自然村各选举一个社员代表。日常搞什么服务，由这 7 个社员代表讨论决定。第三次是 2011 年 1 月，修改的主要内容包括：第一是面对社员纷纷要求增加股金的要求，社员大会讨论暂时不增加股金，新社员仍保持每人 100～500 元的股金额度，后来入社的社员不得享受先前入社的社员的量化股金；第二是年终提取公积金比例由原先的 17%增长到 20%，以增强合作社服务能力；第三是纠正以代表大会代替成员大会的做法，重申社员对合作社重大事项有知情权、参与决策权，明确成员代表大会不能代替成员大会；第四是新增选了 3 个自然村的社员代表，社员代表达到 10 人；第五是选举新增加 2 名监事；第六是进一步明确了财务审批权限，开支 1 万元以下理事长审批、1 万～3 万元理事会审批、3 万～5 万元成员大会审批。

3. 服务就是要解决社员的难题

合作社干什么？从直接经营和社员抢饭吃，转到以服务社员为宗旨，昆利合作社一直在不断探索之中。

（1）从技术培训入手，提高社员对家庭果园的管理水平。合作社租赁村集体房屋，办起了“田间技术学校”。结合苹果生长季节，田间学校依次举办剪枝、授粉、疏花、疏果、定果、套袋、铺反光膜、病虫害防治等培训班，课后在50亩示范果园里实习示范，手把手教农民。三年来，农户的整体技术水平明显提高，优质果率从50%提高到85%。

（2）开展作业代理，解决家庭资源差异问题。现在的农村，青年人多做工，中老年人在家务农。各家的劳动力强弱、资金多少、技术高低差异较大。合作社聘用35人组成的生产服务部，区别情况，采取层层递进、步步深入的方法，为社员提供果园作业服务。针对不同情况，实行三种形式的生产管理服务。

一是依托“农信机”，将果树管理、维护、病虫害防治、市场信息等及时地发送到社员手机上，使社员不出家门就能掌握技术信息。二是租赁经营。对无意或无力经营果园的社员，合作社与社员户签订合同，以每年1 500元/亩的租金，果园交由合作社经营，果品销售收入的6%再返还给果园的产权户。三是指导服务。由合作社提出统一果园管理的操作规程，社员同意后双方签订管理协议，社员按照规程管理，合作社负责指导。目前已有22户社员与合作社签订了合作管理协议，管理果园面积63亩。四是托管作业。社员将果园某些作业环节委托给合作社，合作社按照生产管理项目的不同，依据“生产活茬价格表”收取不同费用。

社员陈玉华今年62岁，家里有3亩果园，老两口常年有病，儿子和儿媳各有自己的工作。陈玉华说：“有合作社做靠山，我们家的果园不愁管。果园的重活、难活有合作社打理，果子长得好，我们不用操心，得到的收益比自己管还要高。”

（3）批量采购生产资料，降低社员生产成本。合作社将果树不同时期需要的农资分为三个系列：一是有机肥系列。合作社与昌平区土肥站合作，开办了“农资合作服务连锁店”，统一购买有机肥，价格比市场价每吨低20元，运输费每吨节约10元，每年可直接为社员节省费用45 000元。二是农药系列。包括各种农药、微肥、微量元素，由区园林绿化局植保站统一提供，每年仅农药系列可为社员节省费用10 000元，同时也为社员省去了自己购买农资的时间。三是包装物系列。包括各种套袋、采摘袋、包装箱、封箱胶带等。合作社与商家洽谈实行统购，凡包装物均以低于市场价5%的价格提供给合作社，这样每年可为社员节省费用13 000元。

（4）分级、分类包装，提高社员户苹果的商品品位。合作社从一开始就坚持走品牌化道路，提出“以精品销售为主，大力发展观光采摘”的营销思路。一是销售实行“三统一”。即统一收购、统一定价、统一配送。合作社采取分级收购的方式，对质量特别好的，也会采取整块地或整个果园收购，一般收购价均高于市场价的15%。合作社按照果品等级不同设定不同价格，统一运送和销售。二是按照用户需求改变包装规格。针对不同采摘人群、不同团队客户，合作社的包装从最开始的3种规格发展到现在的11种，2010年以包装销售形式实现收入达到523万元。三是着力开展观光采摘业务。合作社根据采摘团队的大小，100人以上的团队，采取分户、分片采摘，由合作社统一价格，统一管理；100人以下的团队，根据顾客需求选择种植面积和果品质量分配采摘。2010年合作社共为农户安排采摘销售150次，实现收入94万元。四是积极拓展其他销售渠道。合作社还以礼品、果篮等形式打入婚庆市场，以奖品等形式打入各种大型公益活动，以团购等形式打入旅游、农家乐市场。这些都进一步拓宽了销售渠道，增加了销售收入。

4. 财务透明

合作社从成立起，规范财务管理一直是合作社内部制度建设的主线。①合作社按照《会计法》《农民专业合作社法》的规定，明确合作社是会计核算的主体，实行合作社独立建账，运用会计账套实现财务电算化。合作社的一切经济活动都纳入了会计账内核算。②合作社的财务制度、会计账务均实行信息化管理，原始凭证、会议记录保存完整，随时可以公开查询。在昌平经管站的帮助下，合作社目前正在建立在线审计系统，为合作社随时公开财务打基础。③坚持“成员账户”制度，清晰完整记载社员与合作社的一切经济往来，账实相符，深得社员信赖。特别是坚持把国家扶持资金、当年公积金按份额平均计入社员股金账户，这一点得到了绝大多数社员的赞许，合作社的吸引力不断增强。④产品物资管理纳入信息化轨道。合作社购入了一套专门管理产品进销存的财务软件，能及时反映库存状况，从而节约库房成本，加快产品流通。⑤人员工资管理制度化。合作社现聘用 45 名员工均来自社员，年龄从 20～60 岁。这些员工分布在生产部、农资部、销售部、财务部、技术部等几个部门，均实行岗位责任工资，平均月工资 2 500 元。合作社在工资以外，还为员工上了五险，为员工免除了后顾之忧。⑥盈余分配依章程办事。合作社自成立三年来，每年都召开社员大会公布账务，公开分配。三年来分配盈余总额 145 850 元，根据交易量和入股情况，每户获得可分配盈余从几百元到几千元，各取所得，社员满意。⑦注意集体服务能力提高和无形资产管理。几年来，合作社得到了各级政府的大力扶持。合作社利用国家扶持资金，改善了基础设施，加强了品牌建设。一是引入水肥一体化技术设备，可节水 35%～52%，节肥 20%～40%，优质苹果产量提高 8%，节本增收 800～2 000 元/亩，劳动生产率提高 20%～30%；二是新建办公用房 200 平方米、修建农产品库房 150 平方米、农资库房 600 平方米、建立一大一小培训教室共 150 平方米、硬化田间道路 5 000 平方米，为合作社提供了优良的生产、经营、销售环境。三是注册了“蟒山天池”果品商标，通过了“无公害认证”“有机产品认证”“标准化果园认证”，从整体上提高蟒山苹果产业的市场地位和果品的市场声誉。

5. 昆利合作社的经验分析

①带头人愿意把自己的利益和社员的利益捆绑在一体，与社员共发展，同致富。②合作社始终把《章程》作为共同的行为纲领，在发展中不断补充完善本社的《章程》，用《章程》来规范解决新问题。③把服务社员作为主导业务，通过服务的规模效益便利于社员，致富于社员。④公开、民主的财务管理和完整、配套的会计账目集中反映了产业发展与社员利益的关系，这条利益纽带清晰完整，就为合作社的持续健康发展坚定了基础。⑤合作社的发展面临内外多变环境，用好国家扶持资金、社员股金与合作社积累资金，处理好国家、合作社与个人的分配关系，离不开政府部门依法指导与服务。

二、北京绿菜园蔬菜专业合作社

北京绿菜园蔬菜专业合作社位于延庆县康庄镇小丰营村，于 2007 年 7 月正式成立。拥有成员 298 户，无公害蔬菜种植基地 2 000 亩，有机蔬菜基地 500 亩，资产总额 1 181 万元。合作社科学规划、分步实施、合理配置农业资源，立足小生产与大市场的有效对接，为成员提供产、供、销一体化服务，实现农业增效，农民增收。

1. 提升合作社市场竞争力

（1）建立农资门市，服务成员生产。合作社投资20万元建立了农资门市部，主要经营种子、有机肥料、生物防治器具、小型农具等生产物资。成员在农资门市部购买生产资料，年底可以凭购货发票得到交易金额3%～5%的现金返还，既方便了成员和周边村民，也为合作社赢得了利润，实现了合作社与成员双赢。2010年，门市部经营收入96万元，返还成员金额1.2万元。

（2）申请注册商标，塑造产品品牌。打造特色、优质品牌是合作社的生产目标。在取得无公害蔬菜基地认证，获得A级绿色证书的基础上，合作社又向工商部门申请注册了“北菜园”“阔野田园”等蔬菜品牌。

（3）发展有机蔬菜，提升产品质量 。为了提高产品品质，2007年合作社开始发展有机蔬菜种植，并于2008年和2009年取得了彩椒、西芹、西兰花等9个蔬菜品种的有机认证，价格比绿色蔬菜平均高出5倍。2010年，合作社又取得了茄果类、叶菜类、葱蒜类50余种蔬菜的有机认证，有机蔬菜一上市，就得到了高端消费者的好评。

（4）获得独立出口权，拓展销售渠道。合作社还积极开拓国际市场。2008年，经过北京市进出口管理局的审批获得了农产品进出口权，2009年又进行了出口基地的备案，为打造绿色、有机蔬菜出口基地做好了准备。

（5）加强网络建设，扩大影响范围 。2008年5月，合作社投资建立了绿菜园蔬菜批发电子商务平台，利用网络进行品牌推广、产品销售。两年来，合作社网站点击率达6 616次，日平均点击率63次，38家客商通过网站与合作社达成合作意向。2010年，合作社有机蔬菜销售网店正式运营，与之配套的社区智能配送柜服务全面铺开。

（6）发展设施农业，建设示范基地。2009年5月，借助市有关惠农政策，由小丰营村集体从农户手中流转土地500亩，建设春秋棚95个，日光温室132个，全部委托给合作社经营管理。合作社利用设施农业打造高端品牌，带动成员科学种植、科学管理，把500亩大棚建成了有机蔬菜种植示范基地和出口基地，一年就取得了纯收入130万元的经济效益。

（7）开展资金互助，突破融资瓶颈 。为解决合作社和成员缺少生产资金的问题，2009年6月，经成员代表大会讨论通过，合作社建立了资金互助会，吸收成员入股资金50余万元，为启动设施农业建设提供资金支持，同时还给存款的成员带来更多的财产性收入。到2010年，资金互助会融资300多万元，解决了合作社成员资金周转问题。

2. 科学管理，探索合作社企业化管理模式

只有建立健全严格的内部管理制度和科学的运作机制，才能更好地为成员服务。合作社在成立之初就严格按照“三会”制进行设置，实行一人一票表决，民主选举产生了成员代表和理事会、监事会等机构，明确了成员代表大会、理事长、理事会、监事会的职责，建立健全了各项生产管理制度、财务管理制度和岗位责任制，为合作社健康规范发展提供了组织保障。

（1）在生产上实行分区管理。合作社以500亩设施农业基地为依托，按叶类、茎类蔬菜分区种植和管理，根据市场需求选择种植品种，不但种植黄瓜、长茄、西红柿、青萝卜、油菜、生菜、菠菜等消费者常吃的大路菜，还引进了彩椒、紫薯和雪莲果等一批具有市场前景的特色菜。统一采用滴灌、生物防治等生产技术，定期进行浇灌、施肥和病虫害防治，既节约了生产成本，又保证了蔬菜的质量。

（2）在劳动上实行“定岗、定责、定报酬、定奖惩”的“四定”管理。一是按照岗位需要设置管理人员和植保人员。二是根据不同的岗位确定不同的职责。三是依据岗位设置和生产情况确定薪酬。四是根据出勤天数和产品优品率进行奖励与处罚。同时，合作社还利用冬季时间举办蔬菜产销中专班，高薪聘请专业人员进行生产管理与技术指导，为成员和职工传授生产、营销知识，提高劳动技能和管理技能。

（3）在质量管理上严格实施四项制度。一是标准化生产制度。实行统一种植规划、统一育苗、统一农资供应、统一病虫防疫、统一技术指导、统一品牌销售的“六统一”管理。二是每日检查制度。配备专人每日对设施大棚的温度、湿度、防疫、蔬果等情况进行抽查，抽查结果由生产工人签字确认。三是产品检测制度。对每一批蔬菜都要进行农药残留、等级认证等项目的抽样检测，检测合格方可销售，从根源上切断了不合格产品流向市场。四是产品跟踪制度。在蔬菜包装箱内用标签注明生产时间、产品品种、数量、生产和管理人员姓名、质量情况等相关标识，一旦发现问题产品，可以追溯到生产者个人。

（4）在销售管理上采取多种模式拓展销售渠道。合作社专门成立了蔬菜销售部负责成员和基地的蔬菜销售任务。一是与超市对接实行订单销售。合作社与京客隆、中踏超市等签订供货协议，平均每天向超市供货500千克。二是与社区对接实行专柜销售。2008年6月，合作社在北京彩虹小区和北京双花园蔬菜市场设立两个销售网点，平均每天销售蔬菜达1 000千克，使居民吃上新鲜、绿色、有机蔬菜，同时也为合作社增加了收益。三是与蔬菜公司对接实行协议销售。合作社与延庆县绿富隆蔬菜公司签订合同，由绿富隆供苗包销，合作社负责种植，提供合格产品。四是与时令对接实行礼品销售。合作社根据不同的节气，结合我国的传统节日，适时推出有机礼品蔬菜，成为人们馈赠亲友的佳品。

（5）在利润分配上实行按交易额返还为主。合作社当年取得的可分配盈余，60%按成员与合作社交易额进行返还，其余40%，根据成员账户中记载的出资额、公积金份额、接受国家财政直接补助和他人捐赠形成的财产平均量化份额，按比例分配给合作社成员，并记载在成员账户中。

3. 科学引领，带动农民增收致富

绿菜园蔬菜专业合作社通过科学决策和科学管理，不断推动蔬菜产业发展，促进了本地区农业产业结构调整和农产品升级，实现了成员增收致富的愿望。

（1）实现了农业产业结构调整。在合作社的带动下，小丰营村逐步形成了以蔬菜产业为龙头，产、供、销一体化的新格局。小丰营村现有耕地总面积3 890亩，其中蔬菜种植面积达3 300亩，占全村耕地面积的84.8%，全村80%以上的农户都以种植蔬菜为业，蔬菜产业成为全村的主要经济增长点，蔬菜种植收入成为村民的主要经济来源。

（2）促进了农产品的升级。合作社采用有机肥和测土配方施肥等技术，控制化肥施用量，运用太阳能杀虫灯、生物农药、新型器械等物理和生物技术，防治病虫害，提升了产品的质量。合作社还与三安集团开展合作达成协议，准备生产超有机蔬菜，使蔬菜达到无农药残留、无化肥残留、无有害金属的“三无”标准，进一步提高产品市场竞争力。

（3）提高了农民组织化程度。合作社通过提供产、供、销等多项服务，解决了农民生产成本高、销售困难等问题，加速了农业产业化经营的进程。同时，合作社还通过教育培训，培育和增强了农民的市场观念和合作意识，锻炼了农民在科技推广、组织管理、市场营销、民主决策等多方面的能力，成为培养有文化、懂技术、会经营的新型农民的有效载体。

（4）促进了农民增收致富。2010 年，合作社成员人均劳动所得达到 15 000 元，比本地区非成员农户人均劳动所得高 10%。另外，合作社的设施农业基地以每年每亩 800 元的价格从 82 家农户手中流转土地 282 亩，使农民获得土地流转收入 22.5 万元。

4. 绿菜园合作社经验分析

①坚持把培育发展主导产业作为办好合作社的依托，把发展蔬菜生产确定为村经济支柱和农民增收的主要来源。一方面蔬菜产业在合作社的组织制度框架下得到了发展；另一方面蔬菜产业发展也为合作社的存在、建设和发展提供了有力的经济支撑。②坚持把增加农民收入作为办好合作社的根本宗旨，通过规模经营、信用合作、打造优质特色品牌、对合作社成员培训、推广新技术新品种等措施，提高了农产品信誉度知名度，增加了产品附加值，实现农民增收愿望。③坚持把开展营销活动，拓展农产品销售渠道作为办好合作社的主攻方向。生产的产品能卖出而且卖个好价钱是农民所期盼的。合作社作为独立的市场主体，不仅抓生产而且更注重抓销售。他们把眼光盯住国内市场，与超市、企业和社区对接，实行多种销售模式，同时把眼光投向国际市场，经过努力获得了农产品进出口权，敲开了国外市场的大门。④坚持把服务合作社社员作为办好合作社方向。合作社把其生存与发展的基础深深扎根于服务上。通过“六统一”和“四项制度”为社员提供产、供、销一体服务，用切切实实的服务扩大其影响力，增强凝聚力。⑤坚持把民主管理作为办好合作社的灵魂。在产权关系上，合作社在建立之初，就与村社区组织、与其下属部门、与合作社成员、与企业之间产权清晰。在管理上，合作社内部有一整套制度和运行机制。在利益分配上，合作社取得的可分配盈余按惠顾原则分配。这样做的结果，合作社有发展后劲，成员高兴，觉得有劲头有奔头。

三、北京奥金达蜂产品专业合作社

北京奥金达蜂产品专业合作社位于密云县高岭镇高岭村，创建于 2004 年 4 月，以养蜂农户为主体，现有入社成员 153 户，带动非成员 300 多户，遍及全县 9 个乡镇，38 个自然村，蜂群总量 52 000 箱，年销售蜂蜜 926 吨，销售收入 1 237 万元。

1. 合作社成立

长期以来，密云地区的蜂产品生产基本处于无组织的自由状态，外地蜂群的涌入，制假造假现象比较严重，严重影响了密云养蜂业的形象，挫伤了养蜂的积极性，蜂农迫切要求建立自己的专业合作组织。2004 年，由李定顺、张振英、董玉花等发起，按照入社自愿、退社自由、利益共享、风险共担的原则，吸收密云水库以北地区 4 个乡镇 34 户蜂农加入，组建了密云县第一家蜂产品专业合作社。随后，吸引着越来越多的蜂农加入。

2. 运作模式

只有建立健全严格的内部管理制度和科学的运作机制，才能更有效地为成员服务。合作社制定了章程，民主选举产生了成员代表和理事会、监事会等机构，凡是合作社重大决策都由成员代表大会决定，实行一人一票表决。对财务收支、经营情况，定期向成员公开，接受成员监督。为加强对成员的服务和经营管理，合作社设立了标准化生产部、培训质检部、资料采购部、产品销售部、财务部等机构，各部门和工作人员的职责明确，分工细致，制定了严格的生产操作规程。

合作社按照国家标准和企业标准，统一组织蜂农进行养蜂生产，逐步扭转了蜂蜜市场不规范、销售混乱的不利局面，杜绝了掺杂使假的不良现象，维护了蜂农的利益。2006年年初，合作社对基础设施进行了改造和扩建，配备了运输工具，新建化验室和储蜜池，硬化了合作社地面，使蜂产品向产业化方向不断迈进。2006年6月，合作社被北京百花蜂产品公司确定为有机蜜原料供应基地，蜂产品打入奥运市场。合作社上连加工企业，下连农户，形成产前、产中、产后的产加销一体化经营格局，走出了一条“公司＋合作社＋农户”的发展道路。

3. 服务内容

（1）开展技术培训，提高养蜂技能。为了提高新老蜂农的养蜂技能，合作社每年于冬、春两季组织蜂农进行养蜂专业技术培训，聘请中国养蜂协会专家和中国养蜂研究所专家及北京百花蜂产品公司验质专业技术人员进行授课，讲解养蜂技术、产品质量要求及养蜂各环节防污染需要注意的具体问题，并对新老养蜂户进行分类指导。通过培训，蜂农的养蜂技能得到普遍提高。高岭镇下甸子村蜂农张振英连续几年参加培训，成为养蜂能手，他的蜂群由入社时的50群，发展到现在的560群，2010年生产有机蜂蜜13吨，王浆150千克，实现收入19万元，纯收入11万元，成为北京市养蜂第一大户。

（2）深入养蜂现场，实地指导服务。合作社在举办技术知识培训的同时，还专门聘请专家和技术人员深入养蜂户，现场进行技术指导，帮助蜂农解决蜂群繁殖及产品质量问题，传授蜜蜂繁殖技术，指导蜂农防治蜂病，避免蜂产品环境污染，蜂产品加工工具和包装严格使用不锈钢用具，从各个环节提高养蜂专业技术水平，保证产品质量达标，使蜂蜜质量合格率达到100％。

（3）提供周到服务，解决蜂农困难 。为方便蜂农购买蜂具、蜂药，合作社在高岭、不老屯、冯家峪和密云县城设立了4个蜂具、蜂药销售点。春季蜂农资金紧张，合作社采取赊销的方式，把蜂具、蜂药等生产资料送货上门，产蜜旺季，蜂农再将欠款主动还给合作社。几年来，合作社共为蜂农送生产资料2万多件，价值380万元，为蜂农节约开支32万元。为解决包装污染问题，合作社先后购进6 300个蜜桶，免费提供给蜂农使用。在产蜜旺季，合作社把蜂农需要的生产资料送货上门，把蜂产品运到合作社。

（4）开拓产品市场，稳定销售渠道。为保证合作社持续稳定发展，从根本上解决蜂产品的销售问题，合作社一方面从生产环节狠抓产品质量，严把质量关，打击制假、造假行为，赢得了合作单位的信任；另一方面与北京最大的蜂产品加工企业——北京百花蜂产品公司建立合作关系，达成生产有机蜂蜜20吨、王浆1 000千克的协议。2006年7月，试点的800箱蜂生产有机蜂蜜18吨、王浆700千克全部通过转换期认证，百花公司按合同规定全部收购，价格比普通蜂蜜高一倍，增加收入 15.6 万元。

（5）自办加工车间，打造自主品牌。为了把合作社做大做强，让成员获得更大的经济效益，2007 年年初，经成员代表大会表决通过，合作社投资 300 万元（蜂农入股 150 万元，政府贷款 150 万元）建成蜂产品加工生产线，注册了“花彤”商标，并通过了中绿华夏有机认证中心的有机食品认证，之后合作社又顺利通过了 QS 认证。经过 3 年努力，合作社已形成五大类 19 个品种的自主品牌产品，大部分产品实现自销。2010 年年末，合作社资产总额达到 860 万元，销售收入 1 237 万元，实现盈余 102 万元，返还盈余 51.4 万元，按股分红 34.3 万元。入社成员年均收入 31 423 元，比未入社农户收入高出 34.2%。

下一步，合作社将进一步在强化产品质量管理上下功夫，借助农业部、商务部组织的“农超对接”机遇，把“花彤”系列蜂产品打进大超市，让合作社产品在市场站稳脚跟，争取更大的市场份额。同时，抓住机会在北京市新发地建立合作社城区办事处，建立合作社产品销往国外及外埠市场的窗口，加紧和俄罗斯、日本客户方面联系，在经济大环境复苏后，尽快完成合作社产品出口。计划到 2012 年，合作社入社成员达到 300 户，带动非成员 500 户，蜂群数量达到 55 000 群，让更多的蜂农走上富裕之路。

奥金达养蜂专业合作社以资金、技术、土地等生产要素的重组，延伸产业链，开展农产品加工，并以自己的品牌进入市场，大大提高了农产品附加值，既强化了区域特色经济，又实现了农民增收和利益保障。这个合作社的特色是以农民为主体实行产业化经营。“公司＋农户”的产业化经营模式，完善了农业结构调整和一、二、三产业之间的联动优化，有明显的经营模式的优势。合作社完成了农业经营体制和机制创新，在市场经营策略上，一面为大企业代加工，一面创品牌创市场逐步扩大市场份额，从而避免了市场风险。合作社按照为社员服务的宗旨，为社员提供技术、购销服务，提高产量和质量，并始终按照章程向社员返还盈余。依法办社，规范发展，充分发挥合作社经济的制度优势，凝聚力越来越强，越办越好。

四、北京荣涛豌豆产销专业合作社

北京荣涛豌豆产销专业合作社是北京唯一一家以经营豌豆种植、销售和加工为主的新型农民专业合作社，位于北京市平谷区王辛庄镇，成立于 2008 年 1 月，现有入社社员 527 户，成员入股股金 268 万元。带动周边农户 3 000 余户，种植面积达 2.67 万公顷，主要分布在平谷、顺义、昌平、密云等区县，以及河北省和天津、市的部分地区，辐射带动半径达 60 多公里。生产的“荣涛”牌豌豆产品销往云南和四川等十几个省市。

1. 合作社运作模式

（1）健全完善治理结构 。合作社成立以来，严格按照《农民专业合作社法》，不断建立健全各项管理制度，完善治理结构，充分发扬民主，实现了合作社的规范化运作。民主选举了社员代表大会、理事会、监事会，有社员代表 18 名。理事会下设采购部、销售部、技术服务部和财务部。合作社有专职财务人员两名，对合作社财务账目进行科学管理，并实行定期公示制度，每个季度将合作社财务账目在合作社的宣传橱窗向广大社员公示，社员也可以随时到财务部查询账目。合作社每年年初召开社员代表大会，将一年的工作计划和设想进行沟通、传达，实行民主决策。年底返利分红时召开社员大会并将一年的工作情况总结汇报，切实履行民主管理的职能，实现了公开、公平、公正，收到了良好的效果。

（2）实行保护价收购 。合作社采取合作社建基地、基地带农户的模式，与社员签订了豌豆最低保护价收购合同。在市场情况不好时，合作社保证以每千克 3 元的价格收购本社社员的豌豆，在市场行情好的时候，合作社以市场价最高价格收购。

（3）严格实行二次返利。按照合作社法的规定，认真落实可分配盈余返还制度。2009 年为社员返还盈余 170 万元，占可分配利润的 60%，其余 40%按社员入股情况量化到成员账户。年终社员获得可分配盈余最多达 4 万余元。入社社员年纯收入比非入社农民高 20%左右。为充分调动社员来年继续种植豌豆的积极性，2010 年合作社召开两次盈余分配大会，针对收购社员的 5 740 吨豌豆产品，实行每千克返利 0.5 元，共计返利 574 万元。丰厚的回报引得 300 多名种植合同户争相要求加入合作社，合作社在积极进行增员工作。

（4）实行民主决策管理制度 。合作社的一般性经营决策由理事会协商决定，决策意见必须有理事和理事长的签名方可生效，并做会议记录。在进行重大经营决策时召开社员代表大会，由社员代表协商决定，决策意见必须有全体社员代表签名方可生效。2009 年年初，通过客户介绍，北京老才臣食品有限公司主动找到荣涛豌豆产销专业合作社，希望能够为老才臣供应优质大豆原料 200 万千克。但是合作社以生产豌豆为主，大豆只有很少的生产量，要不要接这个订单呢？一面是极具诱惑力的订单，一面是已经制定好的生产计划，理事会陷入了两难的境地。此时理事长提出：合作社是广大社员的，接不接订单应该社员说了算。于是合作社马上召开社员代表大会，通过社员代表大会讨论并作出决定，由种植规模较大、与合作社关系稳固的“铁杆”社员带头种植。合作社很快调整了种植计划，当年种植大豆 666.67 公顷，保证了客户 200 万千克的需求量，按质按量履行了合同。事后老才臣的经理发出感慨：“在大市场大流通的经济环境下只有与农民专业合作社进行合作才是最明智的选择”。

2. 主要服务

合作社一直把服务农民作为增强社员凝聚力、向心力的关键，贯穿整个产业发展之中。

（1）强化科技服务，提高合作社标准化生产水平。实现标准化经营，人才是关键，科学管理是基础。一是组建专家智囊团。依托在京大专院所科技资源，聘请以中国农科院豌豆育种专家孙云越教授为首的 3 名种植专家组成智囊团，常年担任技术顾问。同时，做好传、帮、带自身人才培养，目前，拥有一线技术人员 10 名。二是搭建培训平台。积极争取政府支持，建立农民田间学校。2010 年合作社利用田间学校这个平台，举办豌豆种植培训班 20 期，为合作社培养了一大批基层技术骨干，增强了合作社的服务能力。三是加强田间指导。为了确保农产品标准化生产，合作社制定了豌豆生产操作规程，并制定成册发放到社员手中。同时，为了减少社员的种植风险，实行全程跟踪指导服务，从播种、施肥、打药到提纯、复壮、采收，合作社派专业技术人员深入田间地头为社员提供全方位指导。

(2) 拓展营销渠道，增强合作社市场竞争力。合作社始终把培育增强市场营销能力作为重要着力点。一是采取“公司＋合作社＋农户”形式，解决中级产品销售问题。合作社每年除了生产优质豌豆作为良种销售以外，还生产中级产品作为食品原料销售，先后与稻香村、红螺等国内知名食品龙头企业签订合作协议，建立了稳定的供销关系。二是积极开发新产品，拓展新市场。合作社继续与北京老才臣食品有限公司签订大豆生产订单，2010 年种植大豆 666.67 公顷，实现大豆销售收入 860 万元。2010 年合作社实现豆类销售 608 万千克，创产值 2 295 万元，实现利润 574 万元。

(3) 延伸产业链，提高产品附加值。为让社员更多地分享产品加工和营销环节的收益，合作社积极开拓思路，延伸产业链，开发豌豆深加工产品。2009 年，合作社建了 600 平方米的籽种生产、加工、包装一体化车间，新建了 1 200 平方米的豌豆脆、豌豆黄等休闲食品加工车间以及办公区等相关配套设施。2010 年，合作社通过了 QS 认证，休闲食品加工车间正式投产使用，生产的“卡超那”牌豌豆脆上市销售，在逐步打开全国市场。合作社还聘请职业经理人进行管理，财务上保持独立核算，加工厂利润由建筑商与合作社按 2∶8 比例分配。合作社计划 60％按照社员与合作社的交易量、40％按照社员入社股金的比例分配所获得的豌豆加工利润。

合作社成立三年多来，由小到大，由松散到逐步紧密，通过民主管理，规范运作，市场带动，将社员的利益与信心紧密联系在一起，闯出了一条以合作社为载体实现产加销一体化经营的合作发展之路。

3. 荣涛豌豆产销专业合作社经验分析

有两个特点：①内部管理制度健全，运作规范，说明农民联合起来的合作社，只要有一个好的运作机制，大家齐心协力就可以把一个分散的农户经营发展成为有一定规模和竞争力的合作社。②延伸产业链，成员投股自主兴办加工厂，实现加工增值，可以使成员分享到加工和流通环节的增值收益，增加农民收入，形成产加销一体化经营的合作发展之路。

五、北京绿奥蔬菜专业合作社

北京绿奥蔬菜专业合作社位于顺义区大孙各庄镇，于 2003 年年初由镇蔬菜公司与部分种植户发起成立，同年 10 月在工商局正式登记。2004 年注册了“绿奥”牌商标，2005 年 10 月通过了 ISO9001 质量体系认证，并获得“北京市农业标准化生产示范基地”称号。目前，合作社建有集加工、保鲜、检测为一体的蔬菜配送设施 1 500 平方米，连栋智能育苗温室 2 000 平方米，适合采摘高标准日光温室 35 栋，冷棚 10 个，沼气池 300 立方米。截至 2010 年年底，合作社有社员 370 户，订单面积 100 公顷，订单品种达到 60 余个，年销售瓜菜 300 多千克，产值 700 多万元，入社社员户均增收 2 000 元。合作社共有五大服务部门，为社员种植订单菜做好产前、产中、产后服务，全年进行瓜菜生产，蔬菜产品生产销售执行标识标码追溯制。

1. 运作模式

合作社依法建有规范的章程及各项管理制度。在民主决策方面，经理事会研究决定，除定期召开社员代表大会以外，还经常召开社员座谈会，让广大社员能及时对合作社提出合理化建议。在财务管理上，严格按照会计制度和会计规范建账，并为每个社员设置了成员账户，做到每半年向社员公开账户一次，并设财务专栏公示有关财务数字，供社员代表查询。在营销方式上，合作社与天安农业发展有限公司签订合作协议，合作社再与社员户签订种植合同，形成了“公司＋合作社”带动农户的发展模式。在盈余分配上，合作社收购社员菜款按天安公司结算价全部给社员，合作社不收任何管理费用，管理人员及车辆费用从天安公司按销售款10％返还给合作社的费用中支付。合作社为全体社员设立账户，记载每个社员的交易量和交易额，当年的利润按10％提取公积金，用于增加积累、增强发展能力和为社员服务能力，按照5％提取公益金，用于集体福利事业，并且把公积金、公益金分配量化到每个社员的成员账户。

2. 服务内容及效果

建立农产品可追溯系统，确保产品质量安全 。一是统一农资配送。为确保产品质量，合作社把好源头进货关。合作社农资销售部是顺义区植保站在全区建立的17家农药连锁配送店之一，也是实行北京市“空瓶回收”项目补贴农药销售店之一，所有农药均从区植保站购进，有效地保障了农资质量。所有订单菜生产用药全部由销售部直接供应，实现了统一用药、统一配送，每周两次有专人专车将社员需要的农药送到田间地头，不加任何费用，并有技术人员指导社员科学合理用药，为蔬菜质量安全提供了保证。

二是建立田间档案。在生产过程中，合作社统一为社员建立田间档案，对各社员户种植品种、面积、施肥时间、数量及病虫害发生、用药品种、剂量等进行登记，统一采收期，保证收购合格产品。

三是建立产品可追溯体系。自2004年始，合作社生产销售实行标识标码追溯制，配备了农残速测仪、产码仪等设备，建立了蔬菜生产全过程可追溯系统。对所有订单菜进行农药残留速测自检，社员蔬菜采收前一天对菜样进行检测，合格的通知其采收，不合格的通知其延期采收，不合格的产品绝不上市，有效地保证了产品质量。几年来，合作社蔬菜产品接受农业部、市技术监督局、市植保站、区植保站等多部门抽检，合格率达到100％。

四是增加设施投入，开展育苗生产。为进一步拓宽销售渠道，满足客户及社员的需求，合作社于2003年年底投资60多万元建成保鲜库260多平方米，加工车间260平方米。当年合作社与广东番禺绿色食品公司合作，为社员安排种植出口甜豆、荷兰豆33.33公顷，合作社负责组织保鲜、加工后出口日本，共加工出口50万千克，社员亩增收800元。随着市场进一步扩大，订单面积增加，合作社原有加工保鲜设施不能满足需要，通过各级政府支持和合作社自筹资金投入，2006年投入500多万元新建保鲜库、加工车间、检测室、展厅设施1 500平方米，建设成育苗温室2 000平方米。合作社充分利用连栋育苗温室优势，为社员进行育苗生产，面积达到10公顷，主要品种为贝贝南瓜、千禧番茄、荷兰黄瓜，达到30多万株，并对社员户采取减免一半育苗费的优惠，解决了以往因设施条件差、技术水平低，社员不敢育价格高的菜苗和嫁接西瓜苗的诸多难题。此外，合作社还承担了顺义区种植业服务中心实施冬春季工厂化育苗示范推广项目。

五是加大科技培训，提高社员种菜技能 。合作社为提高社员质量安全意识和技术水平，经常请专业老师讲课，一般针对订单特菜种植技术和销售过程中经常出现的有关质量方面的问题，如新技术的应用（包括物理防治技术、生物防治技术）、新品种种植栽培技术以及无公害的标准化生产操作规程、市场营销、采摘、贮藏等方面的专业知识，组织社员开展集中培训、田间学校培训、田间地头技术讲解、指导和外出参观等多种形式的培训，提高社员的生产技能和经营管理水平 。

六是实行订单生产，稳定销售渠道。合作社从成立之初就把订单菜生产作为中心工作。2004 年，合作社与天安农业发展有限公司小汤山特菜配送中心签订种植合同 6.67 公顷，涉及樱桃番茄、荷兰黄瓜、彩椒、水晶菜、番杏等 20 多个品种。2006 年 4 月，合作社又与天安农业发展有限公司签订了生产订单联营协议，协议规定天安公司所需产品委托合作社安排生产，收购的产品全部在合作社新建加工车间包装，加工后的产品直接进入超市，形成了采购、加工、包装到销售一条生产线。目前，加工车间共有职工 30 名，全部是合作社社员，使社员更多地分享到了产品加工环节的利益，并且为合作社社员及周边农民 20 多人解决了劳动力就业问题。2008 年北京奥运会，合作伙伴天安农业发展有限公司作为供应基地，合作社配合其出色地完成了奥运菜供应工作，赢得了奥组委的充分肯定，并向合作社颁发了荣誉证书。随着绿奥品牌的知名度提升，合作社先后与广东番禺绿色食品公司、唐山鼎鑫食品公司、海淀蓝波配送中心、福州超大公司平谷分公司、创造食品公司等 10 余家单位签订了合作协议，稳定了产品的销售渠道。

七是与科研单位密切合作，促进科技成果转化。合作社上联科研单位，下联订单菜生产，将科技成果运用到生产中去，带动了蔬菜产业发展，促进社员增产增收。合作社利用标准化基地优势与科研单位搞好合作，特别是与市农业技术推广站开展全方位的新品种科技试验、示范合作，安排了大量新品种及配套栽培技术的研究工作。自 2004 年起推出了小西瓜、甜瓜、黄瓜、小番茄、生菜、彩色大椒 6 类 16 个优先品种，累计推广种植面积 400 公顷。通过园区的试验、示范、推广带动了大孙各庄镇 500 多户菜农种植，亩效益增加 1 500～2 000 元。另外还推广了配方施肥技术、农业节水技术、物理防治技术 3 类 10 项技术。通过新品种、新技术的引进与推广，2008 年合作社 15 亩基地获得有机蔬菜认证，订单菜种植户 24.67 公顷获得绿色食品认证，为合作社争创知名品牌奠定了坚实基础。

3. 绿奥蔬菜专业合作社建设经验分析

这个社属于“公司＋合作社＋农户”的产业一体化发展模式，不同主体行为边界清楚，功能互补，运行效果良好。发展经验可概括为三点：一是在瓜菜产业链上，合作社利用自身农业资源优势，集中精力抓好标准化生产。合作社通过统一农资配送、统一为社员建立田间档案、建立产品可追溯体系、加大科技培训等，把好农户产品质量，并注册了“绿奥”牌商标，通过了 ISO9001 质量体系认证等。同时，合作社制定有《北京绿奥蔬菜合作社章程》《北京绿奥蔬菜合作社财务管理制度》《教育培训制度》等各项规章制度，以健全的制度规章，规范的民主管理，为标准化生产提供有力支撑。二是合作社与销售公司形成紧密的联营关系，并创造条件向产后加工延伸。合作社在种植环节形成优势后，利用政府财政资金和自有资金加大投入，建设产后保鲜、加工设施，从而有条件和能力与天安农业发展有限公司签订了生产订单联营协议，使合作社参与到从采购、加工、包装到销售的整个产业链相关经营活动中，即稳定了产销关系，又增强了合作社发展的实力。三是政府扶持具有举足轻重的作用。该合作社的发展与各级政府从资金投入、技术推广和人才引进等方面给予支持是分不开的。

六、北京河南寨下屯种植专业合作社

北京河南寨下屯种植专业合作社位于密云县河南寨镇下屯村，成立于2006年，是由下屯村“两委”班子牵头，53户农民自筹入股资金60万元组建的。合作社成立初期，通过土地保底分红的形式，将下屯村的77.33公顷土地流转到合作社，统一种植芦笋。四年来，按照这一发展模式，合作社不断创新经营机制，扩大生产规模，延伸产业链条，成功探索出了一条以土地流转为基础，以“合作社＋企业＋农户”集约化管理、产业化经营为特色的都市型现代农业发展道路。截至2010年年底，合作社成员扩大到221户，带动非成员900户，流转入社土地333.33公顷，总资产达7 578万元，年生产加工芦笋、蔬菜、糯玉米等农产品3 500吨。

1. 确定主导产业成立合作社

2006年，按照密云县确定的“生态、节水、集约、规模、高效”的都市型现代农业发展方向，下屯村“两委”班子几经外出考察和市场调研，结合本地气候土壤特点，决定调整农业种植结构，集中力量发展芦笋种植。为适应芦笋产业规模化生产，经“两委”班子反复研究，村民代表大会讨论通过后，于2006年成立了北京河南寨下屯种植专业合作社。

2. 流转土地，扩大经营规模

合作社采取农户流转土地入社，集约化经营管理的方式运作：入社农户将土地承包经营权流转给合作社，合作社每亩土地每年支付社员土地流转金600元，每三年递增100元，土地由合作社统一经营、生产由合作社统一管理、产品由合作社统一销售。合作社安排农民就业，并支付工资。此外，所获盈余按照合作社盈余返还机制进行分配，即60％按土地入社亩数分配到成员，40％按成员入资分红。截至2010年，合作社的土地流转面积发展到333.33公顷，其中设施农业100公顷，全年采收芦笋800吨，实现收入400万元。在合作社的带动下，南金沟屯、新兴、莲花瓣、团结等8个京承高速沿线村全面加快花卉、蔬菜、果品等产业带建设，目前已初步形成了以芦笋基地为中心，辐射周边10个村的万亩都市型现代农业产业带。

3. 创新经营机制，增加农民收入

合作社按照“引领农民致富、适应市场需求、便于生产管理”的发展理念，不断创新经营机制，将芦笋基地以1.33公顷为单位分给成员承包管理，严格按照程序和标准生产，实行统一品种、统一植保、统一回收销售。承包管理的成员日工资407元，每采收1千克鲜笋，合作社另补助0.5元。成员年上岗工作满240天，给予一次性福利奖金1 000元。这样，成员从土地中获得的收益，由过去传统的种植收入变为“土地流转金＋工资收入＋盈余返还＋福利性收入”四合一收入。合作社成立以来，安排400个劳动力就业，共计支付土地流转金和工人工资1 000余万元。通过创新经营机制，不仅使成员有了稳定的收入来源，也使农民从传统观念中解脱出来，成为都市型现代农业的产业工人。

4. 强化科技支撑，提高农业效益

合作社聘请了市农学会、农林科学院和农业局等部门的专家为技术指导，聘请县种植业服务中心、镇农业服务中心的专业技术人员组成项目技术小组，定期对土地墒情、养分等情况进行采样化验和检查，及时做好植保工作，合理配方施肥。为了保证芦笋种植质量，合作社建立了专业芦笋育苗基地，全部安装了滴灌设施，采用现代化冲压钵育苗技术，确保苗齐苗壮。为了随时掌握芦笋的生长状况，保证芦笋生产安全，合作社在芦笋种植基地上安装了电子监控设备，工作人员不出屋就可掌握芦笋生长态势。通过大量采用农业新科技，使每亩芦笋收益达到 3 000 元，比种植小麦、玉米提高 2 000 元左右。

5. 延伸产业链条，分享加工收益

为了进一步扩大生产规模，延伸产业链条，增加经济效益，2008 年，由合作社投资 3 086万元，成立了北京千盛绿阳农产品加工有限公司，建设了年加工糯玉米 800 万穗的速冻食品生产线和 2 500 吨库容的冷库，各类农产品加工量达到 3 000 吨规模。加工企业获得的收益由合作社统一分配，按照章程的规定返还给社员。至此，合作社实现了集“生产、加工、销售”于一体的产业链，带动了当地农户增收，合作社也发展壮大起来。目前，已初步形成了以下屯村为核心，辐射周边 7 个村 333.33 公顷土地的芦笋产业区，成为密云乃至华北地区最大的芦笋种植及糯玉米深加工产业化基地。

6. 河南寨下屯种植专业合作社建设经验

这个社是以土地为纽带组建的。农户将土地承包经营权流转给合作社，由合作社统一生产经营。合作社向社员支付地租，土地与资金按六四比例分配经营盈余。这种经营模式多出现在劳动力转移相对较快，机械化程度较高的地区，并且要求合作社有比较高的组织管理、经营销售能力。统一生产经营将农户从农业生产中彻底转移出来，也加快了农业生产标准化、专业化、规模化和集约化步伐。

统一生产经营必须避免“大拨轰”。下屯种植专业合作社对劳动者实行承包制，定产量、产值、费用和利润，根据效益定报酬解决了搭便车的出工不出力的问题。

下屯种植合作社通过应用先进农业科学技术，用现代设施装备农业，调整农业结构，极大的提高了农业生产率和农产品产量和品质，并实现以农民为主体的产业化经营，提高了合作社经营效益。

七、示范社建设评价

我们在 150 个市级专业合作社中，选出了 6 个案例描述其建设的过程，对照农业部《示范社创建标准》看，这些合作社不仅达到了标准，而且还各有特色。李婷婷等人在《国家级农民专业合作社示范社发展研究》一文中①，就国家级示范社的评价问题作出了阐述。这个思路我们借鉴下来，并参照《示范社创建标准》评价北京市级示范社。

第一，规章制度建立并执行得好。6 个案例的共同特点是按照《农民专业合作社示范章程》的要求建立了“三会一章程”，指成员（代表）大会、理事会、监事会（执行监

① 李婷婷，石长霖，潘明水，等. 国家级农民专业合作社示范社发展研究［J］. 北京农业，2014（15）.

事）和规范、适用的组织章程；建立了“十项基本制度”，包括成员（代表）大会制度、理事会制度、监事会制度、议事规则制度、生产销售档案管理制度和社务公开制度，形成“成员（代表）大会决策、理事会执行、监事会监督”的民主管理机制，充分保障全体成员对合作社内部各项事务的知情权、决策权、参与权和监督权，努力实现自我组建、自我管理、自我服务、自我受益的宗旨和盈余按“公积金积累、交易量返还和股金分红”的利益分配机制。所有制度都做到上墙上册，让会员自己履行职责，又有参与发展的权利。这些合作社建立的规章制度既符合国家的法规又切实得到了执行，充分体现了民主办社的宗旨。其中重要的一项指标，可分配盈余按成员与本社的交易量（额）比例返还，返还总额没有低于可分配盈余的60%。

第二，产品形成了竞争优势。6个合作社无论是采取产业化经营的策略，还是延长产业链条增加附加值，或者是采取各种技术手段提高产品质量，最终都是使自己的产品形成了优质产品，有了竞争力和竞争优势。有些甚至有了自己的“知识产权”，优势更加明显。

第三，取得了显著的经济效益。6个合作社的最终成果是取得了良好的经济效益。农民增产也增收。不但社员自己增加了收入，还带动了周边地区和辐射区域农民致富。农民合作社的优越性充分地体现出来。

综上所述，农民专业合作社示范社的综合评价标准最后归结为三条：民主办社制度好，产品优质竞争强，社员增收有依靠。

第十一章　合作社建设特色与发展趋势

北京市农民专业合作社在向规范化、区域主导产业和特色产业发展过程中，形成了自己的发展特点和特色，在促进首都农业规模化、产业化和都市型农业现代化发展上将起到重要的作用。

第一节　建设特点

北京市的农民专业合作社在建设过程中，与都市型现代农业的建设相结合形成了自己的发展特点，走了一条适合自身情况的发展道路。

一、骨干社带动基层社发展

北京市一些农民专业合作社经历了由小到大、由弱到强的发展，形成了示范社和骨干社。这些骨干社带动基层社的发展，以先进带动后进不是形式主义和口号，而是按照“生产在基层合作社，销售在骨干合作社，市场营销在产销合作社”路子，以骨干社为平台，不断完善产业链条，形成集“收购、包装、储藏、保鲜、运输、销售、配送、监管、服务”为一体的新型现代农产品流通性的市场购销网络，营造以骨干合作社联合、带动基层合作社发展的良好氛围，推动农业产业稳步发展。示范社和骨干社成为了市场营销广、带动能力强，农产品对接市场的中坚力量。

北京市密云县康顺达农产品产销专业合作社隶属于北京康顺达农业科技有限公司，拥有66.67公顷生态种植园区，大力发展有机蔬菜、瓜果规模化种植，配有加工车间、保鲜库及冷藏运输车，拥有“康顺达”“密皇”两个品牌，取得了“三品”认证。依托公司的销售团队，每年参加北京有机食品展会等展卖活动。同时在生态种植园区举办“西甜瓜采摘节”等活动，邀请中央电视台等媒体宣传报道。与北京鲜安园等15家经销商及城区内多家商超建立了长期合作关系。合作社还有自己的销售网站，注册会员5 000多名，会员可以通过网站了解合作社时令季节产品，通过网上订购享受送货上门服务。2012年销售额5 000万元。

2013年5月，“康顺达”与全县40家（其中35家蔬菜合作社）具有行业代表性的基层合作社签署了联盟协议。基层合作社按照“康顺达”的产品需求生产产品，由“康顺达”负责种苗提供、技术指导、产品回收。

北京市密云县好嘉全蔬菜种植专业合作社隶属于北京洪福环宇餐饮有限公司，公司拥有县域内多家企业餐饮配送业务。2013年5月，与县农民专业合作社服务中心联合建成了15 000平方米的蔬菜加工车间，与县内10家基层蔬菜专业合作社签订了供销合同，基层蔬菜合作社按“好嘉全”要求生产蔬菜，“好嘉全”按高于市场价15%的价格回收产品。蔬菜加工车间的运行同时解决了当地100余人就业。

二、合作社向区域主导产业方向发展

合作社初期的合作范围在蔬菜、瓜果种植和畜禽养殖领域。随后，扩展到农机、运输、民俗旅游和用水等行业，合作深度逐步加大。在进一步发展中，与开发农业新功能、发育主导产业和特色产品紧密结合。目前，合作社向区域主导产业、特色产业方向发展。

一些区县围绕本地区的主导产业和特色产业，着力培育出了一批产业基础牢固、产品特色突出、带动能力较强的合作社。昌平区围绕本地区的“一花三果”主导产业，重点培育苹果、板栗和草莓专业合作社。大兴区围绕西甜瓜产业带，重点培育西甜瓜专业合作社。门头沟区围绕山区特点，重点培育蜜蜂养殖及山茶种植专业合作社。

同时，以各类禽蛋、各色干果、奶牛、生猪、虹鳟鱼、观赏鱼、手工编织、乡村旅游等为主业的合作社，在各区县都有分布。这些合作社已经成为带动当地主导产业和特色产业发展的中坚力量。

三、合作社向产业融合方向发展

在发展都市型现代农业进程中，合作社正在成为促进一、二、三产相互融合的重要载体。如，密云县的京纯养蜂和奥金达蜂产品两个专业合作社，分别投资 1 000 多万元和 400 多万元建起了自己的蜂产品加工生产线，产品涉及四大类 18 个品种，年加工能力达到 4 000 吨。同时开发建设了蜜蜂大世界、养蜂科普观光园等休闲度假产业园区，年接待游客量达 4 万多人次。再如，平谷区荣涛豌豆种植专业合作社依托 0.8 万公顷豌豆种植基地，大力开发豌豆深加工产业，创办了“荣涛食品有限公司”，新建了 1 200 平方米的豌豆脆、豌豆黄等休闲食品加工厂，注册了“卡超那”和“荣涛”品牌，生产的豆类休闲食品包括四大类 30 余个口味。合作社已逐步形成“龙头（合作社自办的企业）＋龙身（合作社）＋龙爪（农户）”三位一体的发展模式。在开发休闲度假农业方面，环太行山和燕山山脉的七个山区县依托当地生态优势，大力发展乡村旅游业，组建了一批乡村旅游、手工编织等专业合作社及联合社。其中，延庆柳沟民俗旅游专业合作社、密云石塘路民俗旅游专业合作社、平谷挂甲峪民俗旅游专业合作社，以及怀柔的不夜谷、虹鳟鱼一条沟等众多民俗旅游专业合作社，以其规模大、档次高、特色鲜明而享誉京城，一年四季都吸引着大量市民前往休闲度假。

合作社在提高农业组织化程度的基础上，进一步促进了一、二、三产业融合，延伸拉长了产业链，提高了经济效益。

第二节　新的探索

北京市农民专业合作社在建设和发展过程中遇到了很多新的问题和困难。解决这些问题和困难的过程，就是探索新的发展途径的过程。

一、探索内部信用合作

合作社作为一种企业组织形式，在形成和发展过程中对资本的需求更加迫切。因此，

资金融合是合作社发展的核心。合作社发展中的一个大的问题，就是资金匮乏。内部资金互助是解决问题的重要途径之一。所以，高度重视合作社的资金运作中的问题就显得尤为重要，北京市的农民专业合作社在内部信用合作方面作出了重要的探索。

北京果村蔬菜种植专业合作社，位于通州区于家务乡果村，成立于 2006 年 7 月，现有社员 255 户，蔬菜种植面积 106.67 公顷。蔬菜种植生产周期长，投入大，部分社员缺乏流动资金，给生产经营带来了大困难。为解决这一问题，2007 年 4 月，在市、区经管部门的支持帮助下，经合作社理事会提议，社员代表大会讨论决定，成立了北京第一家资金互助会，开展内部资金互助服务，目的是大家共同集资帮助那些困难户和临时急需资金帮助的社员户发展生产。此举得到了社员的积极支持和响应，共有 164 户社员报名参加了资金互助会，筹集互助资金 23.8 万元，至 2011 年 5 月已达到 40 万元。

1. 主要做法

资金互助会按照加入自愿、退出自由、自我管理的原则，以服务社员为宗旨，解决社员生产经营中急需的资金困难，谋求全体社员的共同利益。合作社成立了由理事会、监事会和社员代表共 5 人组成的资金互助审批小组，负责管理资金互助会的具体业务，合作社对社员交纳的和政府扶持的互助资金实行单独核算，专款专用。

为规范资金互助服务行为，合作社制定了《北京果村蔬菜专业合作社资金互助办法》。规定申请加入资金互助会的社员必须是本社社员，入会社员必须以货币出资，每个社员交纳的互助资金起点为 100 元，多缴不限；合作社向入会社员发放资金互助证，作为社员的出资凭证；社员加入资金互助会以后，可以享受合作社提供的资金服务，入会社员借款须提前两天向审批小组提出申请，并需要两名社员担保，经同意后填写借款合同，发放借款；每个社员最多可一次性借用其入资额 15 倍的资金，借款额度上限最高 10 000 元，期限最长为一年，用途限定为购买种子、种苗、肥料、农药、运输、包装以及雇工工资；借款人在同一借款期内达到借款额度，只能申请一次借款；借款社员按借款期限不同，半年以内的，收取借款额度 2%的使用费，半年以上一年以内的，收取借款额度 3%的使用费，超过约定期限未归还的，按每天 0.1%的费率计收滞纳金；资金互助审批小组接到社员借款申请后两个工作日内办理借款；未使用资金产生的存款利息和已使用资金发生的使用费用为互助会的盈余，年终按参加资金互助会社员入资比例进行分配。

为保证互助资金的安全和提高社员按时还款的自觉性，资金互助会实行单独核算，建立了严格的互助资金管理制度。一是资金互助会不吸收社外人员资金（国家扶持资金除外），也不向社外人员借出资金。二是为入会社员建立了信用档案，制定了奖惩办法。规定：入会社员有两次按期还款良好信用记录的，再次借款时可增加入资额 5 倍的借款信用额度；有两次到期未还不良信用记录的给予警告，3 次到期未还的经过理事会研究予以除名并视情况向人民法院起诉。三是委托于家务乡经管站定期审计，定期公开互助资金使用情况，上报互助资金财务报表。几年来，互助会共借出互助资金 120 笔，60.3 万元，按时还款率达到 100%，收取资金使用费 7 273 元，资金互助本金分红 4 406 元。

2. 作用及效果

互助资金服务有效地缓解了社员的资金困难，抑制了不规范的民间借贷行为，促进了社员增收，得到了社员的拥护和支持，增强了合作社的凝聚力和向心力，带动了蔬菜产业的发展。

一是增强了社员合作意识，提高了合作社的凝聚力。通过开展资金互助服务解决了社员贷款难的问题，提高了社员的创业能力，带动了农业结构调整和社员增收，收到了良好的效果，许多原来持怀疑态度的社员开始转变观念。因为看到合作社在生产、销售、申办绿色食品认证、注册品牌商标、降低生产成本等方面为社员提供了实实在在的服务，自己作为合作社大家庭的一员，也应该帮助那些有资金困难的乡亲，就自愿向合作社交纳了互助金。

二是为社员开辟了一条便捷、可靠的信贷渠道，更好地满足了农户时间紧、额度小、频率高的信贷需求。过去社员在生产经营中遇急需资金帮助时，由于银行贷款困难，只能向亲友借，甚至借高利贷，既欠人情又担风险。参加合作社资金互助会后，从申请、填表、取单到提款，最长不到两天时间，有时两个小时就拿到钱，非常简单、快捷、方便。

三是促进了生产发展，增加了社员收入。由于农民的资金有限，为避免承担投资风险，不愿意扩大生产规模，通过合作社资金互助服务，提高了社员投资的积极性。

下一步，合作社将进一步加强资金互助会的内部管理，改进积累和利益分配机制，提高资金互助服务质量和使用效果，在保证互助金安全的基础上，适当调整借款利率，使社员存款利率略高于银行存款利率，吸引更多的社员加入资金互助会，促进农业发展和农民增收。

张晓山指出[①]："在农业服务合作社中，资金互助是一个重要的内容，信用合作始终被视为合作社组织体系的重要支柱。纵观世界上农业合作社发达的国家，一个共同的特点是背后都有一个完善、发达的合作金融体系作支撑。"这是对信用合作的中肯的评价。

果村蔬菜种植专业合作社是北京市第一家合作社内部通过成立资金互助会形式，开展社内资金互助服务的合作社。四年多来通过资金互助服务的开展，为社员开辟了便捷、可靠的信贷渠道；缓解了农户贷款困难，促进了生产发展；提高了社员的合作意识和合作社内部凝聚力，取得了积极成效和经验。一是按照自愿参加、自我管理的原则，以服务社员为宗旨，解决社员生产经营中急需的资金困难，受到全体社员欢迎。二是从实际出发建立严格的管理制度，突出的是通过加强内部制度建设，规范资金互助服务行为，重视培育全体成员增强诚信观念，强化了风险控制。

北京市开展信用合作是建设合作社的新探索。社员之间的资金互助可以以较低的成本、较高的效益，获得生产发展资金，扩大生产规模，提高经济效益；更重要的是以资金为利益纽带，把社员紧密地联系起来，发展支柱产业和主导产品。

二、实行"社账托管"试点

农民专业合作社是一种新型的合作组织。它是同类农产品的生产经营者或者农业生

① 张晓山，苑鹏．合作经济理论与中国农民合作社的实践［M］．北京：首都经济贸易大学出版社，2009：237.

产经营服务的提供者、利用者，自愿联合、民主管理的互助性经济组织。这个组织要形成凝聚力，帮助农民有效克服在市场竞争中的不利因素，解决农民在生产资料购买、技术服务和农产品销售中的困难，最关键的、最重要的环节是要实行民主管理。而做到民主管理的重要一步是财务制度要规范和公开。

北京市通州区农民专业合作社的财务管理就存在着一些问题[①]：①财务制度不健全。合作社财务制度不全面，不细致，对现金收支管理缺少监督和审核，对资产的处理不清晰。②会计核算不规范。会计科目使用随意、混乱，票据审核不严格，有账无证或有证无账时有发生。③财会人员不稳定，业务处理责任心较差。合作社会计大多是兼职，对合作社的内部事务了解不多，存在账实不符现象。由于和理事长的特殊关系，对不合理的财务收支不能提出合理建议。④财务公开不规范。在公开的程序和内容方面比较随意，公开的细目不太透明，甚至虚假公开，对社员的疑问及反映的问题不够重视，不能妥善处理。⑤财务违规现象较普遍。没有建立资产管理制度，理事长财务权利范围，资金审批程序等制度，缺少成员对扶持资金的监督，财务处理混乱，造成浪费甚至贪污。⑥利益分配机制含糊，按交易量返还和二次盈余返还不能准确反映。这些问题具有普遍性，不及时解决，就会引起社成员之间的矛盾，削弱合作社的吸引力和凝聚力，最终影响合作社发展和壮大。

2013 年 12 月 18 日，国家工商总局、农业部印发了《关于进一步做好农民专业合作社登记与相关管理工作的意见》（工商个字〔2013〕199 号）指出[②]："落实《农民专业合作社财务会计制度（试行）》，这是规范合作社健康发展的重要措施，只有认真执行，社员的民主权益才能得到维护。"北京市通州区经管站就是从抓财务制度规范化入手的。

通州区采取"社账托管"试点工作，来应对财务管理混乱的矛盾[③]。①成立工作机构。区经管站建立了"社账托管"工作组，负责"社账托管"的组织、协调和监督工作。请社会化的会计服务公司负责合作社代理记账工作，并按要求完成相关信息的提供。②签署委托协议。试点合作社与会计服务公司签署委托协议，将合作社会计核算业务委托会计服务公司进行，记账公司为合作社提供相关服务，并将委托协议报区经管站备案。③调查摸底。区经管站深入每个试点合作社了解情况，内容包括合作社发展的总体现状、经营管理与财务状况，对合作社财务管理提出具体要求。④完成账目交接。坚持先清理后移交的原则，清理一个移交一个。交接前对每个合作社账目逐一审核，对原来核算不准确的内容，经与合作社社长、会计人员共同协商后进行了调整，保证核算内容与真实情况的一致性。在清理账目、理顺关系的基础上，完成合作社会计业务的交接工作，按有关规定办理会计账目的交接手续。⑤完善配套制度。按照《北京市农民专业合作社会计核算办法》规定，结合合作社的财务管理实际，制订了"社账托管"的配套管理制度

① 市农经办经济体制处．通州区农民专业合作社"社账托管"的探索与实践［EB/OL］．http：//www.bjnw.gov.cn/cxyth/xdnyfz/201312/t20131225_327384.html.

② 农业部等两部委紧急发文 要求规范农民专业合作社管理［EB/OL］．http：//www.cnfmg.com/index.php/Article/view/id/15196.

③ 市农经办经济体制处．通州区农民专业合作社"社账托管"的探索与实践［EB/OL］．http：//www.bjnw.gov.cn/cxyth/xdnyfz/201312/t20131225_327384.html.

样本，印发给试点合作社结合自身实际修改后执行，为“托管社账”提供制度保证。⑥办理免税登记。为了享受国家优惠政策，最大限度保护合作社利益，为合作社办理了增值税、企业所得税免税登记。完成了各种审批手续、报表的报送，请税务部门审批。⑦完成账目登记。利用财务软件，对试点合作社会计账目进行会计核算，如实反映合作社的财务状况和经营成果。软件测试取得预期效果，完全满足合作社核算需要。

除了通州区实行了“社账托管”的试点工作外，密云县也采取了“社账托管”工作[①]。2012年密云县679家农民合作社中，有31家实行了“社账托管”。他们的作法：①依托农民专业合作社服务中心成立社账托管办公室，负责县域内的农民专业合作社的财务托管记账工作。办公室聘用获得会计资格证书、精通财会业务的专业人员担任会计人员。②签订托管协议。经合作社成员（代表）大会研究同意后，由理事会向合作社服务中心提出委托申请并签订“社账托管”协议。之后，社账托管办公室开始履行职能，代理合作社的财务记账工作。合作社只设一名出纳，不设会计。实行“社账托管”的合作社，基本核算单位、资产所有权、资金所有权、资金使用权、财务审批权、民主监督理财机制、业务主管部门等均不变。③规范工作程序。王良忠、罗仁涛指出[②]：“社账托管办公室只管记账，不管现金往来。合作社的每一笔开支都要经过下列程序：①合作社理事长审批。每张开支发票由经办人签字，理事长审批后支付。②执行监事或监事会审核。每月初，由执行监事或监事会对上月收支原始凭证进行审核并签字盖章，不能开支的票据退给经办人，并追回已付的钱款。③社账托管办公室核实。出纳将经过执行监事或监事会审核后的原始票据交给社账托管办公室进行核实，对不符合财务制度的票据提出建议和意见，并做好记录。对核实通过的票据编制记账凭证，然后生成各种财务报表和财务公开要求的报表。④财务公开。社账托管办公室将编制的资产负债表和盈余表打印出来，经过执行监事或监事会确认后在社务公开栏上公开，接受成员监督。”

北京市通州区和密云县实行“社账托管”后促进了公开运作规范化，包括财务公开及时、内容规范、财务公开程序正规；减少了非生产性开支；节约了管理费用。这为合作社可持续发展创造了条件。

三、依托合作社开展土地流转

随着北京市农村经济体制改革的不断深入和农民专业合作社的快速发展，近年来郊区农民在坚持土地承包经营权不变的前提下，积极探索创新合作模式，通过土地入股和土地流转，发展设施农业，开展规模化种植、集约化经营，进一步提高了农业和农民进入市场的组织化程度，提高了市场竞争力，增加了农民收入。

依托合作社开展土地流转有两种形式：一种是农民以土地承包经营权入股，成立专业合作社，将集中起来的土地统一开发，租赁给从事农业生产经营的专业公司和种植大户经营，合作社本身不从事具体的生产经营，农户主要获取地租收入。同时，公司或大户根据需要，聘用部分入股农民劳动力打工，农民得到工资收入。这种形式的土地股份

---

① 王良忠，罗仁涛．社账托管———合作社财务管理新路子［J］．科技致富向导，2012（4）：21.

② 王良忠，罗仁涛．社账托管———合作社财务管理新路子［J］．科技致富向导，2012（4）：21.

合作社的典型代表是平谷区百合兴盛土地专业合作社（土地入股 120 亩，涉及农户 147 户）和通州区林泽家园土地（股份）专业合作社（土地入股 451 亩，涉及农户 71 户）。另一种是农户将土地承包经营权流转到合作社，合作社统一开发经营，并组织农民劳动力在合作社参加劳动，或者将部分土地反包给农户管理。农户可以得到四部分收入，即土地流转租金收入、工资性收入、承包收入、年终盈余返还收入。这种形式的合作社比较多，据不完全统计，在市、区县两级示范社中有 10 家，共流转土地 12 935 亩，涉及农户 1 857 户。我们以第一种形式的两家土地股份合作社进行描述和分析。

（一）北京百合兴盛（土地）专业合作社

北京百合兴盛专业合作社位于平谷区金海湖镇洙水村，于 2008 年 12 月 5 日在区工商局登记注册，有 147 户，社员出资总额 4.65 万元，带动农户 465 户。合作社存储耕地 120 亩，主要经营社员存储的土地，发展农业生产，并从事生产资料供应、农业技术推广、各种信息咨询、农民素质培训等项目，是北京市第一家农民土地专业合作社。

1. 促进土地流转，实现规模经营

洙水村有农业人口 2 293 人，耕地面积 2 897 亩。以前全村除人均 0.5 亩口粮田外，其余全部承包给村民，户均承包土地 7.98 亩。在全村土地利用中，设施农业是个空白。全村多数劳动力经营自家承包地，劳动生产率低下，农业生产无法实现规模经营等问题严重制约着村民增收致富。为改变这种状况，村委会积极做好村民工作，成立了北京百合兴盛土地专业合作社，将村西集中连片的 120 亩承包地使用权入股合作社，由合作社集中开发。经合作社 147 户社员商议，最终决定在 120 亩土地上新建 63 栋设施大棚，由合作社负责租赁，收取租金后按入股比例返给村民。

2. 健全机构，民主管理，积极运作

百合兴盛土地专业合作社由村民自愿以承包地参股，根据农民专业合作社法，选举产生合作社理事 5 名、监事 3 名、理事长和监事长各一名。合作社制定了民主管理制度和公开透明的财务管理制度。每年召开两次社员大会，重大事项表决实行一人一票制。设立了财会室、经管部、培训部等内部机构。

合作社实行独立核算，不与村集体账目混淆。合作社将适宜集中使用的土地适当集中，由种田能手或招商承包租种，经营年限为 20 年，将租金作为收益分给社员。合作社收益分红包括承包土地收益分红、集体土地收益分红。其中，承包土地收益分红是在土地承包年限内向承包地参股的社员按照参股面积分红，分红项目包括基础分红（每亩保底 550 元）和承包地收益分红，承包期过后土地收归集体所有；集体土地收益按照全村村民人口平均分配。通过组建土地合作社，洙水村村民都能享受收益分红，而以承包地参股的社员则可享受基础分红、承包地收益分红和集体土地分红。租赁户种植甜玉米、草莓、百合、樱桃等农作物，合作社不干预农户的种植品种，并且组织各种农业技术培训和指导，帮助农户联系销售渠道，解决他们在营销上的困难。

合作社总收益来自对外租赁设施大棚所得，每栋大棚每年租金为 1 500 元，总收益为 9.45 万元，每年收益按总收益的 60％返还给社员。

3. 发挥合作社作用，促进社员增收

百合兴盛土地专业合作社主要经营社员存储的土地，从事农业生产和生产资料供应，开展与农业生产有关的技术培训、技术交流和信息咨询服务。效果体现在三个方面：①实现产业结构调整。金海湖镇位于平谷区的东部，是北京市著名的风景区，年接待游客200多万人。通过土地流转和集中使用，发展设施农业，洙水村经济从传统的农田耕种转变为农旅结合的都市型现代化新型农业。②促进经济发展。合作社设施农业园区的建设吸引了游客来到洙水村观光、采摘，增加了农民收入，促进了区域经济发展。③实现社员增收。合作社成立前社员每户每亩地收入在300元左右，现在收入1 100元左右，平均每户增收800余元。2010年合作社获得平谷区农民专业合作社示范社称号。

目前合作社存在两方面问题：一是合作社经济实力弱，发展慢。合作社处在起步阶段，基础设施差，缺少资金，贷款比较困难，优惠政策少。经营上税的问题制约了合作社的经济效益。二是社员增收难度大。经营收入增长点不多，发展后劲不足，社员增收的难度比较大。

因此，合作社将依托金海湖镇丰富的旅游资源，在原有大棚的基础上，建设生态农业观光园，把现代农业和旅游观光结合起来，不断满足人们的旅游、观光、采摘、农事体验需求。具体有三方面的设想：一是修建蔬菜保鲜库。由于社员种植的蔬菜、水果等农产品不易保存，村内又没有大型的冷库可以存放，致使很多农产品因保存时间短质量下降，社员收入受到很大影响。合作社计划修建一个大型的保鲜库，解决这个当务之急。二是建信息化教室，搭建信息、销售平台。光有好的产品，没有通畅的销售渠道也是不行的。为了解决这个问题，合作社正在积极筹资，着手建信息化教室，作为合作社开展培训教育和信息发布的平台，既要成为社员的农产品宣传销售站，又要成为社员学习科技知识的基地。三是建设多功能农业园区。美化、绿化、硬化设施园区，竖立农产品宣传介绍牌，建设具备旅游、观光、采摘、农事体验等功能的现代农业园区。

（二）北京林泽家园土地（股份）专业合作社

1. 成立合作社

永乐店镇熬硝营村地处通州区东南，全村有耕地2 300亩，农业产业结构单一，土地确权后，一家一户的生产规模小，农民增收缓慢。为改变农业发展现状，2009年9月，由村委会牵头联合部分农户，成立了北京林泽家园土地股份专业合作社。合作社拥有社员71名，流转土地面积451亩。合作社成立后，充分发挥了本村土地资源丰富的优势，依托土地流转开发农业项目，发展设施农业和旅游、观光、休闲农业，推动农业产业结构调整，促进了农民增收。

（1）合作社的成立。为筹建北京林泽家园土地（股份）专业合作社，村党支部和村委会组成的筹备小组，做了深入细致的群众工作。因为“土地流转”这个名词对于农民来说还是个新鲜事物，如何使他们理解和接受是工作的重点。筹备小组采取入户动员的方式，讲解土地流转的真正目的是在扩大生产经营规模的前提下，充分保护农户的土地承包经营权。通过讲解，广大农户认识到土地（股份）专业合作社这一形式是扩大生产规模，保护农户利益的有效方式。通过筹备小组的辛勤工作，有71户农户申请加入北京

林泽家园土地（股份）专业合作社，合作社流转土地面积达到450余亩。

（2）制定章程，建立合作社组织管理机构。按照合作社法的规定，起草了《北京林泽家园土地股份专业合作社章程》，规定了合作社经营宗旨、社员权利义务等，选举产生了理事会监事会名单，规定了合作社管理范围。在不改变土地性质的前提下，与农业投资企业合作，实现土地规模效益最大化，农户按土地股份享受分红。

（3）确定土地股份，测量土地面积。土地股份每1亩为一股，经过实地测量，71户土地总面积500亩，其中：71户股份451股，面积为451亩，涨出的部分属村集体组织所有，村委会代管。2009年9月17日，北京林泽家园土地（股份）专业合作社正式在工商管理部门登记注册。

2. 合作社开展的工作。建立管理体系

合作社设有理事会、执行监事以及生产管理服务部、财务部等管理机构，管理人员全部由合作社社员选举产生，接受社员的监督，为社员的利益着想。合作社章程在土地流转、生产经营、社员吸收、企业合作等方面做出了明确规定，切实保护每个社员的权益，为每个社员建立了股份账户和分红账户。

（1）因地制宜，确保经营取得实效。合作社对外积极寻求投资合作伙伴，与汉唐盛世投资有限公司签订合作协议。社员得到三部分收益，即土地股份分红、土地增值收益和以农业产业工人的身份继续参加生产得到的劳动报酬。对内合作社实行民主管理、利益共享、风险共担的运行模式，社员既享受应有的权利，也要履行章程规定的义务。合作社社员有权要求合作社按社员土地份额享受利益，每年享有固定的保底分红和二次分配的权益。

在吸收成员方面，合作社章程第九条规定：具有民事行为能力的公民，从事种植销售花卉苗木，能够利用并接受本社提供的服务，承认并遵守本章程，履行本章程规定入社手续的，可申请成为本社成员。吸收从事与本社业务有关的生产活动企业、事业单位或者社会团体成员。具有管理公共职能的单位不得加入本社。本社成员全部为农民成员，只要符合吸收的原则就可以加入。

（2）合作社利益分配制度。合作社制定了保底分红的分配制度，让广大社员真正成为“三金”型农民，即社员流转的土地有租金，在园区工作有薪金，年终利润按股金分红。合作社理事会通过招商引资，与有经济实力的涉农企业合作，建设观光采摘园，既增加了社员的收入，也解决了社员的就业问题。2010年，合作社进行了首次收益分配，每股土地分红1 027元，社员尝到了加入土地专业合作社的甜头。

百合兴盛（土地）专业合作社、林泽家园土地（股份）专业合作社的案例，说明了两点。一是作为市场经济主体，土地合作社不同于企业和事业单位，其在服务对象、业务类型、盈余分配等方面有很多特殊性。当前一家一户的小农经济已难以应对市场，农民增收困难，进行土地流转，实施规模化种植已是农业发展的必然趋势。

二是土地股份合作社这种土地流转形式的产生是农村经济发展的需要，用土地入股成立合作社，不需要改变当前土地承包政策，却可实现规模化经营，提升农业应对市场的能力，增加农民收入，并可将部分劳力从土地上彻底解放出来。土地合作社走的是一种市场化的道路，而且现在的土地合作尊重农民的自主权，自愿入社，退社自由，农民说了算，土地的承包权仍然属于村民。

第三节　发挥的作用

《农民专业合作社法》颁布后，北京市的农民专业合作社进入了规范的发展时期。合作社在很多方面发挥的作用也越来越突出，有几个关键点本节归纳如下。

一、构建科技推广体系

“农民专业合作社＋农户”的技术推广模式是为满足市场化、产业化生产对农业科技的需要，按照自愿互利的原则，将农户组织起来，通过合作社联系科研、教育等部门，引进新技术、新成果，并传递给每个农户。依托合作社构建农业技术新型推广体系的案例，京郊有平谷区的合作社的发展案例。

随着社会主义市场经济的发展，平谷区原有的农技推广服务体系越来越不适应农业发展新形势的要求。乡镇一级农业技术推广服务体系出现“网破、线断、人散”，推广经费短缺，推广效率低下等一系列的问题。

农民专业合作社的出现，在合作社社员、农技推广人员和科研院校之间架起了桥梁，通过合作社可以有效的掌握农民需求，进而为农民提供有针对性的技术服务。同时农民专业合作社为农业科技成果的推广应用提供了研发基地、搭建了实施平台，从而加快了农业技术引进、试验示范和推广应用。打破了以往只通过政府涉农部门进行农业技术推广的传统单一模式，重构了现行农业科技推广体系，促进了农业生产技术的应用推广和农民增收。

第一，合作社依托组织优势，增强了农业科技的自主研发能力，并为农业科技的推广应用提供了实践和研发的基地。农业科技研发需要投入大量的资金和原材料，这在一家一户是很难办到的。合作社在自身发展中需要新品种、新技术来提高农作物单产，并为此投入科研经费。如北京荣涛豌豆产销专业合作，近两年为了提升自身实力，建立自己的品牌，积极开展豌豆优新品种选育。合作社与中国农科院共同合作，投入资金 17 万余元，成功培育出鲜食口感好，成熟期短、产量高的荣涛 1 号和荣涛 2 号。为豌豆产业的进一步发展提供了科技保障，拓宽了途径。

北京绿都兴瑞养殖专业合作社与中国农业大学动物医学院、生物学院、动物科技学院和食品科学和营养工程学院合作，通过科技手段不断提升鸡蛋品质，先后开发出了无药物残留和细菌感染的健康营养鸡蛋、种鸡初产蛋，并通过改良饲料生产出低胆固醇、富硒、富钙的功能营养鸡蛋。通过技术创新丰富了产品结构，满足了市场不同消费群体的需求，增加了合作社的利润。普通鸡蛋市场价格在 5.3 元/500 克左右，而科技创新后的产品通过精包装，做成礼品盒，售价可达 10 元/500 克。

平谷区许多农民专业合作社与各级农技部门、农技研究所和大专院校建立了紧密的技术协作关系，共同建立了农业科技示范基地或农业标准化示范园。基本覆盖了全区的种植业、养殖业等农业主导产业。

第二，以合作社为主体，带动农业先进技术的推广，提升农业标准化和安全生产水平。农民专业合作社的牵头人大多是农村种养大户、营销能人，他们讲什么农民听，他们教什么农民懂，他们让做什么农民干。合作社借助快速便捷高效的传播方式，把先进适用技术和市场信息反馈给社员和农户。平谷区农合中心建立了区农民专业合作社技术人才储备库，并吸纳各类型专业技术人才用于指导和服务全区合作社，逐步建立起专家和专业技术人员联系农民专业合作社的制度。区农合中心选派合作社指导员，入驻合作社进行长期指导、服务并培养合作社自身专业技术人才。通过不断地完善、发展，形成了一支以农民专业合作社为依托，与专业技术推广机构相配合的群众性科技推广队伍。在示范推广应用农业先进技术方面，这支队伍可以弥补政府机构力量的不足，搭建起政府机构与广大农民联系的桥梁，缩短农业科技成果的转化应用周期。同时，农民专业合作社通过建立农产品质量安全可追溯制度，加强培训指导，将逐渐成为实施农业标准化最有效的载体。全区近200家种、养殖合作社实现了每家合作社至少拥有一名农业技术专家的目标，对社员开展了更加广泛、深入的生产技术指导。

在开展富营养水体生态修复技术试验示范时，农合中心技术人员在平谷区水产养殖合作社完成试验示范面积66.67公顷，使48个试验鱼塘养殖户亩均增产35千克，年平均养殖成本降低510元/亩，达到了生态防病、健康养殖的目的。

北京恒亿金利吉蔬菜产销专业合作社，常年聘请市、区蔬菜种植专业技术人员，对合作社社员进行技术指导。引进黄金娃娃菜、豇豆等蔬菜新品种，在合作社的33.33公顷基地进行标准化种植，取得成功经验后在合作社内部及全区大面积推广，推广面积达到266.67公顷。

第三，合作社依托组织优势，可以有效地缩短合作社和农业科研机构之间的距离，推动农业科技成果及时转化为生产力，为农业科技成果转移提供应用平台。农业科技成果经常会遇到转移难的问题。平谷区的农民依托北京得天独厚的农业科技优势，对众多农业新品种、新技术的信息获取途径比较广，应用到生产中的愿望也比较迫切。而政府农技部门或一些科研院所、公司花费了大量的人力、物力，有针对性地研发了一些农业技术，培育了一些新品种，他们为了检验技术的实际应用效果，同时也希望获取一定的市场回报，到处寻找着推广应用的渠道。一方是强烈渴求技术，一方也有意推广技术，双方都在寻找一个可以连接各自意愿的载体。在以家庭承包经营为基础、统分结合的双层经营体制下，农民专业合作社的出现解决了这个问题。

北京中研益农种苗科技有限公司在番茄和黄瓜新品种开发上取得了一定的成果，公司一直在寻找推广应用的合作对象。近年来该公司与益达丰果蔬产销专业合作社达成了新品种试验、示范合作协议，推广种植番茄新品种中研958、968等系列12个，黄瓜新品种金胚99、中研惠农系列3个。试验、示范成功后，在全区大面积推广。

北京顺金兴蔬菜产销专业合作社、北京华利丰果菜产销专业合作社作为蔬菜新品种引进、示范展示基地，已经推广了番茄、黄瓜、茄子等11类30余个蔬菜新品种，推广应用面积达到142.13公顷。

第四，以合作社为载体搞好技术指导、培训与服务。现行的农业推广体系依照行政职能自上而下设置，到乡镇、村这一环节时基本失去了推广的功能。而农户要求农技服务的呼声又十分强烈，政府也在寻找新的农技推广载体，但一时找不到抓手。合作社的应运而生正好填补了推广体系中缺失的关键环节。合作社连接着千家万户，在组织社员实施标准化生产，推广新品种、新技术的过程完全有能力按照农技部门的要求，把一些农户迫切需求的农业技术直接推广应用到田间地头，农户有技术需求时合作社可以及时派出人员进行技术辅导。

北京大诸山养猪专业合作社根据合作社社员分散的特点，分片成立技术服务队，就地解决各自区域内社员遇到的困难。合作社开办了农民田间学校，借助这一平台，通过培训、交流，解决社员养殖中遇到的实际问题，总结养殖经验。

2010 年，平谷区农合中心发挥在种植、水产、蔬菜和能源等行业技术人员力量强的优势，在全区 16 个乡镇的百余家合作社举办了大棚栽培管理技术、粮经作物栽培管理技术、南果北种技术、名优水产品养殖技术培训和以合作社理事长、市场营销人员以及财务人员为主的技能培训 30 多次，培训农民 3 000 多人次，培养农民科技专家 6 名。以合作社为主体的新型农业技术推广体系正逐步形成。

以农民专业合作社为依托构建的科技推广体系的目标，将由原来追求产量的增加转向农民收入的增长，并逐步把农业、农村、农民的生产发展和生活改善作为农业技术推广的总目标；推广工作内容将由单一技术服务向产前、产中、产后服务纵向拓展，并逐步形成农村综合信息咨询、物资保障等服务；推广手段不断更新；推广方式由过去自上而下的行政传递方式向农民自愿参与为主的方式转化。这种推广体系有很强的示范效应，有利于加强农业技术的示范推广、搞好技术咨询服务和信息传递，培育新型农民，从而更好地发展农民专业合作社。

二、构建农产品营销体系[①]

农民专业合作社的建立，不断提升带动了农户的能力，有效地提高了农业组织化程度。近年来农业产业组织结构调整滞后，产后经济主要环节跟不上发展要求。突出表现在高度分散经营农户与市场之间出现种种不协调现象：产品分级、标准、整理、包装、冷藏、储运、品牌、产品营销等环节比较薄弱；基础设施条件较差。农民生产的优质农产品，并没有卖出很好的价格，增加更多的收益。

农民专业合作社建立后，维护了农民市场主体地位，解决了单家独户交易地位不平等、信息渠道不对称、生产操作不规范、产品无规格、销售不成批量、市场空间狭小等突出问题；引领农民参与农业产业化，实行专业化、标准化生产，开展规模化、品牌化经营，开发建设优势产业和特色产品，努力提高农民运用现代物质技术装备的能力和水平，提高了农民的组织化程度。这些努力体现在市场营销方面有许多新的探索和创新，培育和增强了市场营销环节的服务功能。

农民专业合作社在构建市场营销体系上发挥了独特的作用。合作社引导农户联合起来进入市场，实现延伸产品链，联合运销，减少在流通中的利益流失，农民更多地分享到了农产品流通环节的增值效益。特别是在农产品采后的商品化处理的几个重要环节上，包括在产品分级、整理、包装、冷藏、储藏、品牌、运销和市场开拓等环节上下功夫，使专业合作社成为促进农业产业化经营的重要组织载体。

① 陈水乡．北京市农民专业合作社农产品流通的实践与探索［M］．北京：中国农业出版社，2012：3-39.

（一）北京市农民专业合作社蔬菜等生鲜农产品直销的实践

从销售方式看。一是合作社“直接对接”企事业机关团体2 273个；对接连锁超市282个；对接大学、机关食堂159个。合作社自办社区专卖店197个。合作社及农户观光采摘园1 531个。合作社自建网站、网店169个。合作社自建农产品物流配送中心（含地头批发市场）78个。二是合作社“间接对接”对接农业产业化龙头企业243个；对接农产品批发市场170个。

从销售收入看。一是合作社“直接对接”销售收入占总收入的30.9%。其中依托企事业机关团体销售33 973万元，占14.6%。依托农超（农餐）对接销售15 841万元，占6.8%。依托社区专卖店销售8 101万元，占3.5%。依托观光采摘销售6 205万元，占2.7%。依托农校、农餐对接销售3 476万元，占1.5%。电子商务销售4 151万元，占1.8%。二是合作社“间接对接”销售收入69.1%。其中依托农业产业化龙头企业销售63 477万元，占27.2%。依托各类农产品批发市场销售55 195万元，占23.7%。农户社员自销19 704万元，占8.4%。依托社会农产品经纪人（商贩）销售13 429万元，占5.8%。田间地头销售占4%。

从销售效益看。全市271个示范合作社，联合销售成员产品在80%以上，降低了市场交易成本15%。2010年成员平均收入都比周边同类未加入合作社的农民高20%以上，大兴区有些合作社达到30%左右。密云县80%的合作社实行了统一采购生产资料，年采购总额达6亿元。据统计，种植业联合批量采购肥料，每吨能节省8%～10%；养殖合作社联合购买饲料原料，每吨可比市场零售价低300～400元。

自2008年至今，北京市农民专业合作社蔬菜直销的实践可以概括为以下几种模式。

1.“公司+合作社”销售模式

农户以专业合作社为组织载体，由合作社通过合同等形式，与农产品加工营销的龙头企业建立稳定的产销关系的运行模式。合作社把原料基地的农户和加工龙头企业紧密联结起来，形成相互依存、收益共享、共同发展的利益机制。农户经营降低了交易成本，稳定了销售渠道，增强了防御市场风险的能力，增加了经营收益。

“公司+合作社”的模式经营生鲜农产品，形成了一整套的农产品质量安全追溯信息管理。近年来，公司（龙头企业）投资建立了内部的生产与经营信息管理系统，包括合作社安全生产管理系统、生产计划管理（ERP）系统、销售和物流安全监控系统三大信息系统，实现了对企业自身和供应链上游的农户、合作社及下游的超市等销售商的高效信息管理。公司利用合作社安全生产管理系统和销售管理系统，在各个生产和销售终端点，实时记录和传输了各个生产环节的农户、合作社的数据，完成了农产品质量安全追溯信息管理工作。

2.“超市+基地”销售模式

是指有一定规模和标准化生产基础条件的农民专业合作社，直接与城市大中型连锁超市签订协议销售生鲜农产品的供应链模式。这是商务部、财政部、农业部开展“农超对接”部署的主导销售模式。试点工作从2008年开始。北京市密云、平谷、大兴、延庆等区县有一批合作社积极开展了“农超对接”，呈现出良好发展势态。

3. 社区专营店直销模式

组织农民专业合作社直接到城市社区开设专营店，直销合作社产品，形成网络化、规模化和连锁化经营，扩张合作社营销规模，使农民获取流通环节的增加值。

例如，密云县合作社连锁配送网点建设。①“合作社＋营销企业”模式。2008年12月，在县合作社指导服务中心组织引导下，成立了农民专业合作社产品销售中心，选择10家农副产品的销售企业作为农民专业合作社产品定点销售单位，授予牌匾，形成了全县统一的农产品配送网点。②“合作社联合配送”模式。2010年年底，下屯种植专业合作社联合了奥金达蜂产品专业合作社、东旭旺养殖专业合作社等5家合作社，成立了农产品配送中心，在清华大学等院校开设了直销店，初步取得良好成效。

4. 电子商务营销模式

合作社电子商务营销是专业合作社通过网络营销产品。目前有两种形式：一是合作社自办网站，通过网络与客商进行产销对接，将产品销到国内外。北京市已有200多家专业合作社建立了自己的网站或网页。另一种是“网上联合社”营销模式。合作社电子商务营销是一种新的营销形式。借助电子信息平台开展农产品营销目前处在起步阶段，还在探索之中。

（1）合作社自办网站模式。北京卓越果品专业合作社地处著名的十三陵风景区，现有社员300户，分布在十三陵镇和长陵镇37个自然村。在北京市民政局与网络公司共同开发的“两村工程”的帮助下，合作社于2006年建立开通了自己的网站。几年来，合作社通过网站开展网上营销、会员管理和品牌建设，紧紧把握住了市场脉搏，网站点击率达30多万次，完成交易100多笔，接待游客上千人，提高产品附加值30%，取得了显著的社会效益和经济效益。

（2）网上联合社营销模式。2008年，房山区经管站顺应农民专业合作社发展需求，结合农民专业合作社发展特点及地区资源优势，依托“房山农合网”构建了“网上联合社”。网上联合社开通运营两年来，为120家农民专业合作社建立网店，涉及入社及社外农户20 059人。网店设立了合作社简介、产品展厅、管理建设、技术服务等栏目，推介会员产品562种，为农民专业合作社进行产品宣传，为成员提供技术服务，树立了合作社文化形象，加强了合作社的对外交流。

5. “农校、农餐、农宅对接”销售模式

（1）“农校、农餐对接”模式。合作社通过与大学院校、大机关食堂和饭店餐馆签订协议，直接供应所需果蔬、畜禽等农产品。如平谷绿都兴瑞养殖专业合作社与北京大学和北京航空航天大学签订了鸡蛋直供协议，每天供应鲜鸡蛋近万斤。延庆绿福隆蔬菜产销专业合作社与市政府和市人大机关食堂签订了蔬菜专供协议，每天供应各种蔬菜500多千克。这种对接模式不但使合作社建立了稳定的销售渠道，也保证了学校和机关食堂所需农产品的质量。

（2）“农宅对接”模式。彻底去掉了农产品生产者与最终消费者之间的中间环节，借助电子商务销售平台以及物联网的相关技术，通过网上下单、付款、送菜上门的方式，以相对低廉的价格向消费者提供质量可靠、安全保证的农产品。延庆绿菜园蔬菜专业合作社“农宅对接”模式。2010 年，延庆绿菜园蔬菜专业合作社与北京奥科美公司合作，共同开发“农宅对接”销售，截至 2011 年 6 月，实现销售收入约 20 万元，销售蔬菜 33 335 千克，订购蔬菜的客户达到 1 100 余户，平均每户订购蔬菜 7.5 千克。

①销售方式。合作社利用网络订菜平台，通过两种方式实现“农宅对接”销售。第一种是根据订单配送。承诺在北京城区五环以内，订购有机蔬菜 5 千克以上，由合作社派专人配送，保证订购的蔬菜产品从田间采收到送货上门不超过 5 小时。这是目前北京市场所能提供蔬菜产品新鲜程度的最高指标。第二种是智能柜配送。在北京城区有机蔬菜需求量较大的高档小区定点安放智能交付柜，采取每天定点配送的方式保证当天将客户订购的蔬菜送到社区。

②支付方式。目前有三种：一是用户下达订单后马上通过网上银行等方式完成线上付款；二是用户先向注册账户存入预付款，然后通过预付款支付；三是用户在收到订单产品一周内完成银行转账或线上支付。其中第一种付款方式的价格为网站提供的参考价格，第二种预付款方式可以得到适当优惠，第三种付款方式则会适当提高蔬菜的销售价格。

③合作方式。合作社与北京奥科美公司的合作方式有两种：一是奥科美公司承担交付柜及管理系统的市场推广工作，负责与小区物业管理部门谈判和协调。同时奥科美公司承担交付柜的制造成本，负责交付柜的安装、维修等后期维护工作，以及社区智能管理平台的日常运行操作、管理和维护等。合作社只负责提供并配送蔬菜产品。最终通过智能柜配送模式的蔬菜销售收入，奥科美公司和绿菜园合作社三七分成。二是绿菜园合作社承担交付柜及管理系统的市场推广工作，负责与小区物业管理部门谈判及协调，并出资向奥科美公司购买交付柜（一个交付柜大约 2 万元）。奥科美公司承担交付柜的安装、维修等后期维护工作，以及社区智能管理平台的日常运行操作、管理和维护等。通过智能柜配送模式的蔬菜销售收入全部归绿菜园合作社，但合作社每月向奥科美公司支付一定的运营服务费用。

6. 观光采摘销售模式

合作社通过发展观光、休闲、度假农业，以田园采摘形式直接销售农产品。随着郊区都市型现代农业的发展，出现了农业与旅游业相交叉的新型、高附加值的观光、度假和休闲农业，成为合作社销售农产品、提高农民收入的重要形式。

北京真顺红苹果专业合作社建设的真顺红苹果乐园位于真顺村西北，现有社员 361 户，林果种植面积 294.87 公顷，主要产品是苹果，另有草莓、樱桃、桃等，年产量 8 800 吨。合作社发挥苹果产业优势，坚持以苹果产业的发展带动本地民俗旅游产业，积极打造都市型观光采摘园，吸引更多的观光采摘游客，增加农民收益。2010 年，合作社采摘园接待游客 1 万多人，采摘价格比市场零售价格高出 1～2 倍，采摘收入 320 万元。采摘园内建有乡村酒店，设有歌厅、乒乓球、棋牌室等，可接待 300 人食宿，2010 年餐饮住宿收入 213 万元。采摘园除给合作社和果农带来可观的经济效益外，还产生了很好的社会效益和生态效益。采摘园作为合作社苹果产业的示范基地，种植管理技术辐射到华北五省市苹果产区，苹果出口欧盟、泰国等国家地区。采摘园作为天然的氧吧，为久居都市的人们观光休闲提供了舒适优雅的自然生态环境。

7. 互助联销模式

合作社之间自发的组织起来形成的销售联盟，相互销售产品的模式。郊区大多数合作社产业规模小、品种单一，很多合作社的客户特别是团购客户对农产品的需求多样，合作社之间调剂余缺，相互销售产品就成为普遍现象。昌平、密云、大兴等区县的一些合作社在自发的互助联销的基础上，成立了销售联盟，有组织的联合起来销售产品，取得了很好的效果。

昌平区合作社建立产品销售联盟。昌平农业合作社多数分布在山区和半山区，产品种类多，但是单品种规模不大。217 个专业合作社中，社员最多的 500 户，最少的不到 10 户。单个合作社开拓市场的能力和产品的批量有限。为了开拓市场，营坊昆利果品专业合作社、老君堂生态养鸡专业合作社、燕昌红板栗专业合作社等 12 个合作社发起组织了昌平合作社产品销售联盟，于 2009 年 6 月在昌平区挂牌营业。联盟的产品包括苹果、草莓、百合、板栗、柴鸡蛋、大盖柿子和蜂蜜 14 类，110 个产品汇集于柜台，琳琅满目，新鲜诱人，深受顾客欢迎。

8. 团购销售模式

合作社面向政府、企事业机关和社会团体批量销售产品。北京作为首都，机关企业等团体数量众多，对特色农产品需求量大，特别是附加值较高的礼品盒。合作社针对这一高端的消费群体，大力开发精包装、高质量的礼盒农产品，取得了丰厚利润。

9. 车载社区直销模式

就是在城市特定区域和时段，通过设立免摊位费的“周末市场”，由农业合作社和农民的运输菜车进入城市社区、街道直销蔬菜。这种销售模式在一些国家，比如美国一些地方周末允许农民自己开着车拉蔬菜和水果到指定地方卖，如在停车场、操场、足球场等，卖完还要将场地清扫干净，保证卫生。

2011 年 6 月，商务部和北京市政府联手推出了“周末车载蔬菜市场工程”。本着“政府引导，市场运作，减少环节，便民利民”的原则，首批试点在海淀区、朝阳区、丰台区、石景山区共设立 4 个市场，由延庆绿富隆蔬菜生产基地和大兴区礼贤合作社两个供应商直供。蔬菜品种达 20 多种，提前一天从生产基地采摘的无公害和有机蔬菜，从采摘到市民“菜篮子”不到 12 小时。由于减少了中间流通环节的成本，社区又免去了菜商的租金、管理费等，蔬菜价格比周边市场便宜 15%。周末菜市场是一项惠民工程、民生工程。现在市民一般在农贸市场或超市买菜，一些新小区周边没有农贸市场，离超市又比较远，特别是三环以外的居民，买菜本来就难，买到新鲜的无公害和有机蔬菜就更难了。因此，周末菜市场开通后，深受市民欢迎。

（二）农民专业合作社作为直销主体在构建农产品营销体系上发挥的作用及意义

从作用的视角看，一是农民专业合作社创新了农业产经一体化经营的形式。北京市的农民克服了素质尚不高、资金尚匮乏等制约因素，生产农户联合起来创办了以直销为经营目标的农产品专业合作社，采取了社区直销店销售、观光采摘销售、团购销售、农校、农餐、农宅对接销售、互助联销等多种蔬菜直销形式，探索出一条有中国特色的农业产业化经营的新道路，促进了农业增效，农民增收和社会主义新农村的建设。

一般来说，国际上各国的合作社开展增值加工和直接销售活动的经验数据，原料产品在消费者价格中的分享比例平均为30%，加工后可增加分享比例31%，直销后还可增加分享比例39%。农民参与加工和销售的经营活动，提高了在消费者支付额中的分享比例。这种以合作社为载体的合作制农业产业化经营模式，最大限度地保障了农民生产者的利益，农户可以分享到农产品加工和流通环节的增值效益。

二是有效促进了农民进入市场的组织化程度，加快了农业生产结构调整和农产品品牌战略的实施，实现了农业发展方式转变。最终为农民增收致富建立了一种长效机制。

三是以专业合作社为销售主体延伸了产业链，创新了产品营销模式，精简了流通过程中诸多的中间环节。专业合作社探索的社区店直销、电子商务等农产品直销模式，有效地减少了中间费用和运销层次，降低了运销价差，使联合起来的农户更多地分享到营销环节的利润，消费者也同时受益。

四是有利农民专业合作社强化生产和提高产品竞争力，实现农业增效和农民增收。农业专业合作社作为销售主体，农民生产优质农产品和按照标准化生产的自主意识不断提高，为建设高品质、规模化、标准化的农产品生产基地，提高产品质量和竞争力打下了基础。

从意义的视角看，农民专业合作社作为农产品直销主体，是在中国农业发展的历史长河中建立起了一座历史丰碑。它改变了中国农民世代只会从事农业生产的历史状态，摆脱了中国农民世代只能忍受中间商盘剥的历史困境，第一次主动地融入了市场经济的大潮中，肩负起历史的重任，向农业产、供、销一体化迈出了坚实的一步。这在中国农村、农业、农民中是一件新生事物，有着旺盛的生命力。

第四节　发展趋势

北京市农民专业合作社在向规范化、正规化的方向发展时，还要趋利避害，克服面临的一些问题。未来有如下几个发展趋势。

一、合作社联社将加快发展

北京市农民专业合作社总体上还处在发展中的初级阶段，规模“小、散、低”的问题还比较突出。例如房山区截至2012年年末，成员在20人以上的农民专业合作社共有101家，入社成员12 341人，带动社外农户18 871户，成员出资15 169万元。100名以上成员的合作社有46家，占45.5%；50～100名成员的合作社有20家，占19.8%，20～50名成员有35家，占34.7%。这表明，合作社人员规模较小。101家合作社中，成员出资总额比重排在第一位的是100万元以上的合作社，有39家，占38.6%；第二位是10万～50万元的合作社，有23家，占22.8%；第三位是10万元以下的合作社，有20家，占19.8%；第四位是50万～100万元的合作社，有19家，占18.8%。101家合作社中，资产总额不足500万元的合作社有81家，占80.2%；超500万元的合作社有20家，占19.8%。这表明合作社出资规模小。

面对大量的经营规模偏小、成员数量很少、经济实力较弱、产业链条较短、服务层次较低的合作社。需要把这些小合作社再联合组织起来，完善农业产业组织体系。

一些区县的小型合作社，为摆脱在市场竞争中的不利地位，自发地联合成立了合作社联社。这种联合社全市有几十家，有进一步扩大的趋势。还有一种准联合社，即若干个小合作社以团体成员身份加入到一个规模较大的合作社中来。在区县范围内的合作社之间开展农产品互助联销也已经相当普遍，成为合作社销售产品的一个重要模式。

例如在门头沟区，农民专业合作社发展资金缺口大、抗风险能力差、资源整合难。怎么办？面对制约发展的诸多问题，门头沟区清水镇的 11 家农民专业合作社自发组成北京清水腾达乡村旅游专业合作社（以下简称联社），共同破解发展瓶颈。11 家合作社整合资源，共同出资 1 005 万元注册联社，向银行贷款的上限达到了 1 000 万元。农民专业合作社缺少发展资金的问题，随着联社成立迎刃而解。联社经过工商部门认证，是有资质的法人，成为了农民专业合作社与金融行业的合作平台。一方面，联社成员可以通过建立发展基金作为贷款担保，互相担保，向银行申请贷款。另一方面，通过联社，银行可以更客观、全面地了解每个合作社，降低放贷风险。

缺少发展资金，是所有合作社的共性问题，也是成立联社的基础。联社的抗风险能力增强，有效避免了单个合作社靠天吃饭的命运。新的联社一方面扩大了经营范围，提高了单一的抗险能力；另一方面，联社还共同确立了今后的发展目标，要从一产向三产转型，以合作社的基地为支撑，打造各具特色的乡村旅游，明确了发展方向。

清水镇是北京市最西的镇，距离城区 100 多公里，自 2007 年 7 月 1 日《农民专业合作社法》颁布实施以来，成立合作社 97 家，其中国家级示范社一家、市级示范社三家，全镇入社社员 8 500 人，占常住人口的 80%以上。清水镇的经验证明了农民只有更好地组织起来，才能够致富。

张晓山认为①："农产品供给与需求的不平衡呼唤建立地区一级甚至更高层次的农民合作社联社，联社规模越大，其抵御自然风险和市场风险、消除农业生产波动影响的能力也会越强。"这一判断是正确的，京郊合作社相互联合的趋势不断增强，使得小型合作社发展中的限制性因素在不断减少。

2014 年 3 月 29 日②，北京市农民专业合作社联合会成立大会在北京会议中心隆重召开。来自北京郊区的 200 个农民专业合作社示范社、专业联合社的代表，以及合作社领域的专家参加了会议。大会通过了联合会章程，选举产生了第一任理事会、监事会。

北京市农民专业合作社联合会的成立，标志着北京郊区农民专业合作社进入了一个新的发展阶段，即实现了由数量扩张、单打独斗，向质量提升、资源整合、做大做强的重大转变。联合会的成立提高了农民的组织化程度，有助于推动土地的流转和经营，也有利于带动集体经济、合作经济的发展，促进集体资产的保值增值，适应了北京城乡一

① 张晓山．提升农民合作社质量的几个问题［J］．前线，2012. 北京农村合作社专辑．

② 联合起来闯市场合作共赢谋发展——北京市农民专业合作社联合会成立［EB/OL］．http：//www.bjnyzx.gov.cn/picnew/201403/t20140331_331455.html.

体化和农业自身发展的要求。

联合会通过农民专业合作基础上的大联合，将分散的合作社组织起来，提高农民的市场话语权和资源配置能力，并以农民合作互助为核心，建立服务农民自己的社会化服务体系，可以很好地解决合作社当前面临的发展问题。

联合会具有协调、代表、服务、自律、维权的功能，将整合政策、社会、市场资源，为全体成员提供多元化的服务。同时，将通过搭建信息服务平台、市场营销平台、投融资平台、农资服务平台和交流合作平台这五个平台，在合作社规范管理、市场开发、规模营销、质量安全、品牌建设、宣传培训等方面发挥积极作用，进一步促进全市农民专业合作社健康快速发展。当然，合作社联合社的发展应该是农民建立在自愿基础上的，只有这样，合作社联社才能有生命力。

二、合作社规范化发展方向更加明确

这些年来，京郊合作社建设中的一个突出矛盾是发展不够规范。表现在诸多方面：一是在合作社内部没有规章制度，形成了随意性操作社内事物。二是在能人带动型和龙头企业带动型合作社内，主要由大股东说了算的问题十分突出。三是《农民专业合作社财务会计制度（试行）》[①] 对合作社的会计核算和会计信息披露提出要求，但是，许多合作社并没有按照要求去做。表现在不是没有建账，就是将合作社的账与村财务的账混在一起记，建了的就是建一个流水账，或者建账但不按照财务规定科目入账。财务管理混乱就会使社员失去对合作社的信心，也容易造成社财产、国家对社资助和支持的财产流失。究其原因还是合作社财务人员素质较低，或者由龙头企业牵头办的合作社，认为合作社是他们自己的，由他们自负盈亏，没有财务管理的概念。针对上述问题，有关部门着力提出了改建意见。合作社今后的建设路径是向规范化方向发展。

2013 年 12 月 18 日，国家工商总局、农业部印发了《关于进一步做好农民专业合作社登记与相关管理工作的意见》（工商个字〔2013〕199 号）（以下简称《登记工作意见》）[②]。这一文件主要就是要解决农民专业合作社在注册登记中产生的各种虚假问题，有两方面内容：一是对进一步规范农民专业合作社管理工作，提出了具体要求，要点如下：①对农民专业合作社所有成员予以备案。②村民委员会不能成为农民专业合作社的单位成员。不得混淆村民委员会管理公共事务的职能与农民专业合作社的经济组织功能、实行“村社合一”。③不得采取自上而下、行政命令的方法强行推动设立农民专业合作社或者农民专业合作社联合社。

二是建立农民专业合作社年报制度。①掌握农民专业合作社登记事项执行情况和经营运行状态，落实《农民专业合作社财务会计制度（试行）》。②农民专业合作社每年定期向登记机关报送农民专业合作社年度报告书，在登记机关指定网站上公示其年报的相

---

① 财政部．农民专业合作社财务会计制度（试行）［EB/OL］．2007-12-20. http：//www. cfen. com. cn/web/meyw/2008-01/11/content _ 401527. htm.

② 农业部等两部委紧急发文 要求规范农民专业合作社管理［EB/OL］．http：//www. cnfmg. com/index. php/Article/view/id/15196.

关资料，并对公示年报信息的真实性负责。

《登记工作意见》是健全和完善农民专业合作社登记管理办法的最重要的制度性措施，为合作社的规范发展提供了比较详尽的政策支持，其中有几点值得关注：一是对村民委员会干涉合作社的现象提出了限制，明确了农村社区组织不能成为合作社成员的规定，这就减少了农村社区组织对合作社权益的侵占问题，避免了“村社合一”的问题。二是农民专业合作社的联合社，在《农民专业合作社登记管理条例》中没有明确可以登记，这次得到了承认。这是一个进步。同时，强调合作社或者联合社都不得以行政命令的方式建立，就杜绝了拔苗助长的行为。三是要落实《农民专业合作社财务会计制度(试行)》，这是规范合作社健康发展的重要措施，只有认真执行，社员的民主权益才能得到维护。四是合作社的信息要年报并公示，还要负责任，这就有利于杜绝虚假信息，实事求是地做好合作社的规范化的管理工作。

未来规范化发展的路径在政府方面要做的主要工作有如下几点：完善政策法规、制定规范化发展计划；政府各部门合作出台规范化发展政策；创新工作机制，强化指导服务功能；继续做好示范社的建设工作，以点带面，整体推进。

三、合作社信用合作更加多元化①

北京市农民专业合作社融资难阻碍了合作社的建设发展。主要的问题：①从资金供给方看，农村金融机构少，且这些机构为追求比较利益而将资金投向非农部门或农业企业，对农民专业合作社的信贷产生了挤占。再加上金融机构对农民专业合作社贷款利率过高而合作社的盈利水平过低削弱了银行向合作社放贷的积极性。②从合作社资金需求方看。资金需求的多样化与农村金融品种的单一矛盾突出。农业生产的多样性决定了资金需求呈现多样性和多层次性，业务种类需求多样化，这就要求银行产品要有灵活性。银行由于金融产品单一很难适应农业发展多元化的资金需求。③合作社缺乏有效的抵押品或担保。能提供有效的抵押品和担保是衡量合作社承贷能力的基本标准，也是金融机构发放贷款的基本条件。就土地而言，农民专业合作社只有土地的使用权，而没有将土地资产作为抵押的权力。就建筑物、住宅而言，按照现行法律，无法作为融资的合法抵押物。合作社的集体财产也很难用作抵押。合作社的财务记录大多不完整，管理不规范，使得农村金融机构无法对其进行规范的信用评估，阻碍了农村金融机构对合作社的授信和贷款。这些矛盾必然促使合作社探索信用合作新的发展形式，有如下几种。

1. 农业担保公司形式

四个主体：担保公司、政府、合作社、银行。①政府牵头推动，进行体制机制创新，专门成立农业担保公司，为农业农村涉农项目进行担保，支持“三农”发展。②政府采取融资支持的方式，在担保费和贴息方面帮助合作社减少融资成本。一方面政府通过向银行贴息，支持银行向合作社贷款；另一方面，政府代替部分合作社向担保公司缴纳担保费。这种形式的核心是政府对合作社支持方式的转变，由单纯的直接融资补贴转变为建立融资支持机制，利用市场化的方式来支持合作社发展。政府通过

① 北京市农村经济研究中心．北京市农村经济发展报告2013［M］．北京：中国农业出版社，2014：146-153.

担保公司的担保，为合作社和银行的合作提供了平台，放大了资金使用倍数，提高了资金使用效率。而银行通过担保公司的担保，将信用风险降低到可以接受的水平，提高了资金的安全性。

2. 合作社联保贷形式

北京市农村经济研究中心和农业银行北京分行于 2012 年共同研究开发的专门针对合作社的金融新产品。不少于三个农民专业合作社自发组织成联保小组，小组成员向农业银行申请信用，成员之间共同承担连带责任保证担保。联保贷款的对象为区县（含）级以上的示范社，并且与其他小组成员共同签订了合作协议、联保承诺书，即联保小组共同为小组成员向银行的信用承担连带担保责任。市级（含）以上的示范社贷款额度控制在 800 万元（含）以内，县级示范社控制在 500 万元（含）以内，联保小组成员贷款金额之和不得超过联保小组成员保证担保额度之和。贷款期限原则上不超过 1 年（含），最长 2 年，超过 1 年的需要报分行进行审批。贷款的利率执行人民银行和农行相关制度规定，在国家支农政策范围内，可以给予一定的利率优惠。贷款期限不超过半年的，可采取定期付息、到期一次性偿还本金；期限超过半年的，原则上采取按月（季）偿还本息。银行约定，在农民专业合作社联保的前提下，若无市级（含）以上示范社作为联保小组成员的，应追加贷款行所在区域具有政府背景的企业或符合银行认定标准的信用担保机构为借款人提供保证担保，或设定土地租赁权、林地租赁权等抵押。

3. 合作社成员联保贷款形式

密云县汇丰村镇银行 2010 年推出的一款创新产品。它以合作社成员为贷款主体，其中要求成员应具有该行业或相关行业领域 1 年以上从业经验，由 4～8 名社员组成联保小组，交叉循环担保，并由合作社提供保证担保，担保金额约为 5 万～50 万元。对于合作社理事或理事长、占 20%以上股份对合作社运营或管理有重大影响的核心成员，最高贷款金额可高达 70 万元。贷款期限一般为 1 年，生产周期较长的行业可以放宽到 2 年。根据生产周期和现金回流情况，还款方式十分灵活，可每周、双周、每月、每季或半年分期还款，缓释申请人的还款压力。

4. 合作社内部资金互助形式

指在专业合作社内部开展资金互助活动。合作社内部资金互助是合作社服务内容的一种拓展，其成员、资金和服务对象都严格限制在专业合作社内部，实行封闭管理。合作社内部资金互助主要帮助合作社成员解决生产和经营中的资金短缺问题。开展内部资金互助的农民专业合作社，存款利率略高于银行存款利率，借款利率略低于银行贷款利率，息差最大 3%，最小 0.1%。

5. 林权抵押贷款形式

以森林、林木的所有权（或使用权）、林地的使用权作为抵押物向金融机构借款。2012 年，北京市园林绿化局率先开展林权抵押贷款试点，以解决农业发展缺乏有效抵押物造成融资难的问题，拓宽融资渠道，促进农民增收。平谷区作为北京市唯一开展林权抵押贷款工作试点区县，以农民专业合作社为主体开展此项工作。可用于抵押的林权包括经济林的林木所有权（或使用权）、经济林的林地使用权、集体生态公益林的林地使用权。为了降低风险，金融部门通常要求，以集体统一经营的林地林木作为抵押的，抵押人须出具集体经济组织 2/3 以上成员或者 2/3 以上村民代表同意的书面文件。在抵押评估上，贷款金额在 30 万～100 万元之间的贷款项目，可由银行自行评估或与借款人共同商议确定抵押资产评估价值；贷款金额在 30 万元以下的小额贷款项目可以免评估；贷款金额在 100 万元以上的贷款项目应委托评估机构进行评估。在贷款额度上，经济林的抵押贷款最高额度不超过林权评估价值的 80%，生态公益林抵押贷款最高额度不超过林权评估价值的 70%。银行将根据林业生产周期、借款人第一还款来源、现金流状况、贷款用途和抵押评价价值等因素确定林权抵押贷款期限，最长不超过 8 年。抵押期间，不得改变林地的属性和用途。在政策扶持方面，政府对林权抵押贷款采取信用奖励的方式对贷款利息给予 6 个百分点的财政贴息补贴（包括中央财政贴息 3%，市级财政贴息 3%），在合作社连本带息一并偿还后给予兑现，减少了林农的压力。

6. 农村发展基金形式

是门头沟区委、区政府于 2013 年 8 月推出的一揽子的政府计划。农村发展基金由门头沟区财政专项资金列支，启动资金规模为 5 000 万元，可以根据资源整合和基金投放情况逐年设定基金规模。基金将扶持农村地区重点产业和项目建设，使用范围包括区域内的农业项目（种养业、农产品深加工与销售、农村专业合作社、农业综合体等）、旅游项目（农业旅游、文化旅游、古村落开发等）、旧村改造、农村基础设施建设等。基金的使用方式涉及合作社方面的主要有：直接投资。基金作为重点项目的前期投入、垫资和引导性资金，对重点农业企业和合作社生产经营所需配套资金等进行直接投资。对银行贷款进行担保。其中，对获得农村土地承包经营权及农村土地相关权益流转的主体，以土地经营权流转合同质押等作为担保或反担保方式可以优先申请。项目贷款贴息和担保费补贴。单个项目贷款贴息资金不超过贷款所产生利息的 80%，担保费补贴不超过项目贷款金额的 2%。贴息和担保费补贴范围还包括：信用贷，业绩良好、信用记录良好借款人的无担保信用贷款和联保贷，农户或合作社的联保贷款等。对银行和担保公司涉农贷款的补贴。主要对银行和担保公司涉农贷款的风险准备金予以补贴。银行非担保公司担保的涉农贷款余额的 0.5%；担保公司涉农贷款在保余额的 0.5%。农业保险的补贴。对特色农产品的种植和符合区域产业发展的养殖项目分别给予不超过 90%和 80%的保费补贴（已获政策性补贴的除外）。

以上几种融资的形式解决了不同程度的融资需求。合作社内部资金互助模式解决了社员短期的生产流动资金需求，合作社联保贷和成员联保贷模式解决了合作社短期的生产流动资金需求，农业担保公司和林权抵押贷款模式可以解决合作社基础设施建设等固定资产投资的资金需求。

未来合作社信用合作的探索之路虽然漫长，但发展前景还是光明的。合作社的内部资金信用合作还有进一步发展的空间，其溢出效益就在于加强了合作社和金融机构的合作。这将促进合作社的融资信用评价体系的进一步完善，促进合作社强化内部管理水平，提高融资实力。

结束语：构建新型的农业经营体系

党的十八届三中全会作出的《中共中央关于全面深化改革若干重大问题的决定》（以下简称《决定》）的第二十条加快构建新型农业经营体系[①]，提出了我国农业的改革方向、目标和具体任务。这一战略决策篇幅不长，但是内容极为丰富和深刻，对我国农业现代化的发展进程将会产生重大和深远的影响。

“加快构建新型农业经营体系”指出：“坚持家庭经营在农业中的基础性地位，推进家庭经营、集体经营、合作经营、企业经营等共同发展的农业经营方式创新。”这一表述讲了两个重要内容：一个是新型农业经营体系的概念；一个是农业改革继承了“家庭联产承包责任制”，对我国以农村为起点的家庭联产承包责任，给予了充分的肯定和继承。

2012 年 12 月 31 日，中共中央国务院印发的《关于加快发展现代农业 进一步增强农村发展活力的若干意见》（2013 年中央 1 号文件）指出[②]：“创新农业生产经营体制，稳步提高农民组织化程度。要尊重和保障农户生产经营的主体地位，培育和壮大新型农业生产经营组织，充分激发农村生产要素潜能。”第一次提出了“创新农业经营体制”的概念，并且着重强调了农户生产经营的主体地位。文件对于家庭联产承包责任制，再次给予了肯定和重视。

从 1982 年的第一个中央 1 号文件，第一次提出“家庭联产承包责任制”；到 2013 年的中央 1 号文件，第一次提出了“创新农业经营体制”；再到十八届三中全会《决定》提出了“加快构建新型农业经营体系”；我们看出了这其中的不变与变。

不变的是家庭联产承包责任制。家庭经营发端于农村改革，来源于农民群众的伟大创举，激发了亿万农民群众的生产积极性。这一农业生产经营制度，我们没有改变。我们党尊重了农民群众的选择。这也是由农业生产的规律性和特殊性决定的。

农业生产是自然再生产和社会再生产相结合的过程。农业自然再生产中，土地生产要素不可移动，有级差收入且肥力不断变化；要求劳动者了解土地的资源禀赋，不断精耕细作，需要集约经营；动植物等农产品不但具有周期性、季节性的生产特点，还受自然条件的影响；最终的农畜产品受自然条件的影响很大，就使得农业生产报酬的计量非常困难。正如陈锡文指出[③]：“农业的这个不同于其他产业的显著特点，显示出它更适合由家庭来经营的特性，因为家庭成员之间紧密的利益关系，可以不必考虑对劳动的监督和计量。也正因为如此，当今世界，即便在那些农业最为发达的国家，家庭经营也仍然是农业生产经营中最基本的形式。”所以，我们说由于农业生产的特殊性和家庭经营的优

---

① 中共中央关于全面深化改革若干重大问题的决定辅导读本［M］. 北京：人民出版社，2013：22-23.

② 中共中央国务院关于加快发展现代农业 进一步增强农村发展活力的若干意见［EB/OL］. 2012-12-31.

③ 中共中央关于全面深化改革若干重大问题的决定辅导读本［M］. 北京：人民出版社，2013：190.

势性，无论在发展中国家还是发达国家，无论是何种业态的农业生产经营形式，无论是传统农业还是现代农业，都在沿用着家庭经营的生产方式。我们党尊重了亿万农民的意愿，也是在尊重农业生产的客观规律。这就是坚持家庭经营在农业中的基础性地位。但是，我们的农业还是需要改革，还需要建立新型的经营体系。这就是新的变化。

新型农业经营体系的经营主体，处在基础性地位的是农户家庭经营，这是一元性的。但是，创新的经营体系中出现了“集体经营、合作经营和企业经营”等多元化的经营主体。这里面有着深刻的社会问题和矛盾，需要我们面对而不能回避。

这些问题表现在以下几个方面：农业综合生产成本上升，农产品供求结构性矛盾突出，农村社会结构加速转型，城乡发展加快融合的形势下，农村人多地少水缺的矛盾加剧，农产品需求总量刚性增长，消费结构快速升级，农业对外依存度明显提高，保障国家粮食安全和重要农产品有效供给的任务艰巨，农村劳动力大量流动，农户兼业化、村庄空心化、人口老龄化趋势明显。

陈锡文指出①：“2012 年全国农民人均 7 917 元的纯收入中，来自耕地经营（种植业）的比重仅占 26.6%（2 107 元）。种地，对于相当多数的农户而言，正在变成食之无肉、弃之可惜的‘鸡肋’，正越来越成为农民家庭经营结构中的‘兼业’”。统计数据最直观的说明就是农村大量青壮年劳动力到城市打工，农村的耕地没有人种。我们面临着谁来种地的艰难选择，更面临着振兴农业的迫切选择。这就需要创新农业经营体系。

在这个新型的农业经营体系中，家庭经营是“一元”的、处在基础性经营的地位；但是，还要加入“集体经营、合作经营和企业经营”的多元经营成分。我们常说，战士是基础，指挥员是主导；实践是基础，理论是主导。正如林炎志指出②：“基础是第一性的，主导是第二性的。基础往往是分散的，主导往往是集中的。基础往往呈现弱势，主导呈现强势。”这就是说基础很重要，处在第一性的地位。我们没有了农户家庭经营这个基础做后盾，农业发展就成了无水之源。新的农业经营体系，只有在“家庭经营、集体经营、合作经营和企业经营”的多元经营成分参与下，在分化与综合的多元经营元素共同作用下，我们的农业发展才能有活力和动力。从经营主体的多元化，我们看出了农业改革的新变化，有如下两点。

一是新型农业经营体系经营的内容是顺利实现农户承包土地的流转。农村的耕地谁来种？农户家庭经营下的突出问题一方面是耕地没有人来认真种，另一个重要的方面是“地权分散化”和“耕地细碎化”。这导致了农户的分散经营无法满足大市场的需求，造成了小农的农产品交易费用和运输成本过高，无法进入市场的矛盾。

为了解决这一矛盾，“加快构建新型农业经营体系”指出：“坚持农村土地集体所有权，依法维护农民土地承包经营权，发展壮大集体经济。稳定农村土地承包关系并保持长久不变，在坚持和完善最严格的耕地保护制度前提下，赋予农民对承包地占有、使用、收益、流转及承包经营权抵押、担保权能，允许农民以承包经营权入股发展农业产业化

① 陈锡文．构建新型农业经营体系刻不容缓［J］．求是，2013（22）：38-41.

② 林炎志．探讨资本社会（讨论稿）［EB/OL］．2006-04-09. http：//www.1911.cn/bbs/thread-26098-1-1.html.

经营。鼓励承包经营权在公开市场上向专业大户、家庭农场、农民合作社、农业企业流转，发展多种形式规模经营。”

上述内容阐释了这样一个重要的内容，完成农村承包土地的顺利流转，毋庸置疑，最重要的前提是建立新型的一元和多元主体参与的农业经营体系。此外还有两个重要的前提：一个重要的前提，是要切实保障农户承包土地的合法权利，正如陈锡文指出①：“决不能因为创新而使农户丧失其合法的土地承包经营权。”另一个重要前提，是农村土地制度的改革，是耕地制度的改革，土地流转不能改变土地属于农村集体土地的性质，既不能改变耕地的性质。土地流转，是为了提高耕地的使用效率，允许农民以承包经营权入股发展农业产业化经营，而不是搞什么房地产开发项目。我们只有正确地处理好土地所有权、承包权和经营权三者的关系，才能保障农户的合法权益。我们只有建立一元和多元主体参与的农业经营体系，坚持依法自愿有偿原则，引导农村土地承包经营权有序流转，鼓励和支持承包土地向专业大户、家庭农场、农民合作社流转，发展多种形式的适度规模经营，才能很好地解决农业生产的内部组织问题。

二是发展农民专业合作社，是构建新型农业经营体系的重要途径。“加快构建新型农业经营体系”指出：“鼓励农村发展合作经济，扶持发展规模化、专业化、现代化经营，允许财政项目资金直接投向符合条件的合作社，允许财政补助形成的资产转交合作社持有和管护，允许合作社开展信用合作。鼓励和引导工商资本到农村发展适合企业化经营的现代种养业，向农业输入现代生产要素和经营模式。”我国新型农业经营主体创新的一个重要途径是建立农民专业合作社。它是带动农户进入市场的基本主体，是发展农村集体经济的新型实体，是创新农村社会管理的有效载体。

2007 年 7 月 1 日《中华人民共和国农民专业合作社法》实施，标志着我国农民专业合作社进入了有法可依和规范化的建设时期。几年来我国合作社发展的实践证明，合作社把千家万户的小农组织了起来，共同面对市场风险，推进了农业产业化经营，提高了农民进入市场和农业的组织化程度；发展了现代农业，推进了农业专业化、标准化生产，规模化、品牌化经营；增强了农民在市场中的谈判地位和农产品的市场的竞争力；促进了农民收入的增加。

在发展农民专业合作社的实践中，各地不断创新农业经营体制。例如，在合作社内部开展了信用合作；支持工商资本到农村发展适合企业化经营的现代种养业；各级政府采取了各种扶植合作社的发展政策，财政项目资金直接投向符合条件的合作社等。这些做法都在构建新型农业经营体系的改革内容中给予了充分肯定。这些经验转化为支持合作社发展政策，为合作社的进一步发展营造了有利的环境。

十八届三中全会作出的《决定》，为今后北京市的农民专业合作社的发展确定了方向。这部专著实际是为构建新的农业生产经营体系，在实践总结和理论概括上做出初步探索。北京市农民专业合作社的发展还要深入进行下去。我们的探索也不会停止。

---

① 中共中央关于全面深化改革若干重大问题的决定辅导读本［M］. 北京：人民出版社，2013：192.